Das Reichsgesetz

betreffend die

Invaliditäts- und Altersversicherung

vom 22. Juni 1889

nebst sämmtlichen Ausführungs-Verordnungen der Reichsbehörden und der Preußischen Landeszentralbehörden, sowie einer Uebersicht über die zuständigen Landesbehörden

erläutert von

Dr. jur. Richard Freund
Magistrats-Assessor zu Berlin
Beamtetes Vorstandsmitglied der Invaliditäts- und Altersversicherungs-Anstalt Berlin.

Zweite vermehrte und verbesserte Auflage.

Berlin 1891.
J. J. Heines Verlag.

Vorwort.

Das Reichsgesetz betreffend die Invaliditäts- und Altersversicherung berührt die weitesten Schichten der Bevölkerung; keines der bisherigen sozialpolitischen Gesetze umfaßt einen gleich großen Kreis von Versicherten und Arbeitgebern. Das Gesetz bildet den vorläufigen Schlußstein der durch die Allerhöchste Botschaft vom 17. November 1881 inaugurirten und durch das Krankenversicherungsgesetz begonnenen Sozialpolitik; es ist von größter Bedeutung nicht nur für die unter dasselbe fallenden Versicherten, sondern für unser gesammtes Staatswesen. Das Gesetz ist in seiner Gesammtheit nur mir einer geringen Majorität im Reichstage zur Annahme gelangt. Hieraus und aus den vorangegangenen parlamentarischen Verhandlungen, sowie den Besprechungen des Gesetzes in der Tagespresse und der Literatur konnte man entnehmen, daß das Gesetz zahlreiche Gegner hatte, welche dasselbe entweder prinzipiell oder doch in Einzelbestimmungen, insbesondere der Organisation, verwarfen.*) Nachdem nun aber das Gesetz in der vorliegenden Form zur Annahme gelangt ist, wird es auch die Pflicht der Gegner des Gesetzes sein, zu einer gedeihlichen und glücklichen Durchführung desselben nach Kräften beizutragen. Einen solchen Beitrag soll der vorliegende Kommentar bilden; er rechtfertigt sich durch die Komplicirtheit und eine große Anzahl nicht

*) In letzterer Beziehung ist auch der Verfasser dem Gesetze entgegen getreten. Vgl. „Die Centralisation der Arbeiter-Versicherung unter besonderer Berücksichtigung der Grundzüge zur Alters- und Invalidenversicherung der Arbeiter“ (J. J. Heines Verlag, 1888) und „Bemerkungen zu dem Entwurfe eines Gesetzes, betreffend die Alters- und Invalidenversicherung der Arbeiter“ (J. J. Heines Verlag, 1888).

leicht verständlicher Bestimmungen des Gesetzes, welche eine Handhabung desselben ohne Erläuterungen fast ausschließt. Die Arbeit soll in erster Linie praktischen Bedürfnissen dienen, sie ist also insbesondere bestimmt für die mit der Ausführung des Gesetzes betrauten Behörden und die Organe der Versicherungsanstalten, dann aber auch für die größeren Arbeitgeber und endlich für die Krankenkassen, welche bei der Einziehung der Beiträge auch als Organe der Versicherungsanstalten in Betracht kommen können. Die Erläuterungen stützen sich vornehmlich auf die Materialien des Gesetzes, die Motive und die Verhandlungen im Plenum und der Kommission des Reichstages. Es sind des Weiteren bei den Bestimmungen des Gesetzes, welche dem Unfallversicherungsgesetze nachgebildet sind, die zu diesem Gesetze ergangenen Entschließungen des Reichsversicherungsamts berücksichtigt; es ist ferner besonderer Werth darauf gelegt worden, bei den einzelnen Paragraphen auf die einschlägigen Bestimmungen des Gesetzes hinzuweisen, wodurch das Verständniß des Gesetzes erleichtert und eine größere Uebersichtlichkeit geschaffen werden dürfte. Im Uebrigen ist darauf Bedacht genommen, die Bestimmungen des Gesetzes im Einzelnen, insbesondere auch durch Auseinanderlegung und Umschreibung zum besseren Verständniß zu bringen. Hierbei dürfte dem Verfasser die in seiner amtlichen Thätigkeit als Dezernent für die Arbeiterversicherungsangelegenheiten in der Berliner Stadtverwaltung erworbene Kenntniß der Arbeiterversicherungsgesetze und der hierauf Bezug habenden Verhältnisse förderlich gewesen sein.

Eine „Einleitung" giebt eine Uebersicht über den Inhalt des Gesetzes.

Der Verfasser glaubt keineswegs mit seiner Arbeit etwas Vollkommenes bieten zu können und wird allen aus dem Leserkreis kommenden Anregungen und Berichtigungen recht dankbar sein.

Eine möglichst schleunige Veröffentlichung erschien erwünscht, weil mit dem Studium des Gesetzes nicht zeitig genug begonnen werden kann. Die durch das Gesetz vorgesehenen Entschließungen des Bundesrathes und der Landesregierungen schienen nicht so nahe bevorzustehen, um ihretwillen die Veröffentlichung noch länger hinausschieben zu sollen.

Berlin, im August 1889. **Der Verfasser.**

Vorwort zur zweiten Auflage.

Auch bei der Bearbeitung der zweiten Auflage hat sich der Verfasser von dem Gesichtspunkt leiten lassen, daß die Arbeit „in erster Linie praktischen Bedürfnissen dienen" soll. Demgemäß sind bei der Bearbeitung zunächst die sämmtlichen bisher ergangenen Ausführungsverordnungen u. s. w. berücksichtigt und diese Verordnungen in den Anlagen zum Abdruck gebracht worden. Des Weiteren ist die inzwischen erschienene Literatur, insbesondere der Kommentar von Bosse-von Woedtke sowie das Rosin'sche „Recht der Arbeiterversicherung" in ausgiebiger Weise zu Rathe gezogen und benutzt worden. Soweit es bei der kurzen Geltungsdauer des Gesetzes möglich war, praktische Erfahrungen zu gewinnen, wozu dem Verfasser als beamtetes Vorstandsmitglied der Invaliditäts- und Altersversicherungsanstalt Berlin Gelegenheit geboten war, sind dieselben insbesondere bei den Uebergangsbestimmungen bestens verwerthet worden.

In einem Nachtrage sind zwei wichtige Entschließungen des Reichsversicherungsamts betr. die Versicherungspflicht der Bureaubeamten, und des Bundesraths bezw. der Preußischen Landeszentralbehörde betreffend die Versicherungspflicht vorübergehend Beschäftigter zum Abdruck gebracht.

Berlin, im Januar 1891. **Der Verfasser.**

Inhalt.

Gesetz betreffend die Invaliditäts- und Altersversicherung vom 22. Juni 1889.

I. Umfang und Gegenstand der Versicherung.

II. Organisation.

Abkürzungen.

Entsch. des R.-V.-A. = Entscheidungen des Reichs-Versicherungs-Amts.

K. = Kommissionsbericht.

M. = Motive.

St. B. = Stenographischer Bericht (des Reichstags).

Bosse — v. Woedtke = Das Reichsgesetz betreffend die Invaliditäts- und Altersversicherung vom 22. Juni 1889, erläutert von Dr. R. Bosse, Unterstaatssekretär im Reichsamt des Innern, Staatssekretär des Staatsraths, und E. von Woedtke, Geheimer Oberregierungsrath und vortragender Rath im Reichsamt des Innern. Leipzig (Duncker & Humblot).

Rosin = Das Recht der Arbeiterversicherung. Für Theorie und Praxis systematisch dargestellt von Dr. Heinrich Rosin, ord. Professor für Staatsrecht und Deutsches Recht a. d. Universität Freiburg i. B. Berlin (J. Guttentag).

Stenglein = Das Reichsgesetz betreffend die Invaliditäts- und Alters versicherung vom 22. Juni 1889. Für den praktischen Gebrauch erläutert von W. Stenglein, K. Landgerichtsrath in Mülhausen i. Elsaß. Berlin (Franz Vahlen).

Fuld = Das Reichsgesetz betreffend die Invaliditäts- und Altersversicherung vom 22. Juni 1889. Erläutert von Dr Ludwig Fuld, Rechtsanwalt in Mainz. Erlangen (Palm & Encke).

Freund = Die Rekurs-Entscheidungen, Bescheide und Beschlüsse sowie sonstige Veröffentlichungen des Reichversicherungsamts als Erläuterungen zu dem Unfallversicherungsgesetz vom 6 Juli 1884 und dem Gesetz über die Ausdehnung der Unfall- und Krankenversicherung vom 28. Mai 1885, bearbeitet von Dr. jur. Richard Freund, Magistratsassessor zu Berlin. Berlin (J. J. Heines Verlag).

Einleitung.

Die Invaliditäts- und Altersversicherung ist bereits in der Allerhöchsten Botschaft vom 17. November 1881 mit den Worten angekündigt worden:

„Aber auch diejenigen, welche durch Alter und Invalidität erwerbsunfähig werden, haben der Gesammtheit gegenüber einen begründeten Anspruch auf ein höheres Maaß staatlicher Fürsorge, als ihnen bisher hat zu Theil werden können."

Dieser Ankündigung folgte sechs Jahre später der Beginn der Ausführung. Am 17. November 1887 wurden „Grundzüge" für die Invaliditäts- und Altersversicherung nebst einer Denkschrift veröffentlicht. Es sollte dadurch den interessirten Kreisen Gelegenheit zur Aeußerung über die beabsichtigten Maßnahmen gegeben werden. Der Erfolg blieb nicht aus. Es zeigte sich für die Publikation ein ganz ungewöhnliches Interesse in allen Schichten der Bevölkerung und zahllos waren die Besprechungen in der Tagespresse, der Literatur, die Verhandlungen in Vereinen und öffentlichen Versammlungen.

Hierauf wurde ein förmlicher Gesetzentwurf aufgestellt, welcher im April 1888 verfassungsmäßig dem Bundesrath zuging. Dieser Gesetzentwurf wurde nach Durchberathung vom zuständigen Ausschusse des Bundesraths nochmals der öffentlichen Kontrole unterbreitet. Als wichtigste Aenderung gegenüber den Grundzügen ist hervorzuheben, daß in der Organisation der Versicherung das berufsgenossenschaftliche Princip — die Versicherung in Invaliden-Versicherungsanstalten, welche in jeder Berufsgenossenschaft errichtet werden sollten — fallen gelassen und dafür das territoriale Princip — die Versicherung durch Anstalten, welche für bestimmte Bezirke ohne Rücksicht auf den Beruf der Versicherten errichtet werden — angenommen wurde.

Im Dezember 1888 ging endlich der vom Bundesrath angenommene Entwurf dem Reichstage zu. Nach der ersten Lesung im Plenum wurde der Entwurf einer besonderen Kommission von 28 Mitgliedern überwiesen. Durch die Beschlüsse der Kommission erfuhr der Entwurf sehr zahlreiche und zum Theil sehr wichtige Abänderungen. Am 24. Mai 1889 wurde das Gesetz vom Reichstage angenommen, am 22. Juni 1889 vom Kaiser vollzogen und in Nummer 13 des Reichsgesetzblattes Jahrgang 1889 S. 97 verkündet.

Die folgende Darstellung hat es sich zur Aufgabe gemacht, den Inhalt des Gesetzes, unter möglichster Anlehnung an den Wortlaut der einzelnen Gesetzes-Bestimmungen, in übersichtlicher Form wiederzugeben. In den Text der Darstellung sind nur die wichtigsten Bestimmungen aufgenommen, während der übrige Inhalt des Gesetzes in die Form von Anmerkungen gebracht ist. Wem es also zunächst nur darum zu thun ist, sich möglichst schnell mit dem wesentlichen Inhalt des Gesetzes bekannt zu machen, wird gut thun, auch zunächst nur den Text ohne Berücksichtigung der Anmerkungen zu lesen.

Umfang der Versicherung.

Die nach dem vorliegenden Gesetz[1]) versicherten Personen[2]) zerfallen in drei Gruppen:

1. versicherungspflichtige Personen und zwar
   a. auf Grund des Gesetzes,
   b. auf Grund des Beschlusses des Bundesraths;
2. selbst versicherte Personen;
3. aus einem Versicherungsverhältnisse ausgeschiedene und die Versicherung freiwillig fortsetzende Personen.

---

1) Diejenigen Vorschriften des Gesetzes, welche sich auf die Herstellung der zu Durchführung der Invaliditäts- und Altersversicherung erforderlichen Einrichtungen beziehen, treten mit dem Tage der Verkündung des Gesetzes in Kraft.

Im Uebrigen wird der Zeitpunkt, mit welchem das Gesetz ganz oder theilweise in Kraft tritt, durch Kaiserliche Verordnung mit Zustimmung des Bundesraths bestimmt. Als dieser Zeitpunkt ist vorerst der 1. Januar 1891 bestimmt worden.

2) Den Arbeitgebern und ihren Angestellten ist untersagt, durch Uebereinkunft oder mittelst Arbeitsordnungen die Anwendung der Bestimmungen dieses Gesetzes zum Nachtheil der Versicherten ganz oder theilweise auszuschließen. Vertragsbestimmungen, welche diesem Verbote zuwiderlaufen, haben keine rechtliche Wirkung.

Arbeitgeber oder deren Angestellte, welche derartige Verträge geschlossen haben, werden, sofern nicht nach anderen gesetzlichen Vorschriften eine härtere Strafe eintritt, mit Geldstrafe bis zu dreihundert Mark oder mit Haft bestraft.

I. A. Auf Grund des Gesetzes versicherungspflichtig sind vom vollendeten sechszehnten Lebensjahre ab alle Personen, welche als Arbeiter, Gehülfen, Gesellen oder Lehrlinge gegen Lohn oder Gehalt beschäftigt werden, ebenso die Dienstboten. Ferner die Handlungsgehülfen und Lehrlinge (ausschließlich der in Apotheken beschäftigten Gehilfen und Lehrlinge), deren regelmäßiger Jahresarbeitsverdienst an Lohn oder Gehalt 2000 Mk. nicht übersteigt, und die gegen Lohn oder Gehalt beschäftigten Personen der Schiffsbesatzung deutscher Seefahrzeuge und von Fahrzeugen der Binnenschifffahrt. Betriebsbeamte sind nur dann versicherungspflichtig, wenn ihr regelmäßiger Jahresarbeitsverdienst an Gehalt oder Lohn die Summe von 2000 Mk. nicht übersteigt.

Vorübergehend beschäftigte Personen sind grundsätzlich versicherungspflichtig; doch bestimmt der Bundesrath, inwieweit vorübergehende Dienstleistungen als Beschäftigung im Sinne dieses Gesetzes nicht anzusehen sind.

Als Lohn oder Gehalt gelten auch Tantièmen und Naturalbezüge; doch begründet eine Beschäftigung, für welche nur freier Unterhalt gewährt wird, die Versicherungspflicht nicht.

Der Versicherungspflicht unterliegen nicht:

a. Beamte des Reichs und des Bundesstaaten,

b. mit Pensionsberechtigung angestellte Beamte von Kommunalverbänden.[1])

c. Personen, welche in Folge ihres körperlichen oder geistigen Zustandes dauernd nicht mehr im Stande sind, ein gewisses Lohn-Minimum[2]) zu verdienen, welche also bereits invalide sind.

d. Personen, welche auf Grund dieses Gesetzes eine Invalidenrente beziehen.

1) Durch Beschluß des Bundesraths kann auf Antrag bestimmt werden, daß und inwieweit auch Beamte, welche von andern öffentlichen Verbänden oder Körperschaften (z. B. Deichverbänden) mit Pensionsberechtigung angestellt sind, der Versicherungspflicht nicht unterliegen.

2) D. i. ein Drittel der für ihren Beschäftigungsort nach § 8 des Krankenversicherungsgesetzes vom 15. Juni 1883 festgesetzten Tagelohnes gewöhnlicher Tagearbeiter.

1*

Auf ihren Antrag[1]) sind ferner von der Versicherungspflicht zu befreien:

a. Personen, welche vom Reich, einem Bundesstaate oder einem Kommunalverbande Pensionen oder Wartegelder wenigstens im Mindestbetrage der Invalidenrente[2]) beziehen,

b. Personen, welchen auf Grund der reichsgesetzlichen Bestimmungen über Unfallversicherung eine Rente von mindestens demselben Betrage[2]) zusteht.

B. Durch Beschluß des Bundesraths kann die Versicherungspflicht erstreckt werden

a. auf Betriebsunternehmer, welche nicht regelmäßig wenigstens einen Lohnarbeiter beschäftigen,

b. auf die Hausgewerbetreibenden[3]) ohne Rücksicht auf die Zahl der von ihnen beschäftigten Lohnarbeiter.

Die Erstreckung der Versicherungspflicht erfolgt für bestimmte Berufszweige.

II. Zur Selbstversicherung berechtigt sind die unter B genannten Personen, soweit auf sie durch Beschluß des Bundesraths die Versicherungspflicht nicht erstreckt ist, unter der doppelten Voraussetzung, daß sie:

a. das vierzigste Lebensjahr noch nicht vollendet haben und

b. nicht bereits dauernd erwerbsunfähig sind (vgl. unter I A.)

Die Selbstversicherung kann nur in Lohnklasse II (vgl. S. 18) erfolgen.

III. Zur freiwilligen Fortsetzung bezw. Erneuerung der Versicherung sind diejenigen Personen berechtigt, welche aus dem Versicherungsverhältnisse, d. h. aus einem pflichtigen oder Selbst-Versicherungsverhältnisse ausscheiden.

1) Ueber den Antrag entscheidet die untere Verwaltungsbehörde des Beschäftigungsorts. Gegen den Bescheid derselben ist die Beschwerde an die zunächst vorgesetzte Behörde zulässig, welche endgültig entscheidet.

2) D. i. 114,70 Mk.

3) D. s. solche selbstständige Gewerbetreibende, welche in eigenen Betriebsstätten im Auftrage und für Rechnung anderer Gewerbetreibenden mit der Herstellung oder Bearbeitung gewerblicher Erzeugnisse beschäftigt werden. Die Erstreckung der Versicherungspflicht begreift die Hausgewerbetreibenden auch dann, wenn sie die Roh- und Hülfsstoffe selbst beschaffen und auch für die Zeit, während welcher sie vorübergehend für eigene Rechnung arbeiten.

Die freiwillige Fortsetzung bezw. Erneuerung des Versicherungsverhältnisses kann nur in Lohnklasse II (vgl. S. 18) erfolgen.

Organisation.

I. Die Versicherung erfolgt durch Versicherungsanstalten. Die Versicherungsanstalten werden durch die Landesregierungen unter Genehmigung des Bundesraths gebildet und zwar für das Gebiet eines weiteren Kommunalverbandes[1]) (Provinz in Preußen, Regierungsbezirk in Bayern) oder eines Bundesstaats. Auch kann für mehrere weitere Kommunalverbände sowie für mehrere Bundesstaaten oder Gebietstheile derselben eine gemeinsame Versicherungsanstalt errichtet werden.

Veränderungen der Bezirke der Versicherungsanstalten sind zulässig, sofern sie von dem Ausschuß (s. S. 7) einer betheiligten Versicherungsanstalt oder von der Regierung eines Bundesstaats, über dessen Gebiet sich die Versicherungsanstalt erstreckt, oder von den Vertretungen weiterer Kommunalverbände, für deren Bezirke die Versicherungsanstalten errichtet sind, beantragt und vom Bundesrath genehmigt werden.

Die durch die erste Einrichtung der Versicherungsanstalt entstehenden Kosten sind von dem Kommunalverbande oder dem Bundesstaat, für welchen sie errichtet wird, vorzuschießen; die geleisteten Vorschüsse sind aus den zunächst eingehenden Versicherungsbeiträgen zu erstatten.

In der Versicherungsanstalt sind alle diejenigen Personen versichert, die in einem Betriebe beschäftigt werden, dessen Sitz sich im Bezirke der Versicherungsanstalt befindet.[2])

Der Sitz der Versicherungsanstalt wird durch die Landesregierung, bei einer für mehrere Bundesstaaten errichteten gemeinsamen Versicherungsanstalt eventuell durch den Bundesrath bestimmt. —

Die Versicherungsanstalt hat juristische Persönlichkeit, sie kann unter ihrem Namen Rechte erwerben und Verbindlichkeiten eingehen, vor Gericht klagen und verklagt werden.

---

1) Welche Verbände als weitere Kommunalverbände anzusehen sind, bestimmen die Zentralbehörden der Bundesstaaten. (Vgl. Anlage.)

2) Seeleute (§ 1 Absatz 1 Ziffer 1 des Gesetzes vom 13. Juli 1887 R.-G.-Bl. S. 329) sind bei derjenigen Versicherungsanstalt zu versichern, in deren Bezirke sich der Heimathshafen des Schiffes befindet.

Organe der Versicherungsanstalt sind:

Der Vorstand.

Der Ausschuß.

Der Aufsichtsrath.

Die Vertrauensmänner.

Die mit der Einziehung der Beiträge beauftragten Krankenkassen u. s. w.

A. Der Vorstand besteht aus einem oder mehreren Beamten des weiteren Kommunalverbandes oder Bundesstaats, für welchen die Versicherungsanstalt errichtet ist. Die Beamten werden von dem Kommunalverbande bezw. von der Landesregierung bestellt[1]); die Bezüge derselben und ihrer Hinterbliebenen sind von der Versicherungsanstalt zu vergüten. Durch das Statut kann bestimmt werden, daß neben den Beamten dem Vorstande noch andere, besoldete oder unbesoldete Personen angehören sollen. Die Anstellungsbedingungen dieser besoldeten Personen hat der Ausschuß, oder nach Bestimmung des Statuts der Aufsichtsrath festzusetzen.

Der Vorstand hat die Eigenschaft einer öffentlichen Behörde[2]), er vertritt die Versicherungsanstalt gerichtlichund außergerichtlich und verwaltet dieselbe, soweit nicht einzelne Angelegenheiten durch Gesetz oder Statut dem Ausschusse oder anderen Organen übertragen sind. Dem Vorstande liegt insbesondere ob die Feststellung der Renten.

---

1) Bei gemeinsamen Versicherungsanstalten sind für die Bestellung der Beamten die am Sitze der Versicherungsanstalt geltenden Vorschriften maßgebend; erstreckt sich der Bezirk der Versicherungsanstalt über mehrere Bundesstaaten, so entscheidet über die Bestellung der Beamten, falls ein Einverständniß unter den betheiligten Landesregierungen nicht erzielt wird, der Bundesrath.

2) Die öffentlichen Behörden sind verpflichtet, den im Vollzuge dieses Gesetzes an sie ergehenden Ersuchen des Reichs=Versicherungsamts, der Landes=Versicherungsämter (s. Seite 12), anderer öffentlicher Behörden, der Schiedsgerichte (s. Seite 13) sowie der Vorstände und Organe der Versicherungsanstalten zu entsprechen und den bezeichneten Vorständen auch unaufgefordert alle Mittheilungen zukommen zu lassen, welche für den Geschäftsbetrieb der Versicherungsanstalten von Wichtigkeit sind. Die gleiche Verpflichtung liegt den Organen der Berufsgenossenschaften und der Krankenkassen ob.

Die durch die Erfüllung dieser Verpflichtungen entstehenden Kosten sind von den Versicherungsanstalten als eigene Verwaltungskosten insoweit zu erstatten, als sie in Tagegeldern und Reisekosten von Beamten oder von Organen der Versicherungsanstalten, Berufsgenossenschaften und Krankenkassen, sowie in Gebühren für Zeugen und Sachverständige oder in sonstigen baaren Auslagen bestehen.

Auf die zugelassenen Kasseneinrichtungen (s. S. 14) finden diese Bestimmungen, soweit es sich um die auf Grund ihrer Zulassung ihnen obliegenden Aufgaben handelt, entsprechende Anwendung.

Die unbesoldeten Mitglieder des Vorstandes verwalten ihr Amt als Ehrenamt[1]) und erhalten nach den durch das Statut zu bestimmenden Sätzen nur Ersatz für baare Auslagen, die Vertreter der Versicherten[2]) außerdem Ersatz für entgangenen Arbeitsverdienst.

Die Mitglieder des Vorstandes haften der Versicherungsanstalt für getreue Geschäftsverwaltung, wie Vormündern ihren Mündeln; handeln sie absichtlich zum Nachtheile der Versicherungsanstalt, so unterliegen sie der Strafbestimmung des § 266 des Strafgesetzbuches.

Die Mitglieder des Vorstandes können vom Reichsversicherungsamt zur Befolgung der gesetzlichen und statutarischen Vorschriften durch Geldstrafen bis zu eintausend Mark angehalten werden.

B. Der Ausschuß, welcher für jede Versicherungsanstalt gebildet wird, besteht aus einer gleichen Anzahl von Vertretern der Arbeitgeber und Versicherten, mindestens aber aus je fünf Vertretern. Die Zahl der Vertreter wird durch das Statut und bis zur Genehmigung des Statuts durch die Landeszentralbehörde bestimmt.

---

1) Wahlen zu solchen Stellen, welche als Ehrenamt anzusehen sind, können von den Arbeitgebern der nach Maßgabe dieses Gesetzes versicherten Personen und von bevollmächtigten Betriebsleitern solcher Arbeitgeber nur aus denselben Gründen abgelehnt werden, aus welchen die Ablehnung des Amtes eines Vormundes zulässig ist. Die Wahrnehmung eines auf Grund der Unfallversicherungsgesetze übertragenen Ehrenamts steht der Führung einer Vormundschaft gleich. Durch das Statut können die Ablehnungsgründe anders geregelt werden. Die bezeichneten Personen, welche eine Wahl ohne zulässigen Grund ablehnen, oder sich der Ausübung ihres Amtes ohne hinreichende Entschuldigung entziehen, werden, soweit besondere Bestimmungen nicht getroffen sind, vom Vorstande mit Geldstrafe bis zu 1000 Mk belegt

Die Wiederwahl kann für eine Wahlperiode abgelehnt werden.

2) Die Vertreter der Versicherten haben in jedem Falle, in welchem sie zur Wahrnehmung ihrer Obliegenheiten berufen werden, den Arbeitgeber hiervon in Kenntniß zu setzen, widrigenfalls ihnen die Entschädigungen versagt werden können. Die Nichtleistung der Arbeit während der Zeit, in welcher sie durch die Wahrnehmung jener Obliegenheiten an der Arbeit verhindert sind, berechtigt den Arbeitgeber nicht, das Arbeitsverhältniß vor dem Ablauf der vertragsmäßigen Dauer desselben aufzuheben.

Den Arbeitgebern und ihren Angestellten ist untersagt, durch Uebereinkunft oder mittelst Arbeitsordnungen die Versicherten in der Uebernahme oder Ausübung eines in Gemäßheit des Gesetzes ihnen übertragenen Ehrenamts zu beschränken. Durch derartige Vertragsbestimmungen, welche keine rechtliche Wirkung haben, machen sich die Arbeitgeber oder deren Angestellte straffällig.

Die Wahl der Vertreter[1]) erfolgt nach näherer Bestimmung einer Wahlordnung auf fünf Jahre, eines Theils durch die Vorstände der im Bezirke der Versicherungsanstalt vorhandenen Krankenkassen,[2]) anderen Theils — für die versicherungspflichtigen Personen, welche solchen Kassen nicht angehören — durch die Vertretungen der weiteren Kommunalverbände oder die Verwaltungen der Gemeindekrankenversicherung. Für jeden Vertreter sind ein erster und zweiter Ersatzmann zu wählen.

Ueber die Obliegenheiten und Befugnisse des Ausschusses hat das Statut Bestimmung zu treffen; bestimmte Angelegenheiten sind aber dem Ausschusse gesetzlich vorbehalten,[3]) so insbesondere die Prüfung der Jahresrechnung, und die Beschlußfassung über das Statut sowie über Abänderungen desselben. Ueber die Bestellung des Vorsitzenden des Ausschusses bestimmt gleichfalls das Statut; bis zur Genehmigung des Statuts führt den Vorsitz im Ausschusse der Vorsitzende des Vorstandes. Die Mitglieder des Ausschusses verwalten ihr Amt als Ehrenamt und in dieser Beziehung, sowie hinsichtlich der Haftung für getreue Geschäftsverwaltung und der Strafbefugniß des Reichsversicherungsamtes gelten dieselben Bestimmungen, wie für die Mitglieder des Vorstandes. (Vgl. oben S. 7.)

---

1) Wählbar zu Vertretern sind nur deutsche, männliche, großjährige, im Bezirke der Versicherungsanstalt wohnende Personen, welche sich im Besitze der bürgerlichen Ehrenrechte befinden und nicht durch richterliche Anordnung in der Verfügung über ihr Vermögen beschränkt sind. Wählbar zu Vertretern der Arbeitgeber sind nur die Arbeitgeber der nach Maßgabe dieses Gesetzes versicherten Personen und die bevollmächtigten Leiter ihrer Betriebe, zu Vertretern der Versicherten die auf Grund dieses Gesetzes versicherten Personen.

2) Orts-, Betriebs-, (Fabrik-), Bau- und Innungskrankenkassen, Knappschaftskassen, Seemannskassen und andere zur Wahrung von Interessen der Seeleute bestimmte, obrigkeitlich genehmigte Vereinigungen von Seeleuten. Soweit die Vorstände dieser Kassen und Vereinigungen aus Vertretern der Arbeitgeber und Arbeitnehmer zusammengesetzt sind, nehmen bei der Wahl die den Arbeitgebern angehörenden Mitglieder des Vorstandes nur an der Wahl der Vertreter der Arbeitgeber, die den Versicherten angehörenden Mitglieder des Vorstandes nur an der Wahl der Vertreter der Versicherten Theil.

Im Uebrigen gelten als Krankenkassen im Sinne des Gesetzes die Orts-, Betriebs-, (Fabriks-), Bau- und Innungskrankenkassen, die Knappschaftskassen, sowie die Gemeindekrankenversicherung und landesrechtliche Einrichtungen ähnlicher Art.

3) Vgl. § 55 des Gesetzes.

C. Die Bildung eines Aufsichtsraths ist fakultativ, sie kann durch das Statut angeordnet werden. Nur in dem Falle muß ein Aufsichtsrath gebildet werden, wenn dem Vorstande Vertreter der Arbeitgeber und Versicherten nicht angehörten. (Vgl. oben S. 6.) Der Aufsichtsrath besteht aus einer gleichen Anzahl von Vertretern der Arbeitgeber und der Versicherten. Die Zahl der Vertreter wird durch das Statut bestimmt, ebenso die Art ihrer Bestellung.

Dem Aufsichtsrath liegt die Ueberwachung der Geschäftsführung des Vorstandes ob; im Uebrigen werden seine Obliegenheiten und Befugnisse durch das Statut bestimmt. Der Aufsichtsrath ist dem gleichen Institute der Aktiengesellschaften nachgebildet; so ist auch der Aufsichtsrath befugt, die Berufung des Ausschusses zu verlangen, sobald ihm dies im Interesse der Versicherungsanstalt erforderlich erscheint.

Die Mitglieder des Aufsichtsraths verwalten ihr Amt als Ehrenamt und in dieser Beziehung sowie hinsichtlich der Haftung für getreue Geschäftsverwaltung und der Strafbefugniß des Reichsversicherungsamtes gelten dieselben Bestimmungen, wie für die Mitglieder des Vorstandes. (Vgl. oben S. 7.)

D. Die Vertrauensmänner sind örtliche Organe der Versicherungsanstalt. Ihre Zahl ist nicht beschränkt. Die Vertrauensmänner werden bestellt aus dem Kreise der Arbeitgeber und der Versicherten; über die Art ihrer Bestellung trifft das Statut Bestimmung.

Die Obliegenheiten und Befugnisse der Vertrauensmänner werden durch das Statut geregelt; insbesondere werden sie bei der Rentenfeststellung mitwirken; sie müssen von der unteren Verwaltungsbehörde über die Invalidisirungs-Anträge gehört werden.

Die Vertrauensmänner verwalten ihr Amt als Ehrenamt und in dieser Beziehung, sowie hinsichtlich der Haftung für getreue Geschäftsverwaltung und der Strafbefugniß des Reichsversicherungsamts gelten dieselben Bestimmungen, wie für die Mitglieder des Vorstandes. (Vgl. oben S. 7.)

E. Bezüglich der mit der Einziehung der Beiträge beauftragten Krankenkassen vgl. S. 33.

So lange die Wahl der gesetzlichen Organe der Versicherungsanstalt nicht zu Stande kommt, oder solange diese

Organe die Erfüllung ihrer gesetzlichen oder statutarischen Obliegenheiten verweigern, hat der Vorsitzende des Vorstandes die letzteren auf Kosten der Versicherungsanstalt wahrzunehmen oder durch Beauftragte wahrnehmen zu lassen. —

Für jede Versicherungsanstalt ist ein Statut zu errichten. Dasselbe muß über gewisse vom Gesetz bezeichnete Angelegenheiten[1]) — so bezüglich des Ausschusses, des Aufsichtsrathes, der Vertrauensmänner (vgl. oben) — Bestimmung treffen. Das Statut, sowie Abänderungen desselben werden vom Ausschusse[2]) beschlossen und bedürfen der Genehmigung des Reichsversicherungsamtes; gegen die Versagung der Genehmigung findet die Beschwerde beim Bundesrath statt.)

---

1) 1. Ueber die Zahl der Mitglieder, die Obliegenheiten und Befugnisse sowie die Berufung des Ausschusses, über die Bestellung des Vorsitzenden desselben und über die Art der Beschlußfassung;
2. für den Fall der Bestellung eines Aufsichtsraths, über die Art seiner Bestellung, die Zahl seiner Mitglieder, seine Obliegenheiten und Befugnisse;
3. über die Art der Bestellung der Vertrauensmänner sowie über ihre Obliegenheiten und Befugnisse;
4. über die Form, in welcher der Vorstand seine Willenserklärungen kundzugeben und für die Versicherungsanstalt zu zeichnen hat, sowie für den Fall, daß dem Vorstande neben dem Beamten noch andere Personen angehören sollen, über die Art, in welcher die Beschlußfassung des Vorstandes und seine Vertretung nach außen erfolgen soll;
5. über die Vertretung der Versicherungsanstalt gegenüber dem Vorstande;
6. über die Zahl der Schiedsgerichtsbeisitzer;
7. über die Höhe der an die nichtbeamteten Vorstandsmitglieder und die Vertreter der Versicherten und Arbeitgeber zu gewährenden Vergütungen;
8. über die Aufstellung und Abnahme der Jahresrechnung, soweit hierüber nicht von der Landes-Zentralbehörde Bestimmungen getroffen werden;
9. über die Veröffentlichung der Rechnungsabschlüsse;
10. über die öffentlichen Blätter, durch welche Bekanntmachungen zu erfolgen haben;
11. über die Voraussetzungen einer Abänderung des Statuts.

2) Die Mitglieder des über das Statut berathenden Ausschusses erhalten für ihre Theilnahme an diesen Berathungen besondere Vergütungen, welche von der Landeszentralbehörde zu bestimmen sind.

3) Wird innerhalb der gesetzlichen Frist (vier Wochen) Beschwerde nicht eingelegt oder wird die Versagung der Genehmigung des Statuts vom Bundesrath aufrecht erhalten, so hat das Reichsversicherungsamt innerhalb vier Wochen eine abermalige Beschlußfassung anzuordnen. Wird auch dem anderweit beschlossenen Statut die Genehmigung endgültig versagt, oder kommt ein Beschluß des Ausschusses über das Statut nicht zu Stande, so wird ein solches vom Reichsversicherungsamt erlassen.

Streitigkeiten, welche sich auf die Auslegung der Statuten beziehen, entscheidet, unbeschadet der Rechte Dritter, das Reichsversicherungsamt.

Verfügbare Gelder der Versicherungsanstalten sind nach Maßgabe der Bestimmungen des § 76 des Unfallversicheruugsgesetzes verzinslich anzulegen.[1]) Doch kann der Kommunalverband bezw. die Zentralbehörde des Bundesstaats, für welchen die Versicherungsanstalt errichtet ist, die Anlage höchstens des vierten Theils des Vermögens der Versicherungsanstalt in beliebigen zinstragenden Papieren oder in Grundstücken widerruflich gestatten.

Jede Versicherungsanstalt hat einen Reservefonds zu bilden. Die Rücklagen zum Reservefonds sind für die erste Beitragsperiode (s. S. 17) so zu bemessen, daß am Schlusse derselben der Reservefonds eine gesetzlich bestimmte Höhe[2]) erreicht. Statutarisch kann der Reservefonds auf das Doppelte des gesetzlichen Betrages festgesetzt werden. Der Reservefonds, sowie dessen Zinsen dürfen, so lange der erstere die vorgeschriebene Höhe nicht erreicht hat, nur in dringenden Bedarfsfällen und nur mit Genehmigung des Reichsversicherungsamts angegriffen werden.

Für die Verbindlichkeiten der Versicherungsanstalt haftet den Gläubigern zunächst das Anstaltsvermögen, subsidiär der Kommunalverband[3]) bezw. Bundesstaat, für welchen die Anstalt errichtet ist. Scheiden in Folge von Veränderungen der Bezirke der Versicherungsanstalten örtliche Bezirke aus der Versicherungsanstalt aus, so verbleibt der letzteren das bis zum Zeitpunkte des Ausscheidens angesammelte Vermögen, sowie die Verpflichtung zur Befriedigung aller Ansprüche, welche auf Verwendung von Beitragsmarken (vgl. S. 28) dieser Anstalt beruhen. Führt die Veränderung zur Auflösung der Anstalt, so geht das Vermögen mit allen Rechten und Pflichten auf den Kommunalverband bezw. Bundesstaat über, für welchen die Anstalt errichtet ist. Doch

1) Werthpapiere sind nach näherer Bestimmung der Zentralbehörde desjenigen Bundesstaats, in dessen Gebiet die Versicherungsanstalt ihren Sitz hat, bei einer zur Aufbewahrung von Geldern oder Werthpapieren befugten öffentlichen Behörde oder Kasse niederzulegen.

2) D. i. ein Fünftel des Capitalwerths der in dieser Periode der Versicherungsanstalt voraussichtlich zur Last fallenden Renten (s. S. 18).

3) Im Unvermögensfalle haftet der Bundesstaat.

kann auch eine andere Versicherungsanstalt mit Genehmigung der betheiligten Landesregierungen dieses Vermögen übernehmen.[1])

Die Versicherungsanstalt darf andere, als in diesem Gesetze ihr übertragene Geschäfte nicht übernehmen, und ihr Vermögen darf für andere als in diesem Gesetze vorgesehene Zwecke nicht verwendet werden.

Die Art und Form der Rechnungsführung bei den Versicherungsanstalten wird durch das Reichsversicherungsamt geregelt[2]) (vgl. Anlage). Die Einnahmen und Ausgaben der Anstalt sind gesondert zu verrechnen, ihre Bestände gesondert zu verwahren. Das Rechnungsjahr ist das Kalenderjahr. —

Die Aufsicht über die Versicherungsanstalten wird durch das Reichsversicherungsamt[3]) bezw. die Landesversicherungsämter[4]) geführt. Das Reichsversicherungs- bezw. Landesversicherungsamt ist befugt, jederzeit eine Prüfung der Geschäftsführung der Versicherungsanstalten vorzunehmen; die Mitglieder der Vorstände und

---

1) Streitigkeiten, welche in Betreff der Vermögensauseinandersetzung zwischen den betheiligten Versicherungsanstalten entstehen, werden mangels Verständigung über eine schiedsrichterliche Entscheidung von dem Reichsversicherungsamt entschieden.

2) Die Versicherungsanstalten sind verpflichtet, dem Reichsversicherungsamt nach näherer Anweisung desselben und in den von ihm vorzuschreibenden Fristen Uebersichten über ihre Geschäfts- und Rechnungsergebnisse einzureichen.

3) Die Entscheidungen des Reichs-Versicherungsamts erfolgen in der Besetzung von mindestens zwei ständigen und zwei nichtständigen Mitgliedern, unter welchen sich je ein Vertreter der Arbeitgeber und der Versicherten befinden muß, und unter Zuziehung von mindestens einem richterlichen Beamten, wenn es sich andelt:

1. um die Entscheidung auf Revisionen gegen die Entscheidungen der Schiedsgerichte (s. S. 38),
2. um die Entscheidung vermögensrechtlicher Streitigkeiten bei Veränderungen des Bestandes der Versicherungsanstalten (s. Anm. 1).

Als Vertreter der Arbeitgeber und der Versicherten gelten auch für den Bereich dieses Gesetzes die auf Grund der Unfallversicherungsgesetze zu nichtständigen Mitgliedern des Reichs-Versicherungsamts gewählten Vertreter der Betriebsunternehmer und der Arbeiter, ohne Beschränkung auf die Angelegenheiten ihres besonderen Berufszweiges.

Im Uebrigen werden die Formen des Verfahrens und der Geschäftsgang des Reichs-Versicherungsamts durch Kaiserliche Verordnung unter Zustimmung des Bundesraths geregelt.

4) Sofern für das Gebiet eines Bundesstaats ein Landesversicherungsamt errichtet ist und sofern der Bezirk der Versicherungsanstalt sich über das Gebiet dieses Bundesstaats nicht hinaus erstreckt.

Die Formen des Verfahrens und der Geschäftsgang bei dem Landesversicherungsamt werden durch die Landesregierung geregelt.

sonstigen Organe der Versicherungsanstalten sind zur Vorlegung ihrer Bücher, Beläge, Werthpapiere und Geldbestände, sowie ihrer auf den Inhalt der Bücher und der Festsetzung der Renten u. s. w. bezüglichen Schriftstücke verpflichtet.

Für den Bezirk einer jeden Versicherungsanstalt wird ein Staatskommissar bestellt. Die Bestellung erfolgt durch die Landesregierungen im Einvernehmen mit dem Reichskanzler. Der Staatskommissar hat bei der Versicherungsanstalt die Interessen der übrigen Versicherungsanstalten und des Reichs wahrzunehmen. Er ist insbesondere befugt, allen Verhandlungen der Organe der Versicherungsanstalt mit berathender Stimme und ohne dieselbe auch den Verhandlungen vor dem Schiedsgerichte (vgl. unten) beizuwohnen, selbständig Anträge zu stellen und Einsicht in die Akten zu nehmen. Zu diesem Zwecke ist ihm von den Verhandlungsgegenständen rechtzeitig Kenntniß zu geben. Der Staatskommissar kann auch gegen solche Entscheidungen der zuständigen Organe, durch welche die Erwerbsunfähigkeit eines Versicherten anerkannt oder eine Rente festgesetzt wird, selbständig die zulässigen Rechtsmittel einlegen. Zu diesem Zwecke ist dem Staatskommissar Abschrift eines jeden Bescheides, durch welchen die Rente festgestellt wird, sowie Abschrift einer jeden Entscheidung des Schiedsgerichts zuzustellen.

Der Bundesrath ist befugt, für die Kommissare Geschäftsanweisungen zu erlassen. —

Für den Bezirk jeder Versicherungsanstalt wird ein Schiedsgericht[1]) errichtet, welches in dem Verfahren über die Feststellung der Renten (vgl. S. 36) die Berufungsinstanz gegen die Entscheidung der Anstalts-Vorstände bildet. Das Schiedsgericht besteht aus einem ständigen Vorsitzenden,[2]) welcher aus der Zahl der öffentlichen Beamten von der Zentralbehörde des Bundesstaates, in welchem sich der Sitz der Versicherungsanstalt befindet, ernannt wird,

1) Die Zahl und der Sitz der Schiedsgerichte werden von der Zentralbehörde des Bundesstaats, zu welchem der Bezirk der Versicherungsanstalt gehört oder, sofern der Bezirk über die Grenzen eines Bundesstaats hinausgeht, im Einvernehmen mit den betheiligten Zentralbehörden von dem Reichsversicherungsamt bestimmt.

2) Der Vorsitzende beruft das Schiedsgericht und leitet die Verhandlungen desselben. Der Vorsitzende, sowie sein Stellvertreter sind auf die gewissenhafte Erfüllung der Obliegenheiten ihres Amtes eidlich zu verpflichten; eine Vergütung darf ihnen von der Versicherungsanstalt nicht gewährt werden.

und aus Beisitzern,[1]) welche aus der Klasse der Arbeitgeber und der Versicherten in gleicher Anzahl auf fünf Jahre von dem Ausschusse der Versicherungsanstalt gewählt werden.[2]) Die Zahl der Beisitzer wird durch das Statut festgesetzt, mindestens müssen jedoch vier (zwei Arbeitgeber und zwei Versicherte) vorhanden sein. Die Entscheidung des Schiedsgerichts erfolgt in der Besetzung von nur drei Mitgliedern, unter denen sich ein Arbeitgeber und Versicherter befinden muß. Das Verfahren vor dem Schiedsgericht[3]) wird durch Kaiserliche Verordnung mit Zustimmung des Bundesraths geregelt (vgl. Anlage).

II. Neben den Versicherungsanstalten kann die Versicherung auch erfolgen durch besondere Kasseneinrichtungen, welche bestehen oder errichtet werden können, für die in Betrieben des Reichs eines Bundesstaats oder eines Kommunalverbandes beschäftigten versicherungspflichtigen Personen und bei welchen folgende Voraussetzungen zutreffen:

1. Durch die Kasseneinrichtung muß den Versicherten eine den reichsgesetzlich vorgesehenen Leistungen gleichwerthige Fürsorge gesichert sein.
2. Die Kasseneinrichtungen müssen gewissen gesetzlich fixirten Bedingungen hinsichtlich der Höhe der Beiträge,[4]) der

---

1) Die Beisitzer verwalten ihr Amt als Ehrenamt und erhalten nach den durch das Statut zu bestimmenden Sätzen nur Ersatz für baare Auslagen, die Vertreter der Versicherten außerdem Ersatz für entgangenen Arbeitsverdienst. Die Festsetzung der den Beisitzern zu gewährenden Vergütungen und baaren Auslagen erfolgt durch den Vorsitzenden.

2) Personen, welche die Wahl ohne zulässigen Grund ablehnen oder sich der Ausübung ihres Amtes ohne hinreichende Entschuldigung entziehen, werden vom Vorsitzenden mit Geldstrafe bis zu 500 Mk. belegt. Kommt eine Wahl nicht zu Stande, oder verweigern die Gewählten ihre Dienstleistung, so hat, so lange und soweit dies der Fall ist, die untere Verwaltungsbehörde, in deren Bezirke der Sitz des Schiedsgerichts belegen ist, die Beisitzer aus der Zahl der Arbeitgeber bezw. Versicherten zu ernennen.

3) Die Kosten des Schiedsgerichts, sowie die Kosten des Verfahrens vor demselben trägt die Versicherungsanstalt. Das Schiedsgericht ist jedoch befugt, den Betheiligten solche Kosten des Verfahrens zur Last zu legen, welche durch unbegründete Beweisanträge derselben veranlaßt worden sind.

4) Die Beiträge der Versicherten dürfen, soweit sie für die Invaliditäts- und Altersversicherung in Höhe des reichsgesetzlichen Anspruchs entrichtet werden, die Hälfte des für den letzteren nach Maßgabe dieses Gesetzes (s. S. 17) zu erhebenden Beitrags nicht übersteigen. Diese Bestimmung findet keine Anwendung, sofern in der betreffenden Kasseneinrichtung die Beiträge nach einem von der Berechnungsweise des Gesetzes abweichenden Verfahren aufgebracht und in Folge

Berechnung der Wartezeit und der Rente,[1]) sowie der Zulassung eines schiedsrichterlichen Verfahrens über den Invalidität- und Altersrenten-Anspruch[2]) genügen.

3. Die Kasseneinrichtung muß auf Antrag der zuständigen Reichs-, Staats- oder Kommunalbehörde vom Bundesrath zugelassen sein.

Die Versicherung bei solchen Kasseneinrichtungen wird der Versicherung bei einer Versicherungsanstalt vom Inkrafttreten des Gesetzes ab völlig gleichgeachtet. Auf diese Kasseneinrichtungen erstreckt sich auch die Thätigkeit des Staatskommissars. (Vgl. oben S. 13.)

Die Kasseneinrichtungen können sich wieder an die Versicherungsanstalt ihres Bezirks anschließen bezw. aus derselben ausscheiden. Auf das Verfahren hierbei und die Vermögensauseinandersetzung finden die für die Versicherungsanstalten geltenden Vorschriften (vgl. oben S. S. 5 u. 11) entsprechende Anwendung.

III. Durch Beschluß des Bundesraths können auch andere Kasseneinrichtungen (als die unter II. genannten), welche die Fürsorge für den Fall der Invalidität oder des Alters zum Gegenstande haben,[3]) unter denselben Bedingungen und mit derselben Wirkung, wie unter II. erwähnt, zur Versicherung zugelassen werden.

IV. Fabrikkassen, Knappschaftskassen, Seemannskassen und andere für gewerbliche, landwirthschaftliche oder ähnliche Unternehmungen bestehende Kasseneinrichtungen, welche ihren nach den Bestimmungen dieses Gesetzes versicherten Mitgliedern für den Fall des Alters oder der Erwerbsunfähigkeit Renten oder Kapitalien gewähren, sowie die zur Fürsorge für Invalidität und Alter bestehenden ortsstatutarischen Zwangs-Kassen sind berechtigt, die von ihnen

---

dessen höhere Beiträge erforderlich werden, um die der Kasseneinrichtung aus Invaliden- und Altersrenten in Höhe des reichsgesetzlichen Anspruchs obliegenden Leistungen zu decken. Sofern hiernach höhere Beiträge zu erheben sind, dürfen die Beiträge der Versicherten diejenigen der Arbeitgeber nicht übersteigen.

1) Bei Berechnung der Wartezeit und der Rente ist den bei solchen Kasseneinrichtungen betheiligten Personen, soweit es sich um das Maß des reichsgesetzlichen Anspruchs handelt, die bei Versicherungsanstalten zurückgelegte Beitragszeit in Anrechnung zu bringen.

2) Ueber den Anspruch der einzelnen Betheiligten auf Gewährung von Invaliden- und Altersrente muß ein schiedsgerichtliches Verfahren unter Mitwirkung von Vertretern der Versicherten zugelassen sein.

3) z. B. Knappschaftskassen.

gewährten Unterstützungen für solche Personen, welche auf Grund dieses Gesetzes einen Anspruch auf Invaliden- und Altersrenten haben,[1]) um den Werth der letzteren oder zu einem geringeren Betrage zu ermäßigen, sofern gleichzeitig die Beiträge der Betriebsunternehmer und Kassenmitglieder oder im Falle der Zustimmung der Betriebsunternehmer wenigstens diejenigen der Kassenmitglieder in entsprechendem Verhältnisse herabgemindert werden.[2])

Aufbringung der Mittel. (Beiträge.)

Die Mittel zur Gewährung der Invaliden- und Altersrenten, werden, abgesehen von dem festen Zuschusse, welchen das Reich zu jeder Rente leistet (Reichszuschuß, vgl. S. 21), durch Beiträge der Versicherten und Arbeitgeber aufgebracht. Die Beiträge sind für jede Kalenderwoche zu entrichten, in welcher der Versicherte in einem die Versicherungspflicht begründenden Arbeits- oder Dienstverhältniß gestanden hat (Beitragswoche). Versicherungspflichtigen Personen werden unter gewissen Voraussetzungen die Zeiten, während welcher sie krank[3]) gewesen sind oder militärische

---

1) Für Personen, welche aus Kassen der genannten Art Invaliden- oder Altersrenten beziehen, tritt ein Erlöschen des gesetzlichen Versicherungsverhältnisses durch Nichtzahlung von Beiträgen (s. S. 20) nicht ein.

2) Die hierzu erforderliche Abänderung der Statuten bedarf der Genehmigung der zuständigen Landesbehörde. Die letztere ist befugt eine entsprechende Abänderung der Statuten ihrerseits mit rechtsgültiger Wirkung vorzunehmen, sofern die zu den erwähnten Kasseneinrichtungen beitragenden Betriebsunternehmer, oder die Mehrheit der Kassenmitglieder die Abänderung beantragt haben, die letztere aber von den zuständigen Organen der Kasse abgelehnt worden ist.

Der Ermäßigung der Beiträge bedarf es nicht, sofern die durch die Herabminderung der Unterstützungen ersparten Beträge zu anderen Wohlfahrtseinrichtungen für Betriebsbeamte, Arbeiter oder deren Hinterbliebene verwendet werden sollen und diese anderweite Verwendung durch das Statut geregelt und von der Aufsichtsbehörde genehmigt wird oder soweit die Beiträge in der bisherigen Höhe erforderlich sind, um die der Kasse verbleibenden Leistungen zu decken.

3) Die betreffenden Personen müssen, nachdem sie nicht lediglich vorübergehend in ein die Versicherungspflicht begründendes Arbeits- oder Dienstverhältniß eingetreten waren, wegen bescheinigter mit Erwerbsunfähigkeit verbundener Krankheit für die Dauer von sieben oder mehr aufeinanderfolgenden Tagen verhindert gewesen sein, dieses Verhältniß fortzusetzen.

Die Dauer einer Krankheit ist nicht als Beitragszeit in Anrechnung zu bringen, wenn der Betheiligte sich die Krankheit vorsätzlich oder bei Begehung eines durch strafgerichtliches Urtheil festgestellten Verbrechens, durch schuldhafte Be-

Dienstleistungen[1]) verrichtet haben, als Beitragszeiten in Anrechnung gebracht, ohne daß thatsächlich Beiträge entrichtet sind.

Die Höhe der Beiträge wird für jede Versicherungsanstalt im Voraus auf bestimmte Zeiträume festgesetzt und zwar erstmalig für die Zeit bis zum Ablauf von zehn Jahren nach dem Inkrafttreten des Gesetzes, demnächst für je fünf weitere Jahre.

Für die erste Beitragsperiode (von 10 Jahren) ist die Höhe der Beiträge gesetzlich fixirt.[2]) Doch kann die Versicherungsanstalt auch schon für die erste Beitragsperiode oder innerhalb derselben andere Beiträge festsetzen. Für die ferneren Beitragsperioden (von 5 Jahren) muß der Ausschuß nach Anhörung des Vorstandes über die Höhe der Beiträge beschließen.[3]) Die Höhe der Beiträge

---

theiligung bei Schlägereien oder Raufhändeln, durch Trunkfälligkeit oder durch geschlechtliche Ausschweifungen zugezogen hat.

Bei Krankheiten, welche ununterbrochen länger als ein Jahr währen, kommt die über diesen Zeitraum hinausreichende Dauer der Krankheit als Beitragszeit nicht in Anrechnung.

Zum Nachweise einer Krankheit genügt die Bescheinigung des Vorstandes derjenigen Krankenkasse, bezw. derjenigen eingeschriebenen oder auf Grund landesrechtlicher Vorschriften errichteten Hülfskasse, welcher der Versicherte angehört hat, für diejenige Zeit aber, welche über die Dauer der von den betreffenden Kassen zu gewährenden Krankenunterstützung hinausreicht, sowie für diejenigen Personen, welche einer derartigen Kasse nicht angehört haben, die Bescheinigung der Gemeindebehörde. Die Kassenvorstände sind verpflichtet, diese Bescheinigung auszustellen und können hierzu von der Aufsichtsbehörde durch Geldstrafe bis zu einhundert Mark angehalten werden.

Für die in Reichs- und Staatsbetrieben beschäftigten Personen können die vorstehend bezeichneten Bescheinigungen durch die vorgesetzte Dienstbehörde ausgestellt werden.

1) Die betreffenden Personen müssen, nachdem sie nicht lediglich vorübergehend in ein die Versicherungspflicht begründendes Arbeits- oder Dienstverhältniß eingetreten waren, behufs Erfüllung der Wehrpflicht in Friedens-, Mobilmachungs- oder Kriegszeiten zum Heer oder zur Marine eingezogen gewesen sein, oder in Mobilmachungs- oder Kriegszeiten freiwillig militärische Dienstleistungen verrichtet haben.

Der Nachweis geleisteter Militärdienste erfolgt durch Vorlegung der Militärpapiere.

2) Als Beiträge sind zu erheben:

in Lohnklasse	I	 14	Pf.
„ „	II	 20	„
„ „	III	 24	„
„ „	IV	 30	„

Ueber Lohnklassen vgl. folgende Seite.

3) Der Beschluß bedarf der Genehmigung des Reichs-Versicherungsamts. Ist die Beitragsperiode bis auf einen Monat abgelaufen, ohne daß ein von dem Reichs-Versicherungsamt genehmigter Beschluß vorliegt, so hat das Reichsversicherungsamt die Höhe der für die nächste Beitragsperiode zu erhebenden Beiträge für alle in der Versicherungsanstalt versicherten Personen selbst festzusetzen.

ist so zu bemessen, daß durch dieselben der Kapitalwerth der von der Versicherungsanstalt aufzubringenden Antheile an denjenigen Renten (vgl. S. 19 ff.) gedeckt wird, welche in den betreffenden Beitragsperioden voraussichtlich zu bewilligen sein werden[1]) (Kapitaldeckungsverfahren). Die Beiträge müssen ferner nach den vier Lohnklassen, welche nach der Höhe des Jahresarbeitsverdienstes[2]) der Versicherten wie folgt gebildet werden:

Klasse I bis zu 350 Mk. einschließlich,
" II von mehr als 350 bis 550 Mk.

Die Höhe der Beiträge, sowie der Zeitpunkt von welchem ab dieselben erhoben werden sollen, ist durch diejenigen Blätter, durch welche die Bekanntmachungen der Versicherungsanstalt zu erfolgen haben, zu veröffentlichen. Die Bekanntmachung muß mindestens zwei Wochen vor demjenigen Zeitpunkte erfolgt sein, von welchem ab der Beitrag in der festgestellten Höhe erhoben werden soll.

1) Bei der Normirung der Beiträge sind auch zu berücksichtigen die in Folge von Krankheiten entstehenden Ausfälle (s. S. 16), ferner müssen durch die Beiträge gedeckt werden die Verwaltungskosten, die Rücklagen zur Bildung eines Reservefonds (s. S. 11) und die durch Erstattung von Beiträgen (s. S. 27) voraussichtlich entstehenden Aufwendungen.

2) Als Jahresarbeitsverdienst gilt:

1. für die in der Land- und Forstwirthschaft beschäftigten Personen, soweit nicht Ziffer 4 Platz greift, der für sie von der höheren Verwaltungsbehörde unter Berücksichtigung des § 3 festzusetzende durchschnittliche Jahresarbeitsverdienst, beziehungsweise der für Betriebsbeamte nach § 3 des Gesetzes vom 5. Mai 1886 (Reichs-Gesetzbl. S. 132) zu ermittelnde Jahresarbeitsverdienst;
2. für die auf Grund des Gesetzes vom 13. Juli 1887 (Reichs-Gesetzbl. S. 329) versicherten Seeleute und andere bei der Seeschifffahrt betheiligten Personen der Durchschnittsbetrag des Jahresarbeitsverdienstes, welcher gemäß §§ 6 und 7 a. a. O. vom Reichskanzler, bezw. von der höheren Verwaltungsbehörde festgesetzt worden ist;
3. für Mitglieder einer Knappschaftskasse der dreihundertfache Betrag des von dem Kassenvorstande festzusetzenden durchschnittlichen täglichen Arbeitsverdienstes derjenigen Klasse von Arbeitern, welcher der Versicherte angehört, jedoch nicht weniger als der dreihundertfache Betrag des ortsüblichen Tagelohnes gewöhnlicher Tagearbeiter des Beschäftigungsortes (§ 8 des Krankenversicherungsgesetzes);
4. für Mitglieder einer Orts-, Betriebs- (Fabrik-), Bau- oder Innungskasse der dreihundertfache Betrag des für ihre Krankenkassenbeiträge maßgebenden durchschnittlichen Tagelohnes (§ 20 des Krankenversicherungsgesetzes) bezw. wirklichen Arbeitsverdienstes (§ 64 Ziffer 1 a. a. O.);
5. im Uebrigen der dreihundertfache Betrag des ortsüblichen Tagelohnes gewöhnlicher Tagearbeiter des Beschäftigungsortes (§ 8 des Krankenversicherungsgesetzes)

Doch können auch Arbeitgeber und Versicherte übereinkommen, daß ein höherer Betrag des Jahresarbeitsverdienstes als der nach vorstehenden Bestimmungen sich ergebende, für die Berechnung der Lohnklasse zu Grunde gelegt wird.

Klasse III von mehr als 550 bis 850 Mk.,
" IV von mehr als 850 Mk.

in der Weise bemessen werden, daß durch die in jeder Lohnklasse aufkommenden Beiträge die Belastung gedeckt wird, welche der Versicherungsanstalt durch die auf Grund dieser Beiträge entstehenden Ansprüche voraussichtlich erwächst, so daß also gewissermaßen jede Lohnklasse eine Versicherungskasse in sich bildet.[1]) Innerhalb der Lohnklassen können die Beiträge nach Berufszweigen verschieden bemessen werden; im übrigen sind aber die Beiträge ohne Rücksicht auf das Lebensalter oder andere individuelle Verhältnisse gleich zu bemessen. Ueber Einziehung der Beiträge s. S. 28.

Gegenstand der Versicherung.

Gegenstand der Versicherung ist der Anspruch auf Gewährung einer Invaliden- bezw. Altersrente.[2]) Die Versicherungsanstalt ist ferner in bestimmten Fällen zur Uebernahme der Krankenfürsorge befugt; es findet endlich unter gewissen Voraussetzungen eine Rückerstattung von Beiträgen statt.

I. Invalidenrente erhält derjenige Versicherte, welcher dauernd erwerbsunfähig, d. h. in Folge seines körperlichen oder geistigen Zustandes nicht mehr im Stande ist, ein gesetzlich näher bestimmtes Lohn-Minimum[3]) zu verdienen. Jedoch:

a. Hat sich der Versicherte die Erwerbsunfähigkeit erweislich vorsätzlich, oder bei Begehung eines durch strafgerichtliches

1) Eine aus der Selbstversicherung und der freiwilligen Versicherung, welche nur in Lohnklasse II erfolgen kann (s. S. 4 f.), voraussichtlich entstehende Mehrbelastung ist auf alle Lohnklassen zu vertheilen.

2) Mehrere Versicherungsanstalten können vereinbaren, die Kosten der Invaliditäts- und Altersversicherung ganz oder zum Theil gemeinsam zu tragen.

3) D. i. durch eine seinen Kräften und Fähigkeiten entsprechende Lohnarbeit einen Betrag, welcher gleichkommt der Summe eines Sechstels des Durchschnitts der Lohnsätze, nach welchen für ihn während der letzten fünf Beitragsjahre Beiträge entrichtet worden sind, und eines Sechstels des dreihundertfachen Betrages des nach § 8 des Krankenversicherungsgesetzes vom 15. Juni 1883 (Reichs-Gesetzbl. S. 73) festgesetzten ortsüblichen Tagelohnes gewöhnlicher Tagearbeiter des letzten Beschäftigungsortes, in welchem er nicht lediglich vorübergehend beschäftigt gewesen ist.

Als Lohnsatz gilt:

für die Lohnklasse	I	der Satz	von	300	Mk.
" " "	II	" "	"	500	"
" " "	III	" "	"	720	"
" " "	IV	" "	"	960	"

Urtheil festgestellten Verbrechens zugezogen, so findet ein Anspruch auf Invalidenrente nicht statt.

b. Eine durch einen Unfall herbeigeführte Erwerbsunfähigkeit begründet den Anspruch auf Invalidenrente nur insoweit, als nicht nach den Bestimmungen der Reichsgesetze über die Unfallversicherung eine Rente zu leisten ist.

c. Der erworbene Anspruch auf Rente ruht in vier bestimmten Fällen.[1])

d. Der Anspruch auf Rente erlischt durch Nichtzahlung der Beiträge.[2])

e. Die Invalidenrente kann dem Empfänger entzogen werden, wenn in seinen Verhältnissen eine Veränderung eintritt, welche ihn nicht mehr als dauernd erwerbsunfähig erscheinen läßt.[3])

f. Der Versicherte verliert den Anspruch auf Invalidenrente, falls er sich der Krankenfürsorge der Versicherungsanstalt entzogen hat. (s. S. 27.)

Voraussetzung für die Erlangung eines Anspruchs auf Invalidenrente ist die Zurücklegung einer Wartezeit. Die Wartezeit beträgt

---

1) 1. Für diejenigen Personen, welche auf Grund der reichsgesetzlichen Bestimmungen über Unfallversicherung eine Rente beziehen, solange und soweit die Unfallrente unter Hinzurechnung der diesen Personen nach dem gegenwärtigen Gesetze zugesprochenen Rente den Betrag von 415 Mark übersteigt;

2. für die oben (Seite 3 und 4) bezeichneten Beamten und Personen des Soldatenstandes, solange und soweit die denselben gewährten Pensionen oder Wartegelder unter Hinzurechnung der ihnen nach dem gegenwärtigen Gesetze zugesprochenen Rente den Betrag von 415 Mark übersteigen;

3. solange der Berechtigte eine die Dauer von einem Monat übersteigende Freiheitsstrafe verbüßt, oder solange er in einem Arbeitshause oder in einer Besserungsanstalt untergebracht ist;

4. solange der Berechtigte nicht im Inlande wohnt. Durch Beschluß des Bundesraths kann diese Bestimmung für bestimmte Grenzgebiete außer Kraft gesetzt werden.

2) Wenn während vier aufeinander folgender Kalenderjahre für weniger als insgesammt 47 Beitragswochen Beiträge auf Grund des Versicherungsverhältnisses oder freiwillig entrichtet worden sind.

Die Anwartschaft lebt wieder auf, sobald durch Wiedereintreten in eine das Versicherungsverhältniß begründende Beschäftigung oder durch freiwillige Beitragsleistung das Versicherungsverhältniß erneuert und danach eine Wartezeit von fünf Beitragsjahren zurückgelegt ist.

3) Die Entziehung der Rente erfolgt in dem für die Feststellung der Rente vorgesetzten Verfahren (s. Seite 36) und tritt von dem Tage ab in Wirksamkeit, an welchem der die Entziehung aussprechende Bescheid zugestellt worden ist.

fünf Beitragsjahre, d. h. für den Versicherten müssen für mindestens 5 × 47 Beitragswochen Beiträge (vgl. S. 16) entrichtet sein, ehe er überhaupt einen Rentenanspruch erwerben kann.[1])

Es ist jedoch zu beachten:

a. Die zum Zwecke der Fortsetzung oder Erneuerung des Versicherungsverhältnisses freiwillig geleisteten Beiträge (vgl. S. 32) kommen auf die Wartezeit nur dann zur Anrechnung, wenn für den Versicherten auf Grund der Versicherungspflicht oder der Selbstversicherung für mindestens 117 Beitragswochen Beiträge geleistet sind.[2])

b. Für Versicherte, welche während der ersten fünf Kalenderjahre nach dem Inkrafttreten des Gesetzes erwerbsunfähig werden, vermindert sich die Wartezeit um diejenige Zahl von Wochen, während deren sie nachweislich vor dem Inkrafttreten des Gesetzes, jedoch innerhalb der letzten fünf Jahre vor Eintritt der Erwerbsunfähigkeit, in einem Arbeits- oder Dienstverhältniß[3]) gestanden haben, welches nach dem Gesetze die Versicherungspflicht begründen würde. Diese Verminderung der Wartezeit findet aber nur unter der Voraussetzung statt, daß für den Versicherten, während der Dauer eines Beitragsjahres auf Grund der Versicherungspflicht[4]) die gesetzlichen Beiträge entrichtet worden sind.

Die Invaliden-Renten werden für Kalenderjahre berechnet, sie bestehen:

a. aus einem festen Zuschusse des Reichs,

b. aus einem von der Versicherungsanstalt aufzubringenden Betrage.

Der Reichszuschuß beträgt für jede Rente jährlich 50 Mk. Außerdem übernimmt noch das Reich den auf die Dauer der militärischen Dienstleistungen (s. S. 17) entfallenden Antheil der Rente.

---

1) Als Beitragsjahr gelten 47 Beitragswochen. Hierbei werden die Beitragswochen, auch wenn sie in verschiedene Kalenderjahre fallen, bis zur Erfüllung des Beitragsjahres zusammengerechnet.

2) Diese Vorschrift findet jedoch auf die während der ersten vier Jahre nach dem Inkrafttreten des Gesetzes freiwillig geleisteten Beiträge keine Anwendung.

3) Eine anrechnungsfähige Krankheit oder militärische Dienstleistung (s. S. 16) wird einem Arbeits- oder Dienstverhältniß gleich geachtet; dasselbe gilt von der Unterbrechung des Arbeits- oder Dienstverhältnisses (s. S. 32, Anm. 3 Abs. 2), in soweit diese Unterbrechung während eines Kalenderjahres den Zeitraum von vier Monaten nicht übersteigt.

4) Für die Selbstversicherten findet eine Verminderung der Wartezeit nicht statt.

Der von der Versicherungsanstalt aufzubringende Antheil der Rente besteht aus einem festen Grundstock von 60 Mk., welcher sich mit jeder vollendeten Beitragswoche (s. S. 16)

in der Lohnklasse (s. S. 18)	I	um 2	Pfennig
" " "	II	" 6	"
" " "	III	" 9	"
" " "	IV	" 13	"

erhöht. Sind also z. B. in Lohnklasse II 100 Beitragswochen und in Klasse IV 400 Wochen geleistet, so beträgt die Rente: 100 × 6 + 400 × 13 Pfennig = 58 Mark. Hierzu der feste Grundstock von 60 Mk. und der Reichszuschuß von 50 Mk., mithin der Gesammtbetrag der Rente: 168 Mk. Für die als Beitragszeit geltende Dauer bescheinigter Krankheiten und militärischer Dienstleistungen (s. S. 16) wird bei Berechnung der Rente die Lohnklasse II zu Grunde gelegt.[1])

Den in land- oder forstwirthschaftlichen Betrieben beschäftigten Arbeitern wird unter bestimmten Voraussetzungen[2]) die Rente bis zu zwei Dritteln dieses Betrages in Form von Naturalleistungen gewährt. Desgleichen ist Trunkenbolden[3]) die Rente

1) War der Versicherte bei einer zugelassenen Kasseneinrichtung (s S. 14) betheiligt gewesen, so wird bei Steigerung der Invalidenrente für jede Woche der Betheiligung nach dem Inkrafttreten dieses Gesetzes diejenige Lohnklasse in Rechnung gebracht, welcher derselbe nach dem von ihm wirklich bezogenen Lohne angehört haben würde, wenn er bei einer Versicherungsanstalt versichert gewesen wäre. Hat der Versicherte gleichzeitig einer Knappschaftskasse oder einer Orts-, Betriebs- (Fabriks-), Bau- oder Innungskrankenkasse angehört, so bestimmt sich die in Rechnung zu bringende Lohnklasse nach Ziffer 3 bezw. 4 der oben S. 18 A. 2 angeführten Bestimmungen.

2) Durch statutarische Bestimmung einer Gemeinde für ihren Bezirk oder eines weiteren Kommunalverbandes für seinen Bezirk oder Theile desselben kann, sofern daselbst nach Herkommen der Lohn der in land- und forstwirthschaftlichen Betrieben beschäftigten Arbeiter ganz oder zum Theil in Form von Naturalleistungen gewährt wird, bestimmt werden, daß denjenigen in diesem Bezirke wohnenden Rentenempfängern, welche innerhalb desselben als Arbeiter in land- und forstwirthschaftlichen Betrieben ihren Lohn oder Gehalt ganz oder zum Theil in Form von Naturalleistungen bezogen haben, auch die Rente bis zu zwei Dritteln ihres Betrages in dieser Form gewährt wird. Der Werth der Naturalleistungen wird nach Durchschnittspreisen in Ansatz gebracht. Dieselben werden von der höheren Verwaltungsbehörde festgesetzt. Die statutarische Bestimmung bedarf der Genehmigung der höheren Verwaltungsbehörde.

3) D. h. Personen, welchen wegen gewohnheitsmäßiger Trunksucht auf Anordnung der zuständigen Behörde geistige Getränke in öffentlichen Schankstätten nicht verabfolgt werden dürfen. Die Umwandlung der Rente findet nur in denjenigen Gemeinden statt, für deren Bezirk eine solche Anordnung getroffen ist.

ihrem vollen Betrage nach in Naturalleistungen zu gewähren.[1])

Der rentenberechtigte Ausländer kann mit dem dreifachen Betrage der Jahresrente abgefunden werden, falls er seinen Wohnsitz im Deutschen Reiche aufgiebt.

Die Invalidenrente beginnt mit dem Tage, an welchem der Verlust der Erwerbsfähigkeit eingetreten ist.[2]) Die Zahlung der Renten erfolgt im Voraus in monatlichen Theilbeträgen.[3])

Die Rente kann mit rechtlicher Wirkung weder verpfändet, noch übertragen, noch für andere als die im § 749 Absatz 4 der Civilprozeßordnung bezeichneten Forderungen der Ehefrau und ehelichen Kinder und die der ersatzberechtigten Gemeinden und Armenverbände[4]) gepfändet werden.

---

1) Solchen Personen, welchen wegen gewohnheitsmäßiger Trunksucht nach Anordnung der zuständigen Behörde geistige Getränke in öffentlichen Schankstätten nicht verabfolgt werden dürfen, ist die Rente in derjenigen Gemeinde, für deren Bezirk eine solche Anordnung getroffen ist, ihrem vollen Betrage nach in Naturalleistungen zu gewähren.

Der Anspruch auf die Rente geht zu demjenigen Betrage, in welchem Naturalleistungen gewährt werden, auf den Kommunalverband, für dessen Bezirk eine solche Bestimmung getroffen ist, über, wogegen diesem die Leistung der Naturalien obliegt.

Dem Bezugsberechtigten, auf welchen vorstehende Bestimmungen Anwendung finden sollen, ist dies von dem Kommunalverbande mitzutheilen.

Der Bezugsberechtigte ist befugt, binnen zwei Wochen nach der Zustellung dieser Mittheilung die Entscheidung der Kommunalaufsichtsbehörde anzurufen. Auf demselben Wege werden alle übrigen Streitigkeiten entschieden, welche aus der Anwendung dieser Bestimmungen zwischen dem Bezugsberechtigten und dem Kommunalverbande entstehen.

Sobald der Uebergang des Anspruchs auf Rente endgültig feststeht, hat auf Antrag des Kommunalverbandes der Vorstand der Versicherungsanstalt die Postverwaltung hiervon rechtzeitig in Kenntniß zu setzen.

2) Als dieser Zeitpunkt gilt, sofern nicht ein anderer in der Entscheidung festgestellt wird, der Tag, an welchem der Antrag auf Bewilligung der Rente bei der unteren Verwaltungsbehörde gestellt worden ist.

3) Dieselben sind auf volle Pfennig für den Monat nach oben abzurunden.

4) Die auf gesetzlicher Vorschrift beruhende Verpflichtung von Gemeinden und Armenverbänden zur Unterstützung hülfsbedürftiger Personen sowie sonstige gesetzliche, statutarische oder auf Vertrag beruhende Verpflichtungen zur Fürsorge für alte, kranke, erwerbsunfähige oder hülfsbedürftige Personen werden durch dieses Gesetz nicht berührt.

Soweit von einer Gemeinde oder einem Armenverbande an hülfsbedürftige Personen Unterstützungen für einen Zeitraum geleistet sind, für welchen diesen Personen ein Anspruch auf Invaliden- oder Altersrente zustand, geht der Anspruch auf Rente im Betrage der geleisteten Unterstützung auf die Gemeinde oder den Armenverband über. Das Gleiche gilt für Betriebsunternehmer und Kassen, welche die den Gemeinden oder Armenverbänden obliegende Verpflichtung zur Unterstützung Hülfsbedürftiger auf Grund gesetzlicher Vorschrift erfüllt haben.

Insoweit den nach Maßgabe dieses Gesetzes zum Bezuge von Invalidenrente berechtigten Personen ein gesetzlicher Anspruch auf Ersatz des ihnen durch die Invalidität entstandenen Schadens gegen Dritte zusteht, geht derselbe auf die Versicherungsanstalt bis zum Betrage der von dieser zu gewährenden Rente über.

Ueber das Verfahren bei Feststellung der Invalidenrente s. S. 36.

II. Invalidenrente erhält auch derjenige nicht dauernd erwerbsunfähige Versicherte, welcher während eines Jahres ununterbrochen erwerbsunfähig gewesen ist, für die weitere Dauer seiner Erwerbsunfähigkeit.

III. Altersrente erhält, ohne daß es des Nachweises der Erwerbsunfähigkeit bedarf, derjenige Versicherte, welcher das 70. Lebensjahr vollendet hat.

Wie bei der Invalidenrente ruht der Anspruch auf Altersrente in vier gesetzlich bestimmten Fällen und erlischt durch Nichtzahlung der Beiträge (s. S. 20). Die Altersrente kommt in Fortfall, sobald dem Empfänger Invalidenrente gewährt wird.

Voraussetzung zur Erlangung eines Anspruchs auf Altersrente ist die Zurücklegung einer Wartezeit von 30 Beitragsjahren, d. h. es müssen für den Versicherten für 30 × 47 Beitragswochen Beiträge geleistet sein, ehe er überhaupt einen Anspruch auf Altersrente erwirbt. Jedoch vermindert sich die Wartezeit für die Altersrente für solche Versicherte, welche

a. zur Zeit des Inkrafttretens des Gesetzes das 40. Lebensjahr vollendet haben und

b. den Nachweis[1]) liefern, daß sie während der, dem Inkrafttreten des Gesetzes unmittelbar vorangegangenen drei Kalenderjahre insgesammt mindestens 141 Wochen hindurch thatsächlich in einem nach dem Gesetze die Versicherungspflicht begründenden Arbeits- oder Dienstverhältnisse[2]) gestanden haben,

1) Der Nachweis ist durch Bescheinigung der für die in Betracht kommenden Beschäftigungsorte zuständigen unteren Verwaltungsbehörde, oder durch eine von einer öffentlichen Behörde beglaubigte Bescheinigung der Arbeitgeber zu führen.

2) Eine anrechnungsfähige Krankheitszeit oder militärische Dienstleistung (s. S. 16) wird einem Arbeits- oder Dienstverhältnisse gleich erachtet. Dasselbe gilt von der Unterbrechung des Arbeits- oder Dienstverhältnisses (s. S. 32, Anm. 3 Abs. 2), sofern diese Unterbrechung während eines Kalenderjahres den Zeitraum von vier Monaten nicht übersteigt.

um so viel Beitragsjahre, als ihre Lebensjahre zur Zeit des Inkrafttretens des Gesetzes die Zahl 40 übersteigen.

Ist der Versicherte also z. B. zur Zeit des Inkrafttretens des Gesetzes 70 Jahre, so beginnt für ihn unter den erwähnten Voraussetzungen die Altersrente sofort.

Die Altersrenten werden für Kalenderjahre berechnet und bestehen

a. aus einem festen Zuschuß des Reichs,

b. aus einem von der Versicherungsanstalt aufzubringenden Betrage.

Der Reichszuschuß beträgt für jede Rente 50 Mk. Außerdem übernimmt das Reich den auf die Dauer militärischer Dienstleistungen (s. S. 17) entfallenden Antheil der Rente.

Der von der Versicherungsanstalt aufzubringende Theil der Altersrente beträgt für jede Beitragswoche

in Lohnklasse	I	4	Pfennige,
=	II	6	=
=	III	8	=
=	IV	10	=

Es werden jedoch insgesammt nur 1410 Beitragswochen (d. i. die Wartezeit von 30 Beitragsjahren) in Anrechnung gebracht; sind für einen Versicherten Beiträge für mehr als 1410 Beitragswochen in verschiedenen Lohnklassen entrichtet, so werden für die Berechnung diejenigen 1410 Beitragswochen in Ansatz gebracht, in denen die höchsten Beiträge entrichtet worden sind.

Sind also z. B. insgesammt 1800 Beitragswochen geleistet, davon 500 in der I., 400 in der III. und 900 in der IV. Klasse, so kommen zunächst zur Anrechnung die

900 in der IV. Klasse, dann die
400 in der III. Klasse, und dann
110 in der I. Klasse

in Summa 1410, so daß also 390 Wochen in der I. Klasse als überschießend ausfallen. Der von der Versicherungsanstalt aufzubringende Theil der Rente würde in diesem Falle betragen:

$$900 \times 10 + 400 \times 8 + 226 \times 4 = 126{,}40 \text{ Mk.}$$

Hierzu der Reichszuschuß von 50 Mk., mithin der Gesammtbetrag der Rente: 176,40 Mk.

Für die als Beitragszeit geltende Dauer bescheinigter Krankheiten und militärischer Dienstleistungen (s. S. 16) wird bei Berechnung der Rente die Lohnklasse II zu Grunde gelegt.[1])

Für die Berechnung der während der Uebergangszeit zur Festsetzung kommenden Altersrenten (d. h. für solche Versicherte, welche zur Zeit des Inkrafttretens des Gesetzes das 40. Lebensjahr vollendet haben u. s. w. (s. oben 24), sind bestimmte Vorschriften gegeben.[2])

Bezüglich der Umwandlung der Rente in Naturalleistungen für die im land- und forstwirthschaftlichen Betrieben beschäftigten Arbeiter und für Trunkenbolde, sowie bezüglich der Abfindung der Ausländer gelten dieselben Vorschriften, wie bei der Invalidenrente.

Die Altersrente beginnt frühestens mit dem ersten Tage des 71. Lebensjahres. Die Zahlung der Rente erfolgt im Voraus in monatlichen Theilbeträgen.[3])

Die Altersrente genießt dieselben Vorrechte (bezüglich der Verpfändbarkeit u. s. w.) wie die Invalidenrente (s. S. 22 f.).

Ueber das Verfahren bei Feststellung der Altersrente siehe S. 36.

IV. Die Versicherungsanstalt ist befugt, für einen erkrankten, der reichsgesetzlichen Krankenfürsorge nicht unterliegenden Versicherten

---

1) Ueber die Berechnung der Rente für die Zeit der Betheiligung bei einer zugelassenen Kasseneinrichtung gelten dieselben Vorschriften wie bezüglich der Invalidenrente. (s. S. 22, Anm. 1).

2) Soweit es sich um Renten handelt, welche innerhalb der ersten zehn Jahre nach dem Inkrafttreten des Gesetzes zur Entstehung gelangen, kommen für die vor dem Inkrafttreten des Gesetzes liegende Zeit die Steigerungssätze derjenigen Lohnklasse in Anrechnung, welche dem durchschnittlichen Jahresarbeitsverdienste des Versicherten während der oben Seite 28 erwähnten einhunderteinundvierzig Wochen entsprechen, mindestens aber die der ersten Lohnklasse, für die nach dem Inkrafttreten des Gesetzes liegende Zeit dagegen die den wirklich entrichteten Beiträgen entsprechenden Steigerungssätze. Bei den nach Ablauf jener zehn Jahre zur Entstehung gelangenden Renten werden sowohl für die vor, als auch für die nach dem Inkrafttreten des Gesetzes liegende Zeit die Steigerungssätze zu Grunde gelegt, welche den nach dem Inkrafttreten des Gesetzes entrichteten Beiträgen entsprechen, und zwar, wenn die Beiträge in verschiedenen Lohnklassen entrichtet sind, nach dem Verhältniß der Zahl der in den einzelnen Lohnklassen entrichteten Beiträge.

3) Dieselben sind auf volle fünf Pfennig für den Monat nach oben abzurunden

das Heilverfahren[1]) in dem im § 6 Absatz 1 Ziffer 1 des Krankenversicherungsgesetzes bezeichneten Umfange zu übernehmen, sofern als Folge der Krankheit Erwerbsunfähigkeit zu besorgen ist, welche einen Anspruch auf reichsgesetzliche Invalidenrente begründet.

Die Versicherungsanstalt ist ferner befugt,[2]) zu verlangen, daß die Krankenkasse, welcher der Versicherte angehört oder zuletzt angehört hat, die Fürsorge für denselben in demjenigen Umfange übernimmt, welchen die Versicherungsanstalt für geboten erachtet[1]). Die Kosten dieser von ihr beanspruchten Fürsorge hat die Versicherungsanstalt zu ersetzen. Als Ersatz dieser Kosten ist die Hälfte des nach dem Krankenversicherungsgesetze zu gewährenden Mindestbetrages des Krankengeldes zu leisten, sofern nicht höhere Anwendungen nachgewiesen werden.[3])

V. Ein Anspruch auf Erstattung von Beiträgen steht zu:

a. Weiblichen Personen, welche eine Ehe eingehen, bevor sie in den Genuß einer Rente gelangt sind.[4]) Der Anspruch geht auf die Hälfte der für sie geleisteten Beiträge, wenn die letzteren für mindestens fünf Beitragsjahre entrichtet worden sind.[5])

b. Der hinterlassenen Wittwe oder, falls eine solche nicht vorhanden ist, den hinterlassenen ehelichen Kindern unter 15 Jahren, falls für den Verstorbenen für mindestens fünf Beitragsjahre Beiträge entrichtet worden sind und derselbe bei Lebzeiten in den Genuß einer Rente nicht gelangt

1) Wird in Folge der Krankheit der Versicherte erwerbsunfähig, so verliert er, falls er sich den Maßnahmen der Versicherungsanstalt entzogen hat, den Anspruch auf Invalidenrente, sofern anzunehmen ist, daß die Erwerbsunfähigkeit durch dieses Verhalten veranlaßt ist.

2) Streitigkeiten zwischen den Versicherungsanstalten und den betheiligten Krankenkassen über die Geltendmachung dieser Befugnisse werden von der Aufsichtsbehörde des letzteren endgültig entschieden.

3) Streitigkeiten zwischen den Versicherungsanstalten und den betheiligten Krankenkassen über die Ersatzansprüche werden im Verwaltungsstreitverfahren, oder, wo ein solches nicht besteht, durch die ordentlichen Gerichte entschieden.

4) Der Anspruch muß binnen 3 Monaten nach der Verheirathung geltend gemacht werden.

5) Mit der Erstattung erlischt die durch das frühere Versicherungsverhältniß begründete Anwartschaft.

war. Der Anspruch geht auf die Hälfte der für den Verstorbenen geleisteten Beiträge.[1])

c. Den hinterlassenen vaterlosen Kindern unter 15 Jahren, falls für die verstorbene Mutter für mindestens fünf Beitragsjahre Beiträge entrichtet worden sind, und dieselbe bei Lebzeiten in den Genuß einer Rente nicht gelangt war. Der Anspruch geht auf die Hälfte der für die Verstorbene geleisteten Beiträge.[1])

Ueber das Verfahren bei Erstattung von Beiträgen s. S. 41.

Beitragserhebung.

I. Die Erhebung der Beiträge geschieht nach dem Markensystem d. h. dadurch, daß für den Versicherten Marken in eine Quittungskarte eingeklebt werden.

Die Marken werden von jeder Versicherungsanstalt für die einzelnen in ihrem Bezirke vorhandenen Lohnklassen mit der Bezeichnung ihres Geldwerthes ausgegeben[2]) und können bei allen im Bezirke der Versicherungsanstalt belegenen Postanstalten und anderen von ihr einzurichtenden Verkaufsstellen gegen Erlegung des Nennwerths käuflich erworben werden.

---

1) Die Bestimmung findet keine Anwendung, sofern den Hinterbliebenen aus Anlaß des Todes des Versicherten auf Grund des Unfallversicherungsgesetzes eine Rente gewährt wird.

2) Das Reichsversicherungsamt bestimmt die Unterscheidungsmerkmale und die Gültigkeitsdauer der Marken. Innerhalb zweier Jahre nach Ablauf der Gültigkeitsdauer können ungültig gewordene Marken bei den zum Markenverkauf bestimmten Stellen gegen gültige Marken umgetauscht werden.

Mit Gefängniß nicht unter drei Monaten, neben welchem auf Verlust der bürgerlichen Ehrenrechte erkannt werden kann, wird bestraft, wer unechte Marken in der Absicht anfertigt, sie als echt zu verwenden, oder echte Marken in der Absicht verfälscht, sie zu einem höheren Werthe zu verwenden, oder wissentlich von falschen oder verfälschten Marken Gebrauch macht.

Mit Geldstrafe bis zu einhundertfünfzig Mark oder mit Haft wird bestraft, wer ohne schriftlichen Auftrag einer Versicherungsanstalt oder einer Behörde

1. Stempel, Siegel, Stiche, Platten oder andere Formen, welche zur Anfertigung von Marken dienen können, anfertigt oder an einen Anderen als die Versicherungsanstalt, bezw. die Behörde verabfolgt,
2. den Abdruck der in Ziffer 1 genannten Stempel, Siegel, Stiche, Platten oder Formen unternimmt oder Abdrücke an einen Anderen, als die Versicherungsanstalt, bezw. die Behörde verabfolgt.

Neben der Geldstrafe oder Haft kann auf Einziehung der Stempel, Siegel, Stiche, Platten oder Formen erkannt werden, ohne Unterschied, ob sie dem Verurtheilten gehören oder nicht.

Die Quittungskarte wird für den Versicherten durch die von der Landeszentralbehörde bezeichnete Stelle (siehe Anhang) ausgestellt.[1]) Sie enthält das Jahr und den Tag ihrer Ausgabe, die über ihren Gebrauch erlassenen Bestimmungen und die Strafvorschrift betreffend unzulässige Eintragungen und Vermerke.[2]) Jede Quittungskarte bietet Raum zur Aufnahme von Marken für mindestens 47 Beitragswochen (d. i. ein Beitragsjahr); das nunmehr vom Bundesrathe festgestellte Formular der Quittungskarte bietet Raum zur Aufnahme von 52 Marken (siehe Anhang).

Die Karten sind für jeden Versicherten mit fortlaufenden Nummern zu versehen; die erste für ihn ausgestellte Karte ist am Kopfe mit dem Namen derjenigen Versicherungsanstalt, in deren Bezirk der Versicherte zu dieser Zeit beschäftigt ist, jede folgende mit dem Namen derjenigen Versicherungsanstalt, welche sich auf der nächst vorhergehenden Karte vermerkt findet, zu bezeichnen.[3])

A. Für versicherungspflichtige Personen sind die Beiträge von demjenigen Arbeitgeber[4]) zu entrichten, welcher den Versicherten während der Kalenderwoche beschäftigt hat.[5]) Der Arbeit-

1) Die Kosten der Quittungskarte trägt, soweit sie nicht für Rechnung des Versicherten zu beschaffen ist (s. S. 30, Anm. 4), die Versicherungsanstalt des Ausgabebezirks.

2) Die Eintragung eines Urtheils über die Führung oder die Leistungen des Inhabers, sowie sonstige durch dieses Gesetz nicht vorgesehene Eintragungen oder Vermerke in oder an der Quittungskarte sind unzulässig. Das Zuwiderhandeln gegen diese Vorschrift ist strafbar. Quittungskarten in welchen derartige Eintragungen oder Vermerke sich vorfinden, sind von jeder Behörde, welcher sie zugehen, einzubehalten. Die Behörde hat die Ersetzung derselben durch neue Karten, in welche der zulässige Inhalt der ersteren zu übernehmen ist, zu veranlassen. Im Uebrigen bestimmt die Einrichtung der Quittungskarte der Bundesrath.

3) Stimmt der auf einer späteren Karte enthaltene Name mit dem auf der ersten Karte enthaltenen Namen nicht überein, so ist der auf der ersten Karte enthaltene Name maßgebend

4) Durch Beschluß des Bundesraths oder für den Bezirk einer Versicherungsanstalt durch das Statut derselben kann für Versicherte, welche nicht in einem regelmäßigen Arbeitsverhältniß zu einem bestimmten Arbeitgeber stehen, oder für einzelne Klassen solcher Versicherter bestimmt werden, daß sie befugt sind, die Versicherungsbeiträge statt der Arbeitgeber im Voraus zu entrichten. Dem Versicherten, welcher auf Grund solcher Bestimmung die vollen Wochenbeiträge entrichtet hat, steht gegen den zur Entrichtung der Beiträge verpflichteten Arbeitgeber der Anspruch auf Erstattung der Hälfte der entrichteten Beiträge zu.

5) Findet die Beschäftigung nicht während der ganzen Kalenderwoche bei demselben Arbeitgeber statt, so ist von demjenigen Arbeitgeber, welcher den Versicherten zuerst beschäftigt, der volle Wochenbeitrag zu entrichten.

Sofern die Zahl der thatsächlich verwendeten Arbeitstage nicht festgestellt werden kann, ist der Beitrag für diejenige Arbeitszeit zu entrichten, welche zur Herstellung der Arbeit annähernd für erforderlich zu erachten ist. Im Streitfalle

geber[1]) hat die Marken aus eigenen Mitteln zu erwerben und dieselben bei der Lohnzahlung in zureichender Höhe[2]), und vorschriftsmäßiger Beschaffenheit[3]) in die Quittungskarte[4]) des Versicherten einzukleben.[5]) Die Arbeitgeber sind jedoch berechtigt, bei der Lohnzahlung den von ihnen beschäftigten Personen die Hälfte der Beiträge in Abzug zu bringen.[6])

---

entscheidet auf Antrag eines Theiles die untere Verwaltungsbehörde endgültig. Die Versicherungsanstalt ist berechtigt, für die Berechnung derartiger Beiträge besondere Bestimmungen zu erlassen. Dieselben bedürfen der Genehmigung des Reichsversicherungsamts.

1) Der Arbeitgeber ist befugt, die Verwendung von Marken auf bevollmächtigte Leiter seines Betriebes zu übertragen.

Name und Wohnort von solchen bevollmächtigten Betriebsleitern sind dem Vorstande der Versicherungsanstalt mitzutheilen.

2) Die Zahl der einzuklebenden Marken hängt von der Größe der Lohnzahlungsperiode ab; es sind ferner Marken derjenigen Art einzukleben, welche für die Lohnklasse, die für den Versicherten in Anwendung kommt, und falls die Beiträge für einzelne Berufszweige verschieden bemessen sind, für den betreffenden Berufszweig von der zuständigen Versicherungsanstalt ausgegeben sind.

3) Arbeitgeber oder Betriebsleiter, welche es unterlassen, für die von ihnen beschäftigten, dem Versicherungszwange unterliegenden Personen Marken in zureichender Höhe und in vorschriftsmäßiger Beschaffenheit rechtzeitig zu verwenden, können von dem Vorstande der Versicherungsanstalt mit Ordnungsstrafe bis zu dreihundert Mark belegt werden. Eine Bestrafung findet nicht statt, wenn die rechtzeitige Verwendung der Marken von einem anderen Arbeitgeber oder Betriebsleiter oder von dem Versicherten (s. S. 29 Anm. 4) bewirkt worden ist.

Arbeitgeber, welche wissentlich andere als die vorgeschriebenen Marken verwenden, sowie Angestellte und Versicherte, welche wissentlich eine solche unrichtige Verwendung bewirken, werden, sofern nicht nach anderen gesetzlichen Vorschriften eine härtere Strafe eintritt, mit Geldstrafe von zwanzig bis zu eintausend Mark oder mit Gefängniß bestraft. Sind mildernde Umstände vorhanden, so kann die Strafe bis auf drei Mark oder einen Tag Haft ermäßigt werden.

4) Ist der Versicherte mit einer Quittungskarte nicht versehen, so ist der Arbeitgeber berechtigt, für Rechnung des Versicherten eine solche anzuschaffen und den verauslagten Betrag bei der nächsten Lohnzahlung einzubehalten.

5) Das Einkleben der Marken hat auf der Quittungskarte in fortlaufender Reihe zu erfolgen. Wer wissentlich schon einmal verwendete Marken in Quittungskarten abermals verwendet, ist straffällig.

Dem Arbeitgeber sowie Dritten ist untersagt, die Quittungskarte nach Einklebung der Marken wider den Willen des Inhabers zurückzubehalten. Auf die Zurückbehaltung der Karten seitens der zuständigen Behörden und Organe zu Zwecken des Umtausches, der Kontrole, Berichtigung, Aufrechnung oder Uebertragung findet diese Bestimmung keine Anwendung.

Quittungskarten, welche im Widerspruch mit dieser Vorschrift zurückbehalten werden, sind durch die Ortspolizeibehörde dem Zuwiderhandelnden abzunehmen und dem Berechtigten auszuhändigen. Der erstere bleibt dem letzteren für alle Nachtheile, welche diesem aus der Zuwiderhandlung erwachsen, verantwortlich. Die widerrechtliche Vorenthaltung der Karte ist strafbar.

6) Die Abzüge dürfen sich höchstens auf die für die beiden letzten Lohnzahlungsperioden entrichteten Beiträge erstrecken. Die wissentliche Uebertretung dieser Vorschrift ist strafbbr.

Ist die Quittungskarte voll beklebt, so ist sie bei derjenigen Stelle, welche die Karte ausstellt (s. S. 29), zum Umtausch einzureichen. Der Umtausch muß bei Verlust der Gültigkeit der Karte erfolgt sein bis zum Schlusse des dritten Jahres[1]), welches dem am Kopfe der Karte verzeichneten Jahre folgt.[2]) Die in der zurückgegebenen Karte eingeklebten Marken sind von der betr. Stelle derart aufzurechnen, daß ersichtlich wird, wieviel Beitragswochen für die einzelnen Lohnklassen dem Inhaber der Quittungskarte anzurechnen sind. Gleichzeitig ist die Dauer der bescheinigten Krankheiten sowie der militärischen Dienstleistungen anzugeben. Ueber die aus dieser Aufrechnung sich ergebenden Endzahlen ist dem Inhaber der Karte eine Bescheinigung[3]) zu ertheilen. Die abgegebenen Quittungskarten sind an die Versicherungsanstalt des Bezirks zu übersenden und von dieser an diejenige Versicherungsanstalt, deren Namen[4]) sie tragen, zu überweisen.[5])

Der Versicherte ist berechtigt, auf seine Kosten zu jeder Zeit die Ausstellung einer neuen Quittungskarte gegen Rückgabe der älteren Karte zu verlangen.

Verlorene, uubrauchbar gewordene oder zerstörte Quittungskarten sind durch neue zu ersetzen. In die neue Quittungskarte sind die bis zum Verlust der Karte entrichteten Beiträge, soweit

---

Ergeben sich bei den zwischen Arbeitgebern und Versicherten stattfindenden Abrechnungen Bruchpfennige, so ist die auf den Arbeitgeber entfallende Hälfte nach oben, die auf den Versicherten entfallende Hälfte nach unten auf volle Pfennige abzurunden.

1) Vergl. S. 20 Ziffer d. betr. das Erlöschen der Anwartschaft durch Nichtzahlung der Beiträge.

2) Ist die Annahme begründet, daß der Versicherte ohne sein Verschulden den rechtzeitigen Umtausch versäumt hat, so kann der Vorstand der Versicherungsanstalt des Beschäftigungsortes auf den Antrag des Versicherten die fortdauernde Gültigkeit der Quittungskarte anerkennen.

3) Der Versicherte ist befugt, binnen zwei Wochen nach Aushändigung der Bescheinigung gegen den Inhalt der Bescheinigung Einspruch zu erheben. Gegen die Zurückweisung des Einspruchs findet binnen gleicher Frist Rekurs an die unmittelbar vorgesetzte Dienstbehörde statt. Die letztere entscheidet hierüber, sowie über andere das Verfahren betreffende Beschwerden endgültig.

4) Vergl. oben S. 29. Die sämmtlichen Quittungskarten eines Versicherten werden sich hiernach bei derjenigen Versicherungsanstalt sammeln, bei der die Versicherung begonnen wurde.

5) Die Voraussetzungen, unter denen die Vernichtung von Quittungskarten zu erfolgen hat, sind vom Bundesrath zu bestimmen.

dieselben nachweisbar geleistet worden sind, in beglaubigter Form zu übertragen.[1])

B. Für diejenigen Personen, auf welche durch Beschluß des Bundesraths die Versicherungspflicht erstreckt ist, wird die Erhebung der Beiträge durch Beschluß des Bundesraths geregelt.

C. Personen, welche das Versicherungsverhältniß freiwillig fortsetzen bezw. erneuern (s. S. 4), haben selbst die vollen Beiträge[2]) in Marken derjenigen Versicherungsanstalt, in deren Bezirke sie sich aufhalteu, zu entrichten[3]), und gleichzeitig für jede Woche freiwilliger Beitragsleistung eine Zusatzmarke beizubringen.[4])

Die Zusatzmarken werden nicht besonders hergestellt und ausgegeben; sie werden ebenso mit der Marke der Lohnklasse II zu einer Doppelmarke vereinigt und gelangen in dieser Form zum Verkauf.

---

1) Gegen den Inhalt der Uebertragung stehen dem Versicherten binnen zwei Wochen nach Aushändigung der neuen Quittungskarte dieselben Rechtsmittel zu, wie gegen den Inhalt der „Bescheinigung" (s. Anm. 3).

2) Für Lohnklasse II. (s. S. 5).

3) Während eines Kalenderjahres können jedoch insgesammt mehr als 52 Beitragswochen niemals in Anrechnung gebracht werden.

Die verwendeten Marken sind zu entwerthen. Die Entwerthung erfolgt durch die von der Landes-Zentralbehörde zu bestimmenden Stellen und darf uur dann vorgenommen werden, wenn der entsprechende Betrag an Zusatzmarken beigebracht worden ist.

Wer wissentlich schon einmal verwendete Marken nach gänzlicher oder theilweiser Entfernung der darauf gesetzten Entwerthungszeichen veräußert oder feilhält, ist straffällig.

4) Selbstständige Betriebsunternehmer, welche regelmäßig nicht mehr als einen Lohnarbeiter beschäftigen, sind, nachdem für dieselben auf Grund der Versicherungspflicht während mindestens fünf Beitragsjahren Beiträge entrichtet worden sind, im Falle der Fortsetzung oder Erneuerung des Versicherungsverhältnisses von der Beibringung der Zusatzmarken befreit.

Wird ein zwischen einem Versicherten und einem be immten Arbeitgeber bestehendes Arbeits- oder Dienstverhältniß derart unterbrochen, daß ersterer aus der Versicherungspflicht vorübergehend ausscheidet, so kann für einen vier Monate nicht übersteigenden Zeitraum das Versicherungsverhältniß auch ohne Beibringung von Zusatzmarken dadurch freiwillig aufrecht erhalten werden, daß der Arbeitgeber oder der Versicherte die bisherigen Beiträge fortentrichtet.

Personen, welche es unterlassen, im Falle der Selbstversicherung (s. S 4) oder der freiwilligen Versicherung die vorgeschriebenen Zusatzmarken zu verwenden, können, sofern nicht nach anderen Gesetzen eine höhere Strafe verwirkt ist, durch die untere Verwaltungsbehörde ihres Beschäftigungsortes mit Ordnungsstrafe bis zu einhundertfünfzig Mark bestraft werden.

Die Zusatzmarken bezw. Doppelmarken werden für Rechnung des Reichs hergestellt[1]) und können bei allen Postanstalten, sowie bei denjenigen Stellen, welche von der Versicherungsanstalt zum Betriebe ihrer Marken errichtet worden sind (s. S. 28), gegen Erlegung des Nennwerths[2]) käuflich erworben werden.

D. Sich selbst versichernde Personen (s. S. 4) haben gleichfalls neben den vollen Beiträgen an Marken derjenigen Versicherungsanstalt, zu deren Bezirk ihr Beschäftigungsort gehört, für jede Woche der Selbstversicherung eine Zusatzmarke in Form der Doppelmarken beizubringen[3]) (s. oben unter C.)

II. Die Einziehung der Beiträge kann auch in anderer Weise angeordnet[4]) werden, und zwar:

a. durch die Krankenkassen[5]) für diejenigen Versicherten, welche einer solchen Kasse angehören. Durch die Organe der Kasse werden dann für Rechnung der Versicherungsanstalt von den Arbeitgebern die Beiträge eingezogen[6]) und die den eingezogenen Beiträgen entsprechenden Marken[7]) in die Quittungskarten[8]) der Versicherten eingeklebt und entwerthet.

---

1) Sie müssen die Bezeichnung ihres Geldwerths enthalten und in Farbe und Bezeichuung von den Marken der Versicherungsanstalten verschieden sein. Die Unterscheidungsmerkmale derselben werden vom Reichsversicherungsamt festgesetzt.

2) Der Nennwerth der Zusatzmarken beträgt, bis zur anderweiten Festsetzung durch den Bundesrath, acht Pfennig für die Beitragswoche.

3) Beitrags- und Zusatzmarken (Doppelmarken) sind zu entwerthen (siehe S. 32 A. 2).

4) Die Anordnung erfolgt durch die Landes-Zentralbehörde, oder mit Genehmigung derselben durch das Statut einer Versicherungsanstalt, oder mit Genehmigung der höheren Verwaltungsbehörde durch statutarische Bestimmung eines weiteren Kommunalverbandes oder einer Gemeinde. (Siehe auch die folgende Anmerkung.)

5) Die Einziehung der Beiträge durch die Krankenkassen kann für die Mitglieder einer solchen Kasse auch durch das Kassenstatut und für diejenigen Versicherten, welche einer für Reichs- oder Staasbetriebe errichteten Krankenkasse angehören, auch durch die den Verwaltungen dieser Betriebe vorgesetzte Dienstbehörde angeordnet werden.

6) Die Arbeitgeber sind berechtigt, bei der Lohnzahlung den von ihnen beschäftigten Personen die Hälfte der in den beiden letzten Lohnzahlungsperioden fällig gewordenen Beiträge in Abzug zu bringen (s. S. 30).

7) Die erforderlichen Marken sind den Krankenkassen von der Versicherungsanstalt gegen Abrechnung zur Verfügung zu stellen.

8) Die Quittungskarte kann der Versicherte bei der die Beiträge einziehenden Stelle, so lange er in dem Bezirke dieser Stelle versichert ist, hinterlegen.

b. durch die **Gemeindebehörden** oder andere von der Landeszentralbehörde bezeichneten Stellen oder durch örtliche von der Versicherungsanstalt eingerichtete **Hebestellen** für diejenigen Versicherten, welche keiner Krankenkasse angehören. Die Einziehung erfolgt in derselben Weise wie unter a[1]).

Die Krankenkassen oder die andern mit der Einziehung der Beiträge beauftragten Stellen erhalten für die Einziehung von der Versicherungsanstalt eine von der Landeszentralbehörde zu bestimmende **Vergütung**.

Ist die Einziehung der Beiträge durch die Krankenkassen u. s. w. angeordnet, so können auf demselben Wege, auf welchem die betreffende Anordnung erlassen ist, gewisse Bestimmungen betr. die **Ausstellung** und den **Umtausch** der **Quittungskarten**[2]) und die **Einziehung** der **Beiträge** von **vorübergehend beschäftigten Personen**[3]), getroffen werden.

III. Durch den Bundesrath können über die Einziehung der von Rhedern für **Seeleute** zu entrichtenden Beiträge von den Vorschriften dieses Gesetzes abweichende Bestimmungen getroffen werden (s. Anlage).

IV. **Beitragsstreitigkeiten**[4]) werden von der für den Be-

1) Im Falle b) können Bestimmungen über die Verpflichtung zur **Anmeldung** und **Abmeldung** der Versicherten getroffen und Zuwiderhandlungen mit Geldstrafe bis zu 100 Mk. bedroht werden.

2) Es kann bestimmt werden, daß die Ausstellung, und der Umtausch der Quittungskarten (s. Seite 29 und 31) durch die mit der Einziehung der Beiträge beauftragte Stelle und nicht durch die sonst zuständige, von der Landeszentralbehörde bezeichnete Stelle, zu erfolgen hat.

3) Es kann bestimmt werden, daß für diejenigen Versicherten, deren Beschäftigung durch ihren Zweck oder im Voraus durch den Arbeitsvertrag auf einen Zeitraum von weniger als einer Woche beschränkt ist, die auf die Versicherten entfallende Hälfte der Beiträge unmittelbar von den Versicherten, die auf die Arbeitgeber entfallende Hälfte aber von dem weiteren Kommunalverbande bezw. der Gemeinde entrichtet und durch sie von den Arbeitgebern wieder eingezogen wird.

4) D. s. Streitigkeiten zwischen den Organen der Versicherungsanstalten einerseits und Arbeitgebern oder Arbeitnehmern oder den selbstversicherten Personen andererseits, oder zwischen Arbeitgebern und Arbeitnehmern über die Frage, ob oder zu welcher Versicherungsanstalt, in welcher Lohnklasse, oder, sofern die Beiträge für einzelne Berufszweige verschieden bemessen sind, für welchen Berufszweig Beiträge zu entrichten sind.

Ebenso Streitigkeiten zwischen den Organen verschiedener Versicherungsanstalten über die Frage, zu welcher dieselben für bestimmte Personen Beiträge zu entrichten sind.

Streitigkeiten zwischen Arbeitgebern und den von ihnen beschäftigten Personen über die **Berechnung** und **Anrechnung** der für diese zu entrich-

schäftigungsort zuständigen unteren Verwaltungsbehörde (s. Anhang) entschieden.[1])

V. Die Versicherungsanstalten **sind befugt**[2]) **zum Zwecke der Kontrole**[3]) Vorschriften zu erlassen und die Arbeitgeber zur rechtzeitigen Erfüllung dieser Vorschriften durch Geldstrafen bis zum Betrage von je 100 Mk. anzuhalten.

Die Arbeitgeber sind verpflichtet, über die Zahl der von ihnen beschäftigten Personen und über die Dauer der Beschäftigung den Organen der Versicherungsanstalt, sowie den mit der Kontrole beauftragten Behörden oder Beamten auf Verlangen Auskunft zu ertheilen und denselben diejenigen Geschäftsbücher oder Listen, aus welchen jene Thatsachen hervorgehen, zur Einsicht während der Betriebszeit

---

tenden oder denselben zu erstattenden (s. S. 33 Anm. 6) Beiträge werden von derselben Behörde und zwar **endgültig entschieden**.

1) Gegen die Entscheidung steht den Betheiligten binnen vier Wochen nach der Zustellung die Beschwerde an die höhere Verwaltungsbehörde zu, welche endgültig entscheidet.

Nach endgültiger Erledigung dieser Streitigkeiten hat die untere Verwaltungsbehörde von Amtswegen dafür zu sorgen, daß zu wenig erhobene Beiträge durch nachträgliche Verwendung von Marken beigebracht werden. Zu viel erhobene Beiträge sind auf Antrag von der Versicherungsanstalt wieder einzuziehen und nach Vernichtung der in die Quittungskarten eingeklebten betreffenden Marken und Berichtigung der Aufrechnungen an die betheiligten Arbeitgeber und Versicherten zurückzuzahlen.

Handelt es sich um die Verwendung von Marken einer nicht zuständigen Versicherungsanstalt, so ist nach Vernichtung derjenigen Marken, welche irrthümlich beigebracht sind, ein der Zahl der Beitragswochen entsprechender Betrag von Marken der zuständigen Versicherungsanstalt beizubringen. Der Betrag der vernichteten Marken ist von der Versicherungsanstalt, welche sie ausgestellt hatte, wieder einzuziehen und zwischen den betheiligten Arbeitgebern und Versicherten entsprechend zu theilen.

An die Stelle der Vernichtung von Marken kann in den nach Ansicht der unteren Verwaltungsbehörde dazu geeigneten Fällen die Einziehung der Quittungskarten und nach Uebertragung der gültigen Eintragungen derselben die Ausstellung neuer Quittungskarten treten.

2) Das Reichsversicherungsamt kann den Erlaß derartiger Vorschriften anordnen und dieselben, sofern solche Anordnung nicht befolgt wird, selbst erlassen.

3) Die durch die Kontrole den Versicherungsanstalten erwachsenden Kosten gehören zu den Verwaltungskosten. Soweit dieselben in baaren Auslagen bestehen, können sie durch den Vorstand der Versicherungsanstalt dem Arbeitgeber auferlegt werden, wenn derselbe durch Nichterfüllung der ihm obliegenden Verpflichtungen zu ihrer Aufwendung Anlaß gegeben hat. Gegen die Auferlegung der Kosten findet binnen zwei Wochen nach Zustellung des Beschlusses die Beschwerde an die untere Verwaltungsbehörde statt. Diese entscheidet endgültig. Die Beitreibung der auferlegten Kosten erfolgt in derselben Weise, wie die der Gemeindeabgaben.

an Ort und Stelle vorzulegen.[1]) Ebenso sind die Versicherten zur Ertheilung von Auskunft über Ort und Dauer ihrer Beschäftigung verpflichtet. Die Arbeitgeber und die Versicherten sind ferner verbunden, den bezeichneten Organen, Behörden und Beamten auf Erfordern die Quittungskarten behufs Ausübung der Kontrole und Herbeiführung der etwa erforderlichen Berichtigungen[2]) gegen Bescheinigung auszuhändigen.[3])

VI. Rückstände werden in derselben Weise beigetrieben wie Gemeindeabgaben. Rückstände haben das Vorzugsrecht des § 54 Nr. 1 der Konkursordnung vom 10. Februar 1877 (Reichs-Gesetzbl. S. 351) und verjähren binnen vier Jahren nach der Fälligkeit.

Verfahren.

I. Der Anspruch auf Bewilligung einer Invaliden- oder Altersrente ist bei der für den Wohnort des Versicherten zuständigen unteren Verwaltungsbehörde[4]) anzumelden.[5])

---

1) Arbeitgeber, welche in die von ihnen auf Grund gesetzlicher oder von der Versicherungsanstalt erlassener Bestimmung aufzustellenden Nachweisungen oder Anzeigen Eintragungen aufnehmen, deren Unrichtigkeit ihnen bekannt war oder bei gehöriger Aufmerksamkeit nicht entgehen konnte, können von dem Vorstande der Versicherungsanstalt mit Ordnungsstrafe bis zu fünfhundert Mark belegt werden. Diese Vorschrift findet auch auf Betriebsleiter Anwendung, welchen der Abeitgeber die Aufstellung der Nachweisungen und Anzeigen übertragen hat.

Die unbefugte Offenbarung von Betriebsgeheimnissen, welche Kraft ihres Amtes zu ihrer Kenntniß gelangt sind, seitens der Mitglieder der Organe der Versicherungsanstalt, und der das Aufsichtsrecht über dieselben ausübenden Beamten, sowie die Nachahmung geheim gehaltener Betriebseinrichtungen, solange als diese Betriebsgeheimniß sind, ist strafbar.

2) Berichtigungen der Quittungskarten erfolgen, sofern die Betheiligten über dieselben einverstanden sind, auf dem S. 35 Anm. 1 bezeichneten Wege durch die die Kontrole ausübenden Organe, Behörden oder Beamten, oder durch die die Beiträge einziehenden Organe, andernfalls nach Erledigung des Streitverfahrens. (s. oben unter III.)

3) Die Verpflichteten können hierzu von der unteren Verwaltungsbehörde durch Geldstrafen bis zum Betrage von 300 Mark angehalten werden.

4) Die Zentralbehörden der Bundesstaaten bestimmen, von welchen Staats- oder Gemeindebehörden bezw. Vertretungen die in diesem Gesetze den Staats- und Gemeindeorganen sowie den Vertretungen der weiteren Kommunalverbände zugewiesenen Verrichtungen wahrzunehmen sind (s. Anlage).

Die von den Zentralbehörden der Bundesstaaten in Gemäßheit vorstehender Vorschrift erlassenen Bestimmungen sind durch den Reichsanzeiger bekannt zu machen.

An die Stelle der unteren Verwaltungsbehörden tritt bei Seeleuten das Seemannsamt, und zwar im Inlande das Seemannsamt des Heimathshafens, im Auslande dasjenige Seemannsamt, welches zuerst angegangen werden kann.

5) Der Anmeldung sind die Quittungskarte sowie die sonstigen zur Begründung des Anspruchs dienenden Beweisstücke beizufügen.

Die untere Verwaltungsbehörde hat, sofern es sich um Bewilligung einer Invalidenrente handelt, die für den Wohnort des Antragstellers zuständigen Vertrauensmänner zu hören und der Krankenkasse, welcher der Versicherte angehört, Gelegenheit zu geben, sich binnen einer angemessenen Frist über den Antrag zu äußern; alsdann sendet sie den Antrag nebst den beigebrachten Urkunden und den entstandenen Verhandlungen[1]) mit ihrer eigenen gutachtlichen Aeußerung an den Vorstand derjenigen Versicherungsanstalt, an welche ausweislich der Quittungskarte zuletzt Beiträge entrichtet worden sind.[2])

Der Vorstand der Versicherungsanstalt entscheidet über den Antrag in erster Instanz.[3]) Wird der angemeldete Anspruch anerkannt,[4]) so ist die Höhe der Rente sofort festzustellen (siehe S. 21 u. 25) und dem Empfangsberechtigten ein schriftlicher Bescheid[5]) zu ertheilen sowie ein Berechtigungsausweis[6]) auszufertigen.

---

1) Alle zur Begründung und Abwickelung der Rechtsverhältnisse zwischen den Versicherungsanstalten einerseits und den Arbeitgebern oder Versicherten andererseits erforderlichen schiedsgerichtlichen und außergerichtlichen Verhandlungen und Urkunden sind gebühren- und stempelfrei. Dasselbe gilt für privatschriftliche Vollmachten und amtliche Bescheinigungen, welche auf Grund dieses Gesetzes zur Legitimation oder zur Führung von Nachweisen erforderlich werden.

2) d. h. an diejenige Versicherungsanstalt, auf welche die letzte Marke lautet.

3) Sofern der Antrag nicht ohne Weiteres abzuweisen ist, hat der Vorstand zunächst die früheren Quittungskarten einzufordern (s. S. 31). Erscheinen die beigebrachten Beweisstücke zur Abgabe einer Entscheidung nicht ausreichend, so sind weitere Erhebungen zu veranlassen, deren Kosten der Versicherungsanstalt zur Last fallen.

4) Die Annahme, daß die Erwerbsunfähigkeit durch einen nach den Unfallversicherungsgesetzen zu entschädigenden Unfall verursacht ist, begründet nicht die Ablehnung des Anspruchs auf Invalidenrente. Es ist vielmehr, sofern im Uebrigen der Anspruch gerechtfertigt erscheint, die Invalidenrente festzustellen.

Die Versicherungsanstalten sind berechtigt, die verpflichtete Berufsgenossenschaft wegen Ersatzes der dem Invaliden gezahlten Rente in Anspruch zu nehmen.

Wird die Verpflichtung zur Gewährung einer Unfallentschädigung bestritten, so ist darüber in dem durch §§ 62 und 63 des Unfallversicherungsgesetzes vom 6. Juli 1884 vorgeschriebenen Verfahren zu entscheiden. Im Uebrigen werden Streitigkeiten über den Ersatzanspruch von dem ordentlichen Richter entschieden.

5) Aus dem Bescheide muß die Art der Berechnung der Rente zu ersehen sein. Abschrift des Bescheides ist dem Staatskommissar zuzustellen (s. S 13).

6) D. h. eine Bescheinigung über die dem Berechtigten zustehenden Bezüge unter Angabe der mit der Zahlung beauftragten Postanstalt (s. S. 40) und der Zahlungstermine.

Gleichzeitig ist der unteren Verwaltungsbehörde, in deren Bezirk der Berechtigte wohnt, über die dem letzteren zustehenden Bezüge Mittheilung zu machen.

Wird der angemeldete Anspruch **nicht anerkannt**, so ist derselbe durch schriftlichen mit Gründen versehenen Bescheid abzulehnen.[1])

Gegen den Bescheid des Vorstandes findet binnen vier Wochen[2]) nach Zustellung[3]) desselben die **Berufung**[4]) an das Schiedsgericht (s. S. 13) statt.[5]) Die Berufung ist bei dem **Vorsitzenden des Schiedsgerichts** einzulegen und hat **keine aufschiebende Wirkung**.

Gegen die Entscheidung des Schiedsgerichts[6]) steht beiden

Wird in Folge des weiteren Verfahrens der Betrag der Rente geändert, so ist dem Entschädigungsberechtigten ein anderer Berechtigungsausweis zu ertheilen und der unteren Verwaltungsbehörde seines Wohnortes von der Aenderung Kenntniß zu geben.

1) Bescheide, durch welche der Anspruch auf Rente abgelehnt wird, sind, sobald dieselben die Rechtskraft beschritten haben, von dem Vorstande der Versicherungsanstalt der unteren Verwaltungsbehörde, in deren Bezirk der Antragsteller wohnt, abschriftlich mitzutheilen.

Die **Wiederholung eines endgültig abgelehnten Antrags** auf Bewilligung einer Invalidenrente ist **vor Ablauf eines Jahres** seit der Zustellung der endgültigen Entscheidung nur dann zulässig, wenn glaubhaft bescheinigt wird, daß inzwischen Umstände eingetreten sind, aus denen sich das Vorhandensein der dauernden Erwerbsunfähigkeit des Antragstellers ergiebt. Sofern eine solche Bescheinigung nicht beigebracht wird, hat die untere Verwaltungsbehörde den vorzeitig wiederholten Antrag endgültig zurückzuweisen.

2) Für Seeleute, welche sich außerhalb Europas aufhalten, beträgt die Frist zur Einbringung von Rechtsmitteln drei Monate. Die Frist kann von denjenigen Behörden, gegen deren Bescheid das Rechtsmittel stattfindet, weiter erstreckt werden.

3) Zustellungen, welche den Lauf von Fristen bedingen, können durch die Post mittelst eingeschriebenen Briefes erfolgen.

Personen, welche nicht im Inlande wohnen, können von der zustellenden Behörde aufgefordert werden, einen Zustellungsbevollmächtigten zu bestellen. Wird ein solcher innerhalb der gesetzten Frist nicht bestellt oder ist der Aufenthalt jener Personen unbekannt, so kann die Zustellung durch öffentlichen Aushang während einer Woche in den Geschäftsräumen der zustellenden Behörde oder der Organe der Versicherungsanstalten ersetzt werden.

4) Die Berufung kann auch vom Staatskommissar eingelegt werden (s. S. 13).

5) Der Bescheid muß die Bezeichnung der Berufungsfrist und des für die Berufung zuständigen Schiedsgerichts, sowie Namen und Wohnort des Vorsitzenden des letzteren enthalten.

6) Eine Ausfertigung der Entscheidung des Schiedsgerichts ist dem Berufenden und dem Vorstande der Versicherungsanstalt, eine Abschrift dem Staatskommissar zuzustellen.

Ist von dem Schiedsgericht der Anspruch auf Rente im Widerspruch mit dem Vorstande der Versicherungsanstalt anerkannt und nicht gleichzeitig über die Höhe der Rente entschieden, so hat der Vorstand der Versicherungsanstalt unverzüglich die Höhe der Rente festzustellen und auch in denjenigen Fällen, in welchen das Rechtsmittel der Revision eingelegt wird, sofort wenigstens **vorläufig die Rente zuzubilligen**. Gegen die vorläufige Zubilligung einer Rente findet ein Rechtsmittel nicht statt.

Theilen[1]) das Rechtsmittel der Revision zu, welches bei dem Reichsversicherungsamt binnen vier Wochen nach Zustellung der Entscheidung des Schiedsgerichts einzulegen ist.

Die Revision hat keine aufschiebende Wirkung, sie kann nur darauf gestützt werden:

1. daß die angefochtene Entscheidung auf der Nichtanwendung oder auf der unrichtigen Anwendung des bestehenden Rechts oder auf einem Verstoß wider den klaren Inhalt der Akten beruhe;
2. daß das Verfahren an wesentlichen Mängeln leide.[2])

Wird das angefochtene Urtheil aufgehoben, so kann das Reichsversicherungsamt zugleich in der Sache selbst entscheiden oder dieselbe an das Schiedsgericht oder an den Vorstand der Versicherungsanstalt zurückverweisen.[3])

Auf die Anfechtung der rechtskräftigen Entscheidung über einen Anspruch auf Rente finden die Vorschriften der Civilprozeßordnung über die Wiederaufnahme des Verfahrens entsprechende Anwendung, soweit nicht durch Kaiserliche Verordnung mit Zustimmung des Bundesraths ein anderes bestimmt wird.

II. Die Entziehung der Rente (s. S. 20 Ziffer e) findet in demselben Verfahren, wie unter I statt.

III. Die festgestellten Renten sind auf das Reich und diejenigen Versicherungsanstalten bezw. Kasseneinrichtungen zu vertheilen, zu welchen für den Versicherten Beiträge geleistet sind. Die

---

1) Auch dem Staatskommissar (s. S. 13).

2) Bei Einlegung der Revision ist anzugeben, worin die Nichtanwendung oder die unrichtige Anwendung des bestehenden Rechts oder der Verstoß wider den klaren Inhalt der Akten oder worin die behaupteten Mängel des Verfahrens gefunden werden. Das Reichs-Versicherungsamt ist bei seiner Entscheidung an diejenigen Gründe nicht gebunden, welche zur Rechtfertigung der gestellten Anträge geltend gemacht worden sind.

Fehlt die Angabe solcher Gründe oder ergiebt sich aus der Prüfung der Anträge, daß die angegriffene Entscheidung nicht auf der Nichtanwendung oder unrichtigen Anwendung des bestehenden Rechts beruht, sowie daß das Verfahren nicht an wesentlichen Mängeln leidet, und daß ein Verstoß wider den klaren Inhalt der Akten nicht vorliegt, oder ist die Revision verspätet eingelegt, so kann das Reichs-Versicherungsamt das Rechtsmittel ohne mündliche Verhandlung zurückweisen. Andernfalls hat das Reichs-Versicherungsamt nach mündlicher Verhandlung zu entscheiden.

3) Im Falle der Zurückverweisung ist die rechtliche Beurtheilung, auf welche das Reichs-Versicherungsamt die Aufhebung gestützt hat, der Entscheidung zu Grunde zu legen.

Vertheilung erfolgt durch das Rechnungsbureau des Reichsversicherungsamts.[1]) Das Reich ist betheiligt mit dem Reichszuschusse (s. S. 21) und dem auf die Dauer der militärischen Dienstleistungen entfallenden Antheil der Rente (s. S. 21); im übrigen erfolgt die Vertheilung in dem Verhältnisse der Beiträge, welche den einzelnen Versicherungsanstalten bezw. Kasseneinrichtungen[2]) zugeflossen sind.

Die Vertheilung ist den Vorständen der betheiligten Versicherungsanstalt bezw. Kasseneinrichtungen unter Angabe der der Vertheilung zu Grunde gelegten Zahlen mitzutheilen.[3])

Für die Vertheilung der während der ersten fünfzehn Jahre nach dem Inkrafttreten des Gesetzes bewilligten Invaliden- und Altersrenten gelten besondere Vorschriften.[4])

1) Zu dem Zwecke ist, sobald die Höhe der Rente endgültig feststeht, von dem Vorstande der Versicherungsanstalt eine mit der Bescheinigung der Rechtskraft zu versehende Ausfertigung des Bescheides unter Anschluß der Quittungskarten dem Rechnungsbüreau des Reichs-Versicherungsamts einzusenden.

Das Rechnungsbüreau hat alle bei dem Reichs-Versicherungsamt nach Maßgabe des Gesetzes vorkommenden rechnerischen Arbeiten auszuführen; insbesondere liegt ihm auch ob die Mitwirkung bei den im Vollzuge des Gesetzes herzustellenden statistischen Arbeiten.

2) Den Kasseneinrichtungen sind bei der Vertheilung der Renten, welche von Versicherungsanstalten festgestellt sind, die Beiträge derjenigen Lohnklasse in Anrechnung zu bringen, welche bei Bemessung der Rente für die Dauer der Versicherung des Rentenempfängers bei einer Kasseneinrichtung in Anrechnung gebracht ist (s. S 22 Anm. 1).

Die Vertheilung von Renten, welche von einer Kasseneinrichtung festgestellt sind, erfolgt, soweit ein Anspruch auf dieselben auch nach den Vorschriften dieses Gesetzes bestehen würde und soweit dieselben das Maß des reichsgesetzlichen Anspruchs nicht übersteigen, nach dem Verhältniß der den Versicherungsanstalten und der den Kasseneinrichtungen zugeflossenen Beiträge, letzterer, soweit sie für die Gewährung von Renten in der durch dieses Gesetz festgesetzten Höhe für erforderlich zu erachten sind.

3) Jeder betheiligte Vorstand ist befugt, binnen vierzehn Tagen nach der Zustellung gegen die Vertheilung Einspruch zu erheben. Erfolgt binnen dieser Frist kein Einspruch, so gilt die Vertheilung als endgültig; wird rechtzeitig Einspruch erhoben, so entscheidet über denselben nach Anhörung der Vorstände der anderen betheiligten Versicherungsanstalten das Reichs-Versicherungsamt. Von der Entscheidung werden die Vorstände in Kenntniß gesetzt.

Sobald die auf die betheiligten Versicherungsanstalten entfallenden Antheile endgültig feststehen, hat das Rechnungsbüreau eine Ausfertigung der Vertheilung dem Vorstande der für die Festsetzung der Rente zuständigen Versicherungsanstalt zu übersenden.

4) Es sind hier nämlich auch die Versicherungsanstalten, in deren Bezirken der Versicherte während der dem Inkrafttreten dieses Gesetzes unmittelbar vorangegangenen fünfzehn Jahre nachweislich in einem die Versicherungspflicht nach diesem Gesetze begründenden Arbeits- oder Dienstverhältniß gestanden hat, so zu belasten, als ob während dieser Zeit fortlaufend Beiträge in der Lohnklasse I. entrichtet worden wären.

Die **Auszahlung** der Rente erfolgt **vorschußweise** durch die **Postverwaltungen**[1]) auf Anweisung des Vorstandes der für die Festsetzung der Rente zuständigen Versicherungsanstalt. Ueber die geleisteten Zahlungen haben die Zentralpostbehörden dem Rechnungsbüreau Nachweisungen zuzustellen und das letztere vertheilt die vorgeschossenen Beträge auf die betheiligten Versicherungsanstalten und Kasseneinrichtungen nach dem von ihm für die Vertheilung der Rente aufgestellten Maßstabe (s. S. 40)[1]).

Die **Erstattung der vorgeschossenen Beträge** hat von den Versicherungsanstalten binnen zwei Wochen nach Empfang der Schlußnachweisung für das abgelaufene Rechnungsjahr aus den bereiten Mitteln[3]) der Anstalt zu erfolgen[4]).

Jede Versicherungsanstalt, welcher ein Theil solcher Renten auferlegt werden soll, ist berechtigt, nach Empfang der Mittheilung (s. oben) binnen der daselbst vorgeschriebenen Frist von zwei Wochen sich die Führung des Nachweises vorzubehalten, daß ein nach Absatz 1 zu berücksichtigendes Arbeits- oder Dienstverhältniß auch im Bereiche einer anderen Versicherungsanstalt bestanden habe. Dieser Nachweis muß bei Vermeidung des Ausschlusses binnen drei Monaten nach Ablauf dieser Frist erbracht werden.

Vor der Vertheilung sind die nach Maßgabe der früher bestandenen Arbeits- oder Dienstverhätnisse zu belastenden Versicherungsanstalten zu hören. Erheben die letzteren Widerspruch, so hat das Reichs-Versicherungsamt über die Berücksichtigung zu beschließen.

Die Nachweise sind durch Bescheinigung der für die in Betracht kommenden Beschäftigungsorte zuständigen unteren Verwaltungsbehörden oder durch eine von einer öffentlichen Behörde beglaubigte Bescheinigung der Arbeitgeber zu führen.

1) In der Regel diejenige Postanstalt, in deren Bezirke der Empfangsberechtigte zur Zeit des Antrags auf Bewilligung der Rente seinen Wohnsitz hatte. Die Postanstalt ist berechtigt, an den Inhaber des Berechtigungsausweises (s. S. 37) Zahlung zu leisten.

Verlegt der Empfangsberechtigte seinen Wohnsitz, so hat auf seinen Antrag der Vorstand der Versicherungsanstalt, welcher die Rente angewiesen hatte, die letztere an die Postanstalt des neuen Wohnortes zur Auszahlung zu überweisen.

2) Das Rechnungsbureau hat den betheiligten Versicherungsanstalten bzw. Kasseneinrichtungen Nachweisungen über die ihnen zur Last fallenden Einzelbeträge zu übersenden, ebenso dem Reichskanzler (Reichsamt des Innern) eine Nachweisung über die dem Reich zur Last fallenden Beträge. Andererseits hat das Rechnungsbüreau den Zentralpostbehörden nach Ablauf eines jeden Rechnungsjahres mitzutheilen, welche Beträge von dem Reich an die einzelnen Versicherungsanstalten zu erstatten sind.

3) Sind solche nicht vorhanden und bietet auch der Reservefonds solche nicht dar, so hat der weitere Kommunalverband beziehungsweise der Bundesstaat die erforderlichen Beträge vorzuschießen. Bei gemeinsamen Versicherungsanstalten erfolgt die Aufbringung dieses Vorschusses nach demselben Verhältniß, wie bei der Haftung (s. S. 11).

4) Soweit die Kasseneinrichtungen die von ihnen festgesetzten Renten ohne Vermittelung der Postanstalten selbst auszahlen, wird ihnen der Reichs-

Gegen Versicherungsanstalten, welche mit der Erstattung der Beträge im Rückstande bleiben, ist auf Antrag der Zentral-Postbehörde von dem Reichsversicherungsamt das Zwangsbeitreibungsverfahren einzuleiten.

IV. Der Anspruch auf Erstattung von Beiträgen (siehe S. 27) ist unter Beibringung der zur Begründung desselben dienenden Beweisstücke bei dem Vorstande derjenigen Versicherungsanstalt, an welche zuletzt Beiträge entrichtet worden sind, geltend zu machen. Das Verfahren ist dasselbe wie unter I bezüglich der Rentenfeststellung.

Nur findet eine Mitwirkung des Staatskommissars nicht statt und die Berufung sowie die Revision haben keine aufschiebende Wirkung.

---

zuschuß am Schlusse eines jeden Rechnungsjahres auf jedesmalige Liquidation direkt überwiesen. Die Versicherungsanstalten, auf welche Theile der von solchen Kasseneinrichtungen gezahlten Renten entfallen, haben diese Antheile nach deren Feststellung durch das Rechnungsbüreau den Vorständen der betheiligten Kasseneinrichtungen jährlich zu erstatten.

Gesetz

betreffend die

Invaliditäts- und Altersversicherung.

Vom 22. Juni 1889.

Wir Wilhelm, von Gottes Gnaden Deutscher Kaiser, König von Preußen rc. verordnen im Namen des Reiches nach erfolgter Zustimmung des Bundesraths und des Reichstags, was folgt:

I. Umfang und Gegenstand der Versicherung.

Versicherungspflicht.

§ 1.

Nach Maßgabe der Bestimmungen dieses Gesetzes werden vom vollendeten sechszehnten Jahre versichert:

1. Personen, welche als Arbeiter, Gehülfen, Gesellen, Lehrlinge oder Dienstboten gegen Lohn oder Gehalt beschäftigt werden;
2. Betriebsbeamte, sowie Handlungsgehülfen und -Lehrlinge (ausschließlich der in Apotheken beschäftigten Gehülfen und Lehrlinge), welche Lohn oder Gehalt beziehen, deren regelmäßiger Jahresarbeitsverdienst an Lohn oder Gehalt aber zweitausend Mark nicht übersteigt, sowie
3. die gegen Lohn oder Gehalt beschäftigten Personen der Schiffsbesatzung deutscher Seefahrzeuge (§ 2 des Gesetzes vom 13. Juli 1887, Reichs-Gesetzbl. S. 329) und von Fahrzeugen der Binnenschifffahrt. Die Führung der Reichsflagge auf Grund der gemäß Artikel II § 7 Absatz 1 des

Gesetzes vom 15. März 1888 (Reichs-Gesetzbl. S. 71) ertheilten Ermächtigung macht das Schiff nicht zu einem deutschen Seefahrzeuge im Sinne des Gesetzes.

Zu § 1.

1. Vgl. die in der Anlage abgedruckte Anleitung betreffend den Kreis der nach dem Invaliditäts- und Altersversicherungsgesetz versicherten Personen. Vom 31. Oktober 1890.

Dem gesetzlichen Versicherungszwange unterliegen vom vollendeten sechszehnten Lebensjahre ab alle als Arbeiter oder in ähnlicher Stellung gegen Lohn beschäftigten Personen, also auch weibliche, und die im Inlande beschäftigten Ausländer. (Bezüglich vorübergehender Dienstleistungen von Ausländern vgl. die in der Anlage abgedruckte Bekanntmachung vom 27. November 1890 I. B.) Das Gesetz geht erheblich weiter als die bisherigen Kranken- und Unfallversicherungsgesetze. Die Ausdehnung der Versicherung ergreift insbesondere auch die Dienstboten, die Handlungs-Gehülfen und -Lehrlinge (ausschließlich der in Apotheken beschäftigten Gehülfen und Lehrlinge), sowie die landwirthschaftlichen Arbeiter. Für die Versicherungspflicht ist es gleichgültig, in welchem Betriebe die Beschäftigung erfolgt; es genügt überhaupt eine Beschäftigung als Arbeiter gegen Lohn. Hiernach sind insbesondere auch versicherungspflichtig Personen, welche von Gewerbetreibenden außerhalb ihrer Betriebsstätten beschäftigt werden (§ 2 Nr. 4 des Krankenversicherungsgesetzes, vgl. auch Anm. 4 zu § 2), sowie die von Hausindustriellen beschäftigten unselbstständigen Arbeiter. (Ueber die Hausindustriellen selbst vgl. § 2.) Auch „vorübergehende" Beschäftigung macht principiell versicherungspflichtig; nur kann der Bundesrath bestimmen, inwieweit vorübergehende Dienstleistungen als Beschäftigung im Sinne des Gesetzes nicht anzusehen sind. (§ 3 Abs. 3 vgl. die Bekanntmachung vom 27. November 1890.)

Der Versicherungspflicht unterliegen nicht:

a. Beamte des Reichs und der Bundesstaaten (§ 4 Abs. 1).

b. Mit Pensionsberechtigung angestellte Beamte von Kommunalverbänden (§ 4 Abs. 1, vgl. auch § 7).

c. Personen, welche bereits invalide sind (§ 4 Abs. 2).

d. Personen, welche auf Grund des Gesetzes eine Invalidenrente beziehen (§ 4 Abs. 2).

Auf ihren Antrag sind von der Versicherungspflicht zu befreien:

a. Personen, welche vom Reich, vom Bundesstaate oder einem Kommunalverbande Pensionen oder Wartegelder wenigstens im Mindestbetrage der Invalidenrente beziehen (§ 4 Abs. 3).

b. Personen, welchen auf Grund der reichsgesetzlichen Bestimmungen über die Unfallversicherung eine Rente von mindestens demselben Betrage zusteht (§ 4 Abs. 3).

Eine Ausdehnung der Versicherungspflicht kann durch Beschluß des Bundesraths gemäß § 2 erfolgen.

Ueber Selbstversicherung vgl. § 8.

Personen, welche aus dem Versicherungsverhältniß ausscheiden, können die Versicherung freiwillig fortsetzen. Vgl. § 117.

2. In Uebereinstimmung mit dem Krankenversicherungsgesetze und abweichend vom Unfallversicherungsgesetze ist Voraussetzung der Versicherungspflicht Zahlung von Lohn oder Gehalt (vgl. hierzu § 3, Abs. 1 und 2).

3. Arbeiter, Gehülfen, Gesellen. Nach dem vorliegenden Gesetze hängt die Versicherungspflicht nicht davon ab, daß die betr. Person „in einem Betriebe“ oder gar in einem „Gewerbe-Betriebe“ beschäftigt ist, sondern es kommt lediglich darauf an, daß Jemand als Arbeiter, Geselle, Gehülfe gegen Lohn thätig ist. Bei der Interpretation der Worte „Arbeiter, Gesellen, Gehülfen“ ist davon auszugehen, daß auch das vorliegende Gesetz, ebenso wie das Kranken- und Unfallversicherungsgesetz nur die „arbeitenden Klassen“ der Bevölkerung berühren will, daß insbesondere das Wort „Gehülfe“ nicht im weitesten Sinne zu interpretiren ist, sondern nur von dem Gesichtspunkte aus, daß es den Begriff des „Arbeiter“, „Gesellen“ erläutern und ergänzen will. (Vgl. Ziffer XII. der Anleitung.) „Man wird sich, wie Rosin (S. 145) mit Recht hervorhebt, gegenwärtig halten müssen, daß es dem Sinne des Gesetzgebers nicht entspricht, Personen darunter zu begreifen, welche nach der ganzen Art ihrer Thätigkeit und der sozialen Auffassung derselben weder von dem gewöhnlichen Sprachgebrauche als „Arbeiter“ bezeichnet, noch von der wirthschaftlichen Betrachtung auch nur als entferntes Objekt der „Arbeiterfrage“ qualifizirt werden.“ Personen, welche daher eine höhere geistige, mehr wissenschaftliche, künstlerische Thätigkeit ausüben, fallen nicht unter das Gesetz, mögen auch sonst die Merkmale der Gehülfen bei ihnen vorhanden sein. (Vgl. Ziff. IV der Anleitung.) Andererseits ist es aber nicht erforderlich, daß die betreffende Person nur mechanisch thätig ist, nur körperliche Arbeit verrichtet. Vielmehr ist eine Person auch dann als Arbeiter bezw. Gehülfe im Sinne des Gesetzes anzusehen, wenn mit der körperlichen Thätigkeit etwas mehr oder weniger geistige Thätigkeit verbunden ist; das trifft z. B. zu bei Glasmalern, Porzellanmalern, Musterzeichnern. Im Einzelnen wird es immer auf den konkreten Fall ankommen. Man wird z. B. nicht schlechtweg sagen können, daß „Orchestermitglieder“ als Gehülfen nicht anzusehen sind, sondern es wird darauf ankommen, auf welchem künstlerischen Niveau das betr. Orchester steht. Denn die Mitglieder der Musikkapelle, welche in einer kleinen Stadt gelegentlich als Theater-Orchester fungirt, die im Uebrigen gewerbsmäßig für Tanzlustbarkeiten u. s. w. aufspielt, werden nicht als „Künstler“, sondern als versicherungspflichtige Gehülfen zu betrachten sein.

Den Begriff des „Arbeiters“ kann man mit Rosin (S. 145) dahin definiren: „Arbeiter im engsten Sinne sind Personen, welche in der Stellung wirthschaftlicher Unselbstständigkeit auf Grund eines privatrechlichen Arbeitsvertrages, und ohne zur Familie oder zum Hausstande zu gehören, von einem Arbeitgeber mit ausführenden Arbeiten materieller Natur, namentlich im

Gewerbe und der Industrie, der Land- und Forstwirthschaft oder bei Bauten beschäftigt werden." Es wird sich empfehlen, diese Difinition unter Berücksichtigung des vorher Gesagten bei Entscheidung der Frage: „Wer ist als Arbeiter bezw. Gehülfe versicherungspflichtig? zu Grunde zu legen. Im Einzelnen möge noch Folgendes hervorgehoben werden: Die in Bureaux beschäftigten Personen (in Staats-, Communal- u. Privat-Verwaltungen, bei Rechtsanwälten u. s. w.) sind als Gehülfen versicherungspflichtig, falls ihre Thätigkeit eine mehr mechanische ist, also z. B. Schreiber, Aktenhefter, Boten u. s. w., dagegen nicht: Sekretäre, Expedienten, Bureauvorsteher u. s. w. (vgl. Ziffer XII der Anleit.). Hier ist aber die Ausnahme des § 4 Abs. 1 bezüglich der Staatsbeamten und der mit Pensionsberechtigung angestellten Kommunalbeamten zu beachten. Sofern des Weiteren die betr. Personen als „Handlungsgehülfen" sich qualifiziren, findet auf sie Ziffer 2 Anwendung, d. h. für die Frage der Versicherungspflicht ist lediglich die Höhe des Jahresarbeitsverdienstes entscheidend. — Was die vom Familienhaupte beschäftigten Familienangehörigen anlangt, so ist zunächst zu beachten, daß die Versicherungspflicht nur durch eine Beschäftigung gegen Lohn begründet wird, daß ferner die ausschließliche Gewährung von freiem Unterhalt die Versicherungspflicht nicht begründet (§ 5 Abs. 2). Aber auch darüber hinaus wird man hier den Begriff „freier Unterhalt" im weitesten Sinne nehmen müssen, und auch das sog. „Taschengeld" in denselben hineinbeziehen. (Vgl. Ziff. X der Anleit.) Für die Frage der Versicherungspflicht wird es überhaupt darauf ankommen, ob die Familienzugehörigkeit ein wesentliches Moment für die Arbeitsleistung ist oder nicht. „Ein Familienangehöriger des Unternehmers gilt als dessen Arbeiter dann, wenn derselbe nach seiner und der Familie gesammten sozialen und wirthschaftlichen Stellung auch bei einem anderen Unternehmer dieselbe Lohnarbeit annehmen würde, wenn ihm zur Beschäftigung im Betriebe des Familienhauptes keine Gelegenheit geboten wäre (Rosin S. 169). Der Ausdruck „Familienangehöriger" wird aber nicht zu weit zu fassen sein. Im Allgemeinen wird man darunter in dem hier in Betracht kommenden Sinne nur Ascendenten und Descendenten zu verstehen haben. Doch werden bei der Beurtheilung dieser Frage auch die einzelnen Partikularrechte eine Rolle spielen. Bezüglich der Ehegatten hat das Reichsversicherungsamt für die Unfallversicherung entschieden, daß der im Betriebe seiner Ehefrau beschäftigte Ehemann nicht als Arbeiter gilt (III, 341*) Freund S. 16 Anm. 1), ebensowenig die im Betriebe des Ehemannes beschäftigte Ehefrau (I, 10, Freund eod., vgl. auch Ziff. IX der Anleitung).

Strafgefangene, welche in Arbeits- oder Correctionshäusern, Land-Armenhäusern, Werkhäusern 2c. untergebracht sind (Corrigenden, Detinenden, Häuslinge, Häftlinge), mögen sie in oder außerhalb der Anstalt, in staatlichen oder privaten Betrieben

*) Die römischen Zahlen I, II, III, IV, V bezeichnen die „Amtlichen Nachrichten des Reichsversicherungsamtes" Jahrgang 1884, 1885 bezw. 1886, 1887, 1888, 1889, die arabischen Zahlen wo nicht durch S. ausdrücklich auf die Seitenzahl verwiesen ist — die Nummern der betreffenden Entscheidungen. Daneben ist angegeben, wo die betr. Entscheidung bei Freund „Rekursentscheidungen" zu finden ist.

beschäftigt werden, sind als Arbeiter nicht anzusehen. Dagegen unterliegen die freien Arbeiter, welche neben den Strafgefangenen in derartigen Betrieben beschäftigt werden, der Versicherungspflicht. (Vgl. Entsch. des R.=V.=A. III 132 und IV. 526, Freund S. 18 Anm. 8c, vgl. auch Ziff. XI der Anleitung). Die in Blindenanstalten oder Idiotenhäusern zu Unterrichts= bezw. Erziehungs=Zwecken beschäftigten Personen werden als nicht versicherungspflichtig gelten. Werden aber z. B. Epileptische außerhalb der Anstalt von einem Unternehmer beschäftigt, so werden sie als versicherungspflichtig zu gelten haben. Ebenso unterliegen der Versicherungspflicht die in sog. „Arbeiterkolonien" beschäftigten Personen. (Vgl. Rosin S. 151 u. Entsch. des R.=V.=A. IV, 537 u. V, 702, vgl. auch Ziff. XI d. Anleitung.) Vgl. hierzu die in der Anlage abgedruckte Bekanntmachung vom 27. November 1890 I. A Ziff. 5, wonach vorübergehende Dienstleistungen dann als nicht versicherungspflichtig anzusehen sind, wenn sie in Verpflegungsstationen oder in ähnlichen Einrichtungen gegen eine Geldentschädigung verrichtet werden, welche nicht als Entgelt für die gelieferte Arbeit, sondern als eine Unterstützung zum Zwecke des besseren Fortkommens gewährt wird.

Die von Gewerbetreibenden außerhalb ihrer Betriebsstätten beschäftigten Personen sind als Arbeiter versicherungspflichtig (s. Anm. 1). Diese Personen müssen aber unterschieden werden von den Hausgewerbetreibenden, auf welche §§ 2. 8. Anwendung finden. Die Frage: ob Hausindustrieller oder Arbeiter? wird indeß in vielen Fällen nicht leicht zu entscheiden sein. Im Allgemeinen wird man daran festhalten können, daß zu den Arbeitern diejenigen Personen gehören, welche in einem festen Lohnverhältniß zu einem bestimmten Arbeitgeber stehen, gleichwohl aber z. B. wegen Mangel an Raum in der Werkstatt in ihren eigenen Wohnungen arbeiten. Das letztere Verhältniß kommt besonders häufig im Schneider= und im Schuhmacher=Gewerbe vor. Versicherungspflichtig sind daher z. B. die Konfektioneusen, welche in einem festen Arbeits= und Lohn=Verhältnisse zu einem bestimmten Geschäfte stehen (ebenso Stenglein S. 4 u. Fuld S. 78, vgl. auch Ziff XIX d. Anleitung). Einer besonderen Erwähnung bedürfen diejenigen Personen, welche, wie z. B. die Frauen und Töchter von Beamten, mit Nähen oder Sticken für ein bestimmtes Geschäft thätig sind, aber die Thätigkeit nicht als Berufsbeschäftigung ausüben, sondern als Nebenbeschäftigung, um sich ein Taschengeld oder „die Toilette" zu verdienen. Diese Personen werden auf Grund der in der Anlage abgedruckten Bekanntmachung vom 27. November 1890 I A. Ziffer 1 als vorübergehend beschäftigt und nicht versicherungspflichtig zu gelten haben (vgl. Anm. 5 zu § 3). — Ueber die Frage, ob selbstständiger Gewerbetreibender oder Arbeiter, hat für das Unfallversicherungsgesetz das R.=V.=A. mehrere Entscheidungen gefällt. Hiernach sind als Arbeiter anzusehen die sog. Anpächter im Bergwerksbetrieb (III, 269, Freund S. 19 A. c). Fischermeister, welchen gegen eine vertragsmäßig festgesetzte Vergütung die Verflößung von Hölzern übertragen wird (III, 374, Freund S. 19 A. f). Kutscher, welche für die Führung der Droschken keinen festen Lohn beziehen, sondern eine Quote der Tageseinnahmen, ebenso Kahnführer, welche von den Schiffseigenthümern gegen einen bestimmten Antheil an der Fracht angenommen werden (II, 208, 209, Freund S. 19 A. g). In diesen Fällen liegt lediglich eine besondere Modalität der Lohnzahlung vor; deshalb sind auch alle Akkordarbeiter versicherungspflichtige Arbeiter im Sinne des Gesetzes und nicht Betriebsunternehmer (vgl. Ziff. XVIII der Anl.). Es kommt vielfach vor, daß Bauhandwerker, die im Uebrigen ihr Gewerbe selbstständig betreiben, sich zu vollständiger Ausführung von Bauten vereinigen. So lange die Theilnehmer an solcher Vereinigung als Unternehmer erscheinen, sind sie nicht versicherungspflichtig. Sofern dagegen einzelne Theilnehmer als im Dienst eines der Unternehmer stehende Arbeiter oder Betriebsbeamte anzusehen sind, wofür das Vorhandensein eines Lohnverhältnisses in der Regel maßgebend sein wird, sind dieselben versicherungspflichtig (I, 83, Freund S. 18 A. 8 d). Die auf deutschen Binnengewässern fungirenden Lootsen sind in der Regel selbstständige Gewerbetreibende (III, 401, Freund S. 19. A. h).

Personen, welche berufsmäßig einzelne persönliche Dienstleistungen bei wechselnden Arbeitgebern übernehmen, z. B. Dienstmänner, Kofferträger, Friseusen, werden in der Regel als selbstständige Gewerbetreibende anzusehen sein und unterliegen daher nicht der Versicherungspflicht (vgl. Ziff. VII der Anleitung). Dagegen sollen nach der Ansicht des Reichsversicherungsamts (Ziffer VII der Anl.) Waschfrauen, Näherinnen, Aufwartefrauen in der Regel als unselbstständige Lohnarbeiter anzusehen sein; dieselben werden jedoch auf Grund der Bekanntmachung vom 27. November 1890 I A. Ziffer 4 als vorübergehend beschäftigt und nicht versicherungspflichtig gelten müssen. (Vgl. Anm. 5 zu § 3.) [Die Regierungsvorlage hatte eine ausdrücklich hierauf gerichtete Bestimmung vorgesehen, welche aber wegen ihrer allgemeinen Fassung, weil der Begriff „persönliche Dienstleistung" schwer zu definiren sei, von der Kommission gestrichen wurde.] Ueber die Fälle, in welchen zwischen Arbeitgeber und Arbeiter noch eine Mittelsperson tritt, von welcher der Arbeiter engagirt wird, vgl. Anm. 1 a zu § 100. In diesen Fällen wird in der Regel auch die Mittelsperson als versicherungspflichtiger Arbeiter anzusehen sein. (Vgl. Ziff. XVIII der Anleitung.)

4. Lehrlinge, welchen als Entgelt nur freier Unterhalt gewährt wird, sind nicht versicherungspflichtig. Vgl § 3 Abs. 2. Es muß baares Geld (wenn auch nur Taschengeld) oder eine über den „freien Unterhalt" hinausgehende Naturalleistung gewährt werden, um die Versicherungspflicht der Lehrlinge zu begründen.

5. Dienstboten. Der Begriff der „Dienstboten" wird sich nach den einzelnen Partikularrechten bestimmen. Für Preußen vgl. § 1, der Preuß. Gesindeordnung vom 8. November 1810. Die Frage, ob Personen als Dienstboten oder Arbeiter bzw. Gehülfen anzusehen sind, ist bezüglich der Versicherungspflicht für das vorliegende Gesetz ohne Interesse. Im Anschlusse an das, was oben über die Versicherungspflicht der Gehülfen gesagt worden ist, mag auch hier auf diejenigen Personen hingewiesen werden, welche, obgleich zum Hausstande des Haus-

herrn gehörig, nach der Art ihrer Thätigkeit und Vorbildung zum Gesinde in keinem Falle gerechnet werden dürfen und daher der Versicherungspflicht nicht unterliegen. Dies sind z. B. Hauslehrer, Hauskapläne, Hausärzte, Erzieherinnen, Privatsekretäre (vgl. Ziff. XIII der Anleitung).

5a. Lohn oder Gehalt, d. i. „der Inbegriff von Geld oder geldwerthen Gegenständen, welche nach der Absicht der Parteien, des Arbeitgebers und des Beschäftigten, den Entgelt, die Gegenleistung für die Arbeit oder für die persönliche Widmung zu derselben bilden soll". (Rosin S. 191.) Also nicht nur baares Geld gilt als Lohn, sondern auch geldwerthe Gegenstände: Als Lohn oder Gehalt gelten auch Tantiemen und Naturalbezüge, § 3 Abs. 1. Jedoch gilt eine Beschäftigung, für welche nur freier Unterhalt als Entgelt gewährt wird, nicht als versicherungspflichtig § 3 Abs. 2. Auf die Modalität der Lohnzahlung kommt es, wie schon in Anm. 1 ausgeführt, nicht an; so gelten namentlich auch die Akkordarbeiter als gegen Lohn beschäftigte versicherungspflichtige Arbeiter. Des Weiteren ist es nicht nothwendig, daß die Lohnzahlung durch den Arbeitgeber selbst bezw. aus seinen Mitteln erfolge, wenn nur „nach der Intention, dem Bewußtsein der Parteien der Beschäftigte vom Arbeitgeber auf jene Bezüge, zu deren Erhebung er ihm die Möglichkeit gewährt, als auf ein Entgelt seiner ihm geleisteten Arbeit verwiesen ist". (Rosin, S. 193 vgl. auch Ziff. XVIII der Anleitung.) Rosin führt als Beispiel an Kellner oder Portiers, welche vom Arbeitgeber ausschließlich auf die Trinkgelder der Gäste angewiesen sind. (Jedoch kann man in diesen Fällen auch wohl eine Naturalleistung des Arbeitgebers konstruiren; vgl. Entscheidungen und Verfügungen der Gewerbedeputation des Magistrats zum Krankenversicherungsgesetze. Herausgegeben von Leo Mugdan und Dr. jr. Richard Freund, I S. 89 Nr. 133.) Vgl. ferner über Lohnzahlung durch andere als den Arbeitgeber Anm. 1a zu § 100. Wie es endlich gleichgiltig ist, ob der Lohn gering oder hoch ist, ob er ein wirkliches Aequivalent für die geleistete Arbeit darstellt oder nicht, so ist auch für die Versicherungspflicht der Arbeiter und Gehülfen durch die Höhe des Lohnes eine Grenze nicht gesetzt: Auch Arbeiter oder Gehülfen, welche mehr als 2000 Mk. Jahresarbeitsverdienst haben, sind versicherungspflichtig. Diese Lohn-Grenze bezieht sich nur auf Betriebsbeamte (vgl. Anm. 6), sowie auf Handlungs-Gehülfen und Lehrlinge (vgl. Anm. 7).

5b. beschäftigt werden; Es kommt also für den Beginn der Versicherungspflicht nicht auf den Zeitpunkt des Abschlusses des Arbeitsvertrages an, sondern auf den thatsächlichen Beginn der Beschäftigung. Die Versicherungspflicht dauert so lange wie die „Beschäftigung". Indeß gilt die Beschäftigung noch als fortdauernd, wenn bei Urlaub oder zeitweiser Schließung des Betriebes der Arbeiter nicht entlassen wird. (vgl. auch Rosin S. 177.) Doch ist hierbei selbstverständliche Voraussetzung, daß der Lohn weiter gezahlt wird, denn, wie oben ausgeführt, nur die „Beschäftigung gegen Lohn oder Gehalt" macht versicherungspflichtig. Scheidet Jemand durch Beendigung der Beschäftigung aus der Versicherung aus, so kann er gemäß § 117 die Versicherung freiwillig fortsetzen.

6. Im Allgemeinen sind als Betriebsbeamte nur solche anzusehen, die entweder als Bevollmächtigte, sei es für den nichttechnischen und den technischen Theil, sei es nur für letzteren, fungiren, oder als leitende bezw. beaufsichtigende Betriebsorgane niederer Ordnung wirken. (Vgl. Entsch. des R.-V.-A. I, 68 Freund S. 21 Anm. 9 vgl. auch Ziff. XIV der Anleitung.) Rosin (S. 160) definirt den „Betriebsbeamten“ als eine „Person, welche in dem Betriebe eine derartige Stellung einnimmt, daß sie an der geistigen Arbeit des Unternehmers in größerem oder geringerem Maße Theil nimmt, indem sie entweder in den objektiven Gang des Betriebes mitbestimmend eingreift oder gegenüber anderen im Betriebe beschäftigten Personen eine sich über sie erhebende, aufsichtführende Thätigkeit entfaltet“. Die Frage: ob Betriebsbeamter oder Handlungsgehülfe? ist für das vorliegende Gesetz ohne Bedeutung, da beide Kategorien nur dann unversicherungspflichtig sind, wenn ihr Jahresarbeitsverdienst 2000 Mark nicht übersteigt. Die sogen. Vorarbeiter und Werkführer sind nicht unter allen Umständen als Betriebsbeamte anzusehen, sondern nur dann, wenn bei ihnen im konkreten Falle die oben erwähnten allgemeinen Merkmale des „Betriebsbeamten“ vorhanden sind (vgl. Fuld S. 88).

7. Handlungsgehülfen und -Lehrlinge. (Vgl. Art. Art. 41, 49, 57 des Handelsgesetzbuches.) Hierzu gehören auch die Prokuristen und Handlungsbevollmächtigten, ebenso die „Reisenden“, sofern sie in einem Dienstverhältnisse zum Prinzipal stehen, mithin Handlungsgehülfen sind. Vgl. auch Ziffer XV. der Anleitung. (Ueber die „Reisediäten“ vgl. Anm. 8.) Die sog. Volontäre (insbes. Ausländer in größeren Städten), welche auch nur ein Taschengeld beziehen, müssen als Lehrlinge (bezw. als Gehülfen) gleichfalls für versicherungspflichtig gelten, sofern das jährliche Taschengeld nicht etwa den Betrag von 2000 Mk. übersteigt. Vgl. auch oben Anm. 4. Gehülfen eines Kaufmanns, welche nicht beim Verkauf u. s. w., sondern lediglich mit technischen Arbeiten beschäftigt sind, gelten nicht als Handlungsgehülfen, sondern als Gewerbegehülfen; so z. B.: Der Koch eines Restaurateurs, der Webermeister eines Tuchgeschäfts, der Zuschneider eines Kleidergeschäfts (Fuld, S. 89). Sofern also diese Personen nicht als Betriebsbeamte anzusehen sind, sind sie ohne Rücksicht auf die Höhe ihres Jahresarbeitsverdienstes versicherungspflichtig. — Ist ein Handlungsgehülfe, z. B. ein Buchhalter oder Reisender, in mehreren Geschäften thätig, so unterliegt er der Versicherungspflicht nicht, falls sein Gesammtverdienst 2000 Mk. übersteigt, mögen auch die einzelnen Gehälter bei den verschiedenen Geschäften weniger als 2000 Mk betragen.

7a. Die in Apotheken beschäftigten Gehülfen und Lehrlinge fallen nicht unter das Gesetz. Diese Ausnahme bezieht sich aber nur auf die wirklichen Apotheken und nicht etwa auf Droguen- oder ähnliche Geschäfte. (Vgl. Ziffer XV der Anleitung.)

8. Derjenige Theil des Einkommens, welcher zum Ersatz für dienstlich erwachsende Reisekosten bestimmt ist, ist als Jahresarbeitsverdienst nicht anzusehen. (Vgl. Entsch. des R.-V.-A. I, 88. Freund S. 21 Anm. 10.) Dagegen

werden die Reisediäten der „Handlungsreisenden" von der Einrechnung in den Jahresarbeitsverdienst nicht unbedingt auszuschließen sein, da das Gehalt dieser Personen vielfach gerade mit Rücksicht darauf, daß sie den größten Theil des Jahres auf Kosten des Geschäfts reisen, niedriger bemessen ist. Welcher Theil der Diäten anrechnungsfähig ist, wird Mangels ausdrücklicher Bestimmung, im Streitfalle gemäß § 122 nach freiem Ermessen von der unteren Verwaltungsbehörde zu entscheiden sei. Ueber „Taschengeld" der Lehrlinge siehe oben Anm. 7.

Es kommt darauf an, daß der regelmäßige Jahresarbeitsverdienst 2000 Mk. nicht übersteigt. Wenn sich also der Jahresarbeitsverdienst nur vorübergehend, ausnahmsweise über 2000 Mk. erhebt, so tritt die Befreiung von der Versicherungspflicht nicht ein. „Als regelmäßiger Jahresarbeitsverdienst ist derjenige anzusehen, welchen der Betriebsbeamte eine Reihe von Jahren hindurch in einer gewissen gleichmäßigen Höhe bezogen hat, oder auf den er, von besonderen nicht vorauszusehenden Zufällen abgesehen, mit Bestimmtheit rechnen kann." (Ziffer XVI der Anleitung.) Erlischt die Versicherungspflicht dadurch, daß die Lohngrenze von 2000 Mk. überschritten wird, so kann die Versicherung gemäß § 117 freiwillig fortgesetzt werden.

9. Zur Schiffsbesatzung werden gemäß Art. 445 des Handelsgesetzbuches gerechnet: Der Schiffer, die Schiffsmannschaft, sowie alle übrigen auf dem Schiff angestellten Personen. Vgl. hierzu auch § 1 des Seeunfallversicherungsgesetzes: „Personen, welche auf deutschen Seefahrzeugen als Schiffer, Personen der Schiffsmannschaft, Maschinisten, Aufwärter oder in anderer Eigenschaft zur Schiffsbesatzung gehören (Seeleute) ...." Als ein deutsches Seefahrzeug gilt gemäß § 2 des Seeunfallversicherungsgesetzes vom 13. Juli 1887 jedes ausschließlich oder vorzugsweise zur Seefahrt benutzte Fahrzeug, welches unter deutscher Flagge fährt. Der Führer (Kapitän) des Fahrzeuges unterliegt der Versicherungspflicht, auch wenn der regelmäßige Jahresarbeitsverdienst 2000 Mk. übersteigt (vgl. Anleitung Ziffer **XVII**).

Die auf deutschen Binnengewässern fungirenden Lootsen (Schiffshäupter, Rittmänner, Rettleute u. s. w.) sind in der Regel selbstständige Gewerbetreibende (Entsch. d. R.-V.-A. **III**, 401, Freund S. 19 A. h) und daher nicht versicherungspflichtig.

Vorübergehende Dienstleistungen, welche auf Seeschiffen im Auslande von solchen Personen verrichtet wurden, die nicht zur Schiffsbesatzung gehören, sind als eine die Versicherungspflicht begründende Beschäftigung nicht anzusehen. (Bekanntmachung vom 27. November 1890 **I A.** Ziffer 3 s. Anlage).

Ueber „Besondere Bestimmungen für Seeleute" vgl. § 136.

10. Streitigkeiten über die Frage, ob Jemand überhaupt versicherungspflichtig ist, werden gemäß § 122 von der unteren Verwaltungsbehörde entschieden.

§ 2.

Durch Beschluß des Bundesraths kann die Vorschrift des § 1 für bestimmte Berufszweige auch (1)

1. auf Betriebsunternehmer, welche nicht regelmäßig wenigstens einen Lohnarbeiter beschäftigen, sowie

2. ohne Rücksicht auf die Zahl der von ihnen beschäftigten Lohnarbeiter auf solche selbständige Gewerbetreibende, welche in eigenen Betriebsstätten im Auftrage und für Rechnung anderer Gewerbetreibenden mit der Herstellung oder Bearbeitung gewerblicher Erzeugnisse beschäftigt werden (Hausgewerbetreibende)

erstreckt werden, und zwar auf letztere auch dann, wenn sie die Roh- und Hülfsstoffe selbst beschaffen, und auch für die Zeit, während welcher sie vorübergehend für eigene Rechnung arbeiten.

(2) Durch Beschluß des Bundesraths kann ferner bestimmt werden, daß und inwieweit Gewerbetreibende, in deren Auftrag und für deren Rechnung von Hausgewerbetreibenden (Absatz 1) gearbeitet wird, gehalten sein sollen, rücksichtlich der Hausgewerbetreibenden und ihrer Gehülfen, Gesellen und Lehrlinge die in diesem Gesetze den Arbeitgebern auferlegten Verpflichtungen zu erfüllen.

Zu Absatz 1.

1. Für bestimmte Berufszweige; es erscheint hiernach nicht zulässig, innerhalb eines bestimmten Berufszweiges die Ausdehnung der Versicherungspflicht z. B. auf diejenigen Personen zu beschränken, welche einen Jahresarbeitsverdienst von weniger als 2000 Mk. haben. (Vgl. dagegen St. B. 1882.) Die Frage, ob der Bundesrath befugt erscheint, die Ausdehnung auf einzelne örtliche Bezirke zu beschränken, dürfte ebenfalls zu verneinen sein. (Vgl. Bosse — v. Woedtke I S. 181 und Fuld S. 96.)

2. Betriebsunternehmer, welche nicht regelmäßig wenigstens einen Lohnarbeiter beschäftigen, also ihren Unterhalt ähnlich wie der Arbeiter durch eigene Hände Arbeit verdienen. (M. 73) vgl. Ziffer II der Anleitung.

Als Betriebsunternehmer gilt, gemäß § 9 Absatz 2 des Unfallversicherungsgesetzes, derjenige „für dessen Rechnung der Betrieb erfolgt" d. h. mit anderen Worten — wie Rosin (S. 233) ausführt — wer die durch den Betrieb veranlaßten wirthschaftlichen Lasten trägt und eventuell die durch ihn erzielten Vortheile in sein Vermögen aufnimmt. Die Frage „ob Betriebsunternehmer oder Arbeiter?" hat bezüglich der Unfallversicherung das Reichsversicherungsamt in einigen zweifelhaften Fällen entschieden. Vgl. die in Anm. 3 zu § 1 angeführten Entscheidungen und die daselbst gemachten Ausführungen. Der Begriff des Betriebsunternehmers im Sinne des § 2 Ziffer 1 wird indeß im Anschlusse an die Ausführungen der Motive, welche auf die Aehnlichkeit mit dem Arbeiter hinweisen (s. oben), auszulegen sein. Wenn daher auch z. B. das Büreau eines Rechtsanwalts als

„Betrieb“ angesehen wird (vgl. Ziffer XIV der Anleitung) und der Rechtsanwalt als „Betriebsunternehmer“, so findet doch auf ihn die Bestimmung des § 2 Ziffer 1 keine Anwendung. Es kommt hier eben auch der Gesichtspunkt in Betracht, welcher für den Begriff des „Arbeiter“ im Sinne des vorliegenden Gesetzes bei § 1 in Anm. 1 hervorgehoben wurde.

3. Lohnarbeiter, als solche gilt nicht der Lehrling, welcher nur freien Unterhalt und keinen „Lohn“ erhält.

4. Bei den selbstständigen Gewerbetreibenden der Hausindustrie läßt das Gesetzt die Ausdehnung des Versicherungszwanges in weiterem Umfange, nähmlich ohne Rücksicht auf die Zahl der von ihnen beschäftigten Lohnarbeiter zu. Das Gesetz folgt in dieser Beziehung dem Vorgange des § 2 Ziffer 5 des Krankenversicherungsgesetzes. Die Gewerbetreibenden der Hausindustrie bilden insofern einen Uebergang von den selbstständigen Gewerbetreibenden zu den unselbstständigen Arbeitern, als sie begriffsmäßig nicht für eigene, sondern für fremde Rechnung arbeiten, und derjenige, für dessen Rechnung die Arbeit ausgeführt wird, nimmt in zahlreichen Fällen, insbesondere überall da, wo größere Arbeiten für Rechnung eines und desselben Dritten ausgeführt werden, dem Hausindustriellen gegenüber dieselbe Stellung ein, welche der Arbeitgeber gegenüber dem von ihm beschäftigten Lohnarbeiter hat. Die Lage der Hausindustriellen macht die Alters- und Invalidenversicherung derselben vielfach ganz besonders wünschenswerth. Dies legt die Erwägung nahe, ob es nicht rathsam ist, die Hausindustriellen kraft Gesetzes der allgemeinen Versicherungspflicht zu unterwerfen. Hiervon mußte jedoch, ebenso wie bei dem Krankenversicherungsgesetz, schon wegen der Verschiedenheit der einzelnen Verhältnisse, welche die Hausindustrie in den einzelnen Berufszweigen sowohl, wie in den einzelnen örtlichen Bezirken aufweist, abgesehen werden. Es empfiehlt sich vielmehr auch hier, die Ausdehnung der Versicherungspflicht dem Bundesrath zu überlassen, welcher zu prüfen haben wird, wo sich dieselbe als erforderlich und durchführbar erweist. Letzteres wird insbesondere dann der Fall sein, wenn diejenigen, welche bei den Meistern der Hausindustrie Bestellungen machen, als deren Arbeitgeber anzusehen sind und zur antheiligen Entrichtung von Beiträgen angehalten werden können. Wo letzteres möglich ist, empfiehlt es sich im Interesse der Billigkeit, diejenigen, in deren Auftrag und für deren Rechnung die Arbeit geleistet wird, auch zu Beiträgen für die versicherungspflichtigen Gesellen und Gehülfen des Hausindustriellen heranzuziehen, weil der letztere doch nur als Mittelsperson fungirt und die Arbeit der Gesellen rc. direkt dem Dritten zu gut kommt. Das Gesetzt giebt daher dem Bundesrath auch in dieser Beziehung die erforderliche Ermächtigung. (Vgl. Absatz 2.)

Bei der Begrenzung des Kreises der Hausindustriellen lehnt sich das Gesetz in der Hauptsache an § 2 Ziffer 5 des Krankenversicherungsgesetzes an, wonach diejenigen selbstständigen Gewerbetreibenden hierher gehören, welche in eigenen Betriebsstätten für Rechnung anderer Gewerbetreibender mit der Herstellung oder Bearbeitung gewerblicher Erzeugnisse beschäftigt werden. Da diese Fassung aber zu Zweifeln darüber geführt hat, ob sie auch diejenigen Meister in sich begreift, welche das zu verarbeitende Rohmaterial oder die zu verwendenden Hülfsstoffe selbst beschaffen, und ob sie auch diejenige Zeit umfaßt, während welcher solche Meister vorübergehend nicht für Rechnung anderer Gewerbetreibender, sondern für eigene Rechnung arbeiten, hat das Gesetz der im Krankenversicherungsgesetze gewählten Fassung einen, jenen Zweifel zu Gunsten des Versicherungszwanges ausschließenden Zusatz hinzugefügt. (M. 73.)

Es muß zwischen den selbstständigen „Hausgewerbetreibenden“ und den unselbstständigen „von Gewerbetreibenden außerhalb ihrer Betriebsstätten beschäftigten Personen“ unterschieden werden. Die letzteren sind als Arbeiter versicherungspflichtig. Die Unterscheidung ist also von großer Wichtigkeit und wird in vielen Fällen schwierig sein. Vgl. hierzu die Ausführungen in Anm. 3 zu § 1. Das Wesentliche für die Hausindustriellen findet Rosin (S. 163) in der Mittelstellung zwischen Unternehmer und unselbstständigem Lohnarbeiter. Allgemeine Regeln werden sich sonst schwer aufstellen lassen, es wird immer auf den konkreten Fall, auf das zur Vertheilung kommende Arbeitsverhältniß in seiner Gesammtheit ankommen (vgl. Ziffer XIX der Anleitung).

Die von Hausgewerbetreibenden gegen Lohn beschäftigten unselbstständigen Personen sind gemäß § 1 versicherungspflichtig.

5. Soweit der Versicherungszwang auf die in Abs. 1 genannten Personen nicht erstreckt wird, sind dieselben unter gewissen Voraussetzungen befugt, sich selbst zu versichern (§ 8).

6. Streitigkeiten darüber, ob Jemand unter die in Absatz 1 bezeichneten Kategorieen fällt, werden gemäß § 122 von der unteren Verwaltungsbehörde entschieden.

Zu Absatz 2.

7. Es handelt sich hier besonders um die Heranziehung zur Beitragsleistung. Vgl. Anm. 1.

8. Die Erhebung der Beiträge für diejenigen Personen, auf welche gemäß § 2 die Versicherungspflicht erstreckt ist, wird durch Beschluß des Bundesraths geregelt (§ 110).

§ 3.

(1) Als Lohn oder Gehalt gelten auch Tantiemen und Naturalbezüge. Für dieselben wird der Durchschnittswerth in Ansatz gebracht; dieser Werth wird von der unteren Verwaltungsbehörde festgesetzt.

(2) Eine Beschäftigung, für welche als Entgelt nur freier Unterhalt gewährt wird, gilt im Sinne des Gesetzes nicht als eine die Versicherungspflicht begründende Beschäftigung.

Durch Beschluß des Bundesraths wird bestimmt, inwieweit vorübergehende Dienstleistungen als Beschäftigung im Sinne dieses Gesetzes nicht anzusehen sind. (3)

Zu Absatz 1.

1. Versicherungspflichtig ist also auch der, welcher nur gegen Tantiemen oder nur gegen Naturalbezüge (mit der Beschränkung des Abs. 2) ohne weiteren Gehalt oder Lohn beschäftigt ist. Bei einer Beschäftigung, welche nur gegen Naturalbezug erfolgt, wird der Arbeitgeber im Arbeitsvertrage Bestimmungen treffen müssen, um sich das aus § 91 Abs. 3 ergebende Recht zum Abzug der Hälfte des Beitrags zu sichern.

Lohn oder Gehalt; (Vgl. hierzu Anm. 5a. zu § 1.)

Als Naturalbezug gilt auch „freies Logis, Gartennutzung, Feuerung, Drescherverdienst, Kuhweide, Kartoffelland u. s. w." (vgl. v. Woedtke, Krankenversicherungsgesetz III. Aufl. S. 37 A. 23. Vgl. auch Ziff. X der Anleitung.)

2. Nach der Regierungsvorlage sollte der Werth der Naturalbezüge nach Durchschnittspreisen in Ansatz gebracht werden, welche von der untern Verwaltungsbehörde festgesetzt werden.

Die Fassung des Gesetzes beruht auf einer Abänderung durch die Kommission. Danach wird der Durchschnittswerth, welcher für die Naturalbezüge in Ansatz gebracht wird, von der untern Verwaltungsbehörde festgesetzt Wie der Abgeordnete Hahn in der Plenarsitzung ausführte (St. B. S. 1150), wollte man durch die Abänderung bewirken, daß der Werth der Naturalbezüge zu dem vollen Werth, welchen die Naturalbezüge für den Arbeiter selbst haben, festgesetzt wird. „Wenn man z. B. eine dem Arbeiter zugewiesene Kuhweide etwa nur zu dem Preise ansetzen wollte, den ein entsprechendes Stück Wiese an sich an Pachtwerth hat, so würde man damit Unrecht thun, denn der Werth der Kuhweide besteht für ihn nicht blos in dem Pachtwerth der Wiese oder der Weide, sondern in dem Quantum Milch, was er aus der ihm überwiesenen Kuhweide täglich gewinnen kann. Der Werth dieser Milch ist das, was er an Entgelt für seine Arbeit bezieht."

Es ist zu beachten, daß diese Werth-Festsetzung für die Einreihung der Versicherten in die einzelnen Lohnklassen (abgesehen von den landwirthschaftlichen Arbeitern) von keiner Bedeutung ist, da das Gesetz für die Berechnung des Jahresarbeitsverdienstes zu dem erwähnten Zwecke besondere Grundsätze aufgestellt hat. (Vgl. § 22 Abs. 2.) Dagegen ist sie von Wichtigkeit für die Bestimmung der Versicherungspflicht der Betriebsbeamten und Handlungsgehülfen, sowie für die Feststellung des durchschnittlichen Jahresarbeitsverdienstes vor Inkrafttreten des Gesetzes (§ 159).

3. Welche Behörde als „untere Verwaltungsbehörde" zu gelten hat, bestimmen die Centralbehörden der Bundesstaaten (§ 138), siehe auch die Zusammenstellung in der Anlage.

Zu Absatz 2.

4. Nur freier Unterhalt, also keinerlei Entschädigung in baarem Gelde. Andererseits dürfen die Naturalbezüge über den „freien Unterhalt“ nicht hinausgehen — wie das bei der Landwirthschaft häufig vorkommen wird — sonst tritt die Versicherungspflicht ein. Unter freiem Unterhalt wird man im Allgemeinen verstehen können den Inbegriff aller derjenigen Ge- und Verbrauchs-Gegenstände, welche zur Erhaltung des eigenen Körpers der beschäftigten Person dienen. (Vgl. Rosin S. 201, vgl. auch Ziff. X der Anleitung.) Die Bestimmung ist namentlich von Bedeutung für die Lehrlinge des Handwerkers und für die Angehörigen des Arbeitgebers (vgl. hierzu Anm. 3, § 1), welche derselbe in seinem eigenen Gewerbebetriebe beschäftigt. Streitigkeiten über die Anwendbarkeit des Absatz 1 entscheidet gemäß § 122 die untere Verwaltungsbehörde.

Zu Absatz 3.

5. Siehe die in der Anlage abgedruckte Bekanntmachung vom 27. November 1890 unter I.

Bereits in Anm. 1 zu § 1 ist bemerkt worden, daß „vorübergehende“ Beschäftigung im Gegensatz zum Krankenversicherungsgesetze grundsätzlich versicherungspflichtig macht. Nur insoweit sind vorübergehende Dienstleistungen als Beschäftigung im Sinne des Gesetzes nicht anzusehen, als der Bundesrath dies bestimmt. Der Begriff „vorübergehende Dienstleistungen“ geht weiter als der Begriff im Krankenversicherungsgesetze: „ihrer Natur nach vorübergehende Beschäftigung.“ Die Motive (S. 74) sprechen von vorübergehender Beschäftigung, welche aus mehr zufälligen Gründen, z. B. wegen eines vorübergehenden Bedarfs auf nur kurze Zeit beschränkt ist. Hierher gehören z. B. vorübergehende Hülfsleistungen in der Ernte. Indeß kommt es auf die Definition des Begriffs „vorübergehend“ hier weniger an, da wie gesagt, jede Beschäftigung — natürlich unter den sonstigen Voraussetzungen des Gesetzes — versicherungspflichtig macht, und Ausnahmen von dieser Regel bezüglich vorübergehender „Dienstleistungen“ nur der Bundesrath bestimmen kann. (Vgl. Ziff. VI der Anleitung.)

Die diesbezüglichen Ausnahmebestimmungen sind in der oben angeführten Bekanntmachung vom 27. November 1890 enthalten. Hiernach sind insbesondere vorübergehende Dienstleistungen als eine die Versicherungspflicht nicht begründende Beschäftigung anzusehen, wenn sie von Personen, welche berufsmäßige Lohnarbeit überhaupt nicht verrichten, nur gelegentlich, insbesondere zur gelegentlichen Aushilfe oder nur nebenher und gegen ein geringfügiges Entgelt, welches zum Lebensunterhalt nicht ausreicht und zu den Versicherungsbeiträgen in keinem Verhältniß steht, verrichtet werden; ferner wenn sie von Aufwärtern, Aufwärterinnen und ähnlichen in niederen häuslichen Diensten von kurzer Dauer an wechselnder Arbeitsstelle thätigen Personen verrichtet werden.

Bezüglich der ersten Kategorie ist zu beachten, daß zwei Erfordernisse vorhanden sein müssen, um die Beschäftigung nicht versicherungspflichtig zu machen:

a. die Beschäftigung muß von einer Person vorgenommen worden, welche berufsmäßig Lohnarbeit überhaupt nicht verrichtet und
b. entweder gelegentlich insbesonders zur gelegentlichen Aushilfe oder nur nebenher und gegen ein geringfügiges Entgelt u. s. w.

Der Arbeiter, welcher gelegentlich zum Ausladen eines Schiffes, eines Waggons u. s. w. angenommen wird, fällt nicht hierunter, weil er berufsmäßig Lohnarbeit verrichtet. Dagegen werden unter Umständen die Hilfsleistungen bei der Ernte hierunter zu bringen sein; ferner die Arbeitsthätigkeit der Töchter und Frauen von Beamten, welche sich einen Nebenverdienst machen. (Vgl. Anm. 3 zu § 1.)

Zu der zweiten Kategorie der Aufwärter und Aufwärterinnen wird man wohl auch die Näherinnen, Büglerinnen und Waschfrauen rechnen können, da auf sie gleichfalls die drei Erfordernisse: niedere häusliche Dienste, kurze Dauer der Thätigkeit, wechselnde Arbeitsstelle zutreffen.

6. Ueber die Einziehung der Beiträge für vorübergehend beschäftigte Arbeiter vgl. §§ 100 Abs. 2, 111, 113 Ziffer 2.

§ 4.

Beamte des Reichs und der Bundesstaaten, die mit Pensionsberechtigung angestellten Beamten von Kommunalverbänden, sowie Personen des Soldatenstandes, welche dienstlich als Arbeiter beschäftigt werden, unterliegen der Versicherungspflicht nicht. (1)

Die Versicherungspflicht tritt für diejenigen Personen nicht ein, welche in Folge ihres körperlichen oder geistigen Zustandes dauernd nicht mehr im Stande sind, durch eine ihren Kräften und Fähigkeiten entsprechende Lohnarbeit mindestens ein Drittel des für ihren Beschäftigungsort nach § 8 des Krankenversicherungsgesetzes vom 15. Juni 1883 (Reichs-Gesetzbl. S. 73) festgesetzten Tagelohnes gewöhnlicher Tagearbeiter zu verdienen. Dasselbe gilt von denjenigen Personen, welche auf Grund dieses Gesetzes eine Invalidenrente beziehen. (2)

Solche Personen, welche vom Reich, von einem Bundesstaate oder einem Kommunalverbande Pensionen oder Wartegelder wenigstens im Mindestbetrage der Invalidenrente beziehen, oder welchen auf Grund der reichsgesetzlichen Bestimmungen über Unfallversicherung der Bezug einer jährlichen Rente von mindestens demselben Betrage zusteht, sind auf ihren Antrag von der Versicherungspflicht zu befreien. Ueber den Antrag entscheidet die untere Verwaltungsbehörde des Beschäftigungsortes. Gegen den Bescheid derselben ist die Be- (3)

schwerde an die zunächst vorgesetzte Behörde zulässig, welche endgültig entscheidet.

Zu Absatz 1.

1. Beamte des Reichs und der Bundesstaaten sind durch die für sie geltenden dienstpragmatischen Vorschriften auch für den Fall, daß sie vor Erlangung der Pensionsberechtigung invalid werden, in genügendem Maße sichergestellt, da ihnen auch in solchen Fällen regelmäßig Pensionen oder doch ausreichende Unterstützungen gewährt werden. Es würde weder im Interesse dieser Beamten, noch in dem Interesse der Anstellungsbehörden liegen, wenn beide Theile in Folge der Unterstellung unter das Gesetz Beiträge für die reichsgesetzliche Alters- und Invaliditätsversicherung zu entrichten genöthigt werden sollten. Beamte der Kommunalverbände (Provinzen, Bezirke, Kreise, Stadt- und Landgemeinden, selbständigen Gutsbezirke u. s. w. vgl. Ziffer III der Anleitung) bedürfen dieser Versicherung ebenfalls nicht, sobald sie mit Pensionsberechtigung angestellt sind; für andere Kommunalbeamte dagegen wird wegen der Mannigfaltigkeit der in Betracht kommenden statutarischen Bestimmungen grundsätzlich an der Versicherungspflicht festzuhalten sein. Darüber, welche Personen als „Beamte" des Reichs, der Bundesstaaten und der Kommunalverbände anzusehen sind und demgemäß der Ausnahmebestimmung des § 4 unterliegen, entscheiden die für sie geltenden dienstpragmatischen Bestimmungen. (M. 75.) Es ist also daran festzuhalten, daß nur diejenigen Personen von der Versicherungspflicht befreit sind, welche sich als Beamte charakterisiren. Alle übrigen vom Reich u. s. w. beschäftigten Personen, welche nicht Beamte sind, unterliegen eventuell, d. h. wenn auf sie die sonstigen Voraussetzungen des Gesetzes zutreffen, der Versicherungspflicht. Bei Kommunalverbänden können auch Beamte versicherungspflichtig sein, sofern sie nämlich nicht mit Pensionsberechtigung angestellt sind. Die Frage, ob sie in concreto der Versicherungspflicht unterliegen, beantwortet sich nach § 1, d. h. also es kommt darauf an, ob sie als „Arbeiter" „Gehülfen" im Sinne des Gesetzes anzusehen sind. Hier sind indeß ganz besonders die bei § 1 gemachten Ausführungen zu beachten, nach welchen Personen mit einer höheren geistigen Thätigkeit unter keinen Umständen durch das Gesetz berührt werden. Es werden also nur in Betracht kommen können die mit mehr mechanischen Dienstleistungen beschäftigten Beamten, z. B. Boten, Aktenhefter, Kanzlisten, Polizeidiener, Nachtwächter u. s. w. (vgl. Anm. 3 zu § 1).

Durch Beschluß des Bundesraths kann gemäß § 7 bestimmt werden, daß und inwieweit die Bestimmungen des Abs. 1 auf Beamte, welche von anderen öffentlichen Verbänden oder Körperschaften mit Pensionsberechtigung angestellt sind, Anwendung finden sollen.

1a. Personen des Soldatenstandes, welche während ihrer Militärzeit dienstlich als Arbeiter in einem der Versicherung unterliegenden militärischen Betriebe beschäftigt werden, unterliegen während der Dauer dieser Beschäftigung den Militärgesetzen und können daher als gegen Lohn beschäftigte Arbeiter im Sinne des Gesetzes nicht angesehen werden. Dagegen unterliegen z. B. Soldaten, welche beurlaubt werden, um zur Erntezeit in der Landwirthschaft zu helfen, der Versicherungspflicht (vgl. Anleitung Ziffer III.), sofern sie nicht auf Grund der Bekanntmachung des Bundesraths vom 27. November 1890 I. A. Ziffer 1 (s. Anlage) als vorübergehend beschäfftigt und nicht versicherungspflichtig gelten können (vgl. Anm. 5 zu § 3). Die Fortdauer des vor dem Eintritt in den Dienst begonnenen Versicherungsverhältnisses ist übrigens den Militärpersonen durch § 17 des Gesetzes (vgl. daselbst) hinreichend gesichert. (M. 75.)

1b. Streitigkeiten über die Anwendbarkeit des Absatz 1 werden gemäß § 122 von der unteren Verwaltungsbehörde entschieden.

Zu Absatz 2.

2. „Erwerbsunfähig" im Sinne des Gesetzes ist nicht nur derjenige, welcher gar nichts erwerben, sondern schon derjenige, welcher nicht mehr ein gewisses Lohn-Minimum verdienen kann (§ 9 Abs. 3), der also thatsächlich, wenn auch nur noch theilweise erwerbsfähig ist. Es kann also hiernach vorkommen, daß solche im Sinne des Gesetzes „Erwerbsunfähige" in eine an sich versicherungspflichtige Beschäftigung treten. Der Absatz 2 bestimmt nun, daß solche Personen nicht versicherungspflichtig sind, und setzt hierbei den Minimal-Verdienst — abweichend von der Bestimmung des § 9 Abs. 3 — auf ein Drittel des „Tagelohns" fest, damit auch für den Arbeitgeber die mangelnde Versicherungspflicht leicht erkennbar ist (St. B. 1880). Die Bestimmung hat große Bedeutung für die Uebergangszeit. Es wird dadurch verhindert, daß Personen, welche beim Inkrafttreten des Gesetzes schon im Sinne des Gesetzes erwerbsunfähig sind, den Invaliditäts-Anspruch erwerben. Aber auch für spätere Zeiten wird die Bestimmung verhüten, daß Personen, welche in einer nicht versicherungspflichtigen Beschäftigung im Sinne der Gesetzes erwerbsunfähig geworden sind, durch Annahme einer versicherungspflichtigen Beschäftigung der Wohlthaten des Gesetzes theilhaftig werden können.

Aus dem Vorstehenden folgt, daß die in Rede stehenden Personen auch nicht zur Selbstversicherung fähig sind (siehe § 8), ebensowenig zur freiwilligen Fortsetzung der Versicherung (§ 117), wenn sie z. B. in der Wartezeit (§ 16) „erwerbsunfähig" werden. (Zustimmend Rosin S. 470 A. 21.)

Streitigkeiten, welche darüber entstehen, ob Jemand gemäß Absatz 2 als nicht versicherungspflichtig anzusehen ist, werden in Gemäßheit des § 122 von der unteren Verwaltungsbehörde zu entscheiden sein.

3. Ihren Kräften und Fähigkeiten entsprechende Lohnarbeit vgl. Anm. 7 zu § 9.

4. Nach § 8 des Krankenversicherungsgesetzes wird der ortsübliche Tagelohn gewöhnlicher Tagearbeiter von der höheren Verwaltungsbehörde nach Anhörung der Gemeindebehörde festgesetzt. Die Festsetzung findet für männliche und weibliche, für jugendliche und erwachsene Arbeiter besonders statt. Für Lehrlinge gilt die für jugendliche Arbeiter getroffene Feststellung.

5. Für ihren Beschäftigungsort vgl. hierzu § 15 Abs. 3 des Gesetzes über die Ausdehnung der Unfall- und Krankenversicherung vom 28. Mai 1885, sowie §§ 133, 10, 44 des Gesetzes betr. die Unfall- und Krankenversicherung der in land- und forstwirthschaftlichen Betrieben beschäftigten Personen vom 5. Mai 1886, siehe auch Anm. 5 zu § 41.

5a. Die Versicherungspflicht tritt für diejenigen Personen nicht ein, welche auf Grund dieses Gesetzes eine Invalidenrente beziehen. Dagegen bleiben Altersrentenempfänger, welche weiter fortarbeiten, versicherungspflichtig. Vgl. Anm. 9 zu § 9, vgl. auch Ziffer III der Anleitung.

Zu Absatz 3.

6. Wenigstens im Mindestbetrage der Invalidenrente d. i. 114,70 Mk. (vgl. Anm. 1 zu § 26).

7. Der Absatz 3 befreit auch solche Personen, welche auf Grund der Unfallversicherung eine dem Mindestbetrage der Invalidenrente gleichkommende Rente beziehen, ohne bereits im Sinne des vorliegenden Gesetzes erwerbsunfähig zu sein, also solche Personen, welche diese Unfallrenten etwa wegen Halbinvalidität oder als hinterbliebene Wittwen, beziehungsweise Ascendenten verunglückter Versicherter erhalten, auf ihren Antrag von der Verpflichtung, während einer unter § 1 fallenden Beschäftigung die Versicherung nach Maßgabe dieses Gesetzes bis zum Eintritt des in demselben vorgesehenen Alters, beziehungsweise der Invalidität fortzusetzen und demgemäß weitere Versicherungsbeiträge zu entrichten. (M. 76.)

8. Die in Absatz 3 genannten Personen sind auf ihren Antrag von der Versicherungspflicht zu befreien. Es bedarf also eines Antrags und zwar Seitens der betreffenden Personen selbst, um die Befreiung zu bewirken. So lange nicht eine die Befreiung aussprechende Entscheidung der untern Verwaltungsbehörde bezw. der dieser zunächst vorgesetzten Behörde getroffen ist, ist Versicherungspflicht mit allen ihren Folgen vorhanden.

Sind nun solche Personen auf ihren Antrag von der Versicherungspflicht befreit, so steht ihnen doch das Recht zu, freiwillig die Versicherung fortzusetzen (§ 117); sie können sich durch freiwillige Zahlung von Beiträgen im Umfange der Bestimmung des § 32 Abs. 1 (während vier aufeinander folgender Jahre insgesammt 47 Beitragswochen) vor dem Erlöschen der aus dem bisherigen Versicherungsverhältnisse sich ergebenden Anwartschaft schützen. Dabei darf jedoch diese Fortdauer der bisherigen Anwartschaft nicht dazu führen, daß nunmehr nach Eintritt des Alters oder der Erwerbsunfähigkeit die volle Alters- oder Invalidenrente zu der Unfallrente, sofern dieselbe dann noch gewährt wird, lediglich hinzutritt. Denn sonst würde solchen Personen im Falle des Alters oder der Erwerbsunfähigkeit wiederum mehr gewährt werden, als die Gesetze über die Unfallversicherung und das vorliegende Gesetz, beide für ihr besonderes Gebiet, allgemein für erforderlich erachten. Hieraus rechtfertigt sich die Vorschrift des § 34, nach welcher Alters- und Invalidenrenten bei gleichzeitigem Bezuge von Unfallrenten immer nur soweit zu gewähren sind, als die letzteren hinter dem Betrage von **415** Mk. zurückbleiben. Da nach derselben Vorschrift der Anspruch auf den Mehrbetrag nur ruht, nicht aber erlischt, so tritt der Anspruch auf die volle Alters- und Invalidenrente wieder in Kraft, sobald demnächst die Unfallrente des Erwerbsunfähigen, etwa bei Wiederverheirathung der Wittwe, in Fortfall kommen sollte. (M. 76, vergl. Anm. zu § 32.)

9. Tritt eine Entziehung der Unfallrente ein, — z. B. bei Veränderung der Verhältnisse des Verletzten, bei Wittwen verunglückter Versicherter im Falle der Wiederverheirathung, bei Ascendenten im Falle des Fortfalls ihrer Bedürftigkeit — so beginnt bei entsprechender Beschäftigung auch wieder die Versicherungspflicht gemäß § 1 (M. 76). Alsdann kann die Anwartschaft aus einem früheren Versicherungsverhältnisse gemäß § 32 Abs. 2 wieder aufleben.

10. Untere Verwaltungsbehörde siehe § 138.

11. Beschäftigungsort siehe Anm. 5.

Besondere Kasseneinrichtungen.

§ 5.

Andere als die unter § 4 erwähnten Personen, welche in Betrieben des Reichs, eines Bundesstaates oder eines Kommunalverbandes beschäftigt werden, genügen der gesetzlichen Versicherungspflicht durch Betheiligung an einer für den betreffenden Betrieb bestehenden oder zu errichtenden besonderen Kasseneinrichtung, durch welche ihnen eine den reichsgesetzlich vorgesehenen Leistungen gleichwerthige Fürsorge gesichert ist, sofern bei der betreffenden Kasseneinrichtung folgende Voraussetzungen zutreffen: (1)

1. Die Beiträge der Versicherten dürfen, soweit sie für die Invaliditäts- und Altersversicherung in Höhe des reichsgesetzlichen Anspruchs entrichtet werden, die Hälfte des für den letzteren nach § 20 zu erhebenden Beitrags nicht übersteigen. Diese Bestimmung findet keine Anwendung, sofern in der betreffenden Kasseneinrichtung die Beiträge nach einem von der Berechnungsweise des § 20 abweichenden Verfahren aufgebracht und in Folge dessen höhere Beiträge erforderlich werden, um die der Kasseneinrichtung aus Invaliden- und Altersrenten in Höhe des reichsgesetzlichen Anspruchs obliegenden Leistungen zu decken. Sofern

hiernach höhere Beiträge zu erheben sind, dürfen die Beiträge der Versicherten diejenigen der Arbeiter nicht übersteigen.

2. Bei Berechnung der Wartezeit und der Rente ist den bei solchen Kasseneinrichtungen betheiligten Personen, soweit es sich um das Maß des reichsgesetzlichen Anspruchs handelt, unbeschadet der Bestimmung des § 32 die bei Versicherungsanstalten (§ 41) zurückgelegte Beitragszeit in Anrechnung zu bringen.

3. Ueber den Anspruch der einzelnen Betheiligten auf Gewährung von Invaliden- und Altersrente muß ein schiedsgerichtliches Verfahren unter Mitwirkung von Vertretern der Versicherten zugelassen sein.

(2) Der Bundesrath bestimmt auf Antrag der zuständigen Reichs-, Staats- oder Kommunalbehörde, welche Kasseneinrichtungen (Pensions-, Alters-, Invalidenkassen) den vorstehenden Anforderungen entsprechen. Den vom Bundesrath anerkannten Kasseneinrichtungen dieser Art wird zu den von ihnen zu leistenden Invaliden- und Altersrenten der Reichszuschuß (§ 26 Absatz 3) gewährt, sofern ein Anspruch auf solche Renten auch nach den Vorschriften dieses Gesetzes bestehen würde.

Zu Absatz 1.

1. Für Reichs-, Staats- und Kommunalbetriebe bestehen zuweilen besondere Kasseneinrichtungen, durch welche den in solchen Verwaltungen beschäftigten Personen für den Fall des Alters oder der Invalidität eine hinlängliche Versorgung gesichert wird. Bei der öffentlich-rechtlichen Natur der Träger dieser Einrichtungen ist an der dauernden Leistungsfähigkeit der letzteren in der Regel nicht zu zweifeln. Es fehlt an einem ausreichenden Grunde, die solchen Einrichtungen angehörenden Personen auch noch der allgemeinen Invaliditäts- und Altersversicherung zu unterwerfen, zumal die Leistungen jener Kasseneinrichtungen über das Maß der Fürsorge, welches das Gesetz in Aussicht stellt, nicht selten erheblich hinausgehen. Es empfiehlt sich vielmehr auch im Interesse der Aufrechterhaltung der in Rede stehenden Kasseneinrichtungen des Reichs, der Bundesstaaten und der Kommunalverbände, die Mitglieder derselben von der Betheiligung an auf Grund dieses Gesetzes errichteten Versicherungsanstalten auszunehmen und diesen Mitgliedern zu gestatten, schon durch ihre Betheiligung an jenen besonderen Kasseneinrichtungen ihrer gesetzlichen Versicherungspflicht zu genügen. Dies kann allerdings nur dann geschehen, wenn jeder Zweifel darüber ausgeschlossen ist, daß sie durch ihre Zugehörigkeit zu diesen Kassen nicht ungünstiger gestellt werden, als

sie stehen würden, wenn sie ihrer Versicherungspflicht in den allgemeinen Versicherungsanstalten genügen würden. Umgekehrt ist es aber auch ein Gebot der ausgleichenden Gerechtigkeit, solchen besonderen Kasseneinrichtungen um deswillen, weil sie ihren Mitgliedern mindestens ebenso viel leisten, wie die auf Grund dieses Gesetzes für Versicherungspflichtige errichteten Versicherungsanstalten, im Wesentlichen dieselbe Stellung einzuräumen, welche die zur Durchführung der allgemeinen reichsgesetzlichen Versicherung errichteten Anstalten einnehmen.

Auf diesen Erwägungen beruhen die Bestimmungen des § 5. Die Ermächtigung, ihre Mitglieder von der Betheiligung an den allgemeinen Versicherungsanstalten zu befreien, soll jedoch nur für solche gelten, welche bezüglich der Höhe der von den Versicherten zu leistenden Beiträge, der Anrechnung derjenigen Zeit, während welcher die Versicherten schon vor dem Eintritt in solche Einrichtungen eine nach § 1 die Versicherungspflicht begründende Beschäftigung ausgeübt haben, sowie hinsichtlich des über den Anspruch des einzelnen Betheiligten auf Gewährung von Invaliden- und Altersversorgung herbeizuführenden schiedsrichterlichen Verfahrens den unter 1—3 aufgeführten Voraussetzungen genügen. (M. 78.)

Durch Beschluß des Bundesraths kann auf Antrag bestimmt werden, daß und in wieweit die Bestimmungen der §§ 5 und 6 auf Mitglieder anderer Kasseneinrichtungen Anwendung finden sollen. (Vgl. § 7.)

1a. Ueber die Thätigkeit des Staatskommissars vgl. § 63 Abs. 2. Ueber die Rentenberechnung für die Zeit der Betheiligung bei einer Kasseneinrichtung vgl. § 27. Ueber die Vertheilung der Renten auf die Kasseneinrichtungen vgl. § 94. Ueber die Gewährung der Rechtshülfe vgl. § 141 Abs. 3. Auf die zugelassenen Kasseneinrichtungen finden die §§ 79 bis 82, 86 bis 93, auf den Anschluß oder das Ausscheiden der zugelassenen Kasseneinrichtungen die Bestimmungen der §§ 66 bis 68 entsprechende Anwendung (§§ 94, 69). Die Bestimmungen des § 160 finden auf zugelassene Kasseneinrichtungen keine Anwendung.

2. Für den betreffenden Betrieb; die Kasseneinrichtung braucht sich nicht auf einen einzelnen Betrieb zu beschränken, sondern sie kann auch bestehen bezw. errichtet werden für den Betrieb des Reichs-, Staats- oder Kommunalverbandes, d. h. für sämmtliche z. B. von einem Kommunalverbande beschäftigte versicherungspflichtige Personen.

2a. Oder zu errichtende Kasseneinrichtung; die Kasseneinrichtung kann auch nach Inkrafttreten des Gesetzes errichtet werden, und andererseits können sich auch bestehende Kasseneinrichtungen später wieder den Versicherungsanstalten anschließen. (Vgl. § 69.) Ueber das Risiko der Kommunalverbände bezw. Bundesstaaten in Hinsicht leistungsunfähiger Kasseneinrichtungen vgl. Anm. 2 zu § 69.

3. Eine gleichwerthige Fürsorge liegt nur dann vor, wenn die Ansprüche der Versicherten auf Rente hinter dem Werthe der nach den Bestimmungen dieses Gesetzes vorgesehenen Fürsorge nicht zurückstehen. (M. 78.) Es ist hierbei nicht erforderlich, daß die Leistungen in quali et quanto gleich seien mit denen des

Gesetzes, es handelt sich vielmehr lediglich um die allgemeine Gleichwerthigkeit. (K. 108.) Darüber ob die Fürsorge als gleichwerthig anzusehen ist, entscheidet gemäß Absatz 2 der Bundesrath.

4. Zu Ziffer 1. Die „Kasseneinrichtung" braucht sich nicht auf die Invaliditäts- und Altersversicherung zu beschränken; sie kann z. B. auch die Wittwen- und Waisenversorgung in sich begreifen, sie kann auch mehr gewähren, als der reichsgesetzliche Anspruch beträgt. Das Gesetz trifft jedoch nur Bestimmung über die Höhe der Beiträge, soweit sie für die Invaliditäts- und Altersversicherung und hier wiederum nur in Höhe des reichsgesetzlichen Anspruchs entrichtet werden. Diese Beiträge dürfen die Hälfte desjenigen Beitrags nicht übersteigen, welcher nach der in § 20 festgesetzten Berechnungsweise für diesen Anspruch zu erheben ist. Erhebt aber die Kasseneinrichtung die Beiträge nach einem von der Berechnungsweise des § 20 abweichenden Verfahren, nach welchem zur Deckung des „reichsgesetzlichen Anspruchs" höhere Beiträge erforderlich sind, also z. B. nach dem reinen Prämienverfahren (vgl. Anm. 2 zu § 20), so können auch die Beiträge der Versicherten höher sein, aber niemals höher als die der Arbeitgeber. Ueber die Mehrleistungen werden übrigens die Kasseneinrichtungen getrennte Rechnung führen müssen (Bosse-v. Woedtke I S. 201).

5. Zu Ziffer 2. Hat Jemand vor seiner Betheiligung bei der „Kasseneinrichtung" Beiträge zu einer Versicherungsanstalt, sei es pflichtig oder freiwillig geleistet, so ist ihm diese Beitragszeit bei der Berechnung der Wartezeit und der Rente in Anrechnung zu bringen, aber auch hier wieder nur soweit es sich um den „reichsgesetzlichen Anspruch" handelt. Soweit die Leistung der Kasseneinrichtung den reichsgesetzlichen Anspruch übersteigt, findet die vorher bei Versicherungsanstalten zurückgelegte Beitragszeit gesetzlich keine Berücksichtigung.

Die Anrechnung findet statt unbeschadet der Bestimmung des § 32, d. h. es findet keine Anrechnung statt, wenn die Anwartschaft gemäß § 32 Abs. 1 erloschen und nicht gemäß Abs. 2 wieder aufgelebt ist (siehe bei § 32).

6. Zu Ziffer 3. Gegen den Schiedsspruch findet Revision beim Reichsversicherungsamt statt. (Vgl. Anm. 1 zu § 94.)

Zu Absatz 2.

7. Der Bundesrath bestimmt; wenn also der Bundesrath zu der Ueberzeugung gekommen ist, daß die Voraussetzungen des Absatz 2 vorhanden sind, so ist die Zulassung der Kasseneinrichtung nicht seinem Ermessen überlassen, sondern er muß die Zulassung aussprechen. (St. B. 1168.) Anders nach § 7, wo die Zulassung in das freie Ermessen des Bundesraths gestellt ist.

Der Bundesrath wird also bei Ablehnung eines Antrages auf Zulassung der Kasseneinrichtung die Gründe angeben müssen, aus welchen das Nichtvorhandensein der Voraussetzungen des Absatz 1 anzunehmen war.

8. Die Gewährung des Reichszuschusses ist davon abhängig, daß der Anspruch auf die Rente auch nach den Bestimmungen des Gesetzes begründet

ist. Die Kasseneinrichtung kann leichtere Bedingungen für den Anspruch auf Rente haben, z. B. eine kürzere Wartezeit; würde hiernach eine Invalidisirung vor Ablauf der gesetzlichen Wartezeit erfolgen, so wird der Reichszuschuß nicht gewährt. (Vgl. auch Anm. 1 zu § 6.)

§ 6.

Von dem Inkrafttreten dieses Gesetzes ab wird die Betheiligung bei solchen vom Bundesrath zugelassenen Kasseneinrichtungen der Versicherung in einer Versicherungsanstalt gleichgeachtet. Die nach Maßgabe dieses Gesetzes zu gewährenden Renten werden auf die dabei in Betracht kommenden Versicherungsanstalten und Kasseneinrichtungen nach näherer Bestimmung der §§ 27, 89, 94 vertheilt. (1)

Wenn bei einer solchen Kasseneinrichtung die Beiträge nicht in der nach §§ 99 ff. vorgeschriebenen Form erhoben werden, hat der Vorstand der Kasseneinrichtung den aus der letzteren ausscheidenden Personen die Dauer ihrer Betheiligung und für diesen Zeitraum die Höhe des bezogenen Lohnes, die Zugehörigkeit zu einer Krankenkasse, sowie die Dauer etwaiger Krankheiten (§ 17) zu bescheinigen. Der Bundesrath ist befugt, über Form und Inhalt der Bescheinigung Vorschriften zu erlassen. (2)

Zu Absatz 1.

1. Von dem Inkrafttreten des Gesetzes ab, d. h. dem völligen Inkrafttreten; soweit es sich um die Frage handelt, ob ein Anspruch auf Rente nach den Vorschriften dieses Gesetzes besteht (vgl. § 5 Abs. 2), wird daher die vor dem Inkrafttreten des Gesetzes bestandene Betheiligung an einer Kasseneinrichtung nicht in Betracht kommen.

2. Auf die zugelassenen Kasseneinrichtungen finden die §§ 79 bis 82, 86 bis 93, 66 bis 68 entsprechende Anwendung (§§ 94, 69). Die Bestimmung des § 169 findet auf zugelassenen Kasseneinrichtungen keine Anwendung.

3. Durch die Worte „nach Maßgabe dieses Gesetzes“ soll zum Ausdrucke gebracht werden, daß bei Bemessung der Rente, bei den Voraussetzungen, unter denen die Renten zu gewähren sind, die Bestimmungen dieses Gesetzes maßgebend sind. (St. B. 1168.) Vgl. auch Anm. 8 zu § 5.

Zu Absatz 2.

4. Werden die Beiträge nicht nach dem Markensystem erhoben, so ist es nothwendig, daß den aus der Kasseneinrichtung Ausscheidenden eine Bescheinigung über die Dauer ihrer Betheiligung und die Höhe des bezogenen Lohnes gegeben wird. (K. 105.) Die „Bescheinigung“ vertritt somit die Quittungskarte (§ 101) der Versicherungsanstalt und bildet die Grundlage für die Berechnung der Rente

gemäß § 27. Die Bescheinigungen sind als Beweisstücke dem bei einer Versicherungsanstalt auf Feststellung der Rente gestellten Antrage beizufügen. Vergl. Anm. 3 zu § 75.

§ 7.

Durch Beschluß des Bundesraths kann auf Antrag bestimmt werden, daß und inwieweit die Bestimmungen des § 4 Absatz 1 auf Beamte, welche von andern öffentlichen Verbänden oder Körperschaften mit Pensionsberechtigung angestellt sind, sowie die Bestimmungen der §§ 5 und 6 auf Mitglieder anderer Kasseneinrichtungen, welche die Fürsorge für den Fall der Invalidität oder des Alters zum Gegenstande haben, Anwendung finden sollen.

Zu § 7.

1. Kann bestimmt werden; es ist danach ganz in das Ermessen des Bundesraths gestellt, die betreffende Kasseneinrichtung nicht zuzulassen, auch wenn die Voraussetzungen des § 5 vorhanden sind. (St. B. 1168.)

1a. Auf Antrag; bezügl. der Bestimmungen des § 4 halten Bosse—v. Woedtke (I S. 209) es für zulässig, daß der betr. Antrag von den Beamten selbst gestellt wird.

2. Oeffentlichen Verbände oder Körperschaften, z. B. Deichverbänden. Bosse—v. Woedtke (I S. 209) rechnen hierher auch die landesherrlichen Hofverwaltungen. Ferner sind hervorzuheben die Berufsgenossenschaften, sowie die auf Grund dieses Gesetzes errichteten Versicherungsanstalten.

3. Andere Kasseneinrichtungen, welche die Fürsorge für den Fall der Invalidität oder des Alters zum Gegenstande haben. Bosse—v. Woedtke (I S. 210) machen darauf aufmerksam, daß hier ein Redaktionsfehler stehen geblieben ist, welcher im Entwurf vermieden war. Es muß heißen: „für den Fall der Invalidität und des Alters“. Der Fehler liegt klar zu Tage, da nur bei einer Kasse, welche Fürsorge für Invalidität und Alter trifft, von einer den reichsgesetzlichen Leistungen gleichwerthigen Fürsorge (vgl. § 5) die Rede sein kann. Viel Unheil kann indeß der Fehler nicht anrichten, da wie in Anm. 1 ausgeführt, die Zulassung auf Grund des § 7 ganz in das freie Ermessen des Bundesraths gelegt ist. — Es werden hier namentlich die Knappschaftskassen in Betracht kommen. Ueber das Risiko der Kommunalverbände bezw. Bundesstaaten bei der Zulassung leistungsunfähiger Kassen vergl. Anm. 2 zu § 69.

4. Bezüglich der mit einem bestimmten Unternehmen verbundenen Kassen, der sogen. Betriebskassen, vgl. § 36, bezüglich der „ortsstatutarischen“ Kassen § 38.

Selbstversicherung.

§ 8.

Soweit nicht die Vorschrift des § 1 durch Beschluß des Bundesraths in Gemäßheit der Bestimmung des § 2 Absatz 1 auf die dort bezeichneten Personen erstreckt ist, sind dieselben, falls sie das vierzigste Lebensjahr noch nicht vollendet haben und nicht im Sinne des § 4 Absatz 2 bereits dauernd erwerbsunfähig sind, berechtigt, nach Maßgabe dieses Gesetzes in Lohnklasse II sich selbst zu versichern (§ 120).

Zu § 8.

1. Die Bestimmung des § 8 bildet das Correlat zu der Bestimmung des § 2. Die im § 2 Abs. 1 genannten Personen sind, falls der Bundesrath sie nicht für versicherungspflichtig erklärt, berechtigt, sich selbst zu versichern und zwar unter zwei Voraussetzungen: daß sie das 40. Lebensjahr noch nicht vollendet haben und nicht im Sinne des § 4 Abs. 2 bereits dauernd erwerbsunfähig sind. (Ueber die letztere Voraussetzung vgl. Anm. zu § 4 Abs. 2.) Von der Selbstversicherung ist zu unterscheiden die freiwillige Fortsetzung des Versicherungsverhältnisses (§ 117).

1a. Streitigkeiten über die Frage, ob Jemand gemäß § 8 zur Selbstversicherung berechtigt ist, werden gemäß § 122 von der unteren Verwaltungsbehörde entschieden.

2. Nach Maßgabe dieses Gesetzes; dadurch soll ausgedrückt werden, daß, wo nicht aus dem Texte des Gesetzes sich etwas Anderes ergiebt, überhaupt die Grundsätze des Gesetzes im Allgemeinen auf die Selbstversicherung Anwendung finden sollen. Wo im Gesetzes-Texte das Wort „Versicherungsverhältniß" gebraucht ist, soll dadurch zum Ausdruck gebracht werden, daß die betreffende Bestimmung sowohl auf die Versicherungspflicht, als auf die Selbstversicherung Anwendung findet. Wo dagegen nur von „Versicherungspflicht" die Rede ist, so z. B. im § 17 Abs. 2, sind nur diejenigen Personen gemeint, welche unter § 1 fallen, es sei denn, daß die betreffenden Bestimmungen ausdrücklich auch auf die Selbstversicherten für verwendbar erklärt worden sind. (St. B. 1881.)

3. In Lohnklasse II; auch die freiwillige Fortsetzung des Versicherungsverhältnisses ist nur für Lohnklasse II gestattet (§ 117). Man wollte dadurch einer gewissen Willkür vorbeugen, welche darin liegen könnte, daß Jemand sich in einer beliebigen Lohnklasse versichern könnte. (St. B. 1881.)

4. Ueber die Beitragsleistung der Selbstversicherten vgl. § 120.

5. Die Uebergangsbestimmungen bezüglich Verminderung der Wartezeit bei der Invalidenrente finden auf die Selbstversicherten keine Anwendung. (§ 156 Abs. 2.)

Gegenstand der Versicherung.

§ 9.

(1) Gegenstand der Versicherung ist der Anspruch auf Gewährung einer Invaliden- bezw. Altersrente.

(2) Invalidenrente erhält ohne Rücksicht auf das Lebensalter derjenige Versicherte, welcher dauernd erwerbsunfähig ist. Eine durch einen Unfall herbeigeführte Erwerbsunfähigkeit begründet unbeschadet der Vorschriften des § 76 den Anspruch auf Invalidenrente nur insoweit, als nicht nach den Bestimmungen der Reichsgesetze über Unfallversicherung eine Rente zu leisten ist.

(3) Erwerbsunfähigkeit ist dann anzunehmen, wenn der Versicherte in Folge seines körperlichen oder geistigen Zustandes nicht mehr im Stande ist, durch eine seinen Kräften und Fähigkeiten entsprechende Lohnarbeit mindestens einen Betrag zu verdienen, welcher gleichkommt der Summe eines Sechstels des Durchschnitts der Lohnsätze (§ 23), nach welchen für ihn während der letzten fünf Beitragsjahre Beiträge entrichtet worden sind, und eines Sechstels des dreihundertfachen Betrages des nach § 8 des Krankenversicherungsgesetzes vom 15. Juni 1883 (Reichs-Gesetzbl. S. 73) festgesetzten ortsüblichen Tagelohnes gewöhnlicher Tagearbeiter des letzten Beschäftigungsortes, in welchem er nicht lediglich vorübergehend beschäftigt gewesen ist.

(4) Altersrente erhält, ohne daß es des Nachweises der Erwerbsunfähigkeit bedarf, derjenige Versicherte, welcher das siebenzigste Lebensjahr vollendet hat.

Zu Absatz 2.

1. Ohne Rücksicht auf das Lebensalter: unbeschadet natürlich der Bestimmung des § 1 Abs. 1, wonach die Versicherung erst vom vollendeten 16. Lebensjahre ab eintritt. Invalidenrente wird gewährt ohne Rücksicht auf das Lebensalter, wenn dauernde Erwerbsunfähigkeit nachgewiesen ist; Altersrente (vgl. Abs. 4) wird gewährt ohne Rücksicht auf Erwerbsunfähigkeit, wenn ein bestimmtes Alter nachgewiesen wird.

2. Dauernd erwerbsunfähig; also nicht erwerbslos oder vorübergehend erwerbsunfähig (vgl. jedoch § 10). Den Begriff der Erwerbsunfähigkeiten definirt der Abs. 3 (siehe daselbst).

Der Begriff dauernd darf nicht rigoros ausgelegt werden. Es braucht nicht unbedingt nachgewiesen zu werden, daß in dem Zustande des Betreffenden niemals wieder eine Besserung eintreten werde. Tritt später eine Besserung ein, so giebt ja der § 33 eine Handhabe für Entziehung der Rente. Ob Jemand als dauernd erwerbsunfähig zu betrachten ist, wird eine Thatfrage bilden, bei der auch das bonum et aequum eine Rolle spielt. (K. 21.) Da nach § 10 jeder Versicherte, welcher während eines Jahres dauernd erwerbsunfähig gewesen ist, für die weitere Dauer der Erwerbsunfähigkeit Invalidenrente erhalten muß, so werden dadurch die nachtheiligen Folgen einer rigorosen Handhabung der Bestimmung wesentlich abgeschwächt. Der Versicherte, welcher mit seinem Invaliditätsantrage abgewiesen wird, hat dann nach Ablauf eines Jahres, falls seine Erwerbsunfähigkeit ununterbrochen fortgedauert hat, einen zweifellosen Anspruch auf Gewährung der Rente. Das darf aber die zuständigen Organe nicht dazu bestimmen, in zweifelhaften Fällen abzuweisen, in dem Gedanken, daß ja nach Ablauf eines Jahres die Zweifel jedenfalls beseitigt sind. Auch der Umstand darf für die zuständigen Organe nicht maßgebend sein, daß für die Versicherten anderweitig z. B. durch Leistung von Krankenunterstützung gesorgt wird. Denn es ist zu bedenken, daß nach Beendigung der Krankenunterstützung der Versicherte hilflos wird und der öffentlichen Armenpflege anheimfällt (vgl. hierzu § 12 Abs. 2). Es ist vielmehr in jedem Falle ganz objektiv zu prüfen, ob dauernde Erwerbsunfähigkeit vorliegt und in zweifelhaften Fällen zu berücksichtigen, daß, wie bereits erwähnt, der § 33 eine Handhabe für jederzeitige Entziehung der Rente bietet. — Wodurch die Erwerbsunfähigkeit herbeigeführt wird, ist gleichgültig Besondere Fälle bilden die Erwerbsunfähigkeit, welche sich der Versicherte vorsätzlich oder bei Begehung eines Verbrechens zugezogen hat (§ 11), und die Erwerbsunfähigkeit, welche durch einen Unfall herbeigeführt ist, für welche nach den Reichsunfallversicherungsgesetzen eine Rente zu leisten ist (siehe die folgende Anm. 3).

3. Eine durch einen Unfall herbeigeführte Erwerbsunfähigkeit begründet den Anspruch auf Invalidenrente nur in soweit, als nicht nach den Bestimmungen der Reichsgesetze über Unfallversicherung eine Rente zu leisten ist. Der Ausdruck „in soweit" darf nicht mißverstanden werden. Die Bestimmung soll den Sinn haben, „daß, wenn Jemand aus dem Unfallgesetz bereits Rente erhält, er nicht daneben noch Invalidenrente haben soll" (St. B. 1209). Er erhält also neben der Unfallrente gar keine Invalidenrente, mag auch die erstere niedriger sein, als die letztere. Derselben Ansicht ist jetzt auch Rosin S. 363 f. insbes. Anm. 28, ebenso Stenglein S. 31, während Bosse—v. Woedtke (I S. 224) der Meinung sind, daß der Mehrbetrag der Invalidenrente den Versicherten neben der Unfallrente zu gewähren ist.

Im Einzelnen ist Folgendes zu beachten:

1. Die Invalidenrente ist in jedem Falle von der Versicherungsanstalt festzustellen, mag auch die Anstalt der Ueberzeugung sein, daß kein versicherungspflichtiger Unfall vorliegt; dies bedeuten die Worte im Text: unbeschadet der Vorschriften des § 76. Vgl. hierzu Anm. 1 zu § 76.

2. Die Frage, „ob nach den Bestimmungen der Reichsgesetze über Unfallversicherung eine Rente zu leisten ist," beantwortet sich nach den Unfallversicherungsgesetzen. Diese allgemeine Frage setzt sich zusammen aus drei speziellen Fragen: a. Ist die betreffende Person reichsgesetzlich gegen Unfall versichert? b. Liegt ein Unfall vor? c. Liegt ein Unfall vor, der sich bei dem Betriebe ereignet hat? denn nur solche Unfälle unterliegen der reichsgesetzlichen Unfallversicherung. Ueber die letztere Frage hat das Reichsversicherungsamt zahlreiche Entscheidungen gefällt, welche bei Freund S. 21 ff. Anm. 12 zusammengestellt sind. Für die zweite Frage, ob überhaupt ein Unfall vorliegt, sind von ganz besonderer Wichtigkeit folgende Entscheidungen: Phosphornekrose, tremor mercurialis, Bleivergiftung sind nicht als „Unfälle" im Sinne des Unfallversicherungsgesetzes, sondern als „Gewerbekrankheiten" anzusehen (III, 352 Freund S. 37 Anm. 2). Ebenso ist Gehirnerweichung in Folge andauernder Einwirkung der Hitze des Schmelzofens nicht als Unfall zu erachten. (III, 422 bei Freund S. 38 Anm. 3). Endlich: „Nicht die bestehende Anlage zu einem Leistenbruche, sondern das sogen. Austreten des Bruches (d. h. eines Theiles der Eingeweide durch die Bruchpforte des Leistenkanals) ist die eine Gewährung von Entschädigung nach dem Unfallversicherungsgesetz bedingende Thatsache." (IV, 468 Freund S. 38 f. Anm. 4). — Für die erste Frage, ob die betr. Person reichsgesetzlich gegen Unfall versichert ist, ist zu beachten, daß gegenwärtig ein großer Theil der invaliditätsversicherungspflichtigen Personen nicht unfallversichungspflichtig ist, so insbesondere die Dienstboten, Handlungs-Gehülfen und -Lehrlinge und die in Handwerksbetrieben beschäftigten Personen.

3. Ist zwar „nach den Bestimmungen der Reichsgesetze über Unfallversicherung" eine Rente nicht zu leisten, steht aber dem Versicherten aus dem Unfalle ein Enschädigungsanspruch auf Grund des bürgerlichen Rechts oder des Reichshaftpflichtgesetzes gegen Dritte zu, so findet die Vorschrift des § 39 des Gesetzes Anwendung. Vgl. daselbst.

4. Der Absatz 2 zieht nur die Invalidenrente in Betracht. Indeß findet auch die Erstattung von Beiträgen (§ 31) nicht statt, wenn den Hinterbliebenen aus Anlaß des Todes des Versicherten auf Grund des Unfallversicherungsgesetzes eine Rente gewährt wird. (§ 31 Abs. 3).

5. Der Absatz 2 will nur die Unfallrente berücksichtigen, nicht auch sonstige Unfallentschädigung z. B. den sog. Unfallzuschuß (§ 5 Abs. 9 des Unfallversicherungsgesetzes vom 6. Juli 1884). Die Leistung einer Unfallrente ist auch dann anzunehmen, wenn dieselbe als Abfin-

dung für einen Ausländer in eine Kapitalzahlung umgewandelt ist, § 67 des Unfallversicherungsgesetzes. (St. B. 1213.)

6. Vgl. die folgende Anm. 4.

4. Der Absatz 2 handelt von dem Verhältniß der Invalidenrente zur Unfallrente beim Zusammentreffen von Unfall und Invalidität. Ist aber der Versicherte bereits im Genuß einer Unfallrente, so bekommt er bei eintretender Invalidisirung nur soviel Invalidenrente, daß beide Renten zusammen den Betrag von 415 Mark nicht übersteigen. Vgl. hierzu Anm. 3 u. 4 zu § 34.

Zu Absatz 3.

5. Um für die praktische Anwendung des für das Gesetz grundlegenden Begriffs der Erwerbsunfähigkeit einen Anhalt zu gewähren, erschien eine gesetzliche nähere Bestimmung dieses Begriffes wünschenswerth, weil anderenfalls die Gefahr besteht, daß die Invalidenrente entweder gewährt wird, wo ein Bedürfniß für dieselbe nicht anzuerkennen ist, oder versagt wird, wo ihr Eintritt geboten scheint. Die erstere Gefahr würde vorliegen, wenn man die zum Bezuge der Invalidenrente berechtigende Erwerbsunfähigkeit allgemein dann schon annähme, wenn der Versicherte nach Lage seiner geistigen und körperlichen Kräfte nicht mehr in der Lage ist, die schweren oder auch nur die gewöhnlichen Arbeiten seines bisherigen Berufs verrichten zu können; die letztere Gefahr, wenn man die Berechtigung zur Invalidenrente auf diejenigen Fälle beschränkte, in welchen der Versicherte keine, auch nicht die bescheidenste Erwerbsthätigkeit mehr ausüben kann. Eine Berufsinvalidität würde nur für Arbeiter bestimmter Berufszweige in dem Sinne berücksichtigt werden können, daß gerade dieser Berufszweig für seine Arbeiter sorgen soll, sobald ihm dieselben nach dem Maße ihrer körperlichen oder geistigen Kräfte nicht mehr genügen, wobei es für den Berufszweig unerheblich ist, ob der Betreffende noch anderweitig thätig sein kann und thatsächlich anderweit Arbeiten verrichtet. Hier aber handelt es sich um die ganze Arbeiterschaft als solche, in welcher nicht blos für einen bestimmten Berufszweig ausgebildete Personen, sondern in mindestens gleicher Anzahl auch solche Personen vertreten sind, die als bloße Handarbeiter jede Art von Arbeit, für welche eine besondere technische Vorbildung nicht erforderlich ist, ausführen; man hat es daher mit einem häufigen Wechsel der Arbeit zu thun. Nicht um das besondere Interesse einzelner Berufszweige handelt es sich, sondern um das Interesse der Gesammtheit. Für diese aber ist es von untergeordneter Bedeutung, ob der Arbeiter seinen Erwerb in seiner bisherigen Berufsthätigkeit, oder durch Aufnahme einer anderweiten Beschäftigung findet; die Allgemeinheit hat nur Interesse daran, ob eine Erwerbsfähigkeit überhaupt noch besteht (M. 80).

Nach den Ausführungen der Motive ist also daran festzuhalten, daß das Gesetz auf der einen Seite zur Begründung des Anspruchs auf Invalidenrente nicht gänzliche Erwerbsunfähigkeit verlangt, und auf der andern Seite Berufsinvalidität (vgl. Anm. 7) nicht für genügend erklärt.

Der Absatz 3 giebt eine Definition des Begriffs der Erwerbsunfähigkeit. In der Kommission war die Fassung beschlossen worden: „Erwerbsunfähigkeit ist jedenfalls anzunehmen“, wodurch nur eine „Grenze nach unten“ geschaffen war; das Wort „jedenfalls“ ist aber in dritter Lesung gestrichen und damit auch eine „Grenze nach oben“ geschaffen worden. Dadurch sollen aber keineswegs die zuständigen Organe gezwungen sein, genau auf den Pfennig auszurechnen, ob das im Abs. 3 festgesetzte Lohn-Minimum von dem Versicherten noch erreicht wird, und hiernach ihre Entscheidung zu treffen. Die Bestimmung wird vielmehr auch in der jetzigen Fassung für die zuständigen Organe nur eine Grundlage bilden, auf welcher sie jeden einzelnen Fall individuell in seiner thatsächlichen Gestaltung richtig zu würdigen haben werden. Mit Recht ist bei der dritten Lesung vom Bundesrathstische ausgeführt worden, daß die Frage: wie tief muß die Erwerbsfähigkeit eines Arbeiters gesunken sein, um wirthschaftlich und sozialpolitisch das Bedürfniß einer Invalidenrente zu begründen? mittelst einer einheitlichen Formel, mittelst einer allgemein giltigen Definition in vollkommen befriedigender Weise überhaupt nicht gelöst werden kann. Die Garantie dafür, daß die sozialpolitische Absicht des Gesetzgebers zur Geltung kommt, daß nicht zu viel uud nicht zu wenig gegeben wird, liegt nicht nur in der Fassung des Gesetzes, in der möglichst sorgfältigen Definition des Begriffs „Erwerbsunfähigkeit“, sondern vor Allem in einer verständigen Praxis (St. B. 1213). Von diesen Gesichtspunkten werden sich die zuständigen Organe bei ihren Entscheidungen über Invalidisirungs-Anträge leiten lassen müssen.

6. Nicht „mehr“ im Stande ist; duich das Wort „mehr“ soll zum Ausdruck gebracht werden, daß Jemand, der in eine an sich versicherungspflichtige Beschäftigung eintritt, aber damals schon im Sinne des Gesetzes erwerbsunfähig war, Anspruch auf die Wohlthaten des Gesetzes nicht erheben kann (St. B. 1914). Vgl. § 4 Abs. 2.

7. Durch eine seinen Kräften und Fähigkeiten entsprechende Lohnarbeit; es handelt sich also, wie bereits in Anm. 1 erwähnt, nicht um Berufsinvalidität, sondern um die Unfähigkeit in irgend einem Berufe einen gewissen Betrag zu verdienen. (St. B. 1213.) Bei dieser Feststellung sind die individuellen Kräfte und Fähigkeiten insofern nicht ohne Bedeutung, als es nicht angehen würde, den Arbeiter auf eine Thätigkeit zu verweisen, welche er mit den ihm zu Gebote stehenden Kräften und Fähigkeiten zu leisten außer Stande ist. Dagegen wird die augenblickliche konkrete Möglichkeit einer Beschäftigung, die vorhandene Arbeitsgelegenheit, bei der Beurtheilung, ob noch eine ausreichende Erwerbsfähigkeit verblieben ist, nicht in Betracht gezogen werden dürfen. Die Arbeitsgelegenheit ist dem Wechsel so sehr unterworfen, daß sie sich kaum kontroliren läßt. Die größere oder geringere Gelegenheit zur Arbeit hat mit der körperlichen oder geistigen Fähigkeit zur Fortsetzung der Erwerbsthätigkeit begrifflich nichts zu thun. Die Aufgabe des Gesetzes ist nicht die Versicherung gegen Arbeitslosigkeit, sondern gegen Erwerbsunfähigkeit. (M. 80.)

Welche Arbeit als eine den Kräften und Fähigkeiten des Betreffenden entsprechende Lohnarbeit anzusehen ist, dafür lassen sich allgemeine Regeln nicht aufstellen, das wird — wie dies in der Natur der Sache liegt — in jedem einzelnen Falle nach billigem Ermessen zu entscheiden sein. Man wird aber z. B. nicht für einen Betriebsbeamten das „Straßenkehren" als eine seiner Fähigkeit entsprechende Lohnarbeit erachten können. (St.-B.1213.) Die Lohnarbeit braucht keine regelmäßige zu sein, es kommt nur darauf an, daß das Lohnminimum mit der Arbeit, auch wenn sie unregelmäßig ist, z. B. nur im Sommer stattfindet, verdient wird. (Vgl. Bosse—v. Woedtke I S. 234).

8. Bei der Berechnung des Lohn-Minimums werden zwei Faktoren berücksichtigt: einmal der durchschnittliche Tagelohn am letzten nicht vorübergehenden Beschäftigungsort des Arbeiters und dann die individuellen Erwerbsverhältnisse des Betreffenden, welche in den Lohnsätzen zum Ausdrucke kommen. (Ueber die nicht ganz korrekte Fassung des Gesetzes-Textes vgl. bei § 23.) Bei der Berechnung des Sechstels der Lohnsätze hat man — im Gegensatz zu den Kommissionsbeschlüssen, wonach der letzte nicht lediglich vorübergehend geleistete Betrag maßgebend sein sollte — den Durchschnitt von fünf Beitragsjahren genommen, um zu verhüten, daß der Versicherte, welcher die Erwerbsunfähigkeit herannahen fühlt, künstlich für sich den Begriff der Erwerbsunfähigkeit günstiger gestalte (St.-B.1914). Unter „Beiträge" ist nicht nur der auf Grund versicherungspflichtiger Beschäftigung geleistete Beitrag, sondern jeder Beitrag zu verstehen.

Die Feststellung, welche Beiträge geleistet sind, wird aus den Quittungskarten erfolgen können. Ein Beispiel für die gemäß Abs. 3 anzustellende Berechnung mag hier folgen: Während der letzten 5 Beitragsjahre, d. h. in den letzten 5 × 47 = 235 Beitragswochen (§ 17) hat der Versicherte geleistet 100 Marken in Lohnklasse II, 50 Marken in Lohnklasse IV; er war ferner 50 Wochen krank und 35 Wochen zum Militär eingezogen, so daß für diese 85 Wochen die Lohnklasse II gerechnet wird (vgl. §§ 17 Abs. 2 und 28 Abs. 1.) Den Durchschnitt der Lohnsätze findet man, indem man die Summe der einzelnen für die 235 Wochen maßgebenden Lohnsätze durch 235 dividirt:

Für die Lohnkl. III betr. gem. § 28 der Lohnsatz	720 Mk.,	also für 100 W.	100 × 720 =	72000 Mk.
„ „ „ IV „ „ „ „ „	960 „	„ „ 50 „	50 × 960 =	48000 „
„ „ „ II „ „ „ „ „	500 „	„ „ 85 „	85 × 500 =	42500 „
			Summa der Lohnsätze =	162 500 Mk.

Der Durchschnitt der Lohnsätze beträgt mithin $\frac{162500}{235}$ = (rund) 691,50 Mark, der sechste Theil = 115,25 Mk. Das ist der eine Faktor für die Berechnung des Lohnminimums. Die Berechnung des zweiten Faktors gestaltet sich einfacher. Beträgt der durchschnittliche Tagelohn des letzten Beschäftigungsorts — aber wohlgemerkt des letzten Beschäftigungsorts, in welchem der Versicherte nicht vorübergehend beschäftigt war — 2,40 Mk., so ist der 300fache Betrag = 720 Mk. und der sechste Theil: 120 Mk. Das Lohnminimum beträgt mithin 115,25 Mk. + 120 Mk. = 235,25 Mk.

Ueber die Ermittelung des Lohnsatzes für die Uebergangszeit, vgl. § 156 Abs. 3. Ueber den letzten „Beschäftigungsort" vgl. Anm. 5 zu § 4.

Zu Absatz 4.

9. Ohne daß es des Nachweises der Erwerbsunfähigkeit bedarf; der erwerbsfähige Altersrenten-Empfänger kann weiter arbeiten, bezw. die Versicherung freiwillig fortsetzen, und sich eventuell noch invalidisiren lassen, wodurch er den Vortheil der höheren Invalidenrente genießt. Der Bezug der Altersrente hört dann freilich auf (vgl. § 29 Abs. 2).

10. Welcher das 70. Lebensjahr vollendet hat, unbeschadet der Vorschrift des § 16, wonach eine Wartezeit von 30 Beitragsjahren zurückzulegen ist (vgl. jedoch auch § 157). Die Altersrente beginnt also frühestens mit dem ersten Tage des 71 Lebensjahres. Vgl. § 29 Abs. 2.

§ 10.

Invalidenrente erhält auch derjenige nicht dauernd erwerbsunfähige Versicherte, welcher während eines Jahres ununterbrochen erwerbsunfähig gewesen ist, für die weitere Dauer seiner Erwerbsunfähigkeit.

Zu § 10.

1. Die Bestimmung des § 10 war in der Regierungsvorlage nicht enthalten und ist erst durch die Kommissionsbeschlüsse in das Gesetz aufgenommen worden; sie regelt die Fürsorge für vorübergehend Erwerbsunfähige und enthält somit eine Abweichung von dem Prinzip des Gesetzes, wonach eine Fürsorge nur für dauernd Erwerbsunfähige stattfinden soll. Die Bestimmung bildet eine, wenn auch nur unvollkommene Ergänzung zum Krankenversicherungsgesetz. Nach diesem Gesetz beträgt die Mindestdauer der Krankenunterstützung 13 Wochen; es besteht also bis zum Eintreten der Unterstützung auf Grund des § 10 ein Zwischenraum von 39 Wochen, wenn nicht die Kasse statutarisch die Kranken-Unterstützung über die 13 Wochen hinaus ausgedehnt hat. Diesen Zwischenraum kann die Versicherungsanstalt gemäß § 12 (vgl. daselbst) ausfüllen.

2. Zur Begründung des Anspruchs aus § 10 ist nur der Nachweis erforderlich, daß die Erwerbsunfähigkeit (§ 9 Abs. 3) während eines Jahres ununterbrochen angedauert hat. Vgl. auch Anm. 2 zu § 9. Voraussetzung auch für die Gewährung dieser Rente ist die Zurücklegung der Wartezeit (§§ 15 und 16). Das Wort „ununterbrochen" darf nicht zu rigoros interpretirt werden Auch wenn der Versicherte den Versuch zum Arbeiten gemacht und wenige Tage thatsächlich gearbeitet hat, wird die Erwerbsunfähigkeit als „ununterbrochen" anzusehen sein.

3. Die Feststellung der Rente erfolgt in dem in §§ 75 ff vorgesehenen Verfahren; ebenso die Entziehung der Rente (vgl. § 85).

4. Ueber die Auszahlung der Rente durch den Vertrauensmann im Fall der Noth vgl. Anm. 4 zu 91.

§ 11.

Ein Anspruch auf Invalidenrente steht denjenigen Versicherten nicht zu, welche erweislich die Erwerbsunfähigkeit sich vorsätzlich oder bei Begehung eines durch strafgerichtliches Urtheil festgestellten Verbrechens zugezogen haben.

Zu § 11.

1. Vorsätzlich; es genügt also nicht grobes Verschulden oder Leichtsinn. (Vgl. die Entscheidung des Reichsversicherungsamts III, 281. Freund S. 80 A. 21.) Wie Stenglein (S. 39) mit Recht ferner hervorhebt, braucht der Vorsatz nicht auf die Invalidisirung gerichtet zu sein, sondern nur auf die Selbstbeschädigung, so z. B. bei einem Selbstmordversuch, durch welchen Invalidität zurückgeblieben ist. — Der Vorsatz bedingt Zurechnungsfähigkeit des Handelnden. (Fuld S. 146.)

2. Bei Begehung; es kommt nach den Motiven nur darauf an, ob die Erwerbsunfähigkei mit der Strafthat ursächlich zusammenhängt. (M. 83.) Es muß also die Erwerbsunfähigkeit auf das Verbrechen als Ursache zurückgeführt werden können und es genügt nicht nur bloß zufälliges Zusammentreffen von Erwerbsunfähigkeit und Verbrechen. Ein ursächlicher Zusammenhang liegt vor, wenn der Versicherte bei einer von ihm verübten Brandstiftung schwere Brandverletzungen davonträgt, wenn er bei einem Einbruchsdiebstahl durch einen Sturz sich schwere Verletzungen zuzieht, wenn er bei Verübung des Verbrechens überrascht und etwa durch einen Schuß dauernd erwerbsunfähig gemacht wird. Ein zufälliger Zusammenhang ist vorhanden, wenn er bei Begehung des Verbrechens von einem Schlaganfall betroffen wird (Fuld S. 148).

Das Verbrechen muß durch strafgerichtliches Urtheil festgestellt sein. Die Feststellung kann erst als erfolgt anzusehen sein, wenn das Urtheil rechtskräftig ist. Dagegen ist nicht erforderlich, daß der Versicherte auch wirklich die Strafe verbüßt hat, vielmehr tritt der Verlust der Rente auch dann ein, wenn der Verurtheilte begnadigt wird.

3. Verbrechen; vgl. § 1, Abs. 1 des Reichsstrafgesetzbuches: „Eine mit dem Tode, mit Zuchthaus oder mit Festungshaft von mehr als fünf Jahren bedrohte Handlung ist ein Verbrechen.“ Doch ist es nicht nothwendig, daß auf eine dieser Strafen „erkannt“ worden ist; es kann z. B. bei Vorhandensein mildernder Umstände nur auf Gefängniß „erkannt“ worden sein.

Die Regierungsvorlage enthielt neben „Verbrechen“ auch „vorsätzliche Vergehen“, welcher Zusatz aber von der Kommission gestrichen wurde.

Der häufigste hierher gehörige Fall ist der, der Betheiligung an Schlägereien oder Raufhändeln. (Vgl. indeß auch die Beispiele in Anm. 2.) Hier wird eine Verwirkung der Rente nur dann stattfinden, wenn die Verurtheilung der bei den Schlägereien erwerbsunfähig gewordenen Versicherten auf Grund des § 227, Abs. 2 des Reichsstrafgesetzbuches erfolgt ist.

§ 12.

(1) Die Versicherungsanstalt ist befugt, für einen erkrankten, der reichsgesetzlichen Krankenfürsorge nicht unterliegenden Versicherten das Heilverfahren in dem im § 6 Absatz 1 Ziffer 1 des Krankenversicherungsgesetzes bezeichneten Umfange zu übernehmen, sofern als Folge der Krankheit Erwerbsunfähigkeit zu besorgen ist, welche einen Anspruch auf reichsgesetzliche Invalidenrente begründet.

(2) Die Versicherungsanstalt ist ferner befugt, zu verlangen, daß die Krankenkasse, welcher der Versicherte angehört oder zuletzt angehört hat, die Fürsorge für denselben in demjenigen Umfange übernimmt, welchen die Versicherungsanstalt für geboten erachtet. Die Kosten dieser von ihr beanspruchten Fürsorge hat die Versicherungsanstalt zu ersetzen. Als Ersatz dieser Kosten ist die Hälfte des nach dem Krankenversicherungsgesetze zu gewährenden Mindestbetrages des Krankengeldes zu leisten, sofern nicht höhere Aufwendungen nachgewiesen werden.

(3) Streitigkeiten zwischen den Versicherungsanstalten und den betheiligten Krankenkassen werden, sofern es sich um die Geltendmachung dieser Befugnisse handelt, von der Aufsichtsbehörde der betheiligten Krankenkassen endgültig, sofern es sich um Ersatzansprüche handelt, im Verwaltungsstreitverfahren, oder, wo ein solches nicht besteht, durch die ordentlichen Gerichte entschieden.

(4) Wird in Folge der Krankheit der Versicherte erwerbsunfähig, so verliert er, falls er sich den im Absatz 1 und 2 bezeichneten Maßnahmen entzogen hat, den Anspruch auf Invalidenrente, sofern anzunehmen ist, daß die Erwerbsunfähigkeit durch dieses Verhalten veranlaßt ist.

Zu Absatz 1.

1. Die Versicherungsanstalt ist zur Uebernahme des Heilverfahrens für erkrankte Versicherte unter der zweifachen Voraussetzung befugt

a. daß der erkrankte Versicherte der reichsgesetzlichen Krankenfürsorge nicht unterliegt,

b. daß als Folge der Krankheit Erwerbsunfähigkeit zu besorgen steht, welche einen Anspruch auf reichsgesetzliche Invalidenrente begründet.

Zu a sind zwei Fälle zu unterscheiden; entweder hatte der Versicherte überhaupt keinen Anspruch auf reichsgesetzliche Krankenfürsorge, er war nicht versichert, oder die Krankenkasse hat bereits ihre statutenmäßigen Verpflichtungen erfüllt und die Krankheit dauert fort.

Zu b sind ebenfalls zwei Fälle zu unterscheiden: entweder ist dauernde Erwerbsunfähigkeit als Folge der Krankeit zu besorgen oder doch eine Erwerbsunfähigkeit, welche länger als ein Jahr andauert (§ 10). Der zweite Fall wird der Versicherungsanstalt eine Handhabe bieten, um die Uebernahme der Krankenfürsorge möglichst auszudehnen.

Die Bestimmung ist von der größten Wichtigkeit, wenn man erwägt, daß ein großer Prozentsatz von Invalidisirungen darauf zurückzuführen ist, daß der Erkrankte überhaupt ärztliche Hilfe nicht in Anspruch nimmt oder doch die in Anspruch genommene Hilfe zu zeitig verläßt. Die Bestimmung ist aber unvollkommen, wenn man erwägt, daß die Fürsorge der Versicherungsanstalt sich eben nur auf ein Heilverfahren im Umfange des § 6 Abs. 1 Ziffer 1 des Krankenversicherungsgesetzes erstreckt, d. h. also auf Gewährung von freier ärztlicher Behandlung, Arzeneien, sowie Brillen, Bruchbändern und ähnlichen Heilmitteln. Die Versicherungsanstalt kann nun verlangen, daß der Versicherte sich dem von ihr angeordneten Heilverfahren in dem von ihr für nothwendig erachteten Umfange (Abs. 2) unterwirst, widrigenfalls der Versicherte seines Anspruchs auf Invalidenrente verlustig gehen kann (vgl. Absatz 4). Die Versicherungsanstalt wird aber nicht verlangen können, daß der Versicherte aufhört zu arbeiten bezw. die Wiederaufnahme der Arbeit unterläßt. Und doch führt in zahlreichen Fällen die Wiederaufnahme der Arbeit in der Rekonvaleszenz zu frühzeitigen Invalidisirungen. Für diese Fälle ist eine Fürsorge durch das Krankenversicherungsgesetz in Aussicht gestellt. (K. 21). Die Uebernahme des Heilverfahrens ist in der Zeitdauer nicht beschränkt.

Ganz besonders mag hier noch aufmerksam gemacht werden auf das jüngst von Koch entdeckte Heilverfahren gegen die Schwindsucht. Es ist notorisch, daß in der Arbeiterbevölkerung ein sehr großer Theil aller Invalidisirungen auf die Schwindsucht zurückzuführen ist. Auf Grund des Abs. 1 (s. auch Absatz 2) kann nun die Anstalt bei Versicherten, welche der Schwindsucht verdächtig sind oder bei denen die Schwindsucht bereits festgestellt ist, verlangen, daß sie sich dem Koch'schen Heilverfahren unterwerfen. Es kann den Anstalten nur empfohlen werden, daß sie hierauf ganz besonders ihre Aufmerksamkeit lenken und in dieser Beziehung generelle Maßregeln treffen.

Krankenhauspflege wird die Anstalt nicht gewähren können, da dies über den festgesetzten Umfang des Heilverfahrens hinausgehen würde. Nach § 7 Abs. 1 des Krankenversicherungsgesetzes kann Krankenhauspflege nur an Stelle der im § 6, Nr. 1 und 2 vorgeschriebenen Leistungen gewährt werden. (Bosse —v. Woedtke I S. 246 sind der Ansicht, daß die Versicherungsanstalt doch wohl

Krankenhauspflege gewähren dürfte: „Es liegt hier einer der Fälle vor, in denen ein zu engherziges Anklammern an die Wortfassung des Gesetzes dem Zweck und Geist des letzteren zuwiderlaufen würde).“

2. Der reichsgsetzlichen Krankenfürsorge unterliegt Jeder, welcher auf Grund des Krankenversicherungsgesetzes versichert ist, also auch der Versicherte, welcher seiner Krankenversicherungspflicht bei einer eingeschriebenen oder auf Grund landesrechtlicher Vorschriften errichteten Hilfskasse (§ 75 des Krankenversicherungsgesetzes) genügt, wenn auch Kassen der genannten Art nicht zu den Krankenkassen im Sinne des Gesetzes gehören. (§ 135.) (Derselben Ansicht sind Bosse — v. Woedtke I S. 244 Anm. 2; im Widerspruch hiermit steht scheinbar Anm. 6 S. 247.)

Zu Absatz 2.

3. Der Absatz 2 enthält keine selbstständige neue Bestimmung, sondern bildet nur die Ergänzung zu der Bestimmung des Abs. 1. Der Abs. 1 enthält das Princip, daß die Versicherungsanstalten befugt sein sollen, das Heilverfahren im Umfange des § 6 Abs. 1 Ziffer 1 der Kr.-Vers.-Ges. zu übernehmen und im Absatz 2 wird weiter ausgeführt, daß die Versicherungsanstalten befugt sein sollen, dieses Heilverfahren auf ihre Kosten den Krankenkassen zu übertragen. Die „Fürsorge“ des Absatz 2 ist daher in ihrem Umfange durch Abs. 1 begrenzt. Anderer Ansicht sind Bosse — v. Woedtke (I S. 248 Anm. 9), welche die Bestimmung des Abs. 2 in keinem Zusammenhange mit Abs. 1 stehend erachten und namentlich den Versicherungsanstalten auf Grund derselben das Recht einräumen, die Fürsorge in unbeschränktem Umfange eintreten zu lassen. Wenn auch zuzugeben ist, daß die Fassung des Absatz 2 zu Zweifeln Anlaß geben kann, so sprechen doch schon zwei formelle Gründe gegen die Ansicht von Bosse — v. Woedtke. Es fehlt im Absatz 2 an jeder Vorschrift unter welchen Voraussetzungen die Fürsorge der Versicherungsanstalt eintreten darf, und doch ist es zweifellos — wie dies auch Bosse — v. Woedtke hervorheben — daß die Voraussetzungen eben die des Absatz 1 sind: „sofern als Folge der Krankheit Erwerbsunfähigkeit zu besorgen ist, welche einen Anspruch auf Invalidenrente begründet“. Man wird das Fehlen dieses Zusatzes in Absatz 2 nur aus dem engen Zusammenhange mit Absatz 1 erklären können. Ferner heißt es im Schlußsatz des Absatz 2, daß als Ersatz „dieser Kosten“ die Hälfte des nach dem Krankenversicherungsgesetze zu gewährenden Mindestbetrages des Krankengeldes gilt, sofern nicht höhere Aufwendungen nachgewiesen werden. Diese Bestimmung ist wörtlich aus § 5 Abs. 8 des Unfallversicherungsgesetzes entnommen, und dort betrifft der „Ersatz“ die in § 6 Abs. 1 Ziff. 1 des Kr.-V.-G. bezeichneten Leistungen. Die Worte im Absatz 2 „in demjenigen Umfange, welchen die Versicherungsanstalt für geboten erachtet“, welche Bosse — v. Woedtke als Beleg für ihre Ansicht anführen, kann man wohl dahin erklären, daß der Versicherungsanstalt auch ein Einfluß auf die Art der Krankenbehandlung eingeräumt werden soll. Die Versicherungsanstalt kann z. B. anordnen, daß der Versicherte sich einem ganz bestimmten Heilverfahren z. B. Behandlung durch Elektrizität, kaltes Wasser u. s. w. unterziehen soll (vgl. auch oben bezüglich des Koch'schen Heilverfahrens).

4. Krankenkassen vgl. § 135. Als solche gelten also nicht die sog. freien Kassen, wenn auch die nach dem Krankenversicherungsgesetz versicherungspflichtigen Mitglieder derselben als der reichsgesetzlichen Krankenfürsorge unterliegend anzusehen sind. (Vgl. Anm. 2 zu Abs. 1.)

5. Angehört oder zuletzt angehört hat; vgl. oben Anm. 1 zu **a**.

Man unterscheide die drei Fälle:

a. der erkrankte Versicherte gehört einer Krankenkasse an, aber die Unterstützungsdauer ist beendet. Hier muß also auf Verlangen der Anstalt die Kasse die weitere Fürsorge bezüglich des Heilverfahrens übernehmen. Der Fall bietet keine Schwierigkeiten;

b der erkrankte Versicherte ist gegenwärtig nicht Mitglied einer Kasse, hat aber früher einer solchen angehört. Wie nun, wenn die Kasse, welcher der Versicherte zuletzt angehört hat, nicht ihren Sitz am gegenwärtigen Beschäftigungsorte bezw. Wohnorte des Versicherten hat, wenn z. B. der Versicherte zuletzt in Sachsen einer Krankenkasse angehört hat und in Oberschlesien erkrankt? Nach dem Wortlaute des Absatz 2 ist auch in diesem Falle die Versicherungsanstalt befugt, von der Kasse die Uebernahme der Krankenfürsorge zu verlangen, sie wird aber wohl in solchen Fällen von diesem Verlangen Abstand nehmen. Die Bestimmung des Abs. 2 wird vernünftigerweise nur dann zur Anwendung kommen, wenn die zur Uebernahme der Fürsorge verpflichtete Krankenkasse am Beschäftigungsorte bezw. Wohnsitze des erkrankten Versicherten ihren Sitz hat. Denn nur in diesem Falle ist die Kasse im Stande, die Krankenfürsorge wirksamer auszuüben als die Versicherungsanstalt selbst. (Zustimmend; Bosse—v. Woedtke I S. 248).

c. der erkrankte Versicherte hat überhaupt noch keiner Kasse angehört, oder er ist bei einer freien Kasse versichert. In diesem Falle kann die Uebernahme der Krankenfürsorge durch eine Kasse nicht erfolgen; die Versicherungsanstalt wird alsdann — wie überhaupt in den Fällen, in welchen sie von der ihr im Abs. 2 ertheilten Befugniß keinen Gebrauch macht — für die Ausübung des Heilverfahrens selbst Sorge tragen müssen und sich hierbei wohl am Besten der Vermittelung des Vertrauensmanns (§ 51, Abs. 3) bedienen.

6. In demjenigen Umfange; aber immer nur mit der Einschränkung des Absatz 1. (Heilverfahren im Umfange des § 6 Abs. 1 Nr. 1 des Krankenversicherungsgesetzes.) Anderer Ansicht: Bosse—v. Woedtke I. S. 248, vgl. hierzu oben Anm. 3.

7. Mindestbetrag des Krankengeldes; vgl. für die Gemeindekrankenversicherung § 6, Abs. 1 Nr. 2, für die übrigen Krankenkassen § 20 Abs. 1 Nr. 1 des Krankenversicherungsgesetzes. Für Betriebs-, Bau- und Knappschaftskassen nach §§ 64, 72, 74 K.-V.-G.

8. Sofern nicht höhere Aufwendungen nachgewiesen werden. Diejenige Kasse, welche den Arzt für jede Hilfeleistung honorirt, wird sofort feststellen können, ob die wirklichen Aufwendungen den Pauschalsatz übersteigen. Die Kasse, welche ihrem Arzte ein Pauschal-Honorar gewährt, wird gut thun, mit demselben eine besondere Vereinbarung dahin zu treffen, daß in den fraglichen Fällen jede Hilfeleistung mit einem bestimmten Satze honorirt wird. Die Auslagen für gewährte Arzneien u. s. w. sind leicht durch Recepte u. s. w. nachzuweisen. Den Kassenvorständen ist zu empfehlen, die Kassenbeamten generell anzuweisen, daß und in welcher Weise für die fraglichen Fälle von vornherein besondere Rechnung zu führen ist.

Zu Absatz 3.

9. Die Aufsichtsbehörde wird also in allen den Fällen zu entscheiden haben, in welchen die Krankenkasse, aus welchem Grunde es immer sei, die Uebernahme der Krankenfürsorge oder die Ausübung der übernommenen Fürsorge überhaupt oder in dem von der Versicherungsanstalt für nothwendig erachteten Umfange (Abs. 2) verweigert. Welche Behörden als Aufsichtsbehörden der Krankenkassen gelten, bestimmt § 44 Kr.-V.-G.

Die Entscheidungen der Aufsichtsbehörde sind endgültig.

10. Verwaltungsstreitverfahren. Für Preußen ist durch Königliche Verordnung vom 28. Mai 1890 (Ges. S. S. 181) der Bezirksausschuß für zuständig erklärt.

Zu Absatz 4.

11. Falls er sich den in Abs. 1 und 2 bezeichneten Maßnahmen entzogen hat, falls also der erkrankte Versicherte entweder verweigerte, überhaupt ein Heilverfahren mit sich vornehmen zu lassen, oder doch den ärztlichen Verordnungen nicht nachkommt. Vgl. hierzu Anm. 1 a. E. und Anm. 3 a. E.

12. Sofern anzunehmen ist; diese Annahme wird auf Grund eines ärztlichen Gutachtens erfolgen können.

13. Der Verlust des Invaliditäts-Anspruchs auf Grund des Absatz 4 kann nur in dem in §§ 75 ff. vorgeschriebenen Verfahren festgestellt werden.

§ 13.

Durch statutarische Bestimmung einer Gemeinde für ihren Bezirk oder eines weiteren Kommunalverbandes für seinen Bezirk oder Theile desselben kann, sofern daselbst nach Herkommen der Lohn der in land- und forstwirthschaftlichen Betrieben beschäftigten Arbeiter ganz oder zum Theil in Form von Naturalleistungen gewährt wird, bestimmt werden, daß denjenigen in diesem Bezirke wohnenden

Rentenempfängern, welche innerhalb desselben als Arbeiter in land- oder forstwirthschaftlichen Betrieben ihren Lohn oder Gehalt ganz oder zum Theil in Form von Naturalleistungen bezogen haben, auch die Rente bis zu zwei Dritteln ihres Betrages in dieser Form gewährt wird. Der Werth der Naturalleistungen wird nach Durchschnittspreisen in Ansatz gebracht. Dieselben werden von der höheren Verwaltungsbehörde festgesetzt. Die statutarische Bestimmung bedarf der Genehmigung der höheren Verwaltungsbehörde.

Solchen Personen, welchen wegen gewohnheitsmäßiger Trunksucht nach Anordnung der zuständigen Behörde geistige Getränke in öffentlichen Schankstätten nicht verabfolgt werden dürfen, ist die Rente in derjenigen Gemeinde, für deren Bezirk eine solche Anordnung getroffen worden ist, auch ohne daß die Voraussetzungen des Absatzes 1 vorliegen, ihrem vollen Betrage nach in Naturalleistungen zu gewähren.

Der Anspruch auf die Rente geht zu demjenigen Betrage, in welchem Naturalleistungen gewährt werden, auf den Kommunalverband, für dessen Bezirk eine solche Bestimmung getroffen ist, über, wogegen diesem die Leistung der Naturalien obliegt.

Dem Bezugsberechtigten, auf welchen vorstehende Bestimmungen Anwendung finden sollen, ist dies von dem Kommunalverbande mitzutheilen.

Der Bezugsberechtigte ist befugt, binnen zwei Wochen nach der Zustellung dieser Mittheilung die Entscheidung der Kommunalaufsichtsbehörde anzurufen. Auf demselben Wege werden alle übrigen Streitigkeiten entschieden, welche aus der Anwendung dieser Bestimmungen zwischen dem Bezugsberechtigten und dem Kommunalverbande entstehen.

Sobald der Uebergang des Anspruchs auf Rente endgültig feststeht, hat auf Antrag des Kommunalverbandes der Vorstand der Versicherungsanstalt die Postverwaltung hiervon rechtzeitig in Kenntniß zu setzen.

Zu Absatz 1.

1. Die im Absatz 1 vorgesehene Bestimmung beruht in der Hauptsache auf der gleichen Erwägung, wie der § 9 des Gesetzes, betreffend die Unfall- und Krankenversicherung der in land- und forstwirthschaftlichen Betrieben beschäftigten Personen, vom 5. Mai 1886 (Reichs-Gesetzbl. S. 132). Da die Invaliditäts-

und Altersversicherung auch die ländlichen Arbeiter umfassen soll, erschien es auch hier ebensowenig wie bei der Unfallversicherung räthlich, die in vielen Bezirken noch vorhandene Naturalwirthschaft, soweit es sich um die zu gewährenden Renten handelt, zwangsweise in reine Geldwirthschaft umzuwandeln. Vielmehr empfiehlt es sich, dem örtlichen Herkommen durch die Bestimmung Rechnung zu tragen, daß die Rente, — wenigstens ihrem überwiegenden Betrage nach, also — bis zu zwei Dritteln ihres Betrages in Naturalleistungen gewährt werden dürfe. Die Frage, in welcher Form die an Stelle der Geldrente tretenden Naturalien zu leisten sind, ob sie in Wohnung, Kleidung, Feuerung, Nahrungsmitteln oder in anderen Lieferungen zu bestehen haben, oder in welchem Verhältniß die einzelnen Arten von Naturalien zu gewähren sind, wird der statutarischen Regelung vorbehalten, welche dabei einerseits Brauch und Sitte, andererseits aber auch das vorliegende Bedürfniß berücksichtigen wird. Die Rente gänzlich in Naturalleistungen umzuwandeln, entspricht weder der Rücksicht auf die Lage der Rentenempfänger, da gewisse Bedürfnisse des täglichen Lebens die Möglichkeit der Geldzahlung verlangen, noch dem Herkommen, da auch den in Naturalien gelohnten Arbeitern neben dieser Naturallöhnung regelmäßig noch eine Geldlöhnung gewährt zu werden pflegt (M. 81). Die Bestimmung des Absatz 1 bezieht sich nur auf die land- und forstwirthschaftlichen Arbeiter. (Siehe Anm. 2.)

1a. Welche Verbände als weitere Kommunalverbände anzusehen sind, bestimmt die Landeszentralbehörde. (§ 138.) Vgl. Anlage.

1b. Nach Herkommen; es genügt also nicht, daß vereinzelt Naturalleistungen an Stelle der Geldleistung gewährt werden, sondern es muß sich in dieser Beziehung ein festes Herkommen gebildet haben, „eine durch längere Zeit hindurch als allgemeine Gewohnheit eingewurzelte Sitte." (Bosse — v. Woedtke I S. 254.)

2. In land- oder forstwirthschaftlichen Betrieben; unter die Bestimmung des Abs. 1 fallen nicht die in land- und forstwirthschaftlichen Nebenbetrieben, noch die (sonstigen) von land- oder forstwirthschaftlichen Unternehmern beschäftigten Personen, sofern sie eben nicht im eigentlichen Betriebe beschäftigt sind.

Personen, welche abwechselnd im eigentlichen landwirthschaftlichen Betriebe und in Nebenbetrieben thätig sind, werden als landwirthschaftliche Arbeiter im Sinne des Abs. 1 gelten können. (Bosse — v. Woedtke I S. 255.)

Die Bestimmung des Absatz 1 findet nur auf die „Arbeiter" Anwendung, also weder auf Betriebsbeamte, noch auf die in der Hauswirthschaft beschäftigten Dienstboten (Stubenmädchen, Köchin der Herrschaft, wohl aber auf das ländliche Gesinde, Knechte u. s. w.). Um den letzteren Gesichtspunkt deutlich zum Ausdruck zu bringen, ist im Absatz 1 weiter unten absichtlich wiederholt worden: „welche . . . als Arbeiter ihren Lohn bezogen haben."

3. Naturalleistungen vgl. Anm. 1 zu § 3.

4. Die theilweise Umwandlung der Renten in Naturalleistungen ist an die zweifache Voraussetzung geknüpft,

a. daß der Rentenempfänger innerhalb des Bezirks, für welchen die statutarische Anordnung erlassen ist, seinen Wohnsitz hat oder nimmt, und

b. daß er innerhalb dieses Bezirks als land- oder forstwirthschaftlicher Arbeiter seinen Lohn oder Gehalt ganz oder zum Theil in Form von Naturalleistungen bezogen hat.

Beide Voraussetzungen müssen vorhanden sein, wenn die Umwandlung eintreten soll. Denjenigen Rentenempfänger also, welcher zwar in einem Bezirke wohnt, für welchen eine diesbezügliche statutarische Anordnung erlassen ist, welcher aber nicht innerhalb dieses Bezirkes als land- oder forstwirthschaftlicher Arbeiter Naturalleistungen empfangen hat, trifft die Umwandlung nicht. Hiernach braucht auch der Rentenempfänger, welcher mit der Umwandlung der Rente nicht einverstanden ist, nur seinen Wohnsitz außerhalb des genannten Bezirkes zu verlegen, um die Umwandlung zu hintertreiben.

4a. Bis zu zwei Dritteln; die Vorschrift soll daran anknüpfen, daß der Versicherte dasjenige, was er in eigenen Beiträgen geleistet hat, annähernd wieder in Geld zurück erhalten soll.

5. Die Vorschrift über die Berechnung des Werthes der Naturalleistungen lautet abweichend von der des § 3 Abs. 1, vgl. Anm. 2 zu § 3.

Zu Absatz 2.

6. Wenn das Gesetz im Absatz 2 weitergeht als im Absatz 1 und bei gewohnheitsmäßigen Trinkern die Gewährung von Geldrenten völlig ausschließt, so verfolgt es damit nicht nur das Ziel, den gegen die Trunksucht gerichteten Bestrebungen eine wirksame Unterstützung zu bieten, sondern will auch, ebenso wie durch die Vorschriften des § 40, Vorsorge treffen, daß die Alters- und Invalidenrente nicht zu Zwecken verwendet wird, welche mit ihrer Bestimmung unverträglich sind. Die Gewährung einer Geldrente an gewohnheitsmäßige Trinker, an welche nach Anordnung der zuständigen Behörde geistige Getränke in öffentlichen Schankstätten nicht verabfolgt werden dürfen, würde nur zu leicht dazu führen können, daß der Rentenempfänger, entgegen den Absichten des Gesetzes für seinen Lebensunterhalt nach wie vor die öffentliche Armenunterstützung anrufen muß. (M. 81.) Es ist zu beachten, daß Voraussetzung für die Anwendbarkeit des Absatz 2 ist: Das von der zuständigen Behörde — die Zuständigkeit entscheidet sich nach Landesrecht — wegen gewohnheitsmäßiger Trunksucht ausgesprochene Verbot der Verabfolgung geistiger Getränke.

Zu Absatz 4 und 5.

7. Bei der Bedeutung, welche die Umwandlung der Geldrente in Naturalleistungen für den Berechtigten hat, kann demselben ein Rechtsmittel zur Geltendmachung seiner etwaigen Einwendungen, sei es gegen die Um-

wandlung überhaupt, sei es gegen die Art oder das Verhältniß der Naturalleistungen, nicht vorenthalten werden. Dem Rentenempfänger soll daher von dem Kommunalverbande, welcher für seinen Bezirk die Umwandlung der Rente in Naturalbezüge beschlossen hat, entsprechende Mittheilung gemacht werden, wobei ihm gleichzeitig das Maß, in welchem die Umwandlung stattfinden soll, mitzutheilen sein wird. Erachtet der Rentenempfänger die Anwendung der betreffenden Bestimmungen auf ihn nicht für zutreffend, was insbesondere in den Fällen des Absatz 2 häufig vorkommen wird, so soll er berechtigt sein, binnen zwei Wochen nach erfolgter Zustellung jener Mittheilung die Entscheidung der Kommunalaufsichtsbehörde anzurufen. Aber auch solche Streitigkeiten, welche, sobald die Umwandlung der Rente in Naturalbezüge endgültig feststeht, aus der Durchführung dieser Maßregel entstehen, werden zweckmäßig ebenfalls von der Kommunalaufsichtsbehörde zu entscheiden sein. (M. 81.)

Der Zusatz in der Regierungsvorlage, daß die Entscheidung der Kommunalaufsichtsbehörde endgültig ist, wurde gestrichen. Hiernach wird gegen diese Entscheidung die Anrufung der höheren Instanz erfolgen können. (vgl. die folgende Anm.)

Zu Absatz 6.

8. Endgültig feststeht; Bosse — v. Woedtke (I S. 260) machen darauf aufmerksam, daß hier ein Redaktionsversehen vorliegt. Nachdem, wie in Anm. 7 erwähnt, der Zusatz gestrichen wurde, daß die Entscheidung der Kommunalaufsichtsbehörde endgültig ist, kann es schwierig sein festzustellen, wann der Uebergang des Anspruchs auf Rente endgültig feststeht, da die Anrufung der höheren Instanz nicht überall an eine Frist gebunden ist. Bosse—v. Woedtke meinen, daß man, um aus dieser Schwierigkeit herauszukommen, im Sinne des Abs. 6 die Entscheidung der Kommunalaufsichtsbehörde auch jetzt als endgültig wird ansehen müssen.

9. Die Benachrichtigung an die Postverwaltung wird in Form einer Wegfallanweisung zu geschehen haben. (§ 6 der Geschäftsanweisung betr. die Auszahlungen durch die Post.) Gleichzeitig wird auch dem Rentenempfänger eine Benachrichtigung über den Wegfall zugehen müssen. (§ 9 daselbst.)

§ 14.

Ist der Berechtigte ein Ausländer, so kann er, falls er seinen Wohnsitz im Deutschen Reich aufgiebt, mit dem dreifachen Betrage der Jahresrente abgefunden werden.

Zu § 14.

1. Die Kapitalabfindung des Ausländers kann abweichend von der bezüglichen Vorschrift des Bauunfallversicherungsgesetzes (§ 39 Abs. 2) nur dann erfolgen, falls er seinen Wohnsitz im Deutschen Reiche aufgiebt. Die Vorschrift wird auch auf den Inländer anwendbar sein, welcher auswandert und eine fremde Staatsangehörigkeit erwirbt, also Ausländer wird.

Die Abfindung ist ganz in das Ermessen der für die Feststellung der Rente zuständigen Versicherungsanstalt gestellt. Der bezügliche Beschluß des Vorstandes ist dem Versicherten in Form eines gemäß § 75 zu erlassenden Bescheides mitzutheilen; dieser Bescheid unterliegt der schiedsgerichtlichen Berufung bezw. der Revision. (vgl. Entsch. des R.-V.-A. III, 261, Freund S. 289, ebenso: Bosse—v. Woedtke I S. 262). Ueber den Wegfall der Rente ist demnächst an die Obere Postbehörde eine Wegfallanweisung zu erlassen. (§ 6 der Geschäftsanweisung betr. Auszahlungen durch die Post.) Ebenso ist dem Rechnungbüreau Nachricht zu geben (§ 24 der Vorschriften betr. Art und Form der Rechnungsführung), welches die Vertheilung der Abfindung in Gemäßheit der §§ 87 ff. vornimmt. Die Abfindung ist von dem Einverständniß des Versicherten nicht abhängig. Zu beachten ist, daß gemäß § 34 Ziffer 4 der Anspruch auf Rente ruht, so lange der Berechtigte nicht im Inlande wohnt; diese Vorschrift bezieht sich natürlich auch auf den Ausländer.

2. Mit dem dreifachen Betrage; eine Abfindung unter diesem Betrage oder darüber ist nicht zulässig.

3. Jahresrente; der Begriff der Jahresrente schließt den Reichszuschuß ein. (St. B. 1243.)

Voraussetzungen des Anspruchs.

§ 15.

Zur Erlanguug eines Anspruchs auf Invaliden- oder Altersrente ist, außer dem Nachweise der Erwerbsunfähigkeit beziehungsweise des gesetzlich vorgesehenen Alters, erforderlich:

1. die Zurücklegung der vorgeschriebenen Wartezeit;
2. die Leistung von Beiträgen.

Zu § 15.

1. Zur Erlangung eines Anspruchs auf Invalidenrente; also auch zur Erlangung des Anspruchs aus § 10.

2. Erwerbsunfähigkeit siehe § 9 Abs. 3.

3. Das gesetzlich vorgesehene Alter beträgt 70 Jahre. Siehe § 9 Abs. 4.

4. Wartezeit; vgl. § 16 und für die Uebergangszeit. §§ 156, 157.

5. Leistung von Beiträgen; vgl. §§ 100 ff.

Wartezeit.

§ 16.

Die Wartezeit (§ 15) beträgt:

1. Bei der Invalidenrente fünf Beitragsjahre;
2. Bei der Altersrente dreißig Beitragsjahre.

Zu § 16.

1. Eine angemessene Wartezeit (Karenzzeit) ist unentbehrlich und unbedenklich. Sie ist unentbehrlich, weil sonst, dem Zwecke des Gesetzes zuwider, durch kurze, vielleicht nur während weniger Tage geleistete Arbeit und unverhältnißmäßig geringe Beiträge Jeder den Anspruch auf die Mindestrente würde erwerben können, und durch die hierbei unvermeidlichen Mehrkosten die eigentlichen Berufsarbeiter geschädigt werden würden. Sie ist aber auch unbedenklich, weil bei den eigentlichen Berufsarbeitern die Voraussetzung der Altersrente — Zurücklegung des 70. Lebensjahres — immer, die Voraussetzung der Invalidenrente — eine nicht durch Unfallversicherung gedeckte Invalidität — in der Regel erst nach längerer Arbeitsthätigkeit eintritt.

Die Dauer der Wartezeit muß bei der Altersrente erheblich länger bemessen werden wie bei der Invalidenrente. Denn der Zeitpunkt, zu welchem das 70. Lebensjahr vollendet sein wird, steht ein- für allemal fest, ein Jeder kann nach Maßgabe seines Lebensalters leicht berechnen, wie lange Zeit er noch gebraucht, um den Anspruch auf Altersrente zu erlangen. Je kürzer also die Wartezeit für die letztere bemessen wird, desto näher liegt die Besorgniß, daß dieselbe zu einem Gegenstand der Spekulation gemacht wird, und daß alternde Personen lediglich zu dem Zweck noch spät in eine die Versicherungspflicht begründende Beschäftigung eintreten, um sich nach Leistung geringer Beiträge eine zu der Summe der letzteren in keinem Verhältniß stehende Altersrente zu sichern. Mit der Invalidenrente verhält es sich insofern anders, als der Anspruch auf den Bezug derselben nicht im Voraus berechnet werden kann, weil Niemand mit Sicherheit voraussehen kann, wie lange seine Erwerbsfähigkeit noch vorhalten wird. Eine Spekulation auf den Bezug der Invalidenrente ist also zum Mindesten erheblich erschwert. Es empfiehlt sich daher im Interesse der Humanität, die Wartezeit allgemein auf eine kurze Dauer zu beschränken. Das Gesetz bemißt aus diesen Gründen die Wartezeit bei der Altersrente auf 30 Jahre, bei der Invalidenrente auf 5 Jahre (M. 54.)

2. Beitragsjahre, also nicht Kalenderjahre. Als Beitragsjahr gelten (nach § 17) 47 Beitragswochen. Es werden also nach näherer Bestimmung des § 17 (siehe die Anmerkungen zu diesem §), ehe ein Unterstützungsanspruch existent werden kann, bei der Invalidenrente 5 × 47 = 235, bei der Altersrente 30 × 47 = 1410 Beitragswochen geleistet sein müssen. Der durch die Quittungskarten (§ 101) zu führende Nachweis dieser Mindest-Beitragsleistung bildet gemäß § 15 eine Voraussetzung für den Anspruch auf Rente.

Freiwillig geleistete Beiträge kommen auf die Wartezeit für die Invalidenrente nur dann zur Anrechnung, wenn für den Versicherten auf Grund der Versicherungspflicht oder der Selbstversicherung für mindestens 117 Beitragswochen Beiträge geleistet worden sind. (Siehe § 117 Abs. 3.) Diese Bestimmung findet indeß während der Uebergangszeit keine Anwendung. (§ 156 Abs. 4.)

3. Ueber die Verminderung der Wartezeit für die Uebergangszeit bei der Invalidenrente vgl. § 156, bei der Altersrente vgl. § 157.

Beitragsjahr.

§ 17.

Als Beitragsjahr gelten siebenundvierzig Beitragswochen (§ 19). Hierbei werden die Beitragswochen, auch wenn sie in verschiedene Kalenderjahre fallen, unbeschadet der Vorschriften des § 32, bis zur Erfüllung des Beitragsjahres zusammengerechnet.

Solchen Personen, welche, nachdem sie nicht lediglich vorübergehend in ein die Versicherungspflicht begründendes Arbeits- oder Dienstverhältniß eingetreten waren, wegen bescheinigter, mit Erwerbsunfähigkeit verbundener Krankheit für die Dauer von sieben oder mehr aufeinander folgenden Tagen verhindert gewesen sind, dieses Verhältniß fortzusetzen, oder behufs Erfüllung der Wehrpflicht in Friedens-, Mobilmachungs- oder Kriegszeiten zum Heere oder zur Marine eingezogen worden sind, oder in Mobilmachungs- oder Kriegszeiten freiwillig militärische Dienstleistungen verrichtet haben, werden diese Zeiten als Beitragszeiten in Anrechnung gebracht.

Die Dauer einer Krankheit ist nicht als Beitragszeit in Anrechnung zu bringen, wenn der Betheiligte sich die Krankheit vorsätzlich oder bei Begehung eines durch strafgerichtliches Urtheil festgestellten Verbrechens, durch schuldhafte Betheiligung bei Schlägereien oder Raufhändeln, durch Trunkfälligkeit oder durch geschlechtliche Ausschweifungen zugezogen hat.

Bei Krankheiten, welche ununterbrochen länger als ein Jahr währen, kommt die über diesen Zeitraum hinausreichende Dauer der Krankheit als Beitragszeit nicht in Anrechnung.

Zu Absatz 1.

1. So viel mal 47 Wochen der Versicherte Beiträge geleistet hat — unter Berücksichtigung der übrigen Bestimmungen des § 17 — so viel Beitragsjahre sind für ihn vorhanden. Die Anzahl der Beitragsjahre wird also gefunden, wenn man die Gesammtzahl der Beitragswochen — immer wieder unter Berücksichtigung der übrigen Bestimmungen des § 17 — durch die Zahl 47 dividirt.

2. Während eines Kalenderjahres können insgesammt niemals mehr als 52 Beitragswochen in Anrechnung gebracht werden. Vgl. § 117, Abs. 2.

3. Ueber die bedingungsweise Anrechnung der freiwillig geleisteten Beitragswochen auf die Wartezeit der Invalidenrente vgl. § 117 Abs. 3.

4. Die Zusammenrechnung findet statt unbeschadet der Vorschriften des § 32, d. h. unter der Voraussetzung, daß die Anwartschaft nicht erloschen bezw. die erloschene Anwartschaft wieder aufgelebt ist. Ist die Anwartschaft erloschen, so ist überhaupt kein Rentenanspruch vorhanden; ist die erloschene Anwartschaft wieder aufgelebt, so finden bei der Zusammenrechnung auch die vor Erlöschen der Anwartschaft geleisteten Beitragswochen Berücksichtigung. Vergl. im Uebrigen bei § 32.

Zu Absatz 2.

5. Zu Absatz 2 vgl. Ziffer 17 ff. der in der Anlage abgedruckten Anweisung betr. das Verfahren bei der Ausstellung und den Umtausch, sowie bei der Erneuerung (Ersetzung) von Quittungskarten vom 17. October 1890.

Der Absatz 2 trifft Bestimmung darüber, daß unter gewissen Umständen Zeiten als Beitragszeiten in Anrechnung kommen, obwohl während derselben Beiträge nicht geleistet sind. Als Beitragszeit soll angerechnet werden

a. die Zeit bescheinigter (vergl. § 18) mit Erwerbsunfähigkeit verbundener Krankheit. Die Krankheit muß jedoch mindestens sieben aufeinander folgende Tage gedauert haben. Kürzere Krankheitszeiten werden nicht berücksichtigt. Ebenso werden Krankheitszeiten in den Fällen der Abs. 3 und 4 (siehe daselbst) als Beitragszeiten nicht angerechnet. Schwangerschaft ist an sich keine Krankheit.

Ueber die durchschnittliche Anzahl von Krankentagen, welchen die arbeitende Bevölkerung ausgesetzt ist, liegen Erfahrungssätze vor; es ist daher möglich, um den Betrag derjenigen Ausfälle, welche durch Krankheiten entstehen, die regelmäßigen Beiträge allgemein zu erhöhen, so daß durch diese regelmäßigen Beiträge (vgl. § 20 Abs. 2) selbst der Ausfall in Krankheitsfällen bereits gedeckt wird. Hierdurch werden die Versicherten nicht benachtheiligt, weil der Gefahr der Erkrankung Jeder ausgesetzt ist. Eine solche Erhöhung entspricht auch den bisher in der Gesetzgebung zur Anwendung gebrachten Grundsätzen. Sind schon jetzt Arbeitgeber und Arbeitnehmer verpflichtet, die nächsten Folgen der durch Krankheit des einzelnen Arbeitnehmers veranlaßten vorübergehenden Erwerbsunfähigkeit gemeinsam zu tragen, so kann unbedenklich auch bei der Invaliditäts- und Altersversicherung die Gefahr des Ausfalls an Beiträgen, sofern sie Folge einer mit Erwerbsunfähigkeit verbundenen Krankheit ist, von Arbeitgebern und Arbeitnehmern gemeinsam übernommen und bei Berechnung der Höhe der regelmäßigen Beiträge in Anschlag gebracht werden. (M. 88.)

Bei der demnächstigen Berechnung der Rente wird für die anrechnungsfähige Krankheitszeit die Lohnklasse II zu Grunde gelegt. (Vgl. § 28 Abs. 1.)

b. die militärische Dienstzeit. (Ueber den Nachweis vergl. § 18 Absatz 3.) Diejenigen Personen, welche nach Beendigung ihrer militärischen Dienstzeit als Kapitulanten freiwillig weiter dienen, können auf die Anrechnung dieser weiteren Dienstzeit in Friedenszeiten keinen Anspruch machen. (M. 84.)

Bei der Berechnung der Renten wird auch im Falle b die Lohnklasse II zu Grunde gelegt (§ 28 Abs. 1). Den auf die Dauer der militärischen Dienstleistungen entfallenden Antheil an Rente übernimmt jedoch das Reich. (§ 28 Abs. 2.)

Die Anrechnung der genannten Zeiten als Beitragszeiten ist jedoch an folgende Voraussetzung gebunden: die Krankheit bezw. militärische Dienstzeit muß den Versicherten verhindert haben, ein die Versicherungspflicht begründendes Arbeitsverhältniß, in welches er nicht lediglich vorübergehend eingetreten war, fortzusetzen. Es muß also

a. eine die Versicherungspflicht begründende Beschäftigung stattgefunden haben. Die Bestimmung findet somit für die Selbstversicherten (§ 8) und die das Versicherungsverhältniß freiwillig Fortsetzenden (§ 117) keine Anwendung;

b. die Krankheit bezw. militärische Dienstleistung muß den Versicherten verhindert haben, die versicherungspflichtige Beschäftigung fortzusetzen, es muß also eine direkte Unterbrechung der Beschäftigung stattgefunden haben, die Krankheit bezw. militärische Dienstleistung muß sich an die stattgehabte Beschäftigung anschließen.

Ferner ist zu beachten, daß, falls für die Daner der Krankheit wegen Fortsetzung des die Versicherungspflicht begründenden Arbeits- oder Dienstverhältnisses (vgl. Anm. zu § 1) Beitragsmarken entrichtet worden sind, die Anrechnung nicht statt findet, weil ja hier eine „Verhinderung zur Fortsetzung des Arbeitsverhältnisses" nicht vorhanden ist (Vgl. Ziffer 20 f. der Anweisung;)

c. der Versicherte darf nicht lediglich vorübergehend in das Arbeitsverhältniß eingetreten sein. Diese Bestimmung ist zur Verhütung von Mißbräuchen getroffen: Es muß die Annahme ausgeschlossen sein, daß der vorherige Eintritt in die Beschäftigung nur zu dem Zwecke erfolgt sei, um die Militärzeit bei einer künftigen Invalidisirung anrechnen zu lassen. (M. 89.) Auch bezüglich der Anrechnung der Krankheitszeit kann in dieser Weise Mißbrauch getrieben werden: Eine selbstversicherte oder die Versicherung freiwillig fortsetzende Person fühlt sich krank und arbeitet mit Aufgebot aller Kräfte einige Tage in einer versicherungspflichtigen Beschäftigung, um die Anrechnung zu erreichen. Im Einzelnen kann hierüber nur die Lage des besonderen Falles entscheiden. (M. 89.) Es ist aber daran festzuhalten, daß es sich hier nicht um ein vorübergehendes Arbeitsverhältniß, sondern um den vorübergehenden Eintritt in ein nach § 1 versicherungspflichtiges Arbeitsverhältniß handelt. Ob das Arbeitsverhältniß gegenüber einem bestimmten Arbeitgeber oder gegenüber mehreren Arbeitgebern besteht, ist unerheblich. (St. B. 1249.)

5a. Die Dauer der bescheinigten Krankheiten und militärischen Dienstleistungen wird beim Umtausch der Quittungskarte in die letztere eingetragen und hierüber eine Bescheinigung ertheilt. (Vgl. § 103 Abs. 2.) Die Bescheinigungen müssen daher den Umtausch-Stellen zur Prüfung vorgelegt werden. Eine definitive Entscheidung über die Anrechnung wird freilich erst bei Festsetzung der Rente vom Vorstande getroffen. (Vgl. Ziffer 19 der Anweisung.)

6. Die Anrechnung als Beitragszeit bewirkt, daß der Betreffende in dem Versicherungsverhältnisse mit allen seinen Folgen steht. (**K. 119.**) Insbesondere kann also auch während der anrechnungsfähigen Krankheits- und Militär-Zeiten ein Erlöschen der Anwartschaft nicht stattfinden. (Vergl. § 32.) Auch bei der Berechnung der anrechnungsfähigen Beitragswochen muß daran festgehalten werden, daß anrechnungsfähige Zeit mit Beitragsleistung identisch ist. Da die Beitragseinheit der Wochenbeitrag ist (§ 100 Abs. 1), so kann nur nach ganzen Wochen gerechnet werden, es können nur Beitragswochen angerechnet werden. Fällt der Beginn oder das Ende der Krankheit mitten in die Woche, so ist der § 100 Abs. 2 analog anzuwenden, das heißt: der Rest der Krankheitswoche beim Beginn der Krankheit bleibt außer Berechnung, falls in derselben Woche bis zum Beginn der Krankheit eine Beschäftigung stattgefunden hat, also die betreffende Wochenmarke eingeklebt ist; das wird immer der Fall, sein, da ja, wie oben ausgeführt, die Krankheit sich an die Beschäftigung anschließen muß. Dagegen ist bei Beendigung der Krankheit die angefangene Krankheitswoche voll anzurechnen; und wenn der Betreffende in derselben Woche noch in Arbeit tritt, so braucht für ihn für diese Woche eine Marke nicht mehr geleistet zu werden.

Zu Absatz 3.

7. Der Absatz 3 bestimmt, daß die Zeit derjenigen Krankheiten nicht anrechnungsfähig ist, für welche auch von der Krankenkasse das Krankengeld versagt werden kann (§§. 6 Abs. 3, 26 Abs. 4 Nr. 2 des Krankenversicherungsgesetzes). Hinzugefügt ist noch der Fall, daß die Krankheit bei Begehung eines durch strafgerichtliches Urtheil festgestellten Verbrechens zugezogen ist.

7a. Ueber „vorsätzlich“ und „bei Begehung eines durch strafgerichtliches Urtheil festgestellten Verbrechens“ vgl. die Anm. zu § **11.**

7b. Durch Trunkfälligkeit zugezogen ist die Krankheit dann, wenn sie, wie das **Delirium tremens** direkte Folge gewohnheitsmäßigen Trinkens ist. (Vgl. Mugdan—Freund, Entscheidungen pp. der Gewerbe-Deputation des Magistrats zu Berlin. Nr. 72.)

7c. Geschlechtliche Ausschweifungen. Man beachte, daß die Vorschrift nicht jede geschlechtliche Erkrankung, oder jede durch unehelichen Geschlechtsverkehr entstandene Geschlechtskrankheit betrifft, sondern nur diejenige Erkrankung, welche durch geschlechtliche Ausschweifungen hervorgerufen ist. Bosse—v. Woedtke (I S. 274) betonen mit Recht, daß ein vereinzelter geschlechtlicher Fehltritt nicht ausreichen würde, um die Vergünstigung auszuschließen.

Deswegen wäre es verfehlt, z. B. jede syphilitische Erkrankung schlechtweg als nicht anrechnungsfähig zu bezeichnen, denn auch die schwerste geschlechtliche Erkrankung kann durch einen vereinzelten Fehltritt verursacht sein. Versicherte Frauenspersonen, welche neben ihrer bürgerlichen Arbeitsthätigkeit der Prostitution ergeben sind, z. B. (abgesehen von den Handarbeiterinnen) Kellnerinnen, Dienstboten, Verkäuferinnen, machen sich damit der geschlechtlichen Ausschweifung schuldig und eine durch dieselbe hervorgerufene Erkrankung ist daher nicht anrechnungsfähig. Hervorzuheben bleibt noch, daß jede Erkrankung, welche durch geschlechtliche Ausschweifung hervorgerufen ist, nicht anrechnungsfähig ist, daß also eine Beschränkung auf venerische Erkrankungen nicht vorhanden ist. Eine durch unehelichen Geschlechtsverkehr hervorgerufene Schwangerschaft bezw. eine damit in Verbindung stehende Erkrankung kann als eine „durch geschlechtliche Ausschweifungen verursachte“ nicht angesehen werden.

Zu Absatz 4.

8. Gemäß § 10 erhält derjenige Invalidenrente, welcher während eines Jahres ununterbrochen erwerbsunfähig gewesen ist, für die weitere Dauer seiner Erwerbsunfähigkeit. Demgemäß erscheint die Anrechnungsfähigkeit für diese „weitere Dauer“ nicht erforderlich.

Die Bestimmung richtet sich aber auch gegen betrügerische Manipulationen von Personen, welche mit chronischen Krankheiten behaftet sind (siehe unten), sie verhütet auch, daß die ganze Dauer der Wartezeit bei Krankheiten erfüllt werden kann. Sie ist in dieser Beziehung insbesondere für die Uebergangszeit von Bedeutung.

Die Bestimmung wird eine Handhabe gegen mißbräuchliche Ausnutzung der Vorschrift des § 17 seitens solcher mit chronischen Krankheiten behafteten Personen bieten, welche schon jetzt die Krankenkassen in der Weise ausbeuten, daß sie, nachdem sie während der statutenmäßigen Dauer die Krankenunterstützung genossen haben, Gesundheit simuliren, um dann nach einiger Arbeitszeit auf's Neue die Kasse in Anspruch nehmen zu können. Ebenso wie die Krankenkassen solchen Personen bei wiederholter Krankmeldung mit Recht das Krankengeld versagen, mit der Begründung, daß die Erwerbsunfähigkeit trotz Aufnahme der Arbeit fortgedauert habe, wird auch hier bezüglich der Anrechnung mit derselben Begründung die Krankheit als ununterbrochen angenommen werden müssen, so daß also für solche Kranke nie mehr als ein Jahr in Anrechnung kommen kann. (Zustimmend: Bosse—v. Woedtke I. S. 275.)

§ 18.

Zum Nachweise einer Krankheit (§ 17) genügt die Bescheinigung des Vorstandes derjenigen Krankenkasse (§ 135), beziehungsweise derjenigen eingeschriebenen oder auf Grund landesrechtlicher Vorschriften errichteten Hülfskasse, welcher der Versicherte angehört hat, für diejenige Zeit aber, welche über die Dauer der von den betreffenden Kassen zu gewährenden Krankenunterstützung hinausreicht, sowie alle diejenigen Personen, welche einer derartigen Kasse nicht angehört haben, die Bescheinigung der Gemeindebehörde. Die Kassenvorstände sind verpflichtet, diese Bescheinigungen auszustellen und können hierzu von der Aufsichtsbehörde durch Geldstrafe bis zu einhundert Mark angehalten werden.

Für die in Reichs- und Staatsbetrieben beschäftigten Personen können die vorstehend bezeichneten Bescheinigungen durch die vorgesetzte Dienstbehörde ausgestellt werden.

Der Nachweis geleisteter Militärdienste erfolgt durch Vorlegung der Militärpapiere.

Zu § 18.

1. Die §§ 18 und 140 sind mit Rücksicht auf die Uebergangsbestimmungen (§§ 156, 157) durch Kaiserliche Verordnung vom 30. Dezember 1889 (R. G. B. von 1890 S. 1) in Kraft gesetzt worden. Vgl. hierzu die in den Anlagen abgedruckte Preußische Ausführungsanweisung vom 20. Februar 1890.

1a. Genügt; der Nachweis kann also auch auf andere Weise geführt werden, z. B. durch ärztliche Atteste, Zeugnisse von Krankenhäusern über die Krankheit u. s. w. (Vgl. die in der Anlage abgedruckte Anweisung betr. das Verfahren bei der Ausstellung u. s. w. der Quittungskarten, Ziffer 18.)

2. Der Nachweis ist der für den Umtausch der Quittungskarten zuständigen Stelle bei dem Umtausche zu führen; die Dauer der bescheinigten Krankheit sowie der militärischen Dienstleistungen wird alsdann auf den Quittungskarten angegeben (§ 103 Abs. 2). Vgl. Anm. 5a zu § 17.

3. Ueber die Bescheinigung der Krankheiten für die Zeit der Betheiligung bei einer zugelassenen Kasseneinrichtung vgl. § 6 Abs. 2.

4. Gemeindebehörde, und zwar desjenigen Ortes, an welchem der Erkrankte während der Krankheit seinen Wohn- oder Aufenthaltsort gehabt hat. (Vgl. Preußische Ausführungsanweisung Ziff. 7.)

5. Die von der Aufsichtsbehörde in Gemäßheit des § 18 festgesetzte Geldstrafe fällt nicht unter § 145. (ebenso Stenglein III. S. 54, Anm. 18 und Bosse—v. Woedtke I, S. 277)

6. Nach der Wortfassung des Abs. 3 erfolgt der Nachweis geleisteter Militärdienste ausschließlich durch die Militärpapiere.

Aufbringung der Mittel.

§ 19.

Die Mittel zur Gewährung der Invaliden- und Altersrenten werden vom Reich, von den Arbeitgebern und von den Versicherten aufgebracht.

Die Aufbringung der Mittel erfolgt seitens des Reichs durch Zuschüsse zu den in jedem Jahre thatsächlich zu zahlenden Renten, seitens der Arbeitgeber und der Versicherten durch laufende Beiträge. Die Beiträge entfallen auf den Arbeitgeber und den Versicherten zu gleichen Theilen (§ 116) und sind für jede Kalenderwoche zu entrichten, in welcher der Versicherte in einem die Versicherungspflicht begründenden Arbeits- oder Dienstverhältniß gestanden hat (Beitragswoche).

Zu Absatz 1.

1. Ueber die Vertheilung der Lasten der Invaliditäts- und Altersversicherung auf das Reich, die Arbeitgeber und die Versicherten selbst führen die Motive aus:

Der Vorschlag, den Versicherten einen Beitrag aufzuerlegen, rechtfertigt sich insbesondere durch die Erwägung, daß die allmälige Verminderung und das endliche Schwinden der Erwerbsfähigkeit das natürliche Loos jedes Arbeiters ist, gegen welches er nach dem Maße seiner Kräfte Vorsorge zu treffen sittlich und aus Gründen der öffentlichen Wohlfahrt verpflichtet ist. Eine Einrichtung, bei welcher dem Versicherten das Bewußtsein der eigenen Verantwortlichkeit für die Ausgestaltung seiner Zukunft verloren ginge, würde für unser Volksleben verhängnißvolle Folgen haben, während es auf der anderen Seite von hohem Werthe ist, dem Arbeiter das Bewußtsein zu erhalten, daß der in gesunden Tagen erworbene Arbeitsverdienst nicht zum sofortigen völligen Verbrauch bestimmt, daß es vielmehr Pflicht ist, mittelst eines mäßigen Theils dieses Erwerbes dazu beizutragen, daß die nöthigsten Mittel zur Existenz auch dann nicht fehlen, wenn der Lebensunterhalt nicht mehr durch eigene Arbeit beschafft werden kann. Gerade weil der Arbeiter für den Fall seiner Erwerbsunfähigkeit vor der Inanspruchnahme der Armenpflege thunlichst bewahrt werden soll, bedarf es einer von ihm selbst aufzubringenden Leistung, welcher als Gegenleistung der rechtliche Anspruch auf Alters- und Invalidenversorgung entspricht.

Wenn aber diese Erwägungen für einen Beitrag, der den Versicherten aufzuerlegen ist, ausschlaggebend sind, so kann doch andererseits nicht die Rede davon sein, ihnen etwa die ganze Last ausschließlich aufzubürden, schon um deswillen nicht, weil diese Last die Leistungsfähigkeit der Versicherten augenscheinlich übersteigen würde. Die Last muß vielmehr auch von denjenigen antheilig mitgetragen werden, welche an der humanen Sicherstellung des Looses der Arbeiter überhaupt eine Interesse haben. Daß hierzu die Arbeitgeber in erster Reihe gehören, leuchtet ein. Wirthschaftlich angesehen bedeutet die Alters- und Invalidenrente in der Regel einen Ersatz für die durch die Arbeit selbst bedingte Minderung der Arbeitskraft. Dieser Ersatz wird folgerichtig in der Hauptsache aus dem Arbeitsertrage zu entnehmen, gewissermaßen zu reserviren sein. Wie aber das Arbeitsverhältniß selbst eine gewisse Solidarität zwischen Arbeitgeber und Arbeitnehmer begründet, insofern beide an dem Arbeitsertrage Theil haben, so ergiebt sich, daß auch der Arbeitgeber sich der Verpflichtung, zu dem Ersatze der geminderten Arbeitskraft des Arbeiters beizutragen, nicht entziehen darf. Es mag dahingestellt bleiben, ob sich das Verhältniß, in welchem Arbeitgeber und Arbeitnehmer an dem Arbeitsvertrage betheiligt werden, durch eine allgemeine Formel überhaupt zahlenmäßig ausdrücken läßt. Jedenfalls ist es eine Forderung der Gerechtigkeit, daß auch der Arbeitgeber einen entsprechenden Theil der in Rede stehenden Belastung übernehme. Es liegt dies auch in seinem eigenen Interesse, weil sonst das friedliche und auf Vertrauen beruhende Verhältniß zwischem ihm und dem von ihm beschäftigten Arbeiter getrübt werden würde. Für die Aufrechterhaltnng eines guten Verhältnisses zwischen dem Arbeitgeber und dem Arbeitnehmer ist ein gewisses Maß werkthätiger Fürsorge des ersteren zu Gunsten des letzteren unerläßlich. Die Nothwendigkeit dieser Fürsorge ist auch von einsichtigen und wohlwollenden Arbeitgebern in allen Berufszweigen von jeher anerkannt worden.

Endlich aber hat auch das Gemeinwesen als solches, das Reich, welches durch seine Gesetzgebung einer großen, allgemein verbindlichen, sittlichen Verpflichtung gerecht zu werden sucht, um das berechtigte Bedürfniß des Arbeiters nach einem erreichbaren Maße von Fürsorge für den Fall des Alters und der Invalidität zu befriedigen und dadurch die gesammte Erwerbs- und Gesellschaftsordnung zu stützen, ein unmittelbares und lebhaftes Interesse daran, daß dieser als berechtigt erkannte Zweck auch wirklich erreicht werde. Dieses Interesse ist ein allgemeines. Deshalb wird sich das Reich nicht damit begnügen dürfen, lediglich die zunächst Betheiligten, nämlich Arbeitnehmer und Arbeitgeber, zu Aufwendungen für den erstrebten Zweck anzuhalten; vielmehr wird das an der geplanten Einrichtung so stark interessirte Gemeinwesen einen Theil der erforderlichen materiellen Opfer auf seine eigenen Schultern, auf allgemeine Reichsmittel zu übernehmen haben. Diese Verpflichtung ist um so weniger abzuweisen, als anderenfalls wenigstens für einzelne Berufszweige die Last unerschwinglich, die Erreichung des Zweckes also in Frage gestellt werden würde. Es reicht auch nicht aus, wenn das Reich diese eine Verpflichtung nur soweit anerkennen wollte, daß dasselbe, wie von einigen Seiten verlangt wird, für etwaige Nothfälle einzelne Beihilfen zusagte. Schon weil solche Beihilfen auf die in Betracht kommenden Personen ungleich wirken müßten, würden sie die Erreichung des Zweckes nicht fördern, sondern hindern, sie würden Unzufriedenheit statt Beruhigung hervorrufen. Gerade weil die Unfallversicherung und die Krankenversicherung ohne Reichsbeitrag durchgeführt sind, wird bei der jetzt in Rede stehenden Maßregel ein Reichsbeitrag nicht zu entbehren sein. Es wäre ein nicht zu rechtfertigender innerer Widerspruch, wenn das allgemeine Interesse des Reichs an einer möglichst normalen Gestaltung der sozialen Verhältnisse nicht auch in einer antheiligen Aufwendung von Reichsmitteln zur Bestreitung der zu erwartenden Gesammtbelastung seinen entsprechenden Ausdruck fände. Dazu kommt noch die Erwägung, daß durch die Alters- und Invaliditätsversicherung, wie bereits erwähnt, eine erhebliche Erleichterung einer anderen öffentlichen Last, der öffentlichen Armenpflege, eintritt. Die jetzigen Träger der Armenlast, die öffentlichen Armenverbände, werden, wie wohl von keiner Seite bestritten wird, durch die derzeitige Armengesetzgebung so ungleichmäßig getroffen, daß die Uebernahme wenigstens eines Theils der Armenlast auf die breitesten Schultern, d. h. auf das Reich, wiederholt in Anregung gebracht worden ist. Die Alters- und Invaliditätsversicherung bietet den gewiesenen Weg, um den in dieser Beziehung laut gewordenen berechtigten Wünschen in der Gestalt des Reichsbeitrags entgegenzukommen. (M. 56.)

Zu Absatz 2.

2. Reichszuschuß. Nach der Regierungsvorlage sollte das Reich ein Drittel der Gesammtbeträge, welche in jedem Jahre an Renten zu zahlen sind, übernehmen; hiernach hätte jeder Rentenempfänger ein Drittel seiner Rente als Reichszuschuß erhalten. Zur Beseitigung der hierdurch entstehenden Ungleichheiten — die in hohen Lohnklassen Versicherten wären im Vortheil gewesen, vor den in niederen Lohnklassen Versicherten — ist die Vorlage nunmehr dahin abgeändert worden, daß eine gleiche Vertheilung des Reichszuschusses durch alle Klassen eintritt (K. 31). Der Zuschuß des Reichs wird unterschiedslos für jede thatsächlich zu zahlende Rente in einem festen jährlichen Betrage geleistet; dieser Betrag ist gemäß § 26 Abs. 3 auf 50 Mk. festgesetzt.

Die Bestimmung des Abs. 2 bezieht sich selbstverständlich nicht auf die Zuschüsse des Reichs während der militärischen Dienstzeit der Versicherten (§ 28 Abs. 2, K. 120). Diese Zuschüsse werden vielmehr für jeden einzelnen Fall besonders berechnet (§ 89).

Das Reich wird die Mittel für die Reichszuschüsse zunächst aus seinen eigenen Einnahmen und, falls diese nicht ausreichen, durch Matrikular-Beiträge zu beschaffen haben (K. 30).

Von den nicht versicherungspflichtigen Personen muß als Gegenleistung für den Reichszuschuß eine Zusatzmarke beigebracht werden (§§ 117 ff.).

3. Die Beitrags-Einheit ist der Wochenbeitrag und nicht der Tagesbeitrag; der Beitrag wird also für die ganze Woche geleistet und für dieselbe Woche natürlich nur ein Mal, mag auch der Versicherte in derselben Woche von mehreren Arbeitgebern hinter einander beschäftigt worden sein. (vgl. hierzu Anm. 4 und § 100 Abs. 2.) Die Erhebung der Beiträge nach Wochen wird insbesondere dem ständig beschäftigten Arbeiter verständlicher sein, als die Berechnung von Tagesbeiträgen, weil derselbe im Allgemeinen gewohnt ist, seinen Lohn nicht für einzelne Tage, sondern für längere Zeitabschnitte zu erhalten, mit der wöchentlichen Höhe des Lohnes zu rechnen und seine Ausgaben einschließlich der Lohnabzüge nach dem Wochenlohne einzurichten. Tagesbeiträge, welche bei tageweiser Beschäftigung auch täglich erhoben werden müßten, können unter Umständen so geringfügig sein, daß sie entweder überhaupt nicht oder im Falle der Abrundung auf volle Pfennige nur mit einem erheblichen Aufschlage einziehbar sind. Beides ist unerwünscht und wird bei einer Berechnung der Beiträge nach Wochen, wenn überhaupt, so doch weit seltener vorkommen. (M. 85.)

4. Die Entrichtung der Beiträge erfolgt durch Einkleben von Marken (§§ 99, 101).

Die Beiträge der Arbeitgeber und der Versicherten sind von demjenigen Arbeitgeber zu entrichten, welcher den Versicherten während der Kalenderwoche beschäftigt hat. Findet die Beschäftigung nicht während der ganzen Kalenderwoche statt, so ist von demjenigen Arbeitgeber, welcher den Versicherten zuerst beschäftigt, der volle Wochenbeitrag zu entrichten (§ 100). Die Arbeitgeber sind berechtigt bei der Lohnzahlung den von ihnen beschäftigten Personen die Hälfte der Beiträge in Abzug zu bringen (§ 109 Abs. 3).

5. Als Arbeitgeber im Sinne des Gesetzes ist derjenige anzusehen, für dessen Rechnung der Arbeitslohn gezahlt wird. (M. 85.) vgl. Anm. zu § 100 Abs. 1.

6. Beitrags-Streitigkeiten zwischen Arbeitgebern und Arbeitnehmern werden von der unteren Verwaltungsbehörde entschieden (§§ 124, 122).

7. Die Freiwillig- und Selbstversicherten haben die vollen Beiträge selbst zu leisten. Vgl. §§ 117, 120.

§ 20.

Die Festsetzung der für die Beitragswoche zu entrichtenden Beiträge erfolgt für die einzelnen Versicherungsanstalten (§ 41) im Voraus auf bestimmte Zeiträume, und zwar erstmalig für die Zeit bis zum Ablauf von zehn Jahren nach dem Inkrafttreten dieses Gesetzes (§162 Absatz 2), demnächst für je fünf weitere Jahre.

Die Höhe der Beiträge ist unter Berücksichtigung der in Folge von Krankheiten (§ 17 Absatz 2) entstehenden Ausfälle so zu bemessen, daß durch dieselben gedeckt werden: die Verwaltungskosten, die Rücklagen zur Bildung eines Reservefonds (§ 21), die durch Erstattung von Beiträgen (§§ 30 und 31) voraussichtlich entstehenden Aufwendungen, sowie der Kapitalwerth der von der Versicherungsanstalt aufzubringenden Antheile an denjenigen Renten, welche in dem betreffenden Zeitraum voraussichtlich zu bewilligen sein werden.

Zu Absatz 1.

1. Vgl. auch die Anmerkungen zu den §§ 24, 96, 97, 98. Die Festsetzung der Wochenbeiträge erfolgt

a. für jede einzelne Versicherungsanstalt besonders; hierbei können die Beiträge für die in derselben Lohnklasse versicherten Personen nach Berufszweigen verschieden bemessen werden, im Uebrigen sind aber die Beiträge für die in derselben Lohnklasse versicherten Personen gleich zu bemessen. (Vgl. § 24 Abs. 2.)

b. im Voraus auf bestimmte Zeiträume. Die Einführung von Beitragsperioden steht im Zusammenhang mit dem im Abs. 2 vorgesehenen Kapitaldeckungsverfahren. Für die erste Beitragsperiode von 10 Jahren sind die Beiträge für alle Versicherungsanstalten nach den vier Lohnklassen einheitlich festgesetzt. Vgl. § 96 und Anm. zu § 24 Abs. 2. Doch ist jede Versicherungsanstalt berechtigt, auch schon für die erste Beitragsperiode an Stelle dieser gesetzlichen andere Beitragssätze zu beschließen. Vgl. § 98.

Zu Absatz 2.

2. Der Absatz 2 bestimmt, daß die Aufbringung der Beiträge nach dem Kapitaldeckungs-Verfahren erfolgen soll. Der Entwurf hatte das Prämien-Verfahren vorgeschlagen, d. h. ein Verfahren, bei welchem durch (im Grundsatz für alle Zeit) gleiche Beiträge der Werth aller Renten!, welche die einzelnen Versicherten bei ihrer etwaigen Invalidität dermaleinst voraussichtlich zu beanspruchen haben, aufgebracht wird. (§ 32.) Durch das Kapitaldeckungs-Verfahren wird in bestimmten Perioden von Jahren (vgl. Abs. 1) der Kapitalwerth derjenigen Renten aufgebracht, welche in diesen Perioden erwachsen. Bei diesem Verfahren ist der Beitrag nur innerhalb derjenigen Periode, für welche die Rentenkapitalien aufgebracht werden sollen, gleich (vgl. Abs. 1) und steigt von Periode zu Periode, bis der Beharrungszustand eintritt. An Kapital wird nur soviel angesammelt, daß für jede in den betreffenden Zeiträumen entstehende Rente für alle Zeiten Deckung geschaffen wird, gleichgültig ob die Rente in dieser Periode zur Abhebung gelangt oder nicht. (K. 33. 121.)

Zu der Bestimmung des Abs. 2 tritt ergänzend die Bestimmung des § 24 Abs. 1, wonach die Beiträge nach den Lohnklassen in der Weise bemessen werden müssen, daß durch die in jeder Lohnklasse aufkommenden Beiträge die Belastung gedeckt wird, welche der Versicherungsanstalt durch die auf Grund dieser Beiträge entstehenden Ansprüche voraussichtlich erwächst; siehe bei § 24 Abs. 1.

2a. Ausfälle in Folge von Krankheiten entstehen dadurch, daß gemäß § 17 Abs. 2 (vgl. daselbst) unter gewissen Voraussetzungen Krankheiten — ohne daß während derselben Beiträge geleistet werden — so in Anrechnung kommen, als ob während derselben Beiträge geleistet worden wären.

3. Zu den Verwaltungskosten gehören auch: die Vergütung für die Einziehung der Beiträge gemäß § 112 (vgl. daselbst Abs. 3), die durch die Kontrole den Versicherungsanstalten erwachsenden Kosten (§ 128), die durch die Gewährung der Rechtshülfe entstehenden Kosten (§ 141 Abs. 2).

Bei dem gemäß § 96 festgesetzten Beitragssatze sind die Verwaltungskosten mit 1 Mk. pro Kopf und Jahr in Ansatz gebracht. Das ist, wie auch Bosse — v. Woedtke (I S. 291) bemerken, ein viel zu hoher Satz. Nimmt man z. B. die Versicherungsanstalt Berlin, so würde für dieselbe bei ca. 300,000 Versicherten 300,000 Mk. Verwaltungskosten zur Verfügung stehen und doch läßt sich schon jetzt mit einiger Sicherheit sagen, daß die Verwaltungskosten für das erste Jahr, einschließlich der Kosten der ersten Einrichtung, nicht den dritten Theil dieser

Summe betragen werden. Allerdings ist wohl zu beachten, daß die Verwaltungskosten bei den Versicherungsanstalten von Jahr zu Jahr erheblich wachsen werden, namentlich nach Ablauf der Uebergangszeit und mit Rücksicht auf die stetig wachsende Anzahl der aufzubewahrenden Quittungskarten (vgl. § 107). Man muß aber hier im Allgemeinen mit durchaus anderen Faktoren rechnen, wie z. B. bei der Unfallversicherung. Eine Handhabe zur Herabsetzung des hohen Verwaltungskosten-Ansatzes haben die Anstalten in § 98, wonach ihnen gestattet ist, schon innerhalb der ersten Beitragsspende die Beiträge anderweitig zu normiren. (vgl. bei § 98.)

§ 21.

Die Rücklagen zum Reservefonds sind für die erste Beitragsperiode so zu bemessen, daß am Schlusse derselben der Reservefonds ein Fünftel des Kapitalwerths der in dieser Periode der Versicherungsanstalt voraussichtlich zur Last fallenden Renten beträgt. Sofern der Reservefonds am Schlusse der ersten Beitragsperiode diesen Betrag nicht erreicht hat, ist das Fehlende in den nächsten Beitragsperioden aufzubringen. Die Vertheilung auf diese Perioden unterliegt der Genehmigung des Reichsversicherungsamts.

Durch das Statut der Versicherungsanstalt kann bestimmt werden, daß der Reservefonds bis zur doppelten Höhe des vorgeschriebenen Betrages zu erhöhen ist.

Der Reservefonds sowie dessen Zinsen dürfen, solange der erstere die vorgeschriebene Höhe noch nicht erreicht hat, nur in dringenden Bedarfsfällen mit Genehmigung des Reichs-Versicherungsamts angegriffen werden.

Zu § 21.

1. Im § 20 Abs. 2 ist bestimmt worden, daß bei der Bemessung der Beiträge die nothwendigen Rücklagen zum Reservefonds zu berücksichtigen sind. Die gesetzliche Höhe des Reservefonds beträgt ein Fünftel des Kapitalwerthes der in der ersten Periode der Versicherungsanstalt voraussichtlich zur Last fallenden Renten. Unter den „Renten“ sind nicht die vollen Renten einschließlich des Reichszuschusses, sondern eben nur die der Versicherungsanstalt zur Last fallenden Rentenantheile (vgl. § 20 Abs. 2) zu verstehen. Statutarisch kann der Reservefonds auf das Doppelte des gesetzlichen Betrages festgesetzt werden. Indeß wird diese Erhöhung des Reservefonds keineswegs nothwendig sein. Man erwäge, daß überhaupt für die Bildung eines Reservefonds nicht im Entferntesten dieselbe Nothwendigkeit, und für das Angreifen desselben nicht in demselben Maße die Möglichkeit vorhanden ist, wie z. B. bei der Krankenversicherung oder Unfallversicherung; bei der Invaliditäts- und Altersversicherung ist die Wahrschein-

lichkeit des Eintritts plötzlicher, unvorhergesehener Ereignisse, welche wesentliche Renten-Aufwendungen erfordern, nur in geringem Maße vorhanden. Die Erwägung, daß durch die Erträgnisse des Reservefonds die reguläre allerdings immer mehr und mehr anwachsende Renten-Belastung der Anstalt wenigstens etwas gemildert werden kann, darf nicht ausschlaggebend sein.

Der Reservefonds soll schon in der ersten Beitragsperiode voll aufgebracht werden. Wie viel jedes Jahr zurückzulegen ist, ist nicht bestimmt. Wird der Reservefonds in der ersten Beitragsperiode nicht voll aufgebracht, so ist das Fehlende in den nächsten Beitragsperioden aufzubringen, wobei die Vertheilung auf die einzelnen Perioden der Genehmigung des Reichsversicherungsamts unterliegt.

So lange der Reservefonds die vorgeschriebene Höhe nicht erreicht hat, müssen die Zinsen zum Kapital geschlagen werden. Nur in dringenden Fällen darf mit Genehmigung des Reichsversicherungsamts eine Verwendung der Zinsen bezw. ein Angreifen des Kapitals erfolgen. Hat der Reservefonds die vorgeschriebene Höhe erreicht, so sind die Zinsen zu den laufenden Ausgaben zu verwenden.

2. Reichsversicherungsamt, bezw. Landesversicherungsamt (§ 134).

Lohnklassen.

§ 22.

Zum Zweck der Bemessung der Beiträge und Renten werden nach der Höhe des Jahresarbeitsverdienstes folgende Klassen der Versicherten gebildet:

Klasse I bis zu 350 Mark einschließlich,
„ II von mehr als 350 bis 550 Mark,
„ III von mehr als 550 bis 850 Mark,
„ IV von mehr als 850 Mark.

Als Jahresarbeitsverdienst gilt, sofern nicht Arbeitgeber und Versicherter darüber einverstanden sind, daß ein höherer Betrag zu Grunde gelegt wird:

1. für die in der Land- und Forstwirthschaft beschäftigten Personen, soweit nicht Ziffer 4 Platz greift, der für sie von der höheren Verwaltungsbehörde unter Berücksichtigung des § 3 festzusetzende durchschnittliche Jahresarbeitsverdienst, beziehungsweise der für Betriebsbeamte nach § 8 des Gesetzes vom 5. Mai 1886 (Reichs-Gesetzbl. S. 132) zu ermittelnde Jahresarbeitsverdienst;
2. für die auf Grund des Gesetzes vom 13. Juli 1887 (Reichs-Gesetzbl. S. 329) versicherten Seeleute und anderen

bei der Seeschifffahrt betheiligten Personen der Durchschnittsbetrag des Jahresarbeitsverdienstes, welcher gemäß §§ 6 und 7 a. a. O. vom Reichskanzler, beziehungsweise von der höheren Verwaltungsbehörde festgesetzt worden ist;

3. für Mitglieder einer Knappschaftskasse der dreihundertfache Betrag des von dem Kassenvorstande festzusetzenden durchschnittlichen täglichen Arbeitsverdienstes derjenigen Klasse von Arbeitern, welcher der Versicherte angehört, jedoch nicht weniger als der dreihundertfache Betrag des ortsüblichen Tagelohns gewöhnlicher Tagearbeiter des Beschäftigungsortes (§ 8 des Krankenversicherungsgesetzes);

4. für Mitglieder einer Orts-, Betriebs- (Fabrik-), Bau- oder Innungskrankenkasse der dreihundertfache Betrag des für ihre Krankenkassenbeiträge maßgebenden durchschnittlichen Tagelohnes (§ 20 des Krankenversicherungsgesetzes) beziehungsweise wirklichen Arbeitsverdienstes (§ 64 Ziffer 1 a. a. O.);

5. im Uebrigen der dreihundertfache Betrag des ortsüblichen Tagelohns gewöhnlicher Tagearbeiter des Beschäftigungsortes (§ 8 des Krankenversicherungsgesetzes).

Zu Absatz 1.

1. An Stelle der in der Regierungsvorlage vorgesehenen Ortsklassen werden durch das Gesetz Lohnklassen eingeführt. In die Lohnklassen werden hiernach sämmtliche Versicherte eingereiht: männliche und weibliche, jugendliche und erwachsene. Die Einreihung erfolgt auf Grund des Jahresarbeitsverdienstes, über dessen Berechnung der Abs. 2 Bestimmungen trifft.

Zu Absatz 2.

1a. Als Jahresarbeitsverdienst gilt; es kommt also für die Einreihung in die einzelnen Lohnklassen nicht auf den wirklichen, thatsächlichen Jahresarbeitsverdienst an, sondern der Jahresarbeitsverdienst wird für die einzelnen in den Ziffern 1—5 bezeichneten Kategorieen der Versicherten nach den daselbst angegebenen Grundsätzen berechnet. Nur nach Ziffer 5 kommt es bei Mitgliedern einer Betriebskrankenkasse eventuell auf den wirklichen Arbeitsverdienst an. Auf den wirklichen Jahresarbeitsverdienst kommt es ferner an bei der Frage der Versicherungspflicht der Betriebsbeamten und Handlungsgehülfen (vgl. § 1 Ziffer 2 und § 3) bei Feststellung der Lohnklasse gemäß § 159 (vgl. daselbst). Auf den wirklich bezogenen Lohn kommt es an bei Berechnung der Lohnklassen für die Zeit der Betheiligung bei einer Kasseneinrichtung. (Vgl. Anm. 1b zu § 27.)

2. Sofern nicht Arbeitgeber und Versicherte darüber einverstanden sind, daß ein höherer Beitrag zu Grunde gelegt wird; die in Ziffer 1 bis 5 angegebenen Sätze sollen mithin nur die Mindest-Sätze darstellen, welche bei der Versicherung zu Grunde gelegt werden müssen. Sofern aber Arbeitgeber und Versicherter darüber einverstanden sind, kann jeder beliebige höhere Jahresarbietsverdienst zu Grunde gelegt werden, so daß also z. B. ein Arbeiter, der nach den gesetzlichen Bestimmungen (Ziffer 1—5) in die erste Lohnklasse gehören würde, in der vierten versichert werden kann. Durch die Klausel wollte man verhindern, daß die Arbeiter, mit Rücksicht auf die zu erwartende höhere Rente, verleitet würden, aus schlechter gelohnten Gegenden in besser gelohnte auszuwandern. Einen Schaden erleidet durch die Vereinbarung des höhreren Jahresarbeitsverdienstes Niemand, da der Reichszuschuß ein fest normirter ist, und durch die Versicherung in einer höheren Lohnklasse auch die Beiträge höher werden.

3. Zu Ziffer 1. Für diejenigen land- und forstwirthschaftlichen Arbeiter, welche Mitglieder (pflichtige oder freiwillige) einer Orts-, Betriebs-, Bau- oder Innungs-Krankenkasse sind, wird der Jahresarbeitsverdienst nach Ziffer 4 berechnet. Es werden also hier namentlich diejenigen Bezirke in Betracht kommen, in welchen landesgesetzlich oder statutarisch die Krankenversicherungspflicht der land- und forstwirthschaftlichen Arbeiter eingeführt ist.

Für land- und forstwirthschaftliche Arbeiter, welche nicht Mitglieder einer Krankenkasse sind, gilt als Jahresarbeitsverdienst der von der höheren Verwaltungsbehörde festzusetzende durchschnittliche Jahresarbeitsverdienst. Es kommen also nicht die Sätze nach Maßgabe des § 6 des landwirthschaftlichen Unfallversicherungsgesetzes zur Anwendung, weil dieselben vielfach zu niedrig bemessen worden sind. (St. B. 1917.) Die neue Festsetzung auf Grund der Ziffer 1 soll erfolgen unter Berücksichtigung des § 3, wonach bei Anrechnung der Naturalbezüge nicht die Durchschnittspreise der letzteren, sondern ihr Durchschnittswerth in Ansatz gebracht wird. (Vgl. Anm. 2 zu § 3.)

Personen, welche theils in der Land- und Forstwirhschaft, theils in damit verbundenen Nebenbetrieben beschäftigt sind, werden als landwirthschaftliche Arbeiter gelten müssen, sofern nicht ihre Beschäftigung in den Nebenbetrieben eine überwiegende ist (Bosse—v. Woedtke I S. 302); sie werden daher, falls sie nicht einer Krankenkasse angehören (Ziff. 4), nach Ziff. 1 und nicht nach Ziff. 5 zu behandeln sein.

Für Betriebsbeamte gilt der nach § 3 des landwirthschaftlichen Unfallversicherungsgesetzes zu ermittelnde Jahresarbeitsverdienst.

Der § 3 lautet:

> „Als Jahresarbeitsverdienst der Betriebsbeamten, soweit sich derselbe nicht aus mindestens wochenweise fixirten Beträgen zusammensetzt, gilt das Dreihundertfache des durchschnittlichen täglichen Verdienstes an Gehalt oder Lohn. Als Gehalt oder Lohn gelten dabei auch feste Naturalbezüge. Der Werth der letzteren ist nach Durchschnittspreisen in Ansatz zu bringen. Dieselben werden von der unteren Verwaltungsbehörde festgesetzt."

4. Höhere Verwaltungsbehörde; vgl. § 138.

4a. Zu Ziffer 4. Der für die Krankenkassenbeiträge maßgebende durchschnittliche Tagelohn wird aus den Kassenstatuten zu ersehen sein. Von der Höhe dieser Sätze hängt für die unter Ziffer 4 fallenden Versicherten die Einreihung in die Lohnklassen ab. Seit Einführung des Krankenversicherungsgesetzes sind die Arbeitslöhne vielfach erheblich gestiegen und es wird daher Sache der Krankenkassenorgane bezw. der Aufsichtsbehörden derselben sein, auf eine anderweitige Festsetzung der Tagelohnsätze hinzuwirken, sofern dieselben den thatsächlichen Verhältnissen nicht mehr entsprechen sollten.

5. Unter Ziffer 5 fallen insbesondere Dienstboten, Handlungs-Gehülfen und Lehrlinge sowie die landwirthschaftlichen Arbeiter, sofern nicht hinsichtlich der beiden letzten Kategorieen der Versicherungszwang für einzelne Bezirke eingeführt ist. Für die Handlungs-Gehülfen und Lehrlinge soll übrigens nach dem Entwurf des Gesetzes über die Abänderung des Krankenversicherungsgesetzes der reichsgesetzliche Versicherungszwang eingeführt werden.

Beschäftigungsort, vergl. Anm. 5 zu § 4.

6. Streitigkeiten über die Frage, zu welcher Lohnklasse die Beiträge zu entrichten sind, werden gemäß § 122 von der unteren Verwaltungsbehörde entschieden.

§ 23.

Als Lohnsatz (§ 9 Absatz 3) gilt:

für die Lohnklasse	I	der Satz von	300	Mark,
" " "	II	" " "	500	
" " "	III	" " "	720	
" " "	IV	" " "	960	

Zu § 23.

Die Festsetzung der Lohnsätze hat nur Bedeutung für den § 9 Abs. 3, denn der Kommissions-Beschluß, wonach die Beiträge und Renten in Theilbeträgen der Lohnsätze zu bemessen sind, ist weggefallen. (Vgl. § 24.) Daher erscheint auch die Fassung des § 9 Abs. 3 nicht recht genau; es hätte wohl korrekter heißen müssen: Des Durchschnitts der Lohnsätze (§ 23) derjenigen Lohnklassen, in welchen u. s. w.

§ 24.

(1) Die Beiträge müssen nach den Lohnklassen in der Weise bemessen werden, daß durch die in jeder Lohnklasse aufkommenden Beiträge die Belastung gedeckt wird, welche der Versicherungsanstalt durch die auf Grund dieser Beiträge entstehenden Ansprüche voraussichtlich erwächst. Dabei ist jedoch eine aus der Selbstversicherung

und der freiwilligen Versicherung voraussichtlich entstehende Mehrbelastung auf alle Lohnklassen zu vertheilen.

Für die bei derselben Versicherungsanstalt in derselben Lohnklasse versicherten Personen können die Beiträge nach Berufszweigen verschieden bemessen werden. Im Uebrigen sind die Beiträge für die in derselben Lohnklasse bei einer Versicherungsanstalt versicherten Personen gleich zu bemessen. (2)

Zu Absatz 1.

1. Jede Lohnklasse soll an Beiträgen dasjenige aufbringen, was an Ansprüchen auf Grund dieser Beiträge gegen sie erwächst. Die Beiträge sollen also für jede Lohnklasse so festgesetzt werden, „daß sich die Lohnklasse in sich tragen kann, daß also gewissermaßen die Lohnklasse eine Versicherungskasse in sich bildet“ (St. B. 1925). Sind die Beiträge auf dieser Grundlage festgesetzt, dann fließen aber die Beiträge aller Lohnklassen in die gemeinschaftliche Kasse der Versicherungsanstalt, aus welcher dann auch die gesammten Renten für die betreffende Periode bestritten werden. Es wird also nicht etwa für jede Lohnklasse getrennte Rechnung geführt.

Die ganz genaue Belastung jeder einzelnen Lohnklasse nach Maßgabe dieser Bestimmung festzustellen, würde natürlich nicht ohne sehr große Schwierigkeiten möglich sein. Dies wird auch nicht verlangt; die Bestimmung sichert aber doch, „daß die Versicherungsanstalten sich zu bemühen haben, die Kosten auf die einzelnen Lohnklassen so zu vertheilen, daß sie den den einzelnen Lohnklassen zufallenden Risiken entsprechen, so daß also in § 24 das Princip festgestellt wird.“ (St. B. 1922.)

Die Erfahrungen, welche in den einzelnen Beitragsperioden gemacht sind, werden bei der Revision der Beiträge verwerthet werden können. (vgl. Anm. zu § 20.)

2. Die Selbstversicherung (§ 8) und die freiwillige Versicherung (§ 117) kann nur in Lohnklasse II erfolgen. Man würde also diese Lohnklasse überlasten, wollte man ihr die durch die genannten Versicherungen entstehende Mehrbelastung allein aufbürden. Dazu kommt, daß die freiwillig Versicherten aus allen vier Lohnklassen hervorgehen. Es erscheint daher durchaus der Billigkeit entsprechend, die aus den genannten Versicherungen voraussichtlich entstehende Mehrbelastuug auf alle Lohnklassen zu vertheilen.

3. Die Zuschläge für die Verwaltungskosten erfolgen pro Kopf der Versicherten ohne Rücksicht auf die einzelnen Lohnklassen. (K. 126.)

3a. Für die erste Beitragsperiode sind die Beiträge für jede Lohnklasse gesetzlich fixirt, vorbehaltlich anderweiter Festsetzung. (Vgl. § 96.)

Zu Absatz 2.

4. Die durch die Aufbringung der Renten zu gewärtigende Belastung ist weder innerhalb des Reichs, noch innerhalb derjenigen Theile desselben, die als Träger der Versicherung in Frage kommen können, die gleiche. Sie richtet sich insbesondere nach der Größe der letzteren, insofern breitere Schultern eine größere

Ausgleichung der Last zur Folge haben. Die Belastung richtet sich aber ferner auch nach der Verschiedenheit der Invaliditätsgefahr, welcher die einzelnen im Bezirk der betreffenden Versicherungsanstalt beschäftigten Personen nach Maßgabe ihrer persönlichen Verhältnisse und der Gefährlichkeit ihrer Beschäftigung ausgesetzt sind. Junge und gesunde Leute werden im Durchschnitt später invalide als alte und kränkliche Personen, und die weniger gefährliche Beschäftigung wird voraussichtlich später zur Invalidität führen als die Beschäftigung in Betrieben, die ihrer Natur nach eine schnelle Verzehrung der Arbeitskraft bedingen oder direkt ungünstig auf die Gesundheit der Arbeiter einwirken. Wie man daher auch die Frage nach dem zweckmäßigsten Träger der Versicherung beantworten mag, immer wird man die Möglichkeit gewähren müssen, die Bemessung der Beiträge nach Maßgabe der Verschiedenheit des Risikos verschieden zu gestalten. Freilich hat auch dies seine Grenzen. Die Gliederung des Risikos wird nicht soweit ausgedehnt werden dürfen, daß die Beiträge für die einzelnen Betriebe desselben Berufszweiges oder gar für die einzelnen Versicherten nach Maßgabe ihres Lebensalters und anderer individueller Verhältnisse verschieden bemessen werden. Derartige individuelle Ungleichheiten der einzelnen Betriebe oder Personen durch Abstufung ihrer Beiträge bis ins Einzelne hinein auszugleichen, ist weder erforderlich, noch möglich. Es ist nicht erforderlich, weil innerhalb der einzelnen Berufszweige eine Interessengemeinschaft besteht, welche eine im Laufe der Zeit von selbst sich vollziehende wechselseitige Ausgleichung bedingt und rechtfertigt. Die Berücksichtigung aller individuellen Ungleichheiten bei Festsetzung der Beiträge für die Invaliditäts- und Altersversicherung ist aber auch nicht möglich. Derartige Unterscheidungen würden vielmehr die ganze Einrichtung undurchführbar machen. Denn es würden dadurch nicht nur die Schwierigkeiten der Kontrolle und der zutreffenden Abmessung der Höhe des von dem Einzelnen zu leistenden Beitrages unabsehbar vermehrt werden, sondern es würde auch bei kränklichen oder alternden, dem Versicherungszwange unterworfenen Personen der Beitrag eine für sie unerschwingliche Höhe erreichen. Gleichzeitig würde die Besorgniß entstehen, daß derartige Personen überhaupt keine Arbeit mehr finden möchten, weil ja auch dem Arbeitgeber höhere Beiträge für dieselben erwachsen würden. Muß hiernach auf eine Abstufung der Beiträge nach der Beschaffenheit der einzelnen Betriebe und Persönlichkeiten ein für alle Mal verzichtet werden, so bleibt dagegen eine verschiedene Belastung der einzelnen Berufszweige möglich und ausführbar. Bei denselben werden sich hinsichtlich der Invaliditätsgefahr und der durchschnittlichen Sterblichkeit der Invaliden Unterschiede herausstellen. Die Bedeutung dieser Unterschiede läßt sich mangels ausreichender statistischer Grundlagen zur Zeit mit Sicherheit noch nicht übersehen. Immerhin werden dieselben, wenngleich bei einzelnen Berufszweigen, deren größere Invaliditätsgefahr durch eine größere Invalidensterblichkeit annähernd wieder ausgeglichen werden mag, bei anderen Berufszweigen nicht ohne Weiteres als unwesentlich bezeichnet werden können. Insbesondere werden die Verhältnisse in der Landwirthschaft im Allgemeinen als günstiger sich herausstellen, wie z. B. in den meisten Zweigen des Bergbaues, in der chemischen Industrie, der Glasindustrie ꝛc. Wollte man also eine solche Unterscheidung der einzelnen Berufszweige kraft Gesetzes ausschließen und vielmehr obligatorisch vorschreiben, daß innerhalb der einzelnen Versicherungsanstalten der Beitrag unterschiedslos für sämmtliche Arbeitgeber und Arbeitnehmer in gleicher Höhe erhoben werden soll, so würden weniger gefährliche Berufszweige ohne ausreichenden Grund genöthigt werden, die größeren Risiken anderer Berufszweige dauernd mitzutragen. Umgekehrt aber liegt auch kein ausreichender Anlaß vor, die Berücksichtigung der zwischen den einzelnen Berufszweigen rücksichtlich der Höhe dieses Risikos bestehenden Verschiedenheiten obligatorisch anzuordnen. Denn einmal fehlt es hierzu für jetzt an ausreichenden statistischen Grundlagen; dieselben werden vielmehr erst allmälig und zwar gerade auf Grund der bei der Durchführung dieses Gesetzes zu machenden Erfahrungen gewonnen werden. Außerdem aber kann auch aus inneren Gründen den einzelnen Versicherungsanstalten nicht verwehrt werden, freiwillig die zwischen den einzelnen Berufszweigen sich herausstellenden, vielleicht nicht einmal sehr erheblichen Ungleichheiten ebenso gemeinsam zu tragen, wie dies rücksichtlich der individuellen Unterschiede zwischen den einzelnen Personen und Betrieben hat vorgeschrieben werden müssen. Ein solches gemeinsames Einstehen für die Gesammtgefahr ohne Unterscheidung der einzelnen Momente, aus denen sich diese Gesammtgefahr zusammensetzt, entspricht dem Grundgedanken einer Versicherung auf Gegenseitigkeit, nach welcher Alle für Einen und Einer für Alle einzutreten haben. Auch hat die gemeinsame Uebernahme der Gefahr nach gleichen Gesichtspunkten den unverkennbaren Vorzug, daß dadurch die Durchführung der Versicherung vereinfacht wird, und daß Kosten erspart werden, ein Vortheil, an welchem alle Interessenten einschließlich derjenigen, welchen eine Gliederung der Risiken nützlich sein möchte, in gleicher Weise betheiligt sind.

Hieraus ergiebt sich, daß eine nach Maßgabe der Verschiedenheit der Risiken bemessene Abstufung der Beiträge für einzelne Berufszweige zwar nicht obligatorisch vorzuschreiben, aber doch fakultativ den Betheiligten zu überlassen ist. (M. 57.)

Die verschiedene Bemessung der Beiträge nach Berufszweigen kann nur für die bei derselben Versicherungsanstalt in derselben Lohnklasse Versicherten erfolgen. Da, wie bereits erwähnt, für diese verschiedene Bemessung nach Berufszweigen die nothwendigen statistischen Unterlagen einstweilen fehlen, dieselben vielmehr erst durch einen längeren Fortbestand der Versicherung gewonnen werden können, so sind für die erste Beitragsperiode, vorbehaltlich anderweitiger Festsetzung, gesetzlich Durchschnittsbeiträge festgesetzt worden (vgl. § 96).

5. Die Vorschrift, daß die Beiträge im Uebrigen einheitlich zu bemessen sind, enthält, wie aus Anm. 1 ersichtlich, insbesondere die Anordnung, daß eine Unterscheidung des Lebensalters, der Gesundheit und der sonstigen individuellen Verhältnisse der einzelnen Versicherten ebenso unzulässig sein soll, wie eine Unterscheidung der Besonderheiten einzelner Betriebe, in denen die Beschäftigung stattfindet. (M. 86.)

Berechnung der Renten.

§ 25.

Die Renten werden für Kalenderjahre berechnet. Sie bestehen aus einem, vorbehaltlich der Vorschrift des § 28 Absatz 2, von der Versicherungsanstalt aufzubringenden Betrage und aus einem festen Zuschusse des Reichs.

Zu § 25.

Die Renten (Invaliden- und Alters-Renten) werden für Kalenderjahre berechnet, d. h. es wird derjenige Betrag berechnet, welcher jährlich an den Rentenempfänger zu zahlen ist, während die Auszahlung der Renten selbst in monatlichen Theilbeträgen erfolgt (§ 26 Abs. 4). Die Berechnung der Renten, ihre Feststellung erfolgt durch den Vorstand der Versicherungsanstalt (§ 75), die Vertheilung der Renten auf das Reich und die einzelnen in Betracht kommenden Versicherungsanstalten durch das Rechnungsbureau (§ 89).

Jede Rente besteht aus zwei Theilen

a. aus dem festen Reichszuschusse von 50 Mk. (§ 26 Abs. 3),

b. aus dem von der Versicherungsanstalt aufzubringenden Theile (§ 26 Abs. 1 und 2).

Hierzu kann noch ein dritter Bestandtheil treten:

c. der auf die Dauer der militärischen Dienstleistungen (vgl. § 17 Abs 2) entfallende Antheil an Renten, welchen das Reich übernimmt (§ 28 Abs. 2).

§ 26.

(1) Bei Berechnung des von der Versicherungsanstalt aufzubringenden Theiles der Invalidenrente wird ein Betrag von sechzig Mark zu Grunde gelegt. Derselbe steigt mit jeder vollendeten Beitragswoche

in der Lohnklasse	I	um	2	Pfennig,
= = =	II	=	6	=
= = =	III	=	9	=
= = =	IV	=	13	=

(2) Der von der Versicherungsanstalt aufzubringende Theil der Altersrente beträgt für jede Beitragswoche

in Lohnklasse	I	4	Pfennig,
= =	II	6	=
= =	III	8	=
= =	IV	10	=

Dabei werden 1410 Beitragswochen in Anrechnung gebracht. Sind für einen Versicherten Beiträge für mehr als 1410 Beitragswochen in verschiedenen Lohnklassen entrichtet, so werden für die Berechnung diejenigen 1410 Beitragswochen in Ansatz gebracht, in denen die höchsten Beiträge entrichtet worden sind.

Der Zuschuß des Reichs beträgt für jede Rente jährlich fünfzig Mark. (3)

Die Renten sind in monatlichen Theilbeträgen im Voraus zu zahlen. Dieselben sind auf volle fünf Pfennig für den Monat nach oben abzurunden. (4)

Zu Absatz 1.

1. Der von der Versicherungsanstalt aufzubringende Theil der Invaliden-Rente besteht:

a. aus einem festen Grundstock von 60 Mk. Diese Summe wird allen Renten zu Grunde gelegt und steigt

b. mit jeder Beitragswoche um einen bestimmten Betrag, welcher für die einzelnen Lohnklassen verschieden bemessen ist.

Die Berechnung der Renten gestaltet sich hiernach keineswegs komplicirt. Es bedarf nur der Feststellung, wieviel Beitragswochen für den Versicherten in jeder Lohnklasse geleistet sind bezw. anrechnungsfähig (§ 17 Abs. 2—4) sind. Diese Feststellung erfolgt aber mit Leichtigkeit aus den Quittungskarten, aus denen ersichtlich ist, wie viel Beitragswochen für die einzelnen Lohnklassen anzurechnen sind, in welchem auch die Dauer der bescheinigten Krankheit, sowie der militärischen Dienstleistungen angegeben ist (§ 103 Abs. 2). Ueber die Feststellung der Anzahl der für diese Zeiten zur Anrechnung kommenden Beitragswochen vgl. Anm. 6 zu § 17. Hierbei ist es natürlich gleichgültig, für welche Versicherungsanstalt bezw. Kasseneinrichtung die Beitragswochen geleistet sind; es kommt eben lediglich an auf die Anzahl der Beitragswochen und die Lohnklasse, in welcher sie geleistet sind. Für die anrechnungsfähigen (§ 17 Abs. 2—4) Beitragswochen wird die Lohnklasse II zu Grunde gelegt (§ 28 Abs. 1). Vorausgesetzt wird, daß die Anwartschaft nicht erloschen ist (§ 32), vgl. hierüber bei § 32 und § 75.

Für die Berechnung des Steigerungs-Betrages ergiebt sich sonach die Formel:

$$x = 2a + 6b + 9c + 13d,$$

wobei a bedeutet die Anzahl der Beitragswochen für die I. Lohnklasse
b „ „ „ „ „ „ „ II. „
c „ „ „ „ „ „ „ III. „
d „ „ „ „ „ „ „ IV. „

Da die Wartezeit (§ 16) fünf Beitragsjahre = 5 × 47 Beitragswochen (§ 17 Abs. 1) beträgt, so ist der niedrigste Steigerungsbeitrag 5 × 47 × 2 = 4,70 Mk. Hinzu kommt der feste Grundstock von 60 Mk. und der Reichszuschuß von 50 Mk. (Abs. 3), so daß die niedrigste Rente 114,70 Mk. beträgt.

Die Formel für die Berechnung der Invaliden-Rente ist sonach:

$$R = \left(60 + 50 + \frac{x}{100}\right) \text{Mk.}$$

Ueber die Berechnung des Steigerungsbetrages für die Zeit der Betheiligung bei einer „Kasseneinrichtung" vgl. § 27.

Die Berechnnng der Renten erfolgt, wie bereits zu § 25 bemerkt, durch den Vorstand der Versicherungsanstalt (§ 75), die Vertheilung auf das Reich bzw. die einzelnen Anstalten durch das Rechnungsbureau (§ 89), die Auszahlung durch die Post (§ 91).

Zu Absatz 2.

2. Bei der Altersrente ist ein fester Grundstock, wie bei der Invalidenrente, nicht vorhanden. Der von der Versicherungsanstalt aufzubringende Theil der Altersrente wird vielmehr lediglich berechnet nach der Anzahl der geleisteten bezw. anrechnungsfähigen (§ 17 Abs. 2—4) Beitragswochen und zwar in der Weise, daß für jede Beitragswoche ein bestimmter Betrag Rente in Anrechnung gebracht wird. Die Beträge sind nach den verschiedenen Lohnklassen verschieden normirt.

Die Wartezeit beträgt bei der Altersrente 30 Beitragsjahre (§ 16) = 30 × 47 Beitragswochen (§ 17 Abs. 1) = 1410 Beitragswochen. Wie also ein Anspruch auf Altersrente erst dann erworben wird, wenn 1410 Beitragswochen geleistet sind, so sollen nach ausdrücklicher Bestimmung des Absatz 2 überhaupt nur 1410 Beitragswochen bei Berechnung der Altersrente in Anrechnung kommen. Sind mehr als 1410 Beitragswochen geleistet und zwar in verschiedenen Lohnklassen (was ja wohl fast immer der Fall sein wird), so finden bei Berechnung der Altersrente nur diejenigen 1410 Beitragswochen Berücksichtigung, welche in den höchsten Lohnklassen geleistet sind. Es kommen also zunächst zur Anrechnung die Beitragswochen der IV. Lohnklasse, dann die der III., dann der II. und endlich der I. Insgesammt dürfen aber, wie gesagt, nur 1410 Wochen zur Anrechnung kommen, so daß der überschießende nicht angerechnete Theil der Beitragswochen auf die niedrigeren Lohnklassen entfällt. Ein Beispiel: Es sind 1800 Beitragswochen geistet, davon 500 in der I., 400 in der III., und 900 in der IV. Hier kommen zunächst zur Anrechnung die

900 in der IV. Klasse, dann die
400 in der III. „ und dann
110 in der I.,

in Summa 1410, so daß also 390 Wochen der I. Klasse als überschießend ausfallen. Der von der Versicherungsanstalt aufzubringende Theil der Rente würde in diesem Falle betragen:

$$900 \times 10 + 400 \times 8 + 110 \times 4 = 126,40 \text{ Mk.}$$

Hierzu 50 Mk. Reichszuschuß, mithin der Betrag der Rente: 176,40 Mk. Die niedrigste Altersrente beträgt 1410 × 4 + 50 = 106,40 Mk.

2a. Ueber die Berechnung der Altersrente für die Zeit der Betheiligung bei einer „Kasseneinrichtung" vgl. § 27. Ueber die Berechnung der Altersrenten für die Uebergangszeit vgl. § 159.

Zu Absatz 3.

3. Der Reichszuschuß wird für jede Rente gezahlt, für die Invaliden- und die Altersrente. Vom Reichszuschuß ist zu unterscheiden der gemäß § 28 Abs. 2 vom Reiche zu übernehmende Antheil der Rente, welcher auf die Dauer militärischer Dienstleistuugen entfällt. Der Reichszuschuß wird nicht an die Versicherungsanstalten bezw. die Versicherten direkt gezahlt, sondern an die Zentral-Postbehörden, welche die vorschußweise Zahlung geleistet haben, und zwar auf Grund einer Nachweisung, welche über die dem Reich zur Last fallenden Beträge dem Reichskanzler zuzustellen ist (Vgl. § 92).]

Der Reichzuschuß ist natürlich nur für diejenige Zeit zu zahlen, für welche die Rente thatsächlich geleistet worden ist.

Zu Absatz 4.

4. Ueber den Zeitpunkt des Beginns der Rente trifft § 29 Bestimmung. Von diesem Zeitpunkte an ist die Rente in monatlichen Theilbeträgen zu leisten, also nicht immer am Ersten eines jeden Monats.

Die Auszahlung der Rente erfolgt vorschußweise durch die Post. (Vgl. § 91.)

§ 27.

Für einen Versicherten, welcher bei einer der nach §§ 5 und 7 zugelassenen Kasseneinrichtungen betheiligt gewesen ist, wird bei der Steigerung der Invalidenrente, sowie bei Berechnung der Altersrente für jede Woche der Betheiligung nach dem Inkrafttreten dieses Gesetzes diejenige Lohnklasse in Rechnung gebracht, welcher derselbe nach dem von ihm wirklich bezogenen Lohne angehört haben würde, wenn er bei einer Versicherungsanstalt versichert gewesen wäre. Hat der Versicherte gleichzeitig einer Knappschaftskasse oder einer Orts-, Betriebs- (Fabrik-), Bau- oder Innungskrankenkasse angehört, so bestimmt sich die in Rechnung zu bringende Lohnklasse nach den Bestimmungen der Ziffer 3 beziehungsweise 4 des § 22 Absatz 2.

Zu § 27.

1. Hat der Versicherte, für welchen von der Versicherungsanstalt die Rente festgestellt wird, Beiträge nicht nur zu Versicherungsanstalten, sondern auch zu Kasseneinrichtungen geleistet, so fragt es sich, wie die Steigerung der Rente bezw. die Altersrente für diese Zeit der Betheiligung bei der Kasseneinrichtung zu berechnen ist, da für die Kasseneinrichtungen die Festsetzung der Beiträge nach Lohnklassen nicht vorgeschrieben ist. (Vgl. auch Anm. 2 zu § 94 unter a.) Der § 27 bestimmt deshalb

a. daß für die bei einer „Kasseneinrichtung“ betheiligt Gewesenen, welche gleichzeitig einer Knappschaftskasse oder einer Orts-, Betriebs-, Bau- oder Innungskrankenkasse angehörten, für die Zeit ihrer Betheiligung diejenige Lohnklasse in Rechnung gebracht wird, welche sich nach Maßgabe der Vorschriften des § 22 Absatz 2 Ziffer 3 bezw. 4 ergiebt, d. h. es kommt für die Betreffenden diejenige Lohnklasse zur Anrechnung, welche für sie zur Anrechnung gekommen wäre, wenn sie während der in Frage stehenden Zeit bei einer Versicherungsanstalt versichert gewesen wären.

b. daß im Uebrigen diejenige Lohnklasse in Rechnung gebracht wird, welche sich aus dem wirklich bezogenen Lohn des Versicherten ergiebt.

Hier stehen die unter Ziffer 5 § 22 fallenden Versicherten günstiger als bei der Versicherungsanstalt. Zu beachten ist, daß für die Einreihung in die Lohnklasse der wirklich bezogene Lohn maßgebend ist, also nicht der durchschnittliche Lohn, auch nicht der durchschnittliche Jahresarbeitsverdienst.

2. Für die Feststellung der Anzahl der Beitragswochen bezw. der in Rechnung kommenden Lohnklassen dient eventl. die gemäß § 6 Abs. 2 von dem Vorstande der Kasseneinrichtung auszustellende „Bescheinigung“ als Grundlage.

§ 28.

(1) Für die nach § 17 als Beitragszeit geltende Dauer bescheinigter Krankheiten und militärischer Dienstleistungen wird bei Berechnung der Rente die Lohnklasse II zu Grunde gelegt.

(2) Den auf die Dauer militärischer Dienstleistungen entfallenden Antheil der Rente übernimmt das Reich (§ 89).

Zu Absatz 1.

1. Da für die angegebenen Zeiten Beiträge nicht entrichtet werden, so ist die Bestimmung über die bei Berechnung der Rente zu Grunde zu legende Lohnklasse nothwendig.

Die Dauer der bescheinigten Krankheiten und militärischen Dienstleistungen ist auf der Quittungskarte angegeben. (Vgl. § 103 Abs. 2.) Ueber die Berechnung der Anzahl der anrechnungsfähigen Beitragswochen vgl. Anm. 6 zu § 17.

Zu Absatz 2.

2. Die durch anrechnungsfähige Krankheiten entstehenden Ausfälle sind bei Bemessung der Beiträge zu berücksichtigen. (§ 20 Abs. 2.) Den auf die Dauer der militärischen Dienstleistungen entfallenden Antheil der Rente übernimmt das Reich. Die Berechnung dieses Antheils erfolgt durch das Rechnungs-Bureau (§ 89).

§ 29.

Die Invalidenrente beginnt mit dem Tage, an welchem der Verlust der Erwerbsfähigkeit eingetreten ist. Als dieser Zeitpunkt gilt, sofern nicht ein anderer in der Entscheidung festgestellt wird, der Tag, an welchem der Antrag auf Bewilligung der Rente bei der unteren Verwaltungsbehörde gestellt worden ist (§ 75). (1)

Die Altersrente beginnt frühestens mit dem ersten Tage des einundsiebenzigsten Lebensjahres. Dieselbe kommt in Fortfall, sobald dem Empfänger Invalidenrente gewährt wird. (2)

Zu Absatz 1.

1. Entsprechend der Vorschrift des § 9 Abs. 2 beginnt die Invaliden-Rente mit dem Tage des Eintritts der Erwerbsunfähigkeit. Um schwierigen Ermittelungen vorzubeugen, wird bestimmt, daß dieser Eintritt mit demjenigen Tage anzunehmen ist, an welchem der Antrag auf Bewilligung der Rente bei der unteren Verwaltungsbehörde gestellt worden ist. (§ 75.) Doch kann auch in der Entscheidung über den Invalidisirungs-Antrag ein anderer Zeitpunkt festgestellt werden, also ein früherer oder späterer. Die Feststellung eines späteren Zeitpunktes ist insbes. dann von Bedeutung, wenn ein Invalidisirungs-Antrag zwar vorzeitig gestellt, die Invalidität aber inzwischen thatsächlich eingetreten war. (M. 87.)

Zu Absatz 2.

2. Entsprechend der Vorschrift des § 9 Absatz 4 beginnt die Altersrente frühestens mit des ersten Tage des 71. Lebensjahres. Frühestens, weil Voraussetzung für den Bezug der Altersrente die Zurücklegung einer Wartezeit von 30 Beitragsjahren ist. (§ 16.) Hat also der Versicherte am ersten Tage des 71. Lebensjahres die Wartezeit noch nicht zurückgelegt, so beginnt die Altersrente mit dem auf die Vollendung der 30 Beitragsjahre (30 × 47 Beitragswochen) folgenden Tage. (Ueber die Verminderung der Wartezeit für die Uebergangszeit vgl. § 157.)

Die Altersrente kommt in Fortfall, sobald dem Empfänger Invalidenrente gewährt wird, sei es, daß die Invalidenrente schon beim Anfall der Altersrente gewährt wird oder erst nach Anfall der Altersrente zur Festsetzung kommt. (Vgl. Anm. 9 zu § 9.)

Erstattung von Beiträgen.

§ 30.

Weiblichen Personen, welche eine Ehe eingehen, bevor sie in den Genuß einer Rente gelangt sind, steht ein Anspruch auf Erstattung der Hälfte der für sie geleisteten Beiträge zu, wenn die letzteren für mindestens fünf Beitragsjahre entrichtet worden sind.

Dieser Anspruch muß binnen drei Monaten nach der Verheirathung geltend gemacht werden. Mit der Erstattung erlischt die durch das frühere Versicherungsverhältniß begründete Anwartschaft.

Zu § 30.

1. Der § 30 ist damit begründet worden, daß es als eine Ungerechtigkeit erscheint, für weibliche Personen, welche voraussichtlich eine lange Reihe von Jahren hätten Beiträge entrichten müssen, diese Beiträge ohne allen Nutzen für die Versicherten zu lassen, wenn sie eine Ehe eingingen. Auch wird es von Werth für diese weiblichen Personen sein, bei ihrer Verheirathung eine, wenn auch unbedeutende Summe baaren Geldes zu erhalten und in die Ehe mitzubringen. (K. 98.) Nach dem Wortlaute des § 30 findet derselbe auch auf selbstversicherte Personen (§ 8) Anwendung. Auch steht der Anspruch aus § 30 den bei zugelassenen Kasseneinrichtungen Betheiligten gegen dieselben zu.

Es ist übrigens wohl zu beachten, daß die Vorschrift des § 30 nicht in dem Sinne aufzufassen ist, daß weibliche Versicherte bei ihrer Verheirathung mit der Hälfte der Beiträge gewissermaßen abgefunden werden müssen. Vielmehr ist es lediglich den Versicherten anheimgestellt, ob sie den Anspruch aus § 30 geltend machen wollen; sie können auch die Versicherung freiwillig fortsetzen (§ 117). Machen sie den Rückerstattungs-Anspruch geltend, dann erlischt freilich die Anwartschaft aus dem früheren Versicherungsverhältniß. (Vgl. Anm. 7.) Dauert das versicherungspflichtige Arbeitsverhältniß auch nach der Verheirathung fort, so kann gleichwohl der Rückerstattungs-Anspruch geltend gemacht werden; aber dadurch erlischt die bisherige Anwartschaft und die Versicherung muß wieder neu begonnen, die Wartezeit wieder von Neuem erfüllt werden.

2. Welche eine Ehe eingehen; zur Begründung des Anspruchs auf Rückerstattung wird die Einreichung der standesamtlichen Eheschließungs-Urkunde verlangt werden müssen.

3. Bevor sie in den Genuß einer Rente gelangt sind; also wenn auch nur vorübergehend auf Grund des § 10. Dagegen gehört nicht hierher die Gewährung der Krankenfürsorge aus § 12.

4. Der Hälfte der für sie geleisteten Beiträge; also der überhaupt geleisteten Beiträge. Da der Arbeitgeber die ganzen Beiträge vorschießen muß (§ 100), so bekömmt die Versicherte jedenfalls die ihr abgezogene Hälfte (§ 109 Absatz 3) ganz zurück. Aber wenn auch der Arbeitgeber von seiner Befugniß, die Hälfte der von ihm vorgeschossenen Beiträge bei der Lohnzahlung in Abzug zu bringen, keinen Gebrauch gemacht hat, findet gleichwohl nach dem Wortlaute der Bestimmung die Rückerstattung der Hälfte statt. (St.-B. 1357.) Andererseits können hier nur die thatsächlich geleisteten Beiträge in Betracht kommen und es bleiben außer Betracht die nach § 17 Absatz 2 anrechnungsfähigen Beitragszeiten.

Unter den „für sie geleisteten Beiträge“ sind auch die Beiträge der „Selbstversicherten“ und der „freiwillig Versicherten“ zu verstehen. (Vgl. oben Anm. 1.)

5. Für mindestens fünf Beitragsjahre; diese Bestimmung ist eine Konsequenz der Wartezeit (§§ 15, 16). Wenn vor Ablauf der Wartezeit keine Rente gewährt wird, kann auch vor Ablauf dieser Zeit keine Rückerstattung stattfinden (K. 131).

6. Der Beginn der dreimonatlichen Frist ist aus der standesamtlichen Eheschließungs-Urkunde leicht festzustellen.

7. Mit der Erstattung erlischt die Anwartschaft sofort, die Bestimmung des § 32 Absatz 1 findet also keine Anwendnng mehr, auch ein Wiederaufleben der bisherigen Anwartschaft gemäß § 32 Absatz 2 kann nie mehr stattfinden, sobald die Rückerstattung der Beiträge erfolgt ist.

8. Ueber das Verfahren bei Erstattung von Beiträgen vgl. § 95 Absatz 4.

Der Anspruch auf Erstattung von Beiträgen ist bei dem Vorstande derjenigen Versicherungsanstalt geltend zu machen, an welche zuletzt Beiträge entrichtet worden sind. (§ 95 Abs. 1.)

§ 31.

Wenn eine männliche Person, für welche mindestens für fünf Beitragsjahre Beiträge entrichtet worden sind, verstirbt, bevor sie in den Genuß einer Rente gelangt ist, so steht der hinterlassenen Wittwe, oder, falls eine solche nicht vorhanden ist, den hinterlassenen ehelichen Kindern unter fünfzehn Jahren ein Anspruch auf Erstattung der Hälfte der für den Verstorbenen entrichteten Beiträge zu. (1)

Wenn eine weibliche Person, für welche mindestens für fünf Beitragsjahre Beiträge entrichtet worden sind, verstirbt, bevor sie in den Genuß einer Rente gelangt ist, so steht den hinterlassenen vaterlosen Kindern unter fünfzehn Jahren ein Anspruch auf Erstattung der Hälfte der für die Verstorbene entrichteten Beiträge zu. (2)

Vorstehende Bestimmungen finden keine Anwendung, sofern den Hinterbliebenen aus Anlaß des Todes des Versicherten auf Grund des Unfallversicherungsgesetzes eine Rente gewährt wird. (3)

Zu Absatz 1.

1. In der Kommission wurden Anträge auf Annahme einer Bestimmung gestellt, wonach in dieses Gesetz die Wittwen- und Waisenversorgung eingefügt werden sollte. Diese Anträge wurden abgelehnt und dafür im § 31 Bestimmung über Rückerstattung von Beiträgen an hinterbliebene Wittwen und Waisen

getroffen. Begründet wurde die Bestimmung damit, daß nach dem Tode des Ernährers in der Regel die größte Noth in den Familien der Arbeiter herrsche; diese Noth zu lindern sei Zweck der Bestimmung. Wenn auch die Summe keine große sein würde, so würde sie doch immer genügend sein, um die Rechnung des Arztes und die Begräbnißkosten zu decken und vielleicht über die ersten Wochen hinweg zu helfen, bis dann anderweitig gesorgt oder Arbeit gefunden sei. (K. 98.)

2. Vgl. die Anmerkungen 3, 4, 5 und 8 zu § 30.

2a. Die Frage, welche Kinder als ehelich anzusehen sind, entscheidet sich nach Landesrecht.

3. Eine Frist für Geltendmachung des Anspruchs, wie in § 30, ist hier nicht gestellt.

Zu Absatz 2.

1. Vgl. die Anmerkungen 3, 4, 5 und 8 zu § 30.

2. Den hinterlassenen vaterlosen Kindern: vaterlos ist auch das uneheliche Kind, gleichviel ob die „Vaterschaft" anerkannt ist oder nicht, ob Seitens des Erzeugers das Kind alimentirt wird oder nicht, denn die außereheliche Zeugung bewirkt keine Statusverhaltnisse (vgl. Roth, System des deutschen Privatrechts II. Theil S. 387). Doch werden die nach französischem Recht vom Erzeuger „anerkannten" unehelichen Kinder als vaterlos nicht gelten können (vgl. Roth, l. c. S. 400). Daß das uneheliche Kind als solches den Anspruch auf Rückerstattung hat, geht aus der Fassung des Absatz 2 hervor, wo, abweichend von Absatz 1, der Anspruch nicht ausdrücklich auf die ehelichen Kinder beschränkt ist. Auch werden die Kinder durch die Scheidung der Eltern nicht vaterlos, gleichviel ob die Kinder dem Vater oder der Mutter zugesprochen sind.

Zu Absatz 3.

3. Die Bestimmung bringt dasselbe Princip zum Ausdruck, wie die Bestimmung des § 9 Absatz 2 bezüglich der Gewährung der Invalidenrente beim Zusammentreffen mit der Unfallrente.

Erlöschen der Anwartschaft.

§ 32.

(1) Die aus einem Versicherungsverhältniß sich ergebende Anwartschaft erlischt, wenn während vier aufeinander folgender Kalenderjahre für weniger als insgesammt siebenundvierzig Beitragswochen Beiträge auf Grund des Versicherungsverhältnisses oder freiwillig (§ 117) entrichtet worden sind.

(2) Die Anwartschaft lebt wieder auf, sobald durch Wiedereintreten in eine das Versicherungsverhältniß begründende Beschäftigung oder durch freiwillige Beitragsleistung das Versicherungsverhältniß erneuert und danach eine Wartezeit von fünf Beitragsjahren zurückgelegt ist.

Zu Absatz 1.

1. Der Absatz 1 setzt die Voraussetzungen fest, unter denen eine aus einem Versicherungsverhältniß erworbene Anwartschaft durch Nichtzahlung von Beiträgen erlischt. Andererseits enthält auch der Absatz 1 die Voraussetzungen, unter denen sich der Versicherte die aus einem Versicherungsverhältnisse erworbene Anwartschaft erhalten kann. Das Nähere ergiebt sich aus den folgenden Anmerkungen.

2. Aus einem Versicherungsverhältniß; d. h. also auch die aus der Selbstversicherung (§ 8) sich ergebende Anwartschaft, vgl. Anm. 2 zu § 8. Der § 32 findet ferner auch auf die bei einer zugelassenen Kasseneinrichtung Betheiligten Anwendung, sofern nicht das Statut anderweitige Bestimmungen enthält. (Vgl. Bosse—v. Woedtke I S. 341.)

3. Anwartschaft; nämlich auf Invalidenrente (§ 9 Absatz 2, § 10), Altersrente (§ 9 Absatz 4) und Erstattung von Beiträgen (§§ 30, 31). (St. B. 1154.)

4. Das Erlöschen der Anwartschaft ist lediglich dadurch bedingt, daß in einem zusammenhängenden Zeitraum von 4 Kalenderjahren weniger als insgesammt 47 Beitragswochen entrichtet sind. Die diesbezügliche Feststellung kann mit Leichtigkeit aus den Quittungskarten (§ 101) erfolgen. Für den Versicherten selbst gestaltet sich die Selbstkontrole über das Erlöschen der Anwartschaft gleichfalls sehr einfach. Der häufigste in Betracht kommende Fall ist der, daß der Versicherte aus seiner die Versicherungspflicht begründenden Beschäftigung voraussichtlich definitiv ausscheidet, z. B. durch Verheirathung weiblicher, durch Selbstständigwerden männlicher Personen. In diesem Falle kann er gemäß § 117 das Versicherungsverhältniß freiwillig fortsetzen und je mehr Marken er einklebt, desto größer gestaltet sich dereinst die Rente. Ist es ihm aber in erster Linie nur darum zu thun, sich den aus seiner versicherungspflichtigen Beschäftigung erworbenen Anspruch zu erhalten, so hat er nur darauf zu achten, daß er im Laufe von vier Kalenderjahren insgesammt 47 Beitragswochen entrichtet. Wieviel Marken der Versicherte jedes Jahr einkleben will, ist ihm überlassen; es kommt eben nur darauf an, daß während der vier Jahre insgesammt 47 Beitragswochen entrichtet sind. Er muß aber darauf achten, daß vom Beginn der Versicherung an niemals während vier Jahren weniger als 47 Wochen geleistet sind. Ein Beispiel: Es hat Jemand 10 Jahre ununterbrochen in einer versicherungspflichtigen Beschäftigung gestanden, im 11ten Jahre hat er nur 15 Wochen gearbeitet, im 12ten nur 10 Wochen, demgemäß sind auch in diesen beiden Jahren nur 15 bezw. 10 Beitragswochen entrichtet. Scheidet er nun im 12ten Jahre aus, so muß er in den nächsten beiden Jahren mindestens 22 Wochen leisten, damit auf die letzten 4 Jahre 47 Wochen entfallen; er kann also nicht etwa das 13. und 14. Jahr freilassen. Denn die vier Jahre rechnen nicht etwa vom Ausscheiden aus der versicherungspflichtigen Beschäftigung, sondern es kommt eben lediglich auf die Thatsache an, daß überhaupt einmal während vier aufein-

anderfolgender Kalenderjahre weniger als 47 Marken eingeklebt sind, wobei es gleichgiltig ist, ob die Beitragsleistung auf Grund der Versicherungspflicht, oder der Selbstversicherung, oder der freiwilligen Fortversicherung (§ 117) geschehen ist. Auch die anrechnungsfähigen Krankheits= und Militärdienstzeiten kommen hier zur Anrechnung. (Vgl. Anm. 6 zu § 17.) Daß Jemand in betrügerischer Absicht nachträglich, d. h. nachdem schon die Anwartschaft erloschen ist, die Marken einklebt, wird dadurch unmöglich gemacht, daß gemäß § 104 jede Quittungskarte nur vier Jahre Gültigkeit hat: die formelle Ungültigkeit der Quittungskarte fällt mit der materiellen Verjährung des Anspruchs zusammen (St. B. 1153). Ob die Beitragsleistung bei einer Versicherungsanstalt oder Kasseneinrichtung erfolgt ist, ist gleichgültig (§ 6 Abs. 1).

5. Ueber einen Fall, in welchem der § 32 keine Anwendung findet, vgl. §§ 37 und 38.

Zu Absatz 2.

6. Die Anwartschaft lebt wieder auf, d. h. die vor dem Erlöschen der Anwartschaft geleisteten Beitragswochen erhalten wieder ihre volle Gültigkeit, sie kommen also insbesondere bei der demnächstigen Berechnung der Rente (§ 26) und der Wartezeit für die Altersrente (vgl. Anm. zu § 17) in Betracht.

7. Es ist nicht nothwendig, daß die Erneuerung des Versicherungsverhältnisses durch Eintritt in eine versicherungspflichtige Beschäftigung erfolgt, sondern es genügt die freiwillige Erneuerung durch Leistung der Beiträge gemäß § 117 bezw. der Eintritt in eine die Selbstversicherung ermöglichende Beschäftigung. Sobald dann 5 Beitragsjahre = 5 × 47 Beitragswochen geleistet sind, lebt die frühere erloschene Anwartschaft wieder auf.

Veränderung der Verhältnisse.

§ 33.

(1) Tritt in den Verhältnissen des Empfängers einer Invalidenrente eine Veränderung ein, welche ihn nicht mehr als dauernd erwerbsunfähig (§ 9) erscheinen läßt, so kann demselben die Rente entzogen werden.

(2) Die Entziehung der Rente tritt von dem Tage ab in Wirksamkeit, an welchem der die Entziehung aussprechende Bescheid zugestellt worden ist.

(3) Wird die Rente von Neuem bewilligt, so ist die Zeit des früheren Rentenbezuges dem Versicherten ebenso wie eine bescheinigte Krankheitszeit (§ 17 Absatz 2) anzurechnen.

Zu Absatz 1.

1. Der Grundsatz der Unfallversicherung, nach welchem bei einer wesentlichen Aenderung der für die Feststellung der Entschädigung maßgebend gewesenen Verhältnisse eine anderweite Feststellung derselben und sonach auch eine Erhöhung oder Minderung der Rente zulässig ist, kann bei der, unabhängig von der Erwerbsunfähigkeit des Versicherten zu gewährenden Altersrente überhaupt nicht, bei der Invalidenrente aber unter wesentlicher Beschränkung zur Anwendung gelangen, weil die Invalidenrente nicht, wie die Unfallrente, nach dem Maße der Erwerbsfähigkeit abgestuft ist. Veränderungen der Verhältnisse können daher niemals zu einer Ermäßigung der Invalidenrente führen, sondern müssen entweder unberücksichtigt bleiben, oder die Entziehung der vollen Rente zur Folge haben. Ersteres würde eine ungerechtfertigte Belastung der Versicherungsanstalt bedeuten. Denn bei demjenigen, dessen Verhältnisse sich nachträglich so gestaltet haben, daß er nicht mehr als dauernd erwerbsunfähig erscheint, liegen die Voraussetzungen, an welche die Gewährung der Rente geknüpft war, nicht mehr vor; und mit dem Fortfall ihrer Voraussetzung wird der Rechtsgrund der Rente selbst hinfällig. Es bleibt daher in solchem Falle nur die gänzliche Entziehung der Rente auf dem für die Festsetzung derselben vorgesehenen Wege übrig. (M. 90.)

Auf den Fall des § 10 findet der § 33 keine Anwendung; im Falle des § 10 muß bei Wiedereintritt der Erwerbsunfähigkeit die Rente entzogen werden.

2. Es kommt nun darauf an, ob die Gesundheit des Rentenempfängers sich soweit gebessert hat, daß er nicht mehr als dauernd erwerbsunfähig (§ 9) betrachtet werden kann; bei den diesbezüglichen Entscheidungen wird es jedenfalls immer auf den konkreten Fall ankommen. Da die Entziehung der Invalidenrente nicht obligatorisch ist, sondern nur erfolgen kann, so ist den entscheidenden Organen der weiteste Spielraum gelassen. Wird Jemand von der Krankheit, auf Grund deren er invalidisirt worden ist, geheilt, inzwischen aber aus einem andern Grunde dauernd erwerbsunfähig, so findet eine Entziehung der Rente nicht statt, und es bedarf keines neuen Invalidisirungs-Verfahrens. (K. 132 f.)

Um den § 33 wirksam anwenden zu können, werden die Versicherungsanstalten eine ständige Kontrole der Invalidenrentenempfänger durch die Vertrauensmänner (§ 51 Abs. 3) oder besonders bestellte Kontrolbeamte (§ 126) einführen müssen. Auch werden sich die Versicherungsanstalten hierbei der Hülfe anderer öffentlicher Behörden insbesondere der Polizeibehörden bedienen können (§ 141). Dagegen ist auf das Dringendste zu widerrathen, weil dem Geiste des Gesetzes in keiner Weise entsprechend, sich für diese Kontrole der Organe der öffentlichen Armenpflege zu bedienen. Ueberhaupt werden die Versicherungsanstalten bei der Organisirung der Kontrole unter Berücksichtigung der weiteren sozialpolitischen Zwecke des Gesetzes auf möglichste Schonung des Zartgefühls des Invalidenrentenempfängers Bedacht nehmen müssen.

3. Das Verfahren bei der Entziehung der Rente richtet sich nach den Vorschriften der §§ 75 bis 84. (§ 85.)

Zu Absatz 2.

4. Der Absatz 2 entspricht dem § 65 Abs. 4 des Unfallversicherungsgesetzes.

Zu Absatz 3.

5. Wird die Rente entzogen und später von Neuem bewilligt, so wird die Zeit des früheren Rentenbezuges wie eine bescheinigte Krankheitszeit in Anrechnung gebracht. (§ 17 Abs. 2, § 28 Abs. 1.) Hierbei findet die Vorschrift des § 17 Abs. 4 keine Anwendung, wie denn auch im Gesetzes-Texte nur auf den § 17 Abs. 2 Bezug genommen ist; es kommt also auch die über ein Jahr hinausreichende Zeit des Rentenbezuges mit Lohnklasse II zur Anrechnung. Durch die Vorschrift des Abs. 3 wird zunächst vermieden, daß etwa während der Zeit des früheren Rentenbezuges — während welcher Beiträge nicht geleistet wurden — die Anwartschaft gemäß § 32 Abs. 1 erlöschen kann; es wird ferner bei der Festsetzung der Höhe der neuen Rente vermieden, daß die Zeit des früheren Rentenbezuges bei der Steigerung der Rente unberücksichtigt bleibt.

§ 34.

Der nach Maßgabe dieses Gesetzes erworbene Anspruch auf Rente ruht:

1. für diejenigen Personen, welche auf Grund der reichsgesetzlichen Bestimmungen über Unfallversicherung eine Rente beziehen, solange und soweit die Unfallrente unter Hinzurechnung der diesen Personen nach dem gegenwärtigen Gesetze zugesprochenen Rente den Betrag von 415 Mark übersteigt;
2. für die in den §§ 4 und 7 bezeichneten Beamten und Personen des Soldatenstandes, solange und soweit die denselben gewährten Pensionen oder Wartegelder unter Hinzurechnung der ihnen nach dem gegenwärtigen Gesetze zugesprochenen Rente den Betrag von 415 Mark übersteigen;
3. solange der Berechtigte eine die Dauer von einem Monat übersteigende Freiheitsstrafe verbüßt, oder solange er in einem Arbeitshause oder in einer Besserungsanstalt untergebracht ist;

4. solange der Berechtigte nicht im Inlande wohnt. Durch Beschluß des Bundesraths kann diese Bestimmung für bestimmte Grenzgebiete außer Kraft gesetzt werden.

Zu § 34.

1. Wenn bei dem Zusammentreffen der Alters- oder Invalidenrente mit einer Unfallrente, einer Pension oder einem Wartegelde ein Theil des Gesammtbetrages nicht zur Auszahlung gelangen soll, so wird die Ersparniß immer nur der Versicherungsanstalt, nicht auch den zur Zahlung der Unfallrenten verpflichteten Berufsgenossenschaften oder dem Reich beziehungsweise den Bundesstaaten und Kommunalverbänden, welche zur Zahlung der Pensionen und Wartegelder verpflichtet sind, zu gut kommen dürfen. Denn die Lasten der Versicherungsanstalten müssen schon um deswillen thunlichst erleichtert werden, weil zu denselben die Versicherten beitragen. (M. 90.)

1a. Nach Maßgabe dieses Gesetzes; der § 34 findet daher nicht nur auf versicherungspflichtige, sondern auch auf selbstversicherte Personen (§ 8) Anwendung. (Stenglein S. 100.)

2. Der Anspruch auf Rente ruht, d. h. es findet unter den bestimmten Voraussetzungen ein Anspruch auf Rente nicht statt, die Rente kommt nicht zur Auszahlung. Sind die Voraussetzungen beseitigt, so wird der Anspruch auf die Rente wieder existent, die Auszahlung findet statt, ohne daß aber etwa eine Nachzahlung der nicht zur Auszahlung gekommenen Beträge erfolgt.

Da die einstweilen ruhende Alters- oder Invalidenrente sofort in Wirksamkeit treten muß, sobald die gleichzeitig bezogene Unfallrente ꝛc. in Fortfall kommt, so muß der Betrag der ersteren, sobald ihre Voraussetzungen überhaupt vorliegen, auf dem gesetzlich vorgesehenen Wege im Voraus festgestellt, die Rente also bereits „zugesprochen" sein. (M. 90.)

Ueber die Behandlung des Ruhens der Renten bei Führung der Rentenlisten vgl. § 26 der in der Anlage abgedruckten Vorschriften betr. die Art und Form der Rechnungsführung.

3. Der Anspruch ruht für diejenigen Personen, welche auf Grund der reichsgesetzlichen Bestimmungen über Unfallversicherung eine Rente beziehen; also nicht nur für den Verletzten selbst, sondern auch für die Wittwe und die Aszendenten, überhaupt alle diejenigen, welche eine Unfallrente beziehen. Der Unfallzuschuß (§ 5 Abs. 9 des Unf.-Vers.-Ges.) gilt nicht als Rente.

Es handelt sich hier um solche Personen, welche beim Eintritt des Unterstützungsfalls auf Grund dieses Gesetzes, bereits im Genusse der Unfallrente sind, oder beim Eintritte des Unfalls bereits im Genusse der Invaliden- oder Altersrente sind. Im letzteren Falle braucht der Verletzte selbst nicht im Genusse der Invalidenrente zu sein, sondern z. B. die Ehefrau, deren Ehemann durch Unfall getödtet wird. Aber auch der Verletzte selbst kann im Genuß der Invalidenrente sein, da ja Invalidität nicht mit völliger Erwerbsunfähigkeit gleichbedeutend ist.

(Vgl. § 9 Abs. 3.) Ueber das Zusammentreffen von Unfall und Invalidität vgl. § 9 Abs. 2. Ueber Befreiung von der Versicherungspflicht derjenigen Personen, welche eine Unfallrente beziehen, vgl. § 4 Abs. 3.

4. Es soll im Ganzen an Unfall- und Invaliden- bezw. Alters-Rente nur ein Betrag von 415 Mk. geleistet werden. Soweit also beide Renten zusammen diesen Betrag übersteigen, kommt die Invaliden- bezw. Altersrente in Höhe des überschießenden Betrages nicht zur Auszahlung. Der Betrag von 415 Mk. entspricht demjenigen Betrage an Invalidenrente, welcher bei 50jähriger Beitragszahlung in der höchsten Lohnklasse erreicht wird. Der Entwurf hatte hier den „Höchstbetrag" der Invalidenrente angenommen; einen solchen „Höchstbetrag" giebt es aber nach dem Gesetze nicht mehr. (Vgl. § 26.)

5. Der Grund für die Bestimmung der Ziffer 3 ist der, daß derjenige, welcher auf Kosten des Staats in einem Gefängniß oder einer Detentions-Anstalt verpflegt wird, der Zuweisung einer Rente nicht bedarf. (St. B. 1361.) Es kommt also immer nur die thatsächlich verbüßte Zeit in Betracht. Die Freiheitsstrafe muß, abgesehen von der Unterbringung in einem Arbeitshause oder einer Besserungsanstalt, die Dauer von einem Monat übersteigen.

6. Die Vorschrift der Ziffer 4 bezieht sich auf jeden Rentenberechtigten, Inländer und Ausländer. Sie findet ihre Begründung in dem Umstande, daß der Rentenberechtigte der auszahlenden Postanstalt den Nachweis der Berechtigung insbes. den Nachweis des Lebens führen muß. Ein solcher Nachweis ist aber vom Auslande aus nicht mit der erforderlichen Sicherheit zu führen, auch können die ausländischen Postanstalten mit der Auszahlung nicht betraut werden. (St. B. 1361.) Zu beachten ist, daß Voraussetzung für das Ruhen der Rente das Nichtvorhandensein des Wohnsitzes im Inlande ist; es genügt also nicht ein, wenn auch längere Zeit dauernder, Aufenthalt im Auslande. Ueber die Abfindung des Ausländers, welcher seinen Wohnsitz im Deutschen Reiche aufgiebt, vgl. § 14.

Verhältniß zu anderen Ansprüchen.

§ 35.

(1) Die auf gesetzlicher Vorschrift beruhende Verpflichtung von Gemeinden und Armenverbänden zur Unterstützung hülfsbedürftiger Personen sowie sonstige gesetzliche, statutarische oder auf Vertrag beruhende Verpflichtungen zur Fürsorge für alte, kranke, erwerbsunfähige oder hülfsbedürftige Personen werden durch dieses Gesetz nicht berührt.

(2) Soweit von einer Gemeinde oder einem Armenverbande an hülfsbedürftige Personen Unterstützungen für einen Zeitraum geleistet sind, für welchen diesen Personen ein Anspruch anf Invaliden- oder

Altersrente zustand, geht der Anspruch auf Rente im Betrage der geleisteten Unterstützung auf die Gemeinde oder den Armenverband über. Das Gleiche gilt für Betriebsunternehmer und Kassen, welche die den Gemeinden oder Armenverbänden obliegende Verpflichtung zur Unterstützung Hülfsbedürftiger auf Grund gesetzlicher Vorschrift erfüllt haben.

Zu Absatz 1.

1. Die Bestimmung über das Verhältniß der Invaliditäts- und Altersversicherung zur öffentlichen Armenpflege schließt sich im Wesentlichen an die bisherige sozialpolitische Gesetzgebung an. Das Bedürfniß, auch neben der Invaliditäts- und Altersversicherung die öffentliche Armenpflege aufrecht zu erhalten, ergiebt sich aus der Nothwendigkeit, unter allen Umständen Sicherheit dafür zu geben, daß den unter den Entwurf fallenden Personen im Falle der Hülfsbedürftigkeit das unentbehrlichste Maß von Fürsorge jederzeit geboten werden kann. Wie bei der Unfall- und der Krankenversicherung, so muß also auch bei der Invaliditäts- und Altersversicherung die öffentliche Armenpflege subsidiär für diejenigen Fälle in Kraft bleiben, in welchen einem erwerbsunfähigen Versicherten aus irgend welchen Gründen eine Rente nicht oder noch nicht gewährt ist, ebenso aber auch in denjenigen Fällen, in welchen die Rente ihrem Betrage nach etwa nicht ausreichen sollte, um die Hülfsbedürftigkeit aufzuheben. Möglich bleibt dieser Fall nach wie vor.

Aber auch bei den Leistungen der Krankenkassen, denen der Invalide angehört und zu denen er Beiträge entrichtet, muß es grundsätzlich verbleiben, weil vorübergehende Fälle von Krankheit mit einer dauernden Erwerbsunfähigkeit nichts zu thun haben. Ebenso können kontraktliche Ansprüche aus Versicherungsverträgen oder aus den Anstellungsverträgen solcher Personen, welche nicht als Beamte unter die Vorschriften der §§ 4 und 7 fallen, in Folge des öffentlich-rechtlichen Anspruchs auf Alters- oder Invalidenrente nicht hinfällig werden.

Civilrechtliche Ansprüche auf Schadenersatz gegen solche Personen, welche die Erwerbsunfähigkeit verschuldet haben oder auf Grund besonderer gesetzlicher Bestimmungen (vgl. § 1 des Haftpflichtgesetzes vom 7. Juni 1871, Reichs-Gesetzblatt S. 207, wegen der Haftpflicht der Eisenbahnverwaltungen) für dieselbe verantwortlich sind, fallen nicht unter § 35 sondern unter § 39. (M. 90.)

Es sind also vornehmlich alle Krankenkassen, insbesondere auch die nach Maßgabe des Krankenversicherungsgesetzes organisirten Kassen zur Gewährung der statutenmäßigen Krankenunterstützung verpflichtet ohne Rücksicht darauf, ob der betreffenden Person ein Unterstützungsanspruch nach Maßgabe dieses Gesetzes zusteht; die Krankenkasse darf einem dauernd Erwerbsunfähigen die Krankenunterstützung nicht versagen unter Verweisung auf die Invaliditätsversicherung.

Zu Absatz 2.

2. Ein Uebergang des Anspruchs auf Rente findet nur statt, wenn die Unterstützung von einer Gemeinde oder einem Armenverbande geleistet ist, es steht also insbesondere den Krankenkassen ein Anspruch auf die Rente nicht zu. Hat nun der Armenverband eine Person unterstützt, welcher gleichzeitig ein Anspruch auf Krankenunterstützung und Invalidenrente zusteht, so wird sich — wenn man die Ausführungen der Motive zu § 34 berücksichtigt — der Armenverband zunächst an die Krankenkasse und erst wegen des Ueberschusses an die Versicherungsanstalt halten müssen. (A. M. Bosse—v. Woedtke I. S. 355). Die Bestimmung des Schlußsatzes bezüglich der Betriebsunternehmer und Kassen, bezieht sich auf landesgesetzliche namentlich in Süddeutschland geltende Vorschriften über die Armenpflege.

Die Gemeinden bezw. Armenverbände sind berechtigt, die Festsetzung der Rente für die von ihnen unterstützten Versicherten selbstständig zu beantragen (vgl. Anm. 2 zu § 75)..

Ueber die Zahlung der Renten an Gemeinden oder Armenverbände durch Vermittlung der Post vgl. § 1 Abs. 3 der in der Anlage abgedruckten Geschäftsanweisung betr. die Auszahlungen durch die Post.

§ 36.

(1) Fabrikkassen, Knappschaftskassen, Seemannskassen und andere für gewerbliche, landwirthschaftliche oder ähnliche Unternehmungen bestehende Kasseneinrichtungen, welche ihren nach den Bestimmungen dieses Gesetzes versicherten Mitgliedern für den Fall des Alters oder der Erwerbsunfähigkeit Renten oder Kapitalien gewähren, sind berechtigt, diese Unterstützungen für solche Personen, welche auf Grund dieses Gesetzes einen Anspruch auf Invaliden- oder Altersrenten haben, um den Werth der letzteren oder zu einem geringeren Betrage zu ermäßigen, sofern gleichzeitig die Beiträge der Betriebsunternehmer und Kassenmitglieder oder im Falle der Zustimmung der Betriebsunternehmer wenigstens diejenigen der Kassenmitglieder in entsprechendem Verhältniß herabgemindert werden. Auf statutenmäßige Kassenleistungen, welche vor dem betreffenden Beschlusse der zuständigen Organe, oder vor dem Inkrafttreten dieses Gesetzes aus der Kasse bewilligt worden sind, erstreckt sich die Ermäßigung nicht.

(2) Die hierzu erforderliche Abänderung der Statuten bedarf der Genehmigung der zuständigen Landesbehörde. Die letztere ist befugt, eine entsprechende Abänderung der Statuten ihrerseits mit rechtsgültiger Wirkung vorzunehmen, sofern die zu den erwähnten Kassen-

einrichtungen beitragenden Betriebsunternehmer oder die Mehrheit der Kassenmitglieder die Abänderung beantragt haben, die letztere aber von den zuständigen Organen der Kasse abgelehnt worden ist.

Der Ermäßigung der Beiträge bedarf es nicht, sofern die durch die Herabminderung der Unterstützungen ersparten Beträge zu anderen Wohlfahrtseinrichtungen für Betriebsbeamte, Arbeiter oder deren Hinterbliebene verwendet werden sollen und diese anderweite Verwendung durch das Statut geregelt und von der Aufsichtsbehörde genehmigt wird, oder soweit die Beiträge in der bisherigen Höhe erforderlich sind, um die der Kasse verbleibenden Leistungen zu decken. (3)

Zu § 36.

1. Für einzelne gewerbliche oder andere Unternehmungen bestehen Kassen, welche, meist durch Freigebigkeit der Betriebsunternehmer ins Leben gerufen und durch Beiträge theils der letzteren, theils ihrer Arbeiter gespeist, den Arbeitern der betreffenden Fabrik 2c. für den Fall des Alters oder der Invalidität Unterstützungen in zum Theil erheblichem Betrage gewähren.

Wenn diese Kassen den Voraussetzungen des § 5 entsprechen, ist ihr Fortbestand in der Weise gesichert, daß sie neben die gesetzlichen Invaliditäts-Versicherungsanstalten treten und ihre Mitglieder von der Verpflichtung, ihrer gesetzlichen Versicherungspflicht durch Betheiligung an den letzteren, zu genügen, befreien können.

Aber auch dann, wenn solche Kassen den Voraussetzungen des § 5 nicht in vollem Maße entsprechen oder nicht den Wunsch haben sollten, für ihre Mitglieder an die Stelle der gesetzlichen Invaliditäts-Versicherungsanstalten zu treten, kann es nicht Aufgabe der Gesetzgebung sein, diese Wohlthätigkeitseinrichtungen aus Anlaß der gesetzlichen Regelung der Invaliditäts- und Altersversicherung aufzuheben oder in ihrer Wirksamkeit zu beschränken. Sie werden vielmehr als Zuschußkassen immer eine segensreiche Wirksamkeit entfalten können. Dagegen läßt sich nicht verkennen, daß im einzelnen Falle die zu solchen Kassen zu leistenden Beiträge der Unternehmer wie der Arbeiter, wenn dieselben neben den auf Grund dieses Gesetzes zu leistenden Beiträgen unvermindert bestehen bleiben sollten, eine erhebliche, für die Zwecke der Invaliditäts- und Altersversicherung nicht durchaus gebotenen Höhe erreichen möchten, und daß andererseits die Aussicht auf Doppelversorgung einen bedenklichen Anreiz zur Simulation bieten möchte. Es empfiehlt sich daher, in Uebereinstimmung mit den hierüber kundgegebenen Wünschen von Betheiligten, solchen Kassen schon durch das Gesetz eine entsprechende Herabsetzung ihrer Leistungen, sofern derselben ausgleichend eine entsprechende Herabsetzung der Beiträge wenigstens der versicherten Kassenmitglieder an die Seite tritt, zu gestatten. Bei dem erheblichen Interesse, welches im einzelnen Falle die Beitrag leistenden Arbeitgeber und Arbeitnehmer an einer Herabsetzung der Kassenleistungen und der Beiträge haben können, muß das Recht der Betheiligten, solche Herabsetzungen zu verlangen und durchzusetzen, auch für solche Fälle außer Zweifel gestellt werden, in welchen die Kassenverwaltung selbst eine entsprechende Abänderung der Statuten etwa ablehnen sollte. Ebenso muß Vorsorge getroffen werden, daß bei der Herabsetzung der Kassenleistungen und Kassenbeiträge ordnungsmäßig verfahren werde. Das Gesetz verlangt daher zu diesem Zweck eine formale Abänderung des Kassenstatuts unter Genehmigung der zuständigen Landesbehörde und giebt derselben die Befugniß, eine derartige Statutenänderung auf Antrag der Betheiligten auch wider den Willen der Kassenorgane mit rechtsgültiger Wirkung vorzunehmen. Daß wohlerworbene Rechte der Mitglieder von einer derartigen Maßnahme unberührt bleiben müssen, bedarf kaum der Hervorhebung. Die Ermäßigung wird sich daher nicht auf die Leistungen an solche Personen erstrecken dürfen, welche vor dem Inkrafttreten des Gesetzes oder zwar nach diesem Zeitpunkt, aber vor der rechtsgültigen Abänderung des Statuts bewilligt worden sind.

Von dem Grundsatze, daß die Ermäßigung der bisherigen Kassenleistungen nur dann eintreten darf, wenn gleichzeitig die Beiträge entsprechend ermäßigt werden, läßt das Gesetz in dem Bestreben, die für Arbeitgeber wie Arbeitnehmer gleich werthvolle und bedeutsame Gründung von Wohlfahrtseinrichtungen aller Art zu fördern, in solchen Fällen eine Abweichung zu, in welchen die Beiträge, soweit sie in Folge der Herabminderung der Alters- und Invalidenunterstützungen erspart werden würden, zu anderen Wohlfahrtseinrichtungen für die Kassenmitglieder oder deren Hinterbliebene verwendet werden, oder soweit die Beiträge in der bisherigen Höhe erforderlich sind, um die der Kasse verbleibenden Leistungen zu decken. Denn in solchen Fällen kommen die vollen Beiträge den Arbeitern oder ihren Hinterbliebenen unter allen Umständen zu gut. Für eine das Interesse der Kassenmitglieder gebührend berücksichtigende und zweckentsprechende Verwendung der Beiträge aber wird durch die im Gesetze vorgesehene Mitwirkung der Aufsichtsbehörde ausreichende Gewähr geboten. (M. 91.)

2. Der § 36 bezieht sich nur auf solche Kassen, welche mit bestimmten Unternehmungen verbunden sind, auf die sogenannten Betriebskassen, er bezieht sich also insbesondere nicht auf eingeschriebene Hilfskassen und Invalidenkassen, welche nicht für ein bestimmtes Unternehmen, sondern für einen ganzen Gewerbszweig oder mehrere Gewerbszweige bestehen. Eine Ausnahme hiervon machen nur die ortsstatutarischen Zwangs-Invalidenkassen, auf welche nach ausdrücklicher Bestimmung des § 38 (siehe daselbst) der § 36 Anwendung findet. Der § 36 bezieht sich ferner, wie in Anm. 1 ausgeführt, nur auf solche Kassen, welche nicht auf Grund des § 7 durch den Bundesrath „zugelassen“ sind.

Solche Kassen, welche weder zugelassen sind, noch unter den § 36 fallen, werden durch das Gesetz in keiner Weise berührt. Sie können ihre bisherigen Leistungen und Beiträge beibehalten, sie können aber auch auf dem vorgeschriebenen Wege Leistungen und Beiträge oder auch nur die Leistungen herabsetzen. Sie sind in der Freiheit ihren Entschließungen nicht gehemmt. Nur müssen ihre versicherungspflichtigen Mitglieder ihrer Versicherungspflicht bei der Versicherungsanstalt bezw. Kasseneinrichtung genügen. Der § 36 enthält für die unter diesen Paragraphen fallenden Kassen die Beschränkung, daß sie die Leistungen — abgesehen von den Fällen des Abs. 3 — nur bei gleichzeitiger Herabsetzung der Beiträge ermäßigen können und die Berechtigung, daß sowohl der Betriebsunternehmer, als auch die Mehrheit der Kassenmitglieder unabhängig von einander durch Vermittelung der Landesbehörde die bezügliche Aenderung der Statuten durchsetzen können. Die in Rede stehende Abänderung der Statuten betrifft nur die auf Grund dieses Gesetzes versicherten Personen, d. h. versicherungspflichtige, selbstversicherte und freiwillig sich weiterversichernde Personen.

2a. Die Kassen, welche ihre Unterstützungen gemäß § 36 herabmindern, werden durch eine geeignete statutarische Vorschrift ihre unter das Gesetz fallenden Mitglieder verpflichten, die Rentenansprüche rechtzeitig zu stellen und zu verfolgen (vgl. Anm. 2 zu § 75). Ueber die Nothwendigkeit einer anderen statutarischen Bestimmung, vgl. Anm. 2 zu § 37.

3. Die zuständige Landesbehörde wird von der Landes-Zentral-Behörde bestimmt. § 138.

§ 37.

Für Personen, welche aus Kassen der im § 36 bezeichneten Art Invaliden- oder Altersrenten beziehen, tritt das im § 32 vorgesehene Erlöschen des Versicherungsverhältnisses nicht ein.

Zu § 37.

1. Von den unter § 36 fallenden Kassen wird namentlich bei den Knappschaftskassen der Arbeiter schon beim Eintritt der Berufsinvalidität pensionirt, während zur Pensionirung auf Grund dieses Gesetzes die Berufsinvalidität noch nicht genügt. (Vgl. Anm. 5 zu § 9.) In den meisten Fällen wird also die Invalidisirung bei den Knappschaftskassen früher erfolgen, als bei den Versicherungsanstalten. Wird nun z. B. der bei der Versicherungsanstalt versicherte Arbeiter von der Knappschaftskasse invalidisirt, so scheidet er aus seiner versicherungspflichtigen Beschäftigung aus (vgl. jedoch Anm. 2); er hat kein Interesse, Zwecks Erhaltung seines Anrechtes auf Rente bei der Versicherungsanstalt, die Beiträge freiwillig fortzuzahlen, da ja demnächst die Rente der Knappschaftskasse um die Rente der Versicherungsanstalt ermäßigt wird, und die letztere Rente in den seltensten Fällen höher sein wird, als die erstere. Auf diese Weise kann es vorkommen, daß in dem Zeitpunkt, wo bei dem Arbeiter die Invalidität nach Maßgabe der Bestimmungen dieses Gesetzes (§ 9) eingetreten ist, wo also der Rentenanspruch gegen die Versicherungsanstalt existent geworden wäre, der Anspruch durch Nichtzahlung der Beiträge gemäß § 32 erloschen ist. Hierdurch würde die Knappschaftskasse geschädigt werden, da es ihr dann nicht möglich

wäre, die in § 36 erwähnte Ermäßigung der Rente eintreten zu lassen. Um dies zu verhüten, bestimmt § 37, daß das Erlöschen des Anspruchs durch Nichtzahlung der Beiträge (§ 32) für diejenigen Personen, welche Invaliden- oder Altersrente aus den im § 36 bezeichneten Kassen beziehen, nicht eintritt. Die Kassen werden hiernach immer in der Lage sein, von der in § 36 erwähnten Ermäßigung der Rente Gebrauch zu machen (vgl. St. B. 1380).

Stenglein (S. 109) macht mit Recht darauf aufmerksam, daß die Tragweite des § 37 eine weitergehende ist, als sie sich nach der vorstehenden Begründung ergiebt. Denn nach dem Wortlaute des § 37 findet derselbe schlechtweg auf alle diejenigen Personen Anwendung, welche aus Kassen der im § 36 bezeichneten Art Invaliden- oder Altersrente beziehen, also auch dann, wenn seitens dieser Kassen eine Herabminderung ihrer Leistungen um den ganzen oder theilweisen Werth der gesetzlichen Renten nicht beschlossen worden ist.

2. Der von der Zuschußkasse invalidisirte Versicherte kann gleichwohl weiter in einer versicherungspflichtigen Beschäftigung (mit leichter Arbeit) verbleiben, da er ja noch nicht invalide im Sinne des Gesetzes (§ 9 Abs. 3) zu sein braucht. In diesem Falle muß er auch die Beiträge zur Versicherungsanstalt zahlen. Von dieser weiteren Zahlung hat er dann keinen Vortheil, wenn seine jetzige Rente um die ganze künftige Rente gekürzt wird. Um die hierin liegende Ungerechtigkeit zu vermeiden, wird es sich empfehlen, für diesen Fall in das Statut der Kasse eine entsprechende Bestimmung, etwa dahingehend aufzunehmen, daß die Kürzung nur um den Werth der Rente zur Zeit der ersten Invalidisirung stattfindet.

§ 38.

Die Bestimmungen der §§ 36 und 37 finden auch auf die zur Fürsorge für Invalidität und Alter bestehenden Kassen Anwendung, hinsichtlich deren auf Grund ortsstatutarischer Bestimmungen eine Verpflichtung zum Beitritt besteht.

Zu § 38.

Der § 36 findet, wie daselbst ausgeführt, nur auf solche Kassen Anwendung, welche mit einem bestimmten Unternehmen verbunden sind, auf die sogen. Betriebskassen. Nun sind insbesondere in Preußen eine große Anzahl von Invalidenkassen vorhanden, welche für bestimmte Gewerbszweige auf Grund von Ortsstatuten errichtet und mit Beitrittszwang ausgestattet sind. Soweit diese Kassen mit Krankenkassen verbunden waren, sind sie meist auf Grund des § 86 Ziffer 2 des Krankenversicherungsgesetzes von denselben getrennt worden und blieben als besondere Pensionskassen mit Beitrittszwang fortbestehen. Für die Mitglieder dieser Kassen wäre also ein doppelter Beitrittszwang vorhanden, da eine „Zulassung" solcher Kassen auf Grund des § 7 wohl nicht stattfinden dürfte. Der § 38 bestimmt nun, daß auch auf solche Kassen die §§

36, 37 Anwendung finden sollen. Die Kassen sind also in der Lage, nach Maßgabe der Bestimmungen des § 36 eine Ermäßigung der von ihnen gewährten Renten eintreten zu lassen. Auch findet die Rechtswohlthat des § 37 (vgl. daselbst die Anmerkung a. f.) auf die Mitglieder solcher Kassen gleichfalls Anwendung.

§ 39.

Insoweit den nach Maßgabe dieses Gesetzes zum Bezuge von Invalidenrenten berechtigten Personen ein gesetzlicher Anspruch auf Ersatz des ihnen durch die Invalidität entstandenen Schadens gegen Dritte zusteht, geht derselbe auf die Versicherungsanstalt bis zum Betrage der von dieser zu gewährenden Rente über.

Zu § 39.

1. Die Erwerbsunfähigkeit, welche auf Grund dieses Gesetzes zum Bezuge von Invalidenrente berechtigt, kann durch Arbeitgeber, Beauftragte derselben, Mitarbeiter oder andere Personen derart verschuldet sein, daß diese Personen auf Grund civilrechtlicher Verpflichtung Schadenersatz für den dem Erwerbsunfähigen durch ihr schuldhaftes Verhalten entstandenen Nachtheil zu leisten haben. Das Gesetz will es bei dieser civilrechtlichen Verpflichtung zum Schadenersatz grundsätzlich belassen und nur durch eine cessio legis Vorsorge dafür treffen, daß dem Berechtigten derjenige Betrag seines Schadens, den er auf Grund dieses Gesetzes in Gestalt von Invalidenrente durch die Versicherungsanstalt erhält, nicht noch einmal von dem civilrechtlich Verpflichteten, also nicht doppelt zu gewähren ist. Das Gesetz lehnt sich hierbei an die analoge Bestimmung des § 98 des Unfallversicherungsgesetzes an. Das letztere Gesetz geht freilich rücksichtlich der civilrechtlichen Haftung der Betriebsunternehmer und ihrer Beauftragten erheblich weiter, indem es deren Ersatzverpflichtung dem durch Betriebsunfall Verletzten gegenüber fast völlig aufhebt und nur gegenüber den Berufsgenossenschaften und Krankenkassen insofern bestehen läßt, als die bezeichneten Personen den Unfall durch strafrichterlich festgestellten Vorsatz oder ebenso festgestelltes sogenanntes qualifizirtes Verschulden verursacht haben. Für den Geltungsbereich des vorliegenden Gesetzes stehen jedoch einer gleichartigen Vorschrift überwiegende Bedenken entgegen. (M. 92.)

2. Gesetzlicher Anspruch; es kommt also nicht in Betracht, ein kontraktlicher Anspruch, insofern und insoweit derselbe gesetzlich nicht begründet ist.

3. Gemäß § 39 geht der Anspruch auf die Versicherungsanstalt über, d. h. also auf diejenige Anstalt, welche die Rente festgesetzt hat. Mit Recht weisen Bosse—v. Woedtke (I S. 369) hier auf eine Lücke des Gesetzes hin, welche für diejenigen Fälle vorhanden ist, in denen nicht die rentenfestsetzende Anstalt allein bei der Rente betheiligt ist, sondern auch noch andere Anstalten bezw. Kasseneinrichtungen und — was ja immer der Fall ist — das Reich. Nach der ratio

logis müssen an dem Gesetzentwurf sämmtliche bei der Rente Betheiligten nach dem Verhältniß ihrer Belastung participiren und das Rechnungsbüreau werde sich der Ausführung dieser Vertheilung nicht entziehen können.

Vorrechte der Rente.

§ 40.

Die Rente kann mit rechtlicher Wirkung weder verpfändet, noch übertragen, noch für andere als die im § 749 Absatz 4 der Civilprozeßordnung bezeichneten Forderungen der Ehefrau und ehelichen Kinder und die der ersatzberechtigten Gemeinden oder Armenverbände gepfändet werden.

Zu § 40.

1. Die nach dieser Vorschrift der Alters- und Invalidenrente einzuräumenden Rechtswohlthaten entsprechen gleichartigen Vorschriften der Kranken- und der Unfallversicherungsgesetzgebung. Die Bestimmung ist hier wie dort aus der Erwägung hervorgegangen, daß den Berechtigten die in Betracht kommenden Leistungen um den Erfolg der sozialpolitischen Gesetzgebung zu sichern, nicht entzogen und daß diese Leistungen nicht zu Zwecken in Anspruch genommen werden dürfen, welche außerhalb ihrer Bestimmung liegen. (M. 94.)

2. Die in § 749, Absatz 4 der Civilprozeßordnung bezeichneten Forderungen der Ehefrau und der ehelichen Kinder des Schuldners betreffen, „Alimente, welche für die Zeit nach Erhebung der Klage und für das diesem Zeitpunkt vorausgehende letzte Vierteljahr zu entrichten sind".

3. Die Vorschrift des § 40 findet auch auf die von den zugelassenen Kasseneinrichtungen (§§ 5, 7), gewährten Renten, Anwendung, insoweit diese den nach § 26 zu bemessenden Betrag nicht übersteigen (K. 135). Ueber den überschießenden Betrag kann also der Versicherte frei verfügen.

II. Organisation.

Versicherungsanstalten.

§ 41.

(1) Die Invaliditäts- und Altersversicherung erfolgt durch Versicherungsanstalten, welche nach Bestimmmung der Landesregierungen für weitere Kommunalverbände ihres Gebiets oder für das Gebiet des Bundesstaates errichtet werden.

Auch kann für mehrere Bundesstaaten oder Gebietstheile derselben, sowie für mehrere weitere Kommunalverbände eines Bundesstaates eine gemeinsame Versicherungsanstalt errichtet werden. (2)

In der Versicherungsanstalt sind alle diejenigen Personen versichert, deren Beschäftigungsort im Bezirke der Versicherungsanstalt liegt. Soweit die Beschäftigung in einem Betriebe stattfindet, dessen Sitz im Inlande belegen ist, gilt als Beschäftigungsort der Sitz des Betriebes. (3)

Zu Absatz 1.

1. Die Invaliditäts- und Altersversicherung erfolgt durch Versicherungsanstalten, welche mit selbständiger juristischer Persönlichkeit (§ 44) für örtliche Bezirke errichtet werden. In der Versicherungsanstalt sind dann alle Personen versichert, welche in dem betreffenden Bezirke beschäftigt werden (Absatz 3). Die Abgrenzung der Bezirke erfolgt durch die Regierungen der Bundesstaaten, unterliegt aber der Genehmigung des Bundesraths (§ 42). Die Versicherungsanstalten sind keine Kommunal- oder Staatsanstalten, sondern selbstständige Korporationen, wenn sie auch in einzelne Beziehungen zu den Kommunalverbänden bezw. Staaten treten. (Vgl. Bosse—v. Woedtke II S. 5.)

Die Bezirke der Versicherungsanstalten werden sich, ähnlich wie die der land- und forstwirthschaftlichen Berufsgenossenschaften, zweckmäßig im Allgemeinen an die Bezirke der weiteren Kommunalverbände der einzelnen Bundesstaaten (Provinzen, Regierungsbezirke in Bayern 2c.) oder, wo solche weitere Kommunalverbände nicht bestehen oder als Grundlage für die Bildung von Versicherungsanstalten nicht geeignet erscheinen, an das Gebiet der Bundesstaaten selbst anschließen. Für die Anlehnung an die weiteren Kommunalverbände spricht insbesondere auch der Umstand, daß dieselben landesrechtlich ohnehin Aufgaben der öffentlichen Wohlfahrt, welche der Invaliditäts- und Altersversicherung verwandt sind, zu erfüllen haben. Immerhin wird aber auch eine Erweiterung dieses Rahmens nicht auszuschließen sein. Vgl. Abs. 2. (M. 94.)

Es sind im Ganzen 31 Versicherungsanstalten errichtet worden, darunter 8 gemeinsame, und zwar für folgende Bezirke: (Die eingeklammerten Namen bezeichnen den Sitz der Anstalt.)

1. für die Provinz Ostpreußen. (Königsberg.)
2. „ „ Provinz Westpreußen. (Danzig.)
3. „ „ Provinz Brandenburg. (Berlin.)
4. „ „ Provinz Pommern. (Stettin.)
5. „ „ Provinz Posen. (Posen.)
6. „ „ Provinz Schlesien. (Breslau.)
7. „ „ Provinz Westfalen. (Münster.)
8. „ den Stadtkreis Berlin. (Berlin.)
9. „ die Provinz Schleswig-Holstein und das Fürstenthum Lübeck. (Kiel.)

10. für die Rheinprovinz, die Hohenzollernschen Lande und das Fürstenthum Birkenfeld. (Düsseldorf.)
11. = = Provinz Sachsen und das Herzogthum Anhalt. (Merseburg.)
12. = = Provinz Hannover und die Fürstenthümer Pyrmont, Schaumburg-Lippe und Lippe. (Hannover.)
13. = = Provinz Hessen-Nassau und das Fürstenthum Waldeck. (Kassel.)
14. = den Regierungs-Bezirk Oberbayern. (München.)
15. = = = = Niederbayern. (Passau.)
16. = = = = Pfalz. (Speyer.)
17. = = = = Oberfranken. (Bayreuth.)
18. = = = = Oberpfalz und Regensburg. (Regensburg.)
19. = = = = Mittelfranken. (Ansbach.)
20. = = = = Unterfranken und Aschaffenburg. (Würzburg.)
21. = = = = Schwaben und Neuburg. (Augsburg.)
22. = das Königreich Sachsen. (Dresden.)
23. = = Königreich Württemberg. (Stuttgart.)
24. = = Großherzogthum Baden. (Karlsruhe.)
25. = = Großherzogthum Hessen. (Darmstadt.)
26. = = Großherzogthum Mecklenburg-Schwerin und Mecklenburg-Strelitz. (Schwerin.)
27. = = Großherzogthum Sachsen-Weimar-Eisenach, die Herzogthümer Sachsen-Meiningen, Sachsen-Coburg-Gotha, sowie die Fürstenthümer Schwarzburg-Sondershausen, Schwarzburg-Rudolstadt, Reuß ä. L., Reuß j. L. (Weimar.)
28. = = Herzogthum Oldenburg. (Oldenburg.)
29. = = Großherzogthum Braunschweig. (Braunschweig.)
30. = die Freien und Hansastädte Lübeck, Bremen und Hamburg. (Lübeck.)
31. = = Reichslande Elsaß-Lothringen. (Straßburg.)

1a. Neben den Versicherungsanstalten erfolgt die Invaliditäts- und Altersversicherung auch noch durch die zugelassenen Kasseneinrichtungen (vergl. §§ 5 und 7).

1b. Organe der Versicherungsanstalt sind der Vorstand (§ 46) und der Ausschuß (§ 48), ferner der Aufsichtsrath und die Vertrauensmänner (§ 51), auch die mit der Einziehung der Beiträge betrauten Krankenkassen u. s. w. (vgl. §§ 112 132 Anm. 1). Ueber die Zulässigkeit von Veränderungen der Bezirke der Versicherungsanstalten vgl. § 66. Ueber die Vermögensverwaltung der Versicherungsanstalten vgl. § 129.

2. Welche Verbände als weitere Kommunalverbände anzusehen sind, bestimmen die Zentralbehörden der Bundesstaaten (§ 138).

Zu Absatz 2.

3. Es kann wünschenswerth, ja geboten erscheinen, daß Versicherungsanstalten für mehrere weitere Kommunalverbände oder andere örtliche Theile desselben Bundesstaates, oder für mehrere Bundesstaaten beziehungsweise Gebietstheile derselben gebildet werden. Je größer der Bezirk einer Versicherungsanstalt ist, und je mehr Versicherte derselben demgemäß angehören, desto mehr macht sich das Gesetz der großen Zahlen geltend und desto zuverlässiger werden die Altersgruppirungen sowie die sonstigen Durchschnittswerthe sein, welche für die Rechnungsgrundlagen der Versicherungsanstalten unentbehrlich sind. Bei Versicherungsanstalten für zu kleine Bezirke und eine zu geringe Zahl versicherter Personen werden sich brauchbare Durchschnittswerthe überhaupt kaum und zwar um so weniger aufstellen lassen, je häufiger nach den Verhältnissen des Bezirks ein Wechsel unter den Arbeitern stattfindet. Demgemäß müssen in kleinen Versicherungsanstalten auch die Versicherungsbeiträge mehr oder weniger willkürlich und zur Vermeidung erheblicher Ausfälle von vornherein höher als bei größeren Anstalten bemessen werden. Die dauernde Leistungsfähigkeit ist um so eher gefährdet, je höher die Beiträge sind. Eine ausreichende Garantie dauernder Leistungsfähigkeit kann aber bei einer, so wichtigen Interessen der arbeitenden Bevölkerung dienenden und derart in die Zukunft wirkenden Einrichtung, wie es die Invaliditäts- und Altersversicherung ist, unmöglich entbehrt werden.

Versicherungsanstalten für die Gebiete oder Gebietstheile mehrerer Bundesstaaten oder für mehrere weitere Kommunalverbände desselben Bundesstaates bezeichnet das Gesetz allgemein als „gemeinsame Versicherungsanstalten“. Für dieselben haben besondere Bestimmungen getroffen werden müssen, weil bei der Organisation derselben verschiedene Behörden und Bezirke betheiligt sind. Vgl. § 64 (M. 95.) Solcher gemeinsamer Versicherungsanstalten sind 8 errichtet worden. Vgl. Anm. 1. Auch die Vereinigung mehrerer Versicherungsanstalten zu einer gemeinsamen Anstalt nach Abschluß der Organisation ist zulässig, ebenso kann später eine gemeinsame Versicherungsanstalt wieder auseinandergelegt werden (vgl. § 66).

Zu Absatz 3.

4. Der Absatz 3 trifft darüber Bestimmung, in welche Versicherungsanstal- die nach dem Gesetze versicherten Personen, also versicherungspflichtige (§§ 1, 2) und selbstversicherte (§ 8) Personen, (über die freiwillig Versicherten vgl. § 117 Absatz 1) zu bringen sind. In die Versicherungsanstalt gehören alle Personen, welche in ihrem Bezirke beschäftigt sind. Ausgenommen sind natürlich die bei den zugelassenen Kasseneinrichtungen (§§ 5, 7) betheiligten Personen.

5. Als Beschäftigungsort gilt der Sitz des Betriebes, sofern dieser Sitz sich überhaupt im Inlande befindet. Also nicht nur im Zweifel gilt der Betriebssitz als Beschäftigungsort (vgl. § 15 Abs. 3 des Gesetzes über die Ausdehnung der Unfall- und Krankenversicherung) sondern in jedem Falle: Die Versicherung hat bei derjenigen Versicherungsanstalt zu geschehen, in deren Bezirk der Sitz des Betriebes, in welchem der zu Versichernde beschäftigt ist, gelegen ist. Welcher Ort als Sitz des Betriebes anzusehen ist, wird in den meisten Fällen nicht schwer festzustellen sein. Vgl. Preußische Ausführungs-Anweisung vom 21. August 1885: „Als Beschäftigungsort der in der Binnenschiffahrt und Flößerei beschäftigten Personen gilt derjenige Ort, von welchem aus das Gewerbe betrieben wird. Als solcher ist im Zweifelsfalle der Wohnort des Betriebsunternehmers oder in dessen Ermangelung derjenige Ort anzunehmen, an welchem derselbe zur Gewerbesteuer von dem in Frage kommenden Betriebe veranlagt ist." Die Bestimmungen der Ausführungs-Anweisung werden überhaupt auf alle diejenigen Betriebe Anwendung finden können, mit welchen nicht eine, jeden Zweifel über den Sitz des Betriebes ausschließende fundirte Betriebsanlage verbunden ist. (Vgl. auch Anm. 1 zu § 122.) Als Betriebssitz gilt derjenige Ort, an welchem sich die Betriebsanlage befindet bezw. von welchem aus das Gewerbe betrieben wird. „Sitz des Betriebes ist derjenige Punkt des Raumes, wo der Betrieb seinen thatsächlichen Schwerpunkt hat" (Rosin S. 229 vgl. auch Ziffer XX der in der Anlage abgedruckten Anleitung). Der Betriebssitz von Fabriken bestimmt sich durch die Lage der Fabriken, mag auch das kaufmännische Geschäft von einem andern Ort aus betrieben werden. Für solche Gewerbetreibende, welche an einem bestimmten Orte ihre gewerbliche Niederlassung haben, aber an den verschiedensten Orten Arbeiter beschäftigen, z. B. Installateure für Gas- und Wasserleitungen, für elektrische Beleuchtungsanlagen, Baugewerbetreibende, gilt als Betriebssitz nur der Ort der gewerblichen Niederlassung; sämmtliche Arbeiter sind also bei der Versicherungsanstalt zu versichern, in deren Bezirk sich diese gewerbliche Niederlassung befindet. Jedoch kann eine dauernde oder besonders umfangreiche Ausführung von Arbeiten an einem von dem Betriebssitze verschiedenen Orte unter Umständen den Charakter eines selbstständigen Betriebes mit einem besonderen geschäftlichen Mittelpunkt annehmen (vgl. Ziffer XX der Anleitung).

Das Reichsversicherungsamt führt aus, daß der Betriebssitz in vielen Fällen durch das Vorhandensein von Betriebsanlagen, Verkaufsstätten, Waarenlagern äußerlich erkennbar, oder aus Eintragungen in Firmen- oder Gewerberegister zu entnehmen sei (vgl. Ziffer XX der Anleitung). Zweigniederlassungen, Zweiggeschäfte, welche neben einem Hauptbetrieb bestehen, seien als besondere Betriebe aufzufassen. Die Abhängigkeit einer Zweigniederlassung ꝛc. von einem Hauptbetriebe kann aber — wie das R.-V.-A. bezüglich der Unfallversicherung ausgeführt hat — wirthschaftlich so erheblich sein, daß die in der Zweigniederlassung ꝛc. vorgenommenen Betriebshandlungen als von dem Hauptbetriebe ausgehend, oder nur durch denselben ermöglicht, anzusehen sind. Eine solche Zweigniederlassung ꝛc. würde, zumal beim Fehlen von Betriebsanlagen ꝛc. alsdann nicht dort ihren Sitz haben, wo die einzelnen Betriebshandlungen vorgenommen werden, sondern die Niederlassung ꝛc. würde als Nebenbetrieb oder als Theil des Hauptbetriebes anzusehen sein. (II, 122 Freund S. 171 A.)

Der „Betriebssitz" gilt nur dann als Beschäftigungsort, wenn sich derselbe überhaupt im Inlande befindet; sind also Personen im Inlande in einem Betriebe beschäftigt, dessen Sitz sich im Auslande befindet, so entscheidet eben der thatsächliche Ort der Beschäftigung (vgl. Bosse—v. Woedtke II S. 10. Stenglein S. 114, vgl. auch die Entsch. des R.-V.-A. III, 316 Freund S. 171

Anm. 4 und Ziffer XX der Anleitung). Werden aber Personen im Auslande beschäftigt, welche als Arbeiter u. s. w. eines inländischen Betriebes anzusehen sind, so erfolgt ihre Versicherung gleichfalls am Ort des inländischen Betriebssitzes. Hiernach unterliegt z. B. der Monteur einer inländischen Maschinenfabrik, welcher eine in dieser Fabrik gefertigte Maschine im Auslande aufstellt, auch für die Zeit seiner Beschäftigung im Auslande den Bestimmungen des Gesetzes. (Ziffer XX der Anleitung.) Ebenso verhält es sich mit dem inländischen Handlungsreisenden, welcher im Auslande „reist". Erfolgt die Beschäftigung nicht in einem „Betriebe", so richtet sich die Zuständigkeit der Versicherungsanstalt nach dem Beschäftigungsort wie z. B. bei Dienstboten.

Bezüglich der forst- und landwirthschaftlichen Betriebe vgl. § 44 Abs. 2 und 3 des Reichsgesetzes vom 5. Mai 1886:

> „Eine Gesammtheit von Grundstücken eines Unternehmers, für deren landwirthschaftlichen Gesammtbetrieb gemeinsame Wirthschaftsgebäude bestimmt sind, gilt im Sinne dieses Gesetzes als ein einziger Betrieb. Als Sitz eines landwirthschaftlichen Betriebes, welcher sich über die Bezirke mehrerer Gemeinden erstreckt, gilt diejenige Gemeinde, in deren Bezirk die gemeinsamen Wirthschaftsgebäude belegen sind. Dabei entscheiden diejenigen Wirthschaftsgebäude, welche für die wirthschaftlichen Hauptzwecke des Betriebes bestimmt sind. Die betheiligten Gemeinden und Unternehmer können sich über einen anderen Betriebssitz einigen.
>
> Mehrere forstwirthschaftliche Grundstücke eines Unternehmers, welche derselben unmittelbaren Betriebsleitung (Revierverwaltung) unterstellt sind, gelten als ein einziger Betrieb. Forstwirthschaftliche Grundstücke verschiedener Unternehmer gelten als Einzelbetriebe, auch wenn sie zusammen derselben Betriebsleitung unterstellt sind. Als Sitz eines forstwirthschaftlichen Betriebes, welcher sich über mehrere Gemeindebezirke erstreckt, gilt diejenige Gemeinde, in deren Bezirk der größte Theil der Forstgrundstücke belegen ist, sofern nicht die betheiligten Gemeinden und der Unternehmer sich über einen anderen Betriebssitz einigen".

6. Streitigkeiten über die Frage, welche Versicherungsanstalt im einzelnen Falle für die Versicherung zuständig ist, werden gemäß §§ 122, 123 von der unteren Verwaltungsbehörde entschieden.

7. Seeleute sind bei derjenigen Versicherungsanstalt zu versichern, in deren Bezirke sich der Heimathshafen des Schiffes befindet (§ 136).

§ 42.

Die Errichtung der Versicherungsanstalten bedarf der Genehmigung des Bundesraths. Soweit die Genehmigung nicht ertheilt wird, kann der Bundesrath nach Anhörung der betheiligten

Landesregierungen die Errichtung von Versicherungsanstalten anordnen.

Zu § 42.

Konnte auch die Abgrenzung der Bezirke der Versicherungsanstalten zunächst den Regierungen der einzelnen Bundesstaaten übertragen werden, so waren die betreffenden Anordnungen der letzteren doch mit Rücksicht auf das gemeinsame Interesse des Reichs an die Genehmigung des Bundesraths zu knüpfen. Dabei geht das Gesetz von der Voraussetzung aus, daß die einzelnen Bundesregierungen für ihre Gebiete am leichtesten in der Lage sind, sich über die Wünsche der Betheiligten zu unterrichten und diesen Wünschen Rechnung zu tragen. Soll aber das Zustandekommen der für das gesammte Reichsgebiet erforderlichen Organisation sicher gestellt sein, so bedarf es für den Bundesrath auch der Befugniß, nöthigenfalls die Errichtung der Versicherungsanstalten anzuordnen, d. h. die örtlichen Bezirke derselben festzusetzen. Diese Befugniß ist um so weniger zu entbehren, als es unter Umständen sich darum handeln kann, solchen Bezirken, für welche im Wege der Vereinbarung ein geeigneter Anschluß an andere Bezirke nicht gefunden werden konnte oder deren besondere Wünsche mit einer zweckmäßigen Gesammtorganisation nicht zu vereinbaren sind, einen Platz in der letzteren anzuweisen. Die Zusammensetzung des Bundesraths bietet die nöthige Gewähr dafür, daß bei der Organisation nicht nur die besonderen Wünsche und Interessen der einzelnen Bundesstaaten berücksichtigt, sondern auch die Gesammtinteressen des Reichs gewahrt und im Falle eines Widerstreits zweckmäßig gegen einander abgewogen werden. (M. 95.)

§ 43.

(1) Der Sitz der Versicherungsanstalt wird durch die Landesregierung bestimmt.

(2) Ist die Versicherungsanstalt für mehrere Bundesstaaten oder Gebietstheile derselben errichtet, so bestimmt den Sitz, falls eine Vereinbarung der betheiligten Landesregierungen nicht zu Stande kommt, der Bundesrath.

Zu § 43.

Die Sitze der Versicherungsanstalten sind gemäß § 56 Absatz 5 zu veröffentlichen. Die Sitze der einzelnen Versicherungsanstalten sind in Anm. 1 zu § 41 angegeben.

§ 44.

(1) Die Versicherungsanstalt kann unter ihrem Namen Rechte erwerben und Verbindlichkeiten eingehen, vor Gericht klagen und verklagt werden. Für ihre Verbindlichkeiten haftet den Gläubigern das

Anstaltsvermögen, soweit dasselbe zur Deckung der Verpflichtungen der Versicherungsanstalt nicht ausreicht, der Kommunalverband, für welchen die Versicherungsanstalt errichtet ist, im Unvermögensfalle desselben oder wenn die Versicherungsanstalt für den Bundesstaat errichtet ist, der Bundesstaat.

Ist die Versicherungsanstalt für mehrere Kommunalverbände (2) oder Bundesstaaten oder Theile solcher errichtet, so bemißt sich deren im Falle der Unzulänglichkeit des Anstaltsvermögens eintretende Haftung nach dem Verhältniß der auf Grund der letzten Volkszählung festgestellten Bevölkerungsziffer derjenigen Bezirke, mit welchen sie an der Versicherungsanstalt betheiligt sind.

Das Vermögen der Versicherungsanstalt darf für andere als (3) die in diesem Gesetze vorgesehenen Zwecke nicht verwendet werden. Ihre Einnahmen und Ausgaben sind gesondert zu verrechnen, ihre Bestände gesondert zu verwahren.

Die Versicherungsanstalt darf andere als die in diesem Gesetze (4) ihr übertragenen Geschäfte nicht übernehmen.

Zu Absatz 1.

1. Als Träger dauernder Verpflichtungen können die Versicherungsanstalten die Rechte juristischer Personen ebensowenig entbehren, wie die Berufsgenossenschaften und Krankenkassen (M. 96).

2. Für die territoriale Abgrenzung der Versicherungsanstalten kann im Hinblick auf den Zweck derselben in erster Linie nur die Rücksicht entscheiden, daß jede Versicherungsanstalt dauernd in der Lage sein muß, allen ihren Verpflichtungen nachzukommen. Wird hieran festgehalten, so ist der Fall, daß eine Versicherungsanstalt leistungsunfähig werden könnte, kaum denkbar. Nichtsdestoweniger wird auch für den kaum möglichen Fall, daß eine Versicherungsanstalt in die Lage kommen sollte, ihren Verbindlichkeiten nicht genügen zu können, eine Vorschrift darüber nicht fehlen dürfen, wer die Garantie dafür zu übernehmen hat, daß die Gläubiger und insbesondere die Versicherten nicht nur wegen ihrer bereits festgestellten Ansprüche befriedigt, sondern daß die letzteren auch in ihrer durch Beiträge begründeten Anwartschaft auf zukünftige Renten nicht geschmälert werden. Diese Garantie kann insbesondere in dem Fall praktisch werden, daß bei einer Auflösung der Versicherungsanstalt deren Vermögen mit allen Rechten und Pflichten, also auch mit der Verpflichtung, nach Maßgabe der bereits verwendeten Beitragsmarken künftige Renten antheilig zu übernehmen, auf den Garantieverband übergeht (§ 67), und das hierbei übernommene Vermögen zur Abwickelung dieser Verpflichtungen sich als nicht ausreichend erweist. Die Garantie kann aber auch dann Bedeutung erlangen, wenn die Versicherungsanstalt, deren

Vermögen nach Maßgabe des § 129 festgelegt wird, unter außerordentlichen Umständen vorübergehend in Zahlungsverlegenheiten geräth. Auch in diesem Falle wird ein Garantieverband vorhanden sein müssen, um die Verlegenheit durch seine Vermittelung und nöthigenfalls durch Vorschüsse in der erforderlichen Höhe schnell und ohne Nachtheil für die Gläubiger der Anstalt zu beseitigen. Aehnlich liegen die Verhältnisse, wenn es sich um die einstweilige Beschaffung der ersten Einrichtungskosten handelt. (§ 45.)

Dadurch, daß die Versicherungsanstalten grundsätzlich an die Bezirke der weiteren Kommunalverbände und der Bundesstaaten angeschlossen werden, stellen sie sich als besondere, mit eigener Verwaltung ausgestattete Einrichtungen dieser Verbände beziehungsweise Staaten dar. Dieser staatliche Charakter der Versicherungsanstalten tritt dadurch noch schärfer hervor, daß öffentliche Beamte der betheiligten Kommunalverbände beziehungsweise Bundesstaaten an der Spitze der Vorstände der ersteren stehen und die Angelegenheiten derselben leiten sollen (vgl. § 47). Daraus ergiebt sich von selbst, daß die Garantie für Fälle des Unvermögens der Versicherungsanstalten denjenigen Kommunalverbänden oder Bundesstaaten zu übertragen ist, für welche die Anstalten errichtet sind. (M. 96.)

Ueber das Risiko der Kommunalverbände bezw. Bundesstaaten in Hinsicht leistungsunfähiger Kasseneinrichtungen vgl. Anm. 2 zu § 69.

Zu Absatz 2.

3. Bei gemeinsamen Versicherungsanstalten wird die Garantie (vgl. Anm. 2) den sämmtlichen Bundesstaaten und Kommunalverbänden, über deren Gebiete sich die Anstalt erstreckt, zufallen müssen. Diese haben die sich hieraus ergebenden Verpflichtungen, sofern dieselben einmal praktisch werden sollten, unter einander verhältnißmäßig zu vertheilen. Als praktischer Maßstab für die Vertheilung empfiehlt sich die Bevölkerungsziffer umsomehr, als die Mehrzahl aller erwachsenen Einwohner eines Bezirks, sei es als Arbeitgeber, sei es als Arbeiter, an der Versicherungsanstalt betheiligt sein wird. Das Gesetz enthält daher im Absatz 2 eine entsprechende allgemeine Vorschrift, gestattet aber bei der Vorschußleistung für die Kosten der ersten Einrichtung (§ 45) sowie bei der im § 67 geordneten Auflösung einer Versicherungsanstalt (dem einzigen Falle, in welchem die Garantie, sofern besonders ungünstige Umstände vorliegen sollten, eine einigermaßen erhebliche Belastung zur Folge haben kann), die Anwendung eines anderen, der Vertheilung zu Grunde zu legenden Maßstabes, falls sich ein solcher nach Lage der Verhältnisse als zweckmäßiger herausstellen sollte. (M. 97.)

Zu Absatz 3.

4. Durch die Vorschrift des Absatzes 3 soll eine Gewähr dafür geboten werden, daß das Vermögen des Verbandes nicht zu Zwecken verwendet wird, welche außerhalb der demselben zugewiesenen Aufgaben liegen. (M. 97.) Außerordentliche Unterstützungen oder höhere als die vom Gesetze festgesetzten Renten dürfen daher nicht gewährt werden. (Bosse—v. Woedtke II S. 14).

Ueber die Anlage von Geldern der Versicherungsanstalt durch Bau oder Erwerbung von Arbeiterwohnungen vgl. Anm. 2 zu § 129.

Zu Absatz 4.

5. Die öffentlich-rechtliche Natur der Versicherungsanstalten erfordert, daß dieselben ihren Geschäftskreis auf die Erfüllung derjenigen Aufgaben zu beschränken haben, zu deren Durchführung sie berufen sind. Hieraus rechtfertigt sich der Schlußabsatz des § 94. (M. 97.)

§ 45.

Die durch die erste Einrichtung der Versicheruugsanstalt entstehenden Kosten sind von dem Kommunalverbande oder dem Bundesstaate, für welchen sie errichtet wird, vorzuschießen. Für gemeinsame Versicherungsanstalten sind die Vorschüsse beim Mangel einer Vereinbarung nach dem im § 44 Absatz 2 vorgesehenen Verhältniß zu leisten. (1)

Die geleisteten Vorschüsse sind von der Versicherungsanstalt aus den zunächst eingehenden Versicherungsbeiträgen zu erstatten. (2)

Zu Absatz 1.

1. Zu den Kosten der ersten Einrichtung gehören auch die gemäß § 57 Abs. 2 (siehe daselbst) zu leistenden Vergütungen.

Zu Absatz 2.

2. Zinsen für die geleisteten Vorschüsse werden nicht verlangt werden dürfen. (Vgl. auch Fuld S. 273.)

Vorstand.

§ 46.

Die Versicherungsanstalt wird durch einen Vorstand verwaltet, soweit nicht einzelne Angelegenheiten durch Gesetz oder Statut dem Ausschusse oder anderen Organen übertragen sind. (1)

Der Vorstand hat die Versicherungsanstalt gerichtlich und außergerichtlich zu vertreten. Die Vertretung erstreckt sich auch auf diejenigen Geschäfte und Rechtshandlungen, für welche nach den Gesetzen eine Spezialvollmacht erforderlich ist. (2)

Die Vertretung der Versicherungsanstalt gegenüber dem Vorstande wird durch das Statut geregelt. (3)

Zu Absatz 1.

1. Die Bestimmungen des § 46 über die Rechte und Pflichten des Vorstandes entsprechen der rechtlichen Natur der Versicherungsanstalt und rechtfertigen sich durch das praktische Bedürfniß. (M. 97.)

2. Die Versicherungsanstalt wird durch einen Vorstand verwaltet, über dessen Zusammensetzung § 47 Bestimmungen trifft. Insbesondere liegt dem Vorstande ob: die gesammte Vermögensverwaltung (§ 129; über die dem Vorstande obliegende Kassenrevision vgl. §§ 12 ff. der in der Anlage abgedruckten Vorschriften betr. die Rechnungsführung), die Feststellung der Renten (§ 75) und der Vertrieb der Marken (§ 99). Die eigentliche Geschäftsleitung liegt in den Händen der dem Vorstande angehörenden Staats- bezw. Kommunalbeamten. (Vgl. § 47.) Ueber die Angelegenheiten, welche dem Ausschusse vorbehalten sind, trifft § 55 Bestimmung.

Die Mitglieder des Vorstandes haften der Versicherungsanstalt für getreue Geschäftsverwaltung, wie Vormünder ihren Mündeln. (§ 59.)

Streitigkeiten, welche sich auf die Rechte und Pflichten des Vorstandes der Versicherungsanstalt, sowie der Mitglieder des Vorstandes beziehen, entscheidet das Reichsversicherungsamt. (§ 132.) Das Reichsversicherungsamt kann die Mitglieder des Vorstandes zur Befolgung der gesetzlichen und statutarischen Vorschriften durch Geldstrafen bis zu 1000 Mark anhalten. (§ 131 Abs. 3.)

2a. Ueber die Strafbefugniß des Vorstandes vgl. Anm. 1 zu § 145.

Zu Absatz 2.

3. Die Vorschrift des Absatz 2 entspricht der Vorschrift des § 35 Abs. 1 des Krankenversicherungsgesetzes und § 23 Abs. 1 des Unfallversicherungsgesetzes.

Zu Absatz 3.

4. Vgl. § 54 Ziffer 5. Es handelt sich hier insbesondere um Verfolgung von Ansprüchen der Versicherungsanstalt gegenüber dem Vorstande.

§ 47.

(1) Der Vorstand der Versicherungsanstalt hat die Eigenschaft einer öffentlichen Behörde. Seine Geschäfte werden von einem oder mehreren Beamten des weiteren Kommunalverbandes oder Bundesstaates, für welchen die Versicherungsanstalt errichtet ist, wahrgenommen. Diese Beamten werden nach Maßgabe der landesgesetzlichen Vorschriften von dem Kommunalverbande beziehungsweise von der Landesregierung bestellt. Die Bezüge dieser Beamten und ihrer Hinterbliebenen sind von der Versicherungsanstalt zu vergüten.

(2) Durch das Statut kann bestimmt werden, daß dem Vorstande neben den vorgenannten Beamten noch andere Personen angehören

sollen. Dieselben können nach Bestimmung des Statuts besoldet oder unbesoldet sein. Sofern an die nach Bestimmung des Statuts bestellten Mitglieder Besoldungen zu gewähren sind, hat der Ausschuß (§ 48) oder nach Bestimmung des Statuts der Aufsichtsrath (§ 51) die Anstellungsbedingungen festzusetzen.

Die Form, in welcher der Vorstand seine Willenserklärungen kundzugeben und für die Versicherungsanstalt zu zeichnen hat, wird durch das Statut bestimmt. (3)

Zu Absatz 1.

1. Es wird zur Erleichterung der dem Vorstande obliegenden Geschäfte dienen, wenn demselben durch das Gesetz die Eigenschaft einer öffentlichen Behörde beigelegt wird. (M. 97.)

2. Die laufende Verwaltung der Angelegenheiten der Versicherungsanstalt wird durch öffentliche Beamte desjenigen weiteren Kommunalverbandes oder Bundesstaates geführt, für deren Gebiet die Versicherungsanstalt errichtet ist. Wird auf diese Weise einestheils eine enge Verbindung der Versicherungsanstalt mit den sonstigen Interessen des Kommunalverbandes beziehungsweise Bundesstaates hergestellt, so wird anderntheils die Verwaltung durch geschulte Beamte unter der von den Betheiligten selbst geordneten Mitwirkung nicht beamteter Interessenten (vgl. Absatz 2) für die praktische Ausgestaltung und Behandlung der laufenden Geschäfte bei der eigenthümlichen Natur derselben kaum entbehrlich sein.

Das behördliche Gepräge, welches das Gesetz dem Vorstande giebt, beruht nicht auf einer gegensätzlichen Stellung zu der ehrenamtlichen Selbstverwaltung, sondern auf der Erwägung, daß es sich hier um die Bewältigung umfangreicher Geschäfte wesentlich formaler Natur handelt, welche für das freie Ermessen nur geringen Spielraum lassen und sich deshalb zur ehrenamtlichen Wahrnehmung durch Betheiligte sachlich nicht eignen. Diese Geschäfte nehmen die volle Zeit und Arbeitskraft der damit betrauten Beamten in Anspruch, und schon aus diesem Grunde würden sich Interessenten, welche willig und im Stande wären, sie ehrenamtlich zu übernehmen, kaum finden lassen. (M. 97, 98.)

Welche Angelegenheiten der kollegialischen Beschlußfassung des Vorstandes unterliegen, wird das Statut bezw. eine besonders zu erlassende Geschäftsordnung des Vorstandes zu bestimmen haben. Für den Fall, daß dem Vorstande neben den Beamten noch andere Personen insbes. Vertreter der Arbeitgeber und Versicherten angehören, ist jedoch hierbei zu beachten, daß nach der klaren Absicht des Gesetzes (vgl. die Worte im Gesetzestext: „Seine Geschäfte werden . . . . . wahrgenommen" und die obigen Ausführungen der Motive) die Leitung und eigentliche Geschäftsführung in den Händen der beamteten Vorstandsmitglieder liegen soll. (Vgl. auch Bosse—v. Woedtke II S. 18.)

3. Die Zahl dieser Beamten wird nach Maßgabe des Geschäftsumfanges von derjenigen Stelle, welche die Beamten bestellt, festzusetzen sein. Als Staats- beziehungsweise Kommunalbeamte verbleiben diese Beamten unter den für Staats- oder Kommunalbeamte beziehungsweise deren Hinterbliebene geltenden dienstpragmatischen, insbesondere also auch disziplinaren Vorschriften. Ihre Anstellung hat durch diejenige Behörde, von welcher die höheren Verwaltungsbeamten des betreffenden weiteren Kommunalverbandes oder Bundesstaates angestellt werden, und in den dafür vorgesehenen Formen zu erfolgen, wobei es der Anstellungsbehörde unbenommen bleibt, wegen der Auswahl geeigneter Persönlichkeiten sich vorher mit den Interessenten ins Vernehmen zu setzen. (M. 98.)

Die betreffenden Beamten bleiben also Kommunalbeamte, sie werden nicht Versicherungsbeamte. (K. 52, St. B. 1417.) Vgl. auch § 132 Abs. 2.

Der Kommunalverband kann auch beschließen, daß mit der Wahrnehmung der Geschäfte ein bereits bestehendes Kollegium, welches sich nach seiner Zusammensetzung zur Führung der Geschäfte eignet, betraut wird (St. B. 1943), oder daß die Geschäfte von den Kommunalbeamten im Nebenamte geführt werden. (K. 53, St. B. 1424.)

Für das Gebiet der Preußischen Provinzialordnung vom 29. Juni 1875 wird die Bestellung der Beamten Seitens der Provinzialverbände durch den Provinziallandtag zu erfolgen haben. (Vgl. § 41 daselbst.)

3a. Sind mehrere Beamte bestellt, so wird die Anstellungsbehörde die Frage des Vorsitzes zu regeln haben. (St. B. 1424.) Von den Sitzungen des Vorstandes wird dem Staatskommissar (vgl. § 62) Mittheilung zu machen sein.

3b. Von den höheren mit der Wahrnehmung der Vorstandsgeschäfte von dem Staate bezw. weiteren Kommunalverbande betrauten Beamten, sind diejenigen unteren Beamten zu unterscheiden, welche zur Erledigung der laufenden Bureau- und Kassen-Geschäfte nothwendig sein werden als: Bureauvorsteher, Expedienten, Registratoren, Rendanten, Bureaudiener u. s. w. Es unterliegt keinem Zweifel, daß die Annahme bezw. Anstellung dieser Beamten durch die Versicherungsanstalt zu erfolgen hat d. h. durch den Vorstand, soweit nicht das Statut etwas Anderes festsetzt. Diese unteren Beamten sind weder Staats- noch Kommunal-Beamte, sondern Beamte der Versicherungsanstalt und können als solche eventuell der Versicherungspflicht in Gemäßheit dieses Gesetzes unterliegen (vgl. § 1). Zulässig dürfte es indeß sein, daß durch das Statut der Vorstand ermächtigt wird, mit dem betreffendenden Kommunalverbande bezw. Staate ein Abkommen dahingehend zu treffen, daß auch die erforderlichen unteren Beamten vom Kommunalverbande bezw. Staate der Versicherungsanstalt überwiesen werden (vgl. Bosse—v. Woedtke II S. 18 f.); in diesem Falle würden auch die unteren Beamten in ihrem Verhältnisse als Kommunal- bezw. Staatsbeamte verbleiben. Ein derartiges Abkommen ist hinsichtlich der höheren Bureaubeamten (Bureauvorsteher, Rendant) zu empfehlen, dagegen nicht hinsichtlich sämmtlicher Beamten; denn alsdann würde sich die Versicherungsanstalt in eine wenig erwünschte Abhängigkeit von dem betreffenden Kommunalverbande bezw. Staate begeben und einen großen Theil ihrer Selbstständigkeit, ihres Selbstverwaltungsrechtes aufgeben.

Die Anstellungsbedingungen werden — abgesehen von anderweitigen statutarischen Bestimmungen — vom Vorstande festzusetzen sein.

4. Die Gehälter der beamteten Vorstandsmitglieder werden sich nach den Bezügen anderer, ihnen sozial gleichstehenden höheren Verwaltungsbeamten des betreffenden weiteren Kommunalverbandes oder Bundesstaates zu richten haben und von der Anstellungsbehörde festzusetzen sein. Da die Beamten jedoch eine Verwaltung führen, für welche von den Betheiligten besondere Verwaltungskosten erhoben werden, und da kein ausreichender Anlaß dazu vorliegt, den Versicherungsanstalten zum Nachtheile der weiteren Kommunalverbände oder Bundesstaaten einen erheblichen Theil ihrer Verwaltungskosten abzunehmen, so schreibt das Gesetz vor, daß die Bezüge dieser Beamten uud ihrer Hinterbliebenen von der Versicherungsanstalt zu vergüten sind. (M. 98.) Auf die Festsetzung der Gehälter dieser höheren Beamten hat also die Versicherungsanstalt keinen Einfluß. Mit den Ausführungen der Motive sollte übrigens keineswegs gesagt sein, daß die Gehälter dieser Beamten nicht höher als die anderer ihnen „sozial gleichstehender Beamten" normirt werden könnten. Zu dieser höheren Normirung wird man sich auch entschließen müssen, wenn man geeignete Beamte für die höchst verantwortungsvolle Stellung bekommen will. (Vgl. Bosse—v. Woedtke II S. 20 f.)

Werden die Verwaltungsgeschäfte der Versicherungsanstalt von den bestellten Beamten im Nebenamte geführt, so hat die Versicherungsanstalt auch nur die entsprechenden Bezüge zu vergüten. (K. 53.) Die „Vergütung" der Bezüge wird auch in der Weise erfolgen können, daß die Anstalt die direkte Zahlung der Bezüge übernimmt.

5. Bezüglich der Anstellung der Beamten bei gemeinsamen Versicherungsanstalten vgl. § 64 Ziffer 1.

Zu Absatz 2.

6. Durch das Statut der Versicherungsanstalt kann bestimmt werden, daß dem Vorstande neben den Beamten noch andere Personen angehören sollen, also Arbeitgeber oder Versicherte oder sonstige Personen. Der Kreis der Personen, aus dem die nichtbeamteten Vorstandsmitglieder genommen werden können, ist unbeschränkt. Durch diese „anderen Personen" soll keineswegs eine Vertretung der Arbeitgeber und Versicherten geschaffen werden — diese Vertretung ist im Ausschusse vorgesehen (§ 48) — es sollte nur der Versicherungsanstalt das Recht beigelegt werden, in den Vorstand auch solche Personen aufzunehmen, von deren Theilnahme an den Vorstandsgeschäften sie einen Vortheil und Nutzen für die Erledigung ihrer Geschäfte erwarten darf (St. B. 1420), wie z. B. Aerzte,

Versicherungstechniker u. s. w. Doch kann auch vom Vorstande eine Vertretung der Arbeitgeber und Versicherten geschaffen werden vgl. Anm. 8. Es wird sich nun zunächst empfehlen, in den Vorstand nur eine solche Vertretung der Arbeitgeber und Versicherten hineinzunehmen, um die Bildung eines Aufsichtsraths zu vermeiden, (vgl. hierzu die Ausführungen in Anm. 1 zu § 51); Mit der Hinzuziehung anderer Personen, wie Aerzte und Versicherungstechniker, wird man gut thun zu warten, bis die gemachten Erfahrungen ein Bedürfniß hierzu festgestellt haben. Es ist hierbei zu bedenken, daß eine solche Erweiterung des Vorstandes möglicherweise eine unerwünschte Schwerfälligkeit desselben zur Folge haben kann und daß es vielleicht angezeigter erscheint, solche Personen nicht in den Vorstand zu nehmen, sondern als Beamte der Anstalt anzustellen.

Ueber die Zahl der dem Vorstande angehörenden nichtbeamteten Personen ob sie Vertreter der Versicherten und Arbeitgeber (vgl. Anm. 8), ob sie Aerzte u. s. w. sein sollen, über die Art ihrer Bestellung wird das Statut nähere Bestimmung treffen müssen.

7. Die nichtbeamteten Vorstandsmitglieder können besoldet oder unbesoldet sein. Sind sie besoldet, so hat der Ausschuß die Anstellungsbedingungen festzusetzen; doch kann diese Festsetzung durch das Statut auch dem Aufsichtsrath (§ 51) übertragen werden.

Die Bestimmung bezüglich der Besoldung der dem Vorstande angehörigen „anderen Personen" wird sich auf die Vertretung der Arbeitgeber und Versicherten nicht beziehen können.

Die unbesoldeten Vorstandsmitglieder verwalten ihr Amt als Ehrenamt und haben nur Anspruch auf Ersatz für baare Auslagen; die Arbeiter (Versicherten) haben außerdem Anspruch auf Ersatz für entgangenen Arbeitsverdienst. § 58. (M. 98.)

8. Wenn nach dem Statut dem Vorstande Vertreter der Arbeitgeber und Versicherten nicht angehören, sondern andere Personen (vgl. Anm. 6) oder überhaupt keine Vertreter, so muß ein Aufsichtsrath gebildet werden (§ 51), welcher aus Vertretern der Arbeitgeber und Versicherten zusammengesetzt ist.

9. Wird statutarisch die Bestellung nichtbeamteter Vorstandsmitglieder festgesetzt, so muß gleichzeitig das Statut Bestimmung treffen über die Art, in welcher die Beschlußfassung des Vorstandes und seine Vertretung nach außen erfolgen soll. (Vgl. Abs. 3 und § 54 Ziffer 4). Um Streitigkeiten über die geschäftliche Behandlung einzelner Angelegenheiten im Vorstande vorzubeugen. wird es sich empfehlen, wenn das Statut entweder die Geschäftsordnung des Vorstandes in ihren Grundzügen feststellt, oder die Feststellung einer solchen Geschäftsordnung dem Vorstande überläßt. (Vgl. hierzu Anm. 2 zu § 47.) Besteht der Vorstand nur aus Beamten, so hat die diesbezüglichen Festsetzungen die Anstellungsbehörde zu treffen. (Vgl. Anm 3a.)

Zu Absatz 3.

10. Vgl. § 54 Ziffer 4. Die Bestimmung wird die Möglichkeit gewähren, die Vertretung nach außen entweder nur durch ein Mitglied oder durch mehrere Mitglieder des Vorstandes erfolgen zu lassen. (M. 98.)

Ausschuß.

§ 48.

Für jede Versicherungsanstalt wird ein Ausschuß gebildet, welcher aus mindestens je fünf Vertretern der Arbeitgeber und der Versicherten besteht. Die Zahl der Vertreter wird bis zur Genehmigung des Statuts durch die Landes-Zentralbehörde, später durch das Statut bestimmt. Die Anzahl der Vertreter der Arbeitgeber und der Versicherten muß gleich sein. (1)

Diese Vertreter werden von den Vorständen der im Bezirke der Versicherungsanstalt vorhandenen Orts-, Betriebs- (Fabrik-), Bau- und Innungskrankenkassen, Knappschaftskassen, Seemannskassen und anderer zur Wahrung von Interessen der Seeleute bestimmter, obrigkeitlich genehmigter Vereinigungen von Seeleuten gewählt. Soweit die im § 1 bezeichneten Personen solchen Kassen nicht angehören, ist nach Bestimmung der Landesregierung den Vertretungen der weiteren Kommunalverbände oder den Verwaltungen der Gemeindekrankenversicherung beziehungsweise landesrechtlichen Einrichtungen ähnlicher Art eine der Zahl dieser Personen entsprechende Betheiligung an der Wahl einzuräumen. Soweit die Vorstände der bezeichneten Kassen und Vereinigungen aus Vertretern der Arbeitergeber und Vertretern der Arbeitnehmer zusammengesetzt sind, nehmen bei der Wahl die den Arbeitgebern angehörenden Mitglieder des Vorstandes nur an der Wahl der Vertreter der Arbeitgeber, die den Versicherten angehörenden Mitglieder des Vorstandes nur an der Wahl der Vertreter der Versicherten Theil. (2)

Zu Absatz 1.

1. Je weniger die laufenden Vorstandsgeschäfte für eine ehrenamtliche Wahrnehmung geeignet erscheinen, desto sorfältiger wird darauf Bedacht zu nehmen sein, den Betheiligten im Uebrigen diejenige wirksame Theilnahme an der Verwaltung der Versicherungsanstalten zu sichern, auf welche sie schon wegen ihrer Beiträge vollen Anspruch haben. Die Gesammtheit der Betheiligten kann, ohne organisirt zu sein, die ihrem Interesse entsprechende Mitwirkung an der Verwaltung nicht

füglich ausüben; sie wird daher durch einen aus ihrer Mitte gewählten Ausschuß vertreten. Der Ausschuß soll hiernach die Funktionen einer Generalversammlung der Interessenten wahrnehmen. (M. 99.)

2. Für die Zahl der in den Ausschuß zu wählenden Vertreter setzt das Gesetz nur eine untere Grenze fest. Da Arbeitgeber und Arbeitnehmer gleich hohe Beiträge entrichten, sollen sie auch an der Verwaltung in gleichem Verhältniß Theil nehmen. (M. 99.)

Die Anzahl der zu wählenden Vertreter der Arbeitgeber und der Versicherten muß also gleich sein. (Vgl. hierzu § 52.) Aber es ist nicht nothwendig, daß bei den Abstimmungen im Ausschusse — ebenso im Aufsichtsrath — immer die Zahl der Arbeitgeber und Versicherten gleich sei; eine diesbezügliche Bestimmung des Entwurfs ist abgelehnt worden.

Die Zahl der Vertreter wird durch das Statut festgesetzt; da aber das Statut wiederum vom Ausschuß beschlossen wird, so wird bis zur Genehmigung des Statuts die Zahl der Vertreter durch die Landeszentralbehörde bestimmt (vgl. Anm. 5), bei gemeinsamen Versicherungsanstalten, welche sich über das Gebiet mehrerer Bundesstaaten erstrecken, event. durch den Bundesrath (§ 64 Ziffer 2). Das Statut bestimmt auch über die Obliegenheiten und Befugnisse, sowie die Berufung des Ausschusses, über die Bestellung des Vorsitzenden desselben und über die Art der Beschlußfassung (§ 54 Ziffer 1). Bis zur Genehmigung des Statuts führt den Vorsitz im Ausschusse der Vorsitzende des Vorstandes (§ 57). Die Mitglieder des ersten Ausschusses, welche über das Statut berathen, erhalten für die Zeit der Theilnahme an den Berathungen besondere Vergütungen (§ 57 Abs. 2). Im Uebrigen verwalten die Mitglieder des Ausschusses ihr Amt als Ehrenamt und erhalten nur Ersatz für baare Auslagen, die Vertreter der Versicherten auch Ersatz für entgangenen Arbeitsverdienst (§ 58). Ueber diejenigen Angelegenheiten, welche dem Ausschusse vorbehalten werden müssen, trifft § 55 Bestimmung, vgl. auch Anm. 1 zu § 51.

Der Aufsichtsrath ist befugt die Berufung des Ausschusses zu verlangen (§ 51 Abs. 2).

Streitigkeiten, welche sich auf die Rechte und Pflichten des Ausschusses, sowie der Mitglieder desselben beziehen, entscheidet das Reichsversicherungsamt (§ 132); dasselbe kann auch die Mitglieder des Ausschusses zur Befolgung der gesetzlichen und statutarischen Bestimmungen durch Geldstrafen bis zu 1000 M. anhalten (§ 131 Abs. 3). Ausschußmitglieder, (Arbeitgeber), welche sich der Ausübung ihres Amts ohne hinreichende Entschuldigung entziehen, werden vom Vorstande mit Geldstrafen bis zu 1000 M. belegt (§ 60). Ueber die Ablehnung der Wahl zum Ausschußmitgliede vgl. § 60.

2a. Von der jedesmaligen Berufung des Ausschusses wird dem Staatskommissar Mittheilung zu machen sein (§ 62).

Zu Absatz 2.

3. Für die Wahl der Vertreter bieten die Vorstände der Krankenkassen, soweit die letzteren nicht, wie die eingeschriebenen Hülfskassen, ein Zusammenwirken von Arbeitgebern und Arbeitnehmern zur Lösung der sozialpolitischen Aufgaben verschmähen, geeignete Wahlkörper, indem die aus dem Stande der Arbeitgeber bestellten Vorstandsmitglieder der Krankenkassen die Vertreter der Arbeitgeber, die aus dem Stande der Arbeitnehmer gewählten Vorstandsmitglieder dagegen die Vertreter der Arbeitnehmer für den Ausschuß zu wählen haben (vgl. Anm. 3a). Da jedoch in den Versicherungsanstalten auch Seeleute versichert sind, für welche besondere Kasseneinrichtungen bestehen, so müssen jenen Kassenvorständen bei der Wahl die Seemannskassen und andere, zur Wahrung von Interessen der Seeleute bestimmte, obrigkeitlich genehmigte Vereinigungen von Seeleuten, welchen auch im See-Unfallversicherungsgesetz vom 13. Juli 1887 (Reichs-Gesetzbl. S. 329) bei Wahlen gleiche Befugnisse wie den Ortskrankenkassen ꝛc. beigelegt sind, hinzutreten. Allerdings fallen unter das vorliegende Gesetz auch zahlreiche Personen, welche keiner organisirten Krankenkasse, sondern nur der Gemeindekrankenversicherung oder einer dieser ähnlichen landesrechtlichen Einrichtung angehören, aber auch solche Personen, insbesondere aus der Land- und Forstwirthschaft, welche gegen Krankheit überhaupt nicht versichert sind. Auch diesen Personen sowie ihren Arbeitgebern kann eine Vertretung bei den Wahlen für den Ausschuß der Versicherungsanstalt schon wegen ihrer großen Zahl nicht vorenthalten werden. Es sollen für diese Personen sowie für die Mitglieder der freien Hülfskassen die Vertretungen der weiteren Kommunalverbände oder nach Bestimmung der Landesregierung die Verwaltungen der Gemeindekrankenversicherung ꝛc. an der Wahl betheiligt werden. Da die Vorstände der Seemannskassen, die Vertretungen der weiteren Kommunalverbände und die Verwaltungen der Gemeindekrankenversicherung ꝛc. eine dem Krankenversicherungsgesetz entsprechende Zusammensetzung aus Arbeitgebern und Arbeitnehmern nicht aufweisen, so werden dieselben sowohl an der Wahl der Arbeitgeber wie an der Wahl der Arbeitnehmer für den Ausschuß Theil zu nehmen haben (vgl. Anm. 3a). Bei der Bemessung des Stimmverhältnisses der einzelnen Wahlkörper, insbesondere des Verhältnisses der den Vertretungen der weiteren Kommunalverbände beziehungsweise der Verwaltungen der Gemeindekrankenversicherung einerseits und den Vorständen der wahlberechtigten Krankenkassen andererseits einzuräumenden Stimmen, wird zweckmäßig die Zahl der von den betreffenden Wahlkörpern vertretenen Personen maßgebend sein, welche sich an der Hand der Berufsstatistik in Verbindung mit den Aufzeichnungen der Krankenkassen ohne besondere Schwierigkeit überschläglich wird ermitteln lassen. (M. 99.)

3a. Ist statutenmäßig der Kassenvorstand aus Arbeitgebern und Arbeitnehmern zusammengesetzt, fehlt es aber thatsächlich im Kassenvorstande an Arbeitnehmern oder Arbeitgebern oder überhaupt an einem Vorstande, oder will der letztere von seinem Wahlrecht keinen Gebrauch machen, so ruht die Wahlberechtigung für den betreffenden Theil des Vorstandes bezw. für die Kasse. Es ist nicht zulässig, daß die Aufsichtsbehörde, welche in Gemäßheit des § 45 des Krankenversicherungsgesetzes die Befugnisse und Obliegenheiten des Vorstandes einer Ortskrankenkasse wahrnimmt, die Wahl vornimmt. (Vgl. Entsch. des R. V. A. II, 106. Freund, S. 194 Anm. 1.)

4. Wenn das Gesetz von den in dem Bezirk einer Versicherungsanstalt „vorhandenen" Krankenkassen ꝛc. spricht, so sind darunter natürlich diejenigen Kassen gemeint, welche in den betreffenden Bezirken ihren Sitz haben. (M. 100.)

Unter den Innungs-Krankenkassen sind nur die dem § 73 des Krankenversicherungsgesetzes genügenden zu verstehen.

4a. Welche Vertretungen als „Vertretungen der weiteren Kommunalverbände" im Sinne des § 48 zu gelten haben, bestimmen die Landeszentralbehörden (§ 138).

5. Die Wahlperiode beträgt 5 Jahre (§ 49 Abs. 3). Also auch der erste Ausschuß, dessen Vertreterzahl von der Landeszentralbehörde bestimmt wird (vgl. Anm. 2), fungirt fünf Jahre und hat nicht, wie bei der Unfallversicherung, nur den Charakter eines vorläufigen konstituirenden Ausschusses, dessen Funktionen erlöschen, sobald das Statut beschlossen und auf Grund desselben ein neuer Ausschuß gewählt worden ist. (M. 100.) Ebenso Bosse—v. Woedtke II S. 28.

§ 49.

(1) Die Wahl der Vertreter erfolgt nach näherer Bestimmung einer Wahlordnung, welche von der Landes-Zentralbehörde oder der von dieser bestimmten Behörde zu erlassen ist, unter Leitung eines Beauftragten dieser Behörde.

(2) Für jeden Vertreter sind ein erster und zweiter Ersatzmann zu wählen, welche denselben in Behinderungsfällen zu ersetzen und im Falle des Ausscheidens für den Rest der Wahlperiode in der Reihenfolge ihrer Wahl einzutreten haben.

(3) Die Wahl erfolgt auf fünf Jahre. Die Ausscheidenden können wiedergewählt werden.

(4) Streitigkeiten über die Wahlen werden von derjenigen Behörde entschieden, welche die Wahlordnung erlassen hat.

Zu Absatz 1.

1. Die näheren Vorschriften über die Ausführung der Wahlen müssen ähnlich wie bei der Wahl der Vertreter der Arbeiter für die Unfallversicherung, durch Wahlordnungen getroffen werden. Bei der Verschiedenheit der in Betracht kommenden Verhältnisse wird der Erlaß dieser Wahlordnung zweckmäßig

den Landes-Zentralbehörden übertragen, sofern diese es nicht vorziehen, andere Behörden mit dieser Aufgabe zu betrauen. (M. 100.)

Erstreckt sich der Bezirk der Versicherungsanstalt über mehrere Bundesstaaten, so wird die Wahlordnung vom Reichsversicherungsamt erlassen. (§ 64 Ziffer 3.)

Zu Absatz 3.]

2. Um zu häufige Wiederholungen der Wahlen zu vermeiden, erweitert das Gesetz die in den Unfallversicherungsgesetzen für die Vertreter der Arbeiter auf nur vier Jahre festgesetzte Wahlperiode auf fünf Jahre und nimmt außerdem von der in jenen Gesetzen gegebenen Vorschrift Abstand, daß nach Ablauf der halben Wahlperiode die Hälfte der Gewählten ausscheiden und für dieselbe neue Wahlen ausgeschrieben werden sollen. In Folge der letzteren Vorschrift müssen bei der Unfallversicherung thatsächlich alle zwei Jahre Wahlen stattfinden. Für den Geltungsbereich des vorliegenden Gesetzes liegt ein Bedürfniß zu einer ähnlichen Anordnung nicht vor. (M. 100.)

Es scheiden hiernach am Schlusse der Wahlperiode sämmtliche Vertreter und Ersatzmänner aus. Der Beginn der Wahlperiode ist in Preußen auf den 1. Juli 1890 festgesetzt worden, so daß die Neuwahl zum 1. Juli 1895 zu erfolgen hat. Die Ausscheidenden können wiedergewählt werden. Die Wiederwahl kann für eine Wahlperiode abgelehnt werden. (§ 60 Abs. 2.)

Die Vorschrift des Absatz 3 findet auch schon Anwendung für den ersten Ausschuß, dessen Vertreterzahl von der Landeszentralbehörde bestimmt wird. Vgl. Anm. 5 zu § 48.

§ 50.

Wählbar zu Vertretern sind nur deutsche, männliche, großjährige, im Bezirke der Versicherungsanstalt wohnende Personen, welche sich im Besitz der bürgerlichen Ehrenrechte befinden und nicht durch richterliche Anordnung in der Verfügung über ihr Vermögen beschränkt sind. (1)

Wählbar zu Vertretern der Arbeitgeber sind nur die Arbeitgeber der nach Maßgabe dieses Gesetzes versicherten Personen und die bevollmächtigten Leiter ihrer Betriebe, zu Vertretern der Versicherten die auf Grund dieses Gesetzes versicherten Personen. (2)

Zu Absatz 1.

1. Die Bedingungen für die Wählbarkeit müssen nicht nur bei der Wahl, sondern während der ganzen Wahlperiode vorhanden sein. Fällt also später auch nur eine dieser Bedingungen weg, so erlischt auch das Mandat. Mit Recht heben Bosse—v. Woedtke I S. 24 hierbei hervor, daß versicherungspflichtige Personen, welche aus ihrer die Versicherungspflicht begründenden Beschäftigung ausscheiden, so lange als „Versicherte“ zu gelten haben, bis ihre Anwartschaft gemäß § 32 erloschen ist.

Zu Absatz 2.

1a. Versicherte Personen, versicherungspflichtige (s. Anm. 1) bezw. die Versicherung freiwillig fortsetzende und selbstversicherte Personen. Vgl. jedoch § 52.

2. Wer als „Leiter" eines Betriebes anzusehen sei, wird im konkreten Fall nach den bestehenden dienstlichen Verhältnissen zu beurtheilen sein. Im Allgemeinen ist der Begriff nicht zu enge zu fassen; Leiter ist nicht allein derjenige, welcher die Geschäftsführung in dem versicherungspflichtigen Betriebe ausschließlich besorgt, sondern auch, wer mit anderen an der oberen Geschäftsführung theilnimmt. Der dem kaufmännischen Betriebe vorstehende Prokurist kann hiernach in der Regel als „Leiter" gelten, weil auch bei weitgehender Scheidung des kaufmännischen und des technischen Theils eines Betriebes immerhin die Leitung des einen Theils in den des andern mit eingreift. Dagegen sind Mitglieder des Aufsichtsraths einer Aktiengesellschaft als solche weder Leiter, noch selbstständige Vertreter des Unternehmens, da ihnen gesetzlich untersagt ist die Geschäfte der Gesellschaft zu führen. Art 225a des H. G. B. (vgl. Entsch. des R. V. A. I, 21 vgl. auch ibid. I, 47, Freund S. 123 Anm. 6 und 7). Leiter eines Betriebes ist, wer eine derartige Stellung einnimmt, daß seine Entscheidungen für die Gesammtrichtung des Betriebes ganz oder theilweise bestimmend sind" (Rosin S. 239).

3. Ueber die Ablehnung von Wahlen vgl. § 60.

Weitere Organe.

§ 51.

(1) Durch das Statut kann die Bildung eines Aufsichtsraths angeordnet werden. Ein Aufsichtsrath muß gebildet werden, wenn nach dem Statut dem Vorstande Vertreter der Arbeitgeber und Versicherten nicht angehören. Der Aufsichtsrath hat die Geschäftsführung des Vorstandes zu überwachen und die ihm durch das Statut außerdem übertragenen Obliegenheiten zu erfüllen.

(2) Wird ein Aufsichtsrath gebildet, so müssen die Mitglieder desselben den Anforderungen des § 50 genügen. Die Anzahl der Vertreter der Arbeitgeber und der Versicherten muß gleich sein. Der Aufsichtsrath ist befugt, die Berufung des Ausschusses zu verlangen, sobald ihm dies im Interesse der Versicherungsanstalt erforderlich erscheint.

(3) Als örtliche Organe der Versicherungsanstalt werden Vertrauensmänner aus dem Kreise der Arbeitgeber und der Versicherten bestellt.

(4) Die Mitglieder des Aufsichtsraths und die Vertrauensmänner dürfen nicht Mitglieder des Vorstandes sein.

Zu Absatz 1.

1. Das Gesetz beschränkt sich darauf, die Bildung eines besonderen Aufsichtsraths durch das Statut *fakultativ* zuzulassen.

Obligatorisch ist die Bildung des Aufsichtsraths nur in dem Falle, daß nach dem Statut dem Vorstande Vertreter der Arbeitgeber und Versicherten nicht angehören. Vgl. Anm. 6 und 8 zu § 47. Die Bildung eines Aufsichtsraths erscheint nicht empfehlenswerth, und man wird gut thun, der obligatorischen Bildung eines Aufsichtsraths dadurch aus dem Wege zu gehen, daß man in den Vorstand Vertreter der Arbeitgeber und Versicherten hineinnimmt (vgl. Anm. 6 zu § 47). Die Errichtung eines besonderen Organs zur „Ueberwachung der Geschäftsführung des Vorstandes" kann umsomehr geeignet sein, zu Mißhelligkeiten zu führen, als die eigentliche Geschäftsleitung des Vorstandes in den Händen von höheren Staats- bzw. Kommunalbeamten liegt. Es genügt vollkommen, wenn diese Ueberwachung durch den Ausschuß geschieht, wie dies gemäß § 55 Ziffer 5 für den Fall, daß ein Aufsichtsrath nicht gebildet wird, vorgesehen ist. Daß die nothwendig werdende „Vertretung der Arbeitgeber und Versicherten" im Vorstande „störend" sein sollte, ist kaum anzunehmen; im Gegentheil wird die unmittelbare Vertretung der Interessen der Arbeitgeber und Versicherten im Vorstande den bureaukratischen Charakter der Verwaltung mildern und dadurch zu einer gedeihlichen Entwickelung der Versicherungsanstalt wesentlich beitragen. *Allerdings muß vermieden werden, daß diese „Vertretung" durch die Anzahl ihrer Mitglieder gegenüber der Zahl der beamteten Vorstandsmitglieder das Uebergewicht erhält.*

2. Sofern ein Aufsichtsrath zu errichten ist, bieten für die statutarische Regelung der demselben zufallenden Obliegenheiten und Befugnisse (§ 54 Ziffer 2) die bezüglich der Rechte und Pflichten des Aufsichtsraths der *Aktiengesellschaften* geltenden gesetzlichen Bestimmungen einen geeigneten Anhalt. Diesen letzteren ist auch die im Absatz 2 enthaltene Bestimmung nachgebildet, wonach der Aufsichtsrath befugt sein soll, die Berufung des Ausschusses zu verlangen, sobald ihm dies im Interesse der Anstalt erforderlich scheint (M. 101.)

Gemäß § 47 Abs. 2 kann dem Aufsichtsrath die Festsetzung der Anstellungsbedingungen für die besoldeten nichtbeamteten Vorstandsmitglieder übertragen werden.

3. Die Mitglieder des Aufsichtsraths verwalten ihr Amt als *Ehrenamt* und erhalten Ersatz für baare Auslagen, die Versicherten auch für entgangenen Arbeitsverdienst. (§ 58.)

4. Bei *Abstimmungen* im Aufsichtsrath giebt bei Stimmengleichheit die Stimme des Vorsitzenden den Ausschlag. (§ 53.)

Zu Absatz 2.

5. Die Zahl der Mitglieder des Aufsichtsraths wird durch das Statut bestimmt. (§ 54 Ziffer 2.) Die Anzahl der Vertreter der Arbeitgeber und Versicherten muß gleich sein; diese Vorschrift bezieht sich aber nicht auf die Abstimmungen im Aufsichtsrath. Vgl. Anm. 2 zu § 48.

6. Ueber die Befugniß zur Berufung des Ausschusses vgl. oben Anm. 2.

Zu Absatz 3.

7. Die Bestellung von Vertrauensmännern ist obligatorisch: das Statut muß über dieselbe Bestimmung treffen (§ 54 Ziffer 3).

Bei der großen Ausdehnung der Versicherungsanstalt ist die Einsetzung von Vertrauensmännern von größter Wichtigkeit, und es wird den Versicherungsanstalten zu empfehlen sein, die Bestellung in möglichst großer Zahl erfolgen zu lassen. (vgl. jedoch unten.) Es werden möglichst kleine Bezirke der Vertrauensmänner zu bilden und für jeden Bezirk mindestens zwei Vertrauensmänner, je ein Arbeitgeber und ein Versicherter zu bestellen sein. Werden mehr Vertrauensmänner bestellt, so ist es nicht gerade nothwendig, daß hierbei die Anzahl der Arbeitgeber und Versicherten gleich sei; es wird dies von den lokalen Verhältnissen abhängen. (St. B. 1652.) Auch am Sitze der Versicherungsanstalt müssen Vertrauensmänner bestellt werden. Die Hauptaufgaben der Vertrauensmänner sind: Prüfung von Anträgen auf Bewilligung von Renten (§ 75 Abs. 1), Kontrole der Rentenempfänger und der Beitragserhebung (M. 101). Ueber vorschußweise Rentenzahlungen durch die Vertrauensmännner vgl. Anm. 4 zu § 91. Ueber einen anderen Fall der Mitwirkung der Vertrauensmänner vgl. Anm. 5 zu § 12 unter c. Die näheren Bestimmungen über ihre Obliegenheiten und Befugnisse, sowie über die Art ihrer Bestellung, die Abgrenzung der Bezirke u. s. w. werden im Statute zu treffen sein. (§ 54 Ziffer 3.) Die Bestimmungen über Obliegenheiten und Befugnisse können auch einer besonderen Dienstanweisung vorbehalten werden, welche der Genehmigung des R.-V.-A. bedürfen wird.) Hierbei mag beachtet werden, daß es nicht unzulässig erscheint, das Amt eines Kontrol-Beamten (vgl. § 126) mit der Funktion eines Vertrauensmannes zu verbinden. (vgl. § 7 Abs. 2 des im Anhange abgedruckten Normalstatuts.) Die Thätigkeit der Vertrauensmänner wird mit der Zeit sehr erheblich wachsen, mit ihr sind die wichtigsten Interessen der Anstalt verknüpft, und wegen der großen territorialen Ausdehnung der Anstalt wird das Amt zu einem sehr verantwortungsvollen, das die volle Hingabe von durchaus zuverlässigen Personnen erheischt. Hiernach dürfte unter Umständen die Verbindung des unbesoldeten Ehrenamts mit dem besoldeten Amt durchaus empfehlenswerth sein. Wo diese Verbindung besonderer Umstände wegen nicht angängig oder rathsam erscheint, dürfte dann zu erwägen sein, ob nicht die Thätigkeit der Vertrauensmänner auf ihre obligatorische Funktion (§ 75 Abs. 1) zu beschränken ist und im Uebrigen besoldete Kontrolbeamte als örtliche Organe der Anstalt zu bestellen sind (vgl. Anm. 5 zu § 54).

8. Aus den Kreisen der Versicherten; vgl. § 52.

Zu Absatz 4.

9. Die Vorschrift, daß die Mitglieder des Aufsichtsraths und die Vertrauensmänner nicht Mitglieder des Vorstandes sein dürfen, bezweckt, durch Verhütung von Kollisionen der Interessen die Vertrauenswürdigkeit und Unparteilichkeit dieser Organe sicherzustellen. (M. 101.)

10. Als Organe der Versicherungsanstalt können auch die Krankenkassen in Betracht kommen. (Vgl. Anm. 4 zu § 108.)

11. Streitigkeiten, welche sich auf die Rechte und Pflichten der Organe der Versicherungsanstalten, sowie der Mitglieder dieser Organe beziehen, entscheidet das Reichsversicherungsamt. (§ 132.) Dasselbe kann auch die Organe der Versicherungsanstalt zur Befolgung der gesetzlichen und statutarischen Vorschriften durch Geldstrafen bis zu 1000 M. anhalten. (§ 131 Abs. 3.) Aufsichtsrathsmitglieder und Vertrauensmänner (Arbeitgeber), welche sich der Ausübung ihres Amtes ohne hinreichende Entschuldigung entziehen, werden vom Vorstande mit Geldstrafe bis zu 1000 Mk. belegt (§ 60). Ueber die Ablehnung von Wahlen vgl. § 60.

§ 52.

Diejenigen Versicherten (§§ 1, 2, 8, 117), welche als Arbeitgeber versicherungspflichtige Personen nicht blos vorübergehend beschäftigen, werden hinsichtlich der Bildung des Ausschusses, des Aufsichtsraths und des Schiedsgerichts, sowie hinsichtlich der Bestellung als Vertrauensmänner der Klasse der Arbeitgeber zugerechnet.

Zu § 52.

1. Das Gesetz enthält die Bestimmung, daß bei der Zusammensetzung des Ausschusses (§ 48) und des Aufsichtsraths (§ 51 Abs. 2) die Anzahl der Vertreter der Arbeitgeber und Versicherten gleich sein muß. Die Bestimmung hat offenbar den Zweck, die Parität zwischen Arbeitgebern und Versicherten zu wahren. Nun sind aber unter „Versicherte" nicht nur zu verstehen die versicherungspflichtigen Arbeiter, sondern auch die etwa gemäß § 2 versicherungspflichtigen bezw. nach § 8 selbstversicherten oder gemäß § 117 die Beiträge freiwillig fortzahlenden Arbeitgeber. Auch die gemäß § 1 versicherungspflichtigen Personen können gleichzeitig Arbeitgeber sein, z. B. Handlungsgehülfen, Betriebsbeamte, welche einen Dienstboten beschäftigen. Hiernach könnte sehr leicht der Zweck der oben erwähnten Bestimmung vereitelt werden und um dies zu verhüten, bestimmt der § 52, daß die erwähnten versicherten Arbeitgeber, soweit sie selbst versicherungspflichtige Personen nicht blos vorübergehend beschäftigen, hinsichtlich der Bildung des Ausschusses u. s. w., nicht den „Versicherten, sondern den „Arbeitgebern" zuzurechnen sind. (St. B. 1944.) Namentlich bei der Wahl der Beisitzer zum Schiedsgericht (vgl. § 71) wird die Bestimmung des § 52 zu beachten sein, damit nicht eine Handhabe für die Anfechtung der schiedsgerichtlichen Entscheidung (vgl. § 74 Abs. 3) gegeben wird.

2. Nicht blos vorübergehend; wenn z. B. Jemand zur Aushülfe für seine kranke Ehefrau einen Dienstboten annimmt, während er sonst keine Dienstboten hält, ebenso wenn Jemand nur eine Amme für sein neugebornes Kind annimmt, so liegt eine nur vorübergehende Beschäftigung versicherungspflichtiger Personen vor.

Abstimmung.

§ 53.

Bei Abstimmungen des Ausschusses und des Aufsichtsraths giebt im Falle der Stimmengleichheit die Stimme des Vorsitzenden den Ausschlag.

Zu § 53.

1. Mit der Bestimmung des § 53 folgt das Gesetz dem für kollegiale Abstimmungen allgemein üblichen Wege. Dieser Weg ist auch hier unbedenklich erschienen, weil der Vorsitzende kraft seiner Geschäftsführung und der dabei gewonnenen Kenntniß der Verwaltung die Vermuthung für sich hat, daß er in zweifelhaften Fragen das Interesse der Versicherungsanstalt am besten wahrnehmen werde (M. 102). Daß bei den Abstimmungen die Zahl der Arbeitgeber und Versicherten gleich sei, ist nicht nothwendig. (Vgl. Anm. 2 zu § 48.)

2. Die Bestimmung des § 53 soll nur für den Ausschuß und den Aufsichtsrath gelten, also nicht für den Vorstand; jedoch steht Nichts im Wege, diese Bestimmung durch die Geschäftsordnung auch für die Abstimmung im Vorstande einzuführen. (Vgl. Bosse — v. Woedtke II S. 32).

Statut.

§ 54.

Für jede Versicherungsanstalt ist ein Statut zu errichten, welches von dem Ausschusse beschlossen wird. Dasselbe muß Bestimmung treffen:

1. über die Zahl der Mitglieder, die Obliegenheiten und Befugnisse sowie die Berufung des Ausschusses, über die Bestellung des Vorsitzenden desselben und über die Art der Beschlußfassung;
2. für den Fall der Bestellung eines Aufsichtsraths (§ 51) über die Art seiner Bestellung, die Zahl seiner Mitglieder, seine Obliegenheiten und Befugnisse;
3. über die Art der Bestellung der Vertrauensmänner (§ 51 Absatz 3) sowie über ihre Obliegenheiten und Befugnisse;

4. über die Form, in welcher der Vorstand seine Willenserklärungen kundzugeben und für die Versicherungsanstalt zu zeichnen hat, sowie für den Fall, daß dem Vorstande neben dem im § 47 Absatz 1 bezeichneten Beamten noch andere Personen angehören sollen (§ 47 Absatz 2), über die Art, in welcher die Beschlußfassung des Vorstandes und seine Vertretung nach außen erfolgen soll;
5. über die Vertretung der Versicherungsanstalt gegenüber dem Vorstande (§ 46 Absatz 3);
6. über die Zahl der Schiedsgerichtsbeisitzer;
7. über die Höhe der nach §§ 47 Absatz 2 und 58 zu gewährenden Vergütungen;
8. über die Aufstellung und Abnahme der Jahresrechnung, soweit hierüber nicht von der Landes-Zentralbehörde Bestimmungen getroffen werden;
9. über die Veröffentlichung der Rechnungsabschlüsse;
10. über die öffentlichen Blätter, durch welche Bekanntmachungen zu erfolgen haben;
11. über die Voraussetzungen einer Abänderung des Statuts.

Zu § 54.

1. In Uebereinstimmung mit den Bestimmungen der Unfallversicherungsgesetze über die Verwaltung der Berufsgenossenschaften gewährt das Gesetz den Versicherungsanstalten bei Einrichtung ihrer Verwaltung möglichste Freiheit. Diesem Grundsatze entspricht es, daß bindende, gesetzliche Bestimmungen über die Verwaltung auf das geringste Maß beschränkt werden, die weitere Ausgestaltung der inneren Angelegenheiten vielmehr der Regelung durch ein Statut überlassen wird, welches durch Vertreter der Betheiligten selbst zu vereinbaren ist und nur der behördlichen Genehmigung bedarf.

Besondere gesetzliche Vorschriften über den nothwendigen Inhalt des Verbandsstatuts sind zur Wahrung des öffentlichen Interesses an einer zweckentsprechenden Organisation und Verwaltung der Versicherungsanstalten unentbehrlich. Die diesem Bedürfniß Rechnung tragenden Bestimmungen des Gesetzes sind analogen Vorschriften älterer Gesetze, in der Hauptsache den für das Statut der Berufsgenossenschaften geltenden Vorschriften, mit denjenigen Abänderungen nachgebildet, welche durch das Bedürfniß der Versicherungsanstalten und die besonderen Bestimmungen des vorliegenden Gesetzes geboten waren. (M. 102.)

1a. Vgl. die in der Anlage abgedruckten „Vorschläge“ für die Aufstellung von Statuten.

2. Das Statut wird von dem Ausschuß beschlossen und zwar von dem ersten Ausschusse, der auch nach Genehmigung des Statuts weiter bis zum Ablauf der Wahlperiode in Funktion bleibt, vgl. Anm. 5 zu § 48. Für die Theilnahme an den Statutenberathungen erhalten die Mitglieder besondere Vergütungen (§ 57 Abs. 2).

3. Zu Ziffer 1. Die Zahl der Mitglieder des Ausschusses muß mindestens 10 betragen; die Anzahl der Vertreter der Arbeitgeber und der Versicherten muß gleich sein (§ 48). Der Ausschuß darf nicht zu umfangreich sein, wenn anders die Berathungen desselben fruchtbringend sein sollen; es ist auch zu bedenken, daß mit der Anzahl der Mitglieder die Kosten an Ersatz für baare Auslagen bezw. für entgangenen Arbeitsverdienst (§ 58) wachsen. Die Zahl der Ausschuß-Mitglieder wird bis zur Genehmigung des Statuts gemäß § 48 Abs. 1 durch die Landeszentralbehörde festgesetzt. Durch das Statut kann also diese Zahl vergrößert oder verkleinert werden. Es fragt sich nun: findet die Statuten-Bestimmung, welche die Zahl der Ausschußmitglieder anderweitig normirt, schon auf den bereits gewählten ersten Ausschuß Anwendung? Allerdings bestimmt der § 48 Abs. 1, daß die Zahl der Vertreter durch die Landeszentralbehörde „bis zur Genehmigung des Statuts“ festgesetzt ist; daraus könnte man folgern, daß nach erfolgter Genehmigung des Statuts die nunmehr festgesetzte Zahl zu gelten hat. Andererseits findet aber die Vorschrift des § 49 Abs. 3, wonach die Ausschuß Mitglieder auf fünf Jahre gewählt werden, auch auf den ersten Ausschuß Anwendung (vgl. Anm. 5 zu § 48) und ich möchte mich daher der Ansicht von Bosse — v. Woedtke II S. 34 anschließen, daß die statutarisch etwa anderweit normirte Zahl der Ausschußmitglieder erst nach Ablauf der Wahlzeit des ersten Ausschusses Berücksichtigung finden kann.

Der für die statutarische Abgrenzung der Obliegenheiten des Ausschusses gegebene weite Spielraum bedarf insoweit einer Einschränkung, als einzelne Geschäfte wegen ihrer grundlegenden Bedeutung dem Ausschusse niemals entzogen werden dürfen. Vgl. § 55 und die Anm. daselbst. (M. 102.) Bis zur Genehmigung des Statuts führt den Vorsitz im Ausschusse der Vorsitzende des Vorstands. (§ 57 Abs. 1.) Ueber die Berufung des Ausschusses vgl. auch Anm. 1a zu § 57.

4. Zu Ziffer 2. Die Bestellung eines Aufsichtsraths ist fakultativ und nur in einem bestimmten Falle obligatorisch. Vgl. Anm. zu § 52. Die Zahl der Mitglieder des Aufsichtsraths wird jedenfalls kleiner sein müssen, als die der Mitglieder des Ausschusses. Einen Maßstab wird man an den Aufsichtsräthen der Aktiengesellschaften finden, vgl. Anm. 2 zu § 51. Die Anzahl der Vertreter der Versicherten und Arbeitgeber muß gleich sein. (§ 51 Abs. 2.)

Nach § 47 Abs. 2 kann dem Aufsichtsrath die Festsetzung der Anstellungsbedingungen für die besoldeten nichtbeamteten Vorstandsmitglieder übertragen werden.

Vgl. im Uebrigen die Anmerkungen zu § 51 Abs. 1 und 2.

5. Zu Ziffer 3 vgl. Anm. 7 zu § 51. Es wird sich empfehlen, über die Obliegenheiten und Befugnisse der Vertrauensmänner zunächst nicht zu detaillirte Bestimmungen zu treffen, damit dem Vorstande bei der Vertheilung der diesbezüglichen Geschäfte unter die Vertrauensmänner und die besoldeten Kontrolbeamten (vgl. den Schluß der Anm. 7 zu § 51) nicht zu sehr die Hände gebunden sind.

Die Berliner Versicherungsanstalt hat folgende Statuten-Bestimmung aufgenommen:

„Den Vertrauensmännern liegt nach Maßgabe der nach §§ 9 Ziffer 2 und 16 (des Statuts) zu erlassenden Dienstanweisung ob:

1. Die gutachtliche Aeußerung über Anträge auf Bewilligung von Invalidenrente sowie über Entziehung derselben.
2. Diejenigen Aufgaben, welche ihnen vom Vorstande nach Maßgabe der Dienstanweisung zugewiesen werden."

Die Dienstanweisung wird vom Ausschusse festgesetzt und bedarf der Genehmigung des Reichsversicherungsamts.

6. Zu Ziffer 4 vgl. Anm. 2 und 10 zu § 47.

7. Zu Ziffer 5. vgl. Anm. 4 zu § 46.

8. Zu Ziffer 6. Die Zahl der Schiedsgerichtsbeisitzer beträgt mindestens vier (§ 71 Abs. 1): die Zahl der Arbeitgeber und Versicherten muß gleich sein (§ 71, Abs. 3). Durch das Statut können auch Bestimmungen über die Reihenfolge, in welcher die Beisitzer zu den Verhandlungen zuzuziehen sind, getroffen werden (§ 74, Abs. 1).

9. Zu Ziffer 7. Die Festsetzung der Anstellungsbedingungen kann statutarisch dem Aufsichtsrath übertragen werden (§ 47, Abs. 2). Es empfiehlt sich die Aufnahme der Bestimmung in das Statut, daß der Vorstand mit den betr. Personen als Ersatz für baare Auslagen sowie für entgangenen Arbeitsverdienst Pauschalsätze vereinbaren kann.

10. Zu Ziffer 8. Die in Ziffer 8 vorgesehenen statutarischen Anordnungen über die Aufstellung und Abnahme (Entlastung) der Jahresrechnung sind unabhängig von der durch § 55 angeordneten Verpflichtung des Ausschusses seinerseits die Jahresrechnung zu prüfen, und von der daraus sich ergebenden Berechtigung, Erinnerungen gegen dieselbe aufzustellen. Ebensowenig ändern die erwähnten statutarischen Vorschriften etwas an der durch § 130, Abs. 2 vorgeschriebenen Aufgabe des Reichs-Versicherungsamts, über die Art und Form der Rechnungsführung Bestimmung zu treffen. (Vgl. hierzu §§ 11 und 15 der in der Anlage abgedruckten Vorschriften über die Rechnungsführung, sowie Ziffer 5 des dazu gehörigen Rundschreibens.) In Anbetracht des Interesses aber, welches die Landesregierungen an einer geordneten Verwaltung der in ihren Bezirken bestehenden Versicherungsanstalten haben, wird zunächst den Landesregierungen in Ziffer 8 die Befugniß eingeräumt, über die Aufstellung und Abnahme der Jahresrechnung Bestimmung zu treffen. Nur insoweit als die Landesregierungen von dieser Befugniß keinen Gebrauch machen, bedarf es zur Ergänzung

der dann vorhandenen Lücke einer entsprechenden statutarischen Vorschrift. (M. 102.) Der Erlaß der Bestimmungen erfolgt bei gemeinsamen Versicherungsanstalten durch die Regierung desjenigen Bundesstaates, in welchem sich der Sitz der Versicherungsanstalt befindet (§ 64, Ziffer 4).

11. Durch das Statut kann geregelt werden:

a. Die Entrichtung der Beiträge durch Versicherte, welche nicht in einem regelmäßigen Arbeitsverhältnisse zu einem bestimmten Arbeitgeber stehen (§ 111).

b. Die Einziehung der Beiträge durch Krankenkassen oder die Gemeindebehörden oder andere Stellen (§ 112), und hiemit zusammenhängend die Ausstellung und der Umtausch der Quittungskarten, sowie die Einziehung der Beiträge von vorübergehend beschäftigten Personen (§ 113).

c. Die Erhöhung des Reservefonds bis zur doppelten Höhe des gesetzlichen Betrages. (§ 21 Abs. 2.)

12. Streitigkeiten, welche sich auf die Auslegung des Statuts beziehen, entscheidet das Reichsversicherungsamt (§ 132).

§ 55.

Dem Ausschusse müssen vorbehalten werden:

1. die Wahl der Beisitzer der Schiedsgerichte;
2. die Prüfung der Jahresrechnung und die Aufstellung von Erinnerungen gegen dieselbe;
3. die Beschlußfassung über die Bildung von Rückversicherungsverbänden (§ 65);
4. die Abänderung des Statuts;
5. falls ein Aufsichtsrath nicht gebildet worden ist, die Ueberwachung der Geschäftsführung des Vorstandes.

Zu § 55.

Ueber sonstige ausschließliche Zuständigkeiten des Ausschusses vgl. §§ 66, 97, 98. Es empfiehlt sich, die Zuständigkeit des Ausschusses nicht allzusehr zu erweitern, damit dem Vorstand diejenige Aktionsfreiheit gewahrt bleibt, deren er zur Durchführung gerade dieses Gesetzes dringend bedarf.

§ 56.

(1) Das Statut bedarf zu seiner Gültigkeit der Genehmigung des Reichs-Versicherungsamtes. Dem letzteren sind die von dem Ausschusse über das Statut gefaßten Beschlüsse mit den Protokollen durch den Vorstand binnen einer Woche einzureichen.

Gegen die Entscheidung des Reichs-Versicherungsamts, durch welche die Genehmigung versagt wird, findet binnen einer Frist von vier Wochen, vom Tage der Zustellung an den Vorstand ab, die Beschwerde an den Bundesrath statt. (2)

Wird innerhalb dieser Frist Beschwerde nicht eingelegt, oder wird die Versagung der Genehmigung des Statuts vom Bundesrath aufrecht erhalten, so hat das Reichs-Versicherungsamt innerhalb vier Wochen eine abermalige Beschlußfassung anzuordnen. Wird auch dem anderweit beschlossenen Statut die Genehmigung endgültig versagt, oder kommt ein Beschluß des Ausschusses über das Statut nicht zu Stande, so wird ein solches vom Reichs-Versicherungsamt erlassen. Im letzteren Falle hat das Reichs-Versicherungsamt auf Kosten der Versicherungsanstalt die zur Ausführung des Statuts erforderlichen Anordnungen zu treffen. (3)

Abänderungen des Statuts bedürfen der Genehmigung des Reichs-Versicherungsamts. Gegen die Versagung der Genehmigung findet binnen vier Wochen, vom Tage der Zustellung ab, die Beschwerde an den Bundesrath statt. (4)

Nach Feststellung des Statuts sind durch den Vorstand im Reichs-Anzeiger und in dem für die Veröffentlichungen der Landes-Zentralbehörde bestimmten Blatte der Name, Sitz und Bezirk der Versicherungsanstalt sowie der Name des Vorsitzenden des Vorstandes bekannt zu machen. Veränderungen sind in gleicher Weise zur öffentlichen Kenntniß zu bringen. (5)

Zu Absatz 1 und 3.

1. Die Bestimmungen des § 56 über die Genehmigung des Statuts und über die öffentliche Bekanntmachung der Organisation der Versicherungsanstalten finden in gleichartigen Bestimmungen des Unfallversicherungsgesetzes ihr Vorbild. Die Genehmigung unterliegt hiernach dem *freien Ermessen* des Reichsversicherungsamts.

Das Reichsversicherungsamt hat kürzlich in einem Rundschreiben an die Vorstände der Versicherungsanstalten den Wunsch ausgesprochen, daß ihm die Statuten *vor* der Vorlage an den Ausschuß unterbreitet werden, damit die künftige Genehmigung auf keine Schwierigkeiten stoße. Es wird sich empfehlen, dies Verfahren auch bei wichtigeren und umfassenderen *Abänderungen* des Statuts zu befolgen.

Es wird sich ferner empfehlen, daß der Vorstand sich vom Ausschusse die Vollmacht ertheilen läßt, Aenderungen redaktioneller Natur oder sonstige unwesentliche Aenderungen, welche vom Reichsversicherungsamt im Genehmigungs-Verfahren gewünscht werden, selbstständig ohne den Ausschuß vorzunehmen.

Da das Inkrafttreten des Gesetzes von der vorherigen Durchführung der Organisation der Versicherungsanstalten bedingt ist, so wird, um den Eintritt der Wirksamkeit desselben unter allen Umständen zu sichern, dem Reichsversicherungsamt die Befugniß gegeben werden müssen, äußerstenfalls selbstständig das Statut zu erlassen und die zur Durchführung desselben erforderlichen Anordnungen auf Kosten der Versicherungsanstalt zu treffen. (M. 103.)

2. Reichsversicherungsamt bezw. Landesversicherungsamt (§ 134).

3. Ueber Abänderungen des Statuts hat nur der Ausschuß zu beschließen (§ 55, Ziffer 4). Vergl. auch folgende Verfügung des Reichsversicherungsamts für die Berufsgenossenschaften:

> Die Abänderungen sind in einer zur Genehmigung geeigneten Form zusammenzustellen und mit dem — durch Vorlegung der Belagsblätter, Empfangsscheine u. s. w., hinsichtlich der Einladung zur Genossenschaftsversammlung sowie des Sitzungsprotokolls oder eines vom Vorstandsvorsitzenden zu beglaubigenden Auszuges aus demselben zu führenden — Nachweise, daß die Beschlüsse gesetz- und statutengemäß gefaßt worden, dem Reichsversicherungsamte einzureichen.
>
> Die Einreichung eines neugeschriebenen Exemplars der Statuten, in welche die Aenderungen an den betreffenden Stellen eingeschoben sind, ist nicht zulässig, da hierdurch im Hinblick auf den Zeitpunkt des Beginns der Wirksamkeit der Abänderungen Verwirrung angerichtet werden kann. Bei etwaigem Neudruck des Statuts ist letzteres in seiner ursprünglichen Fassung abzudrucken und die späteren Abänderungen darunter zu setzen. In Anmerkungen kann an betreffender Stelle jedesmal auf die letzteren aufmerksam gemacht werden. (II, 178. Freund S. 139.)

§ 57.

(1) **Den Vorsitz im Ausschusse führt bis zur Genehmigung des Statuts der Vorsitzende des Vorstandes der Versicherungsanstalt. Derselbe beruft die Mitglieder des Ausschusses. Für diejenigen Mitglieder, welche am Erscheinen behindert sind und dies dem Vorsitzenden des Vorstandes rechtzeitig mittheilen, sind die Ersatzmänner zu laden.**

(2) **Die Mitglieder des über das Statut berathenden Ausschusses erhalten für ihre Theilnahme an diesen Berathungen Vergütungen, welche von der Landes-Zentralbehörde zu bestimmen sind.**

Zu Absatz 1.

1. Bis zur Genehmigung des Statuts; das Statut trifft alsdann Bestimmungen über die Bestellung des Vorsitzenden und die Berufung des Ausschusses (§ 54, Ziffer 1).

1a. Bei der Berufung des Ausschusses ist darauf Rücksicht zu nehmen, daß die Arbeitervertreter nicht zu viel Zeit versäumen. Denn, wenn dieselben auch Ersatz für entgangenen Arbeitsverdienst erhalten und wenn ihnen auch durch § 62 die unbehinderte Ausübung ihrer Funktionen einigermaßen gewährleistet ist, so sind sie doch keineswegs vor einen Verlust ihrer Arbeitsstellung in Folge allzugroßer Versäumnisse geschützt. Wenn die Sitzungen an den Sonntagen abgehalten werden, so wird es selbst denjenigen Vertretern, welche weit entfernt vom Sitze der Anstalt wohnen, möglich sein, ihre Funktionen wahrzunehmen, ohne Tagesarbeit zu versäumen.

Die Vorschrift, daß der Vorsitzende die Mitglieder des Ausschusses beruft, gilt übrigens nicht nur „bis zur Genehmigung des Status," sondern für alle Ausschußberufungen.

2. Ersatzmänner vgl. § 49, Abs. 2.

Erscheint ein Mitglied nicht, ohne den Vorsitzenden hiervon benachrichtigt zu haben, oder erscheint der geladene Ersatzmann nicht, so ist dies für die Beschlußfassung des Ausschusses ohne Belang, da es bei den Abstimmungen nicht nothwendig ist, daß die Zahl der Arbeitgeber und Versicherten eine gleiche ist. (Vgl. Anm. 2 zu § 48.) Dagegen ist die unentschuldigte Abwesenheit der Mitglieder bezw. Ersatzmänner aus dem Arbeitgeberstande vom Vorstande mit Geldstrafen zu ahnden. (Vgl. § 60 Abs. 1.)

Zu Absatz 2.

3. Die Vergütungen, welche nach Bestimmung der Landes-Zentralbehörde an die Mitglieder des über das Statut berathenden Ausschusses zu gewähren sind, gehören zu den Kosten der ersten Einrichtung der Versicherungsanstalt, sind also gemäß § 45 von dem betreffenden Kommunalverbande beziehungsweise Bundesstaate vorzuschießen und von der Versicherungsanstalt demnächst zu erstatten. Bei Festsetzung dieser erstmaligen Vergütungen werden die im § 58 aufgestellten, für die Dauer berechneten Grundsätze wenigstens insoweit zu beachten sein, als sie für das Maß des zu Gewährenden einen Anhalt bieten. (M. 103.)

Bei gemeinsamen Versicherungsanstalten erfolgt die Regelung der Vergütung durch die Regierung desjenigen Bundesstaates, in welchem sich der Sitz der Versicherungsanstalt befindet (§ 64, Ziffer 4).

Ehrenämter.

§ 58.

Die unbesoldeten Mitglieder des Vorstandes, die Mitglieder des Ausschusses und des Aufsichtsraths, die Vertrauensmänner und die Schiedsgerichtsbeisitzer verwalten ihr Amt als Ehrenamt und erhalten nach den durch das Statut zu bestimmenden Sätzen nur Ersatz für baare Auslagen, die Vertreter der Versicherten außerdem Ersatz für entgangenen Arbeitsverdienst.

Zu § 58.

1. Die an der Verwaltung der Versicherungsanstalt betheiligten Vertreter der Versicherten, wohin nicht nur die in den Ausschuß oder Aufsichtsrath, sondern auch die unbesoldeten, in den Vorstand und als Schiedsgerichtsbeisitzer gewählten Arbeitnehmer, sowie die Vertrauensmänner gehören, sollen Ersatz für entgangenen Arbeitsverdienst, sowie Ersatz für baare Auslagen, Arbeitgeber aber nur den letzteren erhalten. Nur in dem Falle, daß nach § 47 die nichtbeamteten Mitglieder des Vorstandes Besoldungen erhalten, kommen weitere Vergütungen für dieselben in Fortfall. Daß den Vertretern der Versicherten außer dem Ersatz für baare Auslagen — welcher sowohl nach Einzelaufstellungen, wie als Pauschbetrag gewährt werden darf — noch Ersatz des entgangenen Arbeitsverdienstes in Aussicht gestellt wird, rechtfertigt sich durch die Erwägung, daß den zum Lebensunterhalt auf ihrer Hände Arbeit angewiesenen Personen nicht zugemuthet werden kann, auf ihren Arbeitsverdienst, solange ihre Zeit durch Besorgung der Geschäfte von Versicherungsanstalten in Anspruch genommen wird, zu Gunsten der Versicherungsanstalt, welcher sie ihre Kräfte widmen, zu verzichten. Uebrigens entspricht diese Vorschrift gleichartigen Bestimmungen des Unfallversicherungsgesetzes. Bei den Arbeitgebern treffen die vorstehenden Gesichtspunkte nicht im vollen Umfange zu; es genügt daher, wenn ihnen die baaren Auslagen ersetzt werden. Auch eine Entschädigung für den durch die Wahrnehmung der Geschäfte der Versicherungsanstalten ihnen erwachsenden Zeitverlust, wie sie das Unfallversicherungsgesetz für die Vorstandsmitglieder, die aus den Arbeitgebern gewählten Schiedsgerichtsbeisitzer und die Vertrauensmänner der Berufsgenossenschaften zuläßt, erschien entbehrlich, weil den Arbeitgebern ein mäßiges Opfer an Zeit und Mühe für öffentliche Zwecke wohl zugemuthet werden darf und von ihnen nach den bisherigen Erfahrungen im Allgemeinen auch gern gebracht wird. Ueberdies würde eine Entschädigung für den Zeitverlust nicht hier, wie bei der Unfallversicherung, ausschließlich für Rechnung der Berufsgenossenschaft, sondern vielmehr zur Hälfte für Rechnung der Arbeiter, welche zu der Versicherungsanstalt beitragen, geleistet werden. (M. 103.) Ueber Vereinbarung von Pauschalsätzen (vgl. Anm. 9 zu § 54).

2. Die Vertreter der Versicherten haben von ihrer Einberufung ihre Arbeitgeber in Kenntniß zu setzen, widrigenfalls ihnen die Entschädigung entzogen werden kann (§ 62). Dem Arbeitgeber ist untersagt, die Versicherten in der Uebernahme oder Ausübung eines Ehrenamtes vertragsmäßig zu beschränken (§ 147).

3. Versicherte; vgl. § 52.

4. Ueber Ablehnung der Wahl zu ehrenamtlichen Stellen vgl. § 60.

Haftung der Mitglieder der Organe.

§ 59.

Die Mitglieder des Vorstandes, des Ausschusses und des Aufsichtsraths, sowie die Vertrauensmänner haften der Versicherungsanstalt für getreue Geschäftsverwaltung wie Vormünder ihren Mündeln. (1)

Die Mitglieder des Vorstandes, des Ausschusses, des Aufsichtsraths, sowie die Vertrauensmänner, welche absichtlich zum Nachtheil der Versicherungsanstalt handeln, unterliegen der Strafbestimmung des § 266 des Strafgesetzbuchs. (2)

Zu Absatz 1.

1. Die Vorschrift des § 59 entspricht dem § 26 des Unfallversicherungsgesetzes.

2. Wie Vormünder ihren Mündeln; die Haftung richtet sich nach dem bürgerlichen Recht. Für Preußen vgl. Preußische Vormundschafts-Ordnung vom 5. Juli 1875 § 32 insbesondere auch §§ 39, 40.

Zu Absatz 2.

3. § 266 des Reichsstrafgesetzbuches lautet in dem hier in Betracht kommenden Theil:

> Wegen Untreue werden mit Gefängniß, neben welchem auf Verlust der bürgerlichen Ehrenrechte erkannt werden kann, bestraft:
>
> 1. Vormünder, wenn sie absichtlich zum Nachtheile der ihrer Aufsicht anvertrauten Personen oder Sachen handeln.
>
> Wird die Untreue begangen, um sich oder einem Anderen einen Vermögensvortheil zu beschaffen, so kann neben der Gefängnißstrafe auf Geldstrafe bis zu dreitausend Mark erkannt werden.

4. Das Reichsversicherungsamt kann die Mitglieder der Vorstände und sonstigen Organe der Versicherungsanstalten zur Befolgung der gesetzlichen und statutarischen Vorschriften durch Geldstrafen bis zu 1000 Mark anhalten. (§ 131 Abs. 3.) Auch werden die Vertreter der Arbeitgeber, welche sich der Ausübung ihres Amts ohne hinreichende Entschuldigung entziehen, vom Vorstande mit Geldstrafe bis zu 1000 Mark belegt. (§ 60.)

5. Ueber die Strafbarkeit der Mitglieder der Vorstände und sonstigen Organe der Versicherungsanstalten wegen unbefugter Offenbarung von Betriebsgeheimnissen vgl. §§ 152, 153.

Ablehnung der Wahlen.

§ 60.

(1) Wahlen zu solchen Stellen, welche als Ehrenamt wahrzunehmen sind, können von den Arbeitgebern der nach Maßgabe dieses Gesetzes versicherten Personen und von bevollmächtigten Betriebsleitern solcher Arbeitgeber nur aus denselben Gründen abgelehnt werden, aus welchen die Ablehnung des Amts eines Vormundes zuläſſig ist. Die Wahrnehmung eines auf Grund der Unfallversicherungsgesetze übertragenen Ehrenamts steht der Führung einer Vormundschaft gleich. Durch das Statut (§ 54) können die Ablehnungsgründe anders geregelt werden. Die bezeichneten Personen, welche eine Wahl ohne zulässigen Grund ablehnen, oder sich der Ausübung ihres Amts ohne hinreichende Entschuldigung entziehen, werden, soweit besondere Bestimmungen nicht getroffen sind (§ 73), vom Vorstande mit Geldstrafen bis zu eintausend Mark belegt.

(2) Die Wiederwahl kann für eine Wahlperiode abgelehnt werden.

Zu Absatz 1.

1. Welche Stellen als Ehrenämter wahrzunehmen sind, bestimmt § 58. Bezüglich der Schiedsgerichtsbeisitzer vgl. insbes. Anm. 3 und Anm. 3b. zu § 71.

2. Der Absatz 1 handelt nur von der Ablehnung der Wahlen seitens der Arbeitgeber bezw. Betriebsleiter. Die Bestimmungen finden also auf Arbeitnehmer keine Anwendung.

Nach § 23 der Preuß. Vormundschafts-Ordnung vom 5. Juli 1875 können die Uebernahme einer Vormundschaft ablehnen:

1. weibliche Personen,
2. wer das sechszigste Lebensjahr überschritten hat,
3. wer bereits mehr als eine Vormundschaft oder Pflegschaft führt,
4. wer an einer die ordnungsmäßige Führung der Vormundschaft hindernden Krankheit leidet,
5. wer nicht in dem Bezirk des Vormundschaftsgerichts seinen Wohnsitz hat,
6. wer nach Maßgabe des § 58 zur Stellung einer Sicherheit angehalten wird,
7. wer fünf oder mehr minderjährige eheliche Kinder hat.

Ziffer 1 kommt nicht in Betracht, weil nach § 58 nur männliche im Bezirk der Versicherungsanstalt wohnende Personen wählbar sind, ebenso nicht Ziffer 6.

Zu Ziffer 3 bestimmt der § 60, daß die Wahrnehmung eines auf Grund der Unfallversicherungsgesetze übertragenen Ehrenamts der Führung einer Vormundschaft gleich steht. Wer also ein derartiges Ehrenamt bekleidet, braucht — nach der erwähnten Vormundschafts-Ordnung — nur noch ein Ehrenamt bei der Versicherungsanstalt anzunehmen.

Im Uebrigen kommt für die Berechtigung zur Ablehnung der Wahl das am Wohnsitze des Gewählten geltende Vormundschaftsrecht zur Anwendung, da hinsichtlich der örtlichen Wirksamkeit der Gesetze als Rechtsgrundsatz in Theorie und Praxis anerkannt ist, daß Rechtsverhältnisse, welche die Rechts- und Handlungsfähigkeit der Individuen, deren Familienstellung und Stand, also den persönlichen Rechtszustand betreffen, nach dem Rechte des Domizils zu beurtheilen sind (vgl. Entsch. des R.-V.-A. I, 59 Freund S. 142 Anm. 4). Fuld (S. 309) führt hierzu aus, daß „die neueste Richtung entschieden dahin geht, für die Rechts- und Handlungsfähigkeit nicht mehr das Recht des Wohnsitzes, sondern das der Staatsangehörigkeit entscheiden zu lassen".

4. Um besonderen Verhältnissen Rechnung zu tragen und Härten vermeiden zu können, läßt das Gesetz eine statutarische Erweiterung der Ablehnungsgründe zu (M. 104). Bosse—v. Woedtke (II S. 43) heben hervor, daß nach dem Wortlaute der Bestimmung auch eine Beschränkung der Ablehnungsgründe statutarisch festgesetzt werden kann und empfehlen hiernach, „daß auch den Vertretern der Versicherten die Annahme des Amts als Schiedsgerichtsbeisitzer, sofern ihnen nicht besondere Ablehnungsgründe zur Seite stehen, zur Pflicht gemacht wird". Ich vermag mich jedoch der Ansicht nicht anzuschließen, daß durch diese Bestimmung auch für die Vertreter der Versicherten eine Beschränkung der Ablehnung der Wahl eingeführt werden kann. Schon der Wortlaut der Bestimmung steht dem entgegen: Die Ablehnungsgründe können anders geregelt werden, aber nicht „die Ablehnung der Wahlen" überhaupt, also unbeschadet des im § 60 zum Ausdruck gekommenen Prinzips, daß eben bestimmte Ablehnungsgründe überhaupt nur für die Vertreter der Arbeitgeber vorhanden sind. Der Absatz 2, in welchem die fragliche Bestimmung steht, spricht nur von „Arbeitgebern". Wollte der Gesetzgeber der statutarischen Regelung der „Ablehnung der Wahlen" im Sinne der Bosse—v. Woedtke'schen Erläuterung freien Spielraum lassen, so hätte dies an anderer Stelle und in anderer Form zum Ausdruck kommen müssen (vgl. auch Anm. 3b. zu § 71). De lege ferenda wäre die Bosse—v. Woedtke'sche Auffassung zweifellos zu empfehlen.

5. Die unbefugte Ablehnung von Wahlen oder etwaige Unbotmäßigkeiten bei der Erfüllung der aus den Wahlen sich ergebenden Verpflichtungen konnten nicht wie in dem Unfallversicherungsgesetz mit einer Erhöhung der Beiträge, sondern nur mit Geldstrafen bedroht werden. Das Gesetz überträgt die Befugniß zur Verhängung dieser Strafen dem Vorstande der Versicherungsanstalt, weil der Ausschuß nicht immer versammelt und bei etwaigen Unbotmäßigkeiten oft ein schnelles Einschreiten erforderlich ist. (M. 104.) Strafbar ist nur — für die Vertreter der Arbeitgeber — die Ablehnung einer Wahl ohne zulässigen

Grund (vgl. oben) und die Nicht-Ausübung des Amtes ohne hinreichende Entschuldigung. Der absichtlichen Entziehung steht nachlässige Behandlung gleich. (Bosse—v. Woedtke II S. 43.) Strafbar ist also die unentschuldigte Abwesenheit (vgl. Anm. 2 zu § 57), mag dieselbe auch nur aus Nachlässigkeit erfolgt sein. Strafbar ist aber nicht unpassendes Benehmen, etwa wenn Jemand in der Sitzung schläft, oder angetrunken ist, oder die Sitzung durch ungehörige Reden stört. (vgl. Stenglein S. 134.)

Der § 60 statuirt übrigens keine Strafbefugniß, sondern eine Strafpflicht des Vorstandes. Die Hervorhebung dieses Umstandes wird von Fuld (S. 310) mit Unrecht bemängelt. Auch Bosse—v. Woedtke (II S. 43) heben die Strafpflicht des Vorstandes mit der Bemerkung hervor: „Der Reichstag hat in dritter Lesung die im Entwurf vorgesehene Fakultät einer Bestrafung absichtlich durch die obligatorische Anordnung der letzteren ersetzt". Eine solche Strafpflicht ist z. B. im § 142 des Gesetzes nicht vorgesehen; hier heißt es ausdrücklich: „Arbeitgeber können von dem Vorstande mit Ordnungsstrafe belegt werden", hier kann also der Vorstand gegebenen Falls „ein Auge zudrücken". Das darf er aber im Falle des § 60 nicht.

Die Geldstrafen fließen in die Kasse der Versicherungsanstalt (§ 145 Abs. 2) und werden in derselben Weise beigetrieben wie Gemeindeabgaben (§ 137).

Zu Absatz 2.

6. Eine Wiederwahl kann ohne Rücksicht auf die Bestimmungen des Absatz 1 abgelehnt werden, aber nur für eine Wahlperiode.

§ 61.

Solange die Wahl der gesetzlichen Organe der Versicherungsanstalt nicht zu Stande kommt, oder solange diese Organe die Erfüllung ihrer gesetzlichen oder statutarischen Obliegenheiten verweigern, hat der Vorsitzende des Vorstandes die letzteren auf Kosten der Versicherungsanstalt wahrzunehmen oder durch Beauftragte wahrnehmen zu lassen.

Zu § 61.

1. Da der Vorsitzende des Vorstandes ein öffentlicher Staats- oder Kommunalbeamter ist, erscheint es unbedenklich, ihm die nöthigen Anordnungen auch für den Fall zu übertragen, daß die Wahl der gesetzlichen Organe der Versicherungsanstalt nicht zu Stande kommt oder die Organe die Erfüllung ihrer Obliegenheiten ausdrücklich oder durch ihr Verhalten verweigern. (M. 104.)

2. Gesetzliche Organe der Versicherungsanstalt sind neben dem Vorstande, der Ausschuß, der Aufsichtsrath (in dem obligatorischen Falle) und die Vertrauensmänner. Ueber die Schiedsgerichts-Beisitzer vgl. § 73 Abs. 4.

3. Hat ... wahrzunehmen; die Wahrnehmung seitens des Vorsitzenden ist also obligatorisch (vgl. dagegen Krankenversicherungsgesetz § 45 Abs. 5).

Unbehinderte Ausübung der Funktionen.

§ 62.

Die Vertreter der Versicherten haben in jedem Falle, in welchem sie zur Wahrnehmung ihrer Obliegenheiten berufen werden, die Arbeitgeber hiervon in Kenntniß zu setzen, widrigenfalls ihnen die im § 58 vorgesehenen Entschädigungen versagt werden können. Die Nichtleistung der Arbeit während der Zeit, in welcher die bezeichneten Personen durch die Wahrnehmung jener Obliegenheiten an der Arbeit verhindert sind, berechtigt den Arbeitgeber nicht, das Arbeitsverhältniß vor dem Ablauf der vertragsmäßigen Dauer desselben aufzuheben.

Zu § 62.

1. Die Vorschriften des § 62 verfolgen den Zweck, denjenigen Personen, welche nach den Bestimmungen des Gesetzes dazu berufen sind, die Interessen der Versicherten zu vertreten, die unbehinderte Wahrnehmung ihrer Funktionen zu gewährleisten. (M. 104.) Will aber z. B. der Ersatzmann eines Ausschußmitgliedes der Ausschußsitzung nur als Zuhörer beiwohnen, so finden auf diesen Fall die Vorschriften des § 62 keine Anwendung.

2. In Kenntniß zu setzen, damit der Arbeitgeber nicht in Verlegenheit kommt und sich rechtzeitig nach Ersatz bezw. Vertretung umsehen kann. Das Einholen der Genehmigung zur Unterbrechung der Arbeit ist nicht erforderlich.

3. Als Strafe für die Unterlassung der Anzeige kann den Vertretern der Versicherten die im § 58 festgesetzte Entschädigung versagt werden. Die Versagung ist also nicht obligatorisch und bezieht sich nicht auf die Vergütungen des § 57 Abs. 2.

4. Vor Ablauf der vertragsmäßigen Dauer; vgl. § 123 der Reichsgewerbeordnung:

> Vor Ablauf der vertragsmäßigen Zeit und ohne Aufkündigung können Gesellen und Gehülfen entlassen werden:
>
> . . . . .
>
> 3. Wenn sie die Arbeit unbefugt verlassen haben oder sonst den nach dem Arbeitsvertrage ihnen obliegenden Verpflichtungen nachzukommen beharrlich verweigern.

Hat also z. B. ein Arbeiter die Arbeit verlassen, um als Vertreter einer Sitzung des Ausschusses beizuwohnen, so gilt dies nicht als „unbefugtes Verlassen der Arbeit", auch wenn er dem Arbeitgeber nicht die im § 12 vorgeschriebene Anzeige gemacht hat, oder selbst wenn der Arbeitgeber das Verlassen der Arbeit ausdrücklich verboten hat. Der Arbeitgeber muß in diesem Falle, wenn er den Arbeiter entlassen will, die 14tägige Kündigung innehalten. Wie es aber auf der einen Seite wünschenswerth ist, daß der Arbeitgeber seinem Arbeiter, welcher als „Vertreter“ fungirt, die Wahrnehmung seiner Obliegenheiten nach Möglichkeit erleichtert, so ist es auf der andern Seite empfehlenswerth, daß insbesondere bei der Anberaumung der Sitzungen darauf Rücksicht genommen wird, daß der Arbeiter nicht zuviel Zeit versäumt. (Vgl. Anm. 1a zu § 57.)

5. Den Arbeitgebern und ihren Angestellten ist untersagt, vertragsmäßig die Versicherten in der Uebernahme oder Ausübung eines Ehrenamtes zu beschränken (§ 147).

Staatskommissar.

§ 63.

(1) Für den Bezirk einer jeden Versicherungsanstalt wird zur Wahrung der Interessen der übrigen Versicherungsanstalten und des Reichs von der Landesregierung im Einvernehmen mit dem Reichskanzler ein Kommissar bestellt. Derselbe ist insbesondere befugt, allen Verhandlungen der Organe der Versicherungsanstalt mit berathender Stimme und den Verhandlungen vor den Schiedsgerichten beizuwohnen, Anträge zu stellen, gegen solche Entscheidungen, durch welche die Erwerbsunfähigkeit anerkannt oder eine Rente festgesetzt wird (§§ 75 und 77), die zulässigen Rechtsmittel einzulegen und Einsicht in die Akten zu nehmen. Zu diesem Zweck ist ihm von den Verhandlungsgegenständen rechtzeitig Kenntniß zu geben.

(2) Die Thätigkeit des Kommissars erstreckt sich auch auf diejenigen nach §§ 5 und 7 zugelassenen Kasseneinrichtungen, welche im Bezirke des Kommissars ihren Sitz haben.

(3) Der Bundesrath ist befugt, für die Kommissare Geschäftsanweisungen zu erlassen.

Zu Absatz 1.

1. Bei dem erheblichen Interesse, welches das Reich an der Invaliditäts- und Altersversicherung insbesondere in finanzieller Beziehung hat, kann demselben ein wirksamer Einfluß auf die Verwaltung der Versicherungsanstalten nicht vorenthalten werden. Die Wahrung dieses Interesses lediglich dem Reichs-Versicherungsamt zu übertragen, ist um deswillen nicht wohl angängig, weil dasselbe nicht in der Lage ist, die Kontrole fortlaufend in demjenigen Umfange zu üben, welchen jenes Interesse erforderlich machen würde. Ueberdies ist die örtliche Zuständigkeit des Reichs-Versicherungsamts in Folge der Konkurrenz der Landes-Versicherungsämter erheblich beschränkt. Es soll vielmehr, unbeschadet der gesetzlichen Zuständigkeit des Reichs-Versicherungsamts beziehungsweise der Landes-Versicherungsämter, für den Bezirk einer jeden Versicherungsanstalt ein ständiger Staatskommissar bestellt werden. Diese Bestellung kann, sofern nur den Organen der Reichsver-

waltung die erforderliche Mitwirkung gewahrt bleibt, unbedenklich der Regierung desjenigen Bundesstaates, für dessen Gebiet die Versicherungsanstalt errichtet ist, oder bei gemeinsamen Versicherungsanstalten der Regierung desjenigen Bundesstaates, in welchem sich der Sitz der Versicherungsanstalt befindet (§ 64 Ziff. 4), übertragen werden. Es ist dies um so weniger zu beanstanden, als der Kommissar ohnehin wohl aus den höheren Beamten des betreffenden Bundesstaates wird entnommen werden müssen. (M. 104.)

2. Zur Wahrung der Interessen der übrigen Versicherungsanstalten. Nach dem System des Gesetzes hat nämlich über die Bewilligung von Renten der Vorstand derjenigen Versicherungsanstalt zu entscheiden, zu welcher ausweislich der Quittungskarte zuletzt Beiträge entrichtet worden sind (§ 75 Abs. 1), während die Rente nach ihrer endgültigen Feststellung unter alle Versicherungsanstalten, welchen während der Beschäftigungsdauer des Rentenempfängers Beiträge für denselben zugeflossen sind, antheilig vertheilt werden soll (§ 89). Die mitbetheiligten Versicherungsanstalten haben daher an der Festsetzung der Renten ein erhebliches Interesse. Gleichwohl ist die unmittelbare Zuziehung aller betheiligten Anstalten zu den diese Feststellung betreffenden Verhandlungen weder ausführbar noch erforderlich. Immerhin kann im einzelnen Falle die rechtzeitige Geltendmachung der Interessen anderer Versicherungsanstalten schon bei den Festsetzungsverhandlungen von großem Werthe sein. Die Vertretung dieser Interessen kann dem Staatskommissar um so unbedenklicher übertragen werden, als ein Widerstreit zwischen dem ohnehin von ihm wahrzunehmenden Interesse des Reichs und dem Interesse der betheiligten Anstalten ausgeschlossen ist. (M. 105.)

3. Ein Kommissar; es können auch für den Bezirk einer Versicherungsanstalt mehrere Kommissare bestellt werden (K. 139).

4. Der Staatskommissar wird seine an die Aufgaben der in § 38 Abs. 2 des Gesetzes über die Erhebung von Reichsstempelabgaben genannten höheren Beamten (Reichs-Gesetzbl. 1885 S. 188), der Kommissare bei den Seeämtern (§ 13 des Gesetzes vom 27. Juli 1877, Reichs-Gesetzbl. S. 549) und der Bank-Kommissarien bei den Reichsbankhauptstellen (§ 36 des Bankgesetzes vom 14. März 1875, Reichs-Gesetzbl. S. 177) erinnernde Wirksamkeit insbesondere dadurch zu bethätigen haben, daß er an den Verhandlungen, welche sich auf die Bewilligung von Renten und die Feststellung ihrer Höhe beziehen, theilnimmt und durch geeignete Anträge auf zutreffende Entscheidungen hinwirkt. Werden die Anträge abgelehnt, so wird dem Staatskommissar die Beschwerde an die Aufsichtsbehörde (Reichsversicherungsamt, Landesversicherungsamt), zustehen. (Vgl. Bosse—v. Woedtke II S. 52.)

Der Wortlaut des § 63 beschränkt absichtlich die Rechte des Staatskommissars nicht auf bestimmte Verhandlungen und vermeidet absichtlich eine erschöpfende Aufzählung seiner Befugnisse. Der Staatskommissar wird vielmehr im Einzelnen zu erwägen haben, auf welche Weise er die ihm gestellten Aufgaben am zweckmäßigsten zu lösen hat. (M. 105.) Der Staatskommissar kann insbesondere allen Sitzungen des Vorstandes und des Aufsichtsrathes beiwohnen; zu diesem Zwecke wird ihm von der Anberaumung der Sitzungen Nachricht zu geben sein. Er ist aber keineswegs als Vorgesetzter der Versicherungsanstalt bezw. deren Organe anzusehen. (Vgl. Bosse—v. Woedtke II. S. 50.)

5. Ist befugt; Dem Staatskommissar die förmliche Verpflichtung aufzuerlegen, an sämmtlichen Verhandlungen der bezeichneten Art sich zu betheiligen, erscheint nicht erforderlich; es genügt, wenn ihm das Recht hierzu zugesprochen wird. Im Aufsichtsrathe wird darauf hinzuwirken sein, daß der Kommissar von diesem Rechte einen sachgemäßen Gebrauch macht. (M. 105.)

6. Bei den Schiedsgerichten darf der Kommissar nur den Verhandlungen beiwohnen, dagegen nicht den engeren Berathungen der Schiedsrichter unter sich vor Fällung des Urtheils. (St. B. 1451.) Der Staatskommissar hat hier keine berathende Stimme, wie dies aus der Fassung des Gesetzes unzweifelhaft hervorgeht. Er kann aber in der Verhandlung selbst seine Meinung äußern. Die Stellung des Kommissars bezüglich seiner Betheiligung an den Verhandlungen vor den Schiedsgerichten wird eine ähnliche sein, wie die des Kommissars zur Wahrung des öffentlichen Interesses im Verwaltungsstreitverfahren. Vgl. § 74 des Preußischen Gesetzes über die allgemeine Landesverwaltung vom 30. Juli 1883. (St. B. 1453.)

7. Die zulässigen Rechtsmittel kann der Kommissar gegen solche Entscheidungen einlegen, durch welche die Erwerbsunfähigkeit anerkannt oder eine Rente festgesetzt wird. (Dem Staatskommissar ist zu diesem Zwecke eine Abschrift des Feststellungsbescheides des Vorstandes sowie der Entscheidung des Schiedsgerichts zuzustellen. § 75 Abs. 3, § 78.) Gegen die Entscheidung, durch welche der Anspruch abgelehnt wird, kann der Kommissar ein Rechtsmittel nicht einlegen; hier wird die weitere Initiative lediglich den Versicherten überlassen werden müssen. Dagegen kann er jede Entscheidung anfechten, durch welche eine Rente festgesetzt wird, also auch wenn die Rente seines Erachtens zu niedrig bemessen ist. Denn der Staatskommissar wird seine Aufgabe keineswegs allein in der Vorsorge zu erblicken haben, daß die Renten nicht zu hoch bemessen werden, er hat vielmehr im Interesse des Reichs auch darüber gewissenhaft zu wachen, daß den Berechtigten, sobald die thatsächlichen Voraussetzungen ihres Anspruchs, nämlich das erforderliche Lebensalter oder die Erwerbsunfähigkeit, anerkannt wird, dasjenige in vollem Umfange gewährt wird, was sie auf Grund des Gesetzes zu fordern haben. (M. 105.)

7a. Bei dem Verfahren über die Erstattung von Beiträgen findet eine Mitwirkung des Staats-Kommissars nicht statt (§ 95 Abs. 2).

Zu Absatz 2.

8. Dem Staatskommissar kann zweckmäßig die Wahrung der finanziellen Interessen des Reichs auch gegenüber den besonderen Kasseneinrichtungen (§§ 5 und 7) übertragen werden, welche in dem Bezirk derjenigen Versicherungsanstalt, für welche er bestellt ist, ihren Sitz haben; denn auch diese besonderen Kasseneinrichtungen haben auf den Zuschuß des Reichs Anspruch. (M. 104.)

Gemeinsame Versicherungsanstalten.

§ 64.

Auf gemeinsame Versicherungsanstalten finden die vorstehenden Bestimmungen mit folgenden Maßgaben Anwendung:

1. für die Bestellung der dem Vorstande angehörenden Beamten (§ 47) und für deren dienstliche Verhältnisse sind die am Sitze der Versicherungsanstalt geltenden Vorschriften maßgebend. Erstreckt sich der Bezirk der Versicherungsanstalt über Gebiete mehrerer Bundesstaaten, so entscheidet über die Bestellung der Beamten, falls ein Einverständniß unter den betheiligten Landesregierungen nicht erzielt wird, der Bundesrath;
2. die im § 48 Absatz 1 vorgesehene Bestimmung der Zahl der Vertreter wird, wenn sich der Bezirk der Versicherungsanstalt über die Gebiete mehrerer Bundesstaaten erstreckt und ein Einverständniß unter den betheiligten Landesregierungen nicht erzielt wird, vom Bundesrath getroffen;
3. die im § 49 Absatz 1 bezeichnete Wahlordnung wird, sofern sich der Bezirk der Versicherungsanstalt über die Gebiete mehrerer Bundesstaaten erstreckt, vom Reichs-Versicherungsamt erlassen;
4. der Erlaß der nach § 54 Ziffer 8 zulässigen Bestimmungen über die Aufstellung und Abnahme der Jahresrechnung, die Regelung der Vergütung an die Mitglieder des das Statut berathenden Ausschusses (§ 57 Absatz 2), sowie die Ernennung des Staatskommissars (§ 63 Absatz 1) erfolgt durch die Regierung desjenigen Bundesstaates, in welchem sich der Sitz der Versicherungsanstalt befindet.

Zu § 64.

1. Bei den besonderen Bestimmungen für gemeinsame Versicherungsanstalten mußte zweckmäßig dem Sitze der letzteren sowie der Vereinbarung der betheiligten Landesregierungen, vorbehaltlich der Entscheidung des Bundesraths, eine ausschlaggebende Bedeutung eingeräumt werden. (M. 106.)

2. Gemeinsame Versicherungsanstalten, vgl. § 41 Abs. 2.

3. Die etwas unklar gefaßte Bestimmung der Ziffer 1, wonach für die Bestellung der beamteten Vorstandsmitglieder die am Sitze der Versicherungsanstalt

„geltenden Vorschriften“ maßgebend sind, dürfte dahin zu verstehen sein, daß die Beamten von demjenigen weiteren Kommunalverbande bestellt werden, in dessen Bezirke die Versicherungsanstalt ihren Sitz hat.

Erstreckt sich das Gebiet der gemeinsamen Versicherungsanstalt über mehrere Bundesstaaten, so bleibt die Bestellung der Beamten der freien Vereinbarung der betheiligten Staaten vorbehalten. Wenn ein Einverständniß nicht erzielt wird, entscheidet der Bundesrath.

4. Der Sitz der Versicherungsanstalt wird durch die Landesregierung eventuell durch den Bundesrath bestimmt (§ 43). Ueber die gegenwärtigen Sitze der Versicherungsanstalten vgl. Anm. 1 zu § 41.

Rückversicherungsverbände.

§ 65.

Mehrere Versicherungsanstalten können vereinbaren, die Lasten der Invaliditäts- und Altersversicherung ganz oder zum Theil gemeinsam zu tragen.

Zu § 65.

Wie bei der Unfallversicherung, so kann auch bei der Invaliditäts- und Altersversicherung die Vereinigung mehrerer Träger der Versicherung zu Rückversicherungsverbänden zweckmäßig sein. Umgekehrt aber ist eine Dezentralisirung durch Vertheilung der Last auf kleinere Bezirke (Sektionen 2c.) nicht unbedenklich. Denn es würden dabei, um das Maß der Belastung dieser einzelnen Bezirke feststellen zu können, wiederum besondere Beitragsmarken für die einzelnen Bezirke eingeführt werden müssen, wodurch die Verwaltung, insbesondere die Regulirung der Quittungskarten seitens der hierzu bestimmten örtlichen Behörden erheblich erschwert werden würde. Gerade von diesem Gesichtspunkte aus sind für die Invaliditäts- und Altersversicherung umfassende Verbände ins Auge gefaßt worden.

Eine Genehmigung der Rückversicherungsverbände durch das Reichs-Versicherungsamt kann füglich entbehrt werden, weil die allgemeinen Interessen schon bei der Abgrenzung der Träger der Versicherung genügende Berücksichtigung erfahren haben. Weitergehende Wünsche der Betheiligten wegen noch größerer Sicherung ihrer Leistungsfähigkeit und noch umfassenderer Ausgleichung ihres Risikos können der ausschließlichen Beschlußfassung der Betheiligten um so mehr überlassen bleiben, als derartige Bildungen die volle Haftbarkeit der einzelnen Versicherungsanstalten nach außen hin nicht berühren. (M. 106.)

Veränderungen.

§ 66.

Veränderungen der Bezirke der Versicherungsanstalten sind zulässig, sofern sie von dem Ausschusse einer betheiligten Versicherungsanstalt oder von der Regierung eines Bundesstaates, über dessen Gebiet sich die Versicherungsanstalt erstreckt, beantragt und von dem Bundesrath genehmigt werden. Vor der Beschlußfassung über die Genehmigung sind die Ausschüsse der betheiligten Versicherungsanstalten, sowie die Regierungen derjenigen Bundesstaaten, deren Gebiete bei der Veränderung betheiligt sind, zu hören. Bei Versicherungsanstalten für die Bezirke weiterer Kommunalverbände sind auch die Vertretungen der letzteren befugt, Anträge auf Veränderungen zu stellen; vor der Genehmigung von Veränderungen der Bezirke solcher Versicherungsanstalten müssen die Vertretungeu der betheiligten Kommunalverbände gehört werden.

Zu § 66.

Die Entschließung darüber, für welche örtlichen Bezirke die Versicherungsanstalten zu errichten sind, kann nicht für alle Zeiten unabänderlich sein. So sehr auch die Natur der Invaliditäts- und Altersversicherung auf die thunlichste Stetigkeit ihrer Träger hinweist, so entzieht sich doch die Entwicklung der gewerblichen und der sonstigen Verhältnisse, von welcher die Zahl der in den einzelnen Bezirken und Berufszweigen beschäftigten versicherten Personen, sowie die mit der Beschäftigung verbundene Invaliditätsgefahr, damit aber auch der Umfang der durch die Invaliditäts- und Altersversicherung herbeigeführten Belastung abhängig ist, zu sehr der Voraussicht, als daß ein unbedingtes Festlegen der erstmaligen Organisation für alle Zeiten räthlich und möglich wäre. Durch rechtzeitige Aenderungen in den Bezirken der einzelnen Versicherungsanstalten kann unter Umständen dem Eintreten finanzieller Schwierigkeiten unschwer vorgebeugt werden. Ganz abgesehen von solchen Gründen materieller Art können aber formelle Gründe, insbesondere Rücksichten administrativer Zweckmäßigkeit, Veränderungen in der Organisation der Versicherungsanstalten gebieten. Solche Veränderungen können dahin führen, daß mehrere Versicherungsanstalten für verschiedene Bezirke zu einer einzigen Versicherungsanstalt vereinigt werden, oder daß örtliche Theile aus einem Bezirke ausscheiden und entweder dem Bezirke einer anderen Versicherungsanstalt zugewiesen oder zur Grundlage einer besonderen Versicherungsanstalt gemacht werden. In Fällen der letzteren Art kann entweder die bisherige Versicherungsanstalt in ihrem verkleinerten Umfange bestehen bleiben, oder es kann, wenn der ganze Bezirk derselben den Bezirken anderer Versicherungsanstalten zugetheilt wird, mit der Veränderung die Auflösung der bisherigen Anstalt verbunden sein. Muß hiernach die Möglichkeit von Veränderungen in der Abzweigung der Versicherungsanstalten an sich zugelassen werden, so werden derartige Veränderungen doch ebenso wie die erstmalige Bildung der Versicherungsanstalten an die Genehmigung des Bundesraths geknüpft werden müssen. Nur ist dies nicht etwa dahin zu verstehen, daß jede, auch noch so geringfügige Veränderung der territorialen Grenzen der Verwaltungsbezirke wegen der damit verbundenen Veränderung der örtlichen Grenzen von Versicherungsanstalten fortan der Genehmigung des Bundesraths bedürfen soll. Vielmehr werden derartige aus administrativen Gründen vorgenommene Veränderungen der territorialen Grenzen von Verwaltungsbezirken (Grenzberichtigungen für einzelne Gemeinden oder Parzellen, Ueberweisung der Bezirke einzelner Gemeinden an die Bezirke anderer weiterer Kommunalverbände ꝛc.) ohne Weiteres auch für die Zugehörigkeit der betreffenden Bezirke zu den Versicherungsanstalten maßgebend sein, mithin thatsächlich einen entsprechenden Wechsel in dieser Zugehörigkeit herbeiführen. Es liegt nicht in der Absicht des § 66, derartige Grenzverschiebungen zwischen den einzelnen Verwaltungsbezirken, soweit sich in Folge derselben auch die Grenzen der Versicherungsanstalten verschieben, in jedem einzelnen Falle von der Genehmigung des Bundesraths abhängig zu machen. (M. 106.)

§ 67.

(1) Scheiden örtliche Bezirke aus dem Bezirke einer Versicherungsanstalt aus, so verbleibt der letzteren in vollem Umfange das bis zum Zeitpunkte des Ausscheidens angesammelte Vermögen, sowie die Verpflichtung zur Befriedigung aller Ansprüche, welche auf Verwendung von Beitragsmarken dieser Versicherungsanstalt beruhen.

(2) Führt die Veränderung zur Auflösung der Versicherungsanstalt, so geht deren Vermögen mit allen Rechten und Pflichten, sofern nicht eine andere Versicherungsanstält mit Genehmigung der betheiligten Landesregierung dieses Vermögen übernimmt, auf den weiteren Kommunalverband beziehungsweise Bundesstaat über, für welchen die Versicherungsanstalt errichtet war.

(3) Für gemeinsame Versicherungsanstalten erfolgt die antheilige Uebernahme des Vermögens mit allen Rechten und Pflichten durch die betheiligten Kommunalverbände oder Bundesstaaten, und zwar, sofern darüber eine Einigung nicht zu Stande kommt, nach Bestimmung des Bundesraths, oder, wenn nur Kommunalverbände eines Bundesstaates betheiligt sind, der Landes-Zentralbehörde.

Zu Absatz 1.

1. Das Ausscheiden eines Bezirks ist auf die aus der bisherigen Zugehörigkeit desselben sich ergebenden Rechte und Pflichten der Versicherungsanstalt ohne Einfluß. Insbesondere hat der ausscheidende Bezirk keinen weiteren vermögensrechtlichen Anspruch an die Versicherungsanstalt, der er bis dahin angehört hatte. Dasselbe gilt umgekehrt rücksichtlich derjenigen Versicherungsanstalt, welcher der ausscheidende Bezirk fortan angeschlossen wird. Für die Vergangenheit erwachsen dieser Versicherungsanstalt aus dem Ausschlusse keine Verpflichtungen, weil die auf die bisherigen Beiträge entfallenden Anwartschaften auf Rente zu Lasten der bisherigen Versicherungsanstalt, welcher der Erlös für ihre Beitragsmarken zugeflossen ist, verbleiben; für die Zukunft aber wird die durch den hinzutretenden Bezirk entstehende Mehrbelastung durch dessen volle Deckung gewährende Beiträge aufgewogen. Der Umstand, daß die Höhe der Beiträge in den verschiedenen Versicherungsanstalten verschieden und möglicherweise nicht durchweg zutreffend normirt ist, ändert hieran nichts; dieser Umstand kann vielmehr nur bei der Frage, ob Veränderungen in den Bezirken der betreffenden Versicherungsanstalt vorzunehmen bezw. zu genehmigen sind, in Betracht gezogen werden. Demgemäß sollen derjenigen Versicherungsanstalt, welcher ausscheidende Bezirke bisher angehört haben, die durch deren Zugehörigkeit seither erwachsenen Rechte und Pflichten lediglich verbleiben. (M. 107.)

2. Der Versicherungsanstalt verbleiben also auch alle diejenigen Verpflichtungen, welche noch nicht in der Form der fälligen Rente erschienen sind. (St. B. 1455.) Die Versicherungsanstalt wird einfach bei der Vertheilung der demnächst festgestellten Rente durch das Rechnungsbureau gemäß § 89 in dem Verhältniß der Beiträge belastet, welche ihr bis zum Ausscheiden des örtlichen Bezirks zugeflossen sind, d. h. im Verhältnisse der Beitragsmarken, welche für die betreffende Person verwendet worden sind.

Zu Absatz 2.

3. Wenn die Versicherungsanstalt in Folge der Veränderungen aufgelöst wird, so muß Vorsorge getroffen werden, daß die aus der bisherigen Erhebung von Beiträgen entstandenen Verpflichtungen derselben von Anderen übernommen werden, auf welche dann gleichzeitig das zur Deckung dieser Verpflichtungen angesammelte Vermögen der aufgelösten Versicherungsanstalt überzugehen hat. Hiermit ist insofern ein Risiko verbunden, als die Verpflichtungen und die zu deren Deckung verfügbaren Mittel in einem Mißverhältniß stehen können; jedoch kann umgekehrt die Uebernahme der Erbschaft der aufgelösten Versicherungsanstalt auch zu einem Gewinn führen, wenn nämlich nach Befriedigung aller Ansprüche noch ein Ueberschuß verbleiben sollte. Ob der eine oder der andere Fall eintreten wird, läßt sich zur Zeit der Uebernahme nicht mit voller Sicherheit erkennen; erst nachdem alle Personen, für welche an die aufgelöste Versicherungsanstalt Beitragsmarken entrichtet waren, vor oder nach erfolgter Invalidität abgestorben sein werden, läßt sich die genaue Rechnung aufmachen. Bei der Erwägung, wie die Abwickelung der Verbindlichkeiten der aufgelösten Versicherungsanstalt einzurichten ist, mußte zunächst von einer verhältnißmäßigen Vertheilung der Rechte und Pflichten auf diejenigen Versicherungsanstalten, welchen die einzelnen Theile der aufgelösten Versicherungsanstalt zugewiesen worden sind, Abstand genommen werden. Will eine andere Versicherungsanstalt die Rechtsnachfolge der aufgelösten Anstalt übernehmen, so läßt sich vom Standpunkte des Gesetzgebers

hiergegen nichts einwenden; freilich wird in solchem Falle schon wegen des mit der Uebernahme verbundenen Risikos die Genehmigung der zuständigen Landesregierungen nicht entbehrt werden können. Sofern eine freiwillige Uebernahme aber nicht erfolgt, bleibt, da ein Zwang nach dieser Richtung gegen Versicherungsanstalten wegen des Risikos nicht wohl ausgeübt werden kann, nur übrig, diejenigen politischen Bezirke, über deren Gebiete die aufgelöste Versicherungsanstalt sich erstreckt, in die Rechte und Pflichten der letzteren eintreten, also für die Zukunft diejenigen Rentenantheile, welche auf die aufgelöste Versicherungsanstalt nach Maßgabe der ihr zugeflossenen Beiträge vertheilt werden (vgl. oben Anm. 2), auf Kommunal- bezw. Staatsfonds übergehen zu lassen. Daß hierin eine praktische Anwendung der Garantie liegt, welche die betreffenden weiteren Kommunalverbände oder Bundesstaaten für die dauernde Leistungsfähigkeit der über ihr Gebiet sich erstreckenden Versicherungsanstalten zu leisten haben, ist in Anm. 2 zu § 44 ausgeführt worden. Dem Eintreten von Fällen, in denen diese Garantieverpflichtung praktisch wird, kann durch zweckmäßige Abgrenzung der Versicherungsanstalten in nicht zu kleine Bezirke, durch vorsichtige Bemessung der Beiträge sowie eventuell, wie bereits angedeutet, durch rechtzeitige Veränderung des Bezirks der gefährdeten Versicherungsanstalt wirksam vorgebeugt werden; die hierzu erforderliche Uebersicht über den jeweiligen Vermögensbestand der Versicherungsanstalten läßt sich aus den aus § 230 aufzustellenden Bilanzen und Uebersichten leicht gewinnen. (M. 108.) Vgl. hierzu Anm 2 zu § 69.

§ 68.

Streitigkeiten, welche in Betreff der Vermögensauseinandersetzung zwischen den betheiligten Versicherungsanstalten entstehen, werden mangels Verständigung über eine schiedsrichterliche Entscheidung von dem Reichs-Versicherungsamt entschieden.

Zu § 68.

1. Bei der Abwickelung der Vermögensverhältnisse aufgelöster Versicherungsanstalten sind Streitigkeiten insbesondere dann nicht ausgeschlossen, wenn es sich um gemeinsame Versicherungsanstalten handelt, für welche mehrere weitere Kommunalverbände oder Bundesstaaten antheilig Garantie zu leisten haben. Bei diesen Streitigkeiten wird ebenso wie bei der Unfallversicherung zunächst auf gütliche Vereinbarung hinzuwirken sein; erst dann, wenn sich auf diese Weise eine Beilegung des Streits nicht erreichen läßt, hat die Entscheidung des Reichsversicherungsamts einzutreten. (M. 109.)

2. Die Entscheidung des Reichsversicherungsamts erfolgt alsdann in der Besetzung von mindestens fünf Personen (vgl. § 133 Abs. 1).

3. Reichsversicherungsamt, bezw. Landesversicherungsamt (vgl. Anm. 2 zu § 134).

§ 69.

Auf den Anschluß oder das Ausscheiden der nach §§ 5 und 7 zugelassenen Kasseneinrichtungen finden die Bestimmungen der §§ 66 bis 68 entsprechende Anwendung.

Zu § 69.

1. Die vom Bundesrath für die Erfüllung der Versicherungspflicht ihrer Mitglieder zugelassenen besonderen Kasseneinrichtungen (§ 5 und 7) sind nach dem System des Gesetzes den Versicherungsanstalten im Wesentlichen gleichgestellt. Sofern sie also nachträglich den Versicherungsanstalten sich anschließen oder aus der freiwillig eingegangenen Verbindung mit den Versicherungsanstalten nachträglich wieder ausscheiden wollen, bewirken sie indirekt eine entsprechende Vergrößerung bezw. Verkleinerung der Wirksamkeit der letzteren. Es ist daher nur billig, wenn diese Fälle mit den Veränderungen der örtlichen Bezirke der Versicherungsanstalten gleich behandelt werden. (M. 109.)

2. Die Vorschriften der §§ 66 bis 68 finden entsprechende Anwendung. Mit Recht heben Bosse—v. Woedtke (II S. 64 f) hervor, daß, falls der Anschluß einer Kasseneinrichtung an eine Versicherungsanstalt zur Auflösung der ersteren führt, gemäß § 67 Abs. 2 das Vermögen der Kasseneinrichtung mit allen Rechten und Pflichten auf den weiteren Kommunalverband bezw. Bundesstaat übergeht, für dessen Bezirk die Kasseneinrichtung zugelassen war. „Daß hierin ein sehr erhebliches Risiko der weiteren Kommunalverbände bezw. Bundesstaaten in Hinsicht aller derjenigen Kassen, deren dauernde Leistungsfähigkeit nicht über allen Zweifel erhaben ist, liegt, läßt sich nicht verkennen. Um so mehr wird es Aufgabe des Bundesraths sein, bei der Zulassung derartiger Kassen mit peinlichster Vorsicht zu verfahren, und eventuell Aufgabe der weiteren Kommunalverbände und Bundesstaaten, durch rechtzeitige Anträge auf event. zwangsweisen Anschluß zugelassener Kasseneinrichtungen an die allgemeinen territorialen Versicherungsanstalten ihr eigenes Risiko abzuschwächen“.

III. Schiedsgerichte.

§ 70.

(1) Für den Bezirk jeder Versicherungsanstalt wird mindestens ein Schiedsgericht errichtet.

(2) Die Zahl und der Sitz der Schiedsgerichte werden von der Zentralbehörde des Bundesstaates, zu welchem der Bezirk der Versicherungsanstalt gehört, oder, sofern der Bezirk über die Grenzen eines Bundesstaates hinausgeht, im Einvernehmen mit den betheiligten Zentralbehörden von dem Reichs-Versicherungsamt bestimmt.

Zu Absatz 1.

1. Dieselben Gründe, welche bei der Unfallversicherung dazu geführt haben, die Entscheidung über Berufungen gegen die Entschließungen der Genossenschaftsorgane über die Bewilligung von Renten nicht den ordentlichen Gerichten, sondern besonderen, aus einer gleichen Anzahl von Arbeitgebern und von Arbeitnehmern bestehenden, unter dem Vorsitz eines unbetheiligten öffentlichen Beamten verhandelnden Schiedsgerichten zu übertragen, treffen auch bei der Invaliditäts- und Altersversicherung zu. An einer gleichartigen Regelung muß also für dieses Gebiet um so mehr festgehalten werden, als die Schiedsgerichte bei der Unfallversicherung sich bewährt haben. Es wäre erwünscht gewesen, wenn dieselben Schiedsgerichte, welche für die letztere errichtet worden sind, auch für die Lösung der neuen sozialpolitischen Aufgabe hätten verwendet werden können. Dies ist jedoch nicht ausführbar, wenn die letztere nicht den Berufsgenossenschaften zugewiesen, sondern besonderen örtlich abgegrenzten Versicherungsanstalten übertragen wird. Denn die Bezirke der für die einzelnen Berufsgenossenschaften errichteten Schiedsgerichte decken sich in der Regel nicht mit den Bezirken der Versicherungsanstalten, sondern kreuzen dieselben; auch eignet sich die nach Berufszweigen gegliederte Zusammensetzung der bestehenden Schiedsgerichte nicht für ein Schiedsgericht, vor welchem alle Berufszweige eines bestimmten örtlichen Bezirks gleichmäßig Recht zu nehmen haben.

Es bleibt daher nur übrig, für die Invaliditäts- und Altersversicherung neue Schiedsgerichte zu errichten. Die näheren Vorschriften hierüber konnten jedoch den betreffenden Bestimmungen der Unfallversicherungsgesetze im Wesentlichen nachgebildet werden. (M. 109.)

1a. Ueber die örtliche Zuständigkeit der Schiedsgerichte vgl. § 5 der Verordnung betr. das Verfahren vor den Schiedsgerichten (s. Anlage).

Gegen die Entscheidungen der Schiedsgerichte findet die Revision beim Reichsversicherungsamt statt (vgl. § 79).

Die Schiedsgerichte unterliegen der Aufsicht durch die für ihre Sitze zuständigen Landeszentralbehörden oder der von denselben zu bestimmenden Behörden. (§ 25 Abs. 1 der Verordnung.)

2. Mindestens ein Schiedsgericht; es können auch für die Bezirke einer Versicherungsanstalt mehrere Schiedsgerichte errichtet werden. Die Entscheidung hierüber steht den Landeszentralbehörden bezw. dem Reichsversicherungsamt zu, vgl. Abs. 2.

§ 71.

Jedes Schiedsgericht besteht aus einem ständigen Vorsitzenden und aus Beisitzern. Die Zahl der Beisitzer muß aus der Klasse der Arbeitgeber und der Versicherten mindestens je zwei betragen. (1)

Der Vorsitzende wird aus der Zahl der öffentlichen Beamten von der Zentralbehörde des Bundesstaates, in welchem der Sitz des Schiedsgerichts belegen ist, ernannt. Für den Vorsitzenden ist in gleicher Weise ein Stellvertreter zu ernennen, welcher ihn in Behinderungsfällen vertritt. (2)

Die Beisitzer werden in der durch das Statut bestimmten Zahl von dem Ausschusse der Versicherungsanstalt, und zwar zu gleichen Theilen in getrennter Wahlhandlung von den Arbeitgebern und Versicherten, nach einfacher Stimmenmehrheit gewählt. Bezüglich der Wählbarkeit gelten die Bestimmungen des § 50, bezüglich der Ablehnungsgründe die Bestimmungen des § 60. (3)

Die Wahl erfolgt auf fünf Jahre. Die Gewählten bleiben nach Ablauf dieser Zeit solange im Amt, bis ihre Nachfolger ihr Amt angetreten haben. Die Ausscheidenden sind wieder wählbar. (4)

Zu Absatz 1.

1. Die Zahl der Beisitzer muß mindestens vier — zwei Arbeitgeber und zwei Versicherte — betragen. Das Gesetz trifft also, abweichend vom Unfallversicherungsgesetz (§ 47 Abs. 1 daselbst), keine Bestimmung über die definitive Zahl der Beisitzer, sondern überläßt die Festsetzung derselben der statutarischen Regelung (vgl. Abs. 3 und § 54 Ziffer 6). Diese Abweichung beruht auf der Erwägung, daß bei häufiger Inanspruchnahme der Schiedsgerichte eine Ueberlastung der Mitglieder derselben nur dann zu vermeiden ist, wenn diese Mitglieder in einer genügend großen, je nach dem Bedürfniß der einzelnen Versicherungsanstalten bemessenen Anzahl vorhanden sind und abwechselnd zu den Verhandlungen herangezogen werden können. Durch die Bestellung von Stellvertretern läßt sich das Bedürfniß nach Entlastung der Beisitzer nur unvollkommen decken, während andererseits bei der durch das Gesetz vorge-

sehenen Regelung die Bestellung von Stellvertretern überhaupt entbehrlich ist. (M. 110.)

Bei den Entscheidungen der Schiedsgerichte wirken nur zwei Beisitzer mit, vgl. § 74 Abs. 3.

Ueber die Reihenfolge, in welcher die Beisitzer einzuberufen sind, und die erforderliche Fürsorge, daß bei etwaigem Ausbleiben der geladenen Beisitzer andere am Orte des Schiedsgerichts oder dessen näherer Umgebung wohnende Beisitzer ohne Verzug aushülfsweise herangezogen werden können („Hülfsbeisitzer" ähnlich wie „Hülfsschöffen"), vgl. § 2 der in der Anlage abgedruckten Verordnung betr. das Verfahren vor den Schiedsgerichten.

Ueber die Reihenfolge, in welcher die Beisitzer einzuberufen sind, kann auch das Statut Bestimmung treffen. (§ 74 Abs. 1.)

1a. Die Schiedsgerichtsbeisitzer erhalten Ersatz für baare Auslagen, die Verteter der Versicherten außerdem Ersatz für entgangenen Arbeitsverdienst (§ 58). Die Festsetzung dieser Vergütungen erfolgt durch den Vorsitzenden des Schiedsgerichts. (§ 73 Abs. 2.)

2. Aus der Klasse der . . Versicherten; vgl. § 52.

Zu Absatz 3.

3. Geeignete Wahlkörper für die Vollziehung der Wahlen sind in den Ausschüssen der Versicherungsanstalten gegeben. In diesen Organen sind sowohl die Arbeitgeber wie die Arbeitnehmer durch Personen vertreten, welche im Wesentlichen durch die Vorstände der Krankenkassen gewählt worden sind und diese letzteren sind wiederum aus direkten Wahlen der Betheiligten hervorgegangen. Der Ausschuß entsteht somit aus direkten Urwahlen der Arbeitgeber und der Arbeitnehmer und erscheint demgemäß zur Vollziehung weiterer Wahlen für die Versicherungsanstalt besonders geeignet. Wie in den Krankenkassenvorständen, so werden auch in den Ausschüssen die Kategorien der Arbeitgeber und der Arbeitnehmer die Wahlen getrennt, eine jede Kategorie für sich, zu vollziehen haben. Einer besonderen behördlich zu erlassenden Wahlordnung wird es dagegen hier nicht bedürfen, vielmehr können die näheren Modalitäten der Wahl, ebenso wie bei der Wahl der Mitglieder des Aufsichtsraths, der Beschlußfassung der Betheiligten selbst überlassen bleiben. (M. 110.)

Streitigkeiten, welche sich auf die Gültigkeit der vollzogenen Wahlen beziehen, entscheidet das Reichsversicherungsamt. (§ 132.)

3a. Gleich wie die ursprüngliche Nichtwählbarkeit einer Person zum Schiedsgerichtsbeisitzer den dennoch Gewählten an der wirksamen Ausübung seines Amtes hindert, ebenso zieht der spätere Wegfall der Voraussetzungen zur Wählbarkeit die Unfähigkeit des Betreffenden zur Fortführung dieses Amtes von Rechts wegen nach sich. (vgl. Entsch. d. R.=V.=A. IV, 509. Freund S. 216 A. 5b.) Deswegen werden die Schiedsgerichtsvorsitzenden — wie das R.=V.=A.

in einem Rundschreiben an die Berufsgenossenschaftsvorstände (vgl. a. a. O.) ausgeführt hat — die Personalien der Beisitzer im Auge zu behalten und bei gegebener Veranlassung die Frage der Befähigung derselben auch von Amtswegen zu prüfen und behufs eventueller Feststellung das Weitere zu veranlassen haben. Vgl. hierzu § 2 Abs. 4 und 5 der Verordnung betr. das Verfahren vor den Schiedsgerichten. Hiernach erlischt insbes. die Fähigkeit eines Beisitzers, als solcher an einer Sitzung theilzunehmen erst mit der Enthebung vom Amt. Bei der Frage der Wählbarkeit bezw. des späteren Verlustes der Wählbarkeit ist insbes. die Vorschrift des § 52 zu beachten. (vgl. Anm. 1 daselbst.)

3b. Bezüglich der Ablehnungsgründe gelten die Bestimmungen des § 60. Daß durch diese Bestimmung auch für die Versicherten die Ablehnungsgründe des § 60 als maßgebend festgestellt werden sollten, kann ich nicht zugeben (vgl. auch Anm. 3 zu § 60). Im § 60, welcher allgemein von der Ablehnung der Wahlen handelt, heißt es ausdrücklich im Eingange: „Wahlen zu solchen Stellen, welche als Ehrenamt wahrzunehmen sind, können von den Arbeitgebern u. s. w.“ Welche Stellen aber als Ehrenamt wahrzunehmen sind, bestimmt § 58, und hier finden sich auch die Schiedsgerichtsbeisitzer verzeichnet. In diesem Sinne muß die Bestimmung des Absatz 3 interpretirt werden. (Anderer Meinung: Stenglein S. 149.)

3c. Personen, welche die Wahl ohne zulässigen Grund ablehnen oder sich der Ausübung ihres Amtes ohne hinreichende Entschuldigung entziehen, werden von dem Schiedsgerichts-Vorsitzenden mit Geldstrafe bis zu 500 Mk. belegt. (§ 73 Abs. 3.)

Zu Absatz 4.

4. Die Wahlperiode von fünf Jahren entspricht derjenigen für die Ausschuß-Mitglieder (§ 49 Abs. 3); sie wird vom Tage des völligen Inkrafttretens des Gesetzes — 1. Januar 1891 — an laufen (vgl. die entsprechende Vorschrift für die Unfallversicherung bei Freund S. 217 Anm. 6).

5. Die Ausscheidenden sind wieder wählbar, die Wiederwahl kann aber für eine Wahlperiode abgelehnt werden. Vgl. § 60 Abs. 2.

§ 72.

Name und Wohnort des Schiedsgerichtsvorsitzenden und seines Stellvertreters, sowie der Beisitzer sind von der Landes-Zentralbehörde in dem zu deren amtlichen Veröffentlichungen bestimmten Blatte bekannt zu machen.

Zu § 72.

1. In Preußen ist das zu amtlichen Veröffentlichungen bestimmte Blatt der „Deutsche Reichs- und Preußische Staatsanzeiger“.

2. Da es wünschenswerth ist, daß die Schiedsgerichtsvorsitzenden möglichst bald die Namen der gewählten Beisitzer erfahren, so hat das R.-V.-A. bezüglich

der Unfallversicherung den Vorständen anheimgestellt, „nach Vollzug der Wahlen den Schiedsgerichtsvorsitzenden eine entsprechende Mittheilung zukommen zu lassen“. (III S. 283. Freund, S. 218 Anm. 1.)

3. Zum Zwecke der Veröffentlichung ist es nothwendig, daß den Landeszentralbehörden Namen und Wohnort der gewählten Beisitzer mitgetheilt werden. Wie das R.-V.-A. bezüglich der Unfallversicherung ausgesprochen hat, werden die Vorstände die Einreichung der erforderlichen Anzeigen an die Landeszentralbehörden, ohne daß sie eine Aufforderung hierzu von diesen abwarten, zu veranlassen haben. (I S. 221. Freund, S. 218 Anm. 2.)

§ 73.

(1) Der Vorsitzende und dessen Stellvertreter, sowie die Beisitzer sind auf die gewissenhafte Erfüllung der Obliegenheiten ihres Amts eidlich zu verpflichten.

(2) Die Festsetzung der den Beisitzern zu gewährenden Vergütungen (§ 58), sowie der baaren Auslagen erfolgt durch den Vorsitzenden.

(3) Personen, welche die Wahl ohne zulässigen Grund ablehnen, oder sich der Ausübung ihres Amts ohne hinreichende Entschuldigung entziehen, werden vom Vorsitzenden mit Geldstrafe bis zu fünfhundert Mark belegt.

(4) Kommt eine Wahl nicht zu Stande oder verweigern die Gewählten ihre Dienstleistung, so hat, solange und soweit dies der Fall ist, die untere Verwaltungsbehörde, in deren Bezirk der Sitz des Schiedsgerichts belegen ist, die Beisitzer aus der Zahl der Arbeitgeber beziehungsweise Versicherten zu ernennen.

Zu Absatz 1.

1. Der Vorsitzende des Schiedsgerichts und dessen Stellvertreter werden von einem Beauftragten der Landeszentralbehörde, die Beisitzer dagegen bei ihrer ersten Dienstleistung in öffentlicher Sitzung von dem Vorsitzenden des Schiedsgerichts beeidigt. (§ 1 der Verordnung betreffend das Verfahren vor den Schiedsgerichten s. Anlage.)

Zu Absatz 2.

2. Die Sätze, welche dieser Festsetzung zu Grunde zu legen sind, werden gemäß § 58 durch das Statut bestimmt.

Gegen die Festsetzung wird die Beschwerde an das Reichsversicherungsamt zulässig sein. (Vgl. Entsch. des R.-V.-A. II, 200. Freund S. 219.)

Dem Vorsitzenden und seinem Stellvertreter darf eine Vergütung von der Versicherungsanstalt nicht gewährt werden. (§ 74 Abs. 7.)

Zu Absatz 3.

3. Ohne zulässigen Grund; bezüglich der Ablehnungsgründe gelten die Bestimmungen des § 60 (§ 71 Abs. 3).

Es ist zu beachten, daß das Strafrecht des Vorsitzenden wegen Nichtausübung des Amts ohne hinreichende Entschuldigung sich nach dem Wortlaute des Abs. 3 auf alle „Personen" bezieht, d. h. also nicht nur auf die Arbeitgeber, sondern auch die Versicherten. Im Uebrigen vgl. Anm. zu § 60.

4. Die Strafbefugniß steht dem Vorsitzenden des Schiedsgerichts zu und nicht dem Vorstande der Versicherungsanstalt (vgl. § 60 Abs. 1). Für diese Anordnung war besonders die Erwägung maßgebend, daß ein schnelles Einschreiten unter Umständen geboten erscheinen kann. Zu solchem aber ist insbesondere derjenige Beamte geeignet und im Stande, welcher die gesammten Angelegenheiten des Schiedsgerichts leitet, während durch Anrufung einer außerhalb der Gesammtorganisation stehenden Behörde (etwa der höheren Verwaltungsbehörde) oder des Vorstandes der Versicherungsanstalt die Erledigung der Sache ohne Noth verzögert werden könnte. Ueber Beschwerden gegen die von dem Schiedsgerichtsvorsitzenden ergriffenen Zwangsmaßregeln ist nach § 145 Abs. 1 von dem Reichsversicherungsamt zu entscheiden. (M. 111.)

Die Geldstrafen fließen in die Kasse der Versicherungsanstalt (§ 145 Abs. 2) und werden in derselben Weise beigetrieben wie Gemeindeabgaben (§ 137).

Zu Absatz 4.

5. Sofern die Zwangsmaßregeln (Abs. 3) des Vorsitzenden nicht alsbald den erwarteten Erfolg haben sollten, bleibt, wie bei der Unfallversicherung, nur übrig, von der zuständigen Behörde die renitenten Personen durch andere Beisitzer ersetzen zu lassen. (M. 111.)

6. Untere Verwaltungsbehörde; vgl. § 138.

§ 74.

Der Vorsitzende beruft das Schiedsgericht und leitet die Verhandlungen desselben. Durch das Statut können über die Reihenfolge, in welcher die Beisitzer zu den Verhandlungen zuzuziehen sind, Bestimmungen getroffen werden. (1)

Das Schiedsgericht ist befugt, Zeugen und Sachverständige, auch eidlich, zu vernehmen. (2)

Das Schiedsgericht entscheidet in der Besetzung von drei Mitgliedern, unter denen sich ein Arbeitgeber und ein Versicherter befinden muß. (3)

Die Entscheidungen des Schiedsgerichts erfolgen nach Stimmenmehrheit. (4)

(5) Im Uebrigen wird das Verfahren vor dem Schiedsgerichte durch Kaiserliche Verordnung mit Zustimmung des Bundesraths geregelt.

(6) Die Kosten des Schiedsgerichts, sowie die Kosten des Verfahrens vor demselben trägt die Versicherungsanstalt. Das Schiedsgericht ist jedoch befugt, den Betheiligten solche Kosten des Verfahrens zur Last zn legen, welche durch unbegründete Beweisanträge derselben veranlaßt worden sind.

(7) Dem Vorsitzenden des Schiedsgerichts und dessen Stellvertreter darf eine Vergütung von der Versicherungsanstalt nicht gewährt werden.

Zu Absatz 1.

1. Sofern das Statut Nichts Anderes bestimmt, werden die Beisitzer in der Regel in alphabetischer Reihenfolge zu den Sitzungen zugezogen. (§ 2 Abs. 3 der Verordnung betr. das Verfahren vor den Schiedsgerichten s. Anlage.)

Zu Absatz 2.

2. Ueber die Beweisaufnahme vor dem Schiedsgericht vgl. §§ 16 17 der Verordnung betr. das Verfahren vor dem Schiedsgericht.

Das Schiedsgericht wird auch zur Augenscheineinnahme befugt sein, wenn dies auch in Abs. 2 nicht ausdrücklich erwähnt ist. (Vgl. Bosse-v. Woedtke II, S. 71.) Die Zeugen und Sachverständigen erhalten Gebühren nach Maßgabe der Gebührenordnung vom 30. Juni 1878. (§ 17 Abs. 4 der Verordnung.) Die gegen die Festsetzung der Gebühren zulässige Beschwerde ist regelmäßig bei dem betr. Schiedsgericht selbst einzulegen. Giebt das Schiedsgericht nicht seinerseits der Beschwerde statt, so hat es dieselbe dem R.-V.-A. zur Entscheidung vorzulegen. (II, 221 Freund S. 232.)

Zu Absatz 3.

3. Ein Arbeitgeber und ein Versicherter; hier wird auch besonders die Vorschrift des § 52 zu beachten sein. Vgl. Anm. 1 daselbst. Bezüglich der Unfallversicherung hat das R.-V.-A. entschieden, daß die Mitwirkung eines Versicherten, welcher gemäß § 52 als Arbeitgeber zu gelten hat, die Anfechtbarkeit der schiedsgerichtlichen Entscheidung wegen nicht vorschriftsmäßiger Besetzung des Gerichts zur Folge haben kann. (IV, 509 Freund S. 216 Anm. 5b.) Gemäß § 2 Abs. 5 der in der Anlage abgedruckten Verordnung betr. das Verfahren vor dem Schiedsgericht, erlischt jedoch die Fähigkeit eines Beisitzers, als solcher an einer Sitzung theilzunehmen, erst mit der Enthebung vom Amt.

Ueber Ablehnung der Mitglieder des Schiedsgerichts vgl. § 3 der Verordnung.

Zu Absatz 4.

4. Ueber die Abstimmung vgl. im Uebrigen § 20 der Verordnung.

Zu Absatz 5.

5. Vgl. die in der Anlage abgedruckte „Verordnung betreffend das Verfahren vor den auf Grund des Invaliditäts- und Altersversicherungsgesetzes errichteten Schiedsgerichten. Vom 1. Dezember 1890“.

Zu Absatz 6.

6. Auch bei der Invaliditäts- und Altersversicherung ist an dem Grundsatze, daß das Verfahren vor dem Schiedsgerichte für den sein Recht suchenden Versicherten nicht mit Kosten verknüpft sein soll, im Interesse der Versicherten festgehalten. Dies darf jedoch nicht zu Mißbräuchen führen. Es liegt sowohl im Interesse der ganzen Einrichtung, wie insbesondere auch im finanziellen Interesse der zu den Kosten der Versicherungsanstalt beitragenden Versicherten, daß das Verfahren durch die den Antragstellern eingeräumte Wohlthat der Kostenfreiheit nicht ungebührlich verzögert und vertheuert werde. Der Versicherte ist in der Regel in der Lage, sich darüber zu vergewissern, ob die Erhebung der von ihm beantragten Beweise zur Unterstützung seiner Ansprüche dienen kann; der Gerichtshof dagegen kann einen solchen Ueberblick über die Zweckmäßigkeit des angetretenen Beweises nicht ohne Weiteres gewinnen und ist daher häufig genöthigt, den Beweis in vollem Umfange zu erheben. Ergiebt sich demnächst, daß der Beweisantrag ein völlig verfehlter, unnöthiger oder gar frivoler war, so ist es nur billig, wenn auf solche verfehlte Beweisanträge die Wohlthat der Kostenlosigkeit nicht ohne Weiteres erstreckt wird. Aus diesem Grunde giebt das Gesetz dem Schiedsgericht die Befugniß, den Betheiligten solche Kosten des Verfahrens zur Last zu legen, welche durch unbegründete Beweisanträge desselben veranlaßt worden sind. Eine Nöthigung, diese Kostenpflicht auszusprechen, legt das Gesetz dem Schiedsgerichte nicht auf. Das Gericht muß vielmehr bei Ausübung der in Rede stehenden Befugniß die Verhältnisse des einzelnen Falles sorgfältig prüfen. Dasselbe wird von einer Auferlegung von Kosten absehen, wenn die Sachlage es wahrscheinlich macht, daß der Versicherte einen Nutzen von derartigen Beweisanträgen in der That erwartet hat und erwarten konnte, wenngleich der Erfolg seinen Erwartungen nicht entsprochen hat. (M. 111.)

7. Die Kosten der Anschaffung der Schiedsgerichts-Siegel (§ 24 der Verordnung) gehören zu den gemäß Abs. 6 von der Versicherungsanstalt zu tragenden Kosten. (Vgl. bezüglich der Unfallversicherung II, S. 18. Freund S. 237 Anm. 6.)

Vgl. ferner folgende Entscheidung des R.-V.-A. bezüglich der Unfallversicherung (III, 259. Freund S. 238 Anm. 8):

In einer Unfallversicherungssache waren in der Berufungsinstanz auf Ladung des Schiedsgerichts vor demselben Zeugen und Sachverständige vernommen worden. Obwohl die Berufsgenossenschaft in der Berufungs- und in der Rekursinstanz in der Sache obsiegte, hat das Reichs-Versicherungsamt den Erstattungsantrag der Berufsgenossenschaft hinsichtlich der durch jene Vernehmungen entstandenen Kosten zurückgewiesen.

Die fraglichen Kosten gehören zu den Kosten des Verfahrens vor dem Schiedsgericht, welche nach § 50 Abs. 5 von der Genossenschaft zu tragen sind. Die Bestimmungen des § 18 Abs. 2 der Verordnung vom 2. November 1885, wonach auch darüber zu entscheiden ist, ob und in welchem Betrage die unterliegende Partei dem Gegner die ihm in dem Verfahren vor dem Schiedsgericht erwachsenen Kosten zu erstatten hat, und des § 19 Abs. 2 der Verordnung, betreffend die Formen des Verfahrens und den Geschäftsgang des Reichs-Versicherungsamts vom 5. August 1885, wonach die Entscheidung sich auch auf die in dem Verfahren vor dem Reichs-Versicherungsamt den Parteien erwachsenen Kosten erstreckt, und auf die Frage, welcher Kostenbetrag zur zweckentsprechenden Wahrung der Ansprüche und Rechte nothwendig gewesen ist, finden auf die oben bezeichneten Kosten, welche als außergerichtliche Kosten nicht angesehen werden können, keine Anwendung.

8. Die nach Abs. 6 einem Betheiligten zur Last gelegten gerichtlichen Kosten werden durch Vermittelung des Schiedsgerichts in derselben Weise beigetrieben, wie Gemeindeabgaben (§ 19 Abs. 3 der Verordnung).

IV. Verfahren.

Feststellung der Rente.

§ 75.

(1) Personen, welche den Anspruch auf Bewilligung einer Invaliden- oder Altersrente erheben, haben diesen Anspruch bei der für ihren Wohnort zuständigen unteren Verwaltungsbehörde anzumelden. Der Anmeldung sind die Quittungskarte sowie die sonstigen zur Begründung des Anspruchs dienenden Beweisstücke beizufügen. Handelt es sich um Bewilligung einer Invalidenrente, so hat die untere Verwaltungsbehörde die für den Wohnort des Antragstellers zuständigen Vertrauensmänner zu hören und dem Vorstande derjenigen

im § 48 Absatz 2 bezeichneten Krankenkasse u. s. w., welcher der Antragsteller angehört, Gelegenheit zu geben, sich binnen einer angemessenen Frist über den Antrag zu äußern. Die untere Verwaltungsbehörde hat den Antrag unter Anschluß der beigebrachten Urkunden und entstandenen Verhandlungen mit ihrer gutachtlichen Aeußerung dem Vorstande derjenigen Versicherungsanstalt zu übersenden, an welche ausweislich der Quittungskarte zuletzt Beiträge entrichtet worden waren.

Der Vorstand der Versicherungsanstalt hat den Antrag zu (2) prüfen und, sofern der Antrag nicht ohne Weiteres abzuweisen ist, die früheren Quittungskarten einzufordern (§ 107). Erscheinen die beigebrachten Beweisstücke zur Abgabe einer Entscheidung nicht ausreichend, so sind weitere Erhebungen zu veranlassen. Die Kosten derselben fallen der Versicherungsanstalt zur Last.

Wird der angemeldete Anspruch anerkannt, so ist die Höhe der (3) Rente sofort festzustellen. Dem Empfangsberechtigten ist sodann ein schriftlicher Bescheid zu ertheilen, aus welchem die Art der Berechnuug der Rente zu ersehen ist. Abschrift des Bescheides ist dem Staatskommissar (§ 63) zuzustellen.

Wird der angemeldete Anspruch nicht anerkannt, so ist derselbe (4) durch schriftlichen, mit Gründen versehenen Bescheid abzulehnen.

Zu Absatz 1.

1. Das Verfahren für die Feststellung der Rente gestaltet sich kurz folgendermaßen: Der Anspruch auf Bewilligung einer Invaliden- oder Altersrente ist bei der unteren Verwaltungsbehörde unter Beifügung der letzten Quittungskarte und der sonstigen zur Begründung des Anspruchs dienenden Beweisstücke (ärztliches Attest u. s. w.) anzumelden. Die untere Verwaltungsbehörde hat — sofern es sich um eine Invalidenrente handelt — die Vertrauensmänner sowie den Vorstand der Krankenkasse, welcher der Antragsteller angehört, über den Anspruch zu hören und diese Aeußerungen nebst seiner eigenen gutachtlichen Aeußerung und den von dem Antragsteller eingereichten Urkunden an den Vorstand derjenigen Versicherungsanstalt zu übersenden, zu welcher der Antragsteller ausweislich der eingereichten Quittungskarte zuletzt Beiträge entrichtet hat. Bei der Altersrente fällt die Anhörung der Vertrauensmänner und des Krankenkassenvorstandes weg. (§ 75 Abs. 1.) Der Vorstand der Versicherungsanstalt prüft den Antrag auf Grund der eingereichten Urkunden und gutachtlichen Aeußerungen und sofern nach dieser Prüfung der Antrag nicht ohne Weiteres abzuweisen ist, fordert er zunächst sämmtliche Quittungskarten des

Antragstellers ein. Alsdann kann der Vorstand noch weitere Erhebungen veranlassen (ärztliche Untersuchung u. s. w.) und entscheidet schließlich über den erhobenen Anspruch. (§ 75 Abs. 2.) Die Entscheidung ist dem Antragsteller in einem schriftlichen Bescheide mitzutheilen. (§ 75 Abs. 3 und 4.) Gegen die Entscheidung des Vorstandes findet — soweit es sich um Ablehnung des Anspruchs oder die Feststellung der Höhe der Rente handelt — die Berufung an das Schiedsgericht statt und zwar binnen 4 Wochen nach Zustellung der Entscheidung (§ 77). Gegen die Entscheidung des Schiedsgerichts steht beiden Theilen die Revision bei dem Reichsversicherungsamt zu, und zwar wiederum binnen 4 Wochen nach Zustellung der schiedsgerichtlichen Entscheidung. (§§ 79, 80). — Die Auszahlung der Rente erfolgt auf Anweisung des betreffenden Vorstandes durch die Post. (§ 91.) Die zuständige Postanstalt ist in einem Berechtigungsausweise zu bezeichnen, welcher dem Berechtigten nach Feststellung der Rente über die ihm zustehenden Bezüge von dem Vorstande ausgefertigt wird. (§ 86.) — Die Vertheilung der Rente auf die betheiligten Versicherungsanstalten und das Reich erfolgt durch das Rechnungsbüreau. (§ 88.) Zu dem Zwecke reicht der Vorstand nach rechtskräftiger Feststellung der Rente eine Ausfertigung der Entscheidung nebst den sämmtlichen Quittungskarten dem Rechnungsbüreau ein (§ 87). Auf Grund dieser Vertheilung werden wiederum von dem Rechnungsbüreau die von den Postanstalten vorschußweise gezahlten Beträge vertheilt (§ 92) und die Erstattung dieser Beträge seitens der Versicherungsanstalten hat dann alljährlich zu erfolgen (§ 93).

2. Die untere Verwaltungsbehörde wird von den Zentralbehörden der Bundesstaaten bestimmt (§ 138). Die Anmeldung hat bei der für den Wohnort zuständigen unteren Verwaltungsbehörde zu erfolgen. Vgl. die folgende Anm. zu a.

Die Anmeldung hat von denjenigen Personen zu erfolgen, welche den Anspruch auf Rente durch die Beitragszahlung erworben haben. Gemäß § 35 Abs. 2 werden auch die Gemeinden bezw. Armenverbände zur Anmelduug legitimirt erscheinen. Dagegen kann ich mich mangels jeglicher gesetzlichen Grundlage der Ansicht von Bosse—v. Woedtke (II S. 75) nicht anschließen, wonach auch unter Umständen den Zuschußkassen (§ 36 vgl. daselbst und § 37) ein selbstständiges Anmelde- bezw. Antragsrecht zugestanden werden soll. Diese Kassen werden sich bei Gelegenheit der gemäß § 36 vorzunehmenden Abänderung des Statuts durch geeignete statutarische Bestimmungen vor Schaden zu schützen haben. In dieser Hinsicht schlagen Bosse—v. Woedtke vor: „Durch das Statut der Zuschußkassen die Mitglieder derselben zu verpflichten, bei Vermeidung des Verlustes der statutarischen Renten ihrerseits den Antrag auf gesetzliche Rente rechtzeitig zu stellen und zu verfolgen.“ Auch scheint es mir nicht statthaft, daß von Amtswegen das Verfahren auf Rentenfeststellung eingeleitet wird (anders Bosse—v. Woedtke II S. 75); dagegen wird vorkommenden Falls Nichts im Wege stehen, daß der Versicherte von Amtswegen auf seinen Rentenansprnch hingewiesen wird.

3. Die Anmeldung muß jedenfalls in einer schriftlichen Eingabe bezw. zu Protokoll geschehen.

Der Anmeldung sind beizufügen:

a. die Quittungskarte;

b. die sonstigen zur Begründung des Anspruchs dienenden Beweisstücke. (Ueber die Gebühren- und Stempelfreiheit vgl. § 140.)

Zu a.: Aus der Quittungskarte ist ersichtlich, zu welcher Versicherungsanstalt der Antragsteller zuletzt Beiträge entrichtet hat; diese Versicherungsanstalt ist für die Feststellung der Rente zuständig (vgl. den Schlußsatz des Absatz 1). Meistens wird ja der Wohnort des Antragstellers im Bezirke der zuständigen Versicherungsanstalt liegen; es braucht dies aber nicht der Fall zu sein: es verläßt z. B. der erkrankte Arbeiter seinen Arbeitsort, begiebt sich in seine außerhalb des Bezirks der Versicherungsanstalt belegene Heimath — dies pflegt der unverheirathete Arbeiter meistens zu thun — und wird dort invalide, ohne weitere Beiträge entrichtet zu haben. Hier erfolgt die Anmeldung bei der unteren Verwaltungsbehörde des Heimathorts, die Entscheidung hingegen durch die Versicherungsanstalt des Arbeitsorts.

Die Beifügung der Quittungskarte muß auch Seitens derjenigen Versicherten geschehen, welchen zur Zeit des Inkrafttretens des Gesetzes sofort ein Anspruch auf Altersrente zusteht. (Vgl. bei § 157.)

Da die Gewährung der Altersrente ohne Rücksicht auf die Erwerbsfähigkeit erfolgt, der zum Anspruch auf Altersrente Berechtigte also weiter in einer versicherungspflichtigen Beschäftigung verbleiben kann (vgl. Anm. 9 zu § 9), so wird einem solchen Versicherten, da er bei Beantragung der Altersrente seine Quittungskarte beifügen muß, eine neue Karte kostenlos auszustellen sein. Diese Neuausstellung wird sogar, — nach einem Rundschr. des R.-V.-A. — wenn die ausstellende Behörde (§ 103 Abs. 1) nicht dieselbe ist, wie die nach § 75 zur Vorprüfung des Rentenanspruchs berufene, vor Anmeldung des Anspruchs auf Bewilligung der Altersrente zu bewirken sein, weil bei Ausstellung der neuen Karte die Vorlegung der alten erforderlich ist.

Zu b.: Die den Anspruch auf Invalidenrente begründende dauernde Erwerbsunfähigkeit wird durch ein besonderes ärztliches Attest nachgewiesen werden müssen; ist nicht völlige Erwerbsunfähigkeit vorhanden, so werden noch Bescheinigungen darüber beizubringen sein, daß der Antragsteller das im § 9 Abs. 3 bezeichnete Lohn-Minimum zu verdienen außer Stande ist, sofern diese Feststellung nicht schon das ärztliche Attest enthält. Zur Begründung des Anspruchs auf Invalidenrente aus § 10 wird die während eines Jahres ununterbrochen bestandene Erwerbsunfähigkeit nachzuweisen sein. Dieser Nachweis wird ganz oder zum Theil durch Vorlegung von „Kranken-Kassen-Scheinen" geführt werden können, eventuell ist auch hier ein besonderes ärztliches Attest beizubringen. Zur Begründung des Anspruchs auf Altersrente genügt die Einreichung der standesamtlichen Geburtsurkunde bezw. die Beibringung anderer Nachweise, aus denen die Vollendung des 70. Lebensjahres hervorgeht. Sonstige Beweismittel sind die Bescheinigungen des § 6 Abs. 2 über die Betheiligung bei einer zugelassenen Kasseneinrichtung.

Da zur Erlangung eines Anspruchs auf Rente vor Allem auch die Zurücklegung der Wartezeit (§ 15) gehört, so wird die Erfüllung dieser Vorbedingung durch die gemäß § 103 Abs. 2 ausgestellten „Bescheinigungen" glaubhaft zu machen sein, eventuell wird die untere Verwaltungsbehörde in dieser Richtung die nothwendigen Erhebungen durch Nachfrage bei den in Betracht kommenden Versicherungsanstalten (§ 107) anstellen müssen. Besonders für die Uebergangszeit wird der Nachweis der Erfüllung der Voraussetzungen für die Verminderung der Wartezeit von dem Antragsteller zu führen und werden die hierfür nothwendigen Beweisstücke dem Antrage beizufügen sein (vgl. §§ 156, 157, 161). Auch die Nachweise über die anrechnungsfähigen Krankheits- und Militär-Dienstzeiten werden beizulegen sein, da ja über diese Anrechnung definitiv der Vorstand entscheidet (vgl. Anm. zu § 17).

Die definitive Feststellung über die Erfüllung der Wartezeit wird durch den Vorstand aus den Quittungskarten erfolgen (vgl. Anm. 9).

4. Handelt es sich um die Bewilligung einer Invalidenrente, so hat die untere Verwaltungsbehörde:

a. die für den Wohnort des Antragstellers zuständigen Vertrauensmänner zu hören;

b. falls der Antragsteller einer in § 48 Abs. 2 bezeichneten Krankenkasse angehört, dem betreffenden Kassenvorstande Gelegenheit zu geben, sich binnen einer angemessenen Frist über den Antrag zu äußern.

Zu a. Es sind die für den Wohnort zuständigen Vertrauensmänner zu hören; das liegt in der Natur der Sache und folgt aus dem Zwecke der Bestellung der Vertrauensmänner. Damit soll aber nicht gesagt sein, daß an jedem Orte ein Vertrauensmann wohnen muß, sondern es sollen die Vertrauensmänner desjenigen Bezirks befragt werden, in welchem der Wohnort des Antragstellers liegt. (K. 142.) Es sind ferner die Vertrauensmänner zu hören, also jedenfalls je ein Arbeitgeber und ein Versicherter (vgl. Anm. 7 zu § 51); ebensowenig wie es aber nothwendig ist, daß eine gleiche Anzahl Arbeitgeber und Versicherter als Vertrauensmänner bestellt wird, ist es nothwendig von jeder Kategorie eine gleiche Anzahl zu hören. (St. B. 1952.) Ist eine Aeußerung der Vertrauensmäuner aus irgend welchem Grunde nicht zu erlangen, so geht trotzdem das Verfahren weiter (vgl. Bosse — v. Woedtke II S. 77).

Die Anhörung wird entweder schriftlich erfolgen, oder es wird ein förmliches Protokoll über dieselbe aufzunehmeu sein; dies geht auch daraus hervor, daß im Folgenden bestimmt ist, die „entstandenen Verhandlungen" sollen eingesandt werden. (St. B. 1467.)

Zu b. Es kommt darauf an, ob der Antragsteller gegenwärtig noch der Krankenkasse angehört, dann muß dem Kassenvorstande Gelegenheit zur Aeußerung gegeben werden. Doch kann die untere Verwaltungsbehörde, falls der Antragsteller der Kasse zwar nicht mehr angehört, aber doch früher angehört hat, zu ihrer eigenen Information den Kassenvorstand zu einer Aeußerung auffordern. Dies zu thun wird sich nur dann empfehlen, wenn zwischen dem Verluste der Mitgliedschaft und der Stellung des Antrages noch kein zu langer

Zeitraum verstrichen und nach Lage der Sache anzunehmen ist, daß der Kassenvorstand den Antragsteller genauer kennt.

Die sog. Freien Kassen werden gesetzlich nicht berücksichtigt; dagegen steht Nichts im Wege, daß sich die untere Verwaltungsbehörde Zwecks ihrer eigenen Information auch an diese Kassen wendet.

5. Handelt es sich um die Feststellung einer Altersrente, so ist die in Anm. 4 erwähnte „Anhörung" der Vertrauensmänner und Aeußerung der Krankenkasse der Natur der Sache nach nicht nothwendig.

6. Die untere Verwaltungsbehörde hat eine gutachtliche Aeußerung abzugeben. Die Aeußerung wird sich insbesondere darauf zu erstrecken haben, ob das für die Altersrente vorgeschriebene Lebensjahr erreicht oder das für die Invalidenrente erforderliche Maß dauernder Erwerbsunfähigkeit nachgewiesen ist. Zu schwierigen Untersuchungen über die Höhe der zu bewilligenden Rente, wobei unter Umständen eingehende Rechnungen erforderlich sind, will dagegen das Gesetz die unteren Verwaltungsbehörden schon um deswillen nicht verpflichten, weil ihnen die hierzu erforderlichen rechnerischen Hülfskräfte in der Regel nicht zur Verfügung stehen. (M. 112.)

Die gutachtliche Aeußerung wird sich nicht lediglich auf die Aeußerungen der Vertrauensmänner und des Kassenvorstandes stützen dürfen; vielmehr wird die Behörde unabhängig hiervon anderweites Material suchen müssen. Insbesondere wird es sich bei Invalidisirungs-Anträgen unter Umständen empfehlen, den Antragsteller persönlich in Augenschein zu nehmen und den Eindruck, welchen derselbe gemacht hat, in der Aeußerung festzustellen.

Ueber etwaige Erhebungen Zwecks Feststellung der Erfüllung der Wartezeit vgl. Anm. 3. Insbesondere während der Uebergangszeit wird die untere Verwaltungsbehörde dafür Sorge tragen müssen, daß von dem Antragsteller alle für die Abkürzung der Wartezeit ev. auch die für die Berechnung der Altersrente nothwendigen Nachweise (vgl. §§ 156 ff.) beigebracht werden. Auch wird hierbei die Behörde den Antragsteller auf die Folgen des Fehlens der Nachweise, so z. B. insbesondere für die Berechnung der Altersrente gemäß § 159 hinweisen müssen.

7. Das gesammte Material wird alsdann von der unteren Verwaltungsbehörde an den Vorstand derjenigen Versicherungsanstalt gesandt, an welche ausweislich der Quittungskarte zuletzt Beiträge entrichtet worden waren, also an diejenige Versicherungsanstalt, auf welche die zuletzt eingeklebte Marke lautet. Vgl. auch Anm. 8.

7a. Ueber die vorzeitige Wiederholung endgültig abgelehnter Anträge auf Bewilligung einer Invalidenrente vgl. § 84.

Zu Absatz 2.

8. Die Entscheidung über die erhobenen Ansprüche kann billigerweise nur einem Organe der betheiligten Träger der Belastung übertragen werden

Denn es handelt sich hier für die Träger der Versicherung um die Uebernahme einer dauernden Last, an welcher zwar mehrere Versicherungsanstalten betheiligt sein können, deren Voraussetzungen aber unter allen Umständen von einem Organ der mitbetheiligten Träger der Versicherung werden geprüft werden müssen. Der Bildung eines besonderen gemeinsamen Organs aller betheiligten Versicherungsanstalten bedarf es zu diesem Zweck nicht, die dadurch bedingte Erschwerung und Verwickelung der Organisation und des Verfahrens wird vielmehr vermieden werden können, wenn das Verfahren wegen Anerkennung des Rentenanspruchs und wegen Festsetzung der Höhe der Rente derjenigen Versicherungsanstalt übertragen wird, an welche die letzten Beiträge entrichtet worden sind. Diese Versicherungsanstalt wird dann freilich, sofern im Verlauf der Jahre an mehrere Versicherungsanstalten Beiträge entrichtet worden sind, auch über die Belastung der mitbetheiligten übrigen Versicherungsanstalten mitentscheiden. Indessen dürfte hier ein erhebliches Bedenken schon um deswillen nicht füglich abzuleiten sein, weil sämmtliche Versicherungsanstalten in gleicher Weise für einander einzutreten berufen sein können. Hieraus ergiebt sich eine Solidarität der verschiedenen Versicherungsanstalten, welche für die gewissenhafte Wahrnehmung der Interessen Aller durch die in jedem Einzelfalle zur Entscheidung berufene Anstalt ausreichende Gewähr bieten dürfte. Außerdem gehört es nach den Vorschriften des § 63 zu den Obliegenheiten des Staatskommissars, bei den Verhandlungen über die Bewilligung von Renten die Interessen der mitbetheiligten Versicherungsanstalten nach Kräften wahrzunehmen. Uebrigens bleibt es den einzelnen Versicherungsanstalten unbenommen, in den dazu geeigneten Fällen eine vorherige Verständigung unter einander herbeizuführen.

Mit Rücksicht auf die Bedeutung, welche die Anerkennung von Rentenansprüchen und die Festsetzung der Höhe der Renten für die Versicherungsanstalten hat, soll immer nur der Vorstand der zuständigen Versicherungsanstalt über die erhobenen Ansprüche befinden. Denn einestheils handelt es sich hier um die wichtigste Entscheidung, welche überhaupt auf dem Gebiete der Invaliditäts- und Altersversicherung abzugeben ist, um eine Entscheidung, bei welcher gleichzeitig die Interessen des Reichs und anderer mitbetheiligter Versicherungsanstalten in Frage kommen. Entscheidungen von solcher Tragweite werden untergeordneten Instanzen, etwa den Vertrauensmännern, weder ganz noch auch nur zum Theil übertragen werden können. Andererseits sind diese Entscheidungen auf Grund genauer und sorgfältigster Prüfung des vorliegenden thatsächlichen Materials abzugeben; sie beruhen wesentlich auf formaler Anwendung der gesetzlichen Bestimmungen und eignen sich daher ihrer Natur nach weit mehr für eine behördliche Instanz als für das freie Ermessen ehrenamtlicher Selbstverwaltungsorgane. (M. 112.)

9. Sofern der Antrag ohne Weiteres abzuweisen ist, kann von der Einforderung der Quittungskarten Abstand genommen werden. Ohne Weiteres abzuweisen sein wird z. B. der Antrag auf Gewährung einer Altersrente vor vollendetem 70. Lebensjahre, der Antrag auf Gewährung einer Invalidenrente, wenn die eingereichte Quittungskarte bereits verfallen ist. (Vgl. § 104 und

§ 32 Abs. 1.) Die Abweisung erfolgt durch schriftlichen mit Gründen versehenen Bescheid (Abs. 4). Bevor in die materielle Prüfung des Antrags eingegangen wird, muß zunächst festgestellt werden, ob die Vorschriften über Zurücklegung der Wartezeit (§ 15 ff) erfüllt sind (über die Verminderung der Wartezeit für die Uebergangszeit vgl. §§ 156, 157), und ob nicht die Anwartschaft erloschen ev. ob die erloschene Anwartschaft wieder aufgelebt ist (vgl. § 32). Diese Feststellung geschieht aus den Quittungskarten, welche von derjenigen Versicherungsanstalt einzufordern sind, welche auf der dem Antrage beiliegenden Quittungskarte bezeichnet ist. (Vgl. § 102 und § 107 Abs. 1.)

Wird später der Antrag auf Rente endgültig abgelehnt, so sind die Quittungskarten an diejenige Stelle zurückzusenden, von der sie eingefordert worden sind.

Der Vorstand hat ferner jetzt definitiv über die Anrechnung von Krankheits- und Militärdienst-Zeiten (vgl. § 17) zu entscheiden. Ueber die Berechnung der Anzahl der anrechnungsfähigen Beitragswochen vgl. Anm. 6 zu § 17.

Ergiebt sich bei der materiellen Prüfung, daß die beigebrachten Beweisstücke zur Abgabe einer Entscheidung nicht ausreichen, so kann der Vorstand Erhebungen nach den verschiedensten Richtungen hin anstellen. Insbesondere werden wohl hier in Frage kommen weitere ärztliche Gutachten und Zeugenvernehmungen (vgl. hierzu § 141 über Rechtshülfe).

Zu Absatz 3.

10. Wird der angemeldete Anspruch anerkannt; abgesehen von den formalen Voraussetzungen (vgl. Anm. 9) des Invaliditäts-Anspruchs, wird es sich hier hauptsächlich um die Frage handeln: liegt dauernde Erwerbsunfähigkeit im Sinne des Gesetzes vor? Vgl. hierzu insbesondere Anm. 5 zu § 9.

11. Die Feststellung der Höhe der Rente erfolgt gemäß § 26; vgl. daselbst. Gegen die festgestellte Höhe der Rente kann der Versicherte hier keine solchen Einwendungen mehr machen, welche sich auf eine mangelhafte Aufrechnung der Quittungskarten gründen, daß ihm z. B. in einer Quittungskarte zu wenig Marken bezw. in zu geringen Lohnklassen aufgerechnet und demgemäß bei der Rentenberechnung angerechnet seien. Diese Einwendungen waren lediglich nach Aushändigung der „Bescheinigung“ gemäß § 106 zu erheben. (Vgl. Bosse — v. Woedtke II S. 168.)

11a. Sobald die Höhe der Rente festgestellt ist, erfolgt ihre Eintragung in die Rentenliste. Ueber die Führung der Rentenliste vgl. die in der Anlage abgedruckten Vorschriften über die Rechnungsführung unter III.

12. Ueber die Form des Bescheides vgl. § 19 der Vorschriften betr. die Rechnungsführung (s. Anlage). Dem Bescheide ist ein Berechtigungsausweis (vgl. § 86) beizufügen, und gleichzeitig an die obere Postbehörde die Zahlungsanweisung (vgl. § 91) zu erlassen. (§ 19 a. a. O.)

Der Bescheid ist dem Antragsteller zuzustellen. Da die Zustellung den Lauf einer Frist bedingt (§ 77 Abs. 2), so findet § 139 Abs. 1 Anwendung.

Zu Absatz 4.

13. In dem ablehnenden Bescheide müssen diejenigen Gründe ersichtlich gemacht werden, welche zur Ablehnung des Anspruchs geführt haben.

Sobald der ablehnende Bescheid die Rechtskraft erlangt hat, ist eine Abschrift desselben der unteren Verwaltungsbehörde mitzutheilen (§ 83).

§ 76.

(1) Die Annahme, daß die Erwerbsunfähigkeit durch einen nach den Unfallversicherungsgesetzen zu entschädigenden Unfall verursacht ist, begründet nicht die Ablehnung des Anspruchs auf Invalidenrente. Es ist vielmehr, sofern im Uebrigen der Anspruch gerechtfertigt erscheint, die Invalidenrente festzustellen.

(2) Die Versicherungsanstalten sind berechtigt, die verpflichtete Berufsgenossenschaft wegen Ersatzes der dem Invaliden gezahlten Rente in Anspruch zu nehmen.

(3) Wird die Verpflichtung zur Gewährung einer Unfallentschädigung bestritten, so ist darüber in dem durch §§ 62 und 63 des Unfallversicherungsgesetzes vom 6. Juli 1884 vorgeschriebenen Verfahren zu entscheiden. Im Uebrigen werden Streitigkeiten über den Ersatzanspruch von dem ordentlichen Richter entschieden.

Zu Absatz 1 und 2.

1. Die Vorschriften des § 76 verfolgen den Zweck, den Versicherten, welcher erwerbsunfähig geworden ist, mit thunlichster Beschleunigung in den Besitz einer Rente zu setzen. Zu dem Zweck soll die Versicherungsanstalt den Antrag auf Gewährung einer Invalidenrente nicht um deswillen zurückweisen dürfen, weil sie annimmt, daß die Invalidität durch einen unter die Unfallversicherungsgesetze fallenden Betriebsunfall herbeigeführt sei.

Durch solche Zurückweisung würde die Erfüllung materiell begründeter Ansprüche auf Rente, bei denen ein Zweifel nur darüber besteht, gegen welchen Verpflichteten sie geltend zu machen sind, ohne zwingende Veranlassung in die Länge gezogen werden. Die Beantwortung der Frage, ob der Erwerbsunfähige zu den nach den Unfallversicherungsgesetzen versicherten Personen gehöre, sowie der ferneren Frage, ob im konkreten Falle ein Unfall „bei" dem Betriebe, für welchen allein die Unfallversicherung einzutreten hat, vorliegt, oder ob es sich um einen anderen Unfall handelt, hängt oft von thatsächlichen Feststellungen ab, deren Ergebniß von vornherein nicht immer leicht vorausgesehen werden kann.

Eine, vielleicht gegen die bessere Ueberzeugung des Versicherten bewirkte Verweisung desselben an die Berufsgenossenschaft könnte also die unerwünschte Folge haben, daß seitens der Organe der Unfallversicherung nach längeren Verhandlungen die Entschädigung des Erwerbsunfähigen abgelehnt und dieser wieder an die Versicherungsanstalt verwiesen wird, welche ihn zunächst abgewiesen hatte. Daß ein solches Ergebniß, sowie jede Verzögerung der Erfüllung thatsächlich begründeter Ansprüche vermieden werden muß, leuchtet ein. Der Versicherungsanstalt bleibt es unbenommen, materiell die ihr erwachsene Belastung auf die verpflichtete Berufsgenossenschaft abzuwälzen, indem sie die vielleicht nicht unzweifelhafte Frage, ob etwa auf den konkreten Fall die Unfallversicherungsgesetze anzuwenden seien, im Regreßwege gegen diejenige Berufsgenossenschaft, welche sie zum Ersatz für verpflichtet hält, zum Austrage bringt. Ergiebt sich dabei, daß der Fall in der That nach den Unfallversicherungsgesetzen zu entschädigen ist, so war auch die Rente nach den Vorschriften der letzteren Gesetze, nicht nach den Vorschriften des vorliegenden Gesetzes geschuldet; bereits gezahlte Beträge sind alsdann der Versicherungsanstalt zu erstatten, die ferneren Beträge in der durch die Unfallversicherungsgesetze vorgesehenen Höhe an den Versicherten auf Kosten der Berufsgenossenschaft zu leisten. Andernfalls hat es dagegen bei der Rentenzahlung auf Kosten der Versicherungsanstalten lediglich zu bewenden. (M. 113.)

Wenn also von einem Verletzten ein Antrag auf Invalidisirung bei der Versicherungsanstalt eingeht, so ist diesem Antrage — vorausgesetzt natürlich, daß die gesetzlichen Bedingungen vorhanden sind — unter allen Umständen schleunigst statt zu geben, und die Rente zur Zahlung anzuweisen, mag auch die Versicherungsanstalt der Ueberzeugung sein, daß hier ein nach den Unfallversicherungsgesetzen zu entschädigender Betriebsunfall vorliegt. Die Versicherungsanstalt wird sich aber sofort nach Feststellung der Rente mit der ihrer Meinung nach verpflichteten Berufsgenossenschaft in Verbindung zu setzen haben, und gegen dieselbe event. in dem durch das Unfallversicherungsgesetz (§§ 62—63) geregelten Verfahren klagbar werden. (Vgl. Abs. 2 u. 3.)

Von der Inanspruchnahme der Berufsgenossenschaft und der Beendigung des Verfahrens ist dem Rechnungsbureau Anzeige zu machen (§ 21 Abs. 2 der Vorschriften betr. die Rechnungsführung).

Steht durch Anerkenntniß der Berufsgenossenschaft oder durch rechtskräftige Entscheidung die Zahlungsverpflichtung der Berufsgenossenschaft fest, so wird Nichts entgegenstehen, daß die Versicherungsanstalt die Rentenzahlungen ihrerseits nach vorherigem Einvernehmen mit der Berufsgenossenschaft einstellt. Es wird dann gemäß § 24 der Vorschriften über die Rechnungsführung eine Wegfallanweisung zu erlassen, und das Rechnungsbureau von der erfolgten Einstellung zu benachrichtigen sein. — vgl. auch Anm. 3 zu § 9.

2. Ist der Versicherte bereits im Genuß einer Unfallrente, als die Invalidität eintrat, so finden die Bestimmungen des § 34 Ziffer 1 Anwendung.

2a. Die Versicherungsanstalten, also jede bei der Rente betheiligte Anstalt.

Zu Absatz 3.

3. Die Frage, ob die Erwerbsunfähigkeit nach den Vorschriften der Unfallversicherungsgesetze zu entschädigen und demgemäß der Regreßanspruch im Prinzip begründet sei, kann nach den geltenden Grundsätzen schon zur Vermeidung widersprechender Entscheidungen höchster Gerichtshöfe nur in dem durch die Unfallversicherungsgesetze geregelten Verfahren (Schiedsgericht, Reichs-Versicherungsamt, Landes-Versicherungsamt) entschieden werden, wobei nach diesen Gesetzen gleichzeitig von Amtswegen auch die Höhe der dem Verletzten zu gewährenden Unfallrente festzusetzen ist. Aus diesem Grunde führt das Verfahren gleichzeitig zur vollen Befriedigung des Verletzten auch wegen der Mehrforderungen, welche demselben nach den Vorschriften der Unfallversicherungsgesetze etwa zustehen. Etwaige andere aus dem Ersatzanspruch der Versicherungsanstalten entstehende Streitigkeiten werden vor den ordentlichen Richter verwiesen (M. 114).

§ 77.

(1) Gegen den Bescheid, durch welchen der Anspruch abgelehnt wird, sowie gegen den Bescheid, durch welchen die Höhe der Rente festgestellt wird, findet die Berufung auf schiedsgerichtliche Entscheidung statt.

(2) Der Bescheid muß die Bezeichnung der Berufungsfrist und des für die Berufung zuständigen Schiedsgerichts, sowie Namen und Wohnort des Vorsitzenden des letzteren enthalten. Die Berufung ist bei Vermeidung des Ausschlusses binnen vier Wochen nach der Zustellung des Bescheides bei dem Vorsitzenden des Schiedsgerichts einzulegen.

(3) Die Berufung hat keine aufschiebende Wirkung.

Zu Absatz 1.

1. Gegen den Bescheid, durch welchen die Erwerbsunfähigkeit anerkannt ist, oder eine Rente festgesetzt wird, steht dem Staatskommissar die Berufung zu (§ 63 Abs. 1).

Von der Einlegung der Berufung ist dem Rechnungsbüreau Mittheilung zu machen. (§ 21 Abs. 1 der Vorschriften betr. die Rechnungsführung.)

2. Die Vorschriften der Civilprozeßordnung in den §§ 482/83 und 518 über die Anschließung der Gegenpartei an das rechtzeitig eingelegte Rechtsmittel der Berufung auch nach Ablauf der Einlegungsfrist sind nicht anwendbar. (Vgl. Entscheidungen des R.-V.-A. III, 430. Freund, S. 271 Anm. 2.)

2a. Eine Berufung kann auch vor dem Schiedsgericht durch Vergleich erledigt werden, welcher der Zustimmung des Staatskommissars bedarf. (§ 14 der Verordnung, betr. das Verfahren vor den Schiedsgerichten. S. Anlage.)

2b. Ueber die örtliche Zuständigkeit der Schiedsgerichte vgl. Anm. 3a.

Zu Absatz 2.

3. Der Bescheid muß ... enthalten; die Vorschrift entspricht dem § 62 Abs. 4 des Unfallversicherungsgesetzes. Hierzu bemerkte das Reichsversicherungsamt in einem Rundschreiben: „... Andernfalls wird aber im Allgemeinen, und vorbehaltlich der Entscheidung des Schiedsgerichts bezw. des Reichsversicherungsamts im Einzelnen davon auszugehen sein, daß ein ohne Beachtung der Vorschriften des § 62 Abs. 4 erlassener Bescheid nicht als ein Bescheid im Sinne des Gesetzes anzusehen, vielmehr geeigneten Falls nach erfolgter Ergänzung gemäß § 62 Abs. 4 nachträglich von Neuem zuzustellen ist, und daß die Berufungsfrist erst von der Zustellung des ergänzten Bescheides zu laufen beginnt. (II. S. 125. Freund, S. 256.) Vgl. dagegen v. Woedtke, Unfallversicherungsgesetz, Anm. 4 zu § 62. Ein in der Kommission gestellter Antrag: „Ist in Folge irriger Belehrung die Frist versäumt, so ist, sofern die in der Belehrung angegebene Frist innegehalten ist, die Frist für gewahrt zu erachten" gelangte nicht zur Annahme. (K. 63.) Vgl. jedoch auch die folgende Anm.

3a. Ueber die örtliche Zuständigkeit der Schiedsgerichte vgl. § 5 der Verordnung betr. das Verfahren vor den Schiedsgerichten (s. Anlage). Zuständig ist dasjenige Schiedsgericht, welches für den Bezirk der gemäß § 75 entscheidenden Versicherungsanstalt errichtet ist. Sind für den Bezirk einer Versicherungsanstalt mehrere Schiedsgerichte errichtet, so kommt es darauf an, ob die letzte Beitragsmarke auf Grund der Versicherungspflicht bezw. der Selbstversicherung oder der freiwilligen Fortsetzung des Versicherungsverhältnisses geleistet ist. Im ersteren Falle ist dasjenige Schiedsgericht zuständig, in dessen Bezirk der Versicherte zuletzt seinen Beschäftigungsort gehabt hat (vgl. § 41 Abs. 3), im letzteren Falle dasjenige Schiedsgericht, in dessen Bezirk sich der Versicherte zur Zeit der letzten Beitragsleistung aufgehalten hat. (Vgl. § 117 Abs. 1.) Ist in dem Bescheide irrthümlich ein nicht zuständiges Schiedsgericht angegeben, so gilt gleichwohl die bei diesem Schiedsgericht fristgerecht erhobene Berufung als rechtzeitig erhoben. Im Uebrigen ist im Falle der Berufung bei einer unzuständigen Stelle der eingereichte Schriftsatz unverzüglich an den Vorsitzenden des zuständigen Schiedsgerichts abzugeben.

4. Namen und Wohnort des Vorsitzenden sind von der Landeszentralbehörde bekannt zu machen (§ 72).

5. Der Lauf der Berufungsfrist beginnt mit Zustellung des Bescheides, d. h. mit der durch den Postboten bewirkten Uebergabe desselben an den Empfangsberechtigten und endigt mit dem Ablauf desjenigen Tages der vierten Woche, welcher durch seine Benennung dem Tage entspricht, an welchem die Zustellung erfolgt ist, so daß in die Berufungsfrist von vier Wochen der Tag der Zustellung nicht eingerechnet wird. (Vgl. Entsch. des R.-V.-A. II, 277. Freund S. 272 Anm. 3.)

Fällt das Ende der Berufungsfrist auf einen Sonntag oder allgemeinen Feiertag, so endet die Frist mit Ablauf des nächstfolgenden Werktages. § 199, § 200 Abs. 1 der Civilproceßordnung. (Vgl. Entsch. des R.-V.-A. III, 367. Freund, ibid. Anm. 4.)

Für Seeleute, welche sich außerhalb Europas aufhalten, beträgt die Frist drei Monate (§ 136 Abs. 3).

5a. Bezüglich der Wiedereinsetzung in den vorigen Stand wegen Versäumung der Frist, vgl. folgende Entscheidungen des R.-V.-A. in Unfallversicherungssachen (Freund S. 273 Anm. 8):

Die Zulässigkeit der Wiedereinsetnng in den vorigen Stand auf Grund von Naturereignissen (Liegenbleiben des Postzuges während mehrerer Tage im Schnee) wurde — vorbehaltlich einer Prüfung der thatsächlichen Umstände des einzelnen Falles — grundsätzlich anerkannt. Es wurde jedoch festgesetzt, daß eine analoge Anwendung der einschlägigen Bestimmungen der Civilprozeßordnung betr. das Verfahren, die Fristen u. s. w. wie überhaupt, so auch hinsichtlich der Wiedereinsetzung in den vorigen Stand an sich ohne Weiteres nicht in Betracht kommt (III, 325).

Ein Gesuch um Wiedereinsetzung in den vorigen Stand gegen die Versäumung der Anfechtungsfrist, welches auf die Behauptung gegründet war, daß die Beschwerdeschrift zwar nicht unter der Bezeichnung „Einschreiben", aber zeitig genug zur Post gegeben war, um selbst bei Versäumung einer planmäßigen Beförderungsgelegenheit noch rechtzeitig zur Präsentation zu gelangen, hat das R.-V.-A. zuzulassen beschlossen. (III, 431.)

Zur Begründung eines Antrages auf Wiedereinsetzung in den vorigen Stand gegen Versäumung der Rekursfrist bedarf es regelmäßig des Nachweises, daß störende Naturereignisse oder andere die Innehaltung der Frist in ähnlicher Weise hindernde Umstände eingetreten sind; dagegen kann der Umstand, daß bei der Rekursklägerin ein Rechtsirrthum obgewaltet hat, oder daß die Vorbereitung des versäumten Rechtsmittels in besonderem Maße schwierig und zeitraubend gewesen sei, als genügende Begründung für die Wiedereinsetzung nicht erachtet werden (III, 432).

5b. In der Berufung ist der Gegenstand des Anspruchs zu bezeichnen, desgl. sind die für die Entscheidung maßgebenden Thatsachen unter Angabe der Beweismittel anzuführen. Bei schriftlicher Erhebung der Berufung ist dem Schriftsatz eine Abschrift beizufügen. (§ 4 der Verordnung s. Anlage.)

Bezüglich der ordnungsmäßigen Erhebung der Berufung vgl. ferner folgende Entsch. des R.-V.-A. in Unfallversicherungssachen (Freund S. 272 Anm. 5 ff.): Die Berufung ist erhoben, wenn fristgerecht bei dem zuständigen Schiedsgerichtsvorsitzenden eine Eingabe des Inhalts eingegangen ist: Gegen den Bescheid vom u. s. w. lege ich hiermit Berufung ein. (IV, 484.)

Abweichend von der Vorschrift des § 479 der Civilprozeßordnung genügt zur Einlegung der Berufung — auch ohne ausdrückliche Benennung des Rechtsmittels — jedes Schriftstück, in welchem der Verletzte seine Unzufriedenheit mit dem ihm zugegangenen Bescheide zu erkennen giebt, sofern dasselbe natürlich im Uebrigen ordnungsgemäß ist. (III, 429.)

Das Reichs-Versicherungsamt hat den Grundsatz aufgestellt, daß die Berufungsfrist als gewahrt anzusehen ist, wenn eine im Uebrigen den Anforderungen des § 62 Absatz 3 des Unfallversicherungsgesetzes und des § 4 der Verordnungen vom 2. November 1885 entsprechende Berufungsschrift die Person des zuständigen Schiedsgerichtsvorsitzenden — an welche die Schrift gerichtet war — innerhalb der gedachten Frist thatsächlich erreicht hat beziehungsweise innerhalb dieses Zeitraumes thatsächlich zur Präsentation gelangt ist, und daß eine Unrichtigkeit in der Bezeichnung der Person des Vorsitzenden des Schiedsgerichts — die Sendung war an ihn als Vorsitzenden des Schiedsgerichts X adressirt, während das Schiedsgericht Y zuständig war — hieran nichts zu ändern vermag. (IV, 467.) Vgl. auch Anm. 3a.

Zu Absatz 3.

6. Die durch die Entscheidung des Vorstandes festgestellte Rente hat trotz der eingelegten Berufung zur Auszahlung zu gelangen; es ist deshalb auch ein „Berechtigungsausweis“ zu ertheilen, auf Grund dessen die Erhebung der Rente erfolgt. (Vgl. § 86.) Wird demnächst der Anspruch auf Rente rechtskräftig abgelehnt, so fallen die inzwischen gezahlten Beträge der feststellenden Versicherungsanstalt allein zur Last. (Vgl. § 87.)

7. In dem Verfahren auf Erstattung von Beiträgen hat die Berufung aufschiebende Wirkung. (§ 95 Abs. 2.)

§ 78.

Eine Ausfertigung der Entscheidung des Schiedsgerichts ist dem Berufenden und dem Vorstande der Versicherungsanstalt, eine Abschrift dem Staatskommissar (§ 63) zuzustellen.

Zu § 78.

1. Ueber die Form und Ausfertigung der Entscheidung vgl. §§ 22, 23 der Verordnung, betr. das Verfahren vor den Schiedsgerichten. Die Berufung kann auch in gewissen Fällen seitens des Vorsitzenden durch Bescheid zurückgewiesen werden. Gegen diesen Bescheid kann der Berufende innerhalb 2 Wochen nach Zustellung mündliche Verhandlung beantragen. (§ 6 der Verordnung.)

2. Auf die Zustellung findet die Vorschrift des § 139 Abs. 1 Anwendung. Wenn eine Partei im schiedsgerichtlichen Verfahren einen vorschriftsmäßig bevollmächtigten Vertreter hat, so kann zwar die Entscheidung des Schiedsgerichts wirksam diesem Vertreter zugestellt werden, sie kann aber auch — abweichend von der Bestimmung des § 162 der Civilprozeßordnung — mit Rechtswirkung der Partei selbst zugestellt werden. (Entsch. des R.-V.-A. III, 295, Freund S. 275 Anm. 1a.) Die Zustellung an Minderjährige entbehrt nach preußischem Recht der rechtsverbindlichen Wirkung. (Entsch. des R.-V.-A. III, 328, Freund l. c. Anm. 1b.)

3. Das R.-V.-A. hat bezüglich der Unfallversicherung die Schiedsgerichtsvorsitzenden ersucht, von einer Belehrung der Parteien gelegentlich der Zustellung des Bescheides dahingehend, daß ihnen gegen das schiedsgerichtliche Urtheil binnen 4 Wochen der Rekurs an das R.-V.-A. zustehe, Abstand zu nehmen. Diese Belehrung erscheint schon um deswegen nicht unbedenklich, weil das Rechtsmittel des Rekurses nicht gegen jede Entscheidung des Schiedsgerichts zugelassen ist. (IV, 238, Freund l. c. Anm. 3c.)

4. Da bei dem Verfahren, betr. Erstattung von Beiträgen, eine Mitwirkung des Staatskommissars nicht stattfindet (§ 95 Abs. 2), so wird auch die Zustellung einer Abschrift des diesbezüglichen Bescheides an den Staatskommissar unterbleiben können.

§ 79.

Gegen die Entscheidung des Schiedsgerichts steht beiden Theilen das Rechtsmittel der Revision zu. Die Revision hat keine aufschiebende Wirkung. Ist von dem Schiedsgericht der Anspruch auf Rente im Widerspruch mit dem Vorstande der Versicherungsanstalt anerkannt und nicht gleichzeitig über die Höhe der Rente entschieden, so hat der Vorstand der Versicherungsanstalt unverzüglich die Höhe der Rente festzustellen und auch in denjenigen Fällen, in welchen das Rechtsmittel der Revision eingelegt wird, sofort wenigstens vorläufig die Rente zuzubilligen. Gegen die vorläufige Zubilligung einer Rente findet ein Rechtsmittel nicht statt.

Zu § 79.

1. Um das Reichsversicherungsamt thunlichst zu entlasten, ist gegen die Entscheidungen des Schiedsgerichts nur das Rechtsmittel der Revision zulässig. Ueber die Revisionsgründe vgl. § 80 Abs. 2.

2. Das Rechtsmittel der Revision steht auch dem Staatskommissar in den im § 63 Abs. 1 bezeichneten Fällen zu.

3. Im Interesse der Versicherten liegt es, auch der Revision aufschiebende Wirkung nicht beizulegen. Daraus ergiebt sich aber, daß der Vorstand der Versicherungsanstalt in denjenigen Fällen, in welchen das Schiedsgericht den von der Versicherungsanstalt bestrittenen Anspruch auf Rente im Prinzip anerkannt, deren Höhe aber nicht festgestellt hat, unverzüglich zur Feststellung der Höhe der Renten schreiten, und auch dann, wenn er gegen die Entscheidung des Schiedsgerichts Revision einlegen will, bis zur endgültigen Erledigung der Sache, ähnlich wie nach § 58 Abs. 4 des Unfallversicherungsgesetzes, zunächst wenigstens vorläufig eine Rente zubilligen muß. (M. 116.)

3a. In dem Verfahren auf Erstattung von Beiträgen hat die Revision aufschiebende Wirkung. (§ 95 Abs. 2.)

4. Ueber die vorläufig zugebilligte Rente ist auch ein „Berechtigungsausweis" zu ertheilen, auf Grund dessen die Erhebung der Rente erfolgen kann. Vgl. § 86.

5. Gegen die vorläufige Zubilligung der Rente findet ein Rechtsmittel nicht statt. Hat das Reichsversicherungsamt den Anspruch endgiltig anerkannt und nicht zugleich die Höhe der Rente festgestellt, vielmehr die Sache an den Vorstand zurückverwiesen (§ 81 Abs. 2), so finden gegen die nunmehr erfolgende Entscheidung des Vorstandes, welche dann an die Stelle der „vorläufigen Zubilligung" tritt, die Rechtsmittel statt.

§ 80.

Ueber die Revision entscheidet das Reichs-Versicherungsamt. (1) Das Rechtsmittel ist bei demselben binnen vier Wochen nach der Zustellung der Entscheidung des Schiedsgerichts einzulegen.

Die Revision kann nur darauf gestützt werden: (2)

1. daß die angefochtene Entscheidung auf der Nichtanwendung oder auf der unrichtigen Anwendung des bestehenden Rechts oder auf einem Verstoß wider den klaren Inhalt der Akten beruhe;
2. daß das Verfahren an wesentlichen Mängeln leide.

Zu Absatz 1.

1. Vgl. die in der Anlage abgedruckte Verordnung betreffend die Formen des Verfahrens und den Geschäftsgang des Reichs-Versicherungsamts in den Angelegenheiten der Invaliditäts- und Altersversicherung vom 20. Dezember 1890, sowie die Verordnung betreffend die Formen des Verfahrens und den Geschäftsgang des Reichsversicherungsamts vom 5. August 1885.

Vgl. ferner §§ 131 ff.

1a. Das Reichsversicherungsamt entscheidet über Revisionen in der Besetzung von mindestens fünf Personen. (§ 133 Abs. 1 Ziffer 4 der Verordnung vom 20. Dezember 1890.) Das R.-V.-A. entscheidet hier ausschließlich; eine Konkurrenz der Landesversicherungsämter findet nicht statt.

2. Binnen vier Wochen nach Zustellung; vgl. Anm. 5 u. ff. zu § 77.

2a. Das Rechtsmittel der Revision ist schriftlich einzulegen. In dem Schriftsatze ist der Gegenstand des Anspruchs zu bezeichnen. Für jeden Gegner ist eine Abschrift des Schriftsatzes beizufügen. (§ 10 der Verordnung vom 5. August 1885).

Zu Absatz 2.

3. Der Entwurf hatte sich hinsichtlich der Revisionsgründe an die Civilprozeßordnung angeschlossen; das Gesetz in der vorliegenden Fassung folgt den diesbezüglichen Vorschriften des Preußischen Landesverwaltungsgesetzes (§ 94 daselbst.)

Durch den Zusatz, daß als Revisionsgrund auch ein Verstoß wider den klaren Inhalt der Akten (vgl. Preußische Verordnung vom 4. Dezember 1883, § 5 sub 10) anzusehen ist, soll die „Möglichkeit der thatsächlichen Nachprüfung der erstinstanzlichen Entscheidung gegeben werden", wenn auch die Anführung neuer Thatsachen für die zweite Instanz ausgeschlossen ist. (St. B. 1477.) „Abgesehen von der Würdigung des Rechtspunktes hat sonach das R.=V.=A. auch die Verpflichtung, das angegriffene Urtheil in der Richtung zu prüfen, ob die thatsächliche Würdigung, welche das Schiedsgericht dem Vorbringen der Parteien hat angedeihen lassen, richtig und sachgemäß ist." (Stenglein S. 159.)

Was als wesentlicher Mangel anzusehen ist, unterliegt dem freien Ermessen des Reichsversicherungsamts. (Vgl. v. Brauchitsch, Die neuen Preußischen Verwaltungsgesetze Band I, Anm. 153.)

§ 81.

(1) Bei Einlegung der Revision ist anzugeben, worin die Nichtanwendung oder die unrichtige Anwendung des bestehenden Rechts oder der Verstoß wider den klaren Inhalt der Akten oder worin die behaupteten Mängel des Verfahrens gefunden werden. Das Reichs-Versicherungsamt ist bei seiner Entscheidung an diejenigen Gründe nicht gebunden, welche zur Rechtfertigung der gestellten Anträge geltend gemacht worden sind.

(2) Fehlt die Angabe solcher Gründe oder ergiebt sich aus der Prüfung der Anträge, daß die angegriffene Entscheidung nicht auf der Nichtanwendung oder unrichtigen Anwendung des bestehenden Rechts beruht, sowie daß das Verfahren nicht an wesentlichen Mängeln leidet, und daß ein Verstoß wider den klaren Inhalt der Akten nicht vorliegt, oder ist die Revision verspätet eingelegt, so kann das Reichs-Versicherungsamt das Rechtsmittel ohne mündliche Verhandlung zurückweisen. Anderenfalls hat das Reichs-Versicherungsamt nach mündlicher Verhandlung zu entscheiden. Wird das angefochtene Urtheil aufgehoben, so kann das Reichs-Versicherungsamt zugleich in der Sache selbst entscheiden oder dieselbe an das Schiedsgericht oder an den Vorstand der Versicherungsanstalt zurückverweisen. Im Falle der

Zurückverweisung ist die rechtliche Beurtheilung, auf welche das Reichs-Versicherungsamt die Aufhebung gestützt hat, der Entscheidung zu Grunde zu legen.

Zu Absatz 1.

1. Bei der Einlegung der Revision muß der behauptete Revisionsgrund spezialisirt werden. Es genügt also nicht die allgemein gehaltene Behauptung, daß die Entscheidung auf der Nichtanwendung des bestehenden Rechts beruhe, oder daß das Verfahren an wesentlichen Mängeln leide, sondern es muß speziell angegeben werden, inwiefern das bestehende Recht nicht oder unrichtig angewendet worden ist, inwiefern ein wesentlicher Mangel des Verfahrens vorliegt. Fehlt die Angabe solcher Gründe, so kann das Reichsversicherungsamt das Rechtsmittel ohne mündliche Verhandlung zurückweisen. (Abs. 2.) Erweisen sich die angeführten Gründe als nicht stichhaltig, findet aber das Reichsversicherungsamt bei Prüfung der Akten, daß ein anderer Revisionsgrund vorliegt, so hat das Reichsversicherungsamt diesen nicht geltend gemachten Revisionsgrund gleichwohl zu berücksichtigen. Durch die Einlegung der Revision wird das Reichsversicherungsamt mit der Sache in deren ganzem Umfange befaßt; es hat dieselbe daher nach allen Richtungen, ohne an formale Anträge der Parteien gebunden zu sein, der Prüfung zu unterwerfen. (M. 116.)

Zu Absatz 2.

2. Das Reichsversicherungsamt kann das Rechtsmittel ohne mündliche Verhandlung zurückweisen, wenn in der Revisionsschrift ein Revisionsgrund nicht angegeben ist (vgl. Anm. 1), wenn die Revision verspätet eingelegt ist (vgl. § 80 Abs. 1) oder wenn das Reichsversicherungsamt zu der Ueberzeugung kommt, daß ein stichhaltiger Grund (§ 80 Abs. 2) nicht vorliegt.

Andernfalls hat das Reichsversicherungsamt nach mündlicher Verhandlung zu entscheiden. Vgl. hierzu § 133.

3. Zurückverweisungen. Ist es auch im Interesse der Vereinfachung und Beschleunigung wünschenswerth, daß das Schiedsgericht sowie das Reichs-Versicherungsamt nicht nur über die Frage entscheiden, ob ein Anspruch auf Rente besteht, sondern daß sie, sofern diese Frage von ihnen bejaht wird, die Entscheidung zugleich auf die Höhe der Rente erstrecken, so läßt sich doch diese Verbindung beider Momente um deswillen nicht vorschreiben, weil es häufig vorkommen wird, daß in den Vorinstanzen der Rentenanspruch als unbegründet angesehen und deshalb im Wesentlichen nur über die rechtliche Begründung des Anspruchs an sich gestritten war. In solchen Fällen werden die Verhandlungen die erforderlichen thatsächlichen Unterlagen zu einer endgültigen Entscheidung über die Höhe des Anspruchs noch nicht enthalten. Deren Beschaffung kann aber für die höheren Instanzen häufig mit Schwierigkeiten verbunden sein. Es muß daher dem pflichtmäßigen Ermessen des Schiedsgerichts und des Reichsversicherungsamts überlassen bleiben, ob sie die Sache, nachdem sie über die ihnen zunächst unter-

breiteten Rechtsfragen Entscheidung getroffen haben, zur weiteren Aufklärung noch streitiger oder in thatsächlicher Beziehung nicht genügend festgestellter Punkte an den Vorstand der Versicherungsanstalt oder, soweit das Reichs-Versicherungsamt in Frage kommt, auch an das Schiedsgericht zurückverweisen wollen. (M. 116.)

§ 82.

Auf die Anfechtung der rechtskräftigen Entscheidung über einen Anspruch auf Rente finden die Vorschriften der Civilprozeßordnung über die Wiederaufnahme des Verfahrens entsprechende Anwendung, soweit nicht durch Kaiserliche Verordnung mit Zustimmung des Bundesraths ein Anderes bestimmt wird.

Zu § 82.

1. Durch endgültige Bescheide und Entscheidungen wird zwischen der Versicherungsanstalt und denjenigen Versicherten, welche einen Anspruch auf Rente erhoben haben, formales Recht geschaffen. Wie aber die Wirkung derartiger Entscheidungen gemäß der Vorschrift des § 33 wieder rückgängig gemacht werden kann, wenn der Empfänger einer Invalidenrente auf Grund veränderter Verhältnisse nicht mehr dauernd erwerbsunfähig ist, so muß sowohl der Versicherungsanstalt wie den Versicherten auch die Möglichkeit gegeben werden, die Sache von Neuem aufzunehmen, sobald sich Thatsachen herausstellen, welche, wenn sie früher bekannt gewesen wären, voraussichtlich zu einer anderen Entscheidung geführt hätten. Hierhin gehört insbesondere der Fall, daß sich die Zeugnisse, auf Grund deren die Entscheidung ergangen war, nachträglich als gefälscht herausstellen. Das Gesetz läßt daher die Wiederaufnahme des Verfahrens nach Maßgabe der Vorschriften der Civilprozeßordnung (§§ 541 fg.) grundsätzlich zu, gestattet aber, um den Besonderheiten der Invaliditäts- und Altersversicherung Rechnung tragen zu können, die Ergänzung und Abänderung dieser prozessualischen Vorschriften durch Kaiserliche Verordnung. Die letztere wird insbesondere auch die Gründe der Wiederaufnahme des Verfahrens erweitern können, soweit sich hierzu ein Bedürfniß herausstellen sollte. (M. 116.)

2. Ueber nachträgliche Berichtigung offenbarer Rechenfehler oder ähnlicher formeller Irrthümer vgl. § 89 Anm. 2.

3. Bei Verhandlungen über die Wiederaufnahme des Verfahrens entscheidet das R.-V.-A. in der Besetzung von fünf Personen. (Ziffer 4 der Verordnung vom 20. Dezember 1890.)

§ 83.

Bescheide, durch welche der Anspruch auf Rente abgelehnt wird, sind, sobald dieselben die Rechtskraft beschritten haben, von dem Vorstande der Versicherungsanstalt der unteren Verwaltungsbehörde, in deren Bezirk der Antragsteller wohnt, abschriftlich mitzutheilen.

Zu § 83.

1. Um die untere Verwaltungsbehörde (§ 138) in den Stand zu setzen, die ihr übertragene Befugniß zur Zurückweisung vorzeitig wiederholter Anträge auszuüben, verordnet § 83, daß dieser Behörde von der rechtskräftigen Ablehnung von Ansprüchen auf Rente Mittheilung gemacht werden soll. (M. 117.) Gleichzeitig sind die eingeforderten Quittungskarten an diejenige Stelle zurückzusenden, von der sie eingefordert worden sind. (Vgl. Anm. 9 zu § 75.) Die letzte Quittungskarte (vgl. § 75) wird dem Versicherten wieder zur Verfügung zu stellen sein.

Ueber die Rechtskraft der Bescheide vgl. Anm. 1a zu § 87.

2. In deren Bezirk der Antragsteller wohnt; d. h. zur Zeit wohnt. Wenn also der Antragsteller in der Zwischenzeit (seit er den Antrag gestellt hat) den Wohnsitz gewechselt hat, so erfolgt die Mittheilung an die Behörde, in deren Bezirk sich der neue Wohnsitz befindet, da diese Behörde für den sich wiederholenden Antrag (§ 84) zuständig ist (§ 75).

§ 84.

Die Wiederholung eines endgültig abgelehnten Antrags auf Bewilligung einer Invalidenrente ist vor Ablauf eines Jahres seit der Zustellung der endgültigen Entscheidung nur dann zulässig, wenn glaubhaft bescheinigt wird, daß inzwischen Umstände eingetreten sind, aus denen sich das Vorhandensein der dauernden Erwerbsunfähigkeit des Antragstellers ergiebt. Sofern eine solche Bescheinigung nicht beigebracht wird, hat die untere Verwaltungsbehörde den vorzeitig wiederholten Antrag endgültig zurückzuweisen.

Zu § 84.

1. Die Vorschrift des § 84, welche sich auch in den Bestimmungen über die Pensionskassen für die Preußische Staats-Eisenbahnverwaltung vorfindet, soll verhüten, daß durch vorzeitige Wiederholung rechtskräftig zurückgewiesener Anträge auf Anerkennung der Invalidität eine unberechtigte Belästigung der Behörden und der Organe der Versicherungs-Anstalten herbeigeführt werde (M. 117.)

2. Endgültig zurückzuweisen, d. h. die Sache wird nicht erst an den Vorstand weiter gegeben. Auf die demnächstige Wiederholung des Antrages finden wiederum die Vorschriften des § 84 Anwendung, da eben der Antrag von der unteren Verwaltungsbehörde endgültig abgelehnt ist.

3. Die Vorschrift des § 84 findet schon nach ihrem Wortlaute und der Natur der Sache nach keine Anwendung auf den Fall, daß der wiederholte Antrag auf die Bewilligung einer Rente aus § 10 gerichtet ist. Vgl. Anm. 2 zu § 9. (Anders Bosse-v. Woedtke II S. 98.)

§ 85.

Auf die Entziehung der Rente finden die Vorschriften der §§ 75 bis 84 entsprechende Anwendung.

Zu § 85.

1. Entziehung der Rente, vgl. § 33. Auch die Entziehung der Rente aus § 10 wegen Wiedereintritts der Erwerbsfähigkeit wird in diesem Verfahren erfolgen müssen.

2. Entsprechende Anwendung. Jede bei der Rente betheiligte Versicherungsanstalt bezw. Kasseneinrichtung wird den Antrag auf Entziehung der Rente bei der für den Wohnort des Rentenempfängers zuständigen unteren Verwaltungsbehörde stellen können. Die untere Verwaltungsbehörde hört die Vertrauensmänner und die Krankenkasse und sendet die entstandenen Verhandlungen mit ihrer gutachtlichen Aeußerung an den Vorstand derjenigen Versicherungsanstalt „an welche ausweislich der (letzten) Quittungskarte zuletzt Beiträge entrichtet worden sind", also an diejenige Versicherungsanstalt, welche die Rente festgestellt hat. Gegen den Bescheid des Vorstandes, durch welchen die Rente entzogen wird, steht dem Rentenempfänger binnen 4 Wochen nach Zustellung die Berufung an das Schiedsgericht zu. Gegen die Entscheidung des Schiedsgerichts findet Revision beim R.-V.-A. statt. Lehnt der Vorstand die Entziehung der Rente ab, beläßt es also bei der bisherigen Rente, so wird dem Staatskommissar die Berufung zustehen. Die Entziehung der Rente tritt von dem Tage ab in Wirksamkeit, an welchem der die Entziehung aussprechende Bescheid zugestellt worden ist. (§ 33 Abs. 2.)

Berechtigungsausweis.

§ 86.

(1) Nach erfolgter Feststellung der Rente hat der Vorstand der Versicherungsanstalt dem Berechtigten eine Bescheinigung (Berechtigungsausweis) über die ihm zustehenden Bezüge unter Angabe der mit der Zahlung beauftragten Postanstalt (§ 91) sowie der Zahlungstermine auszufertigen und der unteren Verwaltungsbehörde, in deren Bezirk der Berechtigte wohnt, über die dem letzteren zustehenden Bezüge Mittheilung zu machen.

(2) Wird in Folge des weiteren Verfahrens der Betrag der Rente geändert, so ist dem Entschädigungsberechtigten ein anderer Berechtigungsausweis zu ertheilen und der unteren Verwaltungsbehörde seines Wohnortes von der Aenderung Kenntniß zu geben.

Zu Absatz 1.

1. Der § 86 sichert dem Berechtigten eine formelle Bescheinigung über die ihm zustehenden Bezüge in gleicher Weise zu, wie dies durch § 64 des Unfallversicherungsgesetzes vorgeschrieben ist. Während die in §§ 75 und 78 vorgesehenen Bescheide über die Bewilligung oder Ablehnung einer Rente bezw. über deren Höhe den Berechtigten in den Stand setzen sollen, ebenso wie nach den gleichartigen Vorschriften der §§ 61 und 63 des Unfallversicherungsgesetzes zu prüfen, ob er bei diesen Bescheiden sich beruhigen oder die zugelassenen Rechtsmittel ergreifen will, giebt ihm der Berechtigungsausweis die Möglichkeit, auf Grund desselben die ihm zugebilligte Rente unbeschadet der Einlegung von Rechtsmitteln zu erheben. Denn den letzteren wohnt keine aufschiebende Wirkung bei. Vgl. § 77 Abs. 3 und § 79 (M. 117). Der Berechtigungsausweis ist gleichzeitig mit dem Bescheide dem Antragsteller zu übersenden (vgl. § 19 der Vorschriften betr. die Rechnungsführung); er darf ferner nicht ohne gleichzeitige oder vorgängige Absendung der Zahlungsanweisung an die Post (§ 91) abgeschickt werden. (§ 4 der Geschäftsanweisung betr. Auszahlungen durch die Post.)

1a. Die Postanstalt ist berechtigt an den Inhaber des Berechtigungsausweises Zahlung zu leisten. Vgl. Anm. 7 zu § 91.

2. Als Formular für den Berechtigungsausweis ist gemäß Ziffer 2 des Rundschreibens betr. die Auszahlungen durch die Post (s. Anlage) am zweckmäßigsten eine Abschrift der Zahlungsanweisung an die Post zu verwenden und darunter zu setzen:

Als Berechtigungsausweis ausgefertigt.

Ort, Datum.

Der Vorstand der Versicherungsanstalt . . .

(Siegel) Unterschrift.

3. In dem Berechtigungsausweis erfolgt die Angabe der mit der Zahlung beauftragten Postanstalt durch den Hinweis, daß die Zahlung durch diejenige Postanstalt werde geleistet werden, in deren Bezirk der Wohnort (die Wohnung) des Empfangsberechtigten liegt. Von der Nennung des Namens dieser Postanstalt ist mit Rücksicht auf die Möglichkeit von Veränderungen in den Bezirken der Postanstalten abzusehen. (§ 4 der Geschäftsanweisung betr. Auszahlungen durch die Post.)

Ueber den Fall, daß der Empfänger seinen Wohnsitz verlegt und die Ueberweisung der Auszahlung der Renten an die Postanstalt seines neuen Wohnortes beantragt vgl. § 7 der Geschäftsanweisung.

Zu Absatz 2.

4. Die Vorschrift, daß nach etwaiger Abänderung der festgesetzten Beträge ein anderer Berechtigungsausweis ausgestellt werden soll, entspricht der Natur des letzteren als einer formellen Urkunde über den realisirbaren Anspruch auf den Bezug von Renten, sowie der gleichen Bestimmung im § 64 Abs. 2 des Unfallversicherungsgesetzes. (M. 117.)

5. In dem Falle, wenn der in der früheren Instanz festgestellte und bereits zur Anweisung gelangte Entschädigungsbetrag später rechtsgültig ermäßigt wird, muß das Zuvielgezahlte wieder eingezogen werden. (Motive zum Unfallversicherungsgesetz S. 72.) Die Wiedereinziehung der überhobenen Beträge findet im Wege der Kürzung der für die Folge zahlbaren Renten durch Vermittlung der Post statt (§ 8 Abs. 2 der Geschäftsanweisung). Es wird jedoch hierbei mit möglichster Schonung der Rentenberechtigten vorzugehen sein. (Vgl. Ziffer 4 des Rundschreibens betr. die Auszahlungen durch die Post.)

Rechnungs-Büreau.

§ 87.

Sobald die Höhe der Rente endgültig feststeht, ist von dem Vorstande der Versicherungsanstalt eine mit der Bescheinigung der Rechtskraft zu versehende Ausfertigung des Bescheides unter Anschluß der Quittungskarten dem Rechnungsbüreau des Reichs-Versicherungsamts einzusenden.

Zu § 87.

1. Rechnungsbüreau. Gemäß § 75 erfolgt die Feststellung der Rente durch den Vorstand derjenigen Versicherungsanstalt, zu welcher der Antragsteller zuletzt Beiträge entrichtet hat. Bei der Berechnung der Höhe der Rente wird nur berücksichtigt, wie viel Beitragswochen und zu welcher Lohnklasse der Versicherte geleistet hat; dagegen bleibt gänzlich außer Betracht, zu welchen verschiedenen Versicherungsanstalten die Beiträge geleistet sind. (Vgl. Anm. 1 zu § 26.) Die Auszahlung der Rente erfolgt vorschußweise durch die Post auf Anweisung der die Rente feststellenden Versicherungsanstalt. Die vorschußweisen Zahlungen sind der Post zu erstatten und zwar durch alle diejenigen Versicherungsanstalten, welche bei der betreffenden Rente betheiligt, d. h. zu welchen von dem Versicherten Beiträge geleistet sind. Außerdem ist aber bei jeder Rente betheiligt das Reich und zwar stets mit dem Reichszuschuß, eventuell auch mit dem auf die Dauer militärischer Dienstleistungen entfallenden Antheil (§ 28).

Die Festsetzung der den einzelnen Versicherungsanstalten zur Last fallenden Quoten nach Maßgabe der zu den Anstalten geleisteten Beiträge, sowie der Belastung des Reichs hat nun das Rechnungsbüreau zu besorgen (§ 89). Zu dem Zwecke müssen dem Rechnungsbüreau, nachdem die Rente rechtskräftig feststeht, eine Ausfertigung des betreffenden Bescheides, sowie die sämmtlichen Quittungskarten, aus welchen ersichtlich ist, wie viel Beitragswochen zu jeder Versicherungsanstalt geleistet sind, übersandt werden. Gegen die Vertheilung steht den betheiligten Versicherungsanstalten der Einspruch beim Reichsversicherungsamte zu (§ 90).

1a. Die Ertheilung der Bescheinigung der Rechtskraft kann mit Schwierigkeiten verknüpft sein, da die Berufung gegen die Entscheidung des Vorstandes nicht bei letzterem, sondern beim Schiedsgericht einzulegen ist, ebenso ist die Revision beim Reichsversicherungsamt einzulegen. Hat das Reichsversicherungsamt in letzter Instanz entschieden, so wird die Bescheinigung der Rechtskraft ohne Weiteres ertheilt werden können.

Hat der Vorstand eine Entscheidung gefällt, so erhält er von der eingelegten Berufung erst durch die Einforderung der Vorverhandlungen seitens des Schiedsgerichts (§ 7 der Verordnung betr. das Verfahren vor den Schiedsgerichten) Kenntniß. Der § 20 der Vorschriften betr. die Rechnungsführung bestimmt daher, daß die Uebersendung der Ausfertigung des Bescheides an das Rechnungsbüreau erfolgen soll, falls die Versicherungsanstalt binnen 8 Wochen nach Zustellung des Bescheides von der Einlegung der Berufung keine Kenntniß erlangt hat. Hierbei geht das Reichsversicherungsamt davon aus, daß, wenn der Vorstand bis zum Ablauf jener Frist eine Mittheilung von der Einlegnng der Berufung nicht erhalten hat, er zu der Annahme, daß die rechtzeitige Einlegung des Rechtsmittels unterblieben ist, berechtigt und daher im Stande sein werde, die Rechtskraft zu bescheinigen. (Vgl. Ziffer 7 des Rundschreibens betr. die Rechnungsführung.) Da indeß vom Vorstande die Rechtskraft zu bescheinigen ist, so dürfte es sich vielleicht empfehlen, einen entsprechenden Zusatz zu machen, etwa: die Rechtskraft des beiliegenden Bescheides wird hierdurch bescheinigt auf Grund der Thatsache, daß der Vorstand innerhalb 8 Wochen seit der Zustellung des Bescheides von der Einlegung der Berufung keine Kenntniß erlangt hat.

Schwieriger liegt die Sache, wenn das Schiedsgericht in der Berufungsinstanz entschieden hat. Hier wird sich jedenfalls der Vorstand beim Schiedsgericht über den Tag der Zustellung der schiedsgerichtlichen Entscheidung an den Versicherten bezw. Staatskommissar Gewißheit verschaffen müssen, ehe er seinerseits die Bescheinigung der Rechtskraft ertheilen kann.

2. Unter Anschluß der Quittungskarten; diese Karten waren gemäß § 75 Abs. 2 durch die Versicherungsanstalt einzufordern.

§ 88.

Das Rechnungsbüreau hat alle bei dem Reichs-Versicherungsamt nach Maßgabe dieses Gesetzes vorkommenden rechnerischen Arbeiten auszuführen. Insbesondere liegt demselben ob:

1. die Vertheilung der Renten;
2. die Mitwirkung bei den im Vollzuge des Gesetzes herzustellenden statistischen Arbeiten.

§ 89.

Das Rechnungsbüreau vertheilt die Renten auf das Reich und die betheiligten Versicherungsanstalten. Die Vertheilung erfolgt, nachdem zunächst der gemäß § 26 dem Reich in Rechnung zu stellende Zuschuß ausgeschieden worden ist, in dem Verhältniß der Beiträge, welche den einzelnen Versicherungsanstalten für den Versicherten zugeflossen, beziehungsweise gemäß § 28 zu Lasten des Reichs in Anrechnung zu bringen sind.

Zu § 89.

1. Bei der Vertheilung der Renten kommt zunächst der feste Reichszuschuß von 50 Mark (§ 26 Abs. 3) in Abzug. Der Rest wird auf die einzelnen Versicherungsanstalten (bezw. Kasseneinrichtungen) nach Verhältniß der zu denselben geleisteten Beiträge bezw. auf das Reich nach Verhältniß der für dasselbe in Anrechnung zu bringenden Beiträge (§ 28 Abs. 2) vertheilt. Das Reich wird also auch mit dem Grundstock der Invaliditäts-Rente von 60 Mk. (vgl. § 26 Abs. 1) nach dem angegebenen Verhältniß belastet. Die anrechnungsfähige Krankheitszeit (§ 17) kommt bei der Vertheilung nicht in Betracht. Der auf die Krankheitszeit entfallende Antheil der Rente vertheilt sich somit bei der Berechnung nach dem Verhältniß der Beiträge auf sämmtliche betheiligten Anstalten (K. 145). Die Dauer der anrechnungsfähigen militärischen Dienstzeit wird sich aus dem Bescheide (§ 75 Abs. 3) bezw. den Quittungskarten (§ 103 Abs. 2) ergeben müssen.

Unter Renten ist auch derjenige Rentenbetrag zu verstehen, mit welchem der Ausländer gemäß § 14 abgefunden wird.

Auch bezüglich der zurückerstatteten Beiträge findet die Vertheilung durch das Rechnungsbüreau statt (§ 95).

Ueber die Vertheilung der während der ersten 15 Jahre nach dem Inkrafttreten des Gesetzes bewilligten Renten vgl. § 160.

1a. Wird eine Rente vom Vorstande bewilligt, demnächst aber im weiteren Verfahren endgültig abgelehnt, so werden die bereits gezahlten Beträge nicht vertheilt; vielmehr ist es Sache der festsetzenden Versicherungsanstalt, die geleisteten Beträge wieder einzufordern. (Vgl. Bosse—v. Woedtke II S. 102.) Dies folgt aus § 87, wonach das Rechnungsbüreau erst von der endgiltig festgestellten Rente in Kenntniß gesetzt wird.

2. Der Vertheilung ist lediglich derjenige Betrag zu unterwerfen, welcher nach den vorliegenden endgültigen Feststellungen als Rente zu zahlen ist, ohne Rücksicht darauf, ob sich materiell gegen die einmal getroffene endgültige Feststellung etwa noch Ausstellungen würden erheben lassen. Die nachträgliche Berichtigung offenbarer Rechenfehler oder ähnlicher formeller Irrthümer ist hier ebensowenig wie nach § 290 der Civilprozeßordnung in dem Verfahren vor den ordentlichen Gerichten ausgeschlossen. (M. 118.) Die Berich-

tigungen haben indeß nicht von dem Rechnungsbüreau, sondern von derjenigen Stelle zu erfolgen, welche die Fehler verschuldet hat, also vom Vorstand, Schiedsgericht oder Reichsversicherungsamt. (Vgl. Bosse—v. Woedtke II S. 103.)

3. Hat nach Auflösung einer Versicherungsanstalt eine andere Versicherungsanstalt oder der weitere Kommunalverband beziehungsweise Bundesstaat, für dessen Gebiete die aufgelöste Versicherungsanstalt errichtet worden war, deren Rechte und Pflichten übernommen (§ 67 Abs. 2), so ist bei der Vertheilung der Rente naturgemäß dieser Rechtsnachfolger in derselben Weise zu berücksichtigen, wie die Versicherungsanstalt hätte berücksichtigt werden müssen, falls dieselbe nicht aufgelöst worden wäre. (M. 118.)

§ 90.

Die Vertheilung ist den Vorständen der betheiligten Versicherungsanstalten unter Angabe der der Vertheilung zu Grunde gelegten Zahlen mitzutheilen. Jeder betheiligte Vorstand ist befugt, binnen vierzehn Tagen nach der Zustellung gegen die Vertheilung Einspruch zu erheben. Erfolgt binnen dieser Frist kein Einspruch, so gilt die Vertheilung als endgültig; wird rechtzeitig Einspruch erhoben, so entscheidet über denselben nach Anhörung der Vorstände der anderen betheiligten Versicherungsanstalten das Reichsversicherungsamt. Von der Enscheidung werden die Vorstände in Kenntniß gesetzt. (1)

Sobald die auf die betheiligten Versicherungsanstalten entfallendnn Antheile an der Rente endgültig feststehen, hat das Rechnungsbüreau eine Ausfertigung der Vertheilung dem Vorstande der für die Festsetzung der Rente zuständigen Versicherungsanstalt zu übersenden. (2)

Zu § 90.

1. Bei dem erheblichen Interesse, welches die betheiligten Versicherungsanstalten an der Vertheilung der Rente haben, würde es unbillig sein, wenn denselben nicht vor der endgültigen Feststellung desjenigen Betrages, welcher auf eine jede dieser Anstalten entfallen würde, Gelegenheit gegeben würde, ihre Einwendungen gegen die Richtigkeit der Vertheilung geltend zu machen. Der § 90 ermöglicht daher solche Einwendungen und überträgt die Entscheidung über dieselben dem Reichs-Versicherungsamt. (M. 117.)

Das R.-V.-A. entscheidet hier ohne mündliche Verhandlung (Ziffer 8 der Verordnung vom 20. Dezember 1890, s. Anlage). Ueber die Führung der Rentenlisten Seitens der bei der Rentenvertheilung betheiligten Versicherungsanstalten vgl. § 22 Abs. 4 der Vorschriften betr. die Rechnungsführung.

2. Zustellung; vgl. § 139.

Auszahlung durch die Post.

§ 91.

(1) Die Auszahlung der Renten wird auf Anweisung des Vorstandes der im § 90 Absatz 2 bezeichneten Versicherungsanstalt vorschußweise durch die Postverwaltungen, und zwar in der Regel durch diejenige Postanstalt bewirkt, in deren Bezirk der Empfangsberechtigte zur Zeit des Antrags auf Bewilligung der Rente seinen Wohnsitz hatte. Die Postanstalt ist berechtigt, an den Inhaber des Berechtigungsausweises Zahlung zu leisten.

(2) Verlegt der Empfangsberechtigte seinen Wohnsitz, so hat auf seinen Antrag der Vorstand der Versicherungsanstalt, welcher die Rente angewiesen hatte, die letztere an die Postanstalt des neuen Wohnortes zur Auszahlung zu überweisen.

Zu Absatz 1.

1. Die Vorschriften über die vorschußweise Auszahlung der Renten durch die Post und über die Erstattung der von den letzteren geleisteten Vorschüsse durch die Versicherungsanstalten (§§ 92 ff.) sind im Wesentlichen den Bestimmungen der Unfallversicherungsgesetze nachgebildet. Die Ausstellung der Zahlungsanweisung überträgt das Gesetz aus Zweckmäßigkeitsgründen dem Vorstande derjenigen Versicherungsanstalt, welcher die Feststellung der Rente bewirkt hatte. (M. 118.)

1a. Vgl. die in der Anlage abgedruckte Geschäftsanweisung für die Vorstände der auf Grund des Invaliditäts- und Altersversicherungsgesetzes errichteten Versicherungsanstalten, betreffend die Auszahlungen durch die Post. Vom 29. Oktober 1890, nebst dem bezüglichen Rundschreiben des Reichsversicherungsamts vom 29. October 1890.

2. Die Anweisung zur Zahlung erfolgt sofort nach Feststellung der Rente — nicht erst nach endgültiger Feststellung — gleichzeitig mit der Ausfertigung des Berechtigungsausweises. (Vgl. Anm. 1 zu § 86.)

3. Die mit der Zahlung beauftragte Postanstalt ist im Berechtigungsausweis anzugeben. (Vgl. Anm. 3 zu § 86.)

4. Die Auszahlung der Renten durch die Postanstalten bildet eine allgemeine gesetzliche Regel. Eine Ausnahme von derselben ist nur für die Kasseneinrichtungen zugelassen. (Vgl. § 91 Abs. 2.)

Soweit diese Kasseneinrichtungen die Renten durch Vermittelung der Postanstalten zahlen, findet auch hier die Geschäftsanweisung betr. die Auszahlungen durch die Post entsprechende Anwendung (§ 12 der Geschäftsanweisung).

Auf Zahlungen in das Ausland wird gemäß einer Entscheidung des R.=V.=A. bezüglich der Unfallversicherung (II, 143 Freund S. 290 A. 2) der § 91 keine Anwendung finden. Derartige Zahlungen werden von Seiten der Versicherungsanstalt unmittelbar in geeigneter Weise zu bewirken sein.

Die gemäß § 12 des Gesetzes von den Versicherungsanstalten zu erstattenden Kosten des Heilverfahrens dürfen nicht vorschußweise durch die Post gezahlt werden (Ziffer 8 Abs. 2 des Rundschreibens betr. Auszahlungen durch die Post), dagegen wohl die gemäß §§ 30, 31 zurückerstatteten Beiträge (§ 95 Abs. 2).

Ueber Wiedereinziehung überhobener Rentenbeträge durch die Post (vgl. Anm. 5 zu § 86).

Vorschußzahlungen im Falle der Noth, z. B. Auszahlung der gemäß § 10 festgesetzten Rente sofort nach der Festsetzung durch den Vertrauensmann wird ein Bedenken im Allgemeinen nicht entgegenzusetzen sein; dieselben begründen indeß zwischen dem Vorschießenden und dem Zahlungsempfänger lediglich ein Privatrechtsverhältniß, dessen Abwickelung in der Weise wird erfolgen können, daß der Entschädigungsberechtigte sich einverstanden erklärt, daß in der Post=Zahlungsanweisung die Auszahlung „zu Händen" des Vorschießenden vorgesehen wird. (Vgl. Entsch. des R.=V.=A. II. 140, Freund S. 290 Anm. 1.)

5. Die Frage, ob die Anweisung und Auszahlung von Renten, welche Minderjährigen zustehen, an diese selbst oder an den Vater, Vormund u. s. w. zu erfolgen habe, läßt sich nicht allgemein beantworten, dieselbe ist vielmehr nach Maßgabe der jeweiligen besonderen Verhältnisse und des danach anzuwendenden Rechts zu beurtheilen. Hinsichtlich des letzteren wird insbesondere der allgemeine Rechtsgrundsatz in Betracht kommen, daß Rechtsverhältnisse, welche die Rechts- und Handlungsfähigkeit der Individuen, deren Familienstellung und Stand, also den persönlichen Rechtszustand betreffen, nach dem Rechte des Domizils, d. h. des festen Wohnsitzes — im Gegensatz zu einem bloßen Aufenthaltsorte — zu beurtheilen sind. Dabei wird als Regel festgehalten werden können, daß die Rentenzahlungen nicht an den Minderjährigen selbst, sondern an den gesetzlichen Vertreter (Vater, Vormund u. s. w.) zu leisten sind (Vgl. Entsch. des R.=V.=A. II. 142. Freund S. 291 Anm. 4.)

6. Zur Erhebung von Renten, welche einer Ehefrau zustehen, bedarf es der Hinzuziehung des Ehemannes nicht. (Vgl. Entsch. des R.=V.=A. III. 412. Freund S. 291 Anm. 5.)

7. Die Postanstalt ist berechtigt an den Inhaber des Berechtigungsausweises ohne Prüfung der Legitimation Zahlung zu leisten. Hierdurch soll für den Rentenempfänger eine wesentliche Erleichterung eintreten, da nach der jetzigen Praxis die Auszahlungen von Unfallrenten nur geschehen, wenn eine Beglaubigung der Behörde auf dem Berechtigungsausweis angebracht war. (K. 145.) Die Postanstalt ist aber zur Zahlung an den Inhaber nur berechtigt; sie kann daher auch eine Legitimationsführung verlangen.

8. Der Empfänger hat über die von der Post geleisteten Zahlungen Quittung zu leisten. Quittungen über einmalige Zahlungen werden auf

der Anweisung selbst vollzogen. Ueber fortlaufende Zahlungen sind besondere Quittungen auszufertigen. (§ 5 der Geschäftsanweisung.) Auf die rechtzeitige Aushändigung der Quittungsformulare an die Rentenberechtigten ist besonderer Werth zu legen. In dieser Beziehung wird das an die Vorstände der Berufsgenossenschaften gerichtete Rundschreiben vom 24. Dezember 1887 (IV S. 4 Ziffer 2) entsprechende Anwendung zu finden haben. (Ziffer 3 des Rundschreibens betr. die Auszahlungen durch die Post.)

Zu Absatz 2.

9. Zu Absatz 2 vergl. § 7 der Geschäftsanweisung betr. die Auszahlungen durch die Post (s. Anlage).

Erstattung der Vorschüsse der Postverwaltungen.

§ 92.

(1) Die Zentral-Postbehörden haben dem Rechnungsbüreau Nachweisungen über diejenigen Zahlungen, welche auf Grund der Anweisungen der Versicherungsanstalten geleistet worden sind, zuzustellen. Das Rechnungsbüreau hat die vorgeschossenen Beträge nach dem gemäß § 89 festgestellten Maßstabe auf die betheiligten Versicherungsanstalten zu vertheilen und den letzteren Nachweisungen über die ihnen zur Last fallenden Einzelbeträge zu übersenden. Eine Nachweisung über die dem Reich zur Last fallenden Beträge ist dem Reichskanzler (Reichsamt des Innern) zuzustellen.

(2) Den Zentral-Postbehörden hat das Rechnungsbüreau nach Ablauf eines jeden Rechnungsjahres mitzutheilen, welche Beträge von dem Reich und von den einzelnen Versicherungsanstalten zu erstatten sind.

(3) Nach Ablauf eines Jahres von dem Inkrafttreten dieses Gesetzes an sind die Zentral-Postbehörden berechtigt, von jeder Versicherungsanstalt einen Betriebsfonds einzuziehen. Derselbe ist in vierteljährlichen Theilzahlungen an die den Versicherungsanstalten von der Zentral-Postbehörde zu bezeichnenden Kassen abzuführen und darf die für die Versicherungsanstalt im abgelaufenen Rechnungsjahre vorgeschossenen Beträge nicht übersteigen.

Zu Absatz 1.

1. Eine direkte Abrechnung der Postverwaltungen mit den Versicherungsanstalten würde insbesondere um deswillen, weil die einzelnen Renten für Rechnung verschiedener Versicherungsanstalten gezahlt werden, eine

umfangreiche Korrespondenz erfordern. Dieselbe läßt sich vermeiden, wenn das Abrechnungswesen durch das Rechnungsbüreau vermittelt wird. Das letztere befindet sich im Besitze des gesammten Materials, kann also ohne besondere Mühe die Vertheilung der von den Postverwaltungen geleisteten Gesammtzahlungen auf die zur Erstattung der Einzelbeträge verpflichteten Versicherungsanstalten seinerseits vornehmen, ohne daß hierzu die Kräfte der Postverwaltungen in Anspruch genommen zu werden brauchen. Durch wiederholte Mittheilungen können die Versicherungsanstalten von dem Rechnungsbüreau schon im Laufe des Jahres fortlaufend Kenntniß über den Umfang ihrer Verpflichtungen erhalten; eine Bestimmung darüber, wie oft und zu welchen Zeitpunkten dies geschehen soll, kann füglich der Ausführung überlassen bleiben. (M. 118.)

2. Die Vertheilung der vorgeschossenen Beträge geschieht nach dem gemäß § 89 festgestellten Maßstabe. Gegen die Feststellung dieses Maßstabes war seiner Zeit der Einspruch gemäß § 90 zulässig; jetzt können Einwendungen nicht mehr erhoben werden.

Zu Absatz 2.

3. Das Rechnungsjahr ist das Kalenderjahr. (§ 130 Abs. 3.)

Zu Absatz 3.

4. In Folge der Verpflichtung, die Renten vorschußweise auszuzahlen, sind die Postverwaltungen zur Beschaffung ausreichender Betriebsfonds genöthigt. Zinsen für ihre Vorschüsse erhalten die Postverwaltungen nicht. Andererseits werden bei der Invaliditäts- und Altersversicherung, anders wie bei der Unfall-Versicherung, die Mittel zur Deckung der aus der Versicherung erwachsenden Verpflichtungen nicht erst nachträglich durch Umlage eingezogen, sondern durch fortlaufende Beiträge erhoben. Die Versicherungsanstalten sind also ihrerseits von vornherein im Besitze derjenigen Mittel, welche die Postverwaltungen zur Leistung der Vorschüsse sich erst beschaffen müssen. Es ist daher ein Gebot der Billigkeit, daß die Versicherungsanstalten auf die zinsbare Nutzung eines Theils der aus den Beiträgen angesammelten Kapitalien zu dem Zwecke verzichten, um den Postverwaltungen diejenigen Betriebsfonds zur Verfügung zu stellen, welche dieselben zu Gunsten der Versicherungsanstalten sonst anderweit würden beschaffen müssen. Dadurch wird gleichzeitig ein Theil der angesammelten Beiträge der Kapitalisirung entzogen und hierdurch den Versicherungsanstalten selbst eine Erleichterung ihrer Geldverwaltung gewährt. Die Höhe der Betriebsfonds muß sich für jede Versicherungsanstalt nach dem Umfange ihrer Verpflichtungen richten, und kann daher nur unter Zugrundelegung derjenigen Beträge, welche in vorangegangenen Perioden thatsächlich vorgeschossen worden sind, bemessen, vor Ablauf eines näher zu bestimmenden Termins seit dem Beginn von Rentenzahlungen aber überhaupt nicht festgestellt werden. (M. 119.)

§ 93.

Die Versicherungsanstalten haben die von den Postverwaltungen (1) vorgeschossenen Beträge binnen zwei Wochen nach Empfang der

Schlußnachweisung für das abgelaufene Rechnungsjahr zu erstatten. Die Erstattung erfolgt aus den bereiten Mitteln der Anstalt. Sind solche nicht vorhanden und bietet auch der Reservefonds solche nicht dar, so hat der weitere Kommunalverband bezw. der Bundesstaat die erforderlichen Beträge vorzuschießen. Bei gemeinsamen Versicherungsanstalten erfolgt die Aufbringung dieses Vorschusses nach dem im § 44 Absatz 2 festgesetzten Verhältniß.

(2) Gegen Versicherungsanstalten, welche mit der Erstattung der Beträge im Rückstande bleiben, ist auf Antrag der Zentral-Postbehörde von dem Reichsversicherungsamt das Zwangsbeitreibungsverfahren einzuleiten.

Zu Absatz 1.

1. Nach Empfang der Schlußnachweisung für das betreffende Rechnungsjahr haben die einzelnen Versicherungsanstalten die auf sie entfallenden Beträge den Postverwaltungen direkt zu erstatten; für die letzteren genügt es, wenn ihnen nach Ablauf eines Rechnungsjahres von dem Rechnungsbüreau mitgetheilt wird, in welchen Beträgen der Gesammtvorschuß von den einzelnen verpflichteten Anstalten erstattet werden wird. Vgl. § 92 Abs. 2 (M. 118).

2. Daß für diese Vorschüsse der Postverwaltungen nächst den Versicherungsanstalten subsidiär die Garantieverbände haften, wird einer besonderen Begründung nicht bedürfen. Die etwaigen Vorschüsse, welche die weiteren Kommunalverbände oder Bundesstaaten für die Versicherungsanstalten ihrer Bezirke etwa zu leisten genöthigt sein sollten, verwandeln sich in Zuschüsse, falls die Versicherungsanstalten zur Erstattung des Vorschusses nicht im Stande sind. (M. 119.)

Zu Absatz 2.

3. Vor dem Rückgriff auf die Garantieverbände muß selbstredend das Zwangsbeitreibungsverfahren gegen die säumigen Versicherungsanstalten durchgeführt werden. Mit dieser Maßregel ist in Gemäßheit der Vorschriften des § 75 des Unfallversicherungsgesetzes das Reichs-Versicherungsamt zu betrauen. Die Formen, in welchen das Zwangsverfahren einzuleiten und durchzuführen ist, richten sich nach allgemeinen Regeln. (M. 119.)

4. Reichsversicherungsamt, bezw. Landesversicherungsamt (§ 134).

§ 94.

(1) Die Bestimmungen der §§ 79 bis 82, 86 bis 93 finden auf die nach §§ 5 und 7 zugelassenen Kasseneinrichtungen entsprechende Anwendung. Den letzteren ist bei der Vertheilung der Renten, welche von Versicherungsanstalten festgestellt sind, die gleiche Summe von

Beiträgen in Anrechnung zu bringen, welche bei Bemessung der Rente für die Dauer der Versicherung des Rentenempfängers bei einer Kasseneinrichtung nach § 27 in Anrechnung gebracht ist. Die Vertheilung von Renten, welche von einer Kasseneinrichtung festgestellt sind, erfolgt, soweit ein Anspruch auf dieselben auch nach den Vorschriften dieses Gesetzes bestehen würde und soweit dieselben das Maß des reichsgesetzlichen Anspruchs nicht übersteigen, nach dem Verhältniß der den Versicherungsanstalten und der den Kasseneinrichtungen zugeflossenen Beiträge, letzterer, soweit sie für die Gewährung von Renten in der durch dieses Gesetz festgesetzten Höhe für erforderlich zu erachten sind.

Soweit diese Kasseneinrichtungen die von ihnen festgesetzten Renten ohne Vermittelung der Postanstalten selbst auszahlen, wird ihnen der Reichszuschuß am Schlusse eines jeden Rechnungsjahres auf jedesmalige Liquidation direkt überwiesen. Die Versicherungsanstalten, auf welche Theile der von solchen Kasseneinrichtungen gezahlten Renten entfallen, haben diese Antheile nach deren Feststellung durch das Rechnungsbüreau den Vorständen der betheiligten Kasseneinrichtungen jährlich zu erstatten. (2)

Zu Absatz 1.

1. Gemäß § 5 Abs. 1 Ziffer 3 muß bei den zugelassenen Kasseneinrichtungen über den Anspruch der Betheiligten auf Genehmigung einer Invaliden- und Altersrente ein schiedsgerichtliches Verfahren zugelassen sein. Gegen den auf Grund dieses Verfahrens gefällten Schiedsspruch steht beiden Theilen das Rechtsmittel der Revision beim Reichsversicherungsamt zu (§§ 79 bis 81). Auch ist eine Wiederaufnahme des Verfahrens gemäß § 82 zulässig. Der Rechtsweg gegen die Entscheidungen der Kasseneinrichtungen, soweit sich dieselben auf die auf Grund dieses Gesetzes zu gewährenden Leistungen beziehen, wird nicht mehr zulässig sein. (Vgl. Bosse-v. Woedtke I S. 113.)

2. Gemäß § 6 Abs. 1 wird die Betheiligung bei zugelassenen Kasseneinrichtungen der Versicherung bei einer Versicherungsanstalt gleichgeachtet; die nach Maßgabe dieses Gesetzes zu gewährenden Renten werden daher auf die dabei in Betracht kommenden Versicherungsanstalten und Kasseneinrichtungen vertheilt und zwar gleichfalls durch das Rechnungsbüreau. Es sind nun zwei Fälle zu unterscheiden:

a. die Rente wird von der Versicherungsanstalt festgestellt. Gemäß § 89 soll die Vertheilung erfolgen in dem Verhältniß der Beiträge, welche zu den Versicherungsanstalten geleistet sind. Da nun die

Kasseneinrichtungen häufig größere Leistungen als die Versicherungsanstalten gewähren und deshalb auch höhere Beiträge erheben, so würden die Kasseneinrichtungen unverhältnißmäßig belastet und benachtheiligt werden, wollte man diese höheren Beiträge bei der Vertheilung ganz in Betracht ziehen. (M. 120.) Der § 94 bestimmt nun, daß der Kasseneinrichtung nur die gleiche Summe von Beiträgen in Anrechnung zu bringen ist, welche „bei Bemessung der Rente für die Dauer der Versicherung des Rentenempfängers bei einer Kasseneinrichtung nach § 27 in Anrechnung gebracht ist." Diese nicht glücklich gefaßte Bestimmung dürfte so zu verstehen sein, daß für den betreffenden Zeitraum die Beiträge derjenigen Lohnklassen anzurechnen sind, welche gemäß § 27 der Rentenberechnung zu Grunde gelegt wurden. (Ebenso jetzt Bosse-v. Woedtke I S. 117.) So lange die Beiträge für alle Versicherungsanstalten gleich hoch sind (vgl. § 96), wird die Ausführung der Bestimmung keine Schwierigkeiten bieten. Sind dagegen die Beiträge für die einzelnen Versicherungsanstalten verschieden normirt, so werden die Beiträge derjenigen Anstalt maßgebend sein, in deren Bezirke der Antragsteller während seiner Betheiligung bei der Kasseneinrichtung beschäftigt war. (Ebenso jetzt Bosse-v. Woedtke I S. 117.)

b. Die Rente wird von der Kasseneinrichtung festgestellt. Die Kasseneinrichtungen gewähren nicht nur, wie oben bemerkt, höhere Leistungen, sondern auch öfter diese Leistungen unter leichteren Bedingungen, z. B. die Invalidenrente bei Eintritt der Berufsinvalidität. (Vgl. Anm. zu § 37.) Eine Vertheilung der Rente auf die betheiligten Versicherungsanstalten soll daher nur insoweit erfolgen, als der Anspruch auf Rente auch nach den Vorschriften dieses Gesetzes bestehen würde und ferner nur insoweit als die Rente das gesetzliche Maß nicht übersteigt; der überschießende Betrag fällt der Kasseneinrichtung allein zur Last.

Die Vertheilung der Rente erfolgt auch hier nach Verhältniß der geleisteten Beiträge; aber aus den unter a bemerkten Gründen werden der Kasseneinrichtung nur diejenigen Beiträge in Anrechnung gebracht, welche zur Deckung der Rente in der gesetzlichen Höhe erforderlich gewesen wären. Die Vertheilung hat unter Berücksichtigung aller dieser Umstände durch das Rechnungsbüreau zu erfolgen, gegen dessen Festsetzungen den betheiligten Anstalten und Kasseneinrichtungen gemäß § 90 der Einspruch beim Reichsversicherungsamt zusteht.

Zu Absatz 2.

3. Diejenigen Beträge, welche die bezeichneten Kasseneinrichtungen zu den von den Versicherungsanstalten bewilligten Renten beizutragen haben, werden als Theil dieser Rente von den Postanstalten vorgeschossen, sind denselben also von

jenen Kasseneinrichtungen in gleicher Weise wie seitens der Versicherungsanstalten zu erstatten. Diejenigen Renten aber, welche jene Kasseneinrichtungen auf Grund ihrer Statuten ihrerseits zu gewähren haben, werden in der Regel nicht durch Vermittelung der Post gezahlt oder von derselben vorgeschossen werden; die Ueberweisung der dem Reich und den Versicherungsanstalten zur Last fallenden Antheile an diesen Renten muß also anderweit geordnet werden. Der § 94 bestimmt daher, daß die Renten den Kasseneinrichtungen, soweit sich die letzteren nicht der Vermittelung der Post bedienen, in Jahresbeträgen auf jedesmalige Liquidation von den anderweit Betheiligten antheilig erstattet werden sollen. (M. 120.) Soweit die Kasseneinrichtungen die von ihnen festgesetzte Rente durch Vermittelung der Post zahlen, findet auf sie die in der Anlage abgedruckte Geschäftsanweisung betr. die Auszahlungen durch die Post entsprechende Anwendung (§ 12 der Geschäftsanweisung).

Erstattung von Beiträgen.

§ 95.

Der Anspruch auf Erstattung von Beiträgen (§§ 30 und 31) ist unter Beibringung der zur Begründung desselben dienenden Beweisstücke bei dem Vorstande derjenigen Versicherungsanstalt, an welche zuletzt Beiträge entrichtet worden sind, geltend zu machen. (1)

Auf das Verfahren finden die Vorschriften der §§ 75 Absatz 2 bis 4, 77 bis 82, 87, 89 bis 93 mit der Maßgabe entsprechende Anwendung, daß eine Mitwirkung des Staatskommissars nicht stattfindet, und daß die Berufung sowie die Revision aufschiebende Wirkung haben. (2)

Zu Absatz 1.

1. Zur Begründung des Anspruchs aus § 30 wird die Beibringung der standesamtlichen Heirathsurkunde und der Quittungskarte nothwendig sein.

Für den Anspruch aus § 31 werden als Beweisstücke erforderlich sein die Quittungskarte, die standesamtliche Sterbeurkunde, eventuell die standesamtlichen Geburtsurkunden der Kinder; für den Anspruch aus § 31 Abs. 2 wird auch noch die Vaterlosigkeit der Kinder und zwar der ehelichen durch die standesamtliche Sterbeurkunde des Vaters nachgewiesen werden müssen.

Außerdem wird auch hier wie bei den Rentenansprüchen die Erfüllung der Wartezeit (Entrichtung der Beiträge während fünf Beitragsjahren §§ 30, 31) durch Vorlegung der „Bescheinigungen“ nachzuweisen sein.

2. Der Antrag auf Erstattung ist nicht bei der unteren Verwaltungsbehörde, sondern direkt beim Vorstande zu stellen.

Zu Absatz 2.

3. Bei dem Verfahren findet eine Mitwirkung der unteren Verwaltungsbehörde, der Vertrauensmänner und Krankenkassen nicht statt. Sofern der Antrag nicht ohne Weiteres abzuweisen, fordert der Vorstand die Quittungskarten ein. Wird der Anspruch anerkannt, so ist die Höhe der rückzahlbaren Summe sofort festzustellen und dem Empfangsberechtigten ein schriftlicher Bescheid zu ertheilen, aus welchem die Art der Berechnung der Summe zu ersehen ist. Der Zustellung einer Abschrift des Bescheides an den Staatskommissar bedarf es nicht. Wird der Anspruch nicht anerkannt, so ist derselbe durch schriftlichen, mit Gründen versehenen Bescheid abzulehnen. Gegen den Bescheid des Vorstandes findet Berufung an das Schiedsgericht, gegen die Entscheidung des Schiedsgerichts Revision an das Reichsversicherungsamt nach Maßgabe der §§ 77 bis 82 statt. Die Ausstellung eines Berechtigungsausweises findet nicht statt. Sobald die Höhe der rückzahlbaren Summe endgiltig feststeht, ist von dem Vorstande eine mit der Bescheinigung der Rechtskraft versehene Ausfertigung des Bescheides unter Anschluß der Quittungskarten dem Rechnungsbüreau einzusenden, welches die Summe auf die betheiligten Versicherungsanstalten nach dem Verhältniß der gezahlten Beiträge vertheilt. Die Auszahlung der Summe erfolgt demnächst auf Anweisung des Vorstandes vorschußweise durch die Post.

Höhe der Beiträge.

§ 96.

Für die erste Beitragsperiode (§ 20) sind in jeder Versicherungsanstalt, vorbehaltlich anderweitiger Festsetzung gemäß § 98, an wöchentlichen Beiträgen zu erheben:

in	Lohnklasse	I	14	Pfennig,
=	=	II	20	=
=	=	III	24	=
=	=	IV	30	=

Zu § 96.

Die Höhe derjenigen Beiträge, welche nach den Bestimmungen des § 96 einstweilen in allen Versicherungsanstalten gleichmäßig erhoben werden sollen, entspricht dem Ergebniß der hierüber angestellten Berechnuugen. Die Höhe der Beiträge gilt für die erste Beitragsperiode, d. i. für zehn Jahre nach dem Inkrafttreten dieses Gesetzes (§ 20 Abs. 1). Doch können auch die Versicherungsanstalten schon für die erste Periode oder innerhalb derselben die Beiträge anderweitig festsetzen (§ 98). Nach Ablauf der ersten Periode muß für jede folgende Periode über die Höhe der Beiträge von dem Ausschusse beschlossen werden (§ 97 Abs. 1).

§ 97.

Für die ferneren Beitragsperioden hat der Ausschuß einer jeden Versicherungsanstalt nach Anhörung des Vorstandes über die Höhe der Beiträge nach Maßgabe der §§ 20, 21, 24 zu beschließen. Dabei sind Ausfälle oder Ueberschüsse, welche sich aus der Erhebung der bisherigen Beiträge rechnungsmäßig herausgestellt haben, in der Weise zu berücksichtigen, daß durch die neuen Beiträge eine Ausgleichung eintritt. (1)

Der Beschluß bedarf der Genehmigung des Reichs-Versicherungsamts. Ist die Beitragsperiode bis auf einen Monat abgelaufen, ohne daß ein von dem Reichs-Versicherungsamt genehmigter Beschluß vorliegt, so hat das Reichs-Versicherungsamt die Höhe der für die nächste Beitragsperiode zu erhebenden Beiträge für alle in der Versicherungsanstalt versicherten Personen nach Maßgabe des § 24 selbst festzusetzen. (2)

Die Höhe der Beiträge, sowie der Zeitpunkt, von welchem ab dieselben erhoben werden sollen, ist durch diejenigen Blätter, durch welche die Bekanntmachungen der Versicherungsanstalt zu erfolgen haben, zu veröffentlichen. Die Bekanntmachung muß mindestens zwei Wochen vor demjenigen Zeitpunkt erfolgt sein, von welchem ab der Beitrag in der festgestellten Höhe erhoben werden soll. (3)

Zu § 97.

1. Für die ferneren Beitragsperioden; dieselben betragen je fünf Jahre (§ 20 Abs. 1).

2. Die Festsetzung der Beiträge überläßt das Gesetz der Autonomie der Versicherungsanstalten. Es erscheint geboten, die Beschlußfassung über eine für den Bestand und das Gedeihen der Anstalt so wichtige Angelegenheit, wie es die Festsetzung der Beiträge ist, dem zuständigen Organe der Versicherungsanstalt nicht vorzuenthalten. Auf der anderen Seite kommen hier aber sehr erhebliche finanzielle Interessen in Frage und das öffentliche Interesse gebietet nicht nur, darüber zu wachen, daß die gesetzlichen Vorschriften über die Grundlagen der Beitragsberechnung beobachtet werden, sondern auch dafür zu sorgen, daß die Minoritäten nicht ohne Schutz bleiben. Aus diesen Gründen wird zur Endgültigkeit der in Frage stehenden Beschlüsse der zuständigen Organe der Versicherungsanstalten die Genehmigung des Reichsversicherungsamts erfordert. Außerdem wird dem Reichsversicherungsamt, um die Beobachtung der gesetzlichen Vorschrift, daß die Höhe der Beiträge innerhalb der vorgeschriebenen

Fristen für die einzelnen Versicherungsanstalten festgesetzt werden soll, unbedingt sicherzustellen, die Befugniß ertheilt, nöthigenfalls diese Festsetzungen mit rechtsverbindlicher Wirkung selbst zu treffen. (M. 121.) Diese zwangsweise Festsetzung wird sich, da der Absatz 2 schlechtweg auf den § 24 Bezug nimmt, auch auf die Abstufung der Beiträge innerhalb derselben Lohnklasse nach Berufszweigen erstrecken können. A. M.: Bosse—v. Woedtke II S. 134 ff.

2a. Nach Maßgabe der §§ 20, 21, 24. Vgl. die Anmerkungen zu diesen Paragraphen. Gemäß § 20 Abs. 2 erfolgt die Aufbringung der Beiträge nach dem Kapitaldeckungsverfahren in der Weise, daß für jede Beitragsperiode der Kapitalwerth derjenigen Renten aufgebracht wird, welche in dieser Periode erwachsen. Demgemäß muß eben für jede Beitragsperiode eine Revision der Beiträge erfolgen. Diese Revision wird zu geschehen haben auf Grund des in den vergangenen Perioden gewonnenen Materials. Jede Versicherungsanstalt weiß zunächst genau, wie viel Marken und für welche Lohnklasse dieselben verkauft sind, es ist ihr ferner bekannt ihre Belastung mit den in der Periode zur Feststellung gelangten Renten. Weiteres Material kann sie gewinnen aus den Quittungskarten, welche bei ihr zur Aufbewahrung gelangen und welche bei ihr gemäß § 107 zur Weitersendung an die zuständige Versicherungsanstalt eingereicht werden. Um dieses Material gehörig auszunutzen, dürfte es durchaus nothwendig sein, daß jede Anstalt einen besonderen Beamten (Statistiker) anstellt, welcher lediglich damit beschäftigt ist, aus den Karten die nothwendigen Daten auszuziehen. Die hierfür nothwendigen Maßregeln müssen spätestens bis Ende 1891 getroffen werden, weil Anfang 1892 der erste Umtausch der Karten stattfindet und daher zu diesen Zeitpunkt auch die ersten Karten bei der Versicherungsanstalt durchgehen. Verabsäumt man es das durchgehende Material zu verarbeiten, so dürfte dasselbe später nur schwer nutzbar zu machen sein. Welches die auszuziehenden Daten sind, bezw. nach welchem Schema die Zusammenstellung zu erfolgen hat, das wird unter Zuziehung bewährter statistischer Autoritäten genau festzustellen sein. Hierbei dürfte es indeß nur nothwendig sein, die Marken der eigenen Anstalt zu berücksichtigen. Die Berücksichtigung der Marken fremder Anstalten, und die Mittheilung des Ergebnisses an die betreffenden Anstalten würde diese statistische Vorarbeit bedenklich erschweren, kompliciren, vergrößern. Die Quittungskarten, welche bei der Anstalt zur Aufbewahrung gelangen und bei ihr durchgehen, bilden jedenfalls das Gros des für die Versicherungsanstalt in Betracht kommenden Materials. Es fehlen dann nur die Karten solcher Versicherten, welche 52 Beitragswochen theilweise in der eigenen Anstalt, theilweise in anderen Anstalten geleistet, und den Umtausch nicht in Bezirke der eigenen Anstalt bewirkt haben. Dieses Material dürfte mit Rücksicht auf die räumliche Ausdehnung der Anstalten kein sehr erhebliches sein; dazu kommt noch, daß jedenfalls aus dem Gesammtwerth der von der Anstalt verkauften Marken annähernd der Werth der in diesen Karten zur Verwendung gelangten Marken der eigenen Anstalt festgestellt werden kann.

Die im § 96 für die erste Beitragsperiode einheitlich festgestellten Beiträge sind auf Grund wenig zulänglichen Materials normirt. Die Versicherungsanstalten werden daher dieser Frage ihre ganz besondere Aufmerksamkeit widmen müssen. Eine anderweite Normirung innerhalb der ersten Beitragsperiode, wie sie § 98 zuläßt, dürfte sich nicht empfehlen, weil ja den Anstalten kein besseres Material zur Verfügung stehen wird, als es der Reichsregierung zur Verfügung gestanden hat. Bei der künftigen Normirung der Beiträge mögen noch folgende allgemeine Gesichtspunkte beachtet werden: Wie es auf der einen Seite wünschenswerth ist, daß die Beitragsbelastung der Arbeitgeber und Versicherten eine möglichst geringe und nur auf das Nothwendigste beschränkt werde, daß ferner nicht unnöthige Ansammlungen von Kapital stattfinden, welche der Industrie zu ihrem Schaden entzogen werden, so ist auf der anderen Seite zu bedenken, daß eine eintretende finanzielle Kalamität das ganze Institut der Versicherung diskreditirt und namentlich die Arbeiter mißtrauisch macht, daß ferner die auf eine Herabsetzung der Beiträge folgende Erhöhung derselben schwerer empfunden wird. Man möge sich des Weiteren vergegenwärtigen, daß unsere ganzen sozialpolitischen Bestrebungen dahinzielen und dazu mitwirken, die Zahl der Invalidisirungen zu verringern, daß ferner die §§ 10 und 12 des Gesetzes die Anstalt in den Stand setzen werden, sehr viel zu dieser Verringerung beizutragen. Auch das neue Koch'sche Heilverfahren gegen die Schwindsucht kann — sofern sich die an dasselbe geknüpften Hoffnungen erfüllen — geeignet sein, auf die Feststellung der Beiträge einen erheblichen Einfluß zu gewinnen. (Vgl. Anm. 1 zu § 12.) Die bisherigen Ansätze für Verwaltungskosten — 1 Mk. pro Kopf und Jahr -- sind entschieden zu hoch und werden der Korrektur bedürfen. (Vgl. Anm. zu § 20 Abs. 2.)

3. An dem Verhältniß der Beiträge der verschiedenen Lohnklassen, wie es in § 96 fixirt ist, braucht bei der Revision nicht unbedingt festgehalten zu werden, sondern es können auch für einzelne Klassen die Beiträge erhöht, für andere die bisherige Höhe beibehalten werden. (St. B. 1543.)

4. Reichsversicherungsamt, bezw. Landesversicherungsamt (§ 134).

5. Die Blätter, durch welche die Bekanntmachungen der Versicherungsanstalt zu erfolgen haben, sind im Statut bezeichnet. (§ 54 Ziffer 10.)

§ 98.

Die Versicherungsanstalt ist berechtigt, schon für die erste Beitragsperiode oder innerhalb derselben an Stelle der im § 96 festgesetzten Beträge für ihren Bezirk andere Beitragssätze unter Beachtung der Bestimmungen der §§ 20, 21, 24 zu beschließen. Der Beschluß bedarf der Genehmigung des Reichsversicherungsamts. Im Uebrigen finden auf derartige Beschlüsse die Vorschriften des § 97 Absatz 1 und 3 entsprechende Anwendung.

Zu § 98.

1. Die anderweite Festsetzung der Beiträge an Stelle der im § 96 festgestellten Sätze ist nicht nur beim Beginn der ersten Beitragsperiode, sondern auch innerhalb derselben zulässig. Von dieser Befugniß Gebrauch zu machen, dürfte jedoch nicht empfehlenswerth sein (vgl. Anm. 2a zu § 97), es müßte denn die Einführung von Abstufungen nach Berufszweigen sich als rathsam erweisen.

Die Beschlußfassung geschieht auch hier durch den Ausschuß unter Genehmigung des Reichsversicherungsamts. Die Veröffentlichung erfolgt gemäß § 97 Abs. 3.

2. Reichsversicherungsamt, bezw. Landesversicherungsamt (§ 134).

Marken.

§ 99.

(1) Zum Zweck der Erhebung der Beiträge werden von jeder Versicherungsanstalt für die einzelnen in ihrem Bezirke vorhandenen Lohnklassen Marken mit der Bezeichnung ihres Geldwerths ausgegeben. Das Reichsversicherungsamt bestimmt die Unterscheidungsmerkmale und die Gültigkeitsdauer der Marken. Innerhalb zweier Jahre nach Ablauf der Gültigkeitsdauer können ungültig gewordene Marken bei den zum Markenverkauf bestimmten Stellen gegen gültige Marken umgetauscht werden.

(2) Die Marken einer Versicherungsanstalt können bei allen in ihrem Bezirke belegenen Postanstalten und anderen von der Versicherungsanstalt einzurichtenden Verkaufsstellen gegen Erlegung des Nennwerths käuflich erworben werden.

Zu Absatz 1.

1. Die Entrichtung der Beiträge geschieht durch Einkleben von Marken, welche jede Versicherungsanstalt für die einzelnen Lohnklassen ausgiebt. Für die versicherungspflichtigen Personen hat der Arbeitgeber die nothwendigen Marken anzuschaffen — dieselben sind bei jeder Postanstalt sowie sonstigen Verkaufsstellen käuflich (§ 99 Abs. 2) — und bei der Lohnzahlung in eine Quittungskarte einzukleben. (§ 109 Abs. 1.) Die Quittungskarte, welche Raum zur Aufnahme von Marken für 52 Wochen bietet (§ 102), und von noch zu bezeichnenden Stellen ausgegeben wird (§ 103 Abs. 1), hat sich der Versicherte selbst, eventuell der Arbeitgeber auf dessen Kosten anzuschaffen (§ 101 Abs. 2). Ist die Quittungskarte voll, so wird sie vom Versicherten zum Umtausch gegen eine neue bei der zuständigen Stelle eingereicht; die Quittungskarte muß, bei

Vermeidung des Verlustes ihrer Gültigkeit, innerhalb dreier Jahre nach dem Jahre der Ausstellung zum Umtausch eingereicht werden (§§ 104, 103). Die abgegebenen Quittungskarten werden aufgerechnet — über das Resultat der Aufrechnung ist dem Versicherten eine Bescheinigung zu ertheilen (§ 103 Abs. 2) — und der Versicherungsanstalt des Bezirks übersandt, von welcher sie dann an diejenige Versicherungsanstalt weitergegeben werden, welche auf der Quittungskarte verzeichnet ist. (§ 107 Abs. 2.) Die Einziehung der Beiträge kann auch durch Vermittelung der Krankenkassen bezw. der Gemeindebehörden u. s. w. erfolgen (§ 112). — Die Arbeitgeber sind berechtigt, den von ihnen beschäftigten Personen die Hälfte der in Marken geleisteten Beiträge bei der Lohnzahlung in Abzug zu bringen. (§ 109 Abs. 3.)

Die Erhebung der Beiträge für die nach § 2 versicherungspflichtigen Personen wird durch Beschluß des Bundesraths geregelt (§ 110).

2. Jede Versicherungsanstalt giebt besondere, von denen der anderen Versicherungsanstalten verschiedene Marken aus, welche schon äußerlich die Versicherungsanstalt, für die sie gelten, erkennen lassen. Soviel Marken einer bestimmten Versicherungsanstalt für die einzelnen Beitragsjahre in den Quittungskarten eines bestimmten Versicherten sich vorfinden, soviel Beiträge sind der ersteren für den letzteren allmählich zugeflossen. Nach Maßgabe der Beiträge ist diese Versicherungsanstalt dann auch an der dem Versicherten dereinst zu bewilligenden Invaliden- und Altersrente betheiligt, während ihr Verpflichtungen für diejenige Zeit, für welche der Versicherte Beitragsmarken einer anderen Versicherungsanstalt beigebracht hat, nicht obliegen, weil sie für diese Zeit eine Gegenleistung in Gestalt des Geldwerths von Marken nicht erhalten hat (M. 122).

Es werden ferner für die einzelnen Lohnklassen besondere Marken ausgegeben. Die Unterscheidungsmerkmale bestimmt das Reichsversicherungsamt. Auf jeder Marke ist endlich ihr Geldwerth zu bezeichnen.

Vgl. die in der Anlage abgedruckte Bekanntmachung betreffend die für die Invaliditäts- und Altersversicherung zu verwendenden Beitrags- und Zusatzmarken vom 9. September 1890.

2a. Gültigkeitsdauer. Falls für eine Beitragsperiode die Beiträge anderweitig normirt werden, so versteht es sich von selbst, daß eben neue Marken mit dem veränderten Werth-Aufdrucke hergestellt werden müssen, daß mithin die Gültigkeitsdauer der bisherigen Marken ihr Ende erreicht. Aber auch abgesehen von diesem Falle kann das Reichsversicherungsamt Bestimmungen über die Gültigkeitsdauer der Marken treffen; es kann z. B. anordnen, daß die Marken mit einem Jahresstempel versehen werden und nur für das aufgestempelte Jahr gelten sollen. (Vgl. Bosse—v. Woedtke II S. 152.) Ungültig gewordene Marken können gegen gültige umgetauscht werden und zwar innerhalb zweier Jahre nach Ablauf der Gültigkeitsdauer.

3. Ueber die Zusatzmarken bezw. Doppelmarken vgl. § 121.

4. Ueber die Entscheidung von Beitrags-Streitigkeiten vgl. §§ 122 und 124.

5. Wer unechte Marken in der Absicht verfertigt, sie als echt zu verwenden, oder echte Marken in der Absicht verfälscht, sie zu einem höheren Werthe zu verwenden, oder wissentlich von falschen oder verfälschten Marken Gebrauch macht, ist gemäß § 154 Abs. 1 strafbar.

Zu Absatz 2.

6. Die Bestimmung des Absatz 2 tritt für Bayern und Württemberg mit Zustimmung dieser Bundesstaaten in Kraft. (§ 162 Abs. 3.)

7. Nach einem Rundschreiben des R.-V.-A. vom 13. September 1890 hat sich der Staatssekretär des Reichspostamts bereit erklärt, die Vertheilung der Marken an die Postanstalten, soweit die Marken von der Reichsdruckerei geliefert werden, für das Reichspostgebiet seitens der oberen Postbehörde im Zusammenhange mit der Vertheilung der Postwerthzeichen, unentgeltlich erfolgen zu lassen. Die Bestellung wird alsdann Seitens der Postämter nach Maßgabe des Bedarfs bei der Bezirks-Oberpostkasse geschehen. Die letztere bezieht entsprechende Mengen von der Reichsdruckerei und giebt davon den angemeldeten Bedarf an die Postämter ab. Die übrigen Vertriebsstellen der Postverwaltung werden durch die Postämter, mit denen sie in Abrechnung stehen, mit dem nöthigen Markenvorrath versehen.

Die von den Versicherungsanstalten innerhalb des Reichspostgebiets eingerichteten sonstigen Verkaufsstellen können die benöthigten Mengen ebenfalls von den Postanstalten, in deren Bezirke sie ihren Sitz haben, erhalten. Denselben würden nach näherer Bestimmung der Versicherungsanstalten von den Postanstalten zunächst eiserne Bestände an Marken unentgeltlich zu überweisen sein. Den weiteren Bedarf würden jene Verkaufsstellen von den Postanstalten käuflich entnehmen.

Die Kosten für die Herstellung der für die Reichs-Postanstalten von der Reichsdruckerei bezogenen Marken werden am einfachsten in der Weise gedeckt werden können, daß dieselben von dem aufgekommenen Erlöse für verkaufte Marken in Abzug gebracht werden. Behufs Abführung des hiernächst von dem Erlöse übrig bleibenden Betrages werden von den Ober-Postkassen an die Versicherungsanstalten monatlich entsprechende Abschlagszahlungen zu leisten sein; die endgültige Abrechnung wird alljährlich nur einmal nach dem Schlusse des Kalenderjahres zu erfolgen brauchen. (Vgl. hierzu Anm. 8.)

Die Berichtigung der Herstellungskosten für die an die Versicherungsanstalten selbst oder an andere Stellen zu liefernden Marken würde innerhalb des auf die Lieferung folgenden Monats an die Reichsdruckerei zu geschehen haben.

Die Herstellung der Doppelmarken (Zusatzmarken vgl. § 121) wird das R.-V.-A. Namens des Reichs bei der Reichsdruckerei veranlassen und den erforderlichen Bedarf an solchen Marken der oberen Postbehörde überweisen. Die Letzteren werden den auf die Versicherungsanstalten entfallenden Theil aus dem Erlöse der Doppelmarken den Versicherungsanstalten unmittelbar auszahlen.

Was die Kosten der Herstellung der Doppelmarken betrifft, so schlägt das R.-V.-A. vor, daß dieselben zur Hälfte von dem Reich, zur Hälfte von den betheiligten Versicherungsanstalten getragen werden.

8. Zur Vermeidung des großen Baarverkehrs mit der Post wird sich — wo dies angängig — für die Versicherungsanstalt die Einrichtung eines Girokontos bei der Reichsbank, auf welches dann die Einzahlungen erfolgen könnten, empfehlen.

Die Versicherungsanstalten werden aber dann für schleunige, weitere Anlegung der verfügbaren Gelder in Gemäßheit des § 129 Sorge tragen müssen.

9. Posthülfsstellen sind nach einer Aeußerung des Reichspostamts nicht als Postanstalten im Sinne des § 99 Abs. 2 anzusehen. Den Versicherungsanstalten wird es überlassen bleiben müssen, sich mit den Hülfsstellen-Inhabern Zwecks freiwilliger Uebernahme des Markenverkaufs ins Einvernehmen zu setzen.

Der Vertrieb von Beitragsmarken durch die Landbriefträger ist mit der Maßgabe zugelassen, daß derselbe auf eine Sorte von Beitragsmarken beschränkt bleibt. Der eiserne Markenbestand darf den Betrag von fünf Mark nicht übersteigen und der Verkauf von Marken darf nur in kleinen Mengen von höchstens 1 Mark erfolgen.

10. Die Frage, ob neben den Postanstalten noch besondere Markenverkaufs-Stellen zu errichten sind, wird sich nach den besonderen lokalen Verhältnissen beantworten müssen. In kleineren Städten, wo nur ein Postamt vorhanden ist, wird sich die Einrichtung von solchen Stellen unter allen Umständen empfehlen; aber auch für größere Städte, in welchen zahlreiche Postämter vorhanden sind, dürfte diese Einrichtung rathsam erscheinen. Man erwäge hierbei, daß die Postämter jetzt schon vielfach überlastet sind, daß die Schalter meist besetzt sind und das Publikum öfter gezwungen ist, längere Zeit auf Abfertigung zu warten. Dazu kommt, daß der Andrang zum Markenverkaufe ein sehr großer sein wird. Für die prompte Durchführung der Versicherung ist aber die Erleichterung des Marken-Einkaufs nicht unerheblich.

Abgesehen von den Markenverkaufsstellen im Sinne des § 99 Abs. 2 (mit eisernen Beständen und ev. Gewährung einer Provision) empfiehlt es sich namentlich die Inhaber von offenen Ladengeschäften dazu zu veranlassen, sich einen Markenverkauf auf eigene Rechnung anzulegen. Bei diesen Verkaufsstellen vermeidet die Versicherungsanstalt jedes Risiko, Kosten und Abrechnungsarbeiten. Die Berliner Versicherungsanstalt hat solchen Gewerbetreibenden unentgeltlich ein Aushängeschild zur Verfügung gestellt und dadurch die Einrichtung solcher Verkaufsstellen erheblich befördert.

11. Von den in Anm. 10 erwähnten Marken-Verkaufsstellen sind diejenigen Stellen zu unterscheiden, welchen in Gemäßheit des § 112 Abs. 3 die Marken zur Verfügung gestellt werden müssen.

12. Ueber die Führung des Markenbestandsbuchs und des Markenabrechnungsbuchs vgl. § 4 der in der Anlage abgedruckten Vorschriften betr. die Rechnungsführung sowie Ziffer 4 des bezüglichen Rundschreibens des R.-V.-A.

Entrichtung der Beiträge.

§ 100.

(1) Die Beiträge des Arbeitgebers und der Versicherten sind von demjenigen Arbeitgeber zu entrichten, welcher den Versicherten während der Kalenderwoche beschäftigt hat.

(2) Findet die Beschäftigung nicht während der ganzen Kalenderwoche bei demselben Arbeitgeber statt, so ist von demjenigen Arbeitgeber, welcher den Versicherten zuerst beschäftigt, der volle Wochenbeitrag zu entrichten.

(3) Sofern die Zahl der thatsächlich verwendeten Arbeitstage nicht festgestellt werden kann, ist der Beitrag für diejenige Arbeitszeit zu entrichten, welche zur Herstellung der Arbeit annähernd für erforderlich zu erachten ist. Im Streitfalle entscheidet auf Antrag eines Theiles die untere Verwaltungsbehörde endgültig. Die Versicherungsanstalt ist berechtigt, für die Berechnung derartiger Beiträge besondere Bestimmungen zu erlassen. Dieselben bedürfen der Genehmigung des Reichsversicherungsamts.

Zu Absatz 1.

1. Der Beitrag des Arbeitgebers und der Versicherten d. h. der vom Arbeitgeber und dem Versicherten aufzubringende Theil der Mittel (§ 19 Abs. 1), also der volle gemäß §§ 20, 24 festgesetzte Beitrag, ist vom Arbeitgeber zu entrichten; er ist jedoch berechtigt, die Hälfte der Beiträge den von ihm beschäftigten Personen bei der Lohnzahlung abzuziehen (§ 109 Abs. 3). Die Entrichtung des Beitrags erfolgt durch Einkleben von Marken in die Quittungskarte bei der Lohnzahlung. (Vgl. § 109 Abs. 1.)

1a. „Arbeitgeber ist derjenige, welcher über die Arbeitskraft des Beschäftigten die Verfügungsmacht hat, namentlich derjenige, dem sie durch den Arbeitsvertrag rechtlich zugesichert ist.“ (Rosin S. 178.) Jedoch wird in den Fällen, in welchen der in einem Betriebe beschäftigte Arbeiter selbst wieder Hilfsarbeiter annimmt, doch nicht der Arbeiter, sondern der Betriebsunternehmer als „Arbeitgeber“ gelten müssen. (Vgl. jetzt auch Ziffer XVIII. der in der Anlage abgedruckten „Anleitung“.) Denn — wie Rosin l. c. richtig ausführt — „das juristische Parteiverhältniß muß hier zurücktreten hinter den sozialpolitischen Grundgedanken des Gesetzgebers, welcher, von dem Gegensatz zwischen Unternehmer und Lohnarbeiter ausgehend, nur den ersteren, den Unternehmer des Betriebes, nicht aber eine unselbstständige Mittelsperson, auch wenn dieselbe gegenüber gewissen Arbeitern als der civilrechtlich allein Berechtigte oder Verpflichtete erscheint, als Arbeitgeber auffassen läßt. Denn wirthschaftlich giebt dieser die Arbeit und den Lohn nur weiter, welche er selbst vom Unternehmer empfangen hat, und er verfügt über die Arbeitskraft der von ihm angenommenen Arbeiter in Wahrheit nicht für sich, sondern für die Unternehmung, in welche er selbst als unselbstständiges Produktionsmittel eingegliedert ist." Hierher gehören z. B. die sog. Mitfahrer, welche von den im Brauerei-Betriebe beschäftigten Bierfahrern selbstständig angenommen werden; ähnliche Arbeitsverhältnisse findet man auch in Webereien und Spinnereien. Bosse-v. Woedtke (II. S. 146) erwähnen das Verhältniß der sog. „Hofgänger", welches darin besteht, daß ein Gutstagelöhner, Instmann u. s. w. von seinem Gutsherrn durch den Arbeitsvertrag verpflichtet wird, andere Personen als Arbeiter zur Gutsarbeit mitzubringen. Hier gilt als Arbeitgeber auch der Gutsherr und nicht der Instmann. Nicht hierher gehören die von Hausgewerbetreibenden mit Arbeitern eingegangenen Arbeitsverhältnisse, denn der Hausgewerbetreibende ist selbstständiger Unternehmer (vgl. hierzu Anm. 4 zu § 2).

Wer als Arbeitgeber zur Entrichtung der Beiträge verpflichtet ist, kann in denjenigen Fällen zweifelhaft sein, in welchen eine Person gleichzeitig in zwei oder mehreren versicherungspflichtigen Arbeitsverhältnissen steht. Bosse-v. Woedtke (I. S. 171) führen als Beispiel einen Nachtwächter an, welcher am Tage als Arbeiter beschäftigt ist. Vorweg ist zu bemerken, daß nach dem vorliegenden Gesetze eine Doppelversicherung, welche Anspruch auf mehr als eine Rente geben würde, als unzulässig erachtet werden muß. Dann wäre auf den Absatz 2 als Auskunftsmittel zu verweisen, wonach derjenige Arbeitgeber zur Leistung der Beiträge verpflichtet erscheint, welcher den Versicherten zuerst in der Woche beschäftigt, also in der Nacht von Sonntag zu Montag. Am besten ist es natürlich — wie dies auch Bosse-v. Woedtke hervorheben — wenn eine Einigung zwischen den Arbeitgebern einerseits und dem Versicherten andererseits stattfindet dahingehend, daß ein Arbeitgeber die Leistung übernimmt und die anderen Arbeitgeber ihm den entsprechenden Antheil erstatten. Im Streitfalle entscheidet gemäß § 124 die untere Verwaltungsbehörde. Der Meinung von Bosse-v. Woedtke, daß es sich dann empfiehlt, demjenigen Arbeitgeber die Beiträge aufzuerlegen, dessen Arbeitsverhältniß als das für den Versicherten wichtigere anzusehen ist, scheint im Gesetze keine Begründung zu finden. Die Behörde müßte wohl lediglich auf Grund des Absatz 2 entscheiden; dadurch würden die Betheiligten auf eine Einigung hingedrängt werden. Bei den hier erörterten Fällen ist es selbstverständliche Voraussetzung, daß überhaupt ein versicherungspflichtiges Arbeitsverhältniß vorliegt und daß nicht die betr. Person als selbstständiger Unternehmer anzusehen ist. Vgl. hierzu Anm. 3 zu § 1. Auch ist namentlich zu untersuchen, ob nicht ein Arbeitsverhältniß auf Grund der Ziffer 2 der in der Anlage abgedruckten Bekanntmachung des Bundesraths vom 27. November 1890 als vorübergehendes nichtversicherungspflichtiges zu betrachten ist.

2. Die Beiträge sind nicht für einzelne Tage, sondern für Kalenderwochen zu entrichten. (Vgl. § 19 Abs. 1 und Anm. 3 daselbst.) Demgemäß werden auch die Beitragssätze für Wochen festgesetzt. (§§ 20 Abs. 1 und 96.)

Das Einkleben der Marken braucht aber nicht nothwendig jede Woche zu geschehen; das hängt von der Größe der Lohnzahlungsperioden ab. (Vgl. § 100 Abs. 1.)

2a. Kalenderwoche; Nach einem Erlasse des Reichskanzlers (Reichsamt des Innern) vom 11. November ist unter „Kalenderwoche" im Sinne des Gesetzes die mit dem ersten Arbeitstage der Woche, d. h. in der Regel dem Montag beginnende Arbeitswoche zu verstehen.

3. Ueber die freiwillige Beitragsleistung vgl. §§ 117 ff., über die Beitragsleistung der Selbstversicherten § 120. Bezüglich der für Seeleute zu entrichtenden Beiträge vgl. die in den Anlagen abgedruckten Vorschriften betr. die Einziehung der von Rhedern zu entrichtenden Beiträge vom 22. November 1890.

Zu Absatz 2.

4. Der Entwurf hatte für den Fall des Abs. 2 halbe Wochenbeiträge vorgesehen; dies wurde von der Kommission mit der Begründung gestrichen, daß im praktischen Leben ein Ausgleich eintritt: das eine Mal wird derselbe Arbeitgeber den Arbeiter zuerst in der Woche, das andere Mal zuletzt beschäftigen und je nachdem wird er das eine Mal den vollen Wochenbeitrag, das andere Mal keinen Beitrag zu leisten haben. Der Arbeitgeber, welcher einen Arbeiter nicht schon am ersten Tage der Woche einstellt, hat sich also zu vergewissern, ob der Arbeiter während derselben Woche nicht schon vorher bei einem andern Arbeitgeber in einer versicherungspflichtigen Beschäftigung gestanden hat.

Die Vorschrift des Absatz 2 findet nicht nur Anwendung auf die unständigen vorübergehend beschäftigten Arbeiter, sondern auch auf die ständigen Arbeiter, welche z. B. im Laufe der Woche entlassen werden; hier hat der Arbeitgeber bei der Entlassung die Marke für die laufende Woche einzukleben und derjenige Arbeitgeber, welcher in derselben Woche den Arbeiter annimmt, hat für diese Woche keinen Beitrag zu leisten. Vgl. auch hierzu Anm. 6 zu § 17 bezüglich der anrechnungsfähigen Krankheitszeiten.

Aus der Vorschrift des Absatz 2 folgt ferner, daß überhaupt bei Einstellung von Arbeitern im Laufe der Woche — sei es auch am letzten Tage der Woche — der volle Beitrag für diese Woche zu entrichten ist, sofern nicht der Arbeiter schon vorher in derselben Woche in einer versicherungspflichtigen Beschäftigung gestanden hat.

4a. Zuerst; Vgl. Anm. 2a.

4b. Ueber die Leistung der Beiträge Seitens vorübergehend beschäftigter Arbeiter statt des Arbeitsgebers vgl. §§ 111 und 113 Ziffer 2.

Zu Absatz 3.

5. In einzelnen Fällen ist die Zahl der für eine Arbeit thatsächlich verwendeten Zeitdauer schwer zu ermitteln. Dies kann insbesondere bei solchen Arbeitsleistungen der Fall sein, welche nicht in der Betriebsstätte des Arbeitgebers verrichtet, oder welche im Stück bezahlt werden (Akkordarbeiten).

Zum Beispiel: Der außerhalb der Betriebsstätte beschäftigte Schuhmachergeselle ist saumselig bei der Arbeit, feiert mehrere Tage in der Woche, und braucht daher weit mehr Zeit zur Fertigstellung der Arbeit als erforderlich. Der hierbei hervortretenden Schwierigkeit sucht das Gesetz durch die Vorschrift zu begegnen, daß hierbei diejenige Zeitdauer maßgebend sein soll, welche zur Herstellung der Arbeit annähernd für erforderlich zu erachten ist. Wo derartige Arbeiten in größerem Umfange üblich sind und eine allgemeine Regelung für die Bemessung der für dieselbe erforderlichen Arbeitszeit zulassen, wird man den Versicherungsanstalten die Befugniß geben können, besondere, vom Reichs-Versicherungsamt zu genehmigende Bestimmungen für die Berechnung der Beiträge zu erlassen. Wo dies nicht ausführbar ist, oder solange eine derartige Regelung nicht erfolgt, wird diese Berechnung der gewissenhaften Schätzung und dem gütlichen Uebereinkommen der zunächst Betheiligten anheim gegeben werden müssen. Für den Fall, daß Arbeitgeber und Arbeitnehmer sich nicht einigen können, empfiehlt sich eine behördliche Festsetzung der zu berechnenden Arbeitszeit. Zu dieser Festsetzung eignet sich die untere Verwaltungsbehörde. (M. 124.)

Die Entscheidung der unteren Verwaltungsbehörde (vgl. § 138) ist endgültig.

6. Reichsversicherungsamt, bezw. Landesversicherungsamt (§ 134).

Quittungskarte.

§ 101.

Die Entrichtung der Beiträge erfolgt durch Einkleben eines entsprechenden Betrages von Marken in die Quittungskarte des Versicherten. Ist der Versicherte mit einer Quittungskarte nicht versehen, so ist der Arbeitgeber berechtigt, für Rechnung des Versicherten eine solche anzuschaffen und den verauslagten Betrag bei der nächsten Lohnzahlung einzubehalten. (1)

Die Quittungskarte enthält das Jahr und den Tag ihrer Ausgabe, die über den Gebrauch der Quittungskarte erlassenen Bestimmungen (§ 108) und die Strafvorschrift des § 151. Im Uebrigen bestimmt der Bundesrath ihre Einrichtung. (2)

Die Kosten der Quittungskarte trägt, soweit sie nicht für Rechnung des Versicherten zu beschaffen ist (Absatz 1), die Versicherungsanstalt des Ausgabebezirks. (3)

Zu § 101.

1. Quittungskarte. Die Ausstellung der Quittungskarte erfolgt durch die von der Landeszentralbehörde bezeichnete Stelle. (§ 103 Abs. 1). Die Quittungskarte bietet Raum zur Aufnahme von Marken für 52 Beitragswochen

(§ 102); die Marken müssen in fortlaufender Reihe eingeklebt werden (§ 109 Abs. 2). Für versicherungspflichtige Personen hat der Arbeitgeber bei der Lohnzahlung die Marken einzukleben (§ 109 Abs. 1), er darf nach Einklebung der Marken die Quittungskarte wider Willen des Inhabers nicht zurückbehalten (§ 108 Abs. 2). In der Regel wird der Versicherte die Quittungskarte in eigenem Gewahrsam behalten; indessen kann es ihm auch freigestellt bleiben, diesen Ausweis seinem Arbeitgeber zur Verwahrung zu übergeben. (M. 125.) Der Versicherte ist auch zur Hinterlegung der Karte berechtigt (§ 115), falls die Einziehung der Beiträge anderweitig geregelt wird. Die vollen Quittungskarten sind gegen neue einzutauschen; sie müssen bei Vermeidung des Verlustes ihrer Gültigkeit innerhalb dreier Jahre nach dem Jahre der Ausstellung umgetauscht werden (§ 104). Der Versicherte kann sich jeder Zeit gegen Rückgabe der alten, eine neue Quittungskarte ausstellen lassen (§ 102 Abs. 2).

2. Eines entsprechenden Betrages; für die versicherungspflichtigen Personen erfolgt, wie oben bemerkt, das Einkleben der Marken durch den Arbeitgeber bei der Lohnzahlung; der Betrag der einzuklebenden Marken wird sich also nach der Größe der Lohnzahlungsperiode richten.

Wer wissentlich schon einmal verwendete Marken in Quittungskarten abermals verwendet, ist gemäß § 154 Abs. 2 strafbar.

2a. Für die versicherungspflichtigen Personen hat der Arbeitgeber die nothwendigen Marken einzukleben (§ 109), im Unterlassungsfalle hat er eine Ordnungsstrafe zu gewärtigen (§ 143). Um nun den Arbeitgeber in die Lage zu versetzen, seiner Verpflichtung nachkommen zu können, ist ihm das Recht eingeräumt, eine Quittungskarte auf Kosten des Arbeiters anzuschaffen, falls Letzterer mit einer solchen nicht versehen ist. Der Arbeitgeber kann aber auch an Stelle des Arbeiters, in seinem Namen, die Quittungskarten beschaffen; alsdann erwachsen dem Arbeiter für die Karte keine Kosten (Abs. 3). Grundsätzlich wird daran festzuhalten sein, daß die Kosten der Quittungskarten gemäß Abs. 3 die Versicherungsanstalt tragen soll. (Vgl. Bosse—v. Woedtke II S. 156 und Ziffer 38 unter b der in der Anlage abgedruckten Anweisung betr. das Verfahren bei der Ausstellung u. s. w. von Quittungskarten).

2b. Für angemusterte Seeleute bedarf es der Ausstellung einer Quittungskarte und der Verwendung von Beitragsmarken nicht; die Einziehung der Beiträge ist hier anderweitig geregelt. Vgl. die in der Anlage abgedruckten Vorschriften vom 22. Januar 1890.

Zu Absatz 2.

3. Die Angabe des Jahres der Ausgabe auf der Quittungskarte ist wichtig für das Erlöschen der Anwartschaft (§ 32 Abs. 1) bezw. den Verlust der Gültigkeit der Karte (§ 104).

Die Karten werden außerdem mit fortlaufender Nummer versehen, sowie mit dem Namen derjenigen Versicherungsanstalt, auf welcher die erste Karte für den Versicherten ausgestellt ist (§ 102 Abs. 1).

Vgl. im Uebrigen die in der Anlage abgedruckte Bekanntmachung betreffend die für die Invaliditäts- und Altersversicherung zu verwendende Quittungskarte vom 14. Juni 1890.

Zu Absatz 3.

4. Die Reichsdruckerei hat die Herstellung der Quittungskarten zum Preise von 1,30 Mk. für das Hundert übernommen. Indessen sind z. B. der Versicherungsanstalt Berlin billigere Angebote (1,15 Mk.) zugegangen, und es wird natürlich Nichts im Wege stehen, die billigere Bezugsquelle zu benutzen, sofern die Quittungskarte „vorschriftsmäßig" ist. Insbesondere wird darauf zu achten sein, daß die Qualität des Papiers stets eine gleich gute bleibt. In dieser Beziehung hat das R.-V.-A. in einem Rundschreiben darauf hingewiesen, daß die von Privatunternehmern hergestellten Quittungskarten zu Prüfung der vorschriftsmäßigen Beschaffenheit in einigen Probeexemplaren unter Beifügung einer amtlichen Bescheinigung über die Eigenschaften des zu der Karte verwendeten Papiers dem Reichsversicherungsamt vorzulegen sind.

4b. Für den Fall, daß die Karte auf Kosten des Versicherten ausgestellt wird, ist in der Preußischen Anweisung vom 17. Oktober 1890 (s. Anlage) der Kostenbetrag für jede Karte auf fünf Pfennig festgesetzt worden.

§ 102.

Jede Quittungskarte bietet Raum zur Aufnahme der Marken für siebenundvierzig Beitragswochen. Die Karten sind für jeden Versicherten mit fortlaufenden Nummern zu versehen; die erste für ihn ausgestellte Karte ist am Kopfe mit dem Namen derjenigen Versicherungsanstalt, in deren Bezirk der Versicherte zu dieser Zeit beschäftigt ist, jede folgende mit dem Namen derjenigen Versicherungsanstalt, welche sich auf der nächstvorhergehenden Karte vermerkt findet, zu bezeichnen; stimmt der auf einer späteren Karte enthaltene Name mit dem auf der ersten Karte enthaltenen Namen nicht überein, so ist der auf der ersten Karte enthaltene Name maßgebend. (1)

Der Versicherte ist berechtigt, auf seine Kosten zu jeder Zeit die Ausstellung einer neuen Quittungskarte gegen Rückgabe der älteren Karte zu beanspruchen. (2)

Zu Absatz 1.

1. Siebenundvierzig Beitragswochen bilden ein Beitragsjahr (§ 17); die Quittungskarte soll also soviel Raum enthalten, um auf derselben 1 Beitragsjahr erfüllen zu können. Sie kann jedoch auch mehr Raum enthalten, und so ist auch thatsächlich gemäß der im Anhange abgedruckten Verordnung des Bundesraths die Quittungskarte zur Aufnahme von 52 Beitragswochen in 52 Felder eingetheilt, so daß also die Karte für das ganze Kalenderjahr reicht. (Ob diese Eintheilung in 52 Felder den Absichten des Gesetzgebers entspricht, mag dahingestellt bleiben. Mit den Bestimmungen der §§ 104, 32 Abs. 1 wäre die Eintheilung in 47 Felder sicherlich besser in Einklang zu bringen.) Die volle Karte muß gegen eine neue umgetauscht werden (§ 103 Abs. 1) und wenn dies der Versicherte nicht thut, kann der Arbeitgeber auf seine Kosten eine neue Karte anschaffen (§ 101 Abs. 1). Innerhalb vier aufeinanderfolgender Kalenderjahre muß die Karte zum Umtausch eingereicht werden, widrigenfalls die Anwartschaft aus dem Versicherungsverhältnisse erlischt (§ 32 Abs. 1) und die Karte ihre Gültigkeit verliert (§ 104).

Während eines Kalenderjahres können insgesammt niemals mehr als 52 Beitragswochen in Anrechnung gebracht werden. (Vgl. § 117 Abs. 2.)

2. Die Karten werden für jeden Versicherten mit fortlaufenden Nummern versehen. Die erste Quittungskarte eines jeden Inhabers erhält also die Nummer 1, während demgemäß die zehnte Karte desselben Inhabers die Nummer 10 erhalten wird u. s. w. (vgl. Ziffer 7 Abs. 4 der in der Anlage abgedruckten Anweisung vom 17. October 1890).

Die erste Karte ist ferner am Kopfe mit dem Namen derjenigen Versicherungsanstalt zu bezeichnen, in deren Bezirk der Versicherte zu dieser Zeit beschäftigt ist, d. h. in deren Bezirke der Sitz des Betriebes, in welchem der Inhaber der Quittungskarte beschäftigt wird, belegen ist; findet die Beschäftigung nicht in einem „Betrieb“ statt, oder befindet sich der Betriebssitz nicht im Inlande, so entscheidet der Beschäftigungsort (vgl. hierzu Anm. 5 zu § 41 und Ziffer 7 der Anweisung).

Jede folgende Karte ist mit dem Namen derselben Versicherungsanstalt zu bezeichnen, mag auch die Ausstellung im Bezirke einer anderen Versicherungsanstalt erfolgen.

Hiernach werden also regelmäßig sämmtliche Karten eines Versicherten eine fortlaufend nummerirte Reihe bilden und den Namen ein und derselben Versicherungsanstalt tragen.

Da nun gemäß § 107 Abs. 1 die zum Umtausch eingereichten Karten schließlich an diejenige Anstalt überwiesen werden, deren Namen sie tragen, so werden sämmtliche Karten eines Versicherten sich bei derjenigen Anstalt sammeln, bei der die Versicherung begonnen worden ist. Von dieser Versicherungsanstalt fordert dann der Vorstand bei der Rentenfeststellung die Karten ein. (§ 75 Absatz 2.)

Zu Absatz 2.

3. Der Umtausch der Karte gegen eine neue steht dem Versicherten zu jeder Zeit frei, also auch wenn die Karte noch nicht voll ist. Der Versicherte kann z. B. Verdacht haben, daß der Arbeitgeber durch irgend ein geheimes Zeichen auf der Karte ihn den andern Arbeitgebern gegenüber gekennzeichnet hat (vgl. § 108);

alsdann kann er sich eine neue Karte auf seine Kosten ausstellen lassen und entgeht dadurch den befürchteten Folgen. (St. B. 1494.) Der Kostenbetrag für die Karte beträgt in Preußen fünf Pfennig. (Vgl. Anm. 4b zu § 101.)

§ 103.

Die Ausstellung und der Umtausch der Quittungskarten erfolgt durch die von der Landes-Zentralbehörde bezeichnete Stelle. (1)

Die hiernach zuständige Stelle hat die in der zurückgegebenen Karte eingeklebten Marken derart aufzurechnen, daß ersichtlich wird, wieviel Beitragswochen für die einzelnen Lohnklassen dem Inhaber der Quittungskarte anzurechnen sind. Gleichzeitig ist die Dauer der bescheinigten Krankheiten sowie der militärischen Dienstleistungen anzugeben. Ueber die aus dieser Aufrechnung sich ergebenden Endzahlen ist dem Inhaber der Karte eine Bescheinigung zu ertheilen. (2)

Zu Absatz 1.

1. Vgl. die im Anhange abgedruckte Preußische Anweisung betreffend das Verfahren bei der Ausstellung und dem Umtausch sowie bei der Erneuerung (Ersetzung) von Quittungskarten vom 17. October 1890.

Hiernach erfolgt die Ausstellung der Karte, soweit es sich um die Vorbereitung der Inkraftsetzung des Gesetzes handelt, von Amtswegen, im Uebrigen in der Regel auf Antrag. Neben dem Versicherten, seinem gesetzlichen Vertreter oder Bevollmächtigten ist auch der Arbeitgeber auf Ausstellung einer Quittungskarte für denselben anzutragen berechtigt, sofern der Versicherte selbst es unterlassen hat, sich eine solche anzuschaffen.

Zu Absatz 2.

1a. Zuständig ist — nach der Preußischen Anweisung — diejenige Stelle, in deren Bezirk sich die Arbeitsstätte des Versicherten befindet, oder sofern der Versicherte eine dauernde Arbeitsstätte nicht hat, diejenige Stelle, in deren Bezirk er sich aufhält. Diese Stellen sind zur Ausstellung verpflichtet. Berechtigt zur Ausstellung ist aber auch die für den Betriebssitz oder den Wohnort des Versicherten zuständige Stelle.

1b. Die Aufrechnung erfolgt lediglich nach Lohnklassen, ohne Rücksicht darauf, ob die Marken auf verschiedene Anstalten lauten. (Ziffer 16 der Anweisung.)

Die Aufrechnung ist spätestens innerhalb 1 Woche nach Rückgabe der Karte zu bewirken. (Ziffer 15 der Anweisung.)

Ferner ist auf der Karte zu vermerken die Dauer der bescheinigten Krankheit sowie der militärischen Dienstleistungen. Der Nachweis der Krankheit bezw. der militärischen Dienstleistungen erfolgt gemäß § 18. (Vgl. hierzu Ziffer 17 ff. der Anweisung.)

Durch diese Aufrechnung und die Angabe der anrechnungsfähigen Zeit wird dem Vorstande die Feststellung der Höhe der Rente gemäß § 26 sehr erleichtert.

2. Da der Versicherte die Karten abliefern muß, so soll ihm durch die „Bescheinigung" ein Belag über die für ihn geleisteten Zahlungen gewährt werden. Da es immer möglich ist, daß einige Karten oder vielleicht gar sämmtliche Karten z. B. durch Feuer verloren gehen, so wird sich die sorgfältige Aufbewahrung dieser „Bescheinigungen", durch welche dann der Nachweis der geleisteten Marken geführt werden kann, empfehlen. Der Versicherte ist im Stande mittelst dieser Bescheinigungen die Berechnung der Höhe der Rente seitens des Vorstandes (§ 75 Abs. 3) einer Prüfung zu unterziehen. Auch werden die „Bescheinigungen" zur Glaubhaftmachung der Erfüllung der Wartezeit bei dem Antrage auf Rentenfeststellung dienen. (Vgl. Anm. 3 zu § 75.)

Im Uebrigen wird der Versicherte, falls er z. B. seine Bescheinigungen ganz oder theilweise verloren hat, von der Versicherungsanstalt, an welche die Karten definitiv abgeliefert werden (§ 107 Abs. 1), stets einen Ausweis über die Höhe derjenigen Beiträge, welche für ihn nach Maßgabe der aufbewahrten Karten geleistet sind, erbitten können. Die Versicherungsanstalten werden einem derartigen begründeten Antrage Folge geben müssen. (St. B. 1499.)

Ueber die Ausstellung der Bescheinigungen vgl. im Uebrigen Ziffer 25 der Anweisung.

3. Der Versicherte kann gegen den Inhalt der Bescheinigung Einspruch bezw. Rekurs erheben (§ 106).

4. Ueber die „Bescheinigungen" der Kasseneinrichtungen vgl. § 6 Abs. 2.

5. Ueber die Ausstellung und den Umtausch der Quittungskarten seitens anderer, mit der Einziehung der Beiträge beauftragter Stellen vgl. § 113 Ziffer 1.

6. Ueber den Ausweis der Versicherung bei Seeleuten durch das Seefahrtsbuch und durch besondere Bescheinigungen vgl. die in der Anlage abgedruckten Vorschriften vom 27. November 1890 Ziffer 8 und 9.

§ 104.

Eine Quittungskarte verliert ihre Gültigkeit, wenn sie nicht bis zum Schlusse des dritten Jahres, welches dem am Kopfe der Karte verzeichneten Jahre (§ 101 Absatz 2) folgt, zum Umtausche eingereicht worden ist. Ist die Annahme begründet, daß der Versicherte ohne sein Verschulden den rechtzeitigen Umtausch versäumt hat, so kann der Vorstand der Versicherungsanstalt des Beschäftigungsortes auf den Antrag des Versicherten die fortdauernde Gültigkeit der Quittungskarte anerkennen.

Zu § 104.

1. Die Vorschrift des § 104 steht im engen Zusammenhange mit der Vorschrift des § 32 Abs. 1, wonach die Anwartschaft aus einem Versicherungsverhältnisse erlischt, wenn während vier aufeinanderfolgender Kalenderjahre für weniger als insgesammt 47 Beitragswochen Beiträge entrichtet sind; mit der formellen Ungültigkeit der Karte fällt die materielle Verjährung des Anspruchs zusammen. (Vgl. Anm. 4 zu § 32.)

2. Bis zum Schlusse des dritten Jahres, welches dem am Kopfe der Karte verzeichneten Jahre folgt; wenn also z. B. die Karte im Jahre 1891 ausgestellt ist, so muß der Umtausch spätestens am 31. Dezember 1894 erfolgen. Für diejenigen Personen, deren Versicherung mit dem 1. Januar 1891 dem Tage des Inkrafttretens des Gesetzes begonnen hat, sind die Quittungskarten meistentheils schon im Laufe des Dezembers 1890 ausgestellt worden. Das Reichsversicherungsamt ist nun — wie es in einem Rundschreiben ausführt — vorbehaltlich einer späteren Entscheidung der Frage in der Revisionsinstanz, geneigt, der Auffassung, nach welcher die in § 104 angeordnete Frist bei diesen Karten erst vom 1. Januar 1891 ab zu berechnen sei, beizutreten. Diese Auffassung ist durchaus begründet. Denn — wie auch das R.-V.-A. ausführt — die entgegengesetzte Ansicht, wonach die Frist vom Tage der Ausstellung im Dezember 1890 an zu rechnen wäre, würde den vom Gesetze nicht beabsichtigten Erfolg haben, daß die Versicherten infolge einer im Interesse der betheiligten Dienststellen und Behörden getroffenen Maßregel, wie sie die Ausstellung der Karten vor dem 1. Januar darstellt, eine nachtheilige Verkürzung der Gültigkeitsdauer der Karte erleiden würden. Ferner kommt hier auch der § 32 in Betracht. Nach demselben erlischt die Anwartschaft, wenn während vier aufeinanderfolgender Kalenderjahre für weniger als insgesammt 47 Beitragswochen Beiträge entrichtet sind. Da eine Beitragsleistuug vor dem 1. Januar 1891 nicht erfolgen kann, so ist es klar, daß die Frist des § 32 nicht früher als mit dem 1. Januar beginnen kann. Da nun aber, wie in Anm. 1 ausgeführt, der § 32 mit dem § 104 im engsten ursächlichen Zusammenhange steht, so muß auch die Berechnung der Frist des § 104 in gleicher Weise erfolgen, um eine Uebereinstimmung der Wirkungen beider Vorschriften zu erzielen.

Die Versicherungsanstalten werden also durchaus im Sinne des Gesetzes handeln, wenn sie vorkommenden Falls hiernach verfahren. Eine generelle diesbezügliche Bekanntmachung der Anstalt dürfte zu empfehlen sein. Die formelle Berechtigung zu diesem Verfahren ergiebt sich übrigens aus dem zweiten Satze des § 104.

3. Eingereicht; es ist also nicht nothwendig, daß der Umtausch bis zum Ablauf der Frist thatsächlich bewirkt ist. (Vgl. Bosse—v. Woedtke II S. 165.)

4. Ohne sein Verschulden; die Entscheidung hierüber ist in das freie billige Ermessen des Vorstandes gestellt. Doch wird z. B. Krankheit,' Landesabwesenheit, Unkenntniß der gesetzlichen Bestimmungen als Entschuldigungsgrund nicht unbedingt gelten können.

§ 105.

Verlorene, unbrauchbar gewordene oder zerstörte Quittungskarten sind durch neue zu ersetzen. In die neue Quittungskarte sind die bis zum Verlust der Karte entrichteten Beiträge, soweit dieselben nachweisbar geleistet worden sind, in beglaubigter Form zu übertragen.

Zu § 105.

1. Ein formales Aufgebot verlorener Quittungskarten würde ein immerhin mit Kosten verbundenes Verfahren voraussetzen; ein solches erscheint auch mit Rücksicht auf die verhältnißmäßige Leichtigkeit eines Ersatzes um so mehr entbehrlich, als ein Mißbrauch verlorener Karten, an deren Stelle andere getreten sind, in der Regel unter den Begriff des Betruges fallen wird. (M. 132.)

Ueber das Verfahren bei der Erneuerung der Quittungskarten vgl. die in der Anlage abgedruckte „Anweisung“ unter C.

2. Der Nachweis der geleisteten Beiträge wird von dem Versicherten insbesondere durch das Zeugniß des Arbeitgebers oder der Mitarbeiter des Versicherten oder durch Vorlegung der Lohnlisten des Arbeitgebers geführt werden können. (Ziffer 34 der Anweisung.)

3. Gegen den Inhalt der Uebertragung kann der Versicherte Einspruch bezw. Rekurs erheben (§ 106.)

§ 106.

Der Versicherte ist befugt, binnen zwei Wochen nach Aushändigung der Bescheinigung (§ 103) oder der neuen Quittungskarte (§ 105) gegen den Inhalt der Bescheinigung beziehungsweise der Uebertragung Einspruch zu erheben. Gegen die Zurückweisung des Einspruchs findet binnen gleicher Frist Rekurs an die unmittelbar vorgesetzte Dienstbehörde statt. Die letztere entscheidet hierüber, sowie über andere das Verfahren betreffende Beschwerden endgültig.

Zu § 106.

1. Ueber das Verfahren bei Einlegnng des Einspruchs bezw. Rekurses vgl. Ziff. 26 ff., der in der Anlage abgedruckten „Anweisung.“

2. Das in § 106 statuirte Recht des Einspruchs ist für den Versicherten in sofern von großer Wichtigkeit, als er später im Rentenfeststellungsverfahren keine Einwendungen mehr machen kann, welche sich auf mangelhafte Aufrechnung der Karten gründen. Vgl. Anm. 11 zu § 75.

§ 107.

(1) Die abgegebenen Quittungskarten sind an die Versicherungsanstalt des Bezirks zu übersenden und von dieser an diejenige Versicherungsanstalt, deren Namen sie tragen, zu überweisen.

Der Bundesrath hat die Voraussetzungen zu bestimmen, unter denen die Vernichtung von Quittungskarten zu erfolgen hat. (2)

Zu Absatz 1.

1. Ueber das Verfahren bei Uebersendung der Quittungskarten vgl. Ziffer 29 f., der in der Anlage abgedruckten „Anweisung". Hiernach haben auch die Ausgabestellen auf Antrag des Versicherten oder seines Arbeitgebers mit den Quittungskarten zugleich die in §§ 156 ff., 161 bezeichneten Bescheinigungen und Nachweise über Beschäftigungen uud Krankheitszeiten des betr. Versicherten, welche in die Zeit vor dem Inkrafttreten der Versicherung fallen, anzunehmen und weiter zu senden.

2. Gemäß § 102 Abs. 1 tragen alle Quittungskarten eines Versicherten den Namen derjenigen Versicherungsanstalt, auf welche die erste Karte ausgestellt ist; bei dieser Anstalt werden sich also nach der Bestimmung des Abs. 1. die sämmtlichen Karten eines Versicherten sammeln. Die Versicherungsanstalt hat für die Aufbewahrung der Quittungskarten Sorge zu tragen. Wenn man erwägt, daß die Quittungskarten für die künftige Feststellung uud Berechnung der Renten die Grundlagen bilden, so ergiebt sich daraus die Pflicht der Versicherungsanstalt, diese Aufbewahrung auf das Sorgfältigste zu bewirken, von selbst. Ueber die Art der Aufbewahrung sind von verschiedenen Seiten Vorschläge gemacht wordeu, so von dem Vorstande der Versicherungsanstalt Hannover, und von dem Vorsitzenden der hanseatischen Versicherungsanstalt Gebhard; es ist ferner von dem Reichskanzler eine „Veranschlagung des Raumbedarfs zur Aufbewahrung der Quittungskarten" aufgestellt worden, auch hat das Reichsversicherungsamt eine „Uebersicht über den Raumverbrauch und die Raumausnutzung sowie Kostenberechnung für die verschiedenen Systeme der Aufbewahrung von Quittungskarten" unter Beifügung von zwei Zeichnungen zusammenstellen lassen. Bei der Frage der Aufbewahrung der Karten muß auch auf die in Anm. 1 erwähnte Aufbewahrung der „Bescheinigungen und Nachweise" Rücksicht genommen werden. Hierbei mag hervorgehoben werden, daß — nach einer Aeußerung des Reichsversicherungsamts — nichts entgegensteht, diese „Bescheinigungen", welche nur zur Wahrung ihrer Zusammengehörigkeit während der Versendung mit den Quittungskarten verbunden werden sollen (Ziffer 30 der Anweisung vom 17. Oktober 1890), nach der Einlieferung von der Quittungskarte wieder zu trennen und in zweckentsprechender Weise gesondert aufzubewahren.

Ueber die Nothwendigkeit der Aufstellung einer Statistik aus den bei der Versicherungsanstalt eingehenden und durchgehenden Quittungskarten vgl. Anm. 2a zu § 97.

§ 108.

Die Eintragung eines Urtheils über die Führung oder die Leistungen des Inhabers, sowie sonstige durch dieses Gesetz nicht (1) vorgesehene Eintragungen oder Vermerke in oder an der Quittungskarte sind unzulässig. Quittungskarten, in welchen derartige Eintragungen oder Vermerke sich vorfinden, sind von jeder Behörde, welcher sie zugehen, einzubehalten. Die Behörde hat die Ersetzung derselben durch neue Karten, in welche der zulässige Inhalt der ersteren nach Maßgabe der Bestimmung des § 105 zu übernehmen ist, zu veranlassen.

(2) Dem Arbeitgeber sowie Dritten ist untersagt, die Quittungskarte nach Einklebung der Marken wider den Willen des Inhabers zurückzubehalten. Auf die Zurückbehaltung der Karten seitens der zuständigen Behörden und Organe zu Zwecken des Umtausches, der Kontrole, Berichtigung, Aufrechnung oder Uebertragung findet diese Bestimmung keine Anwendung.

(3) Quittungskarten, welche im Widerspruch mit dieser Vorschrift zurückbehalten werden, sind durch die Ortspolizeibehörde dem Zuwiderhandelnden abzunehmen und dem Berechtigten auszuhändigen. Der erstere bleibt dem letzteren für alle Nachtheile, welche diesem aus der Zuwiderhandlung erwachsen, verantwortlich.

Zu Absatz 1.

1. Durch die Vorschrift des Absatz 1 soll insbesondere verhütet werden, daß die Quittungskarte etwa den Charakter eines Arbeitsbuches erhält. Eine sorgfältige Befolgung dieser Vorschrift ist für so erheblich zu erachten, daß jeder Behörde die Pflicht zugewiesen werden muß, Quittungskarten, in welchen derartige unzulässige Eintragungen enthalten sind, auch wider Willen des Arbeitnehmers (St. B. 1965) einzubehalten und durch neue Karten zu ersetzen (M. 126). Außerdem ist der Versicherte jeder Zeit berechtigt, die Ausstellung einer neuen Karte zu verlangen. (§ 102 Abs. 2.)

2. Das Zuwiderhandeln gegen die Vorschrift des Absatz 1 wird gemäß § 151 bestraft.

2a. Ueber das Verfahren der Ersetzung durch neue Karten vgl. die in der Anlage abgedruckte „Anweisung“ unter C.

Zu Absatz 2.

3. In der Regel wird sich der Versicherte im Besitze der Quittungskarte befinden; er kann sie aber auch seinem Arbeitgeber zur Aufbewahrung übergeben. Thut er das Letztere nicht, so hat er bei der Lohnzahlung die Karte dem Arbeitgeber zum Zwecke der Einklebung der Marken zu präsentiren und dem Arbeitgeber, sowie jedem Dritten ist es untersagt, gegen den Willen des Ver-

sicherten die Karte nach erfolgter Einklebung zurückzubehalten. Der Versicherter kann also auch jeder Zeit die Karte, welche er im Gewahrsam des Arbeitgebers belassen hat, zurückverlangen.

4. Organe; als solche gelten auch die Krankenkassen u. s. w., welche gemäß § 113 Ziffer 1 mit dem Umtausch und der Ausstellung der Quittungskarten betraut sind. (K. 170. St. B. 1501.)

Zu Absatz 3.

5. Im Falle des Zuwiderhandelns gegen die Vorschrift des Absatz 2 läßt das Gesetz polizeiliche Zwangsmaßregeln zu. Ferner ist ausdrücklich festgestellt die civilrechtliche Schadensersatzpflicht. Endlich findet sich im § 148 Abs. 1 Ziffer 3 eine besondere Strafandrohung.

6. Die Quittungskarte genießt im Uebrigen als eine behördlich ausgestellte Urkunde den Schutz des Strafgesetzbuches gegen Fälschungen. (M. 126.)

§ 109.

In die Quittungskarte hat der Arbeitgeber bei der Lohnzahlung zu dem nach § 100 zu berechnenden Betrage Marken derjenigen Art einzukleben, welche für die Lohnklasse, die für den Versicherten in Anwendung kommt (§ 22), und, falls die Beiträge für einzelne Berufszweige verschieden bemessen sind (§ 24), für den betreffenden Berufszweig von der für den Beschäftigungsort zuständigen Versicherungsanstalt ausgegeben ist. Die Marken hat der Arbeitgeber aus eigenen Mitteln zu erwerben. (1)

Die Marken müssen auf der Quittungskarte in fortlaufender Reihe eingeklebt werden. Der Bundesrath ist befugt, über Entwerthung von Marken Vorschriften zu erlassen und deren Nichtbefolgung mit Strafe zu bedrohen. (2)

Die Arbeitgeber sind berechtigt, bei der Lohnzahlung den von ihnen beschäftigten Personen die Hälfte der Beiträge in Abzug zu bringen. Die Abzüge dürfen sich höchstens auf die für die beiden letzten Lohnzahlungsperioden entrichteten Beiträge erstrecken. (3)

Zu Absatz 1.

1. Für die versicherungspflichtigen Personen hat der Arbeitgeber die Marken aus eigenen Mitteln anzuschaffen und bei jeder Lohnzahlung den nothwendigen Betrag in die Quittungskarte einzukleben. Die Marken sind bei allen Postanstalten und etwa besonders eingerichteten Verkaufsstellen käuflich. (§ 99 Abs. 2.)

Arbeitgeber vgl. Anm. 1a zu § 100. Die Verwendung von Marken kann auch der Arbeitgeber auf bevollmächtigte Leiter seines Betriebes übertragen (§ 144 Abs. 1).

Ueber Entrichtung von Beiträgen durch Versicherte selbst, statt der Arbeitgeber vgl. § 111 und über die Einziehung durch Vermittelung der Krankenkassen u. s. w. vgl. § 112. Für angemusterte Seeleute bedarf es der Ausstellung von Quittungskarten und der Verwendung von Beitragsmarken nicht; vielmehr ist hier die Beitragsentrichtung anderweitig geregelt. Vgl. die in der Anlage abgedruckten Vorschriften betr. die Einziehung der von den Rhedern zu entrichtenden Beiträge.

1a. Bei der Lohnzahlung; das Einkleben der Marken braucht also nicht nothwendigerweise jede Woche zu erfolgen; es hängt dies von der Größe der Lohnzahlungsperiode ab. Z. B. Für das Dienstmädchen, welches vierteljährlich gelohnt wird, ist am Schlusse des Vierteljahres der entsprechende Beitrag von Wochenmarken einzukleben. Geschieht die Löhnung täglich, so ist am ersten Tage die Marke für die ganze Woche einzukleben, wobei die Vorschrift des § 100 Abs. 2 zu beachten ist.

Bei Akkordarbeiten ist es häufig Gebrauch nicht den ganzen Akkordlohn erst nach beendigter Akkordarbeit auszuzahlen, sondern wöchentlich Vorschuß — bezw. Abschlagszahlungen zu leisten; solche Zahlungen werden als Lohnzahlungen anzusehen sein und es wird demgemäß bei denselben die Einklebung der Marken zu erfolgen haben.

1b. Es können natürlich nur Marken der zuständigen Versicherungsanstalt verwendet werden. Welche Lohnklassen-Marke zur Verwendung kommt, bestimmt sich nach § 22. Der Arbeitgeber hat also für die von ihm beschäftigten Personen, je nach der Kategorie, unter welche sie fallen (§ 22 Ziffer 1—5), den Jahresarbeitsverdienst festzustellen und alsdann die Marke der diesem Jahresarbeitsverdienste entsprechenden Lohnklasse zu verwenden, sofern er sich nicht mit dem Versicherten über einen höheren zu Grunde zu legenden Jahresarbeitsverdienst geeinigt hat. (§ 22 Abs. 2.) Sind gemäß § 24 Abs. 2 die Beiträge für die einzelnen Berufszweige verschieden bemessen, so ist die Lohnklassen-Marke für den betreffenden Berufszweig zu verwenden. Streitigkeiten darüber, zu welcher Lohnklasse, bezw. für welchen Berufszweig, Beiträge zu entrichten sind, entscheidet gemäß § 122 die untere Verwaltungsbehörde.

Die Unterlassung der rechtzeitigen Verwendung von Marken in zureichender Höhe und in vorschriftsmäßiger Beschaffenheit Seitens der Arbeitgeber kann vom Vorstande mit einer Ordnungsstrafe geahndet werden. (§ 143.) Die wissentliche Verwendung anderer als der vorgeschriebenen Marken ist kriminell strafbar. (§ 149.)

Ueber eine weitere nachtheilige Folge der nicht rechtzeitigen Verwendung vgl. Anm. 6.

2. Damit der Arbeitgeber der Vorschrift des Absatz 1 genügen kann, ist ihm vom Versicherten die Quittungskarte bei der Lohnzahlung zu präsentiren, sofern Letzterer die Quittungskarte nicht in seinem Gewahrsam belassen hat. Nach Einklebung der Marken darf die Karte wider den Willen des Versicherten vom Arbeitgeber nicht zurückbehalten werden. (Vgl. § 108 Abs. 2 und 3.) Ist der Versicherte nicht im Besitze einer Quittungskarte, so kann der Arbeitgeber eine solche auf Kosten des Versicherten beschaffen (§ 101 Abs. 1).

3. Ueber die Beitragsleistung freiwillig und Selbst-Versicherter vgl. § 117 ff., bezw. § 120.

Zu Absatz 2.

4. Die Entwerthung der Marken ist obligatorisch nur im Falle der freiwilligen bezw. Selbstversicherung (§§ 117, 120) d. h. also für die Doppelmarken. (Vgl. § 121.)

Im Uebrigen hat der Bundesrath unterm 27. November 1890 Bestimmungen über die Entwerthung von Marken getroffen (s. Anlage IX unter II). Hiernach sind Arbeitgeber und Versicherte zur Entwerthung der Marken nur berechtigt und nicht verpflichtet. Marken, welche nicht bereits anderweit entwerthet sind, müssen dagegen von den Vorständen der Versicherungsanstalten oder anderen von der Landes-Zentralbehörde bezeichneten Stellen entwerthet werden, nachdem die die Marken enthaltende Quittungskarte zum Umtausch eingereicht worden ist.

Wer wissentlich schon einmal verwendete Marken nach gänzlicher oder theilweiser Entfernung der darauf gesetzten Entwerthungszeichen veräußert oder feilhält, ist gemäß § 154 Abs. 2 strafbar.

Zu Absatz 3.

5. Die Arbeitgeber sind zum Abzuge berechtigt, also nicht verpflichtet, wie es im Entwurfe des Gesetzes vorgesehen war. Trotzdem wird der Abzug die Regel bilden müssen, wenn anders man den sozialpolitischen Absichten des Gesetzes gerecht werden will. Vgl. hierzu die Ausführungen der Motive in Anm. 1 zu § 19. Ebenso Bosse-v. Woedtke II S. 175.

6. Die Vorschrift, daß die Abzüge sich nur auf die für die beiden letzten Lohnzahlungsperioden entrichteten Beiträge erstrecken dürfen, entspricht der gleichartigen Bestimmung des § 53 Abs. 1 des Krankenversicherungsgesetzes und hat zur Folge, daß bei späteren Lohnzahlungen Abzüge für eine frühere Arbeitsperiode nicht mehr gemacht werden dürfen. In Verbindung mit der Strafvorschrift des § 148 Ziffer 1 wird diese Bestimmung für die Vermögensverwaltung der Versicherungsanstalten die erwünschte Folge haben, daß die Arbeitgeber, um nicht neben den eigenen auch die Beiträge ihrer Arbeitnehmer, also doppelte Beiträge aus eigenen Mitteln entrichten zu müssen, auf die rechtzeitige Beibringung der Marken Bedacht nehmen werden. Auch für Arbeitnehmer hat die allmälige und gleichmäßige Einbehaltung der Versicherungsbeiträge den großen Vortheil, daß sie nicht bei einer einzelnen Löhnung einen unverhältnißmäßig großen Abzug erleiden und dadurch in Verlegenheit gebracht werden können. Auf diese Weise wird den Versicherten die Beitragsleistung, wenn sie in den verhältnißmäßig

geringfügigen Beträgen allmälig erfolgt, kaum fühlbar werden. Mehr als die Hälfte darf dem Versicherten nicht angerechnet werden; ist also der Geldwerth der zu verwendenden Marken nicht durch zwei theilbar, so fällt die größere Hälfte des Betrages dem Arbeitgeber und nur die kleinere Hälfte dem Arbeitnehmer zur Last. (M. 127.)

Ueber die antheilige Einbehaltung der Beiträge von der Heuer bei Seeleuten vgl. Ziffer 7 der in der Anlage abgedruckten Vorschriften vom 22. November 1890.

7. Der Abzug kann sich — abweichend von der entsprechenden Vorschrift des § 53 Abs. 1 des Krankenversicherungsgesetzes — auf die für die letzten beiden Lohnzahlungsperioden entrichteten Beiträge erstrecken.

Es hängt das damit zusammen, daß z. B. bei monatlichen Lohnzahlungsperioden der Arbeitgeber nur dann von seinem Abzugsrecht vollen Gebrauch machen kann, wenn ihm die Möglichkeit gegeben ist, die Marke für die letzte Woche, welche in zwei Monate, also in zwei Perioden fallen kann, bei einer Lohnzahlung zu verrechnen. (St. B. 1503.)

8. Bei den Abrechnungen zwischen Arbeitgebern und Versicherten sind Bruchpfennige durch Abrundung gemäß § 116 zu beseitigen.

9. Streitigkeiten über die Berechnung und Anrechnung der Beiträge werden von der unteren Verwaltungsbehörde endgültig entschieden. (§ 124.)

§ 110.

Die Erhebung der Beiträge für diejenigen Personen, auf welche die Versicherungspflicht nach § 2 erstreckt worden ist, wird durch Beschluß des Bundesraths geregelt.

Zu § 110.

Bei denjenigen Personen, welche auf Grund der Vorschriften des § 2 durch den Bundesrath für versicherungspflichtig erklärt worden sind, erscheinen die für Arbeiter getroffenen Bestimmungen über die Erhebung der Beiträge schon um deswillen nicht in vollem Maße anwendbar, weil jene Personen keinen Arbeitgeber haben. Auch die Vorschriften des § 117 über die freiwillige Beibringung von Marken seitens solcher Personen, welche bei Unterbrechung der versicherungspflichtigen Beschäftigung die Anwartschaft auf Rente unverkürzt erhalten wollen, können auf versicherungspflichtige Personen schon um deswillen keine volle Anwendung finden, weil den letzteren der Reichszuschuß nicht versagt werden darf, bei ihnen also von einer Beibringung von Zusatzmarken nicht die Rede sein kann. Es empfiehlt sich daher, die Erhebung der Beiträge für die durch Beschluß des Bundesraths der Versicherungspflicht unterworfenen Personen der Regelung durch den Bundesrath zu überlassen, und zwar um so mehr, als es sich hierbei lediglich um die zur Ausführung des Beschlusses über die Versicherungspflicht erforderlichen Anordnungen handelt. (M. 128.)

§ 111.

Durch Beschluß des Bundesraths oder für den Bezirk einer Versicherungsanstalt durch das Statut derselben kann für Versicherte, welche nicht in einem regelmäßigen Arbeitsverhältniß zu einem bestimmten Arbeitgeber stehen, oder für einzelne Klassen solcher Versicherter bestimmt werden, daß sie befugt sind, die Versicherungsbeiträge statt der Arbeitgeber im Voraus zu entrichten. Dem Versicherten, welcher auf Grund solcher Bestimmung die vollen Wochenbeiträge entrichtet hat, steht gegen den nach § 100 zur Entrichtung der Beiträge verpflichteten Arbeitgeber der Anspruch auf Erstattung der Hälfte der entrichteten Beiträge zu.

Zu § 111.

1. Personen, welche nicht in einem regelmäßigen Arbeitsverhältnisse zu einem bestimmten Arbeitgeber stehen, unständige Arbeiter, z. B. Hafenarbeiter, sind grundsätzlich versicherungspflichtig. (Vgl. Anm. 1 zu § 1 und Anm. 5 zu § 3.) Es ist schwierig, für diese Personen die Versicherung durch den Arbeitgeber eintreten zu lassen; der § 111 bezweckt daher, diese Schwierigkeiten zu beseitigen und dadurch zu vermeiden, daß durch Beschluß des Bundesraths (§ 3 Abs. 3) solche Personen für nichtversicherungspflichtig erklärt werden (K. 153. St. B. 1505). Es kann also für solche Personen oder für einzelne Klassen solcher Personen durch Beschluß des Bundesraths für das ganze Reich oder durch Statut einer Versicherungsanstalt für ihren Bezirk bestimmt werden, daß sie befugt, also nicht verpflichtet sein sollen, die Versicherungsbeiträge statt der Arbeitgeber im Voraus zu entrichten. Die Hälfte des auf den Arbeitgeber fallenden Betrages kann der Versicherte von demjenigen Arbeitgeber einziehen, welcher nach § 100 zur Entrichtung der Beiträge verpflichtet ist. Die Einziehung hat bei der Lohnzahlung zu erfolgen und zwar in der Weise, daß der Lohn um die Hälfte des Beitrages erhöht wird. (Vgl. Bosse—v. Woedtke II S. 181.)

2. Streitigkeiten über die den Arbeitnehmern zu erstattenden Beiträge werden von der unteren Verwaltungsbehörde endgültig entschieden. (§ 124.)

Einziehung der Beiträge.

§ 112.

Durch die Landes-Zentralbehörde, oder mit Genehmigung der- (1)
selben durch das Statut einer Versicherungsanstalt, oder mit Genehmigung der höheren Verwaltungsbehörde durch statutarische Bestimmung eines weiteren Kommunalverbandes oder einer Gemeinde

kann abweichend von den Vorschriften des § 109 Absatz 1 angeordnet werden:

1. daß die Beiträge für diejenigen Versicherten, welche einer Krankenkasse (§ 135) angehören, durch deren Organe für Rechnung der Versicherungsanstalt von den Arbeitgebern eingezogen und die den eingezogenen Beiträgen entsprechenden Marken in die Quittungskarten der Versicherten eingeklebt und entwerthet werden;
2. daß die Beiträge für diejenigen Personen, welche keiner Krankenkasse (§ 135) angehören, in der gleichen Weise durch Gemeindebehörden oder andere von der Landes-Zentralbehörde bezeichnete Stellen oder durch örtliche, von der Versicherungsanstalt eingerichtete Hebestellen eingezogen werden. In diesen Fällen können Bestimmungen über die Verpflichtung zur Anmeldung und Abmeldung der Versicherten getroffen und Zuwiderhandlungen mit Geldstrafe bis zu einhundert Mark bedroht werden.

(2) Soweit die Einziehung der Beiträge in dieser Weise geregelt wird, sind die Arbeitgeber berechtigt, bei der Lohnzahlung den von ihnen beschäftigten Arbeitern die Hälfte der in den beiden letzten Lohnzahlungsperioden fällig gewordenen Beiträge in Abzug zu bringen.

(3) Die Versicherungsanstalten sind verpflichtet, den Krankenkassen oder den anderen mit der Einziehung der Beiträge beauftragten Stellen die erforderlichen Marken gegen Abrechnung zur Verfügung zu stellen und eine von der Landes-Zentralbehörde zu bestimmende Vergütung zu gewähren.

Zu Absatz 1.

1. Nach der Regel des § 109 ist die Sorge für die rechtzeitige Beibringung der Beiträge den Arbeitgebern übertragen worden, welche nach § 51 des Krankenversicherungsgesetzes auch für die Beiträge zur Krankenversicherung verantwortlich sind. Daß denselben hieraus eine gewisse Belästigung erwachsen kann, läßt sich ebensowenig in Abrede stellen, wie die Möglichkeit, die Einziehung der Beiträge auf andere Weise zu regeln. Insbesondere liegt der Gedanke nahe, die bereits durch das Krankenversicherungsgesetz geschaffene, örtliche Kassenorganisation auch für die Einziehung der Beiträge zur Invaliditäts- und Altersversicherung mit zu verwerthen. Es wird sich nur darum handeln, ob die mit der Erhebung laufender Beiträge in einer oder der anderen Weise immer

verbundenen Unzuträglichkeiten bei der Beschreitung dieses Weges weniger hervortreten, als bei der vom Gesetze als Regel bestimmten Vermittelung durch die Arbeitgeber. Allgemein läßt sich diese Frage nicht ohne Weiteres bejahen, während unter günstigen örtlichen Umständen in der That durch die Heranziehung der Krankenkassen Erleichterungen in der Beitragserhebung zu erzielen sein werden. (M. 127.)

Für diejenigen Versicherten, welche keiner der in § 135 benannten Kassen angehören, weil sie entweder ihrer Versicherungspflicht bei einer „freien" Kasse genügen, oder überhaupt nicht versichert sind, soll die Einziehung der Gemeindebehörde oder anderen von der Landeszentralbehörde bezeichneten Stellen oder örtlichen Hebestellen übertragen werden können. Ob die Gemeindebehörde auch geeignet und ob sie im Stande ist diese Einziehung zu übernehmen, ob andere Stellen hierzu geeigneter erscheinen oder ob sich die Einrichtung von Hebestellen empfiehlt, das läßt sich nur nach Maßgabe der örtlichen Verhältnisse entscheiden. Ueber die Frage, ob die Mitwirkung der Organe der Krankenversicherung rc. vor der Einhebung der Beiträge durch die Arbeitgeber den Vorzug verdient, läßt sich überhaupt ohne genaue Prüfung der örtlichen Verhältnisse ein Urtheil nicht gewinnen. Um daher die Möglichkeit zu gewähren, da, wo die günstigen Voraussetzungen für eine anderweite Regelung der Beitragseinziehung zutreffen, die Vortheile dieser Heranziehung nicht unbenutzt zu lassen, wird die Entschließung darüber, ob und inwieweit eine derartige Maßregel durchgeführt werden soll, der Landes-Zentralbehörde oder mit ihrer Genehmigung den Versicherungsanstalten oder mit Genehmigung der höheren Verwaltungsbehörde den kommunalen Körperschaften vorbehalten. (M. 128.)

Die Einziehung durch die Krankenkassen (Ziffer 1) kann auch durch das Statut dieser Kassen für ihre Mitglieder bezw. durch die den Reichs- und Staatsbetrieben vorgesetzten Dienstbehörden angeordnet werden. (§ 114.)

2. Das Einzugsverfahren nach § 112 kann auch nur theilweise eingeführt, also mit dem System des § 101 kombinirt werden, indem entweder nur von der Ziffer 1 Gebrauch gemacht wird oder nur für einzelne Ausnahmefälle, z. B. für die Fälle von nur vorübergehenden, die Krankenversicherungspflicht nicht begründenden Beschäftigungen die Erhebung der Beiträge nach § 101 beibehalten wird. (M. 128.)

3. Die Kassen u. s. w. ziehen durch ihre Organe die Beiträge in Baar ein und kleben die entsprechenden Beträge von Marken in die Quittungskarte. Die erforderlichen Marken sind den Kassen u. s. w. von der Versicherungsanstalt zur Verfügung zu stellen. (Absatz 3.) Ueber die Führung eines Markenabrechnungsbuches vgl. § 4 der in der Anlage abgedruckten Vorschriften betr. die Rechnungsführung.

3a. Zu den anderen „Stellen" im Sinne der Ziffer 2 sind auch die „Krankenkassen" zu rechnen. (Vgl. Bosse—v. Woedtke II S. 188.) Es kann demnach die Beitrags-Einziehung für sämmtliche versicherungspflichtige Personen auf die Krankenversicherungs-Organisation übertragen werden. Ob sich die Einführung dieser Maßnahme empfiehlt, das muß erst die Erfahrung lehren. Das vom Gesetz für die Beitragsentrichtung angeordnete Verfahren (§ 109) hat den Vorzug großer Einfachheit und Billigkeit; auch fällt der Verkehr der Arbeitgeber mit Kassenorganen wie z. B. bei der Krankenversicherung und die aus diesem Verkehr öfter sich ergebende Belästigung der Arbeitgeber hinweg. Auf der andern Seite ist aber für die Versicherungsanstalt die Kontrole über die Beitragsleistung und damit über die ordnungsmäßige Ausführung des Gesetzes äußerst erschwert. Sollte es sich daher mit der Zeit herausstellen, daß die Arbeitgeber auf die durch das Gesetz geschaffene Vereinfachung nicht nur keinen Werth legen, sondern auch die Mühe des Einklebens der Marken u. s. w. ungern auf sich nehmen, daß ferner die Beitragsleistung überhaupt nicht ordnungsmäßig erfolgt, und ein mäßiger Kontrolapparat (vgl. bei § 126) hiergegen nicht Abhilfe schaffen kann, so wird man wohl der Frage bezüglich Abänderung des Einziehungs-Verfahrens nach Maßgabe des § 112 näher treten müssen.

Zu Absatz 2.

4. Die Vorschrift des Absatz 2 entspricht der Vorschrift des § 109 Abs. 3 mit der Maßgabe, daß der Arbeitgeber zum Abzug der fällig gewordenen Beiträge berechtigt ist. Es kommt also nicht darauf an, ob die Beiträge schon thatsächlich entrichtet sind. Diese Bestimmung ist mit Rücksicht darauf nothwendig, daß der Arbeitgeber nicht das Einkleben der Marken selbst besorgt und sich die Entziehung der Beiträge seitens der zuständigen Stelle verzögern kann. Auch können die Termine für die Beitrags-Einziehung auf Grund des § 112 anderweit geregelt werden.

Zu Absatz 3.

5. Vgl. Anm. 3. Den Krankenkassen u. s. w. muß für die ihnen aus der Einziehung erwachsende Mühewaltung eine Entschädigung von der Versicherungsanstalt gewährt werden. Der Betrag dieser Entschädigung tritt den Verwaltungskosten der Versicherungsanstalt hinzu. Demselben können jedoch Ersparungen an anderen Kosten, welche durch dieses Einziehungsverfahren ganz oder theilweise vermieden werden, gegenüberstehen, insbesondere Ersparungen an Kosten der Kontrole der Beitragserhebung, falls nach den örtlichen Verhältnissen diese Kontrole den Krankenkassen gegenüber mit geringeren Kosten sollte ausgeübt werden können, wie gegenüber den einzelnen Arbeitgebern. (M. 127.)

Die Höhe der Vergütung wird von der Landeszentralbehörde bestimmt.

Eine Vergütung findet nicht statt, wenn die Krankenkasse für ihre Mitglieder auf Grund des § 114 die veränderte Beitrags-Einziehung beschließt, s. bei § 114.

§ 113.

Sofern eine im § 112 Absatz 1 vorgesehene Anordnung getroffen ist, können auf demselben Wege Bestimmungen dahin getroffen werden, daß

1 die Ausstellung und der Umtausch von Quittungskarten (§§ 103 und 105) durch die nach § 112 Absatz 1 mit der Einziehung der Beiträge beauftragten Stellen stattzufinden hat;

2. für diejenigen Versicherten, deren Beschäftigung durch ihren Zweck oder im Voraus durch den Arbeitsvertrag auf einen Zeitraum von weniger als einer Woche beschränkt ist, die auf die Versicherten entfallende Hälfte der Beiträge unmittelbar von den Versicherten, die auf die Arbeitgeber entfallende Hälfte aber von dem weiteren Kommunalverbande beziehungsweise der Gemeinde entrichtet und durch sie von den Arbeitgebern wieder eingezogen wird.

Zu § 113.

1. Auf demselben Wege, d. h. also durch die Landeszentralbehörde, das Statut der Versicherungsanstalt oder ortsstatutarische Bestimmung der Kommunalbehörde; endlich auch durch die Statuten der Krankenkassen (§ 114).

2. Es kann bestimmt werden, daß die mit der Einziehung der Beiträge beauftragte Stelle die gesammten in §§ 103 und 105 erwähnten Funktionen ausüben soll, also Ausstellung, Umtausch und Aufrechnung der Karten, Angabe der Dauer der bescheinigten Krankheiten und der militärischen Dienstleistungen, Ausstellung der „Bescheinigungen", „Uebertragung" in die neue Quittungskarte. Diese Vorschrift ist eine nothwendige Konsequenz der Bestimmung des § 113 Abs. 1 und wird sehr zur Vereinfachung des Verfahrens beitragen.

3. In den Fällen, wo der Arbeitgeber wechselt, kann man dem Versicherten die Verpflichtung auferlegen, selbst die Anmeldung zu machen (§ 112 Ziffer 2). Alsdann soll er auch die auf ihn entfallende Hälfte selbst bezahlen; die andere Hälfte schießt die Kommunalbehörde vor, welche ihrerseits dieselbe wieder von dem nach § 100 verpflichteten Arbeitgeber einzieht (K. 162). Die Einklebung der Marken erfolgt durch die mit der Einziehung der Beiträge beauftragte Stelle.

4. Durch ihren Zweck oder im Voraus durch den Arbeitsvertrag. Die Fassung ist eine andere als im § 1 des Krankenversicherungsgesetzes: ihrer Natur nach vorübergehende Beschäftigung. In beiden Fällen wird man, wie Rosin S. 184 ausführt, als „vorübergehende" Beschäftigung eine solche bezeichnen können, bei deren Beginn den Parteien, sei es auf Grund vertragsmäßiger Feststellung, sei es auf Grund der ihrer Natur nach vorübergehenden Arbeitsleistung, das positive Bewußtsein innewohnt, daß das Verhältniß weniger als eine Woche dauern werde.

§ 114.

Die im § 112 Absatz 1 Ziffer 1 und § 113 vorgesehene Maßregel kann für die Mitglieder einer Krankenkasse (§ 135) auch durch das Kassenstatut, und für diejenigen Versicherten, welche einer für Reichs- oder Staatsbetriebe errichteten Krankenkasse angehören, auch durch die den Verwaltungen dieser Betriebe vorgesetzte Dienstbehörde getroffen werden.

Zu § 114.

1. Auch die Krankenkassen (§ 135) können durch ihre Statuten festsetzen, daß die Einziehung der Beiträge für ihre Mitglieder durch die Organe der Kasse gemäß § 112 Ziffer 1 erfolgt. Die Arbeitgeber, für welche durch diese Maßregel eine große Erleichterung geschaffen wird, sind hiernach in der Lage, auf die Einführnug derselben hinzuwirken. Eine Vergütung gemäß § 112 Abs. 3 wird aber in diesem Falle den Kassen nicht zu gewähren sein, wie denn auch in § 114 nur auf § 112 Absatz 1 Bezug genommen ist.

Bosse-v. Woedtke (II. S. 193 f.) weisen aus der Entstehungsgeschichte des § 114 nach, daß der Wortlaut des § 114 sich mit den Absichten des Gesetzgebers insofern nicht deckt, als es nicht der Wille des Gesetzgebers war, den Krankenkassen auch die Einführung der im § 113 Ziffer 2 vorgesehenen Maßregel durch Kassenstatut zu gestatten. „Diese Uebertragung einer lästigen Verpflichtung entspricht dem Verhältnisse, in welchem die Organe der Krankenkassen zur Gemeindeverwaltung stehen, nicht." Bosse-v. Woedtke kommen hiernach zu dem Schlusse, daß, da das Gesetz nach dem erkennbaren Willen des Gesetzgebers ausgelegt werden müsse den organisirten Krankenkassen eine statutarische Vorschrift der im § 113 Ziffer 2 bezeichneten Art nicht nachgelassen werden darf.

2. Für diejenigen Versicherten, welche einer für Reichs- oder Staatsbetriebe errichteten Krankenkasse angehören, kann die Maßregel auch durch die den Verwaltungen dieser Betriebe vorgesetzte Dienstbehörde getroffen werden. So ist durch Bekanntmachung des Reichskanzlers vom 9. Dezember 1890 (Reichsanzeiger Nr. 297) für die einer Postkrankenkasse angehörenden Versicherten bestimmt worden, daß von den Organen dieser Kasse die Einziehung der Beiträge von den Arbeitgebern bezw. die Einklebung und Entwerthung der Marken, sowie die Ausstellung, der Umtausch und die Erneuerung der Quittungskarten bewirkt werde. Organe der Postkrankenkasse sind die Post- und Telegraphenämter.

§ 115.

Der Versicherte ist berechtigt, die Quittungskarte bei der die Beiträge einziehenden Stelle, so lange er in dem Bezirke dieser Stelle versichert ist, zu hinterlegen.

Zu § 115.

1. Die Bestimmung des § 115 ist getroffen im Interesse der Sicherheit und Bequemlichkeit der Versicherten (K. 163); sie liegt aber auch im Interesse der Bequemlichkeit der betreffenden Stelle.

2. Ueber die Entwerthung der Marken vgl. Anm. 4 zu § 109.

Abrundung.

§ 116.

Ergeben sich bei den zwischen Arbeitgebern und Versicherten stattfindenden Abrechnungen Bruchpfennige, so ist die auf den Arbeitgeber entfallende Hälfte nach oben, die auf den Versicherten entfallende Hälfte nach unten auf volle Pfennige abzurunden.

Freiwillige Fortsetzung des Versicherungsverhältnisses.

§ 117.

Personen, welche aus dem Versicherungsverhältniß ausscheiden, sind berechtigt, dasselbe freiwillig dadurch fortzusetzen beziehungsweise zu erneuern (§ 32 Absatz 2), daß sie die für die Lohnklasse II festgesetzten Beiträge in Marken derjenigen Versicherungsanstalt, in deren Bezirke sie sich aufhalten, entrichten und gleichzeitig für jede Woche freiwilliger Beitragsleistung eine Zusatzmarke beibringen (§ 121). (1)

Während eines Kalenderjahres können jedoch insgesammt mehr als zweiundfünfzig Beitragswochen niemals in Anrechnung gebracht werden. (2)

Auf die Wartezeit für die Invalidenrente kommen die zum Zweck der Fortsetzung oder Erneuerung des Versicherungsverhältnisses freiwillig geleisteten Beiträge nur dann zur Anrechnung, wenn für den Versicherten auf Grund der Vesicherungspflicht oder der Bestimmung des § 8 für mindestens einhundertsiebenzehn Beitragswochen Beiträge geleistet worden sind. (3)

Die gemäß Absatz 1 verwendeten Marken sind zu entwerthen. Die Entwerthung erfolgt durch die von der Landes-Zentralbehörde zu bestimmenden Stellen und darf nur dann vorgenommen werden, wenn der entsprechende Betrag an Zusatzmarken beigebracht worden ist. (4)

Zu Absatz 1.

1. Versicherte, welche aus dem Versicherungsverhältnisse voraussichtlich definitiv ausscheiden, z. B. Arbeiter, die sich selbstständig machen, würden Gefahr laufen, ihre Anwartschaft zu verlieren (§ 32), 'Versicherte, welche nur vorübergehend aus dem Versicherungsverhältnisse ausscheiden, z. B. wegen fehlender Arbeitsgelegenheit, würden eine erhebliche Verringerung der künftigen Rente zu besorgen haben, wenn ihnen nicht die Möglichkeit gegeben würde, die Versicherung fortzusetzen. Diese Möglichkeit giebt der § 117.

2. Aus dem Versicherungsverhältnisse, d. h. also beim Ausscheiden aus einem versicherungspflichtigen oder einem Selbstversicherungs-Verhältnisse (vgl. Anm. 2 zu § 8). Auch der erwerbsfähige Altersrenten-Empfänger kann das Versicherungsverhältniß noch weiter fortsetzen, um sich die höhere Invalidenrente zu sichern (vgl. Anm. 9 zu § 9).

2a. Erneuern kann das Versicherungsverhältniß Derjenige, dessen Anwartschaft bereits erloschen ist. Derselbe braucht in diesem Falle nur die freiwillige Beitragsleistung wieder aufzunehmen und dieselbe während einer Wartezeit von fünf Beitragsjahren fortzusetzen; dadurch lebt die Anwartschaft wieder auf. (§ 32 Abs. 2.) Jeder, der also zu irgend einer Zeit versicherungspflichtig oder selbstversichert war, kann jeder Zeit die Versicherung wieder aufnehmen, ohne gerade in ein versicherungspflichtiges oder Selbstversicherungsverhältniß eintreten zu müssen. Mindestens 117 Beitragswochen in einem versicherungspflichtigen oder Selbstversicherungsverhältniß müssen aber unter allen Umständen geleistet werden, um den Anspruch auf Invalidenrente zu erwerben. (Vgl. Abs. 3.)

3. Die freiwillige Fortsetzung kann nur in Lohnklasse II erfolgen ohne Rücksicht darauf, welcher Klasse der Versicherte bisher angehörte. Ohne eine derartige Bestimmung könnten „in einer, vom Gesetzgeber nicht gewollten und wohl auch kaum zu billigenden Weise gewisse Verschiebungen herbeigeführt werden, die den findigen Versicherten Vortheile gewähren, die nicht erwünscht sind.“ (St. B. 1966.) Vgl. auch Anm. 3 zu § 8.

Geschieht die freiwillige Beitragsleistung nicht in dieser vom Gesetz vorgeschriebenen Weise, d. h. nicht durch Leistung der Doppelmarken, sondern etwa durch Leistung einer anderen Lohnklassen-Marke, so findet eine Fortsetzung des Versicherungsverhältnisses nicht statt und der Versicherte kann trotz der Beitragsleistung die Anwartschaft gemäß § 32 verlieren.

Eine Anrechnung von Krankheits- und Militärdienstzeiten gemäß § 17 findet nicht statt. (Vgl. Anm. 5 zu § 27.)

3a. Es sind die Marken derjenigen Versicherungsanstalt zu entrichten, in deren Bezirk sich die Versicherten aufhalten; also maßgebend ist nicht die Versicherungsanstalt, in welcher das bisherige Versicherungsverhältniß bestanden hat, auch nicht das Domizil der Versicherten, sondern lediglich der jeweilige Aufenthaltsort.

Selbstversicherte leisten für die Dauer des Selbstversicherungsverhältnisses die Marken der Versicherungsanstalt ihres Beschäftigungsorts. (Vgl. § 120.) Scheiden sie aus dem Selbstversicherungsverhältniß aus, z. B. durch Aufgabe der Thätigkeit als Hausgewerbetreibende (§ 2 Ziffer 2), bei Betriebsunternehmern durch regelmäßige Beschäftigung eines Lohnarbeiters (§ 2 Ziffer 1), so müssen sie bei der Fortsetzung des Versicherungsverhältnisses gemäß § 117 Marken der Versicherungsanstalt ihres Aufenthaltsorts verwenden.

4. Es ist neben der vollen Marke für die Lohnklasse II noch eine Zusatzmarke beizubringen.

Zusatzmarke und Marke der Lohnklasse II sind zu einer Doppelmarke verbunden. (Vgl. die in der Anlage abgedruckte Bekanntmachung betr. die Beitrags- und Zusatzmarken unter II.)

Die Zusatzmarke stellt eine Gegenleistung an das Reich für Gewährung des Reichszuschusses dar.

Das System der Zusatzmarken beruht auf der Erwägung, daß dem Reich schon aus finanziellen Gründen nicht wohl zugemuthet werden kann, über die Ziele dieses Gesetzes hinaus auch Zuschüsse zu Renten für Nichtversicherungspflichtige zu leisten. Denn es handelt sich nicht allein um diejenigen Personen, welche als Berufsarbeiter nur gelegentlich für einzelne Tage haben Beiträge ausfallen lassen und denen gegenüber eine mildere Auffassung sich rechtfertigen ließe, sondern es kommen dabei vorzugsweise solche Personen in Betracht, welche ihre die Versicherungspflicht begründende Beschäftigung mit einer anderen Lebensstellung vertauscht haben, das aus der ersteren erworbene Anrecht auf Rente aber durch jahrelang fortgesetzte Entrichtung freiwilliger Beiträge sich ungeschmälert erhalten wollen. Zu diesen Personen gehören beispielsweise die nach Ablauf ihrer Gesellenzeit selbstständig gewordenen Handwerker, die Handlungsgehülfen, welche sich etabliren 2c. (M. 131.)

Personen, welche es unterlassen, die vorgeschriebenen Zusatzmarken zu verwenden, werden gemäß § 146 straffällig.

Vgl. im Uebrigen § 121. Ueber Befreiung von Beibringung der Zusatzmarken vgl. §§ 118, 119.

Zu Absatz 2.

5. Insgesammt, d. h. es können in einem Jahr überhaupt nur 52 Beitragsmarken benutzt werden, mögen die Marken auf Grund der Versicherungspflicht, der Selbstversicherung oder der freiwilligen Fortsetzung des Versicherungsverhältnisses geleistet sein. (St. B. 1966.) Dagegen ist es gleichgültig, zu welchem Zeitpunkte die Marken bei der freiwilligen Versicherung eingeklebt werden; der sich freiwillig Versichernde kann z. B. am Schlusse des Jahres sämmtliche 52 Wochenmarken auf ein Mal einkleben. Das ist aber die äußerste Grenze, da eben in einem Jahr nur 52 Marken benutzt werden dürfen. Er kann also nicht in einem Jahre z. B. zwei Karten voll bekleben. Eine Kontrole hierüber Seitens

der Ausgabestellen und der die Renten festsetzenden Behörde ist dadurch ermöglicht daß die Quittungskarte gemäß § 101 Abs. 2 das Jahr und den Tag ihrer Ausgabe enthält.

Zu Absatz 3.

6. Durch die Vorschrift des Abs. 3 soll dem Mißbrauch vorgebeugt werden, daß Jemand ganz kurze Zeit, vielleicht nur eine einzige Woche, lediglich zu dem Zwecke in eine versicherungspflichtige Beschäftigung eintritt, um dann das Versicherungsverhältniß durch freiwillige Zahlung der Beiträge fortsetzen zu können und sich dadurch nach 5 Jahren eine Invalidenrente zu sichern. Es sollen also freiwillige Beitragszahlungen nur dann auf die Wartezeit für die Invalidenrente in Anrechnung kommen, wenn auf Grund der Versicherungspflicht oder der Selbstversicherung für 117 Beitragswochen, d. h. die Hälfte der Wartezeit, Beiträge geleistet sind. (St. B. 1967.) Auf die Wartezeit für die Altersrente findet die Vorschrift keine Anwendung.

Die 117 Wochen brauchen überhaupt nur ein Mal geleistet zu sein. Hat also ein Versicherter auf diese Weise die Wartezeit durchgemacht, darauf aber die Anwartschaft verloren, so bedarf es bei der Erneuerung des Versicherungsverhältnisses (vgl. Anm. 2a) zum Wiederaufleben der Anwartschaft gemäß 32 Abs. 2 nur der Leistung von freiwilligen Beiträgen für die Dauer der Wartezeit.

Die Vorschrift des Abs. 3 findet auf die während der ersten vier Jahre nach dem Inkrafttreten des Gesetzes freiwillig geleisteten Beiträge keine Anwendung (§ 156 Abs. 4). Dagegen bedarf es für die Erwerbung eines Anspruchs auf Invalidenrente während der Uebergangszeit (§ 156) in jedem Falle der Leistung von 47 Beitragswochen auf Grund der Versicherungspflicht.

Zu Absatz 4.

7. Ueber die Entwerthung der Marken kann der Bundesrath Vorschriften erlassen (vgl. § 109 Abs. 2). Vgl. hierzu die in der Anlage abgedruckten Bestimmungen vom 27. November 1890 unter II.

§ 118.

Selbstständige Betriebsunternehmer, welche regelmäßig nicht mehr als einen Lohnarbeiter beschäftigen, sind, nachdem für dieselben auf Grund der Versicherungspflicht während mindestens fünf Beitragsjahren Beiträge entrichtet worden sind, im Falle der Fortsetzung oder Erneuerung des Versicherungsverhältnisses von der Beibringung der Zusatzmarken befreit.

Zu § 118.

1. Durch die Vorschrift des § 118 soll für diejenigen versicherungspflichtigen Personen, welche sich selbstständig machen und dadurch aus der Versicherungspflicht ausscheiden, eine Erleichterung hinsichtlich der Fortsetzung bezw. Erneuerung des Versicherungsverhältnisses dadurch geschaffen werden, daß sie solange von der

Beibringung der Zusatzmarken befreit sind, als sie regelmäßig nicht mehr als einen Lohnarbeiter beschäftigen, so lange sie also noch am Anfange ihrer neuen selbstständigen Stellung stehen. Diese Erleichterung tritt aber nur unter der Voraussetzung ein, daß für die betreffende Person vorher auf Grund der Versicherungspflicht für mindestens fünf Beitragsjahre Beiträge geleistet sind.

Die Vorschrift des § 118 wird insoweit ihre Anwendbarkeit verlieren, als gemäß § 2 Abs. 1, durch Beschluß des Bundesraths, der Versicherungszwang auf die in § 118 genannten Personen ausgedehnt ist.

2. Hausgewerbetreibende (§ 2 Abs. 1, Ziffer 2) sind gleichfalls Betriebsunternehmer im Sinne des § 118. (St. B. 1968.)

3. Als Lohnarbeiter gilt nicht der Lehrling, welchem nur freier Unterhalt gewährt wird.

§ 119.

Wird ein zwischen einem Versicherten und einem bestimmten Arbeitgeber bestehendes Arbeits- oder Dienstverhältniß (§ 1) derart unterbrochen, daß ersterer aus der Versicherungspflicht vorübergehend ausscheidet, so kann für einen vier Monate nicht übersteigenden Zeitraum das Versicherungsverhältniß auch ohne Beibringung von Zusatzmarken dadurch freiwillig aufrecht erhalten werden, daß der Arbeitgeber oder der Versicherte die bisherigen Beiträge fortentrichtet.

Zu § 119.

1. Die Vorschrift des § 119 will für das besondere Verhältniß der sogenannten „Saisonarbeiter", wie dieselben vornehmlich im Westen und Südwesten Deutschlands häufig vorkommen, Vorsorge treffen (K. 80). Sofern nicht ein dauerndes Ausscheiden aus dem Arbeitsverhältnisse stattfindet, sondern nur ein vorübergehendes, sofern also die Absicht besteht, das nur unterbrochene Arbeitsverhältniß wieder zu erneuern, kann für diese Zeit der Unterbrechung, aber nicht länger als vier Monate, das Versicherungsverhältniß auch ohne Beibringung der Zusatzmarken fortgesetzt werden.

Bosse-v. Woedtke (II S. 210) führen als weitere Beispiele an: Maurer, wenn sie ständig von demselben Maurermeister beschäftigt werden, so lange die Witterung die Ausführung von Mauerarbeiten gestattet; Dienstboten, welche von ihrer etwa auf Reisen gehenden Dienstherrschaft zeitweise entlassen werden, Seeleute, deren Schiff still liegt.

Wird während der Unterbrechung der Beschäftigung der Lohn weiter gezahlt, so bleibt das versicherungspflichtige Verhältniß mit allen seinen Folgen bestehen. Vgl. Anm. 5b. zu § 1.

1a. Die vier Monate können auch in zwei Kalenderjahre fallen, wie das z. B. bei Maurern häufig der Fall sein wird.

2. Die Beiträge können sowohl vom Arbeitgeber als auch vom Versicherten fortentrichtet werden. Der Arbeitgeber ist aber alsdann nicht berechtigt, dem Versicherten wider dessen Willen die Hälfte der Beiträge bei der Lohnzahlung abzuziehen. (R. 166.)

2a. Es werden ferner die bisherigen Beiträge fortentrichtet, also nicht ausschließlich Marken der Lohnklasse II wie bei der Fortversicherung gemäß des § 117.

Die Strafbestimmungen des § 148 (siehe daselbst) finden auf den Fall des § 119 keine Anwendung.

Selbstversicherungsverhältniß.

§ 120.

Personen, welche in Gemäßheit der Bestimmung des § 8 sich selbst versichern, sind verpflichtet, außer den vollen Beiträgen in Marken derjenigen Versicherungsanstalt, zu deren Bezirk ihr Beschäftigungsort gehört, für jede Woche der Selbstversicherung eine Zusatzmarke beizubringen. Die Beitragsmarken und Zusatzmarken sind in der im § 117 Absatz 4 bezeichneten Weise zu entwerthen.

Zu § 120.

1. Die Selbstversicherung kann gemäß § 8 nur in Lohnklasse II erfolgen (s. Anm. 3).

2. Personen, welche aus dem Selbstversicherungsverhältniß ausscheiden, können dasselbe gemäß § 117 freiwillig fortsetzen. Dann müssen aber die Marken der Versicherungsanstalt des Aufenthaltsorts verwendet werden. (Vgl. Anm. 3a zu § 117.)

3. Zusatzmarken; vgl. Anm. 4 zu § 117. Die Selbstversicherten haben also ausschließlich Doppelmarken zu verwenden.

Zusatzmarken.

§ 121.

(1) Die Zusatzmarken (§ 117) werden für Rechnung des Reichs hergestellt. Sie müssen die Bezeichnung ihres Geldwerths enthalten und in Farbe und Bezeichnung von den Marken der Versicherungsanstalten verschieden sein. Die Unterscheidungsmerkmale derselben werden vom Reichsversicherungsamt festgesetzt.

Die Zusatzmarken können bei allen Postanstalten, sowie bei denjenigen Stellen, welche von den Versicherungsanstalten zum Vertriebe ihrer Marken errichtet worden sind, gegen Erlegung des Nennwerths käuflich erworben werden. (2)

Bis zur anderweiten Festsetzung durch den Bundesrath beträgt der Nennwerth der Zusatzmarken acht Pfennig für die Beitragswoche. (3)

Zu Absatz 1.

1. Da der Werth der Zusatzmarken als Gegenleistung dem Reich, nicht etwa einer Versicherungsanstalt, zufließt (Anm. 4 zu § 117), so sind die von den Anstalten ausgegebenen Marken nicht verwendbar. Es müssen vielmehr auf Kosten des Reichs besondere, von den Marken der Versicherungsanstalten verschiedene Marken zur Ausgabe gelangen. (M. 130.) Der Bundesrath hat jedoch beschlossen, daß von der besonderen Herstellung der Zusatzmarken des Reichs abgesehen und statt dessen für jede Versicherungsanstalt eine Doppelmarke hergestellt wird, welche die Zusatzmarken mit einer Beitragsmarke der Lohnklasse II verbindet. (Vgl. die in der Anlage abgedruckte Bekanntmachung betreffend die für die Invaliditäts- und Altersversicherung zu verwendenden Beitrags- und Zusatzmarken vom 9. September 1890 unter II.)

Nach einem mit dem Reichsversicherungsamt getroffenen Abkommen geschieht die Herstellung der Doppelmarken auf gemeinschaftliche Kosten des Reichs und der Versicherungsanstalten in der Weise, daß beide Theile die Kosten zur Hälfte tragen. Die Herstellung geschieht auf Bestellung des Reichsversicherungsamts. Die erforderlichen Mengen der Doppelmarken werden der für die einzelnen Versicherungsanstalten zuständigen Ober-Postbehörde vom Reichsversicherungsamt überwiesen (vgl. Anm. 7 zu § 99).

Zu Absatz 2.

2. Der Verkauf der Zusatzmarken muß zur Bequemlichkeit der Interessenten an denselben Stellen stattfinden, an welchen die anderen Marken der Versicherungsanstalt verkäuflich sind; die letzteren haben mit dem Reich wegen der unverkauften Marken demnächst abzurechnen. (M. 130.) Die Ueberweisung von Doppelmarken an private Verkaufsstellen ist bei dem R.-V.-A. zu beantragen.

3. Die Bestimmung des Absatz 2 tritt für Bayern und Württemberg mit Zustimmung dieser Staaten in Kraft. (§ 162 Abs. 3.)

Zu Absatz 3.

4. Da der Reichszuschuß für jede Rente in derselben Höhe geleistet wird (§ 26 Abs. 3), so ist auch die Gegenleistung für jeden Versicherten, ohne Rücksicht auf die Lohnklasse und die Versicherungsanstalt, dieselbe.

Streitigkeiten.

§ 122.

Streitigkeiten zwischen den Organen der Versicherungsanstalten einerseits und Arbeitgebern oder Arbeitnehmern oder den im § 8 bezeichneten Personen andererseits, oder zwischen Arbeitgebern und Arbeitnehmern über die Frage, ob oder zu welcher Versicherungsanstalt, in welcher Lohnklasse, oder, sofern die Beiträge für einzelne Berufszweige verschieden bemessen sind (§ 24), für welchen Berufszweig Beiträge zu entrichten sind, werden von der für den Beschäftigungsort (§ 41) zuständigen unteren Verwaltungsbehörde entschieden. Gegen deren Entscheidung steht den Betheiligten binnen vier Wochen nach der Zustellung die Beschwerde an die höhere Verwaltungsbehörde zu, welche endgültig entscheidet.

Zu §§ 122, 123, 124.

1. Bei Entrichtung von Beiträgen können Streitigkeiten entweder darüber, ob eine bestimmte Person der Versicherungspflicht überhaupt unterliegt, oder über die Zugehörigkeit zu einer bestimmten Versicherungsanstalt beziehungsweise Lohnklasse, oder, sofern in einer Versicherungsanstalt die Beiträge für die einzelnen Berufszweige verschieden bemessen sind, über den Berufszweig, für welchen die Beiträge zu entrichten sind, oder endlich anderweit über die Berechnung und Anrechnung der Beiträge der Betheiligten entstehen. Parteien können in dem ersten und dritten Falle sowohl die Versicherungsanstalten einerseits und die zur Entrichtung der Beiträge verpflichteten Arbeitgeber und Arbeitnehmer andererseits, wie Arbeitgeber einerseits und Arbeitnehmer andererseits sein; im zweiten Falle kann der Streit außerdem auch zwischen mehreren Versicherungsanstalten unter einander geführt werden (§ 123), im vierten Falle wird es sich insbesondere um die Verpflichtung zur antheiligen Erstattung vorgeschossener Beiträge oder über die Dauer der Beschäftigung, für welche dieselben berechnet sind, also um Streitigkeiten zwischen den Arbeitgebern einerseits und den Arbeitnehmern andererseits handeln. (Vgl. § 124.)

Die Entscheidung der Frage, ob eine bestimmte Person der Versicherungspflicht unterliegt, kann nach den umfassenden Bestimmungen der §§ 1 bis 7 nicht schwer sein. Dasselbe gilt für die Entscheidung der weiteren Frage, zu welcher Versicherungsanstalt eine bestimmte Person Beiträge zu entrichten hat. Denn hierbei wird es sich bei der von dem Gesetze vorgesehenen territorialen Abgrenzung der Versicherungsanstalten nur darum handeln, in welchem örtlichen Bezirke sich der Beschäftigungsort des Versicherten befindet (§ 41), d. h. wo der betreffende Betrieb oder der Arbeitgeber, um dessen Arbeiter es sich handelt, seinen Sitz beziehungsweise Wohnsitz oder Aufenthalt hat. Die Frage nach dem Sitz des Betriebes wird in den meisten Fällen, in welchen Zweifel bestehen können, schon durch endgültige Entscheidungen für das Gebiet der Unfallversicherung, für welches dieselbe gleichmäßig in Betracht kommt, klargestellt sein; es läßt sich annehmen, daß weitere Entscheidungen des Reichs-Versicherungsamts beziehungsweise der Landes-Versicherungsämter die bei dieser Frage noch etwa entstehenden Zweifel in nicht ferner Zeit abschließend beseitigen werden. Es kann sich hiernach bei der Invaliditäts- und Altersversicherung im Wesentlichen nur noch um Anwendung bereits feststehender Grundsätze handeln, und in den seltenen Fällen, in welchen noch Zweifel bestehen, werden immer nur geringfügige Beträge in Frage kommen. Aus diesen Gründen, sowie zur Entlastung des Reichs- beziehungsweise der Landes-Versicherungsämter von einer vielleicht nicht unerheblichen Zahl untergeordneter Streitfälle, außerdem aber auch zu dem Zweck, um eine bei laufenden Beiträgen doppelt nothwendige schnelle Entscheidung herbeizuführen, empfiehlt es sich, Meinungsverschiedenheiten über die Frage der Versicherungspflicht und der Zugehörigkeit zu einer bestimmten Versicherungsanstalt oder Lohnklasse von der unteren Verwaltungsbehörde entscheiden zu lassen, und gegen deren Entscheidungen nur die Beschwerde an die höhere Verwaltungsbehörde zu gestatten, welche endgültig zu befinden hat. In gleicher Weise soll auch die Frage, für welchen Berufszweig die Beiträge zu entrichten sind, soweit die Verschiedenheit der Berufszweige für die Höhe der Beiträge in Betracht kommt, zum Austrag gebracht werden. (M. 133.)

Ueber die Frage, ob überhaupt Beiträge zu entrichten sind, ob also die betr. Person versicherungspflichtig oder zur Selbstversicherung berechtigt ist, vgl. die Anm. zu §§ 1—7.

Ueber die Frage, zu welcher Versicherungsanstalt die Beiträge zu entrichten sind, vgl. Anm. 5 zu § 41.

Ueber die Frage, zu welcher Lohnklasse Beiträge zu entrichten sind, vgl. die Anmerkungen zu § 22.

2. Im § 122 handelt es sich auch um Streitigkeiten zwischen der Versicherungsanstalt und den im § 8 bezeichneten Personen, also insbesondere über die Frage, ob Jemand zur Selbstversicherung berechtigt ist.

3. Die untere Verwaltungsbehörde, sowie die höhere Verwaltungsbehörde wird von der Landeszentralbehörde bestimmt (§ 138).

4. Zustellung; vgl. § 139.

§ 123.

Die Vorschriften des § 122 finden auch auf Streitigkeiten zwischen den Organen verschiedener Versicherungsanstalten über die Frage, zu welcher derselben für bestimmte Personen Beiträge zu entrichten sind, Anwendung.

Zu § 123.

Vgl. Anm. 1 zu § 122.

§ 124.

Im Uebrigen werden Streitigkeiten zwischen dem Arbeitgeber und den von ihm beschäftigten Personen über die Berechnung und Anrechnung der für diese zu entrichtenden oder im Falle des § 111 denselben zu erstattenden Beiträge von der unteren Verwaltungsbehörde (§ 122) endgültig entschieden.

Zu § 124.

Vgl. Anm. 1 zu § 122.

§ 125.

(1) Nach endgültiger Erledigung dieser Streitigkeiten hat die untere Verwaltungsbehörde von Amtswegen dafür zu sorgen, daß zu wenig erhobene Beträge durch nachträgliche Verwendung von Marken beigebracht werden. Zu viel erhobene Beträge sind auf Antrag von der Versicherungsanstalt wieder einzuziehen und nach Vernichtung der in die Quittungskarten eingeklebten betreffenden Marken und Berichtigung der Aufrechnungen an die betheiligten Arbeitgeber und Versicherten zurückzuzahlen.

(2) Handelt es sich um die Verwendung von Marken einer nicht zuständigen Versicherungsanstalt, so ist nach Vernichtung derjenigen Marken, welche irrthümlich beigebracht sind, ein der Zahl der Beitragswochen entsprechender Betrag von Marken der zuständigen Versicherungsanstalt beizubringen. Der Betrag der vernichteten Marken ist von der Versicherungsanstalt, welche sie ausgestellt hatte, wieder einzuziehen nnd zwischen den betheiligten Arbeitgebern und Versicherten entsprechend zu theilen.

(3) An die Stelle der Vernichtung von Marken kann in den nach Ansicht der unteren Verwaltungsbehörde dazu geeigneten Fällen die Einziehung der Quittungskarten und nach Uebertragung der gültigen Eintragungen derselben die Ausstellung neuer Quittungskarten treten.

Zu Absatz 1.

1. Nach endgültiger Erledigung der Streitigkeiten d. h. also im Falle der §§ 122, 123 nach rechtskräftiger Entscheidung der unteren Verwaltungsbehörden, bezw. nach Entscheidung der höheren Verwaltungsbehörde, im Falle des § 124 nach Entscheidung der unteren Verwaltungsbehörde.

2. Untere Verwaltungsbehörde d. h. dieselbe, welche nach § 122 die Streitigkeiten entscheidet.

2a. Die Vernichtung von Marken erfolgt durch Abreißen oder völlige Unkenntlichmachung. Dabei ist auf die Quittungskarte handschriftlich oder unter Verwendung von Stempeln der Vermerk „(10) Marken vernichtet" sowie die Bezeichnung der die Vernichtung vornehmenden Stelle zu setzen. Die Vernichtung von Marken kann auch dadurch erfolgen, daß dieselben durch ein darauf gesetzten amtlichen Vermerk als ungültig erklärt werden. (Vgl Ziffer 8 unter II. der in der Anlage abgedruckten Bekanntmachung vom 27. November 1890.)

3. Nach Berichtigung der Aufrechnungen; vgl. § 103 Abs. 2.

Zu Absatz 2.

4. Entsprechend zu theilen d. h. sofern und soweit ein Abzug gemäß § 109 Abs. 3 stattgefunden hat.

Zu Absatz 3.

5. Die Ausstellung neuer Quittungskarten erfolgt gemäß § 105.

Kontrole.

§ 126.

Die Versicherungsanstalten sind befugt, mit Genehmigung des Reichsversicherungsamts zum Zweck der Kontrole Vorschriften zu erlassen. Sie sind ferner befugt, die Arbeitgeber zur rechtzeitigen Erfüllung dieser Vorschriften durch Geldstrafen bis zum Betrage von je einhundert Mark anzuhalten. Das Reichsversicherungsamt kann den Erlaß derartiger Vorschriften anordnen und dieselben, sofern solche Anordnung nicht befolgt wird, selbst erlassen. (1)

Die Arbeitgeber sind verpflichtet, über die Zahl der von ihnen beschäftigten Personen und über die Dauer der Beschäftigung den Organen der Versicherungsanstalt, sowie den mit der Kontrole beauftragten Behörden oder Beamten auf Verlangen Auskunft zu ertheilen und denselben die Geschäftsbücher oder Listen, aus welchen jene Thatsachen hervorgehen, zur Einsicht während der Betriebszeit an Ort und Stelle vorzulegen. Ebenso sind die Versicherten zur Ertheilung von Auskunft über Ort und Dauer ihrer Beschäftigung verpflichtet. Die Arbeitgeber und die Versicherten sind ferner verbunden, den bezeichneten Organen, Behörden und Beamten auf (2)

Erfordern die Quittungskarten behufs Ausübung der Kontrole und Herbeiführung der etwa erforderlichen Berichtigungen gegen Bescheinigung auszuhändigen. Sie können hierzu von der unteren Verwaltungsbehörde durch Geldstrafen bis zum Betrage von je dreihundert Mark angehalten werden.

Zu Absatz 1.

Nach der vom Gesetz vorgesehenen Form der Beitragsleistung — Einkleben von Marken in Quittungskarten (§ 101) — fehlt der Versicherungsanstalt zunächst jede Kontrole darüber, ob die Arbeitgeber überhaupt oder in ordnungsmäßiger Weise ihrer Verpflichtung zur Leistung der Beiträge nachkommen. Die beste und wirksamste Kontrole in dieser Beziehung wird freilich von den Versicherten selbst, welche ja das wesentlichste Interesse an der ordnungsmäßigen Beitragsleistung haben, ausgeübt werden können. Indessen ist zu erwägen, daß das Gesetz gerade in den Kreisen der Versicherten viele Gegner hat und daß insbesondere der Lohnabzug (§ 109 Abs. 3) vielen Versicherten unwillkommen ist und sie veranlaßt, bei der Beitragshinterziehung mit dem Arbeitgeber gemeinschaftliche Sache zu machen. Sodann wird aber auch in zahlreichen Fällen nicht böser Wille, sondern Unkenntniß der gesetzlichen Vorschrift Veranlassung zur Unterlassung der Beitragsleistung oder zur nicht ordnungsmäßigen Leistung der Beiträge sein. Die Versicherungsanstalt würde also kaum Kontrol-Einrichtungen gänzlich entbehren können. Die Anstellung besonderer Berufs-Kontrol-Beamter wird sich nur für größere Städte empfehlen; für kleinere Städte und ländliche Distrikte dürfte es empfehlenswerth sein, behördliche Organe gegen angemessene Vergütigung (natürlich mit Genehmigung ihrer vorgesetzten Behörde) mit der Kontrole zu betrauen. In Erwägung zu ziehen wird auch die Übertragung der Kontrole auf die Organe der Krankenversicherung sein (s. auch unten).

Die Kontrole wird sich nur darauf beschränken müssen „Stichproben“ zu machen; eine Kontrole, welche die ständige Observirung sämmtlicher Arbeitgeber sich zur Aufgabe machte, würde zu kostspielig und auch aus anderen Gründen nicht empfehlenswerth sein. Es ist nämlich bei der Einrichtung der Kontrole überhaupt zu beachten, daß die ganze Einrichtung nur zu leicht geeignet ist, Unzufriedenheit und Mißstimmung in den betheiligten Kreisen hervorzurufen. Man muß hier mit der größten Vorsicht insbesondere auch bei der Auswahl der Persönlichkeiten für das Kontrolamt verfahren. Kommt die Versicherungsanstalt zu der Ueberzeugung, daß sie mit nicht allzu kostspieligen und wenig umfangreichen Kontroleinrichtungen ihre Zwecke nicht erreicht, so wird zu erwägen sein, ob sich nicht eine anderweite Normirung der Beitragseinziehung auf Grundlage des § 112 (s. daselbst) empfiehlt. Neben der Kontrole der Beitragseinziehung können den Kontrolbeamten auch anderweite Funktionen insbesondere die Kontrole der Rentenempfänger übertragen werden. Vgl. hierzu Anm. 7 zu § 51 und Anm. 2 zu § 33.

1a. Gegen die Strafverfügung findet die Beschwerde an das Reichsversicherungsamt statt. Die Strafen fließen in die Kasse der Versicherungsanstalt

(§ 145) und werden in derselben Weise beigetrieben wie Gemeindeabgaben (§ 137).

1b. Reichsversicherungsamt bezw. Landesversicherungsamt (§ 134).

Zu Absatz 2.

2. Als Arbeitgeber im Sinne des Gesetzes ist derjenige anzusehen, für dessen Rechnung der Arbeitslohn gezahlt wird. (M. 85.) Vgl. Anm. 1a zu § 100.

3. Als Organe der Versicherungsanstalt gelten auch die gemäß § 112 mit der Einziehung der Beiträge beauftragten Krankenkassen u. s. w. (K. 170.)

4. Untere Verwaltungsbehörde; vgl. § 138.

5. Gegen die Strafverfügung der unteren Verwaltungsbehörde ist die Beschwerde an die nächstvorgesetzte Dienstbehörde zulässig. (St. B. 1972.) Die Strafen fließen in die Kasse der Versicherungsanstalt (§ 145 Abs. 2) und werden in derselben Weise beigetrieben wie Gemeindeabgaben (§ 137).

§ 127.

Berichtigungen der Quittungskarten erfolgen, sofern die Betheiligten über dieselben einverstanden sind, auf dem in § 125 angegebenen Wege durch die die Kontrole ausübenden Organe, Behörden oder Beamten, oder durch die die Beiträge einziehenden Organe, anderenfalls nach Erledigung des Streitverfahrens gemäß der Vorschriften der §§ 122 bis 124.

§ 128.

Die durch die Kontrole den Versicherungsanstalten erwachsenden Kosten gehören zu den Verwaltungskosten. Soweit dieselben in baaren Auslagen bestehen, können sie durch den Vorstand der Versicherungsanstalt dem Arbeitgeber auferlegt werden, wenn derselbe durch Nichterfüllung der ihm obliegenden Verpflichtungen zu ihrer Aufwendung Anlaß gegeben hat. Gegen die Auferlegung der Kosten findet binnen zwei Wochen nach Zustellung des Beschlusses die Beschwerde an die untere Verwaltungsbehörde (§ 122) statt. Diese entscheidet endgültig. Die Beitreibung der auferlegten Kosten erfolgt in derselben Weise, wie die der Gemeindeabgaben.

Zu § 128.

1. Die Vorschrift des § 128 entspricht der Vorschrift des § 86 des Unfallversicherungsgesetzes.

2. In Betreff der Berechnung der baaren Auslagen soll zur Beseitigung etwaiger Zweifel bemerkt werden, daß der Ersatz nicht in der Form einer in Höhe der Auslagen festgesetzten summarischen Geldstrafe herbeigeführt werden darf; vielmehr wird der betreffende Beschluß des Vorstandes die einzelnen baaren Auslagen, deren Erstattung verlangt wird, dem Arbeitgeber einzeln nachzuweisen haben. Die Prüfung der Ansätze daraufhin, ob dieselben zu erstatten sind, oder nicht, bleibt alsdann zunächst dem Arbeitgeber selbst vorbehalten; eventuell wird in konkreten Beschwerdefällen seitens der unteren Verwaltungsbehörde auch über den Umfang der Erstattungspflicht zu entscheiden sein. (Vgl. Entsch. des R.=V.=A. II, 235. Freund S. 334 Anm. 2.)

3. Zustellung; vgl. § 139.

Vermögensverwaltung.

§ 129.

(1) Verfügbare Gelder der Versicherungsanstalten sind nach Maßgabe der Bestimmungen des § 76 des Unfallversicherungsgesetzes verzinslich anzulegen.

(2) Auf Antrag einer Versicherungsanstalt kann der Kommunalverband beziehungsweise die Zentralbehörde des Bundesstaates, für welchen die Versicherungsanstalt errichtet ist, widerruflich gestatten, einen Teil des Anstaltsvermögens in anderen zinstragenden Papieren oder in Grundstücken anzulegen. Bei gemeinsamen Versicherungsanstalten entscheidet über derartige Anträge, falls eine Verständigung nicht erzielt wird, die Landes=Zentralbehörde oder, sofern mehrere Landes=Zentralbehörden betheiligt sind, der Bundesrath. Mehr als der vierte Theil des Vermögens der einzelnen Versicherungsanstalten darf jedoch in der bezeichneten Weise nicht angelegt werden.

(3) Werthpapiere sind nach näherer Bestimmung der Zentralbehörde desjenigen Bundesstaates, in dessen Gebiet die Versicherungsanstalt ihren Sitz hat, bei einer zur Aufbewahrung von Geldern oder Werthpapieren befugten öffentlichen Behörde oder Kasse niederzulegen.

Zu § 129.

1. Der § 76 des Unfallversicherungsgesetzes lautet:

„ . . . . . Verfügbare Gelder dürfen nur in öffentlichen Sparkassen oder wie Gelder bevormundeter Personen angelegt werden.

Sofern besondere gesetzliche Vorschriften über die Anlegung der Gelder Bevormundeter nicht bestehen, kann die Anlegung der verfügbaren Gelder in Schuldverschreibungen, welche von dem Deutschen Reich, von einem deutschen Bundesstaate oder dem Reichslande Elsaß-Lothringen mit gesetzlicher Ermächtigung ausgestellt sind, oder in Schuldverschreibungen, deren Verzinsung von dem Deutschen Reich, oder einem deutschen Bundesstaate oder dem Reichslande Elsaß-Lothringen gesetzlich garantirt ist, oder in Schuldverschreibungen, welche von deutschen kommunalen Korporationen (Provinzen, Kreise, Gemeinden u. s. w.) oder von deren Kreditanstalten ausgestellt und entweder seitens der Inhaber kündbar sind, oder einer regelmäßigen Amortisation unterliegen, erfolgen. Auch können die Gelder bei der Reichsbank verzinslich angelegt werden."

Vgl. hierzu § 39 der Preußischen Vormundschaftsordnung vom 5. Juli 1875:

„Gelder, welche zu laufenden oder zu anderen durch die Vermögensverwaltung begründeten Ausgaben nicht erforderlich sind, hat der Vormund im Einverständnisse mit dem Gegenvormund in Schuldverschreibungen, welche von dem Deutschen Reiche oder von einem deutschen Bundesstaate mit gesetzlicher Ermächtigung ausgestellt sind, oder in Schuldverschreibungen, deren Verzinsung von dem Deutschen Reiche oder von einem deutschen Bundesstaate gesetzlich garantirt ist, oder in Rentenbriefen der zur Vermittelung der Ablösung von Renten in Preußen bestehenden Rentenbanken, oder in Schuldverschreibungen, welche von deutschen kommunalen Korporationen (Provinzen, Kreise, Gemeinden u. s. w.) oder von deren Kreditanstalten ausgestellt und entweder seitens der Inhaber kündbar sind oder einer regelmäßigen Amortisation unterliegen oder auf sichere Hypotheken oder Grundschulden, zinsbar anzulegen.

Gelder, welche in dieser Weise nach den obwaltenden Umständen nicht angelegt werden können, sind bei der Reichsbank oder bei öffentlichen, obrigkeitlich bestätigten Sparkassen zinsbar anzulegen.

Eine Hypothek oder Grundschuld ist für sicher zu erachten, wenn sie bei ländlichen Grundstücken innerhalb der ersten zwei Dritttheile des durch ritterschaftliche, landschaftliche, gerichtliche oder Steuertaxe, bei städtischen innerhalb der ersten Hälfte des durch Taxe einer öffentlichen Feuerversicherungs-Gesellschaft oder durch gerichtliche Taxe zu ermittelnden Werthes, oder wenn sie innerhalb des fünfzehnfachen Betrages des Grundsteuerreinertrages der Liegenschaft zu stehen kommt.

Sicheren Hypotheken stehen im Sinne dieser Vorschriften die mit staatlicher Genehmigung ausgegebenen Pfandbriefe und gleichartige Schuldverschreibungen solcher Kreditinstitute gleich, welche durch Vereinigung von Grundbesitzern gebildet, mit Korporationsrechten versehen sind und nach ihren Statuten die Beleihung von Grundstücken auf die im dritten Absatz angegebenen Theile des Werthes derselben zu beschränken haben."

Im Uebrigen richtet sich die Frage, wie Gelder Bevormundeter angelegt werden dürfen, nach dem Rechte des Landes, in welchem die Versicherungsanstalt ihren Sitz hat. (Vgl. Motive zum Unfallversicherungsgesetz S. 76.)

1a. Verfügbare Gelder. Die Einnahmen der Versicherungsanstalt kommen aus dem Verkaufe der Marken. Wie in Anm. 7 zu § 99 ausgeführt, sind allmonatlich größere Zahlungen seitens der Post zu erwarten. Diese monatlich eingehenden Summen werden in der Regel, abgesehen von den nothwendigen Beträgen für die laufenden Verwaltungskosten, als verfügbar anzusehen sein, da die Auszahlung der Renten vorschußweise durch die Post erfolgt und die Abrechnungen mit der Post alljährlich stattfinden.

1b. Verzinslich anzulegen; da gemäß § 59 der Vorstand für getreue Geschäftsverwaltung wie der Vormund seinem Mündel haftet, so ist der § 39 der Preußischen Vormundschaftsordnung zu beachten, wonach der Vormund, falls er die Anlegung von Geldern versäumt oder verzögert, die anzulegende Summe mit 6 vom 100 jährlich verzinsen muß.

2. Bei Anlegung des Vermögens der Versicherungsanstalten muß mit besonderer Sorgfalt und Umsicht verfahren werden. Es ist dabei nicht nur auf die Sicherheit der Anlage, sondern auch darauf Rücksicht zu nehmen, daß der Geldmarkt durch die voraussichtlich große Nachfrage nach sicheren Staats- und anderen Anlagepapieren nicht ungebührlich gestört werde, und die vorhandenen Bestände an solchen Papieren dem Bedürfnisse auch genügen können. Aus diesen Gründen wird man die Versicherungsanstalten nicht durchaus auf den Kreis der mündelsicheren Anlagewerthe, obwohl auf diese immerhin in erster Reihe Rücksicht zu nehmen ist, beschränken dürfen, sondern wird auch die Möglichkeit der Erwerbung anderer Vermögensgegenstände zulassen müssen, sofern diese nach ihrer Beschaffenheit und der jeweiligen Lage des Geldmarktes ausreichende Sicherheit bieten. In dieser Beziehung kommt zunächst die Erwerbung von Immobilien in Betracht, in welchen Kapitalien, deren Verausgabung für lange Zeit unwahrscheinlich ist, eine sichere Anlage, wenn auch vielleicht geringere Nutzung finden. Man kann dabei beispielsweise an den Bau oder die Erwerbung von Arbeiterwohnungen für Rechnung der Versicherungsanstalten denken. (Auch die Förderung anderer gemeinnütziger Unternehmungen zum Wohle des Arbeiterstandes, z. B. Unternehmungen zur Errichtung von Arbeitsnachweisen, Herbergen u. s. w. ist unter der Voraussetzung nicht ausgeschlossen, daß diese Unternehmungen in sich die Gewähr der vollen Sicherheit tragen. St. B. 1628.) Es brauchen aber auch andere Anlagewerthe nicht grundsätzlich ausgeschlossen zu werden.

Bei der Bedeutung, welche der Erwerb anderer als mündelsicherer Vermögensgegenstände für die betheiligten Arbeiter hat, kann die Entschließung darüber, ob, zu welchem Betrage und in welchen Gegenständen derartige weitere Vermögensobjekte für die Versicherungsanstalten zu erwerben sind, nicht lediglich den letzteren überlassen werden. (M. 135.) Vielmehr bedarf es hierzu der Genehmigung des Kommunalverbandes bezw. Bundesstaats, welche ja auch die Garantie für die Versicherungsanstalt zu tragen haben. (§ 44.)

3. Die Vorschrift des Abs. 3 entspricht der Bestimmung des § 43 Abs. 1 des Bau-Unfallversicherungsgesetzes.

Für Preußen hat die Landeszentralbehörde die Niederlegung bei der Reichshauptbank, Comptoir für Werthpapiere angeordnet. Doch kann auch auf Antrag der Versicherungsanstalt die Niederlegung bei anderen öffentlichen Behörden oder Kassen gestellt werden.

4. Ueber die der Anstalt gehörenden, in den Kassenbüchern verzeichneten Werthpapiere und Werthurkunden ist ein Lagerbuch und außerdem nach Bedarf über die Werthpapiere ein besonderes Nummernverzeichniß zu führen. Bei etwaigem Erwerb von Grundstücken ist ein dem Lagerbuche entsprechendes Register für dieselben anzulegen. (Vgl. §§ 7 ff. der in der Anlage abgedruckten Vorschriften betr. die Art und Form der Rechnungsführung.)

§ 130.

Die Versicherungsanstalten sind verpflichtet, dem Reichsversicherungsamt nach näherer Anweisung desselben und in den von ihm vorzuschreibenden Fristen Uebersichten über ihre Geschäfts- und Rechnungsergebnisse einzureichen. (1)

Die Art und Form der Rechnungsführung bei den Versicherungsanstalten wird durch das Reichsversicherungsamt geregelt. (2)

Das Rechnungsjahr ist das Kalenderjahr. (3)

Zu § 130.

1. Die Bestimmungen des § 130 sollen eine übersichtliche und einheitliche Rechnungsführung der Versicherungsanstalten, sowie die Gewinnung einer Uebersicht über ihre Geschäfts- und Rechnungsergebnisse ermöglichen.

Das Rechnungsjahr der Versicherungsanstalten muß zweckmäßig mit dem der Berufsgenossenschaften zusammenfallen. (M. 135.)

2. Vgl. die in der Anlage abgedruckten Vorschriften betreffend die Art und Form der Rechnungsführung bei den auf Grund des Invaliditäts- und Altersversicherungsgesetzes errichteten Versicherungsanstalten vom 30. October 1890 nebst dem dazu gehörigen Rundschreiben vom 30. October 1890.

V. Aufsicht.

Reichsversicherungsamt.

§ 131.

(1) Die Versicherungsanstalten unterliegen in Bezug auf die Befolgung dieses Gesetzes der Beaufsichtigung durch das Reichsversicherungsamt. Das Aufsichtsrecht des letzteren erstreckt sich auf die Beobachtung der gesetzlichen und statutarischen Vorschriften.

(2) Alle Entscheidungen des Reichsversicherungsamts sind endgültig, soweit in diesem Gesetze nicht ein Anderes bestimmt ist.

(3) Das Reichsversicherungsamt ist befugt, jederzeit eine Prüfung der Geschäftsführung der Versicherungsanstalten vorzunehmen. Die Mitglieder der Vorstände und sonstigen Organe der Versicherungsanstalten sind auf Erfordern des Reichsversicherungsamts zur Vorlegung ihrer Bücher, Belege, Werthpapiere und Geldbestände, sowie ihrer auf den Inhalt der Bücher und die Festsetzung der Renten 2c. bezüglichen Schriftstücke verpflichtet. Das Reichsversicherungsamt kann dieselben hierzu sowie zur Befolgung der gesetzlichen und statutarischen Vorschriften durch Geldstrafen bis zu eintausend Mark anhalten.

Zu Absatz 1.

1. Die Durchführung der Invaliditäts- und Altersversicherung soll in gleicher Weise wie die Durchführung der Unfallversicherung, an welche die erstere sich anlehnt, dem Reichs-Versicherungsamt bezw. den Landes-Versicherungsämtern insoweit übertragen werden, als nicht durch die Bestimmungen des Gesetzes einzelne Befugnisse, insbesondere zum Zweck der Entlastung des Reichsversicherungsamts, anderen Behörden zugewiesen sind. (M. 136.)

Den Landesversicherungsämtern untersteht die Aufsicht nur über diejenigen Versicherungsanstalten, deren Bezirke über das Gebiet des Bundesstaats, für welchen das Landesversicherungsamt errichtet ist, nicht hinausreichen. (§ 134.)

2. Reichsversicherungsamt; vgl. § 87 des Unfallversicherungsgesetzes:

" . . . .

Das Reichsversicherungsamt hat seinen Sitz in Berlin. Es besteht aus mindestens drei ständigen Mitgliedern einschließlich des Vorsitzenden, und aus acht nichtständigen Mitgliedern.

Der Vorsitzende und die übrigen ständigen Mitglieder werden auf Vorschlag des Bundesraths vom Kaiser auf Lebenszeit ernannt. Von den nichtständigen Mitgliedern werden vier vom Bundesrath aus seiner Mitte, und je zwei mittelst schriftlicher Abstimmung von den Genossenschaftsvorständen und von den Vertretern der versicherten Arbeiter (§ 41) aus ihrer Mitte in getrennter Wahlhandlung unter Leitung des Reichsversicherungsamts gewählt. Die Wahl erfolgt nach relativer Stimmenmehrheit; bei Stimmengleichheit entscheidet das Loos. Die Amtsdauer der nichtständigen Mitglieder währt vier Jahre. Das Stimmenverhältniß der einzelnen Wahlkörper bei der Wahl der nichtständigen Mitglieder bestimmt der Bundesrath unter Berücksichtigung der Zahl der versicherten Personen.

Für jedes durch die Genossenschaftsvorstände sowie durch die Vertreter der Arbeiter gewähltes Mitglied sind ein erster und ein zweiter Stellvertreter zu wählen, welche dasselbe in Behinderungsfällen zu vertreten haben. Scheidet ein solches Mitglied während der Wahlperiode aus, so haben für den Rest derselben die Stellvertreter in der Reihenfolge ihrer Wahl als Mitglied einzutreten.

Die übrigen Beamten des Reichsversicherungsamts werden vom Reichskanzler ernannt."

Vgl. ferner § 95 des landwirthschaftlichen Unfallversicherungsgesetzes vom 5. Mai 1886:

„. . . . .

Dem Reichsversicherungsamt treten vier nichtständige Mitglieder hinzu, von welchen zwei von den Genossenschaftsvorständen aus ihrer Mitte gewählt und zwei Vertreter der Arbeiter durch den Bundesrath aus den im § 42 Abs. 2 bezeichneten Personen berufen werden.

Diese nichtständigen Mitglieder sind zu denjenigen Verhandlungen des Reichsversicherungsamts, bei denen es sich um Angelegenheiten der dem gegenwärtigen Gesetz unterliegenden Genossenschaften handelt, statt der nach § 87 des Unfallversicherungsgesetzes von den Genossenschaftsvorständen und den Vertretern der Arbeiter gewählten nichtständigen Mitglieder, und wenn es sich um allgemeine Angelegenheiten handelt, neben diesen Mitgliedern zuzuziehen. Die Wahl durch die Genossenschaftsvorstände erfolgt mittelst schriftlicher Abstimmung unter Leitung des Reichsversicherungsamts nach relativer Stimmenmehrheit; bei Stimmengleichheit entscheidet das Loos. Das Stimmenverhältniß der einzelnen Wahlkörper bestimmt der Bundesrath unter Berücksichtigung der Zahl der versicherten Personen. Die Amtsdauer der nichtständigen Mitglieder währt vier Jahre. Für jedes nichtständige Mitglied sind ein erster und ein zweiter Stellvertreter zu bestellen, welche dasselbe in Behinderungsfällen zu vertreten haben. Scheidet ein solches Mitglied während seiner Amtsdauer aus, so haben für den Rest derselben die Stellvertreter nach ihrer Reihenfolge als Mitglieder einzutreten. — Vgl. auch Anm. 3 zu § 133.

Gemäß § 133 Abs. 2 gelten als Vertreter der Arbeitgeber und Versicherten auch für den Bereich dieses Gesetzes die auf Grund der Unfallversicherungsgesetze gewählten Vertreter.

Für die Angelegenheiten der Invaliditäts- und Altersversicherung wird im Reichsversicherungsamt eine besondere Abtheilung errichtet, deren Verfügungen und Entscheidungen unter der Bezeichnung ergehen:

Das Reichsversicherungsamt.
Abtheilung für Invaliditäts- und Altersversicherung.

Vgl. die in der Anlage abgedruckte Verordnung betr. die Form des Verfahrens und den Geschäftsgang des Reichsversicherungsamts vom 22. Dezember 1890.

Zu Absatz 2.

3. Die Entscheidung des Reichsversicherungsamts über einen Anspruch auf Rente kann gemäß § 82 durch Wiederaufnahme des Verfahrens angefochten werden.

Gegen die Entscheidung des Reichsversicherungsamts, durch welche die Genehmigung des Statuts versagt wird, findet gemäß § 56 Abs. 2 die Beschwerde an den Bundesrath statt.

Zu Absatz 3.

4. Zur Aufsichtsführung bedürfen das Reichsversicherungsamt und die Landes-Versicherungsämter im Wesentlichen derselben Vollmachten, welche die Unfallversicherungsgesetze ihnen einräumen. Insbesondere mußte Vorsorge getroffen werden, daß diese Behörden auch Revisionen der gesammten Geschäftsführung der Versicherungsanstalten sowie Kassenrevisionen veranstalten können. Die diesen Zweck verfolgenden Vorschriften des Absatz 3 sind weit genug gefaßt, um derartige Revisionen auch seitens besonderer Kommissarien des Reichs- oder Landes-Versicherungsamts zu ermöglichen. (M. 136.)

5. Die Geldstrafen fließen in die Kasse der Versicherungsanstalt (§ 145 Abs. 2) und werden in derselben Weise beigetrieben wie Gemeindeabgaben. (§ 137.)

§ 132.

(1) Das Reichsversicherungsamt entscheidet, unbeschadet der Rechte Dritter, über Streitigkeiten, welche sich auf die Rechte und Pflichten der Organe der Versicherungsanstalten sowie der Mitglieder dieser Organe, auf die Auslegung der Statuten und auf die Gültigkeit der vollzogenen Wahlen, soweit über letztere nicht nach § 49 Absatz 4 zu befinden ist, beziehen.

(2) Auf die dienstlichen Verhältnisse der auf Grund des § 47 Absatz 1 bestellten Beamten findet diese Vorschrift keine Anwendung.

Zu § 132.

1. Als Organe der Versicherungsanstalten gelten auch die gemäß § 112 mit der Einziehung der Beiträge betrauten Krankenkassen u. s. w.

2. Ueber sonstige Zuständigkeiten des Reichsversicherungsamts vgl.:

§ 21. Genehmigung zur Vertheilung des aufzubringenden Fehlbetrages des Reservefonds auf mehrere Beitragsperioden. Genehmigung zur Verwendung des Reservefonds.

§ 56. Genehmigung des Statuts der Versicherungsanstalten sowie der Abänderungen.
Erlaß des Statuts von Amtswegen.

§ 64. Ziffer 3. Erlaß der im § 49 Absatz 1 bezeichneten Wahlordnung, sofern sich der Bezirk der Versicherungsanstalt über mehrere Bundesstaaten erstreckt.

§ 68. Entscheidungen von Streitigkeiten, welche in Betreff der Vermögensauseinandersetzung zwischen Versicherungsanstalten entstehen.

§ 70. Bestimmung der Zahl und des Sitzes der Schiedsgerichte, sofern der Bezirk der Versicherungsanstalt über die Grenze eines Bundesstaates hinausgeht.

§ 80. Entscheidung über die Revision gegen Urtheile der Schiedsgerichte.

§ 90. Entscheidung über den Einspruch gegen die Vertheilung der Renten durch das Rechnungsbüreau.

§ 93. Einleitung des Zwangsbeitreibungsverfahrens gegen Versicherungsanstalten, welche mit Erstattung der Beträge an die Postverwaltungen im Rückstande sind.

§ 97. Genehmigung des Beschlusses des Ausschusses über die Höhe der Beiträge.

§ 98. Genehmigung des Beschlusses betr. die Festsetzung der Beiträge für die erste Periode.

§ 99. Bestimmung der Unterscheidungsmerkmale und der Giltigkeitsdauer der Marken.

§ 100. Genehmigung etwaiger Bestimmungen über die Berechnung von Beiträgen, im Falle die Zahl der thatsächlich verwendeten Arbeitstage nicht festgestellt werden kann.

§ 126. Genehmigung der Kontrol-Vorschriften; Erlaß solcher Vorschriften von Amtswegen.

§ 130. Regelung der Art und Form der Rechnungsführung bei den Versicherungsanstalten.

§ 145. Beschwerdeinstanz gegen die von den Organen der Versicherungsanstalten oder den Schiedsgerichtsvorsitzenden erlassenen Strafverfügungen.

§ 160. Entscheidung über die Berücksichtigung der Versicherungsanstalten bei Vertheilung der in der Uebergangszeit festgesetzten Renten.

§ 133.

(1) Die Entscheidungen des Reichs-Versicherungsamts erfolgen in der Besetzung von mindestens zwei ständigen und zwei nichtständigen Mitgliedern, unter welchen sich je ein Vertreter der Arbeitgeber und der Versicherten befinden muß, und unter Zuziehung von mindestens einem richterlichen Beamten, wenn es sich handelt:

1. um die Entscheidung auf Revisionen gegen die Entscheidungen der Schiedsgerichte,
2. um die Entscheidung vermögensrechtlicher Streitigkeiten bei Veränderungen des Bestandes der Versicherungsanstalten.

(2) Als Vertreter der Arbeitgeber und der Versicherten gelten auch für den Bereich dieses Gesetzes die auf Grund der Unfallversicherungsgesetze zu nichtständigen Mitgliedern des Reichs-Versicherungsamts gewählten Vertreter der Betriebsunternehmer und der Arbeiter, ohne Beschränkung auf die Angelegenheiten ihres besonderen Berufszweiges.

(3) Im Uebrigen werden die Formen des Verfahrens und der Geschäftsgang des Reichs-Versicherungsamts durch Kaiserliche Verordnung unter Zustimmung des Bundesraths geregelt.

Zu Absatz 1.

1. Zur Entscheidung über Rekurse gegen die Entscheidungen der Schiedsgerichte und über vermögensrechtliche Streitigkeiten bei Abänderung des Bestandes von Berufsgenossenschaften verlangt § 90 des Unfallversicherungsgesetzes eine Besetzung des Gerichtshofs mit fünf Mitgliedern und zwei richterlichen Beamten, also mit sieben Personen. Diese Besetzung erfordert ein unverhältnißmäßig großes Personal. Für den Geltungsbereich des vorliegenden Gesetzes ist sie nicht erforderlich. Es genügt vollständig, wenn bei Entscheidungen in der Revisionsinstanz und bei Veränderungen des Bestandes der Versicherungsanstalten nur vier Mitglieder des Versicherungsamts einschließlich je eines Vertreters der Arbeitgeber und der Versicherten, sowie ein richterlicher Beamter, im Ganzen also fünf Personen mitwirken. (M. 136.)

Auch bei Verhandlungen über Wiederaufnahme des Verfahrens wirken fünf Personen mit. (Ziffer 4 der Verordnung betr. die Form des Verfahrens und den Geschäftsgang des R.-V.-A.)

2. Zu Ziffer 1 vgl. § 80, zu Ziffer 2 § 68.

2a. Entscheidungen über Einsprüche gegen die Vertheilung des Rechnungsbüreaus (§§ 90, 94, 95), sowie Beschlüsse über die Berücksichtigung von Widersprüchen aus Anlaß der Vertheilung (§ 160) ergehen ohne mündliche Verhandlung in Sitzungen der Abtheilung, an welchen in der Regel drei Mitglieder einschließlich des Vorsitzenden Theil nehmen. (Ziffer 8 der Verordnung.)

Zu Absatz 2.

3. Durch die Bestimmung, daß die auf Grund der Unfallversicherungsgesetze zu nichtständigen Mitgliedern des Reichs-Versicherungsamts gewählten Vertreter der Betriebsunternehmer und der Arbeiter ohne Beschränkung auf die Angelegenheiten ihres besonderen Berufszweiges zur Mitwirkung bei den in Rede stehenden Entscheidungen berufen sein sollen (vgl. § 95 Abs. 3 des landwirthschaftlichen Unfallversicherungsgesetzes, Anm. 2 zu § 131), werden für diesen Zweck von jeder Kategorie zur Zeit sechs Personen und zwölf Stellvertreter verfügbar. Diese Zahl erscheint wenigstens für den Anfang um so mehr ausreichend, als die in Rede stehenden Streitfälle voraussichtlich nicht allzu häufig vorkommen werden. Eine etwaige Vermehrung dieser Mitglieder kann daher einer Revision der Unfallversicherungsgesetze vorbehalten bleiben. Die etwa nothwendige Verstärkung des sonstigen Personals des Reichs- (Landes-) Versicherungsamts kann schon auf Grund der Vorschriften des Unfallversicherungsgesetzes erfolgen, ohne daß es hierzu in dem vorliegenden Gesetze einer weiteren gesetzlichen Vorschrift bedarf. (M. 136.)

Zu Absatz 3.

4. Vgl. die in der Anlage abgedruckte Verordnung betreffend die Form des Verfahrens und den Geschäftsgang des Reichsversicherungsamts in den Angelegenheiten der Invaliditäts- und Altersversicherung vom 22. Dezember 1890.

Hiernach finden auf das Verfahren und den Geschäftsgang die Verordnungen bezüglich der Unfallversicherung vom 5. August 1885 und 13. November 1887, welche ebenfalls in der Anlage abgedruckt sind, entsprechende Anwendung.

Landesversicherungsämter.

§ 134.

Sofern für das Gebiet eines Bundesstaates ein Landes-Versicherungsamt errichtet ist (§ 92 des Unfallversichernngsgesetzes, § 100 des Gesetzes vom 5. Mai 1886, Reichs-Gesetzbl. S. 132), unterliegen diejenigen Versicherungsanstalten, welche sich über das Gebiet dieses Bundesstaates nicht hinaus erstrecken, der Beaufsichtigung des Landes-Versicherungsamts. Auf die Landes-Versicherungsämter finden die Vorschriften der §§ 131 bis 133 entsprechende Anwendung. (1)

(2) In den Angelegenheiten der den Landes-Versicherungsämtern unterstellten Versicherungsanstalten gehen die in den §§ 21, 56, 68, 93, 97, 98, 100, 126, 145 dem Reichs-Versicherungsamt übertragenen Zuständigkeiten auf das Landes-Versicherungsamt über.

(3) Die Formen des Verfahrens und der Geschäftsgang bei dem Landes-Versicherungsamt werden durch die Landesregierung geregelt.

Zu Absatz 1.

1. Die Landes-Versicherungsämter haben nach den Grundsätzen, welche ihrer Zulassung zu Grunde liegen, überall da an die Stelle des Reichs-Versicherungsamts zu treten, wo es sich ausschließlich um die Angelegenheiten von Versicherungsanstalten handelt, deren Wirkungskreis über die Grenzen desjenigen Bundesstaates, für welchen das Landesversicherungsamt errichtet ist, nicht hinausreicht. Soweit aber allgemeine Interessen des Reichs oder kollidirende Interessen von Versicherungsanstalten, welche nicht sämmtlich der Aufsicht desselben Landes-Versicherungsamts unterstellt sind, in Frage kommen, muß auch für das Gebiet solcher Bundesstaaten, welche ein Landes-Versicherungsamt errichtet haben, an Stelle des letzteren das Reichs-Versicherungsamt treten. (M. 137.)

Dem Reichsversicherungsamt sind insbesondere vorbehalten die Entscheidungen über die Revisionen gegen Urtheile der Schiedsgerichte.

1a. Landesversicherungsämter sind errichtet für: Baden, Bayern, Hessen, Mecklenburg-Schwerin, Mecklenburg-Strelitz, Reuß ä. L., Sachsen und Württemberg. Da sich die Versicherungsanstalten für die beiden Mecklenburg und Reuß ä. L. über die Bezirke dieser Bundesstaaten hinaus erstrecken (vgl. Anm. 1 zu § 41), so fällt die Zuständigkeit dieser Landesversicherungsämter für das vorliegende Gesetz hinweg.

Zu Absatz 2.

2. Die den Landesversicherungsämtern unterstellten Versicherungsanstalten; vgl. Abs. 1.

Sofern bei Streitigkeiten über die Vermögensauseinandersetzung in Folge von Bestandsveränderungen Versicherungsanstalten betheiligt sein sollten, welche nicht sämmtlich der Aufsicht desselben Landes-Versicherungsamts unterliegen, ist das Reichs-Versicherungsamt nach dem in Anm. 1 entwickelten Grundsatze auch in den Fällen des § 68 ausschließlich zuständig. (M. 137.)

VI. Schluß-, Straf- und Uebergangsbestimmungen.

Krankenkassen.

§ 135.

Als Krankenkassen im Sinne dieses Gesetzes gelten die Orts-, Betriebs- (Fabrik-), Bau- und Innungskrankenkassen, die Knappschaftskassen sowie die Gemeindekrankenversicherung und landesrechtliche Einrichtungen ähnlicher Art.

Zu § 135.

1. An vielen Stellen ist im Gesetztexte kurz der Ausdruck „Krankenkasse" gebraucht; es war deshalb nothwendig eine Definition dieses Ausdrucks zu geben.

Ausgeschlossen sind nach der Definition die sog. „freien" Kassen.

2. Innungs-Krankenkassen; hierunter sind die auf Grund des Titels VI der Gewerbeordnung von Innungen für Gesellen und Lehrlinge errichteten, den Anforderungen des § 73 des Krankenversicherungsgesetzes entsprechenden Kassen zu verstehen.

Besondere Bestimmungen für Seeleute.

§ 136.

Seeleute (§ 1 Absatz 1 Ziffer 1 des Gesetzes vom 13. Juli 1887, Reichs-Gesetzbl. S. 329) sind bei derjenigen Versicherungsanstalt zu versichern, in deren Bezirk sich der Heimathshafen des Schiffes befindet. (1)

Durch den Bundesrath können über die Einziehung der von den Rhedern für Seeleute zu entrichtenden Beiträge von den Vorschriften dieses Gesetzes abweichende Bestimmungen getroffen werden. (2)

Für Seeleute, welche sich außerhalb Europas aufhalten, beträgt die Frist zur Einlegung von Rechtsmitteln drei Monate. Die Frist kann von derjenigen Behörde, gegen deren Bescheid das Rechtsmittel stattfindet, weiter erstreckt werden. (3)

(4) An die Stelle der unteren Verwaltungsbehörde tritt bei Seeleuten das Seemannsamt, und zwar im Inlande das Seemannsamt des Heimathshafens, im Auslande dasjenige Seemannsamt, welches zuerst angegangen werden kann.

Zu § 136.

1. Seeleute; als solche bezeichnet § 1 Absatz 1 Ziffer 1 des Gesetzes betr. die Unfallversicherung der Seeleute vom 13. Juli 1887: „Personen, welche auf deutschen Fahrzeugen als Schiffer, Personen der Schiffsmannschaft, Maschinisten, Aufwärter oder in anderer Eigenschaft zur Schiffsbesatzung gehören, Schiffer jedoch nur, sofern sie Lohn oder Gehalt beziehen."

2. Bei Seeleuten wird sich die Zugehörigkeit zu den Versicherungsanstalten zweckmäßig nach dem Heimathshafen des Schiffes, auf welchem sie Dienste leisten, richten, nachdem dieser Begriff auch durch andere Gesetze für die Rechtsverhältnisse der Seeleute mehrfach entscheidend geworden ist. Ferner empfiehlt es sich, für diese Klasse Versicherter Abweichungen von den Vorschriften dieses Gesetzes über die Einziehung der Beiträge um deswillen zuzulassen, weil sich bei den besonderen Verhältnissen der Seeleute durch ein anderweites, ihren Gewohnheiten mehr Rechnung tragendes Verfahren, etwa im Anschluß an die Abmusterung vor den Seemannsämtern, möglicherweise die gleichen Vortheile erreichen lassen.

Bei Seeleuten muß ferner die Frist zur Einlegung von Rechtsmitteln im Anschluß an die Bestimmungen der §§ 70 und 71 des Seeunfallversicherungsgesetzes geräumiger bemessen werden, weil diese Personen häufig im Auslande sich aufhalten. Auch werden für den Geltungsbereich des vorliegenden Gesetzes die Funktionen der unteren Verwaltungsbehörde aus ähnlichen Gründen wie bei dem Seeunfallversicherungsgesetz den Seemannsämtern übertragen. (M. 139.)

3. Vgl. die in der Anlage abgedruckten Vorschriften des Bundesraths betreffend die Einziehung der von Rhedern für die Invaliditäts- und Altersversicherung der Seeleute zu entrichtenden Beiträge vom 22. November 1890.

Hiernach bedarf es für angemusterte Seeleute der Ausstellung von Quittungskarten und der Verwendung von Beitragsmarken nicht. Vielmehr erfolgt die Entrichtung der Beiträge nachträglich binnen 6 Wochen nach Ablauf eines jeden Kalenderjahres. Der Ausweis über die Versicherung erfolgt durch das Seefahrtsbuch bezw. durch besondere Bescheinigungen, welche bei der Abmusterung ausgestellt werden. Von Zeit zu Zeit haben die Seemannsämter im Inlande auf Grund des Seefahrtsbuchs und der Bescheinigungen eine Nachweisung darüber auszustellen, wie viel Beitragswochen dem Inhaber anzurechnen sind. Diese Nachweisung, welche auf Karten von der für die Quittungskarten vorgeschriebenen Art und Beschaffenheit ausgestellt werden, ist von dem Seemannsamt an die Versicherungsanstalt ihres Bezirks einzusenden und letztere hat die Nachweisung der für den Versicherten in Betracht kommenden ersten Versicherungsanstalt zur Aufbewahrung zu übermitteln.

Beitreibung.

§ 137.

Rückstände sowie die in die Kasse der Versicherungsanstalt fließenden Strafen werden in derselben Weise beigetrieben wie Gemeindeabgaben. Rückstände haben das Vorzugsrecht des § 54 Nr. 1 der Konkursordnung vom 10. Februar 1877 (Reichs-Gesetzbl. S. 351) und verjähren binnen vier Jahren nach der Fälligkeit.

Zu § 137.

1. Rückstände, also nicht nur rückständige Beiträge, sondern alle Rückstände von Zahlungen, welche auf Grund dieses Gesetzes zu leisten sind, z. B. Rentenzahlungen, Zahlungen der Anstalt an die Post. Am häufigsten wird natürlich der Beitragsrückstand in Betracht kommen. Bezüglich versicherungspflichtiger Personen kann sich die Beitreibung — abgesehen von dem Fall des § 113 Abs. 2 — nur gegen den Arbeitgeber richten, da derselbe zur Beitragsleistung verpflichtet ist. (§ 109.) Von den Selbstversicherten und den die Versicherung freiwillig Fortsetzenden kann der Werth der Zusatzmarken (bezw. des betr. Theiles der Doppelmarken) beigetrieben werden.

1a. Vgl. den Erlaß des Preußischen Ministeriums für Handel und Gewerbe betreffend die Zwangsbeitreibung rückständiger Genossenschaftsbeiträge vom 16. April 1888 (Amtliche Nachrichten des R.-V.-A. IV S. 222 ff. Freund S. 309): Die Zwangsbeitreibung rückständiger Beiträge ist verschieden von der Einziehung der Beiträge. Für erstere stehen den Vollstreckungsbehörden „Hebegebühren" nicht zu; es kommt vielmehr im Wesentlichen nur die Erstattung der entstandenen Kosten bezw. baaren Auslagen in Betracht. (§ 141 Abs. 2.) Der Grund für die Vorschrift des § 137 ist ersichtlich der, daß bei der Verschiedenartigkeit der Verhältnisse in den einzelnen Bundesstaaten eine andere, allgemein zutreffende Bestimmung, durch welche die Beitreibung dieser Beiträge nach Art derjenigen öffentlich rechtlicher Abgaben hätte geregelt werden können, nicht gefunden werden konnte. Bei der unzweideutigen Fassung des Gesetzes ist die Annahme ausgeschlossen, als habe durch jene Vorschrift nur ein Zwangsverfahren überhaupt vorgesehen, die Art des Zwangsverfahrens aber freigestellt werden sollen Es darf vielmehr die Zwangsbeitreibung rückständiger Beiträge nur in der Form der Beitreibung von Kommunalabgaben erfolgen; Vollstreckungsbehörden sind also ausschließlich die Gemeindebehörden; es ist unzulässig, die Zwangsbeitreibung anderen Behörden, insbesondere denjenigen Staatsbehörden, welche nur Staatssteuern und ähnliche Abgaben, nicht aber Abgaben an die Gemeinden beizutreiben haben, zu übertragen. Die Gemeindevorstände haben die Zwangsvollstreckung durch die Vollstreckungsbehörde der Gemeinde nach den Vorschriften der Allerhöchsten Verordnung vom 7. September 1879 (G.-S. S. 591) und der dazu ergangenen Ausführungsanweisung vom 15. September 1879 zu veranlassen. Hierfür sind lediglich die der Gemeinde aus der Erledigung der Requisition etwa erwachsenden „baaren Auslagen" von der Versicherungsanstalt zu erstatten, da die Vorschrift des § 141 auch auf derartige Fälle bezogen werden muß. Demgemäß muß bei der Zwangsbeitreibung rückständiger Beiträge auch die Vorschrift in Artikel 3 Absatz 2 der Ausführungsanweisung vom 15. September 1879, betreffend die Festsetzung eines von der Behörde oder Korporation, für deren Rechnung die Zwangsbeitreibung erfolgt, zu entrichtenden „Beitrages zu der Remuneration der Vollstreckungsbehörde und des Vollziehungsbeamten" außer Anwendung bleiben.

Die Verpflichtung zur Erstattung „baarer Auslagen" kann selbstredend nur dann praktisch werden, wenn der Gemeinde derartige baare Auslagen wirklich entstanden sind. Das kann nur dann eintreten, wenn die Zwangsvollstreckung ganz oder zum Theil fruchtlos ausfällt. Denn die gesammten Kosten der Zwangsvollstreckung, einschließlich der Gebühren des Vollstreckungsbeamten und etwaiger Portokosten fallen dem Schuldner zur Last und werden vorweg aus den eingezogenen Geldern entnommen. Bei Unzulänglichkeit dieser Gelder werden aus denselben zunächst die Gebühren des Vollziehungsbeamten, sodann die übrigen Kosten der Zwangsvollstreckung berichtigt; erst der dann noch übrig bleibende Rest ist an die Gemeindebehörde abzuführen. (§ 56 Buchstabe d, § 57 V. vom 7. September 1879.) Zu den „baaren Auslagen" gehören auch die bei der Zwangsvollstreckung ausgefallenen Gebühren der Vollziehungsbeamten, unter der Voraussetzung, daß die letzteren nach den bezüglichen Anstellungsverträgen der Gemeinde gegenüber Anspruch auf Erstattung derartiger Ausfälle haben. Ist das nicht der Fall, so hat die Gemeinde für diese Ausfälle nicht aufzukommen, kann sie also auch den Versicherungsanstalten nicht als „baare Auslagen" in Rechnung stellen.

2. Eine ausländische Verwaltungsbehörde kann, in Ermangelung einer bezüglichen völkerrechtlichen Vereinbarung, nicht als verpflichtet erachtet werden, dem Ersuchen um Zwangsbeitreibung Folge zu geben. (Vgl. Entsch des R.-V.-A. IV, 512. Freund S. 311 Anm. 3.)

3. Die in die Kasse der Versicherungsanstalt fließenden Strafen, vgl. § 145 Abs. 2.

4. Der § 54 No. 1 der Konkursordnung lautet:

„Die Konkursforderungen werden nach folgender Rangordnung, bei gleichem Range nach Verhältniß ihrer Beiträge berichtigt:

1) Die für das letzte Jahr vor der Eröffnung des Verfahrens oder dem Ableben des Gemeinschuldners rückständigen Forderungen an Lohn, Kostgeld oder anderen Dienstbezügen der Personen, welche sich dem Gemeinschuldner für dessen Haushalt, Wirthschafts-

betrieb oder Erwerbsgeschäft zu dauerndem Dienst verdungen hatten."

Das Vorzugsrecht wird sich hiernach ebenfalls nur auf die Rückstände für das letzte Jahr vor Eröffnung des Konkurses bezw. vor Ableben des Schuldners beschränken. (Ebenso Stenglein S. 217 und Bosse—v. Woedtke II S. 260.)

Zuständige Landesbehörden.

§ 138.

Die Zentralbehörden der Bundesstaaten bestimmen, welche Verbände als weitere Kommunalverbände anzusehen, und von welchen Staats- oder Gemeindebehörden beziehungsweise Vertretungen die in diesem Gesetze den Staats- und Gemeindeorganen sowie den Vertretungen der weiteren Kommunalverbände zugewiesenen Verrichtungen wahrzunehmen sind. (1)

Die von den Zentralbehörden der Bundesstaaten in Gemäßheit vorstehender Vorschrift erlassenen Bestimmungen sind durch den Reichsanzeiger bekannt zu machen. (2)

Zu § 138.

1. Die Bestimmung des § 138 ist etwas weiter gefaßt als die entsprechende Vorschrift des § 109 des Unfallversicherungsgesetzes; man wollte dadurch den Landeszentralbehörden freiere Hand bezüglich der Bestimmung der zuständigen Behörden gewähren. Es sollte namentlich den Landeszentralbehörden gestattet sein, die Geschäfte der höheren bezw. unteren Verwaltungsbehörden auf verschiedene höhere bezw. untere Verwaltungsbehörden zu vertheilen, falls nur der betreffenden Behörde der Charakter als höhere bezw. untere Verwaltungsbehörde nach der Behörde-Organisation des betr. Staates zukommt. (St. B. 1648 f.)

2. Vgl. die in der Anlage abgedruckte Uebersicht über die gemäß § 138 von den Zentralbehörden der Bundesstaaten bestimmten zuständigen Landesbehörden.

Zustellungen.

§ 139.

Zustellungen, welche den Lauf von Fristen bedingen, können durch die Post mittelst eingeschriebenen Briefes erfolgen. (1)

Personen, welche nicht im Inlande wohnen, können von der zustellenden Behörde aufgefordert werden, einen Zustellungsbevoll- (2)

mächtigten zu bestellen. Wird ein solcher innerhalb der gesetzten Frist nicht bestellt oder ist der Aufenthalt jener Personen unbekannt, so kann die Zustellung durch öffentlichen Aushang während einer Woche in den Geschäftsräumen der zustellenden Behörde oder der Organe der Versicherungsanstalten ersetzt werden.

Zu § 139.

1. Die Zustellung gemäß § 139 bezw. die Aufforderung zur Bestellung eines Zustellungsbevollmächtigten ist fakultativ. Insbesondere kann die Zustellung gemäß Abs. 1 in jeder Weise erfolgen, durch welche der Beginn der Frist ersichtlich gemacht wird.

2. Behörde; hierzu wird auch das Schiedsgericht zu rechnen sein. (Bosse—v. Woedtke II S. 263.)

Gebühren und Stempelfreiheit.

§ 140.

Alle zur Begründung und Abwickelung der Rechtsverhältnisse zwischen den Versicherungsanstalten einerseits und den Arbeitgebern oder Versicherten andererseits erforderlichen schiedsgerichtlichen und außergerichtlichen Verhandlungen und Urkunden sind gebühren- und stempelfrei. Dasselbe gilt für privatschriftliche Vollmachten und amtliche Bescheinigungen, welche auf Grund dieses Gesetzes zur Legitimation oder zur Führung von Nachweisen erforderlich werden.

Zu § 140.

1. Die Vorschrift des § 140 ist der Vorschrift des § 102 des Unfallversicherungsgesetzes nachgebildet; erweitert ist sie durch die Gewährung der Gebühren- und Stempelfreiheit auch den Arbeitgebern gegenüber. Ferner ist bestimmt, daß auch amtliche Bescheinigungen, welche auf Grund dieses Gesetzes zur Legitimation oder zur Führung von Nachweisen erforderlich werden, gebühren- und stempelfrei sind.

2. Zu den „Urkunden" gehören auch pfarr- bezw. standesamtliche Urkunden, sowie Physikats-Atteste, falls für letztere landesgesetzlich die Verwendung von Stempelbogen vorgeschrieben ist. (Vgl. Entsch. des R.-V.-A. II 121 und 152. Freund S. 360 A. 1.)

3. Bescheinigungen zur Führung von Nachweisen; vgl. insbes. §§ 161 und 18.

4. Der § 140 ist durch Kaiserliche Verordnung vom 30. Dezember 1889 (R.-G.-Bl. 1890 S. 1) mit dem Tage der Verkündigung der Verordnung in Kraft gesetzt worden. Hierdurch sollte den Betheiligten die Möglichkeit gegeben werden, sich die für die Uebergangszeit in Betracht kommenden Bescheinigungen (vgl. § 156 ff.) schon vor dem völligen Inkrafttreten des Gesetzes zu beschaffen.

Rechtshülfe.

§ 141.

(1) Die öffentlichen Behörden sind verpflichtet, den im Vollzuge dieses Gesetzes an sie ergehenden Ersuchen des Reichs-Versicherungsamts, der Landes-Versicherungsämter, anderer öffentlicher Behörden, der Schiedsgerichte sowie der Vorstände und Organe der Versicherungsanstalten zu entsprechen und den bezeichneten Vorständen auch unaufgefordert alle Mittheilungen zukommen zu lassen, welche für den Geschäftsbetrieb der Versicherungsanstalten von Wichtigkeit sind. Die gleiche Verpflichtung liegt den Organen der Berufsgenossenschaften und der Krankenkassen ob.

(2) Die durch die Erfüllung dieser Verpflichtungen entstehenden Kosten sind von den Versicherungsanstalten als eigene Verwaltungskosten insoweit zu erstatten, als sie in Tagegeldern und Reisekosten von Beamten oder von Organen der Versicherungsanstalten, Berufsgenossenschaften und Krankenkassen, sowie in Gebühren für Zeugen und Sachverständige oder in sonstigen baaren Auslagen bestehen.

(3) Auf die nach §§ 5 und 7 zugelassenen Kasseneinrichtungen finden diese Bestimmungen, soweit es sich um die auf Grund ihrer Zulassung ihnen obliegenden Aufgaben handelt, entsprechende Anwendung.

Zu § 141.

1. Die Vorschrift des § 141 ist der Vorschrift des § 161 des Unfallversicherungsgesetzes nachgebildet; erweitert ist sie insofern, als allen Organen der Versicherungsanstalt das Requisitionsrecht gegeben ist, also auch den Vertrauensmännern, welche dasselbe nach den Unfallversicherungsgesetzen nicht haben. Als Organe der Versicherungsanstalt gelten auch gemäß § 112 die mit der Einziehung der Beiträge betrauten Krankenkassen u. s. w.

1a. Die gleiche Verpflichtung liegt den Organen der Krankenkassen ob. Mit Recht heben Bosse—v. Woedtke (II S. 266) hervor, daß hiernach die Krankenkassen verpflichtet sind, „den Vorständen der Versicherungsanstalten Mittheilung zu machen, wenn ein Kassenmitglied derart erkrankt, daß aus Anlaß dieser Krankheit der Eintritt der Invalidität zu besorgen ist, sei es, daß es sich um dauernde Erwerbsunfähigkeit handelt (§ 9 Abs. 3), sei es, daß zunächst eine mindestens einjährige Dauer der Erwerbsunfähigkeit zu besorgen ist. (§ 10.)"

2. Das Ersuchen an die Gemeindebehörden um Zwangsbeitreibung (§ 137) fällt gleichfalls unter § 141. Vgl. Anm. 1 zu § 137.

Strafbestimmungen.

§ 142.

Arbeitgeber, welche in die von ihnen auf Grund gesetzlicher oder von der Versicherungsanstalt erlassener Bestimmung aufzustellenden Nachweisungen oder Anzeigen Eintragungen aufnehmen, deren Unrichtigkeit ihnen bekannt war oder bei gehöriger Aufmerksamkeit nicht entgehen konnte, können von dem Vorstande der Versicherungsanstalt mit Ordnungsstrafe bis zu fünfhundert Mark belegt werden.

Zu § 142.

1. Wie im § 123 des Gesetzes, betreffend die Unfall- und Krankenversicherung der in land- und forstwirthschaftlichen Betrieben beschäftigten Personen, vom 5. Mai 1886, so ist auch hier die Bestrafung unrichtiger Nachweisungen und Anzeigen von der Voraussetzung abhängig gemacht, daß die Unrichtigkeit dem Arbeitgeber bekannt war oder bei Anwendung gehöriger Aufmerksamkeit nicht entgehen konnte. Die Androhung einer Strafe für unrichtige Anzeigen und Nachweisungen ist für die Durchführung des Gesetzes unentbehrlich; in der in dem Gesetze gewählten Fassung wird aber die Strafbestimmung des § 142 bei ihrer Anwendung in der Praxis zu Härten um so weniger führen, als die Bestrafung nicht obligatorisch vorgeschrieben, sondern in das Ermessen des Vorstandes der Versicherungsanstalt gelegt (vgl. Anm. 5 zu § 60) und nach § 145, ebenso wie nach § 106 Absatz 2 des Unfallversicherungsgesetzes, mittelst Beschwerde an das Reichs- beziehungsweise Landes-Versicherungsamt angefochten werden kann. Hierdurch wird ausreichende Gewähr dafür geboten, daß bei der Anwendung der Strafbefugniß die Umstände des konkreten Falles sorgfältig erwogen und daß Strafen nur dann werden verhängt werden, wenn offenbare Unredlichkeiten oder besonders grobe Vernachlässigungen zu rügen sind. (M. 140.)

2. Arbeitgeber; vgl Anm. 1a zu § 100. Der Arbeitgeber ist befugt, die Aufstellung der Nachweisungen oder Anzeigen auf bevollmächtigte Leiter des Betriebes zu übertragen, auf welche dann die Strafvorschrift des § 142 Anwendung findet. (§ 144.)

2a. Die von der Versicherungsanstalt erlassenen Bestimmungen brauchen nicht nothwendig statutarische zu sein. (Ebenso Bosse—v. Woedtke II S. 270. A. M. Stenglein S. 222.)

2b. Die Strafverfügung muß dem Contravenienten zugestellt werden, da gemäß § 145 Abs. 1 binnen zwei Wochen nach der Zustellung die Beschwerde an das Reichsversicherungsamt bezw. Landesversicherungsamt stattfindet.

3. Ueber Verwendung und Beitreibung der Strafgelder vgl. § 145 Abs. 2 und § 137.

§ 143.

Arbeitgeber, welche es unterlassen, für die von ihnen beschäftigten, dem Versicherungszwange unterliegenden Personen Marken in zureichender Höhe und in vorschriftsmäßiger Beschaffenheit rechtzeitig (§ 109) zu verwenden, können von dem Vorstande der Versicherungsanstalt mit Ordnungsstrafe bis zu dreihundert Mark belegt werden. Eine Bestrafung findet nicht statt, wenn die rechtzeitige Verwendung der Marken von einem anderen Arbeitgeber oder Betriebsleiter (§ 144) oder im Falle des § 111 von dem Versicherten bewirkt worden ist.

Zu § 143.

1. Auch hier ist die Strafbefugniß des Vorstandes fakultativ und die Beschwerde an das Reichsversicherungsamt vorbehalten (vgl. Anm. 1 zu § 142).

2. In zureichender Höhe; die Einklebung höherer Marken ist nicht unter Strafe gestellt. (K. 90.)

Rechtzeitig, d. i. bei der Lohnzahlung. (§ 109 Abs. 1.) Jedoch kann der Arbeitgeber die Einklebung auch vor der Lohnzahlung bewirken; er kann z. B. bei Dienstboten die Marken wöchentlich einkleben, obgleich die Lohnzahlung vierteljährlich erfolgt.

Zu wenig bezw. nicht rechtzeitig verwendete Marken sind nachträglich beizubringen (vgl. § 125).

Bei nicht rechtzeitiger Verwendung von Marken in zureichender Höhe verliert auch der Arbeitgeber die Möglichkeit des Abzugs gemäß § 109 Abs. 3.

3. Eine Bestrafung findet nicht statt, wenn die Verwendung von einem anderen Arbeitgeber bewirkt ist. Eine Bestrafung ist also da ausgeschlossen, wo die rechtzeitige Verwendung von Marken zwar eingetreten, aber nicht durch den Verpflichteten bewirkt ist. Es ist sehr wohl möglich, daß jemand eine Marke einklebt, der sich für verpflichtet hält, aber nicht verpflichtet ist; es wäre nun eine Härte, in diesem Falle den verpflichteten Arbeitgeber zu strafen. (K. 90.)

Eine Bestrafung findet auch dann nicht statt, wenn überhaupt dem Arbeitgeber keine Verschuldung, keine Ordnungswidrigkeit zur Last fällt. (St. B. 1984.) Dies trifft ganz besonders in dem Falle zu, daß die Einziehung der

Beiträge anderweitig gemäß § 112 geregelt ist, so daß also eine Verwendung von Marken durch den Arbeitgeber überhaupt nicht stattfindet.

4. Die wissentliche Verwendung anderer als der vorgeschriebenen Marken ist kriminell strafbar. (§ 149.)

5. Ueber Verwendung und Beitreibung der Strafgelder vgl. § 145 Abs. 2, und § 137.

6. Der Arbeitgeber ist befugt, die Verwendung von Marken auf bevollmächtigte Leiter des Betriebes zu übertragen, auf welche dann die Strafvorschrift des § 143 Anwendung findet. (§ 144.)

§ 144.

(1) Der Arbeitgeber ist befugt, die Aufstellung der nach gesetzlicher oder statutarischer Vorschrift erforderlichen Nachweisungen oder Anzeigen, sowie die Verwendung von Marken auf bevollmächtigte Leiter seines Betriebes zu übertragen.

(2) Name und Wohnort von solchen bevollmächtigten Betriebsleitern sind dem Vorstande der Versicherungsanstalt mitzutheilen. Begeht ein derartiger Bevollmächtigter eine in den §§ 142 beziehungsweise 143 mit Strafe bedrohte Handlung, so finden auf ihn die in diesen Paragraphen vorgesehenen Strafen Anwendung.

Zu § 144.

1. Durch die Vorschrift des § 144 soll insbes. Besitzern von größeren Etablissements, welche sich um die Einzelheiten des Betriebes nicht kümmern können, vielleicht gar nicht am Sitze des Betriebes ihren Wohnsitz haben, die Möglichkeit gegeben werden, sich gegen Bestrafung auf Grund der §§ 142, 143 zu schützen.

2. Ein Zusatz, wonach der Arbeitgeber für den Betrag der Strafe haftet, falls die letztere von dem bevollmächtigten Leiter nicht beizutreiben ist, ist vom Reichstage ausdrücklich abgelehnt worden. (St. B. 1985.)

3. Bevollmächtigte Leiter; vgl. Anm. 2 zu § 50. Es ist also nicht die „Uebertragung" an jede beliebige Person zugelassen, um dadurch die Aufstellung von „Strohmännern" zu verhindern. (St. B. 1982.)

§ 145.

(1) Gegen die auf Grund dieses Gesetzes oder der Statuten von den Organen der Versicherungsanstalten oder den Schiedsgerichtsvorsitzenden erlassenen Strafverfügungen findet binnen zwei Wochen nach deren Zustellung die Beschwerde an das Reichs-Versicherungsamt statt.

Die von den vorbezeichneten Organen sowie von den Verwaltungsbehörden auf Grund dieses Gesetzes festgesetzten Strafen fließen, soweit nicht in diesem Gesetze abweichende Bestimmungen getroffen sind, in die Kasse der Versicherungsanstalt. (2)

Zu Absatz 1.

1. Strafverfügungen können erlassen werden:

a. Seitens des Vorstandes der Versicherungsanstalt:

Gegen Personen, welche eine Wahl zu einem Ehrenamt ohne zulässigen Grund ablehnen, oder sich der Ausübung ihres Amtes ohne hinreichende Entschuldigung entziehen (§ 60).

Gegen Personen, welche die erlassenen Kontrolvorschriften nicht rechtzeitig erfüllen (§ 126 Abs. 1).

Gegen Arbeitgeber, bezw. bevollmächtigte Betriebsleiter, welche in die aufzustellenden Nachweisungen oder Anzeigen unrichtige Eintragungen aufnehmen (§§ 142, 144).

Gegen Arbeitgeber, bezw. bevollmächtigte Betriebsleiter, welche es unterlassen, für die von ihnen beschäftigten versicherungspflichtigen Personen Marken in zureichender Höhe und in vorschriftsmäßiger Beschaffenheit rechtzeitig zu verwenden (§§ 143, 144).

b. Seitens der Vorsitzenden des Schiedsgerichts:

Gegen Personen, welche die Wahl als Schiedsgerichtsbeisitzer ohne zulässigen Grund ablehnen oder sich der Ausübung ihres Amtes ohne hinreichende Entschuldigung entziehen (§ 73 Abs. 3).

2. Zustellung; vgl. § 139.

3. Reichsversicherungsamt bezw. Landesversicherungsamt (§ 134).

Zu Absatz 2.

4. Seitens der Verwaltungsbehörden können Strafen festgesetzt werden:

a. Gegen Arbeitgeber in Gemäßheit des § 126 Abs. 2.

b. Gegen Personen, welche es unterlassen im Falle der Selbstversicherung oder der freiwilligen Versicherung die erforderlichen Zusatzmarken beizubringen (§ 146).

Auch die vom Reichs-Versicherungsamt bezw. Landesversicherungsamt auf Grund des § 131 Abs. 3 (vgl. daselbst) festgesetzten Strafen gehören hierher.

Nicht hierher gehören die von den Aufsichtsbehörden der Krankenkassen auf Grund des § 18 Abs. 1 festgesetzten Strafen.

4a. „Abweichende“ Bestimmungen enthält das Gesetz nicht.

5. Die in die Kasse der Versicherungsanstalt fließenden Strafen, also auch die von den Verwaltungsbehörden festgesetzten, werden in derselben Weise beigetrieben wie Gemeindeabgaben (§ 137).

§ 146.

Personen, welche es unterlassen, im Falle der Selbstversicherung oder der freiwilligen Versicherung (§§ 8 und 117) die vorgeschriebenen Zusatzmarken zu verwenden, können, sofern nicht nach andern Gesetzen eine höhere Strafe verwirkt ist, durch die untere Verwaltungsbehörde ihres Beschäftigungsortes mit Ordnungsstrafe bis zu einhundertfünfzig Mark bestraft werden.

Zu § 146.

1. Ueber Befreiung von der Beibringung der Zusatzmarken (Doppelmarken.) vgl. §§ 118 und 119.

2. Untere Verwaltungsbehörde; vgl. § 138.

3. Die Strafen fließen in die Kasse der Versicherungsanstalt (§ 145 Abs. 2) und werden in derselben Weise beigetrieben wie Gemeindeabgaben (§ 137).

§ 147.

(1) Den Arbeitgebern und ihren Angestellten ist untersagt, durch Uebereinkunft oder mittelst Arbeitsordnungen die Anwendung der Bestimmungen dieses Gesetzes zum Nachtheil der Versicherten ganz oder theilweise auszuschließen oder dieselben in der Uebernahme oder Ausübung eines in Gemäßheit dieses Gesetzes ihnen übertragenen Ehrenamts zu beschränken. Vertragsbestimmungen, welche diesem Verbote zuwiderlaufen, haben keine rechtliche Wirkung.

(2) Arbeitgeber oder deren Angestellte, welche derartige Verträge geschlossen haben, werden, sofern nicht nach anderen gesetzlichen Vorschriften eine härtere Strafe eintritt, mit Geldstrafe bis zu dreihundert Mark oder mit Haft bestraft.

Zu § 147.

1. Der erste Absatz des § 147 entspricht dem § 80 des Krankenversicherungsgesetzes; jedoch ist mit Rücksicht auf die Nothwendigkeit, den Versicherten die Möglichkeit der Uebernahme und der Ausübung eines in Gemäßheit dieses Gesetzes ihnen übertragenen Ehrenamtes unter allen Umständen zu gewährleisten, eine vertragsmäßige Beschränkung hierin der zum Nachtheil der Versicherten erfolgenden vertragsmäßigen Abänderung anderer gesetzlicher Bestimmungen ausdrücklich gleichgestellt worden. Eine vertragsmäßige Benachtheiligung der Versicherten widerspricht den sozialpolitischen Zwecken dieses Gesetzes in so erheblichem Maße, daß es geboten erscheint, ein derartiges Verfahren nicht nur mit civilrechtlicher

Richtigkeit, sondern auch mit Strafe zu bedrohen. Diese Erwägung liegt der Vorschrift des zweiten Absatzes des § 147 zu Grunde (M. 140).

2. In der Ausübung eines Ehrenamts zu beschränken; vgl. § 62 wonach die Vertreter der Versicherten in jedem Falle, in welchem sie zur Wahrnehmung ihrer Obliegenheiten berufen werden, die Arbeitgeber hiervon in Kenntniß zu setzen haben. Die Nichtleistung der Arbeit während dieser Zeit berechtigt den Arbeitgeber nicht, das Arbeitsverhältniß vor dem Ablauf der vertragsmäßigen Dauer desselben aufzuheben.

§ 148.

Die gleiche Strafe (§ 147) trifft (1)

1. Arbeitgeber, welche den von ihnen beschäftigten, dem Versicherungszwange unterliegenden Personen wissentlich mehr als die Hälfte des für die beiden letzten Lohnzahlungsperioden verwendeten beziehungsweise in denselben fällig gewordenen Betrages an Marken bei der Lohnzahlung in Anrechnung bringen (§§ 109 Absatz 3, 112 Absatz 2);
2. Angestellte, welche einen solchen größeren Abzug wissentlich bewirken;
3. diejenigen Personen, welche dem Berechtigten eine Quittungskarte widerrechtlich vorenthalten.

Die unter Ziffer 1 und 2 vorgesehenen Strafbestimmungen finden auf den Fall des § 119 keine Anwendung. (2)

Zu Absatz 1.

1. Der § 148 bedroht diejenigen Fälle mit Strafe, in welchen der Arbeitgeber oder seine Angestellten den Versicherten, ohne daß eine den Vorschriften des Gesetzes widersprechende Abmachung mit denselben vorliegt, wissentlich mehr als die Hälfte des verwendeten Betrages an Marken bei der Lohnzahlung in Abzug bringen. Daneben erscheint es rathsam, auch die durch § 108 Abs. 2 untersagte unbefugte Zurückbehaltung der Quittungskarte mit Strafe zu bedrohen (M. 140.)

1a. Wissentlich, d. h. es muß das Bewußtsein vorhanden sein, daß der Abzug größer ist, als die Hälfte des Markenbetrages. Dagegen ist nicht nothwendig das Bewußtsein der Rechtswidrigkeit. Hierbei mag folgender Fall erörtert werden: Gemäß § 22 Abs. 2 können Arbeitgeber und Versicherte einen höheren Betrag des Jahresarbeitsverdienstes d. h. also die Versicherung in einer höheren Lohnklasse vereinbaren. Da dem Arbeitgeber nur ein Abzugsrecht zusteht, so kann er die Versicherung in einer höheren Lohnklasse erfolgen lassen, ohne den erhöhten Abzug zu machen. Gegen den Willen des Arbeitgebers ist aber die erhöhte Versicherung auch dann nicht zulässig, wenn der Versicherte sich bereit erklärt, die durch die erhöhte Versicherung nothwendig gewordene Beitragserhöhung ganz zu tragen. Der Arbeitgeber, welcher einen derartig erhöhten, über die Hälfte des Markenbetrages hinausgehenden Lohn-Abzug macht, wird sich auf Grund des § 148 strafbar machen.

1b Ueber die widerrechtliche Vorenthaltung der Quittungskarte vgl. § 108 Abs. 2.

Zu Absatz 2.

2. Im Falle des § 119 ist ein Abzug wider Willen des Versicherten überhaupt nicht gestattet. Vgl. Anm. 2 daselbst. Der Arbeitgeber, welcher aber trotzdem den Abzug bewirkt, macht sich nicht strafbar.

§ 149.

Arbeitgeber, welche wissentlich andere als die vorgeschriebenen Marken verwenden, sowie Angestellte und Versicherte, welche wissentlich eine solche unrichtige Verwendung bewirken, werden, sofern nicht nach anderen gesetzlichen Vorschriften eine härtere Strafe eintritt, mit Geldstrafe von zwanzig bis zu eintausend Mark oder mit Gefängniß bestraft. Sind mildernde Umstände vorhanden, so kann die Strafe bis auf drei Mark oder einen Tag Haft ermäßigt werden.

Zu § 149.

1. Die Strafbestimmungen des § 149 sollen Vorsorge treffen, daß den einzelnen Versicherungsanstalten diejenigen Beträge, auf welche sie Anspruch haben, auch wirklich zukommen und nicht etwa zu Gunsten einer anderen Versicherungsanstalt, welche vielleicht geringere Beiträge erhebt, entzogen werden. (M. 141.)

2. Andere als die vorgeschriebenen Marken; es dürfen also nicht verwendet werden Marken einer unzuständigen Versicherungsanstalt, einer unrichtigen Gefahrenklasse (falls solche Klassen eingeführt sind), einer unrichtigen Lohnklasse d. h. einer zu niedrigen Lohnklasse, denn die Verwendung einer höheren Lohnklasse ist gestattet (vgl. Anm. 2 zu § 143).

3. Versicherte d. h. Selbstversicherte und die Versicherung freiwillig Fortsetzende, welche andere als Doppelmarken verwenden.

§ 150.

Die Strafbestimmungen der §§ 142, 143, 147 bis 149 finden auch auf die gesetzlichen Vertreter handlungsunfähiger Arbeitgeber, desgleichen auf die Mitglieder des Vorstandes einer Aktiengesellschaft, Innung oder eingetragenen Genossenschaft, sowie auf die Liquidatoren einer Handelsgesellschaft, Innung oder eingetragenen Genossenschaft Anwendung.

Zu § 150.

1. Die Vorschrift des § 150 entspricht der Vorschrift des § 105 des Unfallversicherungsgesetzes.

2. Als gesetzlicher Vertreter gilt auch der Konkursverwalter. (Vgl. Entsch. des R.-V.-A. I, 20, Freund S. 364.)

§ 151.

Wer in Quittungskarten Eintragungen oder Vermerke macht, welche nach § 108 unzulässig sind, wird mit Geldstrafe bis zu zweitausend Mark oder mit Gefängniß bis zu sechs Monaten bestraft. Sind mildernde Umstände vorhanden, so kann statt der Gefängnißstrafe auf Haft anerkannt werden.

Zu § 151.

1. „Der § 151 soll der Vorschrift des § 108, durch welche ein Mißbrauch der Quittungskarten untersagt wird, den erforderlichen Nachdruck gewähren. Der Zweck jener Bestimmung, Alles zu vermeiden, was der lediglich für die Zwecke der Invaliditäts- und Altersversicherung bestimmten Quittungskarte den Charakter eines Arbeitsbuches oder eines über die Führung und die Leistungen des Inhabers ausgestellten Zeugnisses verleihen könnte, rechtfertigt die vorgesehene hohe Strafe. (M. 141.)

2. Die Strafe wird dadurch nicht ausgeschlossen, daß die Vermerke oder Eintragungen mit Zustimmung des Inhabers der Karte gemacht worden sind. (Vgl. St. B. 1988.)

§ 152.

Die Mitglieder der Vorstände und sonstiger Organe der Versicherungsanstalten sowie die das Aufsichtsrecht über dieselben ausübenden Beamten werden, wenn sie unbefugt Betriebsgeheimnisse offenbaren, welche kraft ihres Amts zu ihrer Kenntniß gelangt sind, mit Geldstrafe bis zu eintausendfünfhundert Mark oder mit Gefängniß bis zu drei Monaten bestraft. (1)

Die Verfolgung tritt nur auf Antrag des Betriebsunternehmers ein. (2)

Zu § 152.

1. Die Vorschrift des § 152 entspricht der Vorschrift des § 107 des Unfallversicherungsgesetzes.

2. Als Organe der Versicherungsanstalt gelten auch die gemäß § 112 mit der Einziehung der Beiträge betrauten Krankenkassen u. s. w.

§ 153.

(1) Die im § 152 bezeichneten Personen werden mit Gefängniß, neben welchem auf Verlust der bürgerlichen Ehrenrechte erkannt werden kann, bestraft, wenn sie absichtlich zum Nachtheile der Betriebsunternehmer Betriebsgeheimnisse, welche kraft ihres Amts zu ihrer Kenntniß gelangt waren, offenbaren, oder wenn sie geheim gehaltene Betriebseinrichtungen oder Betriebsweisen, welche kraft ihres Amtes zu ihrer Kenntniß gelangt sind, solange als diese Betriebsgeheimnisse sind, nachahmen.

(2) Thun sie dies, um sich oder einem Anderen einen Vermögensvortheil zu verschaffen, so kann neben der Gefängnißstrafe auf Geldstrafe bis zu dreitausend Mark erkannt werden.

Zu 153.

Die Vorschrift des § 153 entspricht der Vorschrift des § 108 des Unfallversicherungsgesetzes.

§ 154.

(1) Mit Gefängniß nicht unter drei Monaten, neben welchem auf Verlust der bürgerlichen Ehrenrechte erkannt werden kann, wird bestraft, wer unechte Marken in der Absicht anfertigt, sie als echt zu verwenden, oder echte Marken in der Absicht verfälscht, sie zu einem höheren Werthe zu verwenden, oder wissentlich von falschen oder verfälschten Marken Gebrauch macht.

(2) Dieselbe Strafe trifft denjenigen, welcher wissentlich schon einmal verwendete Marken in Quittungskarten abermals verwendet, oder solche Marken nach gänzlicher oder theilweiser Entfernung der darauf gesetzten Entwerthungszeichen veräußert oder feilhält. Sind mildernde Umstände vorhanden, so kann auf Geldstrafe bis zu dreihundert Mark oder Haft erkannt werden.

(3) Zugleich ist auf Einziehung der Marken zu erkennen, ohne Unterschied, ob sie dem Verurtheilten gehören oder nicht. Auf diese

Einziehung ist auch dann zu erkennen, wenn die Verfolgung oder Verurtheilung einer bestimmten Person nicht stattfindet.

Zu § 154.

1. Die Bestimmungen des § 154 Abs. 1 sind den für gleichartige Verfehlungen bei Postfreimarken geltenden Vorschriften der §§ 275 und 280 des Strafgesetzbuches nachgebildet. Der Absatz 2 schließt sich an § 276 des Strafgesetzbuches an und bedroht zur Verhütung der hier vorgesehenen Strafthat auch den wissentlichen Vertrieb bereits einmal verwendeter Beitragsmarken mit der gleichen Strafe. Die Höhe der letzteren rechtfertigt sich durch die Schwere der Benachtheiligung, welche den Versicherungsanstalten durch solche Fälschungen erwachsen kann. Der Absatz 3 entspricht dem § 152 des Strafgesetzbuchs. (M. 142.)

2. Entwerthungszeichen. Vgl. die in der Anlage abgedruckten Bestimmungen des Bundesraths über Entwerthung von Marken vom 27. November 1890.

§ 155.

Mit Geldstrafe bis zu einhundertundfünfzig Mark oder mit Haft wird bestraft, wer ohne schriftlichen Auftrag einer Versicherungsanstalt oder einer Behörde (1)

1. Stempel, Siegel, Stiche, Platten oder andere Formen, welche zur Anfertigung von Marken dienen können, anfertigt oder an einen Anderen als die Versicherungsanstalt, beziehungsweise die Behörde verabfolgt,
2. den Abdruck der in Ziffer 1 genannten Stempel, Siegel, Stiche, Platten oder Formen unternimmt oder Abdrücke an einen Anderen als die Versicherungsanstalt, beziehungsweise die Behörde verabfolgt.

Neben der Geldstrafe oder Haft kann auf Einziehung der Stempel, Siegel, Stiche, Platten oder Formen erkannt werden, ohne Unterschied ob sie dem Verurtheilten gehören oder nicht. (2)

Zu § 155.

Der § 155 entspricht den Vorschriften des § 360 Abs. 1 Ziffer 4 und 5 und des § 360 Abs. 2 des Strafgesetzbuches. (M. 142.)

Uebergangsbestimmungen.

§ 156.

Für Versicherte, welche während der ersten fünf Kalenderjahre nach dem Inkrafttreten dieses Gesetzes erwerbsunfähig werden und für welche während der Dauer eines Beitragsjahres auf Grund der (1)

Versicherungspflicht die gesetzlichen Beiträge entrichtet worden sind, vermindert sich die Wartezeit für die Invalidenrente (§ 16 Ziffer 1) um diejenige Zahl von Wochen, während deren sie nachweislich vor dem Inkrafttreten des Gesetzes, jedoch innerhalb der letzten fünf Jahre vor Eintritt der Erwerbsunfähigkeit, in einem Arbeits- oder Dienstverhältniß gestanden haben, welches nach diesem Gesetze die Versicherungspflicht begründen würde.

(2) Diese Bestimmung findet auf die im § 8 bezeichneten Personen keine Anwendung.

(3) Bei Ermittelung des durchschnittlichen Lohnsatzes (§ 9 Absatz 3) wird für diejenige Zeit, um welche sich die Wartezeit vermindert, die erste Lohnklasse zu Grunde gelegt.

(4) Die Vorschrift des § 117 Absatz 3 findet auf die während der ersten vier Jahre nach dem Inkrafttreten des Gesetzes freiwillig geleisteten Beiträge keine Anwendung.

Zu Absatz 1.

1. Gemäß § 16 beträgt die Wartezeit für die Invalidenrente fünf Beitragsjahre, für die Altersrente dreißig Beitragsjahre, d. h. um überhaupt einen Anspruch auf Invalidenrente zu erlangen, muß der Versicherte Beiträge für 235 Beitragswochen geleistet haben, um einen Anspruch auf Altersrente zu erlangen, muß er für 1410 Beitragswochen Beiträge geleistet haben. Hiernach würden Invalidenrenten nicht vor Mitte des Jahres 1895, Altersrenten nicht vor dem Jahre 1918 zur Festsetzung gelangen können. Versicherte, welche beim Inkrafttreten des Gesetzes schon in höherem Lebensalter stehen, würden in Folge dessen keine Aussicht haben, in den Genuß der Altersrente zu gelangen. Um nun diesem Uebelstande abzuhelfen und um insbesondere auch bei der Invalidenrente die Wohlthat des Gesetzes möglichst bald in die Erscheinung zu bringen, läßt das Gesetz unter gewissen Voraussetzungen eine Abkürzung der Wartezeit zu.

Zu den §§ 156—161 vgl. die in der Anlage abgedruckte Preußische Anweisung zur Ausführung der §§ 18, 138, 156 bis 161 vom 20. Februar 1890.

1a. Der § 156 enthält die Vorschriften über die Abkürzung der Wartezeit bei der Invalidenrente. In dem Entwurfe war die Bestimmung vorgesehen, daß solchen Personen, welche vor Ablauf der Wartezeit erwerbsunfähig werden, aus Billigkeitsgründen eine Rente gewährt werden kann. Diese Bestimmung ist gestrichen und statt dessen durch Abkürzung der Wartezeit solchen Versicherten unter gewissen Voraussetzungeu ein bestimmter Anspruch auf Invalidenrente gewährt worden.

Die Voraussetzungen, unter denen Versicherte, welche vor Ablauf der gesetzlichen Wartezeit (§ 16 Ziffer 1) invalide werden, einen Anspruch auf Rente haben, sind folgende:

a. Die Erwerbsunfähigkeit muß während der ersten fünf Kalenderjahre nach dem Inkrafttreten dieses Gesetzes (162 Abs. 2) eingetreten sein, also in der Zeit vom 1. Januar 1891 bis 31. Dezember 1895.

Ueber den Beginn der Erwerbsunfähigkeit vgl. § 29. Ueber die Voraussetzungen der Erwerbsunfähigkeit vgl. § 9 Abs. 3.

Die Verminderung der Wartezeit tritt nur für Versicherte ein, d. h. also für die gemäß § 1 versicherungspflichtigen, für diejenigen, auf welche gemäß § 2 die Versicherungspflicht erstreckt ist und für diejenigen, welche die Versicherung freiwillig fortsetzen (vgl. Abs. 4). Auf Selbstversicherte findet gemäß Abs. 2 der § 156 keine Anwendung. Zu beachten ist, daß die Versicherung für die gemäß § 4 Abs. 2 invaliden Personen nicht eintritt, daß also die Verminderung der Wartezeit für diejenigen Personen nicht in Betracht kommen kann, welche bereits beim Inkrafttreten des Gesetzes gemäß § 4 Abs. 2 invalide sind. Die Invalidität des § 4 Abs. 2 ist aber eine andere, als die des § 9 Abs. 3.

b. Es müssen für den Versicherten mindestens während der Dauer eines Beitragsjahres auf Grund der Versicherungspflicht die gesetzlichen Beiträge entrichtet worden sein. In dieses Beitragsjahr werden auch die nach § 17 Abs. 2 anrechnungsfähigen Beitragszeiten einzurechnen sein. Dies muß nach dem Wortlaute des § 17 Abs. 2 angenommen werden, wenn auch der in dem Kommissionsbeschlusse erster Lesung enthaltene, ausdrücklich hierauf hinweisende Zusatz (K. 94) in das Gesetz nicht übergegangen ist. Vgl. auch § 158. (Ebenso jetzt Bosse-v. Woedtke II S. 296 und Rosin S. 115.)

Des Weiteren ist noch Folgendes zu beachten: Die Worte „für welche" schließen nicht aus, daß der Versicherte gemäß § 111 die Beiträge selbst geleistet hat. Die Beiträge müssen ferner während der Dauer eines Beitragsjahres geleistet werden. Als Beitragsjahr gelten 47 Beitragswochen (§ 17). Diese 47 Wochen brauchen gemäß § 17 Abs. 1 nicht hintereinander lückenlos geleistet zu sein, vorausgesetzt, daß nur ein Erlöschen der Anwartschaft gemäß § 32 nicht erfolgt ist. Die erste Beitragswoche, die in Betracht kommen konnte, war gemäß §§ 19, 100 Abs. 2 die Woche vom 1. bis 4. Januar. Die 47 Wochen müssen endlich auf Grund der Versicherungspflicht geleistet sein, also gemäß §§ 1, 2. Die zur freiwilligen Fortsetzung des Versicherungsverhältnisses geleisteten Beiträge können also nicht unbedingt auf die Wartezeit zur Anrechnung kommen (vgl. Abs. 4), sondern nur dann, wenn mindestens 47 pflichtige Beiträge geleistet sind.

c. Diejenige Zahl von Wochen, welche dem Versicherten zur Vollendung der Wartezeit fehlen, muß der Versicherte nachweislich vor dem Inkrafttreten des Gesetzes, jedoch innerhalb der letzten fünf Jahre vor Eintritt der Erwerbsunfähigkeit, in einem Arbeits- oder Dienstverhältnisse gestanden haben, welches nach diesem Gesetz die Versicherungspflicht begründet haben würde. Die Arbeitszeit, welche weiter als fünf Jahre vor Eintritt der Erwerbsunfähigkeit zurück liegt, kommt nicht in Betracht. Eine unter § 17 Abs. 2 fallende Krankheit oder militärische Dienstleistung wird dem Arbeits- oder Dienstverhältnisse gleich geachtet (§ 158), kommt also mit den Einschränkungen des § 17 Abs. 3 und 4 zur Anrechnung. (Ebenso Rosin S. 115.) Ebenso die Unterbrechung des Arbeits- oder Dienstverhältnisses gemäß § 119 (§ 158).

Hierbei ist noch Folgendes zu beachten: Die Wartezeit beträgt gemäß § 16 Ziffer 1 235 Beitragswochen. Da nun nach Inkrafttreten des Gesetzes mindestens 47 Wochen geleistet sein müssen, so können vor Inkrafttreten des Gesetzes höchstens 188 Wochen in Betracht kommen. Diese Zeit vor Inkrafttreten des Gesetzes muß der Versicherte in einem Arbeits- oder Dienstverhältniß gestanden haben, welches die Versicherungspflicht nach dem Gesetz begründet haben würde. Nach dem Gesetz wird die Versicherungspflicht gemäß § 1 begründet, aber auch — wenigstens indirekt — gemäß § 2. Falls der Bundesrath eine Erstreckung der Versicherungspflicht beschließt, so stehen die davon Betroffenen den gesetzlich Versicherungspflichtigen vollkommen gleich; wollte man nun diese Personen von den Wohlthaten des § 156 ausschließen, so läge darin eine ungerechte Härte, für die ein zwingender Grund in dem Wortlaute des Gesetzes nicht vorhanden ist, welche aber auch sicherlich nicht in der Absicht des Gesetzgebers gelegen hat: Gleiche Pflichten — Gleiche Rechte. (Dieselbe Ansicht: Bosse—v. Woedtke II S. 300. A. M.: Rosin S. 114.) Personen, welche gemäß § 4 Abs. 3 von der Versicherungspflicht auf ihren Antrag befreit werden können, gelten, so lange diese Befreiung nicht ausgesprochen ist, für versicherungspflichtig (vgl. Anm. 8 zu § 4); dieselben können daher gleichfalls der Wohlthaten der Uebergangsbestimmungen theilhaftig werden, wobei Nichts im Wege steht, daß sie nach Zuerkennung der Rente doch noch den Antrag auf Befreiung stellen. Nach dem Gesetze sind des Weiteren auch vorübergehend Beschäftigte versicherungspflichtig. (Vgl. hierzu Anm. 1 zu § 1 und die Anm. zu § 3 Abs. 3.) Also auch vorübergehende Beschäftigung vor Inkrafttreten des Gesetzes ist auf die Wartezeit anrechnungsfähig und zwar in derselben Weise wie nach dem Inkrafttreten des Gesetzes, d. h. der Grundsatz des Gesetzes, wonach die Beschäftigung auch nur an einem Tage in der Woche für die ganze Woche die Versicherung bewirkt, muß auch für die Zeit vor dem Inkrafttreten des Gesetzes zur Anwendung kommen. Andernfalls würden für einen großen Theil der versicherungspflichtigen vorübergehend Beschäftigten (insbes. für die Wäscherinnen und Näherinnen; vgl. den Nachtrag) die Wohlthaten des § 156 illusorisch werden. Aber auch für die ständigen Arbeiter, welche regelmäßig nicht die ganze Woche hindurch arbeiten, ist dieser Grundsatz von größter Bedeutung. (Derselben Ansicht: Gebhard, Commentar S. 245, während Bosse—v. Woedtke II S. 297 prinzipiell anderer Meinung sind, aber zugeben, daß es dem Sinne des Gesetzes entspricht, nicht allzu peinlich zu verfahren.)

Die versicherungspflichtige Beschäftigung vor Inkrafttreten des Gesetzes muß innerhalb der letzten fünf Jahre vor Eintritt der Erwerbsunfähigkeit stattgefunden haben. Die fünf Jahre sind Kalenderjahre und zählen von dem Tage des Beginns der Erwerbsunfähigkeit (vgl. § 29). Da vor Ablauf von 47 Wochen nach Inkrafttreten des Gesetzes (Ende November 1891) ein Rentenanspruch nicht entstehen kann, so können nur Arbeitsverhältnisse in Betracht kommen, welche bis spätestens November 1886 zurückreichen. Wenn trotzdem die Preußische Ausführungsanweisung vom 20. Februar 1890 (s. Anlage) räth, die Nachweise über die Beschäftigung schon vom Januar 1886 an zu beschaffen, so geschah dies nur der größeren Vorsicht wegen, nicht aber aus der Ansicht, daß die fünf Jahre nach vollen Kalenderjahren zu rechnen sind.

Die Beschäftigung vor Inkrafttreten des Gesetzes muß von dem Versicherten nachgewiesen werden. Vgl. hierzu die in der Anlage abgedruckte Preußische Ausführungsanweisung vom 20. Februar 1890. Zu bemerken ist hierbei, daß der § 161 über die obligatorische Form der Nachweise auf den § 156 nicht Anwendung findet, daß also die Nachweise auf jede Weise geführt werden können.

Zu Absatz 2.

2. Die Bestimmung findet auf die Selbstversicherten keine Anwendung, weil hier die Gefahr der Simulation zu groß ist. Dagegen findet die Bestimmung Anwendung auf diejenigen Versicherten, welche die Versicherung gemäß § 117 freiwillig fortsetzen, vorausgesetzt natürlich, daß die obligatorischen 47 versicherungspflichtigen Wochen gemäß Absatz 1 geleistet sind.

Zu Absatz 3.

3. Die Frage, ob ein Versicherter als invalide anzusehen ist, bestimmt sich auch für die Uebergangszeit nach den Vorschriften des § 9 Abs. 3. Da nach diesen Vorschriften bei Feststellung der Erwerbsunfähigkeit die für die letzten fünf Beitragsjahre maßgebenden Lohnsätze in Betracht kommen, die Bestimmung des § 156 aber überhaupt nur für die Dauer von fünf Jahren Anwendung findet, so mußten auch die vor dem Inkrafttreten des Gesetzes liegenden Arbeitsverhältnisse bezw. die hiernach in Betracht kommenden Lohnsätze Berücksichtigung erfahren. Der Absatz 3 bestimmt nun generell, daß für diejenige Zeit vor Inkrafttreten des Gesetzes, um welche sich die Wartezeit vermindert, also für höchstens 188 Wochen, der Lohnsatz der ersten Lohnklasse gerechnet wird. Diese

Annahme des Lohnsatzes der ersten Klasse erfolgt auch für die anrechnungsfähige Krankheits- und Militärdienstzeit. (Ueber die Berechnung des Lohn-Mindestbetrages gemäß § 9 Abs. 3 vgl. Anm. 8 zu § 9.) Zu beachten ist, daß der Absatz 3 lediglich in Betracht kommt für die Feststellung der Erwerbsunfähigkeit.

Bei Berechnung der Höhe der Rente (§ 26) werden nur die nach dem Inkrafttreten des Gesetzes thatsächlich verwendeten Marken bezw. die anrechnungsfähige Beitragszeit berücksichtigt; die auf die Wartezeit angerechneten vor dem Inkrafttreten des Gesetzes liegenden Wochen kommen hier nicht in Betracht. (Ebenso Bosse—v. Woedtke II S. 300.)

Zu Absatz 4.

4. Nach § 117 Abs. 3 kommen die freiwillig geleisteten Beiträge auf die Wartezeit für die Invalidenrente nur dann zur Anrechnung, wenn für den Versicherten auf Grund der Versicherungspflicht oder des Selbstversicherungsverhältnisses für mindestens 117 Wochen Beiträge geleistet sind. Diese Vorschrift könnte für die Uebergangszeit zu Härten führen: Jemand, der z. B. nach dem Inkrafttreten des Gesetzes nur noch ein Jahr Geselle ist und dann Meister wird, könnte nicht mehr in der Lage sein, die Wartezeit zu erfüllen. (St. B. 1989.) Das soll die Vorschrift des Absatz 4 verhüten, indem sie die während der ersten vier Jahre nach dem Inkrafttreten des Gesetzes, d. h. während der Zeit vom 2. Januar 1891 bis 31. Dezember 1894 geleisteten freiwilligen Beiträge ohne die Beschränkung des § 117 Abs. 3 auf die Wartezeit zur Anrechnung kommen läßt. Die Vorschrift des Abs. 4 kommt aber nicht nur für diejenigen Versicherten in Betracht, welche während der Uebergangszeit, d. h der ersten fünf Jahre nach Inkrafttreten des Gesetzes eine Invalidenrente beanspruchen, sondern die Vorschrift hat eine darüber hinausreichende selbstständige Bedeutung. Das geht zunächst aus dem Wortlaute des Abs. 4 hervor, und dann aus der oben den Reichstagsverhandlungen entnommenen Begründung. Der Geselle, der nach dem Inkrafttreten des Gesetzes nur noch ein Jahr unselbstständig ist und dann Meister wird, könnte eben niemals die Wartezeit für die Invalidenrente erfüllen, wenn nicht der Absatz 4 Abhülfe schaffte. Die Anrechnung der in den ersten 4 Jahren geleisteten freiwilligen Beiträge auf die Wartezeit muß also ohne die Beschränkung des § 117 Absatz 3 grundsätzlich stattfinden, auch über die ersten fünf Jahre hinaus. (Derselben Ansicht: Rosin S. 117 und Stenglein S. 235 f. Zweifelhaft sind Bosse—v. Woedtke II S. 301.) Der Abs. 4 findet des Weiteren auch auf Selbstversicherte Anwendung, welche aus dem Selbstversicherungsverhältniß ausscheiden. Es frägt sich nun aber weiter: Müssen die in Absatz 1 erwähnten 47 pflichtigen Beitragswochen in jedem Falle geleistet sein, um die Anrechnung der freiwilligen zu bewirken, also auch bei den nach Ablauf der ersten fünf Jahre eintretenden Invalidisirungen? Der Absatz 1 setzt die Leistung der 47 pflichtigen Wochen nur als Voraussetzung für die Verminderung der Wartezeit fest; nach Ablauf der ersten fünf Jahre kommt indeß diese Verminderung

der Wartezeit nicht mehr in Betracht. Die Vorschrift des Absatz 4 ist so allgemein gehalten, daß aus derselben die obligatorische Leistung von mindestens 47 pflichtigen Wochen nicht gefolgert zu werden braucht. Da vielmehr die während der ersten vier Jahre (Kalenderjahre) geleisteten freiwilligen Beiträge ohne jede Beschränkung zur Anrechnung kommen sollen, so brauchten im günstigsten Falle nur ca. 27 (235 — 4 × 52) pflichtige Wochen geleistet zu werden, um die Wartezeit zu erfüllen. Man wird indeß wohl annehmen müssen, daß die Begünstigung nach der Uebergangszeit keine größere sein darf als während der Uebergangszeit, daß also mindestens 47 pflichtige Wochen in jedem Falle geleistet werden müssen.

§ 157.

Für Versicherte, welche zur Zeit des Inkrafttretens dieses Gesetzes das vierzigste Lebensjahr vollendet haben und den Nachweis liefern, daß sie während der, dem Inkrafttreten dieses Gesetzes unmittelbar vorangegangenen drei Kalenderjahre insgesammt mindestens einhunderteinundvierzig Wochen hindurch thatsächlich in einem nach diesem Gesetze die Versicherungspflicht begründenden Arbeits- oder Dienstverhältniß gestanden haben, vermindert sich die Wartezeit für die Altersrente (§ 16 Ziffer 2), unbeschadet der Vorschriften des § 32, um so viele Beitragsjahre, als ihre Lebensjahre zur Zeit des Inkrafttretens des Gesetzes die Zahl vierzig übersteigen.

Zu § 157.

1. Die Vorschrift, daß die Altersrente erst nach 30 Beitragsjahren zu gewähren ist, würde zur Folge haben, daß die zur Zeit des Inkrafttretens dieses Gesetzes vorhandenen versicherungspflichtigen Personen nur dann einige Aussicht haben, in den Genuß einer Altersrente zu treten, wenn sie weniger als 40 Lebensjahre zählen. Hierdurch würde aber die volle Wirksamkeit des Gesetzes in unerwünschter Weise hinausgeschoben werden (M. 142). Vgl. auch Anm. 1 zu § 156.

2. Die Voraussetzungen für den Anspruch auf Altersrente vor Ablauf der gesetzlichen Wartezeit sind folgende:

a. Vollendung des 40. Lebensjahres zur Zeit des Inkrafttretens des Gesetzes (§ 162 Abs. 2), d. i. am 1. Januar 1891.

b. Nachweis (über die Führung desselben vgl. 161), daß der Versicherte während der dem Inkrafttreten des Gesetzes (§ 162 Abs. 2) unmittelbar vorangegangenen drei Kalenderjahre, also in den Jahren 1888, 1889, 1890, insgesammt mindestens 141 Wochen (drei Beitragsjahre) hindurch thatsächlich in einem die Versicherungspflicht nach diesem Gesetze begründenden Arbeits- oder Dienstverhältnisse gestanden hat.

Eine unter § 17 fallende Krankheit oder militärische Dienstleistung wird einem Arbeits- oder Dienstverhältnisse gleich geachtet, kommt also mit den Einschränkungen des § 17 Abs. 3 und 4, auf die 141 Wochen zur Anrechnung. Ebenso die Unterbrechung des Arbeits- oder Dienstverhältnisses gemäß § 119 (§ 158).

Unter diesen Voraussetzungen und unter der ferneren gesetzlichen Voraussetzung, daß die Anwartschaft nicht gemäß § 32 erloschen ist, vermindert sich die Wartezeit um so viele Beitragsjahre, als die Lebensjahre des Versicherten zur Zeit des Inkrafttretens des Gesetzes die Zahl 40 übersteigen. Jemand, der also beim Inkrafttreten des Gesetzes 50 Jahr alt ist, braucht nur eine Wartezeit von 20 Beitragsjahren zurückzulegen, so daß er rechtzeitig in den Genuß der Altersrente gelangen kann. Jemand, der bei dem Inkrafttreten des Gesetzes 70 Jahre alt ist, tritt unter den vorerwähnten Voraussetzungen sofort in den Genuß der Altersrente.

Es sind jedoch noch folgende Punkte zu beachten:

a. Die Vorschrift des § 157 findet gleich der Vorschrift des § 156 nur auf Versicherte Anwendung. Daraus folgt, daß auch die bei dem Inkrafttreten des Gesetzes schon 70 Jahre alten Personen, welche keine Wartezeit mehr durchzumachen haben, nicht im Sinne des § 4 Abs. 2 invalide sein dürfen; die betr. Personen müssen vielmehr am 1. Januar 1891 in einem versicherungspflichtigen Arbeits- oder Dienstverhältniß thatsächlich gestanden haben. (Die Selbstversicherung kann hier nicht in Betracht kommen, da sie nur unter der Voraussetzung des noch nicht vollendeten 40. Lebensjahres (§ 8) zulässig ist.)

Die Anstaltsvorstände werden gut thun, sich im Renten-Festsetzungsverfahren über dieses letztere Erforderniß eine besondere Bescheinigung des Arbeitgebers beibringen zu lassen. Da nun des Weiteren der § 157 nur Vorschriften über die Verminderung der Wartezeit enthält, so bleiben im Uebrigen die sonstigen Voraussetzungen des Gesetzes für die Altersrenten-Ansprüche bestehen. Zu diesen Voraussetzungen gehört gemäß § 15 Ziffer 2 auch die Leistung von Beiträgen. Es muß also hiernach mindestens die Beibringung einer Marke verlangt werden. (Ebenso Rosin S. 113 und Bosse—v. Woedke II S. 303.) Dieses Erforderniß ist nur von Bedeutung für die zur Zeit des Inkrafttretens des Gesetzes schon 70 Jahre alten Personen. Landwirthschaftliche Arbeiter und auch Bauhandwerker, welche im Winter meist in keinem unselbstständigen Arbeitsverhältniß stehen, werden hiernach erst später von den Wohlthaten des § 157 Gebrauch machen können. Diese Personen können übrigens nicht nur keinen Beitrag beibringen, sondern sie sind überhaupt noch nicht versichert. Dagegen Dienstboten, welche ihren Lohn vierteljährlich erhalten, sind zwar versichert, aber die Marke kann nicht beigebracht werden, da die Einklebung der Marken gemäß § 109 Abs. 1 erst bei der Lohnzahlung erfolgt. Hier kann der Arbeitgeber dadurch helfend eingreifen — und darauf könnten die betr. Personen von den Vorständen bezw. unteren Verwaltungsbehörden hingewiesen werden — daß er am Schlusse der ersten Woche eine Lohn-Theilzahlung gewährt und bei dieser Lohnzahlung die Marke einklebt. Auch ist der Arbeitgeber berechtigt, schon vor der Lohnzahlung die Marken einzukleben, es bedarf also nicht einmal der Lohntheilzahlung.

b. Zu den Versicherten gehören auch diejenigen Personen, welche gemäß § 117 das Versicherungsverhältniß freiwillig fortsetzen; die freiwillig geleisteten Beiträge kommen ohne jede Einschränkung zur Anrechnung, da der § 117 Abs. 3 auf die Wartezeit für die Altersrenten überhaupt keine Anwendung findet. Zur Begründung des Anspruchs auf Altersrente während der Uebergangszeit ist daher — im Gegensatze zur Invalidenrente — nur die Leistung mindestens eines pflichtigen Beitrages erforderlich. Hierbei ist aber ganz besonders zu beachten, daß die freiwillige Fortsetzung des Versicherungsverhältnisses auch nur unter der Voraussetzung zulässig ist, daß die betr. Personen nicht schon im Sinne des § 4 Abs. 2 invalide sind. (Vgl. Anm. 2 zu § 4.)

c. Die 141 Wochen vor Inkrafttreten des Gesetzes brauchen nicht unmittelbar auf einander zu folgen, sie müssen nur in die Jahre 1888, 1889 und 1890 fallen.

Die 141 Wochen muß der Versicherte in einem nach diesem Gesetz die Versicherungspflicht begründenden Arbeits- oder Dienstverhältniß gestanden haben. Hier gelten gleichfalls die bei § 156 (vgl. daselbst) insbesondere auch bezüglich der nur vorübergehend beschäftigten Personen gemachten Ausführungen. Das Wort „hindurch" kann für eine abweichende Auffassung nicht bestimmend sein.

d. Bei der Verminderung der Wartezeit kommen nach der Fassung des § 157 nur ganze Lebensjahre in Betracht. (Ebenso Bosse—v. Woedtke II S. 305.) Wer also erst am 2. Januar 1891 das 70. Lebensjahr vollendet, der ist zur Zeit des Inkrafttretens des Gesetzes am 1. Januar erst 69 Jahre alt, für den vermindert sich also die Wartezeit um 29 Jahre, mithin hat er noch ein Beitragsjahr = 47 Wochen Beiträge zu leisten, ehe er den Altersrenten-Anspruch geltend machen kann. Von diesen 47 Wochen braucht er nur einen Beitrag in pflichtiger Beschäftigung zu leisten (vgl. oben unter b), die übrigen in freiwilliger Fortsetzung, wobei indeß auch das am Schlusse von b Gesagte zu beachten ist.

3. Ueber die Berechnung der Altersrenten für die Uebergangszeit vgl. § 159, über die Vertheilung auf die Versicherungsanstalten vgl. § 160.

§ 158.

Eine unter § 17 Absatz 2 fallende Krankheit oder militärische Dienstleistung wird auch in den Fällen der §§ 156 und 157 einem Arbeits- oder Dienstverhältniß gleich geachtet. Dasselbe gilt von der Unterbrechung des Arbeits- oder Dienstverhältnisses in dem Falle des § 119, insoweit diese Unterbrechung während eines Kalenderjahres den Zeitraum von vier Monaten nicht übersteigt.

Zu § 158.

1. Wird gleichgeachtet; d. h. Krankheits- oder Militärdienstzeiten, welche in die kritische Zeit vor Inkrafttreten des Gesetzes fallen, gelten unter den Voraussetzungen des § 17 (vgl. daselbst) als Beschäftigungszeiten. Zu bemerken ist, daß natürlich auch die Bestimmungen des § 17 Abs. 3 und 4 Anwendung finden.

Bei Ermittelung des durchschnittlichen Lohnsatzes zwecks Feststellung der Invalidität wird bei anrechnungsfähigen Zeiten der Lohnsatz der ersten Lohnklasse zu Grunde gelegt. (Vgl. Anm. 3 zu § 156.)

Bei Ermittelung des durchschnittlichen Jahresarbeitsverdienstes vor Inkrafttreten des Gesetzes gemäß § 159 bleiben die anrechnungsfähigen Zeiten, sofern während derselben nicht etwa der Lohn fortgezahlt wurde, außer Betracht. (Vgl. bei § 159.)

2. In § 119 handelt es sich nur um die Befreiung von der Beibringung der Zusatzmarken. Der § 158 bestimmt aber viel weitergehend, daß die Unterbrechung unter den Voraussetzungen des § 119 (s. daselbst) als Beschäftigungszeit gilt. Diese Anrechnung findet indeß nur insoweit Statt, als die Unterbrechung während eines Kalenderjahres den Zeitraum von 4 Monaten nicht übersteigt. Die Fassung für diese Beschränkung ist eine andere als die in § 119. Nach der Fassung des § 119 kann man wohl annehmen, daß mehrere Unterbrechungen, welche insgesammt vier Monate übersteigen, in Betracht gezogen werden können, sofern nur die einzelnen Unterbrechungen nicht vier Monate übersteigen. Nach der Fassung des § 158 können während eines Kalenderjahres im Ganzen nur vier Monate in Anrechnung kommen. Diese Einschränkung ist mit Rücksicht auf die weitergehende Bedeutung des § 158 wohl am Platze. (Das Reichsversicherungsamt ist — nach einem Rundschreiben vom 20. Dezember 1890 — geneigt, in dieser Beziehung den § 158 in derselben Weise auszulegen, wie den § 119.)

Andererseits kann aber gemäß § 158 eine fortdauernde Unterbrechung von 8 Monaten anrechnungsfähig sein, wenn diese 8 Monate zur Hälfte in zwei Kalenderjahre fallen. Dies wäre nach § 119 nicht zulässig, da es dort nur auf die Dauer der Unterbrechung, ohne Rücksicht darauf, ob dieselbe in zwei Kalenderjahre fällt, ankommt.

§ 159.

Bei Bemessung der auf Grund des § 157 zu gewährenden Altersrenten kommen, soweit es sich um Renten handelt, welche innerhalb der ersten zehn Jahre nach dem Inkrafttreten des Gesetzes zur Entstehung gelangen, für die vor dem Inkrafttreten des Gesetzes liegende Zeit die Steigerungssätze derjenigen Lohnklasse in Anrechnung, welche dem durchschnittlichen Jahresarbeitsverdienste des Versicherten während der im § 157 bezeichneten einhunderteinundvierzig Wochen entsprechen, mindestens aber die der ersten Lohnklasse, für die nach dem Inkrafttreten des Gesetzes liegende Zeit dagegen die den wirklich entrichteten Beiträgen entsprechenden Steigerungssätze (§ 26 Absatz 2). Bei den nach Ablauf jener zehn Jahre zur Entstehung gelangenden Renten werden sowohl für die vor, als auch für die nach dem Inkrafttreten des Gesetzes liegende Zeit die Steigerungssätze zu Grunde gelegt, welche den nach dem Inkrafttreten des Gesetzes entrichteten Beiträgen entsprechen, und zwar, wenn die Beiträge in verschiedenen Lohnklassen entrichtet sind, nach dem Verhältniß der Zahl der in den einzelnen Lohnklassen entrichteten Beiträge.

Zu § 159.

Die Höhe der Altersrente wird gemäß § 26 Abs. 2 in der Weise berechnet, daß für jede Beitragswoche, je nach der Höhe der Lohnklasse, ein bestimmter Betrag Rente gerechnet wird. Hierbei müssen 1410 Beitragswochen in Ansatz gebracht werden. Aus diesem Grunde ist es nothwendig, daß für die gemäß § 157 in Anrechnung kommenden vor dem Inkrafttreten des Gesetzes liegenden Zeiten, für welche Beiträge thatsächlich nicht geleistet sind, die zuständige Lohnklasse bestimmt wird.

Das Gesetz unterscheidet nun zwei Fälle:

A. Renten, welche innerhalb der ersten zehn Jahre nach dem Inkrafttreten des Gesetzes, d. i. in der Zeit vom 1. Januar 1891 bis 31. Dezember 1900, zur Entstehung (§ 29 Abs. 2) gelangen, werden in folgender Weise berechnet:

a. Für die gesammte vor dem Inkrafttreten des Gesetzes liegende Zeit (vgl. unter c.) wird der durchschnittliche Jahresarbeitsverdienst des Versicherten während der in § 157 bezeichneten 141 Wochen zu Grunde gelegt. Es kommen dann die Steigerungssätze derjenigen Lohnklasse (§ 26 Abs. 2) zur Anrechnung, welche diesem Jahresarbeitsverdienst entsprechen. Die Höhe des Jahresarbeitsverdienstes ist vom

Versicherten nachzuweisen; mindestens kommen die Steigerungssätze der ersten Lohnklasse zur Anrechnung.

Unter Jahresarbeitsverdienst im Sinne des § 159 ist der wirkliche Jahresarbeitsverdienst zu verstehen und nicht der fingirte gemäß § 22. Das Gesetz will nun für die Berechnung der Lohnklasse den durchschnittlichen Jahresarbeitsverdienst während der im § 157 bezeichneten 141 Wochen zu Grunde gelegt wissen. Es frägt sich nun: Kommen nur diese 141 Wochen in Betracht, lag die Beschränkung gerade auf die Zahl 141 in der Absicht des Gesetzgebers oder kann auch — natürlich unter der Voraussetzung, daß die erforderlichen Lohn-Nachweise gebracht werden — die ganze im § 157 erwähnte kritische Zeit, nämlich die Jahre 1888, 1889, 1890 mit insgesammt 156 Wochen Berücksichtigung erfahren? Sieht man lediglich auf den Wortlaut des § 157, so wird man die Beschränkung auf die 141 Wochen annehmen müssen. Auch spricht für diese Annahme die Erwägung, daß für die Berechnung der Lohnklasse nach Inkrafttreten des Gesetzes in der Regel nicht der wirkliche, sondern der gemäß § 22 fingirte Jahresarbeitsverdienst in Betracht kommt, daß mithin die Zugrundelegung des wirklichen Jahresarbeitsverdienstes gemäß § 159 schon an sich eine Bevorzugung enthält, deren Beschränkung wohl vom Gesetzgeber beabsichtigt sein konnte. Beurtheilt man indeß den § 159 im Zusammenhange mit dem § 157, in welchem die 141 Wochen eben nur die Mindestbeschäftigungsdauer darstellen, im Uebrigen aber die vollen vor dem Inkrafttreten des Gesetzes liegenden drei Kalenderjahre als „kritische" Zeit in Betracht kommen, so wird man auch für die Berechnung des Jahresarbeitsverdienstes gemäß § 159 diese vollen drei Jahre in Betracht ziehen dürfen, ohne dem Gesetze grade Zwang anzuthun. Kann also der Versicherte Lohnnachweise für mehr als 141 Wochen bis zu 156 Wochen beibringen, so wird die ganze nachgewiesene Zeit zu berücksichtigen sein. (Dieselbe Ansicht hat kürzlich das Reichsversicherungsamt in einem Rundschreiben vom 20. Dezember 1890 — vorbehaltlich der Entscheidung der Frage in der Revisionsinstanz — ausgesprochen. Ebenso Rosin S. 119. Dagegen wollen Bosse-v. Woedtke II S. 309 nur 141 Wochen berücksichtigen und beim Nachweise von mehr als 141 Wochen diejenigen 141 Wochen, in welchen die höchsten Löhne bezogen worden sind.)

Wie verhält es sich nun aber, wenn Lohnnachweisungen für weniger als 141 Wochen beigebracht sind? Bei Beantwortung dieser Frage muß man daran festhalten, daß für die Zeit vor Inkrafttreten des Gesetzes nur eine Lohnklasse in Betracht kommt, und zwar diejenige Lohnklasse, welche dem durchschnittlichen Jahresarbeitsverdienst während der 141 Wochen entspricht. Wie es also der Vortheil des Versicherten ist, wenn er für mehr als 141 Wochen Lohnnachweisungen beibringt, so muß es auch sein Nachtheil sein, wenn er für weniger als 141 Wochen den Nachweis führt. Die Wochen, die der Versicherte nicht nachweisen kann, kommen bei der Berechnung nicht in Betracht. Kann er nur so wenig Wochen nachweisen, daß der aus diesen Wochen sich ergebende Gesammtverdienst unter 350 Mk. beträgt, so wird gleichwohl die erste Lohnklasse zu Grunde gelegt. Bosse — v. Woedtke (II, S. 313) sind der Ansicht, daß für den Fall des Minder-Nachweises stets die erste Lohnklasse in Betracht kommt. Für diese Ansicht liegt in der Fassung des § 159 kein zwingender Grund, auch dürfte dieselbe vielfach zu Härten führen. Gesetzt, der Versicherte weist für 120 Wochen einen Verdienst von 2560 Mk. nach, für die restirenden 21 Wochen ist es ihm durch den Tod seines damaligen Arbeitgebers unmöglich geworden einen Lohnnachweis zu erbringen. Rechnet man nach der hier vertretenen Ansicht, so würde der durchschnittliche Jahresarbeitsverdienst nach den nachgewiesenen 2560 Mk., 853 Mk. betragen, es würde also die IV. Lohnklasse in Betracht kommen, während nach der andern Ansicht nur die I. Lohnklasse in Betracht zu ziehen wäre. Bosse — v. Woedtke berufen sich auf Rosin S. 119, Anm. 27, welcher wohl indeß mit der Bemerkung: „Wochen, für welche der Versicherte die Höhe seines Arbeitsverdienstes überhaupt nicht überzeugend nachweisen kann, müssen für § 159 . . . außer Ansatz bleiben,“ der hier vertretenen Ansicht zuzuneigen scheint. Gebhard (Commentar S. 260) will für die nicht nachgewiesenen Wochen die Lohnziffer der Lohnklasse I ansetzen d. h. 350 Mk.; diese Berechnungsweise findet im § 159 ebensowenig Anhalt wie die Berechnungsweise, wonach für die fehlenden Wochen der Lohnsatz der I. Lohnklasse (§ 23) einzustellen ist.

Nach demselben Grundsatze ist die Frage zu beantworten, wie anrechnungsfähige Krankheits- und Militärdienstzeiten, sowie die Unterbrechungen gemäß § 119 für die Zeit vor Inkrafttreten des Gesetzes zu behandeln sind. Da nur der wirkliche Jahresarbeitsverdienst in Betracht kommt, so werden diese Zeiten außer Ansatz bleiben müssen, weil eben in dieser Zeit kein Arbeitsverdienst vorhanden ist (ebenso Bosse — v. Woedtke II S. 313); nur insofern und insoweit sind diese Zeiten in Betracht zu ziehen, als etwa während derselben der Lohn fortgezahlt worden ist. Die Ansicht von Gebhard (S. 254), daß für anrechnungsfähige Krankheits- und Militärdienstzeiten die Lohnklasse II, für die Unterbrechungen des Arbeitsverhältnisses „der während der letzteren bezogene Lohn“ in Betracht kommt, findet im Gesetz keinen Anhalt; insbesondere ist zu beachten, daß der § 158 auf den § 159 nicht hinweist.

Es ist oben ausgeführt worden, daß bei Berechnung des Jahresarbeitsverdienstes der bis zu 156 Wochen nachgewiesene Lohn in Betracht zu ziehen ist. Es kann sich eine Schwierigkeit ergeben, wenn in den Lohnbescheinigungen nicht der Gesammtverdienst nachgewiesen wird, sondern nur der Monats-, Wochen- oder Tagesverdienst. Der Arbeitgeber bescheinigt z. B., daß der Versicherte in den Jahren 1888, 1889 und 1890 wöchentlich 20 Mark verdient hat. Hier wird man unbedenklich als Jahresarbeitsverdienst den 52fachen Betrag rechnen können, also 1040 Mk., ebenso beim Nachweise des monatlichen Verdienstes den 12fachen Betrag. Schwieriger wird die Sache, wenn nur der Tagesverdienst angegeben ist. Hier dürfte es sich empfehlen, diejenige Zahl von Tagen zu rechnen, welche sowohl im Unfallversicherungsgesetze als in diesem Gesetze (§ 22) als maßgebend hingestellt ist, nämlich: 300. Kann indeß der Versicherte nachweisen, daß er den Tagesverdienst an mehr als 300 Tagen, insbes. auch an den Sonntagen gehabt hat, so wird natürlich die nachgewiesene höhere Zahl zu Grunde zu legen sein. Lautet die Bescheinigung dahin, daß der Versicherte durchschnittlich einen bestimmten Betrag verdient hat, so ist insoweit gegen die Feststellung dieses Betrages kein Bedenken, als sich die Lohnbescheinigung auf die drei kritischen Jahre bezieht. Häufig wird aber die Arbeitsbescheinigung und hieran anschließend auch die Lohnbescheinigung für mehr als diese drei Jahre, oft 20, 30 Jahr ausgestellt; hier wird der ev. angegebene Durchschnittssatz nicht ohne Weiteres zu berücksichtigen sein, da es gemäß § 159 eben nur auf den Durchschnittsverdienst während der drei Jahre ankommt. Lautet die Bescheinigung dahin, daß der Versicherte z. B. wöchentlich 18 bis 22 Mk. verdient hat, so wird man den Durchschnitt von 20 Mk. rechnen können.

Aus den vorstehenden Darlegungen erhellt, von welch' großer Bedeutung die Beschaffung der Lohnnachweise für die Betheiligten ist. Da die oben geschilderte Berechnungsweise nur für die ersten zehn Jahre nach Inkrafttreten des Gesetzes in Betracht kommt, so haben an der Beschaffung der Bescheinigungen nur diejenigen Versicherten ein Interesse, welche zur Zeit des Inkrafttretens des Gesetzes, d. h. am 1. Januar 1891 das 60. Lebensjahr schon vollendet haben. Sowohl die Organe der Versicherungsanstalt als die unteren Verwaltungsbehörden werden die Versicherten wiederholt nud eindringlich auf die Wichtigkeit dieser Bescheinigungen hinzuweisen haben. Hierbei mag hervorgehoben werden, daß diese Bescheinigungen gemäß Ziffer 30 der in der Anlage abgedruckten Anweisung vom 17. Oktober 1890 auf Antrag der Versicherten bis auf Weiteres von den Versicherungsanstalten aufzubewahren sind.

b. Für die nach dem Inkrafttreten des Gesetzes liegende Zeit kommen die den wirklich entrichteten Beiträgen bezw. den anrechnungsfähigen Krankheits- und Militärdienstzeiten (§ 28 Abs. 1) entsprechenden Steigerungssätze zur Anrechnung.

c. Gemäß § 26 Abs. 2 werden für die Berechnung der Altersrenten insgesammt 1410 Beitragswochen in Anrechnung gebracht. Auf die Zeit vor dem Inkrafttreten des Gesetzes entfällt also diejenige Zahl von Beitragswochen, welche sich ergiebt, wenn man die Zahl der nach dem Inkrafttreten des Gesetzes geleisteten bzw. anrechnungsfähigen Wochen von 1410 in Abzug bringt. Für die zur Zeit des Inkrafttretens des Gesetzes über 70 Jahr alten Versicherten, welche nur eine Marke beitragen, kommt diese eine Marke nach und 1409 Wochen kommen vor Inkrafttreten des Gesetzes zur Anrechnung.

B. Bei den nach den ersten 10 Jahren, d. i. in der Zeit vom 1. Januar 1901 bis 31. Dezember 1920 zur Entstehung gelangenden Renten, wird die Rente für die gesammte vor und nach dem Inkrafttreten des Gesetzes liegende Zeit, d. h. also für die gesammten 1410 Wochen gleichmäßig berechnet; und zwar kommen diejenigen Steigerungssätze zur Anrechnung, welche den nach dem Inkrafttreten des Gesetzes geleisteten Beiträgen entsprechen. Sind die Beiträge in verschiedenen Lohnklassen entrichtet, so kommen die entsprechenden Steigerungssätze nach dem Verhältniß der Zahl der in den einzelnen Lohnklassen entrichteten Beiträge zur Anrechnung. Sind also z. B. 600 Beitragswochen entrichtet worden, davon 200 in Lohnklasse I, und 400 in Lohnklasse II, so kommen die Steigerungssätze der beiden Lohnklassen nach dem Verhältnisse von 400 zu 200 d. i. von 2 zu 1 zur Anrechnung, also von den anzurechnenden 1410 Wochen (§ 26 Abs. 2) 470 Wochen in der I. und 940 Wochen in der II. Lohnklasse.

§ 160.

Bei der Vertheilung der während der ersten fünfzehn Jahre nach (1)
dem Inkrafttreten dieses Gesetzes bewilligten Invaliden- und Altersrenten hat das Rechnungsbüreau die Versicherungsanstalten, in deren Bezirken der Versicherte während der dem Inkrafttreten dieses Gesetzes unmittelbar vorangegangenen fünfzehn Jahre nachweislich in einem die Versicherungspflicht nach diesem Gesetze begründenden Arbeits- oder Dienstverhältniß gestanden hat, so zu belasten, als ob während dieser Zeit fortlaufend Beiträge in der Lohnklasse I entrichtet worden wären.

(2) Jede Versicherungsanstalt, welcher ein Theil solcher Renten auferlegt werden soll, ist berechtigt, nach Empfang der im § 90 Absatz 1 angeordneten Mittheilung binnen der daselbst vorgeschriebenen Frist von zwei Wochen sich die Führung des Nachweises vorzubehalten, daß ein nach Absatz 1 zu berücksichtigendes Arbeits- oder Dienstverhältniß auch im Bereiche einer anderen Versicherungsanstalt bestanden habe. Dieser Nachweis muß bei Vermeidung des Ausschlusses binnen drei Monaten nach Ablauf dieser Frist erbracht werden.

(3) Vor der Vertheilung sind die nach Maßgabe der früher bestandenen Arbeits- oder Dienstverhältnisse zu belastenden Versicherungsanstalten zu hören. Erheben die letzteren Widerspruch, so hat das Reichs-Versicherungsamt über die Berücksichtigung zu beschließen.

Zu Absatz 1.

1. Die Vorschrift, daß die Renten nach Maßgabe der Dauer, während welcher der Empfangsberechtigte zu den einzelnen Versicherungsanstalten Beiträge entrichtet hat, auf diese Versicherungsanstalten zu vertheilen sind, würde die Folge haben, daß Renten, welche bald nach dem Inkrafttreten des Gesetzes bewilligt werden, überwiegend denjenigen Versicherungsanstalten, von deren Organen sie haben bewilligt werden müssen, zur Last fallen, ohne daß die nach dem bisherigen Beschäftigungsort in Betracht kommenden Anstalten gebührend berücksichtigt werden könnten. Hieraus würde sich dann weiter ergeben, daß die Lasten der Invaliditäts- und Altersversicherung in den ersten Jahren überwiegend denjenigen Versicherungsanstalten zufallen würden, in deren Bezirken hauptsächlich Betriebe, die auch alten und schwächlichen Leuten Gelegenheit zur Beschäftigung bieten, vertreten sind, während umgekehrt diejenigen Versicherungsanstalten, in welchen Betriebe mit besonders großer Invaliditätsgefahr und in Folge dessen mit einer jungen und kräftigen Arbeiterschaft überwiegen, einen im Verhältniß zu ihrem Antheil an der Ausnutzung der Arbeitskraft zu geringen Theil der Lasten der ersten Jahre zu tragen haben würden. (M. 142.) Um das zu verhüten, bestimmt der § 160, daß zu den Lasten der während der ersten 15 Jahre bewilligten Renten auch diejenigen Versicherungsanstalten herangezogen werden können, in deren Bezirken der Versicherte innerhalb 15 Jahren vor Inkrafttreten des Gesetzes in einen nach diesem Gesetz versicherungspflichtigen Arbeits- oder Dienstverhältniß gestanden hat.

Der § 160 kommt also nur in Betracht für die bis 31. Dezember 1905 bewilligten Renten, während eine vorgesetzliche Beschäftigung nur Berücksichtigung findet, wenn sie nicht weiter als bis 1. Januar 1876 zurückreicht.

1a. Die Bestimmungen des § 160 erstrecken sich nicht auf die gemäß § 5 und 7 zugelassenen Kasseneinrichtungen. (K. 183.)

1b. Bewilligten; also nicht wie im § 159: zur Entstehung gelangenden. Die Rente ist an demjenigen Tage bewilligt, an welchem die bezügliche Entscheidung des Vorstandes ergangen ist. Dieser Tag wird aus den Akten nachgewiesen werden können. Dagegen liegt kein Grund vor als Tag der Bewilligung erst den Tag der Zustellung des Bescheides an den Versicherten anzusehen. Namentlich also im letzten Jahr 1905 wird der Vorstand darauf zu sehen haben, daß alle in diesem Jahre zur Entstehung gelangenden Renten auch bewilligt werden.

1c. „Hat" das Rechnungsbüreau zu belasten; das Rechnungsbureau ist also verpflichtet diejenigen Nachweise von Amtswegen zu berücksichtigen, welche bereits behufs Festsetzung der Rente gemäß §§ 156, 157 vom Versicherten geführt und dem Rechnungsbüreau bekannt sind. (Ebenso Bosse-v. Woedtke II. S. 315, A. M. Rosin S. 121.) Nun braucht der Versicherte allerdings nur Nachweise für fünf Jahre rückwärts (vgl. § 156) zu liefern. Hat aber der Versicherte weiter zurückgehende Nachweise geliefert, so werden auch diese von Amtswegen zu berücksichtigen seien. (Anderer Meinung scheinen Bosse—v. Woedtke a. a. O. zu sein)

1d. Nachweislich; die Nachweise dürfen nur gemäß § 161 geführt werden.

2. Die Belastung der Versicherungsanstalten für die vor dem Inkrafttreten des Gesetzes liegende Zeit geschieht auf Grundlage der Lohnklasse I, mag auch für die Berechnung der Höhe der Rente (§ 159) eine höhere Lohnklasse maßgebend gewesen sein.

Zu Absatz 2.

3. Jede Versicherungsanstalt, welcher ein Theil der Rente vom Rechnungsbureau auferlegt ist (§ 90), hat eine Interesse daran, daß alle etwa verpflichteten Versicherungsanstalten zur Rentenleistung herangezogen werden; es muß daher jeder solchen Versicherungsanstalt freigelassen werden, nachzuweisen, daß der Versicherte auch im Bereiche einer anderen Versicherungsanstalt in einem, die Versicherungspflicht begründenden Arbeits- oder Dienstverhältnisse gestanden hat, daß also auch andere Versicherungsanstalten zur Rentenleistung heranzuziehen sind. Diese Führung des Nachweises (vgl. § 161) kann sich die Versicherungsanstalt binnen zwei Wochen nach Empfang der in § 90 Abs. 1 angeordneten Mittheilung vorbehalten; der Nachweis muß geführt sein innerhalb drei Monaten nach Ablauf dieser zwei Wochen. Seitens einer Versicherungsanstalt ist der sehr vernünftige Vorschlag gemacht worden, daß sämmtliche Versicherungsanstalten unter sich eine Vereinbarung dahingehend treffen sollten, auf das gemäß § 160 gegründete Nachweis-Recht insoweit zu verzichten, als nicht diese Nachweise von dem Versicherten zum Zwecke der Geltendmachung seines Anspruchs geführt sind. Es sollten also alle weiteren Ermittlungen Seitens der Anstalten unterlassen werden. Der Vorschlag ist wie folgt begründet worden: „Für sämmtliche bis zum 1. Januar 1906 mit berechtigten Rentenansprüchen auftretenden Personen event. für einen bis zu 30 Jahre langen Zeitraum und bis in das Jahr 1876 zurückreichende Nachforschungen anzustellen, und die etwa erforderlichen Nachweise zu gewinnen, das bedeutet eine Arbeitslast und einen Kostenaufwand, welcher mit dem praktischen Werthe des angestrebten Zieles in offenbarem Mißverhältnisse steht. Trotz des nicht erheblichen Umfanges des Bezirks der Versicherungsanstalten wird gewiß eine große Anzahl von Rentenvertheilungen nach Maßgabe des § 160 vorgenommen werden können. Aber dabei wird voraussichtlich durch die zahlreichen Entlastungen und Belastungen in so weitem Umfange ein Ausgleich zwischen den einzelnen Versicherungsanstalten eintreten, daß auch die meist begünstigte Anstalt kaum einen Vortheil gegenüber dem Aufwande an Arbeit und Kosten, die sie hat machen müssen, davontragen wird." Man wird diesen Ausführungen voll und ganz zustimmen können. Trotzdem ist anscheinend keine Aussicht vorhanden, daß eine allgemeine Vereinbarung zu Stande kommt. Dringend zu empfehlen ist aber benachbarten Anstalten, den Abschluß einer engeren Vereinbarung in Erwägung zu ziehen.

Zu Absatz 3.

4. Den Versicherungsanstalten, welche für die Zeit vor dem Inkrafttreten des Gesetzes belastet werden, darf eine Betheiligung bei den Verhandlungen darüber, inwieweit der Nachweis der sie belastenden älteren Beschäftigung als erbracht zu erachten sei, nicht versagt werden; entstehen dabei Meinungsverschiedenheiten, so bleibt nur übrig, dieselben durch das Reichsversicherungsamt entscheiden zu lassen (M. 143.) Das R.-V.-A. entscheidet hier ausschließlich. (§ 134 Abs. 2.)

§ 161.

Die in §§ 157 und 160 bezeichneten Nachweise sind durch Bescheinigung der für die in Betracht kommenden Beschäftigungsorte zuständigen unteren Verwaltungsbehörden oder durch eine von einer öffentlichen Behörde beglaubigte Bescheinigung der Arbeitgeber zu führen.

Zu § 161.

1. Der § 161 weist nur auf die §§ 157 und 160 hin, er bezieht sich also nicht auf die §§ 156 und 159. Wenn auch dieser Ausschluß nicht beabsichtigt war, so ist doch für die Nachweise der §§ 156 und 159 die Form des § 161 nicht obligatorisch. (Rosin S. 114.)

2. Ueber die Nothwendigkeit der alsbaldigen Beschaffung der Nachweise vgl. Anm zu § 159. Es wird sich hier nicht um einen präcisen Identitätsnachweis handeln, sondern die Behörden werden bei der Ausstellung der Be-

scheinigung zwar vorsichtig, aber doch auch ex aequo et bono zu verfahren haben. (St. B. 1668.)

3. Ueber Muster zu den Bescheinigungen vgl. die in der Anlage abgedruckte Preußische Ausführungsanweisung vom 20. Februar 1890.

4. Untere Verwaltungsbehörde; § 138.

5. Oeffentliche Behörde; Bosse—v. Woedtke (II. S. 318) führen als Beispiel an: „Gerichs-, Schul-, Pfarr-, Standesamts-, Kataster-, Steuer-, Zoll- und ähnliche Behörden, kurz alle Behörden, die ein amtliches Siegel führen".

Hiernach ist auch der Vorstand der Versicherungsanstalt selbst zur Beglaubigung berechtigt.

6. Beglaubigt wird nur die Unterschrift des Arbeitgebers. Ist der letztere eine öffentliche Behörde, so bedarf es der Beglaubigung nicht. (Vgl. Preußische Ausführungsanweisung vom 20. Februar 1890 Ziffer 6.)

7. Die Bescheinigungen und Nachweise sind auf Antrag des Versicherten oder seines Arbeitgebers von der Versicherungsanstalt aufzubewahren. Vgl. Ziffer 30 der in der Anlage abgedruckten Anweisung vom 17. Oktober 1890.

Gesetzeskraft.

§ 162.

Diejenigen Vorschriften dieses Gesetzes, welche sich auf die Herstellung der zur Durchführung der Invaliditäts- und Altersversicherung erforderlichen Einrichtungen beziehen, treten mit dem Tage der Verkündung des Gesetzes in Kraft. (1)

Im Uebrigen wird der Zeitpunkt, mit welchem das Gesetz ganz oder theilweise in Kraft tritt, durch Kaiserliche Verordnung mit Zustimmung des Bundesraths bestimmt. (2)

Die Bestimmungen der §§ 99 Absatz 2 und 121 Absatz 2 treten in den Königreichen Bayern und Württemberg mit Zustimmung dieser Bundesstaaten in Kraft. (3)

Urkundlich unter Unserer Höchsteigenhändigen Unterschrift und beigedrucktem Kaiserlichen Insiegel.

Gegeben im Schloß zu Berlin, den 22. Juni 1889.

(L. S.) **Wilhelm.**

Fürst von Bismarck.

Zu Absatz 2.

1. Die §§ 18, 140 sind durch Kaiserliche Verordnung vom 29. Dezember 1889 (R. G. B. 1890 S. 1) in Kraft gesetzt.

Das Gesetz ist in seinem vollen Umfange durch Kaiserliche Verordnung vom 25. November 1890 mit dem 1. Januar 1891 in Kraft gesetzt worden.

Zu Absatz 3.

2. Die Bestimmung des Absatz 3 rechtfertigt sich durch die Reservatrechte Bayerns und Württembergs. Vgl. Art. 52 und 78 Abs. 2 der Reichsverfassung.

Nachtrag
zu §§ 1 und 3.

I.

In Anm. 3 zu § 1 ist im Anschlusse an Ziffer XII der Anleitung betr. den Kreis der versicherten Personen (s. Anlage) ausgeführt worden, daß die in den Büreaus beschäftigten Personen (in Staats-, Kommunal- und Privatverwaltungen, bei Rechtsanwälten u. s. w.) als Gehülfen versicherungspflichtig sind, falls ihre Thätigkeit eine mehr mechanische ist, also z. B. Schreiber, Aktenhefter, Boten u. s. w, daß dagegen Sekretäre, Expedienten, Büreauvorsteher u. s. w. nicht versicherungspflichtig sind.

Das Reichsversicherungsamt hat nun in einem an den Vorstand einer Berufsgenossenschaft gerichteten und den Vorständen der Versicherungsanstalten zur Kenntnißnahme mitgetheilten Bescheide, der Ziffer XII der Anleitung eine Auslegung gegeben, wonach sich die Unterscheidung von höheren und niederen Büreaubeamten nicht auf die Privat-Büreaus, sondern nur auf die Büreaus der Reichs-, Staats- und Kommunalbehörden beziehen soll. Der Bescheid lautet:

> Dem Vorstande wird auf den Bericht vom 3. Dezember 1890 betreffend die Frage, welche Beamte der Berufsgenossenschaften der Versicherungspflicht nach dem Invaliditäts- und Altersversicherungsgesetz unterliegen,
>
> ergebenst erwidert, daß das Reichsversicherungsamt, da die gestellte Frage zur diesseitigen Entscheidung in der Revisionsinstanz (§ 80 des Invaliditäts- und Altersversicherungsgesetzes vom 22. Juni 1889) gelangen kann, nicht in der Lage ist, dazu schon jetzt endgültig Stellung zu nehmen. Außerdem wird ergebenst bemerkt, daß im Streitfalle nach §§ 122 ff. a. a. O. zunächst die zuständige untere bezw. höhere Verwaltungsbehörde in der Sache zu befinden haben würde.
>
> Mit den aus Vorstehendem sich ergebenden Vorbehalten bemerkt jedoch das Reichsversicherungsamt ergebenst, daß im Allgemeinen davon wird ausgegangen werden können, daß sämmtliche im Büreau der Berufsgenossenschaft beschäftigte Beamte — nur etwa mit Ausnahme der Geschäfts-

führer, welche sich in der Regel in einer gewissen Vertrauensstellung zum Vorstande befinden, sowie der vorkommendenfalls als Hülfsarbeiter beschäftigten Assessoren pp., welche in Folge ihrer höheren Bildung und sozialen Stellung der Versicherungspflicht nicht unterliegen, — als „Gehülfen" gemäß § 1 Ziffer 1 des Gesetzes, mithin ohne Rücksicht auf die Höhe des bezogenen Lohns oder Gehalts, versicherungspflichtig sind.

Die unter No. XII der in einem Exemplar hier beifolgenden Anleitung vom 31. Oktober 1890, betreffend den Kreis der nach dem Invaliditäts- und Altersversicherungsgesetz versicherten Personen angeführten, „in dem sogenannten höheren Büreaudienst" beschäftigten Personen, welche als Gehülfen nicht gelten und deshalb von der Versicherungspflicht nicht erfaßt werden sollen, kommen, soweit es sich um die Büreaus der Berufsgenossenschaften handelt, nicht in Frage. Wie vielmehr das zur gefälligen Kenntnißnahme angeschlossene Protokoll über die mit Vertretern der Landes-Zentralbehörden und den Vorständen der Versicherungsanstalten diesseits am 6./7. Oktober 1890 hier abgehaltene Konferenz unter No. X der Tagesordnung ersehen läßt, hat der Begriff der nach Ansicht der Konferenzmitglieder von der Versicherungspflicht befreiten „höheren Büreaubeamten" nur auf die in den Büreaus der Reichs-, Staats- und Kommunalbehörden beschäftigten, nicht beamteten, beziehungsweise nicht mit Pensionsberechtigung angestellten beamteten Expedienten, Registratoren pp., sowie auf gleichartig beschäftigte und gestellte Büreaubeamte anderer, z. B. höherer kirchlicher Behörden Anwendung finden sollen.

Hiernach muß dem Vorstande das Weitere in der Angelegenheit ergebenst anheimgestellt werden.

II.

In Anm. 3 zu § 1 (am Ende) ist ausgeführt worden, daß Wäscherinnen, Näherinnen und Aufwartefrauen in Gemäßheit der Ziffer VII der „Anleitung" als unselbstständige Lohnarbeiter anzusehen seien, daß aber diese Personen auf Grund der vom Bundesrath in Gemäßheit des § 3 Abs. 3 erlassenen Bestimmungen vom 27. November 1890 (s. Anlage) als vorübergehend beschäftigt und daher nichtversicherungspflichtig anzusehen sein werden. Es ist nun nachträglich seitens des Staatssekretärs des Innern ein Beschluß mitgetheilt worden, welchen der Bundesrath im Anschluß an diese Bestimmungen vom 27. November 1890 gefaßt hat, wonach insbes. Wäscherinnen und Näherinnen in der Regel als versicherungspflichtig zu gelten haben werden. Der Erlaß des Staatssekretärs des Innern lautet:

„Zur Ausführung des Gesetzes, betreffend die Invaliditäts- und Altersversicherung, hat der Bundesrath in seiner Sitzung vom 27. November 1890
I. über die Befreiung vorübergehender Beschäftigungen von der Versicherungspflicht,

II. über die Entwerthung und Vernichtung von Marken,
die in No. 49 des Centralblattes für das Deutsche Reich vom 5. Dezember 1890 veröffentlichten Bestimmungen getroffen.

Im Anschluß an diese Bestimmungen hat der Bundesrath ferner be- beschlossen, die Bundesregierungen zu ersuchen, ihre Behörden anzuweisen,

1. daß solche Personen, welche als Wäscherinnen oder Plätterinnen (Büglerinnen), Schneiderinnen oder Näherinnen Wäsche oder Kleidungsstücke bearbeiten oder herstellen, sofern sie diese Arbeiten in den Wohnungen ihrer Kunden verrichten und nicht regelmäßig wenigstens einen Lohnarbeiter beschäftigen, als versicherungspflichtig behandelt werden,
2. daß die selbstständigen Dienstmänner, Kofferträger, Fremdenführer, Stiefelputzer und ähnliche Gewerbtreibende, sowie selbstständige Wäscherinnen, Plätterinnen (Büglerinnen), Schneiderinnen und ähnliche Personen, soweit sie nicht unter Ziffer 1 fallen, als Betriebsunternehmer behandelt werden."

Zu diesem Erlasse ist folgender Erlaß seitens der Preußischen Ministerien für Handel und Gewerbe und des Innern ergangen:

Ew. Hochwohlgeboren machen wir ergebenst darauf aufmerksam, daß der Bundesrath Bestimmungen

a. über die Befreiung vorübergehender Dienstleistungen von der Verpflichtung zur Invaliditäts- und Altersversicherung,
b. über die Entwerthung und Vernichtung von Marken getroffen hat. Diese Bestimmungen sind vom Herrn Reichskanzler in No. 288 des deutschen Reichs- und Königlich Preußischen Staatsanzeigers unter dem 27. v. M. veröffentlicht worden.

Durch die Bestimmungen über die Befreiung vorübergehender Dienstleistungen von der Versicherungspflicht wird die Anleitung des Reichsversicherungsamts über den Kreis der versicherungspflichtigen Personen, welche nach unserm Runderlaß von 14. v. Mts., von den Behörden im Allgemeinen beachtet werden soll, in einzelnen Beziehungen modifizirt. Insbesondere werden dadurch Aufwärter, Aufwärterinnen u. s. w., welche in Städten an demselben Tage in verschiedenen Häusern niedere häusliche Dienste von kurzer Dauer verrichten, z. B. das Reinigen der Wohnungen und Kleider bei verschiedenen Arbeitgebern derart übernehmen, daß sie zwar täglich bei jedem einzelnen dieser Arbeitgeber, bei jedem aber nur für kurze, oft auf Bruchtheile von Stunden bemessene Zeit, die ihnen zufallende Hausarbeit verrichten und in diesem Sinne „von Haus zu Haus gehen", von der Versicherungspflicht befreit. Dasselbe gilt rücksichtlich gelegentlicher, oder zwar regelmäßiger, aber geringfügiger Arbeiten solcher Personen, welche berufsmäßig Lohnarbeit überhaupt nicht verrichten, z. B. von gelegentlich (in der Ernte u. s. w.)

mithelfenden Ehefrauen von Arbeitern, oder von selbstständigen Handwerkern, Büdnern u. s. w., die ebenfalls gelegentlich (z. B. in der Ernte) gegen Lohn Arbeitshülfe verrichten, aber nicht berufsmäßig Tagelöhnerei betreiben.

Berufsarbeiter, welche in einem ständigen Arbeitsverhältniß zu einem bestimmten Arbeitgeber stehen, nebenher aber (etwa im Nebenberuf) auch bei anderen Arbeitgebern, ohne ihr ständiges Arbeitsverhältniß zu unterbrechen, einzelne Dienste verrichten, sind rücksichtlich der letzteren von der Versicherungspflicht gleichfalls befreit, so daß für diese Nebenarbeit dann, wenn sie in der Kalenderwoche zuerst verrichtet wird, von dem betreffenden Arbeitgeber Beiträge nicht zu entrichten sind (vgl. § 100 des Gesetzes vom 22. Juni 1889). Dagegen sind Berufsarbeiter, deren Berufsarbeit darin besteht, daß sie bei verschiedenen Arbeitgebern wechselnde Dienste verrichten (z. B. städtische Arbeitsleute, Wegearbeiter, solche landwirthschaftliche Arbeiter, welche kein ständiges Arbeitsververhältniß haben, sondern bei jedem beliebigen Arbeitgeber in Lohnarbeit treten, der sie gerade braucht, Hafenarbeiter u. s. w.) nach wie vor versicherungspflichtig.

Dabei muß es sich aber um Arbeit in fremdem Betriebe handeln, während Personen, welche ein selbstständiges, für eigene Rechnung betriebenes Gewerbe aus der Leistung persönlicher vorübergehender Dienste bei verschiedenen Personen machen, z. B. selbstständige Dienstmänner, Kofferträger, Fremdenführer, Stiefelputzer und ähnliche Gewerbetreibende als Unternehmer eines selbstständigen Gewerbetriebes der Versicherungspflicht nach dem Gesetz nicht unterliegen. Personen, welche als Wäscherinnen, Plätterinnen (Büglerinnen), Schneiderinnen oder Näherinnen Wäsche- oder Kleidungsstücke bearbeiten oder herstellen, sind, sofern sie diese Arbeiten in den Wohnungen ihrer Kunden verrichten (von Haus zu Haus gehen) und nicht regelmäßig wenigstens einen Lohnarbeiter beschäftigen, als versicherungspflichtige Arbeiter, wenn sie dagegen jene Arbeiten in der eigenen Behausung, sei es für Kunden oder für andere Gewerbetreibende (Ladengeschäfte u. s. w.) verrichten, als Betriebsunternehmer bezw. selbstständige Gewerbetreibende und deshalb als nichtversicherungspflichtig zu behandeln.

Wegen der vorübergehenden Beschäftigung gewisser Ausländer im Inlande bleiben weitere Entschließungen vorbehalten.

Anlage I.

Anweisung

zur Ausführung der §§ 18, 138, 156 bis 161 des Reichsgesetzes, betreffend die Invaliditäts- und Altersversicherung, vom 22. Juni 1889.

Vom 20. Februar 1890.

Zur Ausführung der §§ 18, 138, 156 bis 161 des Reichsgesetzes, betreffend die Invaliditäts- und Altersversicherung, vom 22. Juni 1889 (Reichs-Gesetzbl. S. 97) wird nnter Hinweisung auf die Kaiserliche Verordnung vom 30. Dezember 1889 (Reichs-Gesetzbl. 1890 S. 1) und unter Vorbehalt weiterer Anordnungen Folgendes bestimmt:

A. Untere Verwaltungsbehörden und Gemeindebehörden.

1) Untere Verwaltungsbehörden im Sinne des § 161 a. a. O. sind die Ortspolizeibehörden, sowie die Vorstände der Gemeinden und der selbstständigen Gutsbezirke.

In denjenigen Gemeinden, welche für die Verwaltung der Ortspolizei oder für die Gemeindeverwaltung in besondere örtliche Bezirke (Polizeireviere, Distrikte rc.) getheilt worden sind, gelten als untere Verwaltungsbehörden und Gemeindebehörden die Vorstände dieser Bezirke.

Bildet der Gemeindevorstand ein Kollegium, so darf er znr Ausstellung der Bescheinigungen und Beglaubigungen (Ziff. 2 ff.) Kommissare bestellen.

B. Nachweise über Arbeitszeit, Arbeitslohn, Unterbrechungen eines ständigen Arbeits- oder Dienstverhältnisses.

I. Bescheinigungen.

2) Auf Antrag solcher Personen, welche ein unter § 1 a. a. O. fallendes Arbeits- oder Dienstverhältniß (eine Beschäftigung als Arbeiter, Gehülfe, Geselle, Lehrling, Dienstbote, Betriebsbeamter, Handlungsgehülfe oder Handlungslehrling — ausschließlich der in Apotheken beschäftigten Gehülfen und Lehrlinge —, als Person der Besatzung deutscher Seefahrzeuge oder von Fahrzeugen der Binnenschifffahrt) nachweisen wollen, haben die unteren Verwaltungsbehörden (Ziffer 1) für die Zeit vor dem völligen Inkrafttreten des Gesetzes Bescheinigungen auszustellen:

a. Ueber das Datum des Beginns und das Datum der Beendigung derjenigen Zeiträume, während welcher der Antragsteller seit dem 1. Januar 1886 in einer Beschäftigung (einem Arbeits- oder Dienstverhältniß) der vorerwähnten Art thatsächlich gestanden hat;

b. bei solchen Personen, welche seit dem 1. Januar 1886 ein mit einem bestimmten Arbeitgeber eingegangenes Arbeits- oder Dienstverhältniß zeitweise unterbrochen haben, um dasselbe später fortzusetzen, über das Datum des Beginns und das Datum der Beendignng desjenigen Zeitraums, welcher zwischen der Unterbrechung und der demnächstigen Wiederaufnahme dieses Arbeits- oder

Dienstverhältnisses liegt; soweit während dieses Zeitraums eine andere unter § 1 a. a. O. fallende Beschäftigung aufgenommen wurde, ist die letztere unter Angabe des Beginns und der Beendigung in die Bescheinigung aufzunehmen;

c. bei solchen Personen, welche am 1. Januar 1890 das 59. Lebensjahr schon vollendet hatten, über die Höhe des Gehalts oder Lohnes, welchen der Antragsteller seit dem 1. Januar 1888 während jeder einzelnen Beschäftigung als Arbeiter, Dienstbote u. s. w. für den Tag, die Woche oder den Monat thätsächlich bezogen hat. Wurde Gehalt oder Arbeitslohn zum Theil in Naturalbezügen (Wohnung, Feuerung, Kleidung u. s. w.) gewährt, so ist deren Durchschnittswerth neben den in baarem Gelde gewährten Bezügen anzugeben. Bei Ermittelung dieser Durchschnittswerthe sind die hierüber etwa bestehenden amtlichen Festsetzungen zu Grunde zu legen.

Handelt es sich um die Beschäftigung als Seemann auf deutschen Seefahrzeugen, so tritt an die Stelle der unteren Verwaltungsbehörde im Inlande das Seemannsamt des Heimathhafens des betreffenden Schiffs (§ 136 Absatz 4 a. a. O.).

3) Auf Antrag einer Versicherungsanstalt (§§ 41 ff. a. a. O.) sind Bescheinigungen auch über den Beginn und die Beendigung solcher Beschäftigungen (Arbeits- oder Dienstverhältnisse) auszustellen, welche seit dem 1. Januar 1876 bestanden haben, und ebenso auch für die Zeit nach dem völligen Inkrafttreten des Gesetzes.

4) Die Ausstellung der Bescheinigungen darf nur erfolgen, soweit die Thatsachen, deren Bescheinigung beantragt wird, der ersuchten Stelle amtlich bekannt oder glaubhaft nachgewiesen sind. Zu einem glaubhaften Nachweis ist in der Regel die Vorlegung von Dienst- oder Beschäftigungszeugnissen oder eine zuverlässige Auskunft des Arbeitgebers für ausreichend zu erachten.

Die Ausstellung der Bescheinigungen ist abzulehnen, soweit es sich um die Beschäftigung an einem Ort handelt, welcher nicht zu demjenigen Bezirk gehört, über welchen sich örtlich die Zuständigkeit der ersuchten Stelle erstreckt. Die Ausstellung der Bescheinigungen ist ferner abzulehnen:

a. soweit es sich um eine Beschäftigung zu einer Zeit handelt, in welcher der Antragsteller Beamter des Reichs oder eines Bundesstaats, oder ein mit Pensionsberechtigung angestellter Beamter eines Kommunalverbandes war, oder in welcher er zu den Personen des Soldatenstandes gehörte und dienstlich als Arbeiter beschäftigt wurde;

b. soweit sich ergiebt, daß für die Beschäftigung kein Lohn oder Gehalt, oder nur freier Unterhalt gewährt worden ist; bei Betriebsbeamten, Handlungsgehülfen und Handlungslehrlingen aber auch insoweit, als sich ergiebt, daß deren regelmäßiger Jahresarbeitsverdienst an Lohn oder Gehalt den Betrag von 2000 Mk. jährlich überstiegen hat.

Die vorstehend bezeichneten Thatsachen muß die um Bescheinigung ersuchte Stelle berücksichtigen, soweit sie ihr amtlich bekannt sind. Im Uebrigen ist die ersuchte Stelle zwar berechtigt, aber nicht verpflichtet, von Amtswegen festzustellen, inwieweit eine der vorstehend bezeichneten, die Ausstellung der Bescheinigung ausschließenden Thatsachen vorliegt oder nicht.

II. Beglaubigungen.

5) Auf Antrag eines Arbeiters, Dienstboten 2c. (Ziffer 2) oder auf Antrag eines Arbeitgebers oder einer Versicherungsanstalt (Ziffer 3) haben die unteren Verwaltungsbehörden (Ziffer 1) Bescheinigungen der Arbeitgeber zu beglaubigen, sofern diese Bescheinigungen sich beziehen auf die Dauer einer Beschäftigung (eines Arbeits- oder Dienstverhältnisses) als Arbeiter, Dienstbote 2c. (Ziffer 2), auf die Höhe des dabei bezogenen Lohnes oder auf die Dauer der Unterbrechung des zwischen dem betreffenden Arbeitgeber und dem betreffenden Arbeiter 2c. begründeten ständigen Arbeits- oder Dienstverhältnisses.

Die Beglaubigung erstreckt sich nur auf die Unterschrift des bescheinigenden Arbeitgebers und darf nur ausgestellt werden, wenn diese Unterschrift vor der um Beglaubigung ersuchten Stelle vollzogen oder ihre Richtigkeit anderweit festgestellt worden ist. Soweit der um Beglaubigung ersuchten unteren Verwaltungsbehörde mit Rücksicht auf die in der Bescheinigung des Arbeitgebers enthaltenen Angaben Thatsachen der unter Ziffer 4 Absatz 2 zu a oder b aufgeführten Art amtlich bekannt sind, sind diese Thatsachen bei der Beglaubigung anzugeben.

6) Bei Bescheinigungen, welche von einer Reichs-, Staats-, Kommunal- oder anderen öffentlichen Behörde für die von diesen Behörden als Arbeitgeber beschäftigten Personen ausgestellt werden, gilt die Beidrückung des Dienstsiegels dieser Behörde als Beglaubigung im Sinne des § 161 a. a. O. Einer weiteren Beglaubigung durch untere Verwaltungs- oder andere Behörden bedürfen die Bescheinignngen solcher Arbeitgeber nicht.

C. Nachweise über Krankheiten.

7) Auf Antrag von Arbeitern, Dienstboten rc. (Ziffer 2) haben die Vorstände derjenigen Orts-, Betriebs- (Fabrik), Bau-, Innungs-Krankenkassen, Knappschaftskassen, eingeschriebenen oder auf Grund landesherrlicher Vorschriften errichteten Hülfskassen oder von Gemeinde-Krankenversicherungen, welchen die Antragsteller zur Zeit einer Erkrankung angehört haben, Bescheinigungen über die Dauer der Krankheit, soweit sie nicht über die Dauer der von der Krankenkasse zu gewährenden Krankenunterstützung hinausreicht, zu ertheilen. Die gleiche Verpflichtung liegt rücksichtlich solcher Personen, welche zur Zeit der Erkrankung einer der bezeichneten Krankenkassen oder der Gemeindekrankenversicherung nicht angehört haben, sowie für die Dauer einer Krankheit, welche über die Dauer der von den betreffenden Kassen zu gewährenden Krankenunterstützung hinausreicht, der Gemeindebehörde (Ziffer 1) desjenigen Orts ob, an welchem der Erkrankte während der Krankheit seinen Wohn- oder Aufenthaltsort gehabt hat. Für die in Reichs- oder Staatsbetrieben beschäftigten Personen können diese Bescheinigungen auch durch die vorgesetzte Dienstbehörde ausgestellt werden.

8) Die Bescheinigung einer Krankheit erfolgt nur für die Zeit vom 1. Januar 1886 ab. Sie hat dahin zu lauten, daß der Betheiligte während des mit dem Datum des Beginns und dem Datum der Beendigung zu bezeichnenden Zeitraums an einer mit Erwerbsunfähigkeit verbundenen Krankheit gelitten hat.

9) Die Ausstellung der Bescheinigung darf nur erfolgen, soweit die Thatsachen, deren Bescheinigung beantragt wird, der ersuchten Stelle amtlich bekannt oder glaubhaft nachgewiesen sind. Sie ist zu versagen:

a. wenn die Dauer der Krankheit und der mit derselben verbundenen Erwerbsunfähigkeit einen Zeitraum von weniger als sieben aufeinander folgenden Tage umfaßt hat,

b. wenn der Erkrankte sich die Krankheit vorsätzlich oder bei Begehung eines durch strafgerichtliches Urtheil festgestellten Verbrechens, durch schuldhafte Betheiligung bei Schlägereien oder Raufhändeln, durch Trunkfälligkeit oder durch geschlechtliche Ausschweifungen zugezogen hat.

Die Vorschrift der Ziffer 4 Absatz 3 findet auch hier Anwendung.

D. Gemeinsames.

10) Für die Zeit vor Vollendung des 16. Lebensjahres werden Bescheinigungen oder Beglaubigungen nicht ertheilt.

11) Die Bescheinigungen und Beglaubigungen sind unter Angabe des Orts und des Datums auszustellen und von der ausstellenden Person unter Angabe der Eigenschaft, in welcher sie die Ausstellung vornimmt, sowie unter Beidrückung des Dienstsiegels zu unterzeichnen.

12) Für die Bescheinigungen wird die Verwendung der nachstehenden Formulare*) (A bis D) empfohlen.

13) Beschwerden über die Verweigerung von Bescheinigungen oder Beglaubigungen oder über den Inhalt einer ertheilten Bescheinigung sind an die der ersuchten Stelle unmittelbar vorgesetzte Aufsichtsbehörde zu richten. Diese entscheidet endgültig.

14) Schreib- oder sonstige Gebühren, Stempel oder Abgaben irgend welcher Art dürfen für Ausstellung der Bescheinigungen oder Beglaubigungen sowie für die hierbei entstehenden Verhandlungen nicht erhoben werden.

Berlin, den 20. Februar 1890.

Der Minister der öffentlichen Arbeiten. von Maybach.	Der Minister für Landwirthschaft, Domänen und Forsten. Dr. Frhr. Lucius von Ballhausen.
Der Minister des Innern. Herrfurth.	Der Minister für Handel und Gewerbe. Frhr von Berlepsch.

A.

Arbeitsbescheinigung der unteren Verwaltungsbehörde.**)

Auf Grund der §§. 156 bis 161 des Reichsgesetzes, betreffend die Invaliditäts- und Altersversicherung, vom 22. Juni 1889 (Reichs-Gesetzblatt S. 97) wird hierdurch bescheinigt, daß

(Vor- und Zuname, Wohnort.) *Franz Brauer*, wohnhaft in *Hofstatt*, geboren im Jahre *1830* zu *Neugut*, Kreis *Pless*, Provinz *Schlesien*,

in dem Bezirk der unterzeichneten unteren Verwaltungsbehörde

a. während folgender Zeiträume:

1) vom *1. Oktober* 1886 bis einschließlich *10. Februar* 1888 als *Fabrikarbeiter*,

2) vom *1. März* 1888 bis einschließlich *30. November* 1889 als *Schlossergesell*,

3) vom *15. Dezember* 1889 bis einschließlich *10. April* 1890 als *Strassenarbeiter*,

im Arbeits- (Dienst-) Verhältniß (in Beschäftigung) gestanden hat;

b. ***) während des Zeitraums vom *1. April* 1887 bis einschließlich *1. November* 1889

---

*) Es wird empfohlen, dafür Sorge zu tragen, daß diese Formulare aus Druckereien, Buchhandlungen 2c. leicht bezogen werden können.

**) Untere Verwaltungsbehörde ist der Gemeinde- (Distrikts- 2c.) Vorstand oder die Ortspolizeibehörde (Amtsvorsteher, Reviervorsteher 2c.). Bei Beschäftigung von Seeleuten auf deutschen Seefahrzeugen tritt an die Stelle der unteren Verwaltungsbehörde im Inlande das Seemannsamt des Heimathhafens des betreffenden Schiffs.

***) Nur dann auszufüllen, wenn die Dauer der zeitweisen Unterbrechung eines mit einem bestimmten Arbeitgeber eingegangenen, nach der Unterbrechung wieder aufgenommenen Arbeits- (Dienst-) Verhältnisses bescheinigt werden soll.

bei *dem Maurermeister Steinberg*
als *Maurerpolier*

in ständigem Arbeits- (Dienst-) Verhältniß gestanden hat, welches im Laufe dieses Zeitraums unterbrochen worden ist:
vom *15. Dezember* 1887 bis einschließlich *17. Januar* 1888,
vom *1. Dezember* 1888 bis einschließlich *2. Januar* 1889,
vom *7. Januar* 1889 bis einschließlich *17. Januar* 1889;

c. *) während dieser Beschäftigung hat er an Lohn erhalten:

(Das nicht Zutreffende zu durchstreichen.)

ad 1. täglich . . . . wöchentlich *15 M*
monatlich . . . .
ad 2. täglich . . . . wöchentlich . . . .
monatlich *50 M (einschliesslich freier Station im Durchschnittswerth von monatlich 35 M).*
ad 3. täglich *1 M 50 ₰* wöchentlich . . . .
monatlich . . . .

Thatsachen, welche nach Ziffer 4 Absatz 2 zu a oder b der Ausführungsanweisung vom 20. Februar 1890**) die Ausstellung der Bescheinigung verhindern, sind nicht zur amtlichen Kenntniß der unterzeichneten Behörde gelangt.

Seeburg, den *19. April* 1890.

Der Magistrat.

(L. S.) *(Unterschrift.)*

(Rückseite.)

Ziffer 4 Absatz 2 zu a und b der Ausführungsanweisung vom 20. Februar 1890 lautet:

(Die Ausstellung der Bescheinigung ist . . . . abzulehnen)

a. soweit es sich um eine Beschäftigung zu einer Zeit handelt, in welcher der Antragsteller Beamter des Reichs oder eines Bundesstaats, oder ein mit Pensionsberechtigung angestellter Beamter eines Kommunalverbandes war, oder in welcher er zu den Personen des Soldatenstandes gehörte und dienstlich als Arbeiter beschäftigt wurde;

b. soweit sich ergiebt, daß für die Beschäftigung kein Lohn oder Gehalt, oder nur freier Unterhalt gewährt worden ist; bei Betriebsbeamten, Handlungsgehilfen und Handlungslehrlingen aber insoweit, als sich ergiebt, daß deren regelmäßiger Jahresarbeitsverdienst an Lohn oder Gehalt 2000 M jährlich übersteigen hat.

---

*) Nur dann auszufüllen, wenn der betreffende Arbeiter am 1. Januar 1890 das 59. Lebensjahr schon vollendet hat.

**) Siehe Rückseite.

Anmerkungen. 1) Die Bescheinigung erfolgt nur für die Zeit vom 1. Januar 1886 ab und nicht für die Zeit vor vollendetem 16. Lebensjahre.
2) Die Ausstellung der Bescheinigung erfolgt gebühren- und stempelfrei.

B.

Beglaubigte*) Arbeitsbescheinigung des Arbeitgebers.

Auf Grund der §§. 156 bis 161 des Reichsgesetzes, betreffend die Invaliditäts- und Altersversicherung, vom 22. Juni 1889 (Reichs-Gesetzbl. S. 97) wird hierdurch bescheinigt, daß

(*Vor- und Zuname, Wohnort.*) *Adolph Lange*, wohnhaft in *Staden*, geboren im Jahre *1829* zu *Berlin*. Kreis . . . . . , Provinz . . . . .

während des Zeitraums
vom *27. November* 1886
bis einschl. *1. April* 1890
als *Ziegelbrenner*
bei dem Unterzeichneten in festem Arbeits- (Dienst-) Verhältniß gestanden hat, welches während dieses Zeitraums unterbrochen worden ist,
vom *10. November* 1887 bis einschl. *15. Januar* 1888,
vom *1. Dezember* 1889 bis einschl. *5. Januar* 1890)**)
beschäftigt gewesen ist.

(Das nicht Zutreffende zu durchstreichen.)

(An Lohn hat *Lange* bei dem Unterzeichneten täglich . . . . . wöchentlich . . . . . monatlich *45 ℳ und für die überschiessenden Tage 1 ℳ 50 ₰ täglich* erhalten.)***)

Staden, den *4. April* 1890.

(Unterschrift des Arbeitgebers.)

Feurig,
Ziegeleibesitzer.

Vorstehende Unterschrift des *Ziegeleibesitzers Feurig* zu *Staden* wird hierdurch beglaubigt.

Staden, den *4. April* 1890.

Der Gemeindevorstand.

(L. S.) *(Unterschrift.)*

---

*) Die Beglaubigung erfolgt durch eine öffentliche Behörde unter Beidrückung des Dienstsiegels. Verpflichtet zur Beglaubigung ist die Ortspolizeibehörde und der Gemeinde- (Distrikts-) Vorstand des Beschäftigungsorts.

**) Nur dann auszufüllen, wenn die Dauer der zeitweisen Unterbrechung eines mit einem bestimmten Arbeitgeber eingegangenen, nach der Unterbrechung wieder aufgenommenen Arbeits- (Dienst-) Verhältnisses bescheinigt werden soll.

***) Nur dann auszufüllen, wenn der betreffende Arbeiter am 1. Januar 1890 das 59. Lebensjahr schon vollendet hat.

Anmerkungen. 1) Die Bescheinigung folgt nur für die Zeit vom 1. Januar 1886 ab und nicht für die Zeit vor vollendetem 16. Lebensjahre.
2) Die Ausstellung der Bescheinigung und die Beglaubigung der Unterschrift des Ausstellers erfolgt gebühren- und stempelfrei.

C.

Krankheitsbescheinigung von Krankenkassen.*)

Auf Grund der §§. 17, 18, 158 des Reichsgesetzes, betreffend die Invaliditäts- und Altersversicherung, vom 22. Juni 1889 (Reichsgesetzbl. S. 97) wird hierdurch bescheinigt, daß

(*Vor- und Zuname, Beruf, Wohnort*) *der Schäfer Ernst Krause*, wohnhaft in *Oberdorf*, geboren im Jahre 18*55* zu *Stettin*, Kreis . . . . ., Provinz *Pommern*,

während er der unterzeichneten Krankenkasse (Gemeindekrankenversicherung) angehörte, in der Zeit

vom *10. Juli* 18*89*

bis einschließlich *21. August* 18*89*

an einer mit Erwerbsunfähigkeit verbundenen Krankheit gelitten hat.

Der unterzeichneten Stelle ist amtlich nichts davon**) bekannt geworden, daß der Erkrankte sich die Krankheit vorsätzlich oder bei Begehung eines durch strafgerichtliches Urtheil festgestellten Verbrechens, durch schuldhafte Betheiligung bei Schlägereien oder Raufhändeln, durch Trunkfälligkeit oder durch geschlechtliche Ausschweifungen zugezogen hat.

Zu der Annahme, daß der Erkrankte vor dem Beginn der Krankheit in eine berufsmäßige Lohnarbeit überhaupt nicht, oder nur lediglich vorübergehend eingetreten gewesen ist, oder daß er nicht durch die Krankheit verhindert worden ist, diese Lohnarbeit fortzusetzen, oder daß diese Lohnarbeit unter Ziffer 4 Absatz 2 zu a. oder b. der Ausführungsanweisung vom 20. Februar 1890***) gefallen ist, hat die unterzeichnete Stelle (keinen Grund),†) (insofern Grund, als die Thatsache bekannt ist, daß . . . .).

Braunshof, den *20. Mai* 18*90*.

Die *Allgemeine Orts*-Krankenkasse.

(*L. S.*) (*Unterschrift*)

---

*) Die Krankheitsbescheinigung ist auszustellen

a. für Mitglieder einer Krankenkasse (einschließlich Gemeinde-Krankenversicherung und Hülfskassen) für die Zeit, in welcher sie von derselben Krankenunterstützung erhalten haben,

von dem Kassenvorstande.

b. für die Zeit, welche über die Dauer der Krankenunterstützung hinausreicht, sowie für Personen, welche einer derartigen Kasse nicht angehört haben,

von der Gemeindebehörde.

**) Wenn Thatsachen der hier bezeichneten Art amtlich bekannt sind, muß die Ausstellung der Bescheinigung abgelehnt werden.

***) Siehe Rückseite.

†) Das nicht Zutreffende ist zu durchstreichen.

Anmerkungen. 1) Die Bescheinigung erfolgt nur für Krankheiten, welche in die Zeit vom 1. Januar 1886 ab fallen, und nicht für die Zeit vor vollendetem 16. Lebensjahre.

2) Die Ausstellung der Bescheinigung erfolgt gebühren- und stempelfrei.

(Rückseite.)

Ziffer 4 Absatz 2 zu a und b der Ausführungsanweisung vom 20. Februar 1890 lautet:

(Eine Beschäftigung (Lohnarbeit) ist nicht anzurechnen,)

a. soweit es sich um eine Beschäftigung zu einer Zeit handelt, in welcher der Antragsteller Beamter des Reichs oder eines Bundesstaats, oder ein mit Pensionsberechtigung angestellter Beamter eines Kommunalverbandes war, oder in welcher er zu den Personen des Soldatenstandes gehörte und dienstlich als Arbeiter beschäftigt wurde;

b. soweit sich ergiebt, daß für die Beschäftigung kein Lohn oder Gehalt, oder nur freier Unterhalt gewährt worden ist, bei Betriebsbeamten, Handlungsgehülfen und Handlungslehrlingen aber auch insoweit, als sich ergiebt, daß deren regelmäßiger Jahresarbeitsverdienst an Lohn oder Gehalt den Betrag von 2000 *M* jährlich überstiegen hat.

D.

Krankheitsbescheinigung von Gemeindebehörden.*)

Auf Grund der §§. 17, 18, 158 des Reichsgesetzes, betreffend die Invaliditäts- und Altersversicherung, vom 22. Juni 1889 (Reichs-Gesetzbl. S. 97) wird hierdurch bescheinigt, daß

(Vor- und Zuname, Beruf, Wohnort.) *der Lohnkutscher Hermann Binder*, wohnhaft in *Braunshof*, geboren im Jahr *1855* zu *Feld*, Kreis *Erfurt*, Provinz *Sachsen*,

(welcher einer Krankenkasse nicht angehörte, hierselbst) . . . . . **) (nachdem er bereits während der Dauer der von der allgemeinen Orts-Krankenkasse hierselbst, welcher er angehörte, zu gewährenden Krankenunterstützung krank gewesen war, hierselbst noch ferner) . . . . in der Zeit

vom *15. Dezember* 1889

bis einschließlich *20. Januar* 1890

an einer mit Erwerbsunfähigkeit verbundenen Krankheit gelitten hat.

Der unterzeichneten Stelle ist amtlich nichts davon***) bekannt geworden, daß der Erkrankte sich die Krankheit vorsätzlich oder bei Begehung eines durch strafgerichtliches Urtheil festgestellten Verbrechens, durch schuldhafte Betheiligung bei Schlägereien oder Raufhändeln, durch Trunkfälligkeit oder durch geschlechtliche Ausschweifungen zugezogen hat.

Zu der Annahme, daß der Erkrankte vor dem Beginn der Krankheit in eine berufsmäßige Lohnarbeit überhaupt nicht, oder nur lediglich vorübergehend eingetreten gewesen ist, oder daß er nicht durch die Krankheit verhindert worden ist, diese Lohnarbeit fortzusetzen, oder daß diese Lohnarbeit unter Ziffer 4

---

*) Die Krankheitsbescheinigung ist auszustellen

a. für Mitglieder einer Krankenkasse (einschl. Gemeindekrankenversicherung und Hülfskassen) für die Zeit in welcher sie von derselben Krankenunterstützung erhalten haben,

von dem Kassenvorstande,

b. für die Zeit, welche über die Dauer der Krankenunterstützung hinausreicht, sowie für Personen, welche einer derartigen Kasse nicht angehört haben,

von der Gemeindebehörde.

**) Das nicht Zutreffende ist zu durchstreichen.

***) Wenn Thatsachen der hier bezeichneten Art amtlich bekannt sind, muß die Ausstellung der Bescheinigung abgelehnt werden.

Absatz 2 zu a oder b der Ausführungsanweisung vom 20. Februar 1890*) gefallen ist, hat die unterzeichnete Stelle (keinen Grund), **) (insofern Grund, als die Thatsache bekannt ist, daß . . . .)

Braunshof, den *15. Februar* 1890.

Der Gemeindevorstand.

(*L. S.*) (*Unterschrift.*)

(Rückseite.)

Ziffer 4 Absatz 2 zu a und b der Ausführungsanweisung vom 20. Februar 1890 lautet:

(Eine Beschäftigung (Lohnarbeit) ist nicht anzurechnen,)

a. soweit es sich um eine Beschäftigung zu einer Zeit handelt, in welcher der Antragsteller Beamter des Reichs oder eines Bundesstaats, oder ein mit Pensionsberechtigung angestellter Beamter eines Kommunalverbandes war, oder in welcher er zu den Personen des Soldatenstandes gehörte und dienstlich als Arbeiter beschäftigt wurde;

b. soweit sich ergiebt, daß für die Beschäftigung kein Lohn oder Gehalt, oder nur freier Unterhalt gewährt worden ist, bei Betriebsbeamten, Handlungsgehülfen und Handlungslehrlingen aber auch insoweit, als sich ergiebt, daß deren regelmäßiger Jahresarbeitsverdienst an Lohn oder Gehalt den Betrag von 2000 ℳ jährlich überstiegen hat.

Betrifft die für die Invaliditäts- und Altersversicherung schon jetzt zu beschaffenden Nachweise.

Nach dem Reichsgesetz, betreffend die Invaliditäts- und Altersversicherung, vom 22. Juni 1889 (Reichs-Gesetzbl. S. 97) werden Invaliden- und Altersrenten erst nach Zurücklegung einer Wartezeit gewährt. Die Wartezeit beträgt für Invalidenrenten 5, für Altersrenten 30 Beitragsjahre; ein Beitragsjahr ist gleich 47 Beitragswochen, d. h. Kalenderwochen, in denen die gesetzlichen Beiträge entrichtet worden sind. Hiernach würden Invalidenrenten erst nach Ablauf von nahezu fünf Jahren, Altersrenten erst nach Ablauf von nahezu 30 Jahren nach dem Inkrafttreten des Gesetzes bewilligt werden können.

Um jedoch die Wohlthaten des Gesetzes auch denjenigen Personen zuzuwenden, welche in den ersten fünf Jahren invalide werden, oder in den ersten dreißig Jahren das 70. Lebensjahr überschreiten, sind Uebergangsbestimmungen getroffen worden, durch welche für diese Personen die Wartezeit abgekürzt wird.

Wer nämlich in der Zeit, bevor das Gesetz in Kraft getreten ist, — letzteres wird voraussichtlich am 1. Januar 1891 geschehen können —, in einer Beschäftigung gestanden hat, in welcher er Beiträge hat entrichten müssen, wenn das

---

*) Siehe Rückseite.

**) Das nicht Zutreffende ist zu durchstreichen.

Anmerkungen. 1) Die Bescheinigung erfolgt nur für Krankheiten, welche in die Zeit vom 1. Januar 1886 ab fallen, und nicht für die Zeit vor vollendetem 16. Lebensjahre.

2) Die Ausstellung der Bescheinigung erfolgt gebühren- und stempelfrei.

Gesetz damals schon gegolten hätte, soll ebenso behandelt werden, als ob er während dieser Zeit Beiträge entrichtet hätte; und das Gleiche gilt für diejenigen, welche durch Krankheit oder militärische Dienstleistungen an der Fortsetzung einer solchen Beschäftigung verhindert worden sind.

Hierüber müssen aber Nachweise geliefert werden. Wer sich die aus den Uebergangsbestimmungen folgenden Vergünstigungeu sichern will, muß daher rechtzeitig dafür Sorge tragen, daß er diese Nachweise liefern kann, und es ist Vorsorge dafür getroffen, daß die Bescheinigungen, durch welche diese Nachweise erbracht werden solleu, schon jetzt beschafft werden können.

Aus dem Nachfolgenden kann sich jedermann unterrichten, für welche Nachweise er zu sorgen hat und auf welche Weise er sich dieselben verschaffen kann.

I. Eine Beschäftigung (Arbeits- oder Dienstverhältniß), welche nach dem Gesetz die Versicherungspflicht mit der Verpflichtung, Beiträge zu entrichten, begründet, welche also während der Uebergangszeit auf die Wartezeit auch dann angerechnet wird, wenn sie in der Zeit vor dem Inkrafttreten des Gesetzes bestanden hat und demgemäß Beiträge für dieselbe nicht entrichtet worden sind, liegt dann vor, wenn es sich handelt

um eine gegen Lohn oder Gehalt, nicht blos gegen freien Unterhalt, gewährte Beschäftigung

als Arbeiter, Gehülfe, Geselle, Lehrling oder Dienstbote,

als Person der Schiffsbesatzung deutscher Seefahrzeuge oder von Fahrzeugen der Binnenschiffahrt,

als Betriebsbeamter, Handlungsgehülfe oder Handlungslehrling, hier jedoch nur dann, wenn der regelmäßige Jahresarbeitsverdienst an Lohn oder Gehalt 2000 *M.* nicht übersteigt.

Zu den die Versicherungspflicht begründenden Beschäftigungen gehören nicht:

die Beschäftigung in Apotheken als Gehülfe oder Lehrling;

die Beschäftigung der Beamten des Reichs und der Bundesstaaten, der dienstlich als Arbeiter beschäftigten Personen des Soldatenstandes und der mit Pensionsberechtigung angestellten Beamten von Kommunalverbänden.

(§§. 1, 3 Abs. 2, 4 Abs. 1.) Jede in Betracht zu ziehende Beschäftigung muß jedoch in die Zeit nach Vollendung des 16. Lebensjahres fallen (§ 1), und der Beschäftigte darf während der Beschäftigung nicht nahezu erwerbsunfähig, d. h. derart in seiner Erwerbsfähigkeit beschränkt gewesen sein, daß er in Folge seines körperlichen oder geistigen Zustandes dauernd nicht mehr im Stande war, durch eine seinen Kräften und Fähigkeiten entsprechende Lohnarbeit mindestens ein Drittel des für den Beschäftigungsort nach § 8 des Krankenversicherungsgesetzes festgesetzten ortsüblichen Tagelohns gewöhnlicher Tagearbeiter zu verdienen (§ 4 Abs. 2).

II. Die Nachweise, welche für die Zeit vor dem Inkrafttreten des Gesetzes zur Sicherung von Invaliden- oder Altersrenten von Wichtigkeit werden können, sind folgende:

1) Der Nachweis über die Dauer jeder unter Ziffer I fallenden Beschäftigung, welche in der Zeit nach dem 1. Januar 1886 — schon von diesem Zeitpunkt ab können derartige Nachweise möglicherweise nützlich sein — oder doch vom November 1886 ab bis zu dem Tage, mit welchem das Gesetz demnächst in Kraft treten wird, ausgeübt worden ist, weil hiervon der Anspruch auf Invaliden- oder Altersrenten abhängig sein kann;

2) in solchen Fällen in denen die Beschäftigung in einem festen Arbeits- oder Dienstverhältniß zu einem bestimmten Arbeitgeber bestanden hat, aber zeitweise unterbrochen und demnächst wieder aufgenommen worden ist, ein besonderer Nachweis auch über die Dauer dieser Unterbrechung, weil die letztere, wenn sie nur nicht über 4 Monate im Jahr betragen hat, als Beschäftigungszeit mitgerechnet wird. Diese Bestimmung kommt insbesondere den

sogenannten „Saisonarbeitern" zu statten, d. h. solchen Personen, deren Beschäftigung, wie z. B. diejenige der Maurer, Winzer u. a., ihrer Natur nach in gewissen Zeiten des Jahres Unterbrechungen erleidet. Stehen solche Personen zu bestimmten Arbeitgebern in festem Arbeitsverhältniß, sodaß sie nach solchen Unterbrechungen regelmäßig in die Arbeit bei ihm zurückkehren, so werden diese Zwischenzeiten, soweit sie im Jahr nicht über 4 Monate betragen haben und nicht durch anderweite Lohnarbeit ausgefüllt worden sind, als Beschäftigungszeit mitgerechnet.

Wichtig sind ferner:

3) Für alle diejenigen Personen, welche am 1. Januar 1890 das 59. Lebensjahr schon zurückgelegt haben, Nachweise über die Höhe des Lohnes, welchen sie in ihren verschiedenen Arbeits- oder Dienstverhältnissen seit dem 1. Januar 1888 bezogen haben, weil von der durchschnittlichen Höhe dieses Lohnes für sie die Höhe der Altersrente abhängt;

4) Nachweise über die Dauer jeder mit Erwerbsunfähigkeit verbundenen Krankheit, durch welche Jemand nach dem 1. Januar 1886 (oder doch November 1886) verhindert worden ist, eine berufsmäßige Beschäftigung der unter Ziffer I gedachten Art, welche er damals nicht lediglich vorübergehend aufgenommen hatte, fortzusetzen, wenn eine solche Krankheit mindestens 7 auf einander folgende Tage gedauert hat. Ausgenommen sind jedoch solche Krankheiten, welche der Betheiligte sich vorsätzlich oder bei Begehung eines durch strafgerichtliches Urtheil festgestellten Verbrechens, durch schuldhafte Betheiligung bei Schlägereien oder Raufhändeln, durch Trunkfälligkeit oder durch geschlechtliche Ausschweifungen zugezogen hat, denn derartige Krankheiten gelten niemals als Beitragszeit;

5) Nachweise über jede militärische Dienstleistung im Heere oder in der Marine, zu welcher Jemand nach dem 1. Januar 1886 (oder doch November 1886) behufs Erfüllung der Wehrpflicht herangezogen ist, wenn er durch dieselbe verhindert worden ist, eine berufsmäßige Beschäftigung der unter Ziffer I gedachten Art, welche er damals nicht lediglich vorübergehend aufgenommen hatte, fortzusetzen.

Von diesem Nachweisen sollen diejenigen über militärische Dienstleistungen (5) durch die Militärpapiere geführt werden. Die übrigen Nachweise müssen in der Regel durch besondere Bescheinigungen geführt werden, welche gebühren- und stempelfrei sind und die sich Jedermann ohne große Mühe ausstellen lassen kann. Dies ergiebt sich aus Folgendem:

Zu 1. Der Nachweis einer versicherungspflichtigen Beschäftigung (vergl. Ziffer I) und ihrer Dauer kann auf zweierlei Weise geführt werden:

entweder durch eine Bescheinigung der unteren Verwaltungsbehörde desjenigen Orts, an welchem die Beschäftigung stattgefunden hat. Handelt es sich um eine Beschäftigung als Seemann auf deutschen Seeschiffen, so tritt an die Stelle der unteren Verwaltungsbehörde im Inlande das Seemannsamt des Heimathhafens des betreffenden Schiffs. Als untere Verwaltungsbehörden sind die Ortspolizeibehörden und die Vorstände der Gemeinden bestellt;

oder durch Bescheinigungen des betreffenden Arbeitgebers, welche aber von einer öffentlichen Behörde beglaubigt sein müssen.

Wer in der ganzen Zeit, über welche er Nachweise beibringen will, nur bei einem Arbeitgeber oder bei wenigen beschäftigt gewesen ist, braucht sich nur von diesem Arbeitgeber oder, wenn es mehrere sind, von jedem derselben eine Bescheinigung, in welcher Anfang und Ende der Beschäftigung bei ihm nach dem Datum angegeben sind, ausstellen und die Unterschrift von dem Gemeindevorsteher oder der Polizei- oder einer anderen öffentlichen Behörde beglaubigen zu lassen.

Hat Jemand aber in der Zeit, über welche er Nachweise haben will, bei einer größeren Zahl von Arbeitgebern in Beschäftigung gestanden, so wird er wohl thun, die Bescheinigungen sämmtlicher Arbeitgeber dem Ortsvorsteher oder der Polizeibehörde vorzulegen und sich von diesen eine Bescheinigung über sämmtliche Arbeitsverhältnisse, in welchen er gestanden hat, geben zu lassen. Er braucht dann statt der mehreren Bescheinigungen der Arbeitgeber nur die eine des Gemeindevorstehers oder der Polizeibehörde aufzubewahren. Ebenso wird zu verfahren sein, wenn der Arbeitgeber oder die Arbeitgeber, bei welchen Jemand in Arbeit gestanden hat, nicht mehr leben oder sonst behindert sind, ihrerseits eine Bescheinigung auszustellen, das Arbeitsverhältniß aber dem Gemeindevorsteher oder der Polizeibehörde bekannt ist oder auf irgend eine Art nachgewiesen werden kann.

Zu 2 und 3. Diese Nachweise werden zweckmäßig ebenso geführt, wie diejenigen unter 1.

Zu 4. Ueber die Dauer einer Krankheit (Ziffer 4), während welcher der Erkrankte von einer Orts-, Betriebs- (Fabrik-), Bau-, Innungs-Krankenkasse, von einer Knappschaftskasse, aus der Gemeindekrankenversicherung, von einer eingeschriebenen oder einer auf Grund landesrechtlicher Vorschriften errichteten Hülfskasse Krankenunterstützung bezogen hat, hat der Kassenvorstand Bescheinigungen auszustellen; für diejenige Zeit aber, welche über die Dauer der von der betreffenden Kasse zu gewährenden Krankenunterstützung hinausreicht, sowie für diejenigen Erkrankten, welche einer derartigen Kasse während ihrer Krankheit nicht angehört haben, erfolgt die Bescheinigung durch den Gemeindevorstand (§ 18 Abs. 1). Für die in Reichs- und Staatsbetrieben beschäftigten Personen können diese Bescheinigungen auch durch die vorgesetzte Dienstbehörde ausgestellt werden (§ 18 Abs. 2).

III. Aus dem Vorstehenden ergiebt sich, daß alle Personen, welche nach Vollendung des 16. Lebensjahres seit dem Jahre 1886 eine Beschäftigung der in Ziffer I bezeichneten Art ausgeübt haben und während derselben nicht bereits in dem daselbst angegebenen Maße in ihrer Erwerbsfähigkeit beschränkt waren, **ein dringendes Interesse daran haben, die Nachweise über die Dauer der vorbezeichneten, vor dem Inkrafttreten des Gesetzes durchlebten Arbeits- oder Dienstverhältnisse**, Krankheiten, militärischen Dienstleistungen, Unterbrechungen eines mit einem bestimmten Arbeitgeber eingegangenen Dienstverhältnisses **sich rechtzeitig zu sichern und für deren sorgfältige Aufbewahrung Sorge zu tragen. Das gleiche Interesse haben die vorbezeichneten Personen, sofern sie am 1. Januar 1890 das 59. Lebensjahr schon vollendet hatten, an der rechtzeitigen Beschaffung und sorgfältigen Aufbewahrung der Nachweise über die Höhe des Lohns, welchen sie während der seit dem Jahre 1888 durchlebten Arbeits- oder Dienstverhältnisse thatsächlich bezogen haben.**

Denn Niemand kann wissen, ob er nicht das Unglück haben wird. bald nach dem Inkrafttreten des Gesetzes invalide zu werden. Tritt dies aber ein, so können diejenigen Personen, welche in der Beschaffung und Aufbewahrung dieser Nachweise nachlässig gewesen sind, in Folge ihrer Nachlässigkeit die Vortheile der Uebergangsbestimmungen und damit den Anspruch auf Invalidenrente leicht verlieren. Aehnliche Verluste drohen hinsichtlich des Anspruchs auf Altersrente oder deren Höhe. Zur Erläuterung mögen die folgenden Beispiele dienen:

Beispiele.

a. Ein Arbeiter, welcher zur Zeit des Inkrafttretens des Gesetzes, also etwa am 1. Januar 1891, in einem Arbeits- oder Dienstverhältniß der in Ziffer I gedachten Art steht, dieses Verhältniß mindestens 47 Wochen hindurch fortsetzt und demgemäß die gesetzlichen Beiträge entrichtet, wird etwa in der 52. Woche auf der Straße von einem herabfallenden Ziegel getroffen oder von einer schweren Krankheit befallen und dadurch erwerbsunfähig. Er würde dann nach der Regel des Gesetzes keinen Anspruch auf Invalidenrente haben, weil er noch nicht während der vorgeschriebenen Wartezeit von $5 \times 47 = 235$ Wochen Beiträge entrichtet hat. Trotzdem wird ihm eine Invalidenrente gewährt, wenn er nachweisen kann, daß er vor dem Inkrafttreten des Gesetzes und innerhalb der letzten 5 Jahre vor dem Eintritt der Erwerbsunfähigkeit, also in der Zeit vom Beginn des Jahres 1887 bis zum Schluß des Jahres 1890, thatsächlich während so vieler Wochen, als ihm an der Zahl von 235 Beitragswochen fehlen, also während $235 - 47 = 188$ Wochen in einem Arbeits- oder Dienstverhältniß der in Ziffer I bezeichneten Art gestanden oder in einer, solchem Arbeits- oder Dienstverhältniß gleich geachteten Lage (Krankheit, Militärverhältniß, Unterbrechung eines stehenden Arbeitsverhältnisses zu einem bestimmten Arbeitgeber) sich befunden hat. Sofern er diesen Nachweis führen kann, erhält er, je nachdem für ihn nach dem Inkrafttreten des Gesetzes Beiträge zur 1., 2., 3. oder 4. Lohnklasse entrichtet worden sind, eine jährliche Invalidenrente von 110,94, beziehungsweise 112,82, beziehungsweise 114,23, beziehungsweise 116,11 ℳ., obwohl er an Beiträgen zur Invaliditäts- und Altersversicherung aus eigenen Mitteln insgesammt

nur $47 \times \frac{14}{2} = 3{,}29$ ℳ, beziehungsweise $47 \times \frac{20}{2} = 4{,}70$ ℳ, beziehungsweise

$47 \times \frac{24}{2} = 5{,}64$ ℳ, beziehungsweise $47 \times \frac{30}{2} = 7{,}05$ ℳ entrichtet hat.

Diesen großen Gewinn verscherzt sich der Versicherte durch eigene Nachlässigkeit, wenn er nicht für Beschaffung und Aufbewahrung der bezeichneten, für die Zeit vor dem Inkrafttreten des Gesetzes erforderlichen Nachweise gesorgt hat.

b. Ein Arbeiter, welcher bei dem Inkrafttreten des Gesetzes (1. Januar 1891) über 40, also am 1. Januar 1890 über 39 Jahre alt war, erreicht das zum Bezuge der Altersrente berechtigende 71. Lebensjahr, nachdem er seit dem Inkrafttreten des Gesetzes etwa 100 Wochen hindurch in einem die Versicherungspflicht begründenden Arbeits- oder Dienstverhältniß (vgl. Ziffer I) gestanden und die gesetzlichen Beiträge entrichtet hat, etwa am 10. Januar 1894. Er hat demgemäß die für die Altersrente vorgeschriebene Wartezeit von $30 \times 47 = 1410$ Beitragswochen noch nicht erfüllt und aus diesem Grunde an sich keinen Anspruch auf Altersrente. Trotzdem wird ihm eine Altersrente gewährt, wenn er nachweisen kann, daß er während der dem Inkrafttreten des Gesetzes unmittelbar vorangegangenen 3 Kalenderjahre, also in der Zeit vom Beginn des Jahres 1888 bis zum Schluß des Jahres 1890, insgesammt mindestens 141 Wochen hindurch thatsächlich in einem Arbeits- oder Dienstverhältniß der in Ziffer I bezeichneten Art gestanden, oder in einer, solchem Arbeits- oder Dienstverhältniß gleichstehenden Lage (Krankheit, Militärverhältniß, Unterbrechung eines stehenden Arbeitsverhältnisses zu einem bestimmten Arbeitgeber) sich befunden hat.

Kann der Versicherte nicht gleichzeitig auch die Höhe des während dieser 141 Wochen vor dem Inkrafttreten des Gesetzes von ihm bezogenen durchschnittlichen Jahresarbeitsverdienstes nachweisen, so kommt bei Bemessung der Höhe der Altersrente für die ganze vor dem Inkrafttreten des Gesetzes zu berücksichtigende Zeit nur die niedrigste Lohnklasse in Rechnung. Die jährliche Altersrente beträgt dann, wenn nach dem Inkrafttreten des Gesetzes die Beiträge der 2. Lohnklasse entrichtet sind, nur 50 ℳ + (100×6) ₰ + $[(1410 - 100) \times 4]$ ₰ = 108,40 ℳ. Kann der Versicherte dagegen nachweisen, daß in den bezeichneten 141 Wochen sein durchschnittlicher Jahres-Arbeitsverdienst nicht in die niedrigste, sondern etwa in die 2. Lohnklasse gefallen ist, so bemißt sich die

Höhe der jährlichen Altersrente schon auf 50 M + (100 × 6) ₰ + [(1410 — 100) × 6] ₰ = 134,60 M.

Der Versicherte schädigt sich also, wenn er unterläßt, für Beschaffung und Aufbewahrung des Nachweises über die Dauer seiner bisherigen Arbeitsthätigkeit zu sorgen, durch eigene Nachlässigkeit um den jährlichen Betrag von 108,40 M, und wenn er es unterläßt für Beschaffung und Aufbewahrung auch der Nachweise über die früher bezogene Lohnhöhe zu sorgen, immer noch um jährlich (134,60 — 108,40)) = 26,20 M.

Es wird daher allen Personen, welche eine Beschäftigung der in Ziffer I aufgeführten Art gegenwärtig ausüben, „in ihrem eigenen Interesse dringend empfohlen, für die baldige Beschaffung und sorgfältige Aufbewahrung der unter Ziffer II bezeichneten Nachweise Sorge zu tragen“.

Anlage II.

Vorschläge*)

zur Aufstellung von Statuten für die zur Durchführung der Invaliditäts- und Altersversicherung (Gesetz vom 22. Juni 1889, Reichs-Gesetzblatt Seite 97) errichteten Versicherungsanstalten.

Vorbemerkung.

Um den zur Durchführung der Invaliditäts- und Altersversicherung errichteten Versicherungsanstalten (§ 41 des Gesetzes vom 22. Juni 1889, Reichs-Gesetzbl. S 97) eine Anleitung zur Aufstellung ihrer Statuten zu geben, sind im Reichsamt des Innern Vorschläge für die Fassung solcher Statuten ausgearbeitet worden. Dieselben werden nachstehend mit dem Bemerken veröffentlicht, daß die Vorschläge nur einen Rahmen und eine Anleitung für die Aufstellung der Statuten der einzelnen Versicherungsanstalten geben sollen, aber in keiner Weise für die Betheiligten bindend sind. Den zur Beschlußfassung über das Statut berufenen Ausschüssen bleibt es vielmehr überlassen, ob und inwieweit sie diese Vorschläge bei Aufstellung ihrer Statuten, wobei etwaige besondere örtliche Verhältnisse naturgemäß zu berücksichtigen sein werden, zu Grunde legen wollen. An den geeignet erscheinenden Stellen sind erläuternde Bemerkungen beigefügt worden.

Durch die im Text der Vorschläge vorkommenden eckigen Klammern [ ] werden diejenigen Bestimmungen, deren Aufnahme das Gesetz in das Belieben der Versicherungsanstalten stellt, bezeichnet oder verschiedene Fassungen zur Auswahl gestellt Die in solche eckigen Klammern eingeschlossenen Sätze und Worte sind daher je nach den Umständen beizubehalten oder zu streichen.

Auf Grund der §§. 54 ff. des Gesetzes, betreffend die Invaliditäts- und Altersversicherung, vom 22. Juni 1889 (Reichs-Gesetzsbl. S. 97) wird für die [gemeinsame] . . . . Versicherungsanstalt . . . .
[der Provinz] . . . . unter dem Namen . . . .
mit dem Sitze zu . . . . das nachstehende Statut errichtet.

Allgemeine Bestimmung.

§ 1. Die Angelegenheiten der Versicherungsanstalt werden nach Maßgabe des Gesetzes, der zur Durchführung desselben erlassenen Bestimmungen und dieses Statuts durch den Vorstand (§ 2), den Ausschuß (§ 8), die Vertrauensmänner (§ 14) und die etwa bestellten besonderen Kontrolbeamten (§ 17) verwaltet.

---

*) Die hier zum Abdruck gelangenden „Vorschläge" sind auf der Grundlage der vom Reichsamt des Inneren ausgearbeiteten Vorschläge in der am 30. Juni und 1. Juli 1890 stattgehabten vom Reichsversicherungsamt zum Zwecke der Ausführung des Gesetzes einberufenen Konferenz, formulirt worden.

Vorstand.

Zusammensetzung.

§ 2. Der Vorstand der Versicherungsanstalt besteht aus denjenigen Beamten, welche gemäß [§ 47 Absatz 1] [§§ 47 Absatz 1 und 64 Ziffer 1] des Gesetzes zur Wahrnehmung der Geschäfte des Vorstandes bestellt worden sind, sowie aus je einem Vertreter der Arbeitgeber und der Versicherten.

Diese Vertreter werden vom Ausschuß und zwar in getrennter Wahlhandlung von den Vertretern der Arbeitgeber und der Versicherten aus der Zahl der nach § 50 des Gesetzes wählbaren Personen gemäß § 13 gewählt. Für jeden Vertreter ist in gleicher Weise ein erster und ein zweiter Ersatzmann zu wählen. Die Wahl erfolgt für die Dauer der Wahlperiode des Ausschusses. Die Ausscheidenden können wieder gewählt werden. Sie bleiben nach Ablauf ihrer Amtsdauer solange im Amt, bis ihre Nachfolger dasselbe angetreten haben.

Obliegenheiten.

§ 3. Dem Vorstande liegt die gesammte Verwaltung der Versicherungsanstalt ob, soweit nicht einzelne Angelegenheiten durch Gesetz oder Statut dem Ausschuß oder anderen Organen übertragen sind.

Der Vorstand ist befugt, mit den zuständigen Organen des Provinzialverbandes zu vereinbaren, daß die Büreau-, Kassen- und anderen Geschäfte der Versicherungsanstalt ganz oder zum Theil von Provinzialbeamten erledigt werden.

Diese Beamten bleiben Provinzialbeamte und unterliegen den für die letzteren geltenden allgemeinen Bestimmungen.

Geschäftsordnung.

§ 4. Den Vorsitz im Vorstande führt der gemäß [§ 47 Absatz 1] [§§. 47 Absatz 1 und 64 Ziffer 1] des Gesetzes bestellte Vorsitzende. Der gemäß der vorgenannten Bestimmung [en] bestellte stellvertretende Vorsitzende, im Falle der Behinderung desselben das dem Dienstalter nach älteste sonstige beamtete Mitglied des Vorstandes, vertritt den Vorsitzenden bei Behinderung oder im Auftrage desselben.

Für die Geschäftsordnung des Vorstandes gelten, soweit über dieselbe nicht durch [den weiteren Kommunalverband] [die Landesregierung] abweichende Bestimmungen getroffen werden, folgende Vorschriften.

§ 5. Der Vorsitzende führt die laufenden Geschäfte des Vorstandes.

Der kollegialischen Beschlußfassung unterliegen folgende Angelegenheiten:

1. die dem Ausschuß zu machenden Vorlagen;
2. die Fälle, in denen es sich um die Entziehung der Invalidenrente handelt;
3. die wegen Anlegung des Vermögens zutreffenden allgemeinen Maßregeln;
4. die Beschlußfassung über die Festellung des Jahreshaushalts,
5. die Beschlußfassung über die Anstellung von Beamten;
6. diejenigen Angelegenheiten, welche der Vorsitzende für die kolegialische Beschlußfassung bestimmt, oder deren kollegialische Erledigung von dem Reichs-Versicherungsamt oder dem Staatskommissar gewünscht wird.

In eiligen Fällen kann die Abstimmung schriftlich erfolgen. Darüber, ob ein Fall eilig ist, entscheidet der Vorsitzende.

Die Errichtung von Abtheilungen zur gesonderten [auch kollegialischen] Erledigung einzelner Angelegenheiten ist zulässig.

In den zur kollegialischen Beschlußfassung gelangenden Angelegenheiten bestellt der Vorsitzende aus den Mitgliedern des Vorstandes oder aus den sonstigen Beamten der Versicherungs-Anstalt einen [und nach Befinden einen zweiten] Berichterstatter. An der Abstimmung nehmen nur die Mitglieder des Vorstandes, und zwar in der Weise Theil, daß der Berichterstatter zuerst, [sodann der zweite Berichterstatter,] demnächst der [die] Vertreter der Versicherten, der [die] Vertreter der Arbeitgeber und zuletzt die übrigen Mitglieder des Vorstandes nach ihrem Dienstalter abstimmen. Das dem Dienstalter nach jüngere Mitglied stimmt vor dem älteren. Bei gleichem Dienstalter stimmt das an Lebensjahren jüngere Mitglied zuerst. Der Vorsitzende stimmt stets zuletzt ab, sofern er sich nicht selbst zum Berichterstatter bestellt hat. Im Falle der Stimmengleichheit giebt die Stimme des Vorsitzenden den Ausschlag.

§ 6. Die Willenserklärungen des Vorstandes erfolgen unter dem Namen der Versicherungsanstalt mit dem Zusatz „der Vorstand"; sie bedürfen der Unterschrift des Vorsitzenden, welcher den Vorstand nach außen vertritt.[1])

Der Vorstand führt ein Siegel, dessen Aufschrift die Versicherungsanstalt bezeichnet.

In Fällen, in welchen die Versicherungsanstalt gegenüber dem Vorstande zu vertreten ist,[2]) liegt diese Vertretung einem vom Ausschuß aus seiner Mitte zu diesem Zweck zu bestellenden Bevollmächtigten ob.

§ 7. [Ueber die Höhe der den nichtbeamteten Mitgliedern des Vorstandes zu gewährenden Besoldung,[1]) sowie über die den Ersatzmännern im Falle ihrer Dienstleistung zu gewährende Vergütung hat der Ausschuß Bestimmung zu treffen.]

[Die nichtbeamteten Mitglieder des Vorstandes und deren Ersatzmänner haben Anspruch auf Ersatz für baare Auslagen beziehungsweise für entgangenen Arbeitsverdienst (§ 20).][2])

Ausschuß.

Zusammensetzung.

§ 8. Der Ausschuß besteht aus je [. . . . .] Vertretern der Arbeitgeber und der Versicherten[1]). Diese Vertreter sowie je ein erster und ein zweiter Ersatzmann derselben[2]) werden nach Maßgabe der §§. 48 ff. des Gesetzes gewählt.

[Die Zahl der Vertreter wird für spätere Wahlperioden auf je [. . . . .] Vertreter der Arbeitgeber und der Versicherten festgesetzt.][3])

Obliegenheiten und Befugnisse.

§. 9. Dem Ausschuß liegt ob:
1. die Wahl der Beisitzer der Schiedsgerichte,[1]) (§ 18);
2. die Prüfung der Jahresrechnung, die Aufstellung von Erinnerungen gegen dieselbe, sowie die Abnahme der Jahresrechnung (Entlastung),

---

Zu § 6. 1) §§. 47 Absatz 3, 54 Ziffer 4 des Gesetzes.
2) §§. 46 Absatz 3, 54 Ziffer 5 des Gesetzes.

Zu § 7. 1) §§ 47 Absatz 2, 54 Ziffer 7 des Gesetzes.
2) § 58 des Gesetzes.

Zu § 8. 1) § 48 Absatz 1 des Gesetzes.
2) Vergl. § 49 Absatz 2 des Gesetzes.
3) Es empfiehlt sich, zur Vermeidung von Neuwahlen der Ausschußmitglieder die Zahl derselben in gleicher Höhe festzusetzen, wie sie von der Landes-Zentralbehörde beziehungsweise den betheiligten Landes-Zentralbehörden bis zur Genehmigung des Statuts festgesetzt ist.

Zu § 9. 1) §§ 55 Ziffer 1, 71 Absatz 3 des Gesetzes.

soweit hierüber nicht von der Landes-Zentralbehörde Bestimmungen getroffen werden,[2]) und die Wahl von [3] Mitgliedern zu ihrer Vorprüfung (§ 11);

3. die Beschlußfassung über die Bildung von Rückversicherungsverbänden;[3]) die Bildung solcher Verbände bedarf der Zustimmung des Vorstandes;
4. die Beschlußfassung über Abänderungen des Statuts[4]) (§ 32);
5. die Ueberwachung der Geschäftsführung des Vorstandes;[5])
6. die Beschlußfassung beziehungsweise Aeußerung über Veränderungen des Bezirks der Versicherungsanstalt, insbesondere auch über den Anschluß und das Ausscheiden der nach §§ 5 und 7 des Gesetzes zugelassenen besonderen Kasseneinrichtungen,[6]) soweit hierüber eine Beschlußfassung beziehungsweise Aeußerung stattzufinden hat;
7. mit Zustimmung des Vorstandes die Beschlußfassung darüber, ob den nach § 2 dem Vorstande angehörenden nichtbeamteten Personen Besoldungen zu gewähren sind, und sofern dies geschehen soll, die Festsetzung der Anstellungsbedingungen für diese Personen;
8. nach Anhörung des Vorstandes die Beschlußfassung über die Höhe der Beiträge, sowie darüber, ob und inwieweit die Beiträge für die in derselben Lohnklasse versicherten Person nach Berufszweigen verschieden bemessen werden sollen;[7])
9. mit Zustimmung des Vorstandes die Beschlußfassung über die zum Zweck der Kontrole zu erlassenden Vorschriften (§ 126 des Gesetzes);
10. die Beschlußfassung über den Angriff des Reservefonds und dessen Zinsen, sowie über die Vertheilung eines etwaigen Fehlbetrages desselben auf die nächsten Beitragsperioden (§ 21 des Gesetzes);
11. die Stellung von Anträgen auf Gestattung einer von der Vorschrift des § 129 Absatz 1 des Gesetzes abweichenden Anlegung eines Theiles des Anstaltsvermögens;
12. die Beschlußfassung über den Erlaß besonderer Bestimmungen wegen Berechnung der Beiträge in solchen Fällen, in welchen die Zahl der thatsächlich verwendeten Arbeitstage nicht festgestellt werden kann;[8])
13. die Beschlußfassung über Anträge von Mitgliedern des Ausschusses, soweit diese Anträge Gegenstände betreffen, welche zum Geschäftskreise des Ausschusses gehören;
14. die Berathung und Beschlußfassung über alle Angelegenheiten, welche dem Ausschuß zu diesem Zweck von dem Reichs-Versicherungsamt, dem Staatskommissar oder dem Vorstande vorgelegt werden.

Geschäftsordnung.

§ 10. Der Ausschuß wird von dem Vorstande der Versicherungsanstalt mindestens [2] Wochen [. . . . . Tage] vor dem Verhandlungstage durch schriftliche Einladung der einzelnen Mitglieder berufen. Bei der Berufung ist die Tagesordnung mitzutheilen.

Auf Verlangen des Reichs-Versicherungsamts, des Staatskommissars, oder von mindestens [drei Viertel] der Mitglieder des Ausschusses sind auf die Tagesordnung der Versammlung, nöthigenfalls nachträglich, auch solche in den Geschäfts-

---

Zu § 9. 2) §§ 54 Ziffer 8, 55 Ziffer 2 des Gesetzes.
3) §§ 55 Ziffer 3, 65 des Gesetzes.
4) §§ 54 Ziffer 11, 55 Ziffer 4 des Gesetzes.
5) § 55 Ziffer 5 des Gesetzes.
6) Vergl. §§ 66. bis 69 des Gesetzes.
7) §§ 97, 98, 24 des Gesetzes.
8) § 100 Absatz 3 des Gesetzes.

kreis des Ausschusses gehörende Gegenstände zu setzen, deren Berathung durch den Ausschuß von den bezeichneten Stellen gewünscht wird. Das Verlangen muß jedoch spätestens eine Woche vor dem angesetzten Versammlungstage schriftlich gestellt sein.

Diejenigen Mitglieder des Ausschusses, welche am Erscheinen verhindert sind, haben dies dem Vorsitzenden des Vorstandes thunlichst frühzeitig mitzutheilen. Für die behinderten sind die Ersatzmänner nach der Reihenfolge ihrer Wahl einzuladen, sofern denselben die Ladung noch so rechtzeitig zugestellt werden kann, daß sie der Ladung Folge leisten können.

Jede auf solche Weise berufene Versammlung des Ausschusses ist vorbehaltlich der Bestimmungen in § 32 beschlußfähig, sofern mindestens je [. . . . .] Vertreter der Arbeitgeber und der Versicherten anwesend sind. Ist die Versammlung nicht beschlußfähig, so kann über die derselben vorgelegten Gegenstände eine anderweit berufene zweite Versammlung ohne Rücksicht auf die Zahl und Art der erschienenen Mitglieder gültig beschließen, sofern hierauf bei der Berufung hingewiesen worden ist.

Die Verhandlungen finden am Sitze der Versicherungsanstalt statt und sind [nicht] öffentlich. [Für einzelne Gegenstände kann durch besonderen in geheimer Sitzung gefaßten Beschluß die Oeffentlichkeit ausgeschlossen werden.]

§ 11. Alljährlich findet eine ordentliche Versammlung des Ausschusses statt. Derselben ist die Jahresrechnung zur Prüfung und etwaigen Aufstellung von Erinnerungen, sowie zur Abnahme (§ 9 Ziffer 2) vorzulegen. Die Jahresrechnung muß durch [3] Mitglieder des Ausschusses vorgeprüft worden sein. Diese Mitglieder werden von dem Ausschusse alljährlich nach Maßgabe des § 13 gewählt. Mindestens je eines der Mitglieder muß Vertreter der Arbeitgeber beziehungsweise der Versicherten sein.

Außerordentliche Versammlungen des Ausschusses kann der Vorstand der Versicherungsanstalt berufen, sobald ihm dies im Interesse des letzteren erforderlich erscheint.

Außerordentliche Versammlungen muß derselbe binnen [drei] Wochen berufen, wenn dies von dem Reichsversicherungsamt, oder von mindestens [drei Vierteln der] Mitglieder des Ausschusses unter Angabe der Gegenstände, welche dem Ausschuß zur Beschlußfassung vorgelegt werden sollen, schriftlich verlangt wird und diese Gegenstände in den Geschäftskreis des Ausschusses gehören.

§ 12. Für [jede Wahlperiode] [je [ein] Jahr] wird von dem Ausschuß aus seiner Mitte ein Vorsitzender und mindestens ein Stellvertretender desselben gewählt.

[Zur Unterstützung des Vorsitzenden werden [von demselben aus der Mitte des Ausschusses] [von dem Ausschuß aus seiner Mitte] für die Dauer [je einer Sitzung] [der Wahlperiode] [je eines Jahres] [[2] Beisitzer und] [1] Schriftführer bestellt.]

Der Vorsitzende des Ausschusses oder sein Stellvertreter hat die Verhandlungen des Ausschusses zu eröffnen, zu leiten und zu schließen. Derselbe ist befugt, Ausschußmitgliedern, welche seinen zur Leitung der Verhandlung oder zur Aufrechterhaltung der Ruhe und Ordnung getroffenen Anordnungen nicht Folge leisten, das Wort zu entziehen oder sie aus dem Versammluugsraum zu verweisen. So lange ein Vorsitzender oder ein Stellvertreter desselben nicht vorhanden ist, werden dessen Obliegenheiten von dem Vorsitzenden des Vorstandes wahrgenommen 1)

Zu § 12. 1) Vergl. § 57 des Gesetzes.

Außer den Vertretern der Landes-Zentralbehörden sowie der weiteren Kommunalverbände, für deren Bezirke die Versicherungsanstalt errichtet ist, und außer dem Vertreter des Reichs-Versicherungsamts, sowie dem Staatskommissar kann auch jedes Mitglied des Vorstandes an den Berathungen des Ausschusses mit berathender Stimme theilnehmen. Dasselbe gilt von denjenigen Beamten der Versicherungsanstalt, welche der Vorsitzende des Vorstandes dazu bestimmt; diese können mit der Schriftführung betraut werden. Alle diese Personen müssen auf ihren Antrag jederzeit gehört werden.

Die gefaßten Beschlüsse sind unter Angabe des Tages der Sitzung und des Namens der Anwesenden in ein Protokollbuch einzutragen und von dem Vorsitzendem (sowie dem Schriftführer) zu unterzeichnen.

Im Uebrigen regelt der Ausschuß seinen Geschäftsgang durch eine Geschäftsordnung.

§ 13. Die Abstimmung erfolgt mit einfacher Mehrheit der in der Versammlung abgegebenen Stimmen [durch Aufstehen und Sitzenbleiben] [durch Erheben der Hände]. Im Falle der Stimmengleichheit giebt die Stimme des Vorsitzenden den Ausschlag.[1])

Wahlen werden in der Weise vorgenommen, daß jeder Stimmberechtigte auf einen Stimmzettel so viele verschiedene Namen schreibt, als Personen zu wählen sind. Gewählt sind diejenigen Personen, auf welche die einfache Mehrheit der abgegebenen Stimmen gefallen ist. Stimmen, welche auf nicht Wählbare fallen, oder den Gewählten nicht deutlich bezeichnen, werden nicht mitgezählt. Bei Stimmengleichheit entscheidet das vom Vorsitzenden zu ziehende Loos. Die Wahl kann auch auf andere Weise (Zuruf, Handerheben pp.) erfolgen, wenn Niemand widerspricht.

Angelegenheiten, welche nicht gemäß § 10 als Berathungsgegenstände auf die Tagesordnung gesetzt worden sind, dürfen zur Beschlußfassung nur zugelassen werden, wenn aus der Mitte der Versammlung kein Widerspruch erfolgt. Die Verhandlung und Beschlußfassung über Anträge auf Berufung einer außerordentlichen Versammlung des Ausschusses ist jedoch jederzeit zulässig.

Vertrauensmänner.

Bestellung.

§ 14. Die Bezirke der Vertrauensmänner werden durch den Vorstand festgestellt.

Für jeden Bezirk sind aus dem Kreise der Arbeitgeber und der Versicherten je ein Vertrauensmann sowie je ein Ersatzmann zu bestellen, welcher den Vertrauensmann in Behinderungsfällen zu vertreten und im Falle des Ausscheidens für denselben einzutreten hat. Die Vertrauensmänner und ihre Ersatzmänner müssen den Anforderungen des § 50 des Gesetzes genügen.

Die Bestellung der Vertrauensmänner und ihrer Ersatzmänner liegt dem Vorstande der Versicherungsanstalt ob, derselbe bestimmt deren Amtsdauer.

Der Vorstand hat dafür Sorge zu tragen, daß die Bezirke, Namen und Wohnorte der Vertrauensmänner und ihrer Ersatzmänner so wie alle hierbei vorkommenden Veränderungen in einer den örtlichen Verhältnissen des betreffenden Bezirks entsprechenden Weise zur allgemeinen Kenntniß gebracht, auch der für den betreffenden Bezirk zuständigen unteren Verwaltungsbehörde mitgetheilt werden.

Zu § 13. 1) Vergl. § 53 des Gesetzes.

Obliegenheiten und Befugnisse.

§ 15. Die Vertrauensmänner haben den Vorstand, sowie die Arbeitgeber und die Versicherten bei Erfüllung ihrer Pflichten zu unterstützen, insbesondere liegt ihnen ob:

1. die gutachtliche Aeußerung über Anträge auf Bewilligung[1]) von Invalidenrente sowie über die Entziehung[2]) derselben;
2. die Theilnahme an der Ueberwachung der Befolgung der zum Zweck der Kontrole von der Versicherungsanstalt erlassenen Vorschriften;
3. die Ueberwachung derjenigen Personen, welchen wegen dauernder (§ 9 Absatz 2 des Gesetzes) oder vorübergehender (§ 10 a. a. O.) Erwerbsunfähigkeit eine Invalidenrente bewilligt worden ist, sowie die Erstattung einer Anzeige an den Vorstand, falls zu ihrer Kenntniß kommt, daß in den Verhältnissen des Empfängers einer Invalidenrente eine Veränderung eingetreten ist, welche denselben nicht mehr als dauernd erwerbsunfähig oder in den im § 10 a. a. O. vorgesehenen Fällen nicht mehr als erwerbsunfähig erscheinen läßt;
4. die Erstattung von Anzeigen über die zu ihrer Kenntniß kommenden Erkrankungen von Versicherten, sofern als Folge der Krankheit Erwerbsunfähigkeit zu besorgen ist, welche einen Anspruch auf Invalidenrente begründet;
5. die Entgegennahme von Anträgen auf Rückerstattung von Beiträgen §§ 30 und 31 a. a. O.), die Aufklärung des Sachverhalts sowie die Weitergabe solcher Anträge an den Vorstand unter Abgabe einer gutachtlichen Aeußerung;
6. die Erstattung einer Anzeige über zu ihrer Kenntniß kommenden Fälle, in welchen der Anspruch auf Rente in Gemäßheit des § 34 a. a. O. ruht;
7. die Vertretung der Versicherungsanstalt vor dem Schiedsgericht auf Grund besonderen Auftrages des Vorstandes.

§ 16. Jedem Vertrauensmann und Ersatzmann ist eine Dienstanweisung auszuhändigen, welche über die Befugnisse und Obliegenheiten der Vertrauensmänner Auskunft giebt. Dieselbe ist mit dem Namen und der Angabe des Wohnorts des Vertrauensmanns (Ersatzmanns) zu versehen und von dem Vorstande der Versicherungsanstalt auszustellen. Sie dient zugleich als Legitimation.

Mit den aus dieser Dienstanweisung sich ergebenden Maßgaben sind die Vertrauensmänner befugt, von den Versicherten Auskunft über Ort und Dauer ihrer Beschäftigung, sowie von Arbeitgebern und Versicherten behufs Ausübung der Kontrole und Herbeiführung der etwa erforderlichen Berichtigungen gegen Bescheinigung die Aushändigung der Quittungskarte zu verlangen.[1])

Kontrolbeamte.

§ 17. Der Vorstand ist befugt, Kontrolbeamte zu bestellen und für dieselben eine Dienstanweisung zu erlassen.[1])

Vertrauensmänner können zu Kontrolbeamten der Versicherungsanstalt bestellt werden.

Zu § 15. 1) Vergleiche § 75 Absatz 1 des Gesetzes.
2) Vergleiche §§ 33, 75 Absatz 1, 85 des Gesetzes.

Zu § 16. 1) Vergleiche § 126 Absatz 2 des Gesetzes.

Zu § 17. 1) Vergleiche § 126 Absatz 1 des Gesetzes.

Schiedsgerichtsbeisitzer.

§ 18. Zu Beisitzern eines jeden für die Versicherungsanstalt errichteten Schiedsgerichts werden [. . . . . .] Vertreter der Arbeiter und ebensoviel Vertreter der Versicherten von dem Ausschuß nach den Vorschriften des § 71 des Gesetzes gewählt. In gleicher Weise werden für jedes Schiedsgericht je [. . . .] Hülfsbeisitzer, welche am Sitz des Schiedsgerichts ihren Wohnort haben müssen, gewählt.

Die Wahl der Schiedsgerichtsbeisitzer erfolgt für die Dauer der Wahlperiode des Ausschusses.

Ablehnung von Wahlen.

§ 19. Arbeitgeber der nach Maßgabe des Gesetzes versicherten Personen, sowie bevollmächtigte Betriebsleiter solcher Arbeitgeber können die Wahlen zu unbesoldeten Mitgliedern des Vorstandes, zu Mitgliedern des Ausschusses und des Aufsichtsraths, zu Vertrauensmännern und Schiedsgerichtsbeisitzern ablehnen:

1. aus denselben Gründen, aus welchen die Ablehnung des Amts als Vormund zulässig ist; der Führung einer Vormundschaft steht die Wahrnehmung eines auf Grund der Unfallversicherungsgesetze übertragenen Ehrenamts nicht gleich;

[2. wenn sie zur Zeit der Wahl das [65.] Lebensjahr vollendet haben oder dasselbe bis zum Ablauf des Jahres, in welchem die Wahl erfolgt, vollenden würden;]

3. wenn sie zu den Beamten des Reichs, der Bundesstaaten und der Kommunalverwaltungen, zu den Religionsdienern, zu den Mitgliedern einer deutschen gesetzgebenden Versammlung oder zu den Militärpersonen des aktiven Heeres oder der aktiven Marine gehören, wenn sie als praktische Aerzte oder als Apotheker ohne Gehülfen thätig sind.

Die auf Grund des Gesetzes der Versicherungspflicht unterliegenden Personen sind zur Ablehnung von Wahlen zu unbesoldeten Mitgliedern des Vorstandes, zu Mitgliedern des Ausschusses sowie zu Vertrauensmännern ohne Angabe von Gründen berechtigt, und zwar auch dann, wenn sie ihrerseits als Arbeitgeber versicherungspflichtige Personen nicht blos vorübergehend beschäftigen.[1]) Die Wahl zu Beisitzern der Schiedsgerichte können sie jedoch nur unter den im Absatz 1 bezeichneten Voraussetzungen ablehnen.

Haben versicherungspflichtige Personen die bezeichneten Wahlen angenommen, so können sie das übernommene Ehrenamt innerhalb der Wahlperiode nur dann niederlegen, wenn inzwischen einer der im Absatz 1 bezeichneten Ablehnungsgründe eingetreten ist.

Die Wiederwahl kann für eine Wahlperiode abgelehnt werden.

Ersatz für baare Auslagen und für entgangenen Arbeitsverdienst.

§ 20. Die unbesoldeten Mitglieder des Vorstandes, die Mitglieder des Ausschusses, die Vertrauensmänner und die Schiedsgerichtsbeisitzer erhalten

1. als Ersatz für Reisekosten,
   a, soweit die Reise auf Eisenbahnen oder Dampfschiffen zurückgelegt werden kann, die Kosten eines Billets II. Klasse, bei Dampfschiffen I. Klasse, für die Hinreise und die Rückreise;
   b, im Uebrigen den Betrag der für die Beförderung nachweislich erforderlich gewesenen baaren Auslagen. Dabei wird jedesmal die kürzeste fahrbare Straßenverbindung zu Grunde gelegt;

Zu § 19. 1) Vergleiche § 59 des Gesetzes.

c, als Ersatz sonstiger baaren Auslagen, welche ihnen bei Wahrnehmung der Geschäfte der Versicherungsanstalt erwachsen, für einen halben Tag [......] Mark, für einen ganzen Tag [......] Mark, sowie für jede nothwendig gewordene Uebernachtung einen weiteren Betrag von [......] Mark.

2. innerhalb des Wohnorts [oder bis zu einer Entfernung von 3 Kilometer von demselben] Ersatz der ihnen bei Wahrnehmung der Geschäfte der Versicherungsanstalt erwachsenen baaren Auslagen (ortsüblich aufgewendete Fuhrkosten, Zehrungskosten pp.)

Außer den in Ziffer 1 und 2 bezeichneten Bezügen wird den Vertretern der Versicherten der ihnen nachweislich entgangene Arbeitsverdienst zum vollen Betrage, mindestens aber zur Höhe von täglich [1] Mark, vergütet, den Vertretern der Arbeitgebern aber eine weitere Entschädigung (für Zeitverlust u. s. w.) nicht gewährt.

Der Vorstand kann mit den vorgenannten Personen, als Ersatz für baare Auslagen sowie für entgangenen Arbeitsverdienst Pauschalsätze vereinbaren.

§ 21. Die Anweisungen der nach § 20 zu gewährenden Vergütungen erfolgen für die unbesoldeten Mitglieder des Vorstandes, die Mitglieder des Ausschusses, sowie für die Vertrauensmänner durch den Vorstand der Versicherungsanstalt, für die Schiedsgerichtsbeisitzer durch den Vorsitzenden des Schiedsgerichts.

§ 22. Die anweisende Stelle ist berechtigt, die Anweisung der Vergütungen für Vertreter der Versicherten, welche in einem die Versicherungspflicht begründenden Arbeits- oder Dienstverhältnisse stehen, abzulehnen, sofern sich ergiebt, daß dieselben in dem einzelnen Falle ihre Arbeitgeber von der Berufung zur Wahrnehmung ihrer Obliegenheiten nicht in Kenntniß gesetzt haben.[1])

Aufstellung und Abnahme der Jahresrechnung.*)

§ 23. Ueber die gesammte Geschäftsverwaltung eines jeden Rechnungsjahres hat der Vorstand vor [Ablauf des [vierten] Monats, welcher auf den Eingang der von dem Rechnungsbüreau mitzutheilenden Schlußnachweisung über die Vorschüsse der Postverwaltungen folgt,] [dem Zusammentreten der ordentlichen Jahresversammlung des Ausschusses] (§ 11) eine Rechnung nebst einer Uebersicht über das am Schlusse des Rechnungsjahres vorhandene Vermögen einschließlich des Reservefonds aufzustellen. Bei Aufstellung der Rechnung und der Vermögensübersicht sind insbesondere folgende Vorschriften anzuwenden:

1. Werthpapiere, welche einen Börsenpreis haben, dürfen höchstens zu dem Börsenpreise zur Zeit der Aufstellung, sofern dieser jedoch den Anschaffungspreis übersteigt, höchstens zu letzterem angesetzt werden;
2. andere Vermögensgegenstände sind höchstens zu dem Anschaffungs- oder Herstellungspreise anzusetzen;
3. Gebäude, Anlagen und sonstige Gegenstände, welche dauernd zum Geschäftsbetrieb der Versicherungsanstalt bestimmt sind, dürfen ohne Rücksicht auf einen geringeren Werth zu dem Anschaffungs- oder Herstellungspreise angesetzt werden, sofern ein der Abnutzung gleichkommender Betrag in Abzug gebracht oder ein derselben entsprechender Erneuerungsfonds in Ansatz gebracht wird;

Zu § 22. 1) Vergleiche § 62 des Gesetzes.

*) Ueber die Aufstellung und Abnahme der Jahresrechnung sind im Statut nur Bestimmungen zu treffen, soweit hierüber nicht von der zuständigen Landes-Zentralbehörde Bestimmungen getroffen werden (§§ 54 Ziffer 8, 64 Ziffer 4 des Gesetzes).

4. die Verwaltungskosten müssen ihrem vollen Betrage nach in der Jahresrechnung als Ausgabe erscheinen.

Die Rechnungsschlüsse sind zu veröffentlichen (§ 25).

§ 24. Den mit der Vorprüfung der Jahresrechnung beauftragten Mitgliedern des Ausschusses (§ 9 Ziffer 2, § 11 Absatz 1) ist die Einsicht der Bücher und Akten der Versicherungsanstalt sowie die Untersuchung des Bestandes der Anstaltskasse und der Bestände an Werthpapieren zu gestatten.

Bekanntmachungen.

§ 25. Die Bekanntmachungen der Versicherungsanstalt erfolgen vorbehaltlich der weitergehenden Bestimmung des § 14 Absatz 4 in:

1. [denjenigen Blättern, welche zu den Veröffentlichungen der höheren Verwaltungsbehörden, über deren Bezirke sich die Versicherungsanstalt erstreckt, bestimmt sind, außerdem in:]
2. . . . .

Besondere Bestimmungen über Entrichtung und Einziehung der Beiträge.

§ 26[1]) [Für diejenigen Versicherten, welche einer Orts-, Betriebs- (Fabrik-), Bau-, Innungskrankenkasse, einer Knappschaftskasse oder der Gemeindekrankenversicherung [oder einer landesrechtlichen Einrichtung ähnlicher Art] angehören, kann der Vorstand der Versicherungsanstalt vorbehaltlich der im Einzelfalle einzuholenden Genehmigung der Landes-Zentralbehörde beschließen, daß die Beiträge abweichend von der Vorschrift des § 109 Absatz 1 des Gesetzes durch die Organe dieser Kassen, beziehungsweise durch die Verwaltung der Gemeindekrankenversicherung [oder der landesrechtlichen Einrichtungen ähnlicher Art] für Rechnung der Versicherungsanstalt von den Arbeitgebern einzuziehen sind. Die Organe der genannten Kassen beziehungsweise die Verwaltung der Gemeindekrankenversicherung [oder landesrechtlichen Einrichtung ähnlicher Art] haben die den eingezogenen Beiträgen entsprechenden Marken in die Quittungskarten der Versicherten einzukleben[2]) und diese Marken, sofern der Bundesrath über deren Entwerthung Bestimmung getroffen hat (§ 109 des Gesetzes), nach Maßgabe dieser Bestimmungen zu entwerthen.

Den bezeichneten Stellen hat die Versicherungsanstalt hierfür eine Vergütung zu gewähren; dieselbe wird von der Landes-Zentralbehörde festgesetzt.[3])]

Zu § 26. 1) Bestimmungen der in §§ 26 bis 31 dieses Statuts bezeichneten Art bedürfen — abgesehen von der dem Reichs-Versicherungsamt obliegenden Genehmigung des Statuts (§ 56 des Gesetzes) — der besonderen Genehmigung der Landes-Zentralbehörde (§ 112 des Gesetzes). Sie können gemäß §§ 112 ff. des Gesetzes durch die Landes-Zentralbehörde selbst, oder mit Genehmigung der höheren Verwaltungsbehörde durch statutarische Bestimmung eines weiteren Kommunalverbandes oder einer Gemeinde für deren Bezirk getroffen werden.

2) Sofern sich ein Bedürfniß herausstellen sollte, Vorsorge zu treffen, daß die Versicherten den mit dem Einzuge der Beiträge betrauten Organen der Krankenkassen pp. die Quittungskarten behufs Einklebung der Marken rechtzeitig vorlegen, so kann die betreffende Anordnung auf Grund des § 126 des Gesetzes als Kontrolvorschrift durch den Ausschuß besonders beschlossen werden (vergleiche § 9 Ziffer 9 des Statuts). — (Die Landes-Zentralbehörde hat sich generell mit der Fassung einverstanden erklärt, welche die betr. Bestimmungen in dem Statut der Versicherungsanstalt Pommern erhalten haben. A. d. V.)

3) Vergleiche § 112 Absatz 3 des Gesetzes.

§ 27[1]). Für diejenigen Versicherten, welche einer der im § 26 bezeichneten Kassen beziehungsweise einer Gemeindekrankenversicherung [oder landesrechtlichen Einrichtung ähnlicher Art] nicht angehören, können durch Beschluß des Vorstandes der Versicherungsanstalt vorbehaltlich der im Einzelfalle einzuholenden Genehmigung der Landes-Zentralbehörde die Beiträge abweichend von der Vorschrift des § 109 Absatz 1 des Gesetzes durch örtliche Hebestellen der Versicherungsanstalt für Rechnung der Versicherungsanstalt von den Arbeitgebern eingezogen werden (§ 28). Auf die Verpflichtung der Hebestellen zum Einkleben und Entwerthen von Marken finden die Vorschriften des § 26 entsprechende Anwendung.]

§ 28. [Die Bestimmungen der örtlichen Hebestellen (§ 27) und die Einrichtung ihrer Verwaltung liegt dem Vorstande der Versicherungsanstalt ob. Mit Genehmigung der Landes-Zentralbehörde (§ 112 des Gesetzes) können von dem Vorstande die Obliegenheiten der örtlichen Hebestellen auch den Gemeindebehörden oder anderen öffentlichen Behörden, den Vorständen von Krankenkassen[1]) oder den Verwaltungen der Gemeindekrankenversicherung [oder landesrechtlichen Einrichtungen ähnlicher Art] übertragen werden. Den bezeichneten Stellen hat die Versicherungsanstalt eine Vergütung zu gewähren; dieselbe wird von der Landes-Zentralbehörde festgesetzt.]

§ 29[1]) Der Vorstand der Versicherungsanstalt kann vorbehaltlich der im Einzelfalle einzuholenden Genehmigung der Landes-Zentralbehörde beschließen, daß die nach §§ 26 und 27 mit der Einziehung der Beiträge betrauten Organe und Hebestellen die Ausstellung und den Umtausch der Quittungskarten nach den Vorschriften der §§ 103 und 105 des Gesetzes zu bewirken haben.]

§ 30[1]). [Die Arbeitgeber der in § 27 bezeichneten Versicherten sind verpflichtet, jede von ihnen beschäftigte versicherte Person spätestens am [dritten] Tage nach dem Beginn der Beschäftigung bei der Hebestelle anzumelden und spätestens am [dritten] Tage nach Beendigung der Beschäftigung abzumelden.

Der Vorstand ist berechtigt, über die Form, in welcher die An- und Abmeldungen zu erfolgen haben, Vorschriften zu erlassen.

Arbeitgeber, welche diesen Verpflichtungen und den von dem Vorstande der Versicherungsanstalt hierüber erlassenen näheren Anordnungen nicht nachkommen, können [von letzterem] mit Geldstrafe bis zu 100 Mark belegt werden.[2])]

§ 31[1]). [Diejenigen Versicherten, deren Beschäftigung durch ihren Zweck oder im Voraus durch den Arbeitsvertrag auf einen Zeitraum von weniger als einer

---

Zu § 27. 1) Vergleiche die Anmerkung zu § 26 dieses Statuts. Bestimmungen der in §§ 26 und 27 des Statuts bezeichneten Art können sowohl zusammen wie einzeln aufgenommen werden.

Zu § 28. 1) Vergleiche § 97 des Gesetzentwurfs und dessen Begründung (Sten. Ber. 1888/89 Bd. 4 S. 95.)

Zu § 29. 1) Vergleiche Anmerkung zu § 26 dieses Statuts. Bestimmungen dieser Art darf das Statut nur aufnehmen, wenn dasselbe auch die §§ 26 oder 27 enthält.

Zu § 30. 1) Vergleiche die Anmerkung zu § 26 dieses Statuts. Bestimmungen der im § 30 des Statuts gedachten Art sind nur zulässig, wenn das Statut auch Bestimmungen der im § 27 bezeichneten Art enthält. Derartige Bestimmungen (§ 30 des Statuts) sind insbesondere bei unständigen, häufig wechselnden Arbeitern wegen der für die Arbeitgeber hieraus erwachsenden Belästigungen bedenklich.

2) Vergleiche § 112 Absatz 1 Ziffer 2 a. E., sowie §§ 137 und 145 des Gesetzes.

Zu § 31 1) Vergleiche die auch hier zutreffende Anmerkung zu § 29.

Woche beschränkt ist, haben die An- und Abmeldung bei der Hebestelle selbst zu bewirken. Der Vorstand der Versicherungsanstalt ist berechtigt, über die Form, in welcher die An- und Abmeldungen zu erfolgen haben, Vorschriften zu erlassen. In diesem Falle wird von den durch §§ 27 oder 28 mit Einziehung der Beiträge beauftragten Stellen die auf die Versicherten entfallende Hälfte der Beiträge unmittelbar von den Versicherten, die auf die Arbeitgeber entfallende Hälfte aber von der Gemeindebehörde des Beschäftigungsorts entrichtet und durch diese von den Arbeitgebern wieder eingezogen.]

Abänderung des Statuts.

§ 32. Ueber Abänderungen des Status entscheidet der Ausschuß mit der Maßgabe, daß mindestens je [die Hälfte] der Mitglieder aus der Zahl der Arbeitgeber und der Versicherten in der betreffenden Versammlung erschienen sein und mindestens [zwei Drittel] der Abstimmung dem Antrage zustimmen müssen.

Ist die Versammlung nicht beschlußfähig, so kann die Statutänderung in einer zweiten gemäß § 10 berufenen Versammlung des Ausschusses ohne Rücksicht auf die Zahl der erschienenen Mitglieder nach Maßgabe des § 13 beschlossen werden, wenn mindestens [drei Viertel] der erschienenen Mitglieder dem Antrage zustimmen und bei der Berufung der Versammlung auf die Wirksamkeit dieser Abstimmung hingewiesen worden war.

Beschlossen in der Versammlung des Ausschusses zu . . . .
am . . . .

Anlage III.

Bekanntmachung

betreffend die für die Invaliditäts- und Altersversicherung zu verwendende Quittungskarte.

(Reichs-Anzeiger vom 19. Juni 1890 No. 147.)

Auf Grund des § 101 Abs. 2 des Gesetzes, betreffend die Invaliditäts- und Altersversicherung, vom 22. Juni 1889 (Reichs-Gesetzbl. S. 97) hat der Bundesrath in der Sitzung vom 16. Mai d. J. beschlossen, daß für die daselbst vorgesehenen Quittungskarten das unten abgedruckte probeweise ausgefüllte Formular*) zu verwenden ist. Dasselbe ist auf einem aus Cellulose bestehenden mit Eisenoxyd und Bleichromat gelb gefärbten Stoff von 4500 m Reißlänge, 3 Prozent mittlerer Dehnung und 2 Prozent Aschegehalt herzustellen.

Gleichzeitig hat der Bundesrath den Beschluß gefaßt, daß von der besonderen Herstellung der Zusatzmarken des Reichs (§ 121 a. a. O.) abgesehen und statt dessen für jede Versicherungsanstalt eine Doppelmarke hergestellt werde, welche die Zusatzmarke mit einer Marke der Lohnklasse II verbindet.

Berlin, den 14. Juni 1890.

Der Reichskanzler.
J. V. gez. von Boetticher.

---

*) Das Formular ist in Anlage V abgedruckt. (A. d. V.)

Anlage IV.

Bekanntmachung
betreffend die für die Invaliditäts- und Altersversicherung zu verwendenden Beitrags- und Zusatzmarken.

Vom 9. September 1890.

Auf Grund der §§ 99 und 121 des Gesetzes betreffend die Invaliditäts- und Altersversicherung vom 22. Juni 1889 (Reichs-Gesetzblatt Seite 97) werden über die Unterscheidungsmerkmale und die Gültigkeitsdauer der zum Zweck der Erhebung der Beiträge zu verwendenden Beitrags- und Zusatzmarken nachfolgende Bestimmungen erlassen:

I. Beitragsmarken.

1. Die von den Versicherungsanstalten auszugebenden Beitragsmarken sind in Form eines Rechtecks auf weißem Papier, und zwar die Marken

im Werthbetrage von 14 Pfennig
(Lohnklasse I, d. i. bei einem Jahresarbeitsverdienst bis zu 350 Mark einschließlich)
in rothem Druck,

im Werthbetrage von 20 Pfennig
(Lohnklasse II, d. i. bei einem Jahresarbeitsverdienst von mehr als 350 bis 550 Mark)
in blauem Druck,

im Werthbetrage von 24 Pfennig
(Lohnklasse III, d. i. bei einem Jahresarbeitsverdienst von mehr als 550 bis 850 Mark)
in grünem Druck,

im Werthbetrage von 30 Pfennig
(Lohnklasse IV, d. i. bei einem Jahresarbeitsverdienst von mehr als 850 Mark)
in rothbraunem Druck

herzustellen.

2. Auf den Beitragsmarken ist die betreffende Lohnklasse durch dunkle römische Zahlen auf hellem Grunde, die Werthangabe durch helle arabische Zahlen und helle Buchstaben (PF) auf dunklem Grunde zu bezeichnen.

3. Die Beitragsmarken tragen den Reichsadler und enthalteu auf einem weißen Streifen, welcher die Marken

der Lohnklasse I in der Mitte,
der Lohnklasse II unten,
der Lohnklasse III von links oben bis rechts unten,
der Lohnklasse IV von links unten nach rechts oben,

durchzieht, die Bezeichnung der ausgebenden Versicherunganstalt mit lateinischen Buchstaben in schwarzem Druck.

4. Für die nach der Bekanntmachuug des Reichskanzlers vom 15. März 1890 (Deutscher Reichs-Anzeiger Nr. 71 vom 20. März 1890) errichteten 31 Versicherungsanstalten werden zum Zwecke des Aufdrucks auf die Beitrags- und Zusatzmarken (vgl. unten II) folgende Bezeichnungen festgesetzt: Ostpreußen, Westpreußen, Brandenburg, Pommern, Posen, Schlesien, Westfalen, Berlin, Schleswig-Holstein, Rheinprovinz, Sachsen-Anhalt, Hannover, Hessen-Nassau, Oberbayern, Niederbayern, Pfalz, Oberpfalz, Oberfranken, Mittelfranken, Unterfranken, Schwaben-Kgr. Sachsen, Württemberg, Baden, Gr. Hessen, Mecklenburg, Thüringen, Oldenburg, Braunschweig, Hansastädte, Elsaß-Lothringen.

5. Im Uebrigen ist Form und Zeichnung der Beitragsmarken aus den nachstehenden Mustern, in welchen auch der Name der ausgebenden Versicherungsanstalt probeweise abgedruckt ist, ersichtlich.*)

II. Zusatzmarken (Doppelmarken).

6. Nachdem der Bundesrath sich damit einverstanden erklärt hat, daß von der besonderen Herstellung der Zusatzmarken des Reichs abgesehen, und statt dessen für jede Versicherungsanstalt eine Doppelmarke hergestellt wird, welche die Zusatzmarke mit einer Beitragsmarke der Lohnklasse II verbindet, wird hinsichtlich dieser Doppelmarke Folgendes bestimmt:

Die Doppelmarke besteht aus zwei Abtheilungen. Sie zeigt anf dem linksseitigen, in blauem Druck hergestellten Theile die Beitragsmarke der Lohnklasse II. Die Lohnklasse ist durch eine dunkle römische Zahl (II) auf hellem Grunde, der Geldwerth von 20 Pfennig durch helle arabische Zahlen und helle Buchstaben (PF.) auf dunklem Grunde bezeichnet. Auf dem die Beitragsmarke von links unten nach rechts oben durchziehenden weißen Streifen befindet sich der Name der ausgebenden Versicherungsanstalt mit lateinischen Buchstaben in schwarzem Druck. Der rechtsseitige Theil stellt in orangefarbenem Druck die einen Reichsadler enthaltende Zusatzmarke zum Geldwerthe von 8 Pfennig dar. Auf dem hellen Grunde der Zusatzmarke befinden sich oberhalb des Reichsadlers auf der einen Seite der Buchstabe Z., auf der anderen Seite der Buchstabe M. (: als Abkürzung für Zusatzmarke·), unterhalb des Reichsadlers auf der einen Seite die arabische Zahl 8, auf der anderen die Buchstaben PF.

Im Uebrigen ist Form und Zeichnung der Doppelmarke aus dem nachstehenden Muster ersichtlich:**)

III. Gemeinsame Bestimmungen.

7. Die Beitrags- und Doppelmarken müssen gleichmäßig je 23,5 mm breit und 14 mm hoch sein.

8. Das Markenpapier muß reines Lumpenpapier und aus sogenanntem feinen Briefstoff angefertigt sein, es muß sehr fein gemahlen und in der Durchsicht vollkommen gleichmäßig sein. Die mittlere Reißlänge desselben muß 3300 m, die mittlere Dehnung 1,9 Prozent der Länge und der Aschengehalt 12 Prozent betragen.

9 Das Markenpapier ist mit einem unsichtbaren Aufdruck zu versehen, welcher die Möglichkeit gewährt, die Echtheit der Marken jederzeit zu prüfen. Die Verwendung eines Wasserzeichens an Stelle des Ausdrucks bedarf der besonderen Genehmigung des Reichs-Versicherungsamts.

---

*) Die Proben sind nicht zum Abdruck gelangt. (A. d. V.)

**) Das Muster ist nicht zum Abdruck gelangt. (A. d. V.)

10. Die Beitrags- und Doppelmarken sind in Bogen zu je 100 Stück herzustellen. Auf dem Bogen müssen sich über- und nebeneinander je 10 Marken befinden; die Ränder der Marken sind mit Bohrlöchern zu versehen, so daß die Lostrennung der Marken ohne Zuhilfenahme eines Schneidewerkzeuges durch bloßes Abreißen bewirkt werden kann. Die genaue Größe der bedruckten Fläche eines Markenbogens zu 100 Stück muß in den Durchlochungslinien gemessen 235×140 mm betragen. Auf der Rückseite sind die Markenbogen mit bestem Klebestoff zu versehen.

11. Die Herstellung der Doppelmarken hat wegen der Betheiligung des Reichs an deren Erlös und Herstellungskosten ausschließlich durch die Reichsdruckerei zu erfolgen. Sofern Beitragsmarken nicht durch die Reichsdruckerei hergestellt sind, müssen Proben derselben, bevor sie zur Ausgabe gelangen, dem Reichs-Versicherungsamt zur Prüfung vorgelegt werden.

12. Die in Gemäßheit dieser Bekanntmachung hergestellten Beitrags- und Doppelmarken behalten bis auf Weiteres ihre Gültigkeit.

Berlin, den 9. September 1890.

Das Reichs-Versicherungsamt.
gez. Dr. Bödiker.

Anlage V.

Anweisung

betreffend das Verfahren bei der Ausstellung und dem Umtausch, sowie bei der Erneuerung (Ersetzung) von Quittungskarten (§§ 101 ff. des Gesetzes, betreffend die Invaliditäts- und Altersversicherung, vom 22. Juni 1889, Reichs-Gesetzbl. S. 97).

Vom 17. Oktober 1890.

Einleitung.

1. Nach § 101 des Gesetzes, betreffend die Invaliditäts- und Altersversicherung vom 22. Juni 1889 (Reichs-Gesetzbl. S. 97) erfolgt für die bei den Versicherungsanstalten (§§ 41 ff. a. a. O.) versicherten Personen die Entrichtung der Beiträge der Arbeitgeber und der Versicherten durch Einkleben eines entsprechenden Betrages von Marken in eine Quittungskarte des Versicherten. Das Formular dieser Quittungskarten ist durch Beschluß des Bundesraths vom 14. Juni 1890 („Reichs-Anzeiger" Nr 147) festgesetzt worden.

Die Ausstellung der Quittungskarten erfolgt durch die auf Grund des Gesetzes bezeichneten amtlichen Stellen (§§ 103, 105, 108 Absatz 1, 113 Nr. 1, 125 Absatz 3 a. a. O.).*) Zuständig ist diejenige Stelle, in deren Bezirk sich die Arbeitsstätte des Versicherten befindet, oder sofern der Versicherte eine dauernde Arbeitsstätte nicht hat, diejenige Stelle, in deren Bezirk er sich aufhält. Diese Stellen sind zur Ausstellung verpflichtet. Berechtigt zur Ausstellung ist aber auch die für den Betriebssitz oder den Wohnort des Versicherten zuständige Stelle. Die Ausstellung erfolgt, soweit es sich um die Vorbereitung der Inkraftsetzung des Gesetzes handelt, von Amtswegen, im Uebrigen in der Regel auf Antrag. Neben dem Versicherten, seinem gesetzlichen Vertreter oder Bevollmächtigten ist auch der Arbeitgeber auf Ausstellung einer Quittungskarte für den-

---

*) Nach der Bekanntmachung vom 26. Juni 1890 in der Regel die Orts-Polizeibehörden (Vorstände besonderer örtlicher Polizeireviere u. s. w.) Mit Genehmigung des Regierungs-Präsidenten dürfen die Orts-Polizeibehörden solcher Orts-Polizeibezirke, welche mehrere Gemeinden oder selbstständige Gutsbezirke umfassen, die Ausstellung der Quittungskarten für einzelne Gemeinden (Gutsbezirke) den Vorständen der letzteren übertragen. Die Gemeinden (Gutsbezirke) sowie die Kreisverbände (Ober-Amtsbezirke) sind befugt, für ihre Bezirke auf ihre Kosten an Stelle der oben bezeichneten Behörden oder neben denselben, für die Wahrnehmung dieser Geschäfte besondere Beamte zu bestellen. Ein solcher Beschluß bedarf der Genehmigung der höheren Verwaltungsbehörde (Regierungs-Präsident, für Berlin der Ober-Präsident); die Bestellung bedarf der Bestätigung durch diejenige Behörde, welche zur Bestätigung anderer Beamten des betreffenden Kommunalverbandes zuständig ist.

In jeder Gemeinde ist durch dauernden Aushang im Gemeindehause und auf andere ortsübliche Weise zur öffentlichen Kenntniß zu bringen, welche Stelle für die betreffende Gemeinde zur Ausstellung der Quittungskarten zuständig ist.

selben anzutragen, berechtigt (vergl. Ziffer 38b), sofern der Versicherte selbst es bisher unterlassen hat, sich eine solche anzuschaffen (§ 101 Absatz 1 des Gesetzes.) Die Zuverlässigkeit des Antragstellers, insbesondere des beantragenden Arbeitgebers, wird häufig ausreichende Gewähr für die Richtigkeit derjenigen Angaben bieten, die für die Ausstellung der Karten von Bedeutung sind.

Bei dem Verfahren sind folgende Verrichtungen zu unterscheiden:

A. die Ausstellung der ersten Quittungskarte,
B. der Umtausch von Quittungskarten,
C. die Erneuerung (Ersetzung) von Quittungskarten.

A. Die Ausstellung der ersten Quittungskarte.

Voraussetzungen.

2. Bei Ausstellung der ersten Quittungskarte handelt es sich um den Eintritt des Inhabers der letzteren in die Invaliditäts- und Altersversicherung nach Maßgabe des Gesetzes vom 22. Juni 1889, soweit diese Versicherung bei einer Versicherungsanstalt (§ 41 a. a. O.) stattfindet. Denjenigen Personen, welche diesen Versicherungsanstalten nicht angehören, sondern ihrer Versicherungspflicht durch Zugehörigkeit zu einer vom Bundesrath zur selbstständigen Durchführung der Invaliditäts- und Altersversicherung zugelassenen besonderen Kasseneinrichtung genügen (§§ 5 und 7 a. a. O.), sowie denjenigen Personen, welche auf ihren Antrag von der Versicherungspflicht befreit worden sind (§ 4 Absatz 3 a. a. O.), wird daher eine Quittuugskarte nicht ausgestellt werden.

Bei anderen Personen muß der Ausstellung der Karte eine Prüfung der Legitimation des Empfängers vorangehen. Die Prüfung hat sich zunächst auf die Identität der Person, d. h. darauf zu erstrecken, ob die Person, auf deren Namen die Karte lauten soll, auch wirklich derjenige ist, für welche sie ausgegeben wird. Für die Prüfung genügen die üblichen Legitimationsnachweise. Sodann ist zu prüfen, ob diese Person fähig ist, nach Maßgabe des Gesetzes vom 22. Juni 1889 in die Versicherung einzutreten. In dieser Beziehung kommt Folgendes in Betracht.

3. Eine Quittungskarte darf erstmalig nur für solche Personen ausgestellt werden, welche

1. das 16. Lebensjahr vollendet haben und
2. nicht bereits als dauernd erwerbsunfähig anzusehen sind.

Wer in diesem Sinne als dauernd erwerbsunfähig anzusehen ist, ergiebt sich aus § 4 Absatz 2 des Gesetzes.

Aber auch denjenigen Personen, welche den vorstehenden allgemeinen Bedingungen genügen, darf erstmalig eine Quittungskarte nur unter der weiteren Voraussetzung ausgestellt werden, daß sie entweder:

a) zu denjenigen Kategorien von Personen gehören, für welche die Versicherungspflicht besteht, oder
b) zu denjenigen Personen, welchen das Gesetz das Recht zur Selbstversicherung eingeräumt hat.

Versicherungspflicht.

4. Zu a. Der Versicherungspflicht unterliegen, so lange der Bundesrath diesen Zwang nicht auf die im § 2 des Gesetzes bezeichneten Personen ausgedehnt hat, lediglich die im § 1 des Gesetzes angeführten Personen (Arbeiter, Gesellen, Gehülfen, Lehrlinge, Dienstboten, Betriebsbeamte, Handlungsgehülfen und Handlungslehrlinge, Personen der Schiffsbesatzung von Seeschiffen und Binnenfahrzeugen), sofern sie gegen Lohn oder Gehalt beschäftigt sind. Als Lohn oder Gehalt gelten auch Tantièmen und Naturalbezüge, nicht aber die ausschließliche Gewährung freien Unterhalts (§ 3 a. a. O.). Betriebsbeamten, sowie Handlungsgehülfen

und Handlungslehrlingen ist eine Quittungskarte nur dann auszustellen, wenn ihr regelmäßiger Jahresarbeitsverdienst an Lohn oder Gehalt 2000 Mark nicht übersteigt (§ 1 Ziffer 2 a. a. O.). Den in Apotheken beschäftigten Gehülfen und Lehrlingen, den Beamten des Reichs und der Bundesstaaten, den mit Pensionsberechtigung angestellten Beamten von Kommunalverbänden, sowie den Personen des Soldatenstandes, welche dienstlich als Arbeiter beschäftigt werden, darf eine Quittungskarte nicht ausgestellt werden (§ 1 Ziffer 2 beziehungsweise § 4 Absatz 1 a. a. O.).

Selbstversicherung.

5. Zu b. Soweit der Bundesrath die Versicherungspflicht gemäß § 2 des Gesetzes nicht auf die daselbst bezeichneten Personen ausgedehnt hat, sind diese Personen unter der Voraussetzung zur Selbstversicherung berechtigt, daß sie zur Zeit der Ausstellung der Karte das 40. Lebensjahr noch nicht vollendet haben. Dagegen sind alle übrigen der Versicherungspflicht nicht unterliegenden Personen von dem Recht zur Selbstversicherung ausgeschlossen (§ 8 des Gesetzes).

Hiernach darf Personen, welche nicht versicherungspflichtig sind, eine erste Quittungskarte nur dann ausgestellt werden, wenn dieselben:

1. das 40. Lebensjahr noch nicht vollendet haben,
2. nicht dauernd erwerbsunfähig im Sinne des § 4 Absatz 2 a. a. O. sind,

und wenn sie außerdem entweder

3. Betriebsunternehmer sind, welche nicht regelmäßig wenigstens einen Lohnarbeiter beschäftigen, d. h. gewöhnlich allein, ohne bezahlte Gehülfen arbeiten,

oder wenn sie

4. Hausgewerbtreibende sind. Hausgewerbtreibende sind solche selbstständige Gewerbtreibende, welche in eigenen Betriebsstätten im Auftrage und für Rechnung anderer Gewerbtreibenden mit der Herstellung oder Bearbeitung gewerblicher Erzeugnisse beschäftigt werden. Dabei macht es keinen Unterschied, ob diese Personen sich die Roh- oder Hülfsstoffe selbst beschaffen oder ob sie dieselben geliefert erhalten, ob sie vorübergehend für eigene Rechnung arbeiten oder nicht. Ebensowenig wird die Berechtigung Hausgewerbtreibender zur Selbstversicherung dadurch ausgeschlossen, daß sie einen oder eine größere Zahl von Lohnarbeitern beschäftigen.

Aufklärung des Sachverhalts.

6. Thatsachen, welche sich hiernach auf das Recht zum Eintritt in die Versicherung und demgemäß zum Empfange einer ersten Quittungskarte beziehen, hat die um Ausstellung der Karte ersuchte Stelle zu berücksichtigen, soweit sie ihr amtlich bekannt sind. Im Uebrigen ist die Stelle zwar berechtigt, aber nicht verpflichtet, von Amtswegen weitere, das Vorhandensein solcher Thatsachen betreffende Ermittelungen anzustellen. Soweit derartige Ermittelungen vorgenommen werden, sind sie auf dem kürzesten Wege unter thunlichster Vermeidung von Weiterungen und Kosten zu veranlassen.

Nach Maßgabe ihrer amtlichen Kenntniß oder nach dem Ergebniß ihrer Ermittelungen hat sich die Ausgabestelle darüber schlüssig zu machen, ob sie die Quittungskarte ausstellen oder die Ausstellung ablehnen will. Dabei ist grundsätzlich thunlichstes Entgegenkommen zu bethätigen. Bleibt demgemäß die Zulässigkeit der Ausstellung zweifelhaft, und lassen sich die Zweifel nicht alsbald beseitigen, so ist die Ausstellung der Karte nicht zu versagen; dabei ist jedoch der für den Bezirk der ausstellendeu Stelle zuständigen Versicherungsanstalt oder dem nächsten Vertrauensmann oder Beamten derselben von den Umständen, welche den Zweifel begründen, Mittheilung zu machen.

Wird die Ausstellung der Karte abgelehnt, so ist dies dem Antragsteller mit der Eröffnung mitzutheilen, daß ihm binnen zwei Wochen nach Empfang der Mittheilung die Beschwerde an die der ablehnenden Stelle unmittelbar vorgesetzte Dienstbehörde zusteht (§ 106 a. a. O.).

Soll die Karte ausgestellt werden, so ist ein Formular der Quittungskarte, wie dasselbe vom Bundesrath festgestellt worden ist, auf der Außenseite in der aus dem beigefügten Muster ersichtlichen Weise auszufüllen. Hierbei ist nach Maßgabe der nachstehenden Vorschriften zu verfahren.

Ausfüllung des Formulars.

7. Neben dem am Kopf der Karte befindlichen Vermerk „Versicherungsanstalt" ist der Name derjenigen Versicherungsanstalt einzutragen, in deren Bezirk der Sitz des Betriebes, in welchem der Inhaber der Quittungskarte beschäftigt wird, belegen ist. Sofern jedoch dieser Betriebssitz nicht im Inlande liegt, oder sofern die Beschäftigung überhaupt nicht in einem „Betriebe" stattfindet (dies ist z. B. der Fall bei Dienstboten zur persönlichen Dienstleistung), entscheidet der im Inlande belegene Beschäftigungsort (die Betriebsstätte, der Arbeitsort, § 41 Absatz 3 a. a. O.). Bei den Personen der Schiffsbesatzung deutscher Seefahrzeuge bestimmt sich die zuständige Versicherungsanstalt nach dem Heimathhafen des Schiffs (§ 136 Absatz 1 a. a. O.). Der Wohnort des Versicherten ist nicht entscheidend.

Sodann ist die Bezeichnung der die Quittungskarte ausstellenden Stelle (z. B. „die Ausgabestelle in Burghausen", „der Amtsvorsteher in Schöneberg") und das Datum der Ausgabe (Ausstellung) einzutragen. Der Unterschrift des ausstellenden Beamten bedarf es nicht. Neben diese Eintragungen ist rechts oben an der durch Vordruck bezeichneten Stelle der Stempel der ausstellenden Stelle abzudrucken.

Unter das Datum ist ein Vermerk über die Gültigkeitsdauer der Karte zu setzen. Nach § 104 des Gesetzes verliert die Karte ihre Gültigkeit, wenn sie nicht bis zum Schlusse des dritten Jahres, welches dem am Kopfe der Karte verzeichneten Jahre folgt, zum Umtausche gereicht worden ist. Eine im Jahre 1891 ausgestellte Karte verliert demgemäß ihre Gültigkeit mit dem Ablaufe des Jahres 1894. Man findet also dasjenige Jahr, welches an der in Rede stehenden Stelle einzutragen ist, dadurch, daß man dem Jahre, in welchem die Ausstellung erfolgt, die Zahl 3 hinzuzählt.

Die Quittungskarte erhält darauf eine Nummer. Diese Nummer richtet sich nicht etwa nach der Zahl und Reihenfolge sämmtlicher von der betreffenden Stelle ausgestellter Quittungskarten verschiedener Inhaber, sondern ausschließlich nach der Zahl und der Reihenfolge der Quittungskarten desjenigen Versicherten, für welchen die betreffende Quittungskarte ausgestellt wird. Die erste Quittungskarte eines jeden Inhabers erhält also die Nr. 1, während demnächst die zehnte Karte desselben Inhabers die Nr. 10 erhalten wird u. s. w.

Sodann sind Vor- und Zuname, Berufsstellung, Geburtsort und Geburtszeit des Inhabers einzutragen. Bei Feststellung derselben ist zur Unterscheidung des Versicherten von anderen Personen besondere Sorgfalt geboten. Bei Angabe der „Berufsstellung" ist neben der allgemeinen Bezeichnung „Arbeiter", „Gehülfe", „Geselle" u. s. w. thunlichst auch der besondere Berufszweig, in welchem der Versicherte bei Ausstellung der Karte beschäftigt ist, einzutragen, z. B. „landwirthschaftlicher Arbeiter", „Schlossergeselle" u. s. w.; bei denjenigen Personen, welche Hausgewerbetreibende oder Betriebsunternehmer sind und von dem Recht der Selbstversicherung Gebrauch machen (vgl. Ziffer 5), ist dies Verhältniß etwa in folgender Weise: „Schlosser (Betriebsunternehmer)", „Weber (Hausgewerbetreibender)" ersichtlich zu machen. Im Uebrigen ist zu beachten, daß Eintragungen oder Vermerke, welche durch das Gesetz nicht vorgesehen sind, unzulässig und strafbar sind (§§ 108, 151 a. a. O.). Insbesondere darf die Person des Arbeitgebers niemals in die Karte eingetragen werden.

Die Eintragungen sollen handschriftlich erfolgen, doch ist es zulässig, die Bezeichnung der ausstellenden Stelle und bei der erstmaligen Ausstellung von Quittungskarten auch die Bezeichnung der Versicherungsanstalt am Kopfe der Karte durch Druck oder durch Verwendung eines Stempels zu bewirken.

8. In die Innenseite der Quittungskarte, insbesondere in den für die Aufrechnung der Quittungskarte bestimmten Vordruck sind Eintragungen nicht schon bei der Ausstellung dieser Karte, sondern erst dann zu machen, wenn dieselbe zum Umtausch eingereicht ist (vergl. unten Ziffer 15 ff.).

Mitwirkung der Arbeitgeber.

9. Insbesondere bei der erstmaligen, die Inkraftsetzung des Gesetzes vorbereitenden Ausstellung von Quittungskarten kann die Mitwirkung zuverlässiger Arbeitgeber derart in Anspruch genommen werden, daß denselben mit ihrer Zustimmung die Ausfüllung des Vordrucks, soweit er sich auf die Personalien ihrer Betriebsbeamten, Arbeiter, Dienstboten u. s. w. bezieht, sowie die demnächstige Aushändigung der Quittungskarten an die Versicherten überlassen wird. Dem pflichtmäßigen Ermessen der ausstellenden Stelle bleibt es überlassen, zu erwägen, inwieweit derartige Eintragungen einer besonderen Prüfung bedürfen. Jedenfalls aber ist die Berechtigung zum Eintritt in die Versicherung von dem ausstellenden Beamten festzustellen; derselbe hat auch die Ausfüllung der übrigen Theile des Vordrucks sowie die Stempelung der Karte selbst zu bewirken.

Zustellung.

10. Nachdem die Karte solchergestalt ausgefüllt ist, wird sie dem Versicherten zugestellt. Sofern dies nicht durch unmittelbare Aushändigung oder durch Vermittelung zuverlässiger Arbeitgeber geschehen kann, ist die Zustellung durch Boten oder durch die Post oder anderweit, jedenfalls aber dergestalt zu bewirken, daß dem Versicherten baare Auslagen daraus nicht erwachsen. Letzteres findet keine Anwendung, wenn der Versicherte es unterlassen hat, einer Ladung zur Empfangnahme der Karte Folge zu leisten.

B. Der Umtausch der Quittungskarte.

Allgemeines.

11. Bei dem Umtausch einer Quittungskarte handelt es sich um die Fortsetzung der Versicherung des Inhabers der Karte. Der Umtausch findet der Regel nach erst dann statt, wenn die für die Einklebung von Marken bestimmten Felder der Quittungskarte gefüllt sind oder die Gültigkeit der Quittungskarte erloschen ist (§ 104 a. a. O.). Auf seine Kosten darf jedoch der Versicherte jederzeit die Ausstellung einer neuen Quittungskarte gegen Rückgabe der älteren Karte beanspruchen (§ 102 Absatz 2 a. a. O.).

Bei dem Umtausch der Quittungskarte sind folgende Geschäfte zu unterscheiden:

a. die Ausstellung der neuen Karte;
b. die Aufrechnung der alten Karte;
c. die Ausstellung der Bescheinigung über die aus der Aufrechnung sich ergebenden Endzahlen;
d. die Einsendung der übergebenden Karte an die zuständige Versicherungsanstalt.

Zu a.

Zeitpunkt.

12. Die Ausstellung der neuen Quittungskarte erfolgt der Regel nach nur gegen Rückgabe der älteren Karte und Zug um Zug mit dieser Rück-

gabe. Im Interesse der Betheiligten, insbesondere, um zu verhüten, daß die Verwendung von Marken in Folge unzureichenden Raumes auf der alten Karte eine unerwünschte Unterbrechung erfahre, darf jedoch Versicherten, welche in einem ständigen Arbeits- oder Dienstverhältniß stehen, schon vor der Uebergabe der alten Karte eine neue Karte ausgestellt werden, sofern dabei die ältere Quittungskarte vorgelegt wird und nach den Umständen die Annahme mißbräuchlicher Verwendung der neuen Karte ausgeschlossen ist.

Damit ferner nicht die mit dem Umtausch der Quittungskarte verbundenen Geschäfte auf einzelne Tage (Anfang, Mitte oder Ende des Monats) in unerwünschter Weise sich zusammendrängen, können in solchen Bezirken, wo die örtlichen Verhältnisse dies erwünscht erscheinen lassen, insbesondere für die in einem ständigen Arbeits- oder Dienstverhältnisse stehenden Versicherten, zum regelmäßigen Umtausch der Karten bestimmte Tage im Voraus festgesetzt werden. Die Reihenfolge der Tage kann nach dem Anfangsbuchstaben des Namens des Versicherten oder nach anderen Gesichtspunkten geregelt werden Derartige Bestimmungen sind durch bleibenden Aushang an der Geschäftsstelle so wie anderweit nach Ortsgebrauch zur öffentlichen Kenntniß zu bringen.

Verfahren.

13. Die Ausstellung der neuen Karte erfolgt nach den für die Ausstellung der ersten Karte oben unter A. (Ziffer 6 bis 10) erörterten Regeln, jedoch mit folgenden Maßgaben:

a. Die Ausstellung der neuen Quittungskarte darf in der Regel nicht von einer besonderen Feststellung, ob zur Zeit eine Versicherungspflicht oder das Recht zur Selbstversicherung besteht, abhängig gemacht werden. Vielmehr hat im Allgemeinen Jeder, welchem eine Quittungskarte einmal ausgestellt worden ist, das Recht, den Umtausch derselben zu verlangen, und nur in solchen Fällen ist der Umtausch ausnahmsweise zu versagen, wenn die Ausgabestelle die pflichtmäßige Ueberzeugung gewinnt, daß der Inhaber zum Eintritt in die Versicherung bisher nicht berechtigt gewesen ist (Ziffer 3 bis 5).

b. Ferner ist in die Rubrik „Versicherungsanstalt" nicht diejenige Versicherungsanstalt, in deren Bezirk der Versicherte zur Zeit der Ausstellung der neuen Karte beschäftigt ist, sondern diejenige Versicherungsanstalt einzutragen, welche auf der ersten Quittungskarte des Versicherten verzeichnet war. Als diese gilt diejenige Versicherungsanstalt, welche auf der der Nummer nach nächstvorhergehenden Karte, also in der Regel auf der zum Umtausch übergebenen Karte verzeichnet ist, sofern sich als erste Versicherungsanstalt nicht eine bestimmte andere ergiebt (§ 102 a. a. O.).*)

14. Die neue Quittungskarte erhält als Nummer diejenige Zahl, welche auf die Zahl der für den Versicherten zuletzt ausgestellten Karte, soweit dieselbe zu ermitteln ist, folgt. Enthält diese beispielsweise die Zahl 3, so ist die neue Karte mit der Nummer 4 zu bezeichnen. Als „Berufsstellung" ist, wie sich aus dem Vordruck ergiebt, diejenige Berufsstellung einzutragen, welche der Inhaber zur Zeit der Ausstellung der neuen Quittungskarte bekleidet, auch wenn auf der

---

*) Anmerkung. Dies ist um deswillen geboten, weil alle Quittungskarten desselben Inhabers bei einer und derselben Versicherungsanstalt, und zwar bei derjenigen, für welche die erste Quittungskarte des Versicherten ausgestellt worden war, gesammelt und aufbewahrt werden sollen (§ 107 Absatz 1 in Verbindung mit § 102 Absatz 1 a. a O.), damit bei Anträgen auf Bewilligung von Renten jederzeit sämmtliche Quittungskarten desselben Inhabers ohne Schwierigkeit eingesehen werden können.

früheren Quittungskarte eine andere Berufsstellung angegeben war. Derartige Verschiedenheiten werden sich z. B. dann ergeben, wenn aus Lehrlingen Gesellen geworden sind, ein anderes Gewerbe begonnen worden ist u. s. w.

Zu b.

Zeitpunkt.

15. Die Aufrechnung der zurückgegebenen Karte soll in der Regel in unmittelbarem Anschluß an deren Rückgabe erfolgen. Sofern dies wegen Ueberhäufung mit Geschäften oder aus andern erheblichen Gründen nicht geschehen kann, ist die Aufrechnung doch spätestens innerhalb einer Woche nach der Rückgabe zu bewirken.

Quittungskarten, welche erst nach dem Schlusse des dritten auf das am Kopf der Karte verzeichnete Jahr folgenden Jahres zum Umtausch eingereicht werden und dadurch ungültig geworden sind, werden nur dann aufgerechnet, wenn der Inhaber nachweist, daß der Vorstand der für den Beschäftigungsort zuständigen Versicherungsanstalt die fortdauernde Gültigkeit der Karte anerkannt hat (§ 104 a. a. O.).

Die Aufrechnung erfolgt auf der Innenseite der zurückgegebenen Quittungskarte an der durch den Vordruck bezeichneten Stelle; eine Uebertragung dieser Aufrechnung in die neu ausgestellte Quittungskarte ist unstatthaft. Dabei ist Folgendes zu beachten:

Aufrechnung der Marken.

16. Die in die aufzurechnende Karte eingeklebten Marken sind ohne Rücksicht darauf, ob sie auf verschiedene Versicherungsanstalten lauten, lediglich nach Lohnklassen zusammenzurechnen; das Zahlenergebniß ist für jede Lohnklasse getrennt in die für die betreffende Lohnklasse bestimmte Rubrik der Tabelle einzutragen. Die in die Quittungskarte eingeklebten Doppelmarken (Marken der Lohnklasse II und Zusatzmarken des Reichs) sind hierbei nicht besonders zu berücksichtigen, sondern als Marken der Lohnklasse II zu behandeln und mit den übrigen in die Quittungskarte eingeklebten Marken der Lohnklasse II in einer Summe einzutragen.

Krankheiten und militärische Dienstleistungen.

17. Außerdem sind an der dafür angegebenen besonderen Stelle bescheinigte Krankheiten und militärische Dienstleistungen, soweit sie für die Zeit zwischen dem Ausstellungstage der zurückgegebenen und dem Ausstellungstage der neu ausgestellten Quittungskarte nachgewiesen werden und nach den in Ziffer 19 ff. angegebenen Gesichtspunkten zu berücksichtigen sind, nach dem Datum des Beginns und der Beendigung der einzelnen Krankheit oder militärischen Dienstleistung zu vermerken. Die Einrechnung dieser Zeiten in die Zahl der ordentlichen Beitragswochen sowie die Zusammenrechnung der Dauer der einzelnen Krankheitsfälle oder militärischen Dienstleistungen ist bei Aufrechnung der Karte nicht zulässig.*) Reicht der Vordruck für Krankheitszeiten um deswillen nicht aus, weil mehr als fünf Krankheitsfälle einzutragen sind, so können unter entsprechender handschriftlicher Aenderung des Vordrucks auch die für militärische

---

*) Anmerkung. Bei der späteren Bemessung der Renten ist zwar die Dauer der bescheinigten Kranheiten und militärischen Dienstleistungen als Beitragszeit in Anrechnung zu bringen, ohne daß für diese Zeit Beiträge entrichtet wären; die Einrechnung dieser Zeiten in die Zahl der ordentlichen Beitragswochen ist jedoch nicht Sache der aufrechnenden Stelle. Die letztere hat vielmehr die Zahl der aus den eingeklebten Marken sich ergebenden Beitragswochen in den verschiedenen Lohnklassen ausschließlich nach den wirklich beigebrachten Marken zu berechnen, die Dauer der bescheinigten Krankheiten und der militärischen Dienstleistungen aber getrennt anzusetzen.

Dienstleistungen bestimmten Rubriken, soweit diese für die letzteren nicht verwendet zu werden brauchen, zur Eintragung von Krankheitsfällen benutzt werden. Dasselbe gilt für den umgekehrten Fall.

18. Zum Nachweise einer Krankheit genügt die Bescheinigung des Vorstandes derjenigen Orts-, Betriebs- (Fabrik-), Bau oder Innungskrankenkasse, derjenigen Knappschaftskasse, eingeschriebenen oder auf Grund landesrechtlicher Vorschriften errichteten Hülfskasse, beziehungsweise derjenigen Gemeinde-Krankenversicherung oder landesrechtlichen Einrichtungen ähnlicher Art. welcher der Versicherte angehört hat (§§ 18 Absatz 1, 135 a. a. O.). Für diejenige Zeit, welche über die Dauer der von den betreffenden Kassen zu gewährenden Krankenunterstützung hinausreicht, sowie für diejenigen Personen, welche einer derartigen Kasse nicht angehört haben, genügt die Bescheinigung der Gemeindebehörde (§ 18 Absatz 1 a. a. O.). Auch können für die in Reichs- und Staatsbetrieben beschäftigten Personen die Bescheinigungen über die Krankheit durch die vorgesetzte Dienstbehörde ausgestellt werden (§ 18 Absatz 2 a. a. O.) Die Beibringung sonstiger Nachweise (z. B. ärztlicher Atteste, Zeugnisse von Krankenhäusern über die Krankheit u. s. w.) ist jedoch nicht ausgeschlossen. Der Nachweis geleisteter Militärdienste erfolgt durch Vorlegung der Militärpapiere § 18 Absatz 3 a. a. O.).

Voraussetzungen der Eintragung von Krankheiten u. s. w.

19. Die Dauer von Krankheitsfällen und militärischen Dienstleistungen ist nun aber nicht in allen Fällen als Beitragszeit anzurechnen und demgemäß bei Aufrechnung der Quittungskarte einzutragen. Die Anrechnung hat vielmehr verschiedene Voraussetzungen (§ 17 a. a. O).

Endgültig wird darüber, ob diese Voraussetzungen vorliegen, zwar erst bei demnächstiger Bewilligung von Renten entschieden. Für die Aufrechnung der Quittungskarte aber hat schon vorher die aufrechnende Stelle zu prüfen, ob Krankheiten und militärische Dienstleistungen anrechnungsfähig erscheinen; je nach dem Ergebniß dieser Prüfung ist eine derartige Zeit bei der Aufrechnung der Quittungskarten zu berücksichtigen oder deren Berücksichtigung abzulehnen.

Bei dieser Prüfung müssen diejenigen Thatsachen berücksichtigt werden, welche der aufrechnenden Stelle amtlich bekannt sind oder aus den vorgelegten Bescheinigungen uud Urkunden sich ergeben. Sind die Bescheinigungen von den Vorständen der vorstehend bezeichneten Krankenkassen oder Gemeinden von staatlichen oder kommunalen Dienstbehörden oder von Militärbehörden ausgestellt, so ist die aufrechnende Stelle zur Anstellung weiterer Ermittelungen über die in Betracht kommenden Thatsachen, zur Behebung etwaiger Zweifel zwar berechtigt, aber nicht verpflichtet. Handelt es sich dagegen um sonstige Bescheinigungen, so ist die aufrechnende Stelle verpflichtet, etwaige Zweifel wegen der Anrechnungsfähigkeit durch amtliche Feststellung der in Betracht kommenden Thatsachen aufzuklären.

20. Die Eintragung einer Krankheit bei der Aufrechnung der Quittungskarte ist demgemäß zu versagen:

a) wenn keine Bescheinigungen oder sonstige nach dem Ermessen der aufrechnenden Stelle ausreichende Nachweise gebracht werden (Ziffer 17 Absatz 2);
b) wenn sich ergiebt, daß die Krankheit eine Erwerbsunfähigkeit überhaupt nicht oder nur eine Erwerbsunfähigkeit von weniger als sieben auf einander folgenden Tagen verursacht hat;
c) wenn sich ergiebt, daß der Erkrankte sich die Krankheit vorsätzlich oder bei Begehung eines durch strafgerichtliches Urtheil festgestellten Verbrechens, durch schuldhafte Betheiligung bei Schlägereien oder Raufhändeln, durch Trunkfälligkeit oder durch geschlechtliche Ausschweifungen zugezogen hat;

d) wenn es sich um Krankheitsfälle bei Selbstversicherten oder während der freiwilligen Fortsetzung eines Versicherungsverhältnisses handelt;
e) wenn sich ergiebt, daß der Inhaber der Quittungkarte vor Beginn der Krankheit eine die Versicherungspflicht begründende Beschäftigung überhaupt nicht oder nur vorübergehend gehabt hat;
f) wenn sich ergiebt, daß der Erkrankte durch die Krankheit nicht verhindert worden ist, seine die Versicherungspflicht begründende Beschäftigung fortzusetzen. Hierhin gehört auch der Fall, daß für die Dauer der Krankheit wegen Fortsetzung des die Versicherungspflicht begründenden Arbeits- oder Dienstverhältnisses Beitragsmarken entrichtet worden sind.

Ferner ist bei Krankheiten, welche ununterbrochen länger als ein Jahr gewährt haben, die über diesen Zeitraum hinausreichende Dauer der Krankheit als Beitragszeit nicht anzurechnen, also auch nicht einzutragen.

21. Die Eintragung einer militärischen Dienstleistung bei Aufrechnung einer Quittungskarte ist zu versagen:
a) wenn zum Nachweise der Dienstleistung keine Militärpapiere vorgelegt worden sind (Ziffer 17 Absatz 1);
b) wenn es sich um militärische Dienstleistungen handelt, die nicht zur Erfüllung der Wehrpflicht stattgefunden haben; für die Dauer von Mobilmachungs- oder Kriegszeiten kommen jedoch auch solche Militärdienste in Anrechnung, die nicht zur Erfüllung der Wehrpflicht, sondern freiwillig geleistet worden sind;
c) wenn es sich um militärische Dienstleistungen von Selbstversicherten oder während der freiwilligen Fortsetzung eines Versicherungsverhältnisses handelt;
d) wenn sich ergiebt, daß der Inhaber der Quittungskarte vor Beginn der militärischen Dienstleistung eine die Versicherungspflicht begründende Beschäftigung überhaupt nicht oder nur vorübergehend gehabt hat.

22. In allen andern Fällen sind die Zeiten einer Krankheit oder militärischen Dienleistung bei der Aufrechnung der Quittungskarte zu berücksichtigen. Dies hat auch dann zu geschehen, wenn über die Anrechnungsfähigkeit derartiger Zeiten Zweifel verbleiben, deren alsbaldige Behebung nicht gelingt.

Dagegen hat die aufrechnende Stelle beim Vorliegen solcher Zweifel, ebenso aber auch dann, wenn die Anrechnung von ihr versagt worden ist, dem Versicherten einerseits sowie andererseits der für ihren Bezirk zuständigen Versicherungsanstalt oder dem Vertrauensmann oder einem Beamten der letzteren von dem ermittelten Thatsachen und dem obwaltenden Bedenken mit dem Anheimstellen Mittheilungen zu machen, für die Zwecke der demnächstigen Feststellung von Renten die etwa erforderlich erscheinenden anderweiten Feststellungen herbeizuführen.

Die Kosten der angestellten besonderen Ermittelungen sowie der Mittheilungen an die Versicherungsanstalt hat die letztere zu ersetzen (§ 141 des Gesetzes), sofern dieselben nicht nach allgemeinen Grundsätzen anderen Betheiligten zur Last fallen.

23. Sofern die aufrechnende Stelle Grund zu der Annahme hat, daß bei der Aufrechnung militärische Dienstleistungen oder Krankheitsfälle zu berücksichtigen sind, so hat sie dem Inhaber der Quittungskarte, sofern derselbe deren Anrechnung nicht selbst beantragt hat, die Beibringung der erforderlichen Nachweise von Amtswegen zu empfehlen und die Aufrechnung einstweilen auszusetzen.

24. Unter die Aufrechnung hat die aufrechnende Stelle den Ort und das Datum, sowie ihre dienstliche Bezeichnung (z. B. der Magistrat in Bromberg) zu setzen; der Unterschrift des aufrechnenden Beamten bedarf es nicht. Neben die Bezeichnung der aufrechnenden Stelle ist deren Stempel abzudrucken.

Zu c.

Bescheinigung über das Ergebniß der Aufrechnung.

25. Ueber das Ergebniß der Aufrechnung ist dem Inhaber der Quittungskarte eine Bescheinigung zu ertheilen, welche die aus der Aufrechnung sich ergebenden Endzahlen wiedergiebt. Für diese Bescheinigung wird das in der Anlage mitgetheilte Formular, welches der Aufrechnungstabelle in der Quittungskarte entspricht, empfohlen.

Die Bescheinigung ist in unmittelbarem Anschluß an die Aufrechnung auszustellen und Demjenigen, auf dessen Namen die aufgerechnete Quittungskarte lautet, oder seinem Beauftragten zuzustellen. Sofern die Zustellung nicht durch unmittelbare Aushändigung erfolgen kann, ist sie durch Boten oder die Post mittels eingeschriebenen Briefes (§ 139 a. a. O.) oder anderweit, jedenfalls aber dergestalt zu bewirken, daß dem Versicherten keine baaren Auslagen daraus erwachsen, die Thatsache der Zustellung aber aktenmäßig nachgewiesen werden kann. Wenn der Versicherte es unterlassen hat, einer Ladung zur Empfangnahme der Bescheiniguug Folge zu leisten, so kann die Zustellung der Bescheinigung auf seine Kosten erfolgen.

Einspruch gegen den Inhalt der Bescheinigung.

26. Gegen den Inhalt der Bescheinigung steht nach § 106 des Gesetzes dem Versicherten binnen zwei Wochen nach deren Aushändigung der Einspruch zu. Der Einspruch ist unter Vorlegung der Bescheinigung bei derjenigen Stelle zu erheben, welche die Quittungskarte aufgerechnet und die Bescheinigung ausgestellt hat; dieselbe Stelle hat auch über den Einspruch zu befinden.

Das Verfahren über den Einspruch ist an besondere Formen nicht gebunden. Wird der Einspruch als begründet anerkannt, so ist die Aufrechnung und die Bescheinigung entsprechend zu berichtigen. Die Zurückweisung des Einspruchs ist dem Einsprechenden mitzutheilen. Dies kann mündlich oder durch Zufertigung eines schriftlichen Bescheides geschehen, auf dessen Zustellung die obigen Vorschriften über die Zustellung der Bescheinigung Anwendung finden. Sind der Entscheidung förmliche Beweiserhebungen vorangegangen, so ist dem Einsprechenden auf seinen Antrag und seine Kosten Abschrift der Beweisverhandlungen zu ertheilen.

Rekurs.

27. Gegen die (völlige oder theilweise) Zurückweisung des Einspruchs findet binnen zwei Wochen nach Mittheilung der Entscheidung unter Vorlegung der Bescheinigung und des auf den Einspruch etwa ertheilten schriftlichen Bescheides Rekurs an die der bescheinigenden Stelle unmittelbar vorgesetzte Dienstbehörde statt. Der Rekurs kann sowohl bei dieser, als auch bei der Stelle, gegen deren Bescheid sich der Rekurs richtet, eingelegt werden.

Das Verfahren über den Rekurs ist an besondere Formen nicht gebunden. Die in demselben ergangene Entscheidung ist endgültig (§ 106 a. a. O.). Wird der Rekurs als begründet anerkannt, so ist die Aufrechnung und die Bescheinigung nöthigenfalls auf einem besonderen mit derselben zu verbindenden Blatt Papier mit farbiger Tinte entsprechend zu berichtigen. Die Entscheidung ist dem Beschwerdeführer unter Rückgabe der etwa berichtigten Bescheinigung mitzutheilen, die aufgerechnete Quittungskarte aber der aufrechnenden Stelle zurückzugeben.

Kosten des Verfahrens.

28. Aus dem Einspruch sollen dem Versicherten in der Regel keine Kosten erwachsen. Die über den Einspruch entscheidende Stelle ist jedoch befugt, demselben solche Kosten des Verfahrens zur Last zu legen, welche durch unbegründete Anträge desselben veranlaßt worden sind; indessen soll dies nur dann geschehen, wenn die Annahme begründet erscheint, daß der Versicherte sich der Grundlosigkeit seiner Anträge bewußt gewesen ist. Zu den vorstehend bezeichneten Kosten gehören auch

Porto-Auslagen. Die Auferlegung von Kosten ist zu begründen. Dieselbe kann mit dem gegen den Einspruch zugelassenen Rekurs angefochten werden. Auf die Kosten des Rekursverfahrens finden die allgemeinen Regeln über die Kosten der Beschwerden in Verwaltungsangelegenheiten Anwendung.

Zu d.

Einsendung der Quittungskarten u. s. w.

29. Die abgegebenen Quittungskarten sind sorgfältig aufzubewahren und spätestens in Zeiträumen von drei zu drei Monaten an die Versicherungsanstalt des Bezirks, in welchem die aufrechnende Stelle ihren Sitz hat, zu übersenden. Dabei ist auf thunlichste Ersparung von Kosten und demgemäß auf die gleichzeitige Uebersendung einer größeren Anzahl von Karten Bedacht zu nehmen. Etwaigen Wünschen der Versicherungsanstalt wegen Einhaltung kürzerer Einsendungstermine ist zu entsprechen. Vor Ablauf der Einspruchs- beziehungsweise der Rekursfrist und, sofern Einspruch bezw. Rekurs eingelegt ist, vor Erledigung desselben ist die betreffende Karte nicht abzusenden.

30. Auf Antrag des betreffenden Versicherten oder seines Arbeitgebers haben die Ausgabestellen mit einer Quittungskarte zugleich die in §§ 156 ff., § 161 a. a. O. bezeichneten Bescheinigungen und Nachweise über Beschäftigungen und Krankheitszeiten (vergl. Ziffer 17) des betreffenden Versicherten, welche in die Zeit vor dem Inkrafttreten des Gesetzes fallen, anzunehmen und mit der Quittungskarte an die Versicherungsanstalt des Bezirks behufs Weitersendung und Aufbewahrung bei derjenigen Versicherungsanstalt, an welche die betreffende Quittungskarte abzugeben ist, zu übersenden. Dabei sind die einzelnen Quittungskarten mit den für den betreffenden Inhaber ausgestellten Nachweisen derart zu verbinden, daß die Zusammengehörigkeit sofort ersichtlich wird, auch ist zur Wahrung der letzteren auf den Nachweisen die Nummer der Quittungskarte und der Name der Versicherungsanstalt, für welche sie ausgestellt sind, anzugeben. Das Gleiche gilt in Ansehung derjenigen Bescheinigungen, welche nach § 6 Absatz 2 des Gesetzes solchen Personen auszustellen sind, die aus einer vom Bundesrath zur Durchführung der Invaliditäts- und Altersversicherung zugelassenen besonderen Kasseneinrichtung ausscheiden. Militärpapiere sind in der Regel nicht anzunehmen, weil dieselben auch zu anderen Zwecken gebraucht werden und aus deren etwaiger Rückforderung aus dem Gewahrsam der Versicherungsanstalten Kosten und Weiterungen entstehen würden.

Die mit der Ausstellung und dem Umtausch von Quittungskarten betrauten Stellen haben in geeigneter Weise darauf hinzuwirken, daß von den Versicherten jene Nachweise und Bescheinigung Behufs sicherer Aufbewahrung bei den Versicherungsanstalten abgegeben werden.

C. Die Erneuerung (Ersetzung) von Quittungskarten.

Begriff.

31. Hat der Inhaber seine Quittungskarte verloren oder ist die Quittungskarte ganz oder theilweise zerstört oder aus einem anderen Grunde als wegen Füllung mit Beitragsmarken zur weiteren Verwendung unbrauchbar geworden, so ist der Inhaber berechtigt, die Ersetzung dieser Quittungskarte durch eine neue Quittungskarte zu beanspruchen (§ 105 a. a. O.). Bei dieser Erneuerung sind in die neue Quittungskarte „die bis zum Verlust der Karte entrichteten Beiträge, soweit dieselben nachweisbar geleistet worden sind, in beglaubigender Form zu übertragen“ (§ 105 des Gesetzes). Für das Verfahren muß zwischen der Außenseite und der Innenseite der Karte unterschieden werden.

Verfahren.

32. a) Die Außenseite erhält genau die Aufschriften der alten Karte, soweit dieselben nachweisbar sind, also auch die Nummer derselben. Oben am Kopf der Karte oder einer anderen, den genügenden Raum darbietenden Stelle ihrer Außenseite ist (handschriftlich oder durch Aufdrücken eines Stempels) der Vermerk „Erneuert" zu setzen; an dem für den Stempel bestimmten Platze ist der Stempel derjenigen Stelle abzudrucken, welche die Erneuerung vornimmt, auch wenn das frühere Exemplar von einer anderen Stelle ausgestellt gewesen ist. Einer Bezeichnung der erneuernden Stelle oder der Unterschrift der erneuernden Beamten bedarf es nicht.

33. b) In die Innenseite der Karte ist auf den zur Aufnahme von Marken bestimmten Feldern, oben links beginnend, mit thunlichster Raumersparniß einzutragen, wie viel Marken in der ersetzten Quittungskarte nachweislich für die einzelnen Lohnklassen und Versicherungsanstalten enthalten waren. Doppelmarken sind hierbei besonders aufzuführen. Diese Uebertragung der in der alten Karte nachgewiesenen Beiträge soll in der aus dem nachfolgenden Beispiel sich ergebenden Weise geschehen.

Bei Erneuerung der Karte übertragen:

10 M. II. V. A. Königreich Sachsen.
3 „ III. „ „ Provinz Brandenburg.
2 D.M. „ „ „ Schlesien.
(Bezeichnung der übertragenden Stelle)
(Unterschrift)............

Dabei bedeuten die Abkürzungen D.M. „Doppelmarken," V.A. „Versicherungsanstalt," die römischen Ziffern (I, II, III, IV) die Lohnklassen, die arabischen Ziffern die Anzahl von Marken, welche aus der betreffenden Lohnklasse und Versicherungsanstalt beigebracht waren. Dieser Vermerk soll von dem übertragenden Beamten durch seine Unterschrift beglaubigt werden. Eine Entfernung der auf der unbrauchbar gewordenen Quittungskarte vorhandenen Marken und deren anderweite Einklebung in die neue Karte ist unstatthaft.

34. Der Nachweis des Inhalts der zu erneuernden Karte ist Sache des Inhabers. Ist diese Karte ganz oder theilweise noch vorhanden, so ist deren Inhalt, soweit er erkennbar ist, ohne weitere Prüfung in die neue Karte einzutragen. Im Uebrigen bedarf es eines glaubhaften Nachweises. Zu einem glaubhaften Nachweis ist in der Regel die Vorlegung der Lohnlisten des Arbeitgebers oder eine zuverlässige Auskunft des Arbeitgebers oder der Mitarbeiter des Versicherten für ausreichend zu erachten.

35. Die erneuerte Karte ist dem Versicherten, seinem Beauftragten oder Vertreter auszuhändigen. War die ältere Karte, welche durch die neue ersetzt ist, ganz oder theilweise noch vorhanden, so ist dieselbe von der Ausgabestelle einzubehalten und mit dem Vermerk: „nach Erneuerung einbehalten" oder mit einem ähnlichem Vermerk und dem Stempel der erneuernden Stelle zu versehen. Die Aushändigung der neuen Karte soll der Regel nach Zug um Zug mit der Uebergabe der alten Karte geschehen.

Rechtsmittel.

36. Nach § 106 des Gesetzes ist der Versicherte befugt, binnen zwei Wochen nach Aushändigung der neuen Quittungskarte gegen den Inhalt der Uebertragung Einspruch zu erheben. Von dem Einspruch und dem weiteren Verfahren gilt das, was oben (Ziffer 26 bis 28) über den Einspruch gegen den Inhalt der Bescheinigung gesagt ist. Nach Ablauf der Einspruchs- beziehungsweise Rekursfrist,

eventuell nach Beendigung des Einspruchs- beziehungsweise Rekursverfahrens ist die alte Karte der für den Bezirk der erneuernden Stelle zuständigen Versicherungsanstalt einzusenden (Ziffer 29).

Besondere Fälle.

37. Eine Erneuerung der Karte findet, abgesehen von den Fällen des § 105 des Gesetzes, noch statt:

a) wenn die Karte wegen einer unzulässigen Eintragung Seitens einer Behörde angehalten wird (§ 108 Absatz 1 a. a. O.);
b) wenn im Falle des § 125 die untere Verwaltungsbehörde an Stelle der Vernichtung der irrthümlich beigebrachten Marken die Einziehung der Quittungskarte und die Uebertragung des Inhalts derselben auf eine neue Karte anordnet.

Ist die Behörde zur Ausstellung von Karten nicht berechtigt, so hat sie wegen Ausstellung der neuen Karte eine zuständige Stelle zu ersuchen.

Wegen des Verfahrens gilt das oben Bemerkte.

Schlußbestimmungen.

Kostenfreiheit.

38. Die Ausstellung, der Umtausch und die Erneuerung der Quittungskarte sowie die Ertheilung der Bescheinigung erfolgen kosten- und gebührenfrei.

Die Kosten der Quittungskarten trägt die Versicherungsanstalt, in deren Bezirk die mit der Ausstellung und dem Umtausch der Karten betraute Stelle ihren Sitz hat. (§ 101 Absatz 3 a. a. O.) Nur in zwei Fällen hat die Ausgabestelle für die Ausstellung einer Quittungskarte von den Betheiligten Kosten zu beanspruchen, welche letzteren auf fünf Pfennig für jede Karte festgesetzt werden, nämlich dann:

a) wenn der Versicherte, bevor seine Karte mit mindestens 30 Marken gefüllt oder die Gültigkeit der Karte gemäß § 104 des Gesetzes erloschen ist, die Ausstellung einer neuen Quittungskarte gegen Rückgabe der älteren Karte beantragt (§ 102 Absatz 2 a. a. O.);
b) wenn die Ausstellung der Karte um deswillen, weil der Versicherte selbst die rechtzeitige Beschaffung einer Karte zu Unrecht unterlassen hat, von dem Arbeitgeber beantragt wird (§ 101 des Gesetzes). Ist dagegen der Arbeitgeber bei einem Antrage auf Ausstellung einer Quittungskarte als freiwilliger Geschäftsführer oder als Beauftragter des Versicherten anzusehen, wie dies z. B. dann der Fall ist, wenn Unternehmer größerer Betriebe für ihre sämmtlichen Arbeiter die Anschaffung der Quittungskarten übernommen haben, so sind Kosten nicht zu fordern.

Im Zweifelsfall hat der Umtausch der Karte kostenfrei zu erfolgen.

Deutlichkeit der Eintragungen.

39. Alle Eintragungen sind deutlich und ohne Rasuren mit einer Tinte zu bewirken, welche weder verbleicht, noch verwischt oder abdruckt. Unentbehrliche Korrekturen dürfen nur durch einfaches Durchstreichen bewirkt werden.

Vermeidung von Gängen u. s. w.

40. Bei allen mit der Ausstellung, dem Umtausch und der Erneuerung von Quittungsbüchern zusammenhängenden Geschäften ist darauf zu achten, daß dem Versicherten wiederholte zeitraubende Gänge und sonstige Weiterungen erspart bleiben.

Vorrath von Quittungskarten.

41. Den Ausgabestellen wird von der für ihren Bezirk zuständigen Versicherungsanstalt die erforderliche Anzahl von Formularen zu Quittungskarten kostenlos zur Verfügung gestellt werden. Die spätere Ergänzung des Vorraths hat die Ausgabestelle bei der Versicherungsanstalt rechtzeitig zu beantragen; dabei sind die für Quittungskarten von den Betheiligten erhobenen Beträge (§§ 101 Absatz 1 und 102 Absatz 2 a. a. O.), vergl. vorstehend unter 38 zu verrechnen.

42. Ergiebt sich bei der Aufrechnung oder Erneuerung von Quittungskarten Grund zu der Annahme, daß von den Betheiligten zu Unrecht unterlassen worden sei, Marken in vorschriftsmäßiger Beschaffenheit und in zureichender Höhe zu verwenden, so hat die Ausgabestelle die Berichtigung nach Maßgabe des § 127 a. a. O. herbeizuführen.

Berlin, den 17. Oktober 1890.

Der Minister des Innern.
Herrfurth.

Der Minister für Handel und Gewerbe.
Freiherr von Berlepsch.

(Außenseite.)

Versicherungsanstalt: Provinz Sachsen ....

(Hier ist bei der **ersten** Quittungskarte der Name derjenigen Anstalt einzutragen, in deren Bezirk der Versicherte zu dieser Zeit beschäftigt ist, **jede folgende** Karte ist mit dem Namen der auf der nächstvorhergehenden Karte vermerkten Anstalt zu versehen.)

(Stempel der aufrechnenden Stelle.)

Ausgestellt von der Polizeiverwaltung in Wittenberg

(Bezeichnung der ausstellenden Stelle.)

am 3ten Januar **1891**

Zur Vermeidung der Ungültigkeit umzutauschen vor dem Schlusse des Jahres 1894

Quittungskarte № 1 für

Vor- u. Zuname Friederike Schulze ....

Berufsstellung zur Zeit der Ausstellung dieser Karte Dienstmädchen ....

geboren am 3ten Februar **im Jahre** 1865 ....

zu Schüren ... **Kreis Amt** Hörde in Westfalen ....

Die umstehenden Felder sind in der angegebenen Reihenfolge zum Einkleben der **Marken** (§. 99) zu benutzen; für jede Kalenderwoche, in welcher eine versicherungspflichtige Beschäftigung stattgefunden hat, muß eine Marke eingeklebt werden. Im Falle der Selbstversicherung, der freiwilligen Fortsetzung oder der Erneuerung der Versicherung müssen die für diese Fälle bestimmten besonderen **Doppelmarken** (Marken der **Versicherungsanstalt und Zusatzmarken** des Reichs, §§. 117, 120, 121) benutzt werden.

Invaliditäts- und Altersversicherungsgesetz vom 22. Juni 1889.

§. 108. Die Eintragung eines Urtheils über die Führung oder die Leistungen des Inhabers, sowie sonstige durch dieses Gesetz nicht vorgesehene Eintragungen oder Vermerke in oder an der Quittungskarte sind unzulässig. Quittungskarten, in welchen derartige Eintragungen oder Vermerke sich vorfinden, sind von jeder Behörde, welcher sie zugehen, einzubehalten. Die Behörde hat die Ersetzung derselben durch neue Karten, in welche der zulässige Inhalt der ersteren nach Maßgabe der Bestimmung des §. 105 zu übernehmen ist, zu veranlassen.

Dem Arbeitgeber, sowie Dritten ist untersagt, die Quittungskarte nach Einklebung der Marken wider den Willen des Inhabers zurückzubehalten. Auf die Zurückbehaltung der Karten seitens der zuständigen Behörden und Organe zu Zwecken des Umtausches, der Kontrole, Berichtigung, Aufrechnung oder Uebertragung findet diese Bestimmung keine Anwendung.

Quittungskarten, welche im Widerspruch mit dieser Vorschrift zurückbehalten werden, sind durch die Ortspolizeibehörde dem Zuwiderhandelnden abzunehmen und dem Berechtigten auszuhändigen. Der erstere bleibt dem letzteren für alle Nachtheile, welche diesem aus der Zuwiderhandlung erwachsen, verantwortlich.

§. 146. Personen, welche es unterlassen, im Falle der Selbstversicherung oder der freiwilligen Versicherung (§§. 8 und 117) die vorgeschriebenen Zusatzmarken zu verwenden, können, sofern nicht nach anderen Gesetzen eine höhere Strafe verwirkt ist, durch die untere Verwaltungsbehörde ihres Beschäftigungsortes mit Ordnungsstrafe bis zu einhundertfünfzig Mark bestraft worden.

§. 151. Wer in Quittungskarten Eintragungen oder Vermerke macht, welche nach §. 108 unzulässig sind, wird mit Geldstrafe bis zu zweitausend Mark oder mit Gefängniß bis zu sechs Monaten bestraft. Sind mildernde Umstände vorhanden, so kann statt der Gefängnißstrafe auf Haft erkannt werden.

(Innenseite.)

1	2	3	4	5	6	7	8
9	10	11	12	13	14	15	16
17	18	19	20	21	22	23	24

25	26	27	28
29	30	31	32
33	34	35	36
37	38	39	40
41	42	43	44
45	46	47	48
49	50	51	52

Aufrechnung der Quittungskarte.

Zahl der Beitragswochen in Lohnklasse	I	II	III	IV
	5	7	35	–

Dauer d. bescheinigten Krankheiten						Dauer militärisch. Dienstleistungen					
vom			bis einschließlich			vom			bis einschließlich		
19	3	1891	5	4	1891						

(Stempel der aufrechnenden Stelle.)

(Ort und Datum:) ....

(Bezeichnung der aufrechnenden Stelle.) ....

Bescheinigung

über die Endzahlen aus der **Aufrechnung der Quittungskarte Nr.** *1* für

die *Dienstmagd Friederike Schulze*

geboren am *3. II.* 1865 zu *Schüren* (Kreis / Amt) *Hörde in Westfalen*

— Versicherungsanstalt: *Provinz Sachsen* —

(Namen der Anstalt, welche auf der aufgerechneten Karte verzeichnet ist.)

Zahl der Beitragswochen (Wochenmarken) in Lohnklasse	I	II	III	IV
	5	7	35	—

Dauer der bescheinigten Krankheiten						Dauer militärischer Dienstleistung					
vom			bis einschließlich			vom			bis einschließlich		
19	3	1891	5	4	1891						

(Ort und Datum.) *Merseburg, den 5. Januar 1892.*

(L. S.) (Bezeichnung der aufrechnenden und bescheinigenden Stelle.)

(Die Polizeiverwaltung.)

Anlage VI.

Rundschreiben

an die Vorstände der auf Grund des Invaliditäts- und Altersversicherungsgesetzes errichteten Versicherungsanstalten, betreffend die Auszahlungen durch die Post.

Vom 29. Oktober 1890. — R. V. A. II. 1178.

Das Reichsversicherungsamt läßt dem Vorstande anbei zwei Abdrücke der im Einvernehmen mit den Zentral-Postbehörden unter dem heutigen Tage festgestellten Geschäftsanweisung, betreffend die Auszahlungen durch die Post, mit dem ergebensten Ersuchen zugehen, die Vorschriften der Anweisung gefälligst beachten zu wollen. Im Uebrigen wird Folgendes ergebenst bemerkt:

1. In der Geschäftsanweisung ist die Trennung der sämmtlichen Muster in solche für die Invaliditäts- und in solche für die Altersversicherung festgehalten. Diese Trennung war mit Rücksicht auf die bei den Versicherungsanstalten sowohl wie bei dem Rechnungsbüreau einzuführende gesonderte Registerführung über die Invaliditäts- und die Altersrenten geboten.

2. Für den Berechtigungsausweis (§ 4 der Geschäftsanweisung) ist, wie bei den auf Grund der Unfallversicherungsgesetze zu zahlenden Renten, am zweckmäßigsten eine Abschrift der Zahlungsanweisung an die Post (Muster **A** 1 und 2 und **J** 1 und 2) zu verwenden und darunter zu setzen:

Als Berechtigungsausweis ausgefertigt.
Ort, Datum.
Der Vorstand der Versicherungsanstalt . . . . . .
(Siegel) Unterschrift.

(Vgl. Bescheid 78, Amtliche Nachrichten des R. V. A. 1885 S. 354.)

3. Auf die rechtzeitige Aushändigung der Quittungsformulare an die Rentenberechtigten (§ 5 der Geschäftsanweisung) ist besonderer Werth zu legen. In dieser Beziehung wird das an die Vorstände der Berufsgenossenschaften gerichtete Rundschreiben vom 24. Dezember 1887 (Amtliche Nachrichten des R. V. A. 1888 Seite 4 Ziffer 2) entsprechende Anwendung zu finden haben.

4. Bei der im § 8 der Geschäftsanweisung zugelassenen Wiedereinziehung von überhobenen Rentenbeträgen wird nach den in dem Bescheide 690 des Reichs-Versicherungsamts vom 18. Januar 1889 (Amtliche Nachrichten des R. V. A. Seite 167) betonten Gesichtspunkten mit möglichster Schonung des Rentenberechtigten vorzugehen und ferner zu berücksichtigen sein, daß die auf Grund des Invaliditäts- und Altersversicherungsgesetzes gewährten Renten im Allgemeinen erheblich niedriger sind, als die nach den Unfallversicherungsgesetzen den Verletzten zustehenden Entschädigungen.

5. Bei der Herstellung der Formulare (§ 10 der Geschäftsanweisung) sind, und zwar sowohl bezüglich der Höhe und Breite des Papiers und der Druckfläche, als auch bezüglich der Vertheilung des Vordrucks und der Art der zur

Verwendung gelangenden Typen, die der Geschäftsanweisung beigefügten Muster gefl. auf das Genaueste zu beachten. Für diejenigen Versicherungsanstalten, welche von der eigenen Herstellung der Formulare absehen wollen, wird ergebenst bemerkt, daß letztere in vorschriftsmäßiger Form und Ausstattung von der Buchhandlung von A. Asher & Co. in Berlin, Unter den Linden Nr. 13, zu Partiepreisen zu beziehen sind.

6. Das in den Mustern auf der linken Seite des Kopfes vorgesehene Rentenzeichen, über dessen Zusammensetzung und Bedeutung die Vorschriften, betreffend die Art und Form der Rechnungsführung, vom 30. Oktober 1890 das Erforderliche enthalten, wird stets in deutlicher und kräftiger Schrift einzutragen sein, weil sonst die Auffindung des Rentenberechtigten in den umfangreichen Listen schwer ausführbar sein würde.

Die für die Rentenzeichen maßgebenden Ordnungsnummern der Versicherungsanstalten sind aus der folgenden Nachweisung zu ersehen:

Ordnungs-Nr.	Versicherungs-Anstalt.*)	Sitz.	Ordnungs-Nr.	Versicherungs-Anstalt.*)	Sitz.
1	Ostpreußen	Königsberg i. Pr.			
2	Westpreußen . . .	Danzig.	18	Oberfranken	Bayreuth.
3	Berlin	Berlin.	19	Mittelfranken . . .	Ansbach.
4	Brandenburg . . .	Berlin.	20	Unterfranken und Aschaffenburg . .	Würzburg.
5	Pommern	Stettin.	21	Schwaben und Neuburg	Augsburg.
6	Posen	Posen.	22	Königreich Sachsen	Dresden.
7	Schlesien	Breslau.	23	Württemberg . . .	Stuttgart.
8	Sachsen-Anhalt . .	Merseburg.	24	Baden	Karlsruhe.
9	Schleswig-Holstein	Kiel.	25	Großh. Hessen . .	Darmstadt.
10	Hannover	Hannover.	26	Mecklenburg	Schwerin i. M.
11	Westfalen	Münster i. W.	27	Thüringen	Weimar.
12	Hessen-Nassau . . .	Kassel.	28	Oldenburg	Oldenburg
13	Rheinprovinz . . .	Düsseldorf.	29	Braunschweig . . .	Braunschweig.
14	Oberbayern	München.	30	Hansestädte	Lübeck.
15	Niederbayern . . .	Landshut.	31	Elsaß-Lothringen .	Straßburg i. E.
16	Pfalz	Speyer.			
17	Oberpfalz und Regensburg	Regensburg.			

7. In Spalte II b der Muster A 1 und J 1 sind die Rentenberechtigten nur dann aufzuführen, wenn für dieselben eine andere Person (Vormund, Pfleger ꝛc.) die Rente in Empfang nimmt. Falls der Rentenberechtigte zugleich der Empfänger ist, genügt in Spalte II b ein kurzer Hinweis auf den Zahlungsempfänger.

8. In den Mustern A 2 und J 2 sind die am häufigsten eintretenden Fälle der einmaligen Zahlungen vorgedruckt. Wegen der nach §§ 30 und 31 des Gesetzes zu gewährenden Beitragserstattungen, deren Zahlung erst nach Ablauf von fünf Beitragsjahren in Frage kommen kann, bleibt eine besondere Regelung vorbehalten.

---

*) Ein Verzeichniß, welches die zum Theil noch nicht feststehenden genauen Bezeichnungen der Versicherungsanstalten enthält, wird seiner Zeit veröffentlicht werden.

Bemerkt wird noch, daß die gemäß § 12 des Gesetzes von den Versicherungsanstalten zu erstattenden Kosten des Heilverfahrens nicht vorschußweise durch die Post gezahlt werden dürfen (vgl. §§ 91, 94 und 95 des Gesetzes).

9. Da die vom Bundesrath zugelassenen besonderen Kasseneinrichtungen gemäß § 94 des Gesetzes berechtigt sind, die von ihnen bewilligten Renten durch die Post zahlen zu lassen, so werden die Vorschriften der Geschäftsanweisung für diese Kasseneinrichtungen entsprechende Anwendung zu finden haben. Damit die Postverwaltungen die Rechtsgültigkeit der von den Kasseneinrichtungen erlassenen Zahlungsanweisungen prüfen können, ist es erforderlich, daß die zur Zeichnung der Anweisungen befugten Personen der Postbehörde bekannt gegeben werden. Soweit die Kasseneinrichtungen durch Behörden vertreten werden, fällt dieses Erforderniß weg (vgl. § 12 der Geschäftsanweisung).

10. Zur Veranschaulichnng und Erleichterung des Gebrauchs der Muster sind letztere, mit Probebeispielen ausgefüllt, hier angeschlossen.*)

Das Reichs-Versicherungsamt.
Dr. Bödiker.

Geschäftsanweisung

für die Vorstände der auf Grund des Invaliditäts- und Altersversicherungsgesetzes errichteten Versicherungsanstalten, betreffend die Auszahlungen durch die Post.

Vom 29. Oktober 1890.

Zur Ausführung der in den §§ 91 und 94 des Invaliditäts- und Altersversicherungsgesetzes vom 22. Juni 1889 (Reichs-Gesetzbl. S. 97) enthaltenen Vorschriften über die Auszahlung der Renten durch die Postverwaltungen bestimmt das Reichs-Versicherungsamt, im Einvernehmen mit den Zentral-Postbehörden, was folgt:

§ 1. Die Zahlungsanweisungen sind unter Benutzung der anliegenden Muster**) A 1 und 2 und J 1 und 2 für jeden Zahlungsempfänger besonders auszufertigen.

Für die Altersrenten dient bei der Anweisung fortlaufender Zahlungen das Muster A 1, bei der Anweisung einmaliger Zahlungen das Muster A 2, für die Invalidenrenten bei der Anweisung fortlaufender Zahlungen das Muster J 1, bei der Anweisung einmaliger Zahlungen das Muster J 2.

Die einmaligen Zahlungen an Gemeinden oder Armenverbände gemäß § 35 des Gesetzes, sowie die Kapitalabfindungen an Ausländer (§ 14 des Gesetzes) sind als Invaliden- oder als Altersrenten zu betrachten, je nachdem ihr Ursprung in der einen oder der anderen Art von Renten zu finden ist.

---

*) Die Anlagen sind nicht zum Abdruck gelangt. (A. d. V.)
**) Die Muster sind nicht zum Abdruck gelangt. (A. d. V.)

Sind mehrere fortlaufende oder mehrere einmalige Zahlungen zu Händen desselben Empfängers zu bewirken, so ist nur eine Anweisung auszustellen, auch wenn der Empfänger die Zahlung für mehrere Berechtigte zu erhalten hat.

Der Vordruck in den Zahlungsanweisungen zur Bezeichnung der Postanstalt, welche die Zahlung zu leisten hat, ist von der Versicherungsanstalt nicht auszufüllen.

§ 2. Die Zahlungsanweisungen sind in einer Ausfertigung unter Briefumschlag (ohne Anschreiben) an die Obere Postbehörde, in deren Bezirk die Versicherungsanstalt ihren Sitz hat, und zwar im Reichs-Postgebiet an die Ober-Postdirektion, in Bayern an das Ober-Postamt, in Württemberg an die Generaldirektion der Posten und Telegraphen zu Stuttgart einzusenden. Diese Behörden werden ihrerseits die Weiterbeförderung der Zahlungsanweisung an die mit der Zahlung beauftragte Postanstalt, erforderlichenfalls durch Vermittelung der anderweit zuständigen Oberen Postbehörde, veranlassen.

§ 3. Die Urschrift jeder Zahlungsanweisung ist bei den Akten der Versicherungsanstalt zurückzubehalten, damit auf Grund derselben die dem Vorstande zugehenden Nachweisungen der Postverwaltungen über die geleisteten Zahlungen einer Prüfung unterzogen werden können.

§ 4. Der Berechtigungsausweis (zu vergleichen §§ 86, 91 des Gesetzes) darf nicht ohne gleichzeitige oder vorgängige Absendung der Zahlungsanweisung abgeschickt werden. In demselben erfolgt die Angabe der mit der Zahlung beauftragten Postanstalt durch den Hinweis, daß die Zahlung durch diejenige Postanstalt werde geleistet werden, in deren Bezirk der Wohnort (die Wohnung) des Empfangsberechtigten liegt. Von der Nennung des Namens dieser Postanstalt ist abzusehen.

§ 5. Quittungen über einmalige Zahlungen (Muster A 2 und J 2) werden auf der Anweisung selbst vollzogen. Soll von der Beglaubigung der Unterschrift des Zahlungsempfängers abgesehen werden, so ist dies durch Streichung des Vordrucks für die Beglaubigung oder durch einen besonderen Vermerk („ohne Beglaubigung", „Beglaubigung erlassen" u. s. w.) zum Ausdruck zu bringen. Doch sind in solchem Falle die Postverwaltungen für Irrungen, welche sich aus dem Fortfall der Beglaubigung ergeben, nicht verantwortlich.

Ueber fortlaufende Zahlungen sind besondere Quittungen, je eine zu jeder Zahlungsanweisung, unter Verwendung der anliegenden*) Muster A 3 und J 3 auszufertigen. Die Vorstände werden die Zahlungsempfänger rechtzeitig in den Besitz der erforderlichen Quittungsformulare setzen.

§ 6. Ist aus irgend einem Grund die Zahlung der durch eine Zahlungsanweisung angewiesenen Beträge ganz oder theilweise einzustellen, so hat der Vorstand unter Beobachtung der Bestimmungen des § 2 eine Anweisung zur Einstellung der Zahlung (Wegfallanweisung) der Oberen Postbehörde einzusenden. Zu den Wegfallanweisungen sind die anliegenden*) Muster A 4 und J 4 zu verwenden.

§ 7. Beantragt der Empfänger einer fortlaufenden Zahlung aus Anlaß der Verlegung seines Wohnsitzes in den Bezirk einer anderen Postanstalt bei der Versicherungsanstalt die Ueberweisung der Auszahlung an die Postanstalt seines neuen Wohnortes, so hat der Vorstand, wenn der neue Wohnort im Bezirke derselben Oberen Postbehörde liegt, diese um Veranlassung des Weiteren zu ersuchen, andernfalls eine Wegfallanweisung für die bisher beauftragte Postanstalt nach § 6 und eine Zahlungsanweisung für die Postanstalt des neuen Wohnortes nach §§ 1 und 2 der Oberen Postbehörde einzusenden.

---

*) Die Muster sind nicht zum Abdruck gelangt. (A. d. V.)

Anträge auf künftige Auszahlung einer fortlaufenden Rente durch eine Postanstalt im Bezirk derselben Oberen Postbehörde können auch bei der Postanstalt, an welche die Anweisung ergangen ist, angebracht werden. Dieselbe legt in solchem Falle die Anweisung mit dem schriftlichen Antrage beziehungsweise einem Vermerk über den mündlichen Antrag der Oberen Postbehörde vor, welche ihrerseits — unter Benachrichtigung der Versicherungsanstalt von der Aenderung — die Anweisung an die neue Postanstalt abgiebt.

§ 8. Treten bei fortlaufenden Zahlungen, abgesehen von den Fällen der §§ 6 und 7, Umstände ein, welche eine Aenderung der Zahlungsanweisung nöthig machen, z. B. Erhöhung oder Herabsetzung der Rente im schiedsgerichtlichen Verfahren rc., so hat der Vorstand eine Wegfallanweisung bezüglich der bisherigen Zahlungen und gleichzeitig eine neue Zahlungsanweisung der Oberen Postbehörde einzusenden. In der neuen Zahlungsanweisung sind die fortan zu leistenden Zahlungen vollständig anzugeben; eine Bezugnahme auf den Inhalt der früheren Anweisung ist ausgeschlossen.

Ist auf Grund der früheren Anweisung zu viel gezahlt worden, so findet eine Vermittelung der Post bei der Wiedereinziehung des überhobenen Betrages nur im Wege der Kürzung der für die Folge zahlbaren Rente statt. In der neuen Zahlungsanweisung sind zu diesem Zwecke die Monate, für welche eine Kürzung einzutreten hat, die einzubehaltenden und die zahlbar bleibenden Beträge anzugeben.

§ 9. Hat der Rentenempfänger in Folge der Wegfallanweisung nichts mehr oder doch weniger, als bisher zu erheben, so wird die Versicherungsanstalt (außer der an die Post zu erlassenden Wegfallanweisung und beziehungsweise neuen Zahlungsanweisung) ihm sofort eine Benachrichtigung von der geschehenen Aenderung in der Anweisung an die Post zusenden. Daneben ist eine unmittelbare (erforderlichenfalls telegraphische) Benachrichtigung der Postanstalt, welche bisher die Zahlung geleistet hat, zulässig und in den Fällen, in welchen sonst eine Wiedereinziehung überhobener Beträge stattfinden würde, auch den Interessen der Rentenempfänger entsprechend.

§ 10. Die Formulare zu Zahlungsanweisungen, Wegfallanweisungen und Rentenquittungen sind in der Größe eines halben Bogens in dem für die Reichsbehörden festgesetzten Aktenpapier-Format mittelst Buchdrucks herzustellen. Sie müssen hinsichtlich des Druckes den dieser Geschäftsanweisung beigefügten Mustern entsprechen.

Zu den Wegfallanweisungen ist rothes, zu den Anweisungen über fortlaufende Zahlungen starkes weißes und zu den übrigen Formularen gewöhnliches weißes Papier zu verwenden.

§ 11. Die Ausfüllung der Formulare hat in leserlicher Schrift zu erfolgen. Die Monatsnamen sind auszuschreiben. Im Einzelnen ist folgendes zu beachten:

Die Person des Zahlungsempfängers ist in der ersten Abtheilung so genau zu bezeichnen, daß jeder Ungewißheit vorgebeugt wird; insbesondere empfiehlt es sich, bei der Angabe des Wohnortes den Verwaltungsbezirk (Kreis, Amt, Regierungsbezirk) und den Staat, in welchem der Wohnort belegen ist, zu bezeichnen.

Die zu zahlenden Beträge müssen aus der Anweisung zu ersehen sein, ohne daß es hierzu einer Berechnung bedarf.

Die Versicherungsanstalten haben auf der im Kopf unter der Bezeichnung der Versicherungsanstalt vorgesehenen Linie zur Kennzeichnung der Renten das Rentenzeichen in kräftiger Schrift anzugeben.

§ 12. Vorstehende Bestimmungen finden auf die gemäß §§ 5 bis 7 des Gesetzes zugelassenen besonderen Kasseneinrichtungen, welche die von ihnen festgesetzten Alters- und Invalidenrenten durch Vermittelung der Postanstalten zahlen, entsprechende Anwendung. Soweit diese Kasseneinrichtungen nicht durch Behörden vertreten werden, haben dieselben die Unterschriften ihrer Mitglieder, welche bei der Vollziehung von Zahlungsanweisungen mitzuwirken befugt sind, bei derjenigen Oberen Postbehörde zu hinterlegen, in deren Bezirk die Kasseneinrichtung ihren Sitz hat.

§ 13. Diese Geschäftsanweisung tritt gleichzeitig mit dem Invaliditäts- und Altersversicherungsgesetz in Kraft.

Berlin, den 29. Oktober 1890.

Das Reichs-Versicherungsamt.

Dr. Bödiker.

Anlage VII.

Rundschreiben

an die Vorstände der Versicherungsanstalten, betreffend die Art und Form der Rechnungsführung (§ 130 Absatz 2 des Invaliditäts- und Altersversicherungsgesetzes).

Vom 30. Oktober 1890.

Das Reichs-Versicherungsamt übersendet dem Vorstande anbei zwei Abdrücke der diesseits unter dem heutigen Tage erlassenen Vorschriften, betreffend die Art und Form der Rechnungsführung bei den Versicherungsanstalten, zur gefälligen Beachtung mit dem ergebensten Bemerken, daß in der mit den gewählten Vertretern der Versicherungsanstalten am 16. und 17. Oktober 1890 abgehaltenen engeren Conferenz über alle wesentlichen Punkte ein volles Einverständniß erzielt worden ist.

Im Einzelnen wird zu den Vorschriften das Folgende hervorgehoben:

1. Die Vorschriften beschränken sich auf den Erlaß derjenigen Bestimmungen, welche unentbehrlich sind, um bei den Versicherungsanstalten eine einheitliche und übersichtliche Rechnungsführnng einschließlich des hiermit zusammenhängenden Verkehrs mit dem Rechnungsbüreau des Reichs-Versicherungsamts herbeizuführen und jederzeit den Vermögensbestand der Versicherungsanstalten erkennen zu lassen. Werden von den Vorständen der Versicherungsanstalten außer den hier vorgeschriebenen Büchern und Listen noch besondere Kontrolbücher für erforderlich erachtet, so bleibt es ihnen überlassen, deren Führung anzuordnen. Dies gilt z. B. für die bei umfangreicheren Verwaltungen üblichen Bücher zur Kontrolirung der Inventarien und Materialien, für Einnahmekontrolen, Strafregister u. A. m.

Auch die Regelung der „Kassenführung" im engeren Sinne bleibt den Versicherungsanstalten vorbehalten. Es werden daher von diesen die Bestimmungen über den Verkehr des Publikums in der Kasse, über die Diensteintheilung unter den Kassenbeamten, über die besonderen Rechte und Pflichten der einzelnen Beamten, insbesondere die Kautionsleistung derselben, über die Form der Kassenanweisungen, die Aufbewahrung der Beläge, sowie über die Verwahrung der Gelder und Werthpapiere zu treffen sein.

Dagegen sind die Vorschriften über die Kassenrevisionen aufgenommen worden, weil nur durch die Revisionen festgestellt werden kann, ob die Buch- und Rechnungsführung eine ordnungsmäßige ist und den bestehenden Vorschriften entspricht.

2. Die Vorschriften über die Buchführung lehnen sich an die im Allgemeinen für staatliche Kassen bestehenden Bestimmungen an. Die Grundlage der Buchführung bildet die Eintragung der Einnahmen und Ausgaben in das chronologisch zu führende Tagebuch (Journal) und in die systematisch anzulegenden Handbücher (Manuale). Daneben sind besondere Bücher für den Markenverkehr und die von den Versicherungsanstalten angekauften Werthpapiere und sonstigen Kapitalanlagen vorgesehen. Die letzteren sollen dazu dienen, eine Uebersicht über den Kapitalbestand der Versicherungsanstalten zu gewähren und die Kontrolirung der vorhandenen Werthpapiere bezüglich der Verzinsung, Ausloosung u. s. w. zu ermöglichen;

die ersteren sollen den Bestand an Marken und die Belastung der an dem Verkaufe der Marken betheiligten einzelnen Abrechnungsstellen erkennen lassen.

3. Von der Aufstellung eines Musters für das Tagebuch und die Handbücher ist abgesehen worden. Die Art der Einrichtung dieser Bücher im Einzelnen ist daher den Versicherungsanstalten freigestellt; doch müssen mindestens die in den §§ 2 und 3 der Vorschriften vorgesehenen Eintragungen darin enthalten sein.

Die Handbücher, welche nach § 3 der Vorschriften die Grundlage der Jahresrechnung bilden, können unmittelbar als Konzept dieser Rechnung verwendet werden.

Wenn im § 3 Absatz 2 b der Vorschriften bestimmt ist, daß in die Handbücher das rechnungsmäßige Soll „nach den Kassenanweisungen" einzutragen ist, so wird dazu ergebenst bemerkt, daß hierbei an Stelle der Kassenanweisungen der Etat der Versicherungsanstalt zu treten hat, soweit die Kasse der Versicherungsanstalt ermächtigt ist, nach Maßgabe des Etats Zahlungen zu leisten oder anzunehmen.

Alle Einnahmen der Versicherungsanstalt, für welche ein besonderer Titel nicht vorgesehen ist, sind bei Kapitel VIII (zu vergleichen Anlage I der Vorschriften) zu buchen. Dies gilt insbesondere bezüglich der gemäß §§ 101 und 102 des Gesetzes vereinnahmten Beträge für Quittungskarten und bezüglich der nach § 128 des Gesetzes der Versicherungsanstalt erstatteten Kosten der Kontrole.

4. Ein besonderes Konto im Markenabrechnungsbuche ist nur für die „Abrechnungsstellen" einzurichten (§ 4 der Vorschriften). Als Abrechnungsstellen sind diejenigen Verkaufsstellen nicht anzusehen, denen ein eiserner Bestand von Marken überwiesen ist, oder welche die ihrerseits abzusetzenden Marken gegen Baarzahlung einkaufen. Zur Kontrolirung der ersteren wird es genügen, wenn die Beträge der eisernen Bestände in ein zu diesem Zwecke anzulegendes Register eingetragen werden.

Die Abrechnung über den Erlös aus Doppelmarken wird sich verschieden gestalten, je nachdem der Verkauf derselben durch die Post oder durch private Verkaufsstellen geschieht. Seitens der letzteren ist der ganze Erlös aus den Doppelmarken an die Versicherungsanstalten abzuführen, die ihrerseits den auf das Reich entfallenden Antheil an dieses zu erstatten und eine entsprechende Abschreibung in ihren Büchern vorzunehmen haben.

5. Der im § 10 der Vorschriften angeordnete monatliche Abschluß des Tagebuches ist im Interesse einer geregelten Kassenführung und im Hinblick auf die allmonatlich stattfindende Revision der Kasse für erforderlich erachtet worden, wogegen die Handbücher mindestens vierteljährlich abzuschließen sind.

Bei der Abschließung der Kassenbücher am Schlusse des Rechnungsjahres entstehen insofern Schwierigkeiten, als die Schlußnachweisung des Rechnungsbüreaus über die Vertheilung der Renten (§ 93 des Gesetzes), welche die hauptsächlichsten Ausgaben der Versicherungsanstalten enthält, voraussichtlich nicht vor der Mitte des auf den Abschluß folgenden Jahres den Versicherungsanstalten zugehen wird. Aus diesem Grunde müssen diejenigen Kassenbücher, in denen die Rentenzahlungen gebucht werden, bis zum Eingang der Schlußnachweisung offen gehalten werden. Aehnlich liegen die Verhältnisse bei den Abrechnungen der Oberen Postbehörden über die von ihnen verkauften Marken. Auch hier werden die Abrechnungen erst einige Zeit nach Ablauf des Jahres den Versicherungsanstalten zugehen; bei der Bedeutung dieses Einnahmezweiges der Versicherungsanstalten ist daher ein Abschluß auch der hierauf bezüglichen Bücher vor Eingang jener Abrechnungen nicht angängig. Dagegen wird es für die übrigen Kassenbücher genügen, wenn dieselben noch zwei Monate nach Ablauf des Rechnungsjahres offen gehalten werden, um während dieser Zeit die in das Vorjahr gehörenden Einnahmen und Ausgaben buchen zu können.

In Betreff der Aufstellung und Abnahme der Jahresrechnung ist im § 54 Ziffer 8 und § 64 Ziffer 4 des Gesetzes den Landes-Zentralbehörden die Befugniß zum Erlasse von Vorschriften gegeben; eventuell hat das Statut hierüber Bestimmung zu treffen. Insbesondere regelt sich hiernach die Frist für die Aufstellung der Jahresrechnung und die Art der Abnahme derselben; auch werden die Bestimmungen des Statuts über die Veröffentlichung der Rechnungsabschlüsse (§ 54 Ziffer 9 des Gesetzes) zu beachten sein.

6. Die Absonderung der in dem Abschnitt III der Vorschriften angeordneten Rentenlisten von der Buchführung (Abschnitt I) ist aus dem Grunde erfolgt, weil durch die Rentenlisten der Verkehr der Versicherungsanstalten mit dem Rechnungsbüreau geregelt wird.

Die Eintragung der Renten in die Listen des Rechnungsbüreaus soll in gleicher Weise erfolgen, wie bei den Versicherungsanstalten selbst, so daß eine vollständige Uebereinstimmung zwischen den beiderseitigen Listen stattfinden, und das Rechnungsbüreau bei den fortlaufenden Zahlen der Rentenzeichen in der Lage sein wird, die Vollständigkeit der Mittheilungen über Rentenzahlungen ꝛc. zu kontroliren.

Die für die Rentenzeichen maßgebenden Ordnungsnummern der einzelnen Versicherungsanstalten sind in dem Rundschreiben, betreffend die Auszahlungen durch die Post, vom 29. Oktober 1890 mitgetheilt worden.

Da die Renten sogleich nach ihrer Festsetzung gezahlt werden müssen, während die Vertheilung derselben durch das Rechnungsbüreau erst dann stattfindet, wenn die Rente entgültig feststeht (§ 87 des Gesetzes), so mußte behufs Erzielung der Uebereinstimmung zwischen den Rentenlisten der Versicherungsanstalten und des Rechnungsbüreaus einerseits und den Zahlungslisten der Postverwaltungen andererseits darauf Bedacht genommen werden, die Renten schon vor der Vertheilung in die ersterwähnten Rentenlisten aufzunehmen. Dies wird dadurch erreicht, daß alle von einer Versicherungsanstalt festgesetzten (eigenen) Renten, so lange die Vertheilung noch nicht erfolgt ist, zum ganzen Betrage der festsetzenden Versicherungsanstalt vorschußweise zur Last gestellt werden (vergleiche die Spalten 4 und 5 der Rentenliste E). Nach beendigter Vertheilung wird sodann der Betrag, welcher auf die übrigen betheiligten Versicherungsanstalten entfällt, der festsetzenden Versicherungsanstalt wieder erstattet (vergleiche die Spalten 37 bis 40 der Rentenliste E).

Die Ausfüllung der Spalten 24 bis 36 der Rentenlisten, welche die Vertheilung der Renten auf die einzelnen Lohnklassen enthalten, ist zunächst nicht in bindender Weise vorgeschrieben worden. Das Reichs-Versicherungsamt behält sich indessen eine Prüfung der Frage vor, ob und inwieweit die Ausfüllung jener Spalten etwa mittelst der auf Grund des § 130 Absatz 1 des Gesetzes späterhin zu erlassenden Anweisung, betreffend die von den Versicherungsanstalten einzureichenden Uebersichten über ihre Geschäfts- und Rechnungsergebnisse (vergleiche Ziffer 11 dieses Rundschreibens) anzuordnen sein wird.

Als „Soll“ in Spalte 12 der Rentenliste ist stets der auf das ganze laufende Rechnungsjahr entfallende Rentenbetrag vorzutragen, und zwar auch dann, wenn die Versicherungsanstalt inzwischen davon Kenntniß erlangt hat, daß die Rente im Laufe des Jahres aus irgend einem Grunde in Wegfall gekommen ist.

7. Nach § 87 des Gesetzes ist die von dem Vorstande der Versicherungsanstalt dem Rechnungsbüreau einzureichende Ausfertigung des Bescheides mit der Bescheinigung der Rechtskraft zu versehen (vergl. Anlage VIII der Vorschriften). Da nun die Einlegung der Berufung nach § 77 des Gesetzes nicht bei der Versicherungsanstalt, sondern bei dem Vorsitzenden des Schiedsgerichts erfolgt, der Anstaltsvorstand also durch eine geraume Zeit von der erfolgten Einlegung des Rechtsmittels nichts zu erfahren braucht, so ist im § 20 der Vorschriften für die Einreichung der Ausfertigung des Bescheides an das Rechnungsbüreau eine Frist

von acht Wochen nach der Zustellung des Bescheides an den Versicherten festgesetzt worden. Hierbei ist davon ausgegangen, daß, wenn der Vorstand bis zum Ablaufe jener Frist eine Mittheilung von der Einlegung der Berufung nicht erhalten hat, er zu der Annahme, daß die rechtzeitige Einlegung des Rechtsmittels unterblieben ist, berechtigt und daher im Stande sein werde, die Rechtskraft des Bescheides zu bescheinigen.

Das Entsprechende gilt, wenn es sich um Einlegung der Revision gegen die Bescheinigung des Schiedsgerichts handelt.

8. Zu der Anlage X der Vorschriften wird bemerkt, daß die aus den einzelnen Spalten des Musters sich ergebenden Angaben zur Prüfung der Versicherungspflichtigkeit 2c. des betreffenden Rentenempfängers nöthig sind. Es wird sich deshalb empfehlen, wenn die Versicherungsanstalten nach Möglichkeit auch die zu beschaffenden Nachweise in der dem Muster entsprechenden Form durch die betheiligten Behörden 2c. ausstellen lassen.

9. Das in den Vorschriften vorgesehene alphabetische Verzeichniß der Rentenempfänger wird sich aus dem Grunde als nützlich erweisen, weil nicht selten in den an die Versicherungsanstalten gelangenden Anzeigen von Behörden, Vertrauensmännern 2c. die Angabe des Rentenzeichens, welches als Kennzeichen des Rentenempfängers in den Rentenlisten dient, fehlen wird. Eine Rückfrage bei dem Anzeigenden wegen Ermittelung des Rentenzeichens würde nicht allein den Geschäftsgang verzögern, sondern in manchen Fällen auch ergebnißlos sein. Es empfiehlt sich insbesondere, alsbald ein alphabetisches Verzeichniß derjenigen Rentenempfänger, deren Renten von der betreffenden Versicherungsanstalt festgesetzt sind, anzulegen. Die Aufnahme derjenigen Rentenempfänger, welche zwar im Bezirke der Versicherungsanstalt wohnen, deren Renten aber von anderen Versicherungsanstalten festgesetzt sind, würde nur dann zu erfolgen haben, wenn die Kontrolirung dieser Rentenempfänger auf Ersuchen der letzteren Versicherungsanstalten übernommen ist.

Sollte bei der steigenden Zahl von Rentenempfängern das nach Buchstaben getheilte Register keine ausreichende Uebersicht mehr gewähren, so würde eine weitere Theilung innerhalb der einzelnen Buchstaben (z. B. **Aa** bis **Al**, **Al** bis **Az** 2c.) eintreten können.

10. In den Vorschriften sind die in den §§ 30 und 31 des Gesetzes vorgesehenen Beitragserstattungen vorläufig unberücksichtigt geblieben, weil diese Erstattungen erst nach Verlauf von fünf Beitragsjahren eintreten können. Nur bei der Feststellung der Kapitel und Titel für die Handbücher mußten die Beitragserstattungen der Vollständigkeit halber in Betracht gezogen werden.

11. Der Erlaß von Vorschriften zur Ausführung des § 130 Absatz 1 des Gesetzes bleibt vorbehalten.

Berlin, den 30. Oktober 1890.

Das Reichs-Versicherungsamt.
Dr. Bödiker.

Vorschriften

betreffend die Art und Form der Rechnungsführung bei den auf Grund des Invaliditäts- und Altersversicherungsgesetzes errichteten Versicherungsanstalten.

Vom 30. Oktober 1890.*)

Zur Ausführung des § 130 Absatz 2 des Gesetzes, betreffend die Invaliditäts- und Altersversicherung, vom 22. Juni 1889 (Reichs-Gesetzbl. S. 97) bestimmt das Reichs-Versicherungsamt, was folgt:

I. Buchführung.

Zweck und Art der Buchführung.

§ 1. Die Buchführung hat in doppelter Ordnung zu erfolgen, einmal der Zeitfolge nach durch das Tagebuch (Journal), dann sachlich geordnet durch die Handbücher (Manuale) (§§ 2 und 3).

Außerdem sind besondere Bücher zu führen:
a) über den Markenverkehr (§ 4),
b) über die Kapitalanlagen (§§ 7 bis 9),
c) über die Rentenzahlungen (Abschnitt III).

Dem Vorstande der Versicherungsanstalt bleibt es überlassen, außer den hier vorgeschriebenen Büchern die Führung weiterer Bücher anzuordnen.

Alle Bücher müssen, soweit beide Seiten ein Ganzes ausmachen, mit Blattzahlen, sonst aber mit Seitenzahlen versehen sein. Sie sind reinlich und leserlich zu führen. Rasuren dürfen niemals vorgenommen werden, sondern es ist bei Irrungen Text oder Zahl so zu durchstreichen, daß das Durchstrichene lesbar bleibt; die Berichtigung ist darüber oder darunter zu setzen.

Tagebuch.

§ 2. In das Tagebuch sind unter fortlaufenden Nummern die täglichen Einnahmen und Ausgaben der Versicherungsanstalt in baarem Gelde, Werthpapieren und Werthurkunden der Zeitfolge nach einzutragen.

Die Eintragungen im Tagebuche müssen enthalten:
a) das Datum
b) den Gegenstand } der Einnahme oder Ausgabe,
c) den Geldbetrag
d) den Namen des Einzahlers oder Empfängers,
e) den Hinweis auf die entsprechende Eintragung im Handbuche.

Die Führung besonderer Tagebücher für Einnahmen und für Ausgaben, sowie für den Verkehr mit baarem Gelde, mit Werthpapieren und mit Werthurkunden ist zulässig; ebenso können entsprechende Unterabtheilungen in demselben Tagebuche eingerichtet werden.

Handbücher.

§ 3. Die Handbücher sind für Einnahme und Ausgabe getrennt nach den in der Anlage I angegebenen Kapiteln und Titeln und späterhin für den Reservefonds in einer besonderen Abtheilung nach den in der Anlage II angegebenen

*) Die Anlagen sind nicht zum Abdruck gelangt. (A. d. V.)

Kapiteln und Titeln einzurichten. Je nach dem Umfange der Geschäfte können einzelne Kapitel oder Titel in einem Handbuche vereinigt werden.

Die Handbücher bilden die Grundlage der Jahresrechnung. Die Eintragungen in denselben müssen enthalten:

a) den Bestand beziehungsweise Vorschuß aus dem Vorjahre,
b) das rechnungsmäßige Soll nach den Kassenanweisungen,
c) den Istbetrag } der Einnahme oder Ausgabe,
d) den Gegenstand } der Einnahme oder Ausgabe,
e) den Namen des Einzahlers oder Empfängers,
f) den Hinweis auf die entsprechende Eintragung im Tagebuche,
g) den Rest gegen das rechnungsmäßige Soll,
h) die Nummer des Belages.

In die Handbücher für Kapitel V der Einnahme und Kapitel X Titel 1 der Ausgabe, sowie in die entsprechenden Kapitel (Titel) des Reservefonds ist der Verkaufs- beziehungsweise Ankaufspreis der betreffenden Kapitalanlagen mit Ausschluß der Stückzinsen, jedoch mit Einbeziehung der Verkaufs- beziehungsweise Ankaufskosten einzutragen. Der Betrag der Kosten ist bei der Eintragung nachrichtlich zu vermerken.

Bei Kapitel I der Einnahme (Erlös für verkaufte Beitragsmarken) sind die zur Ablieferung gelangenden Summen für den Erlös von Marken zum vollen Betrage einzutragen, während die mit dem Verkaufe verbundenen Unkosten (Gebühren der Verkaufsstelle, Portokosten rc.) bei den betreffenden Titeln der Verwaltungsausgaben zu verbuchen sind.

Die für vernichtete Marken (§ 125 des Gesetzes) erstatteten Beiträge sind im Tagebuche und im Handbuche von der Einnahme wieder abzusetzen.

Markenabrechnungsbuch und Markenbestandsbuch.

§ 4. Ueber den Markenverkehr ist ein Abrechnungsbuch nach Anlage III zu führen, welches dazu dient, die Belastung jeder einzelnen Abrechnungsstelle erkennen zu lassen.

Es ist deshalb für jede Abrechnungsstelle ein besonderes Konto einzurichten.

Die gelieferten Marken sind den betreffenden Abrechnungsstellen zur Last zu schreiben, Baarzahlungen hierauf gut zu schreiben.

Der Betrag für etwa ungültig gewordene Marken (§ 99 des Gesetzes) ist der Abrechnungsstelle nach Rücklieferung dieser Marken im Markenabrechnungsbuche gut zu schreiben.

Soweit bei dem Abschlusse der Einzelkonten am Jahresschlusse die zur Last stehenden Beträge für gelieferte Marken nicht beglichen sind, ist der Rest in dem Konto der betreffenden Abrechnungsstelle für das nächste Jahr als Schuld vorzutragen.

Der aus den Doppelmarken dem Reich zustehende Antheil wird, soweit die Abrechnung nicht unmittelbar durch die Postverwaltungen erfolgt, zu den noch näher anzugebenden Terminen von der Versicherungsanstalt festgestellt und abgeliefert. Der Betrag ist im letzteren Falle von der Einnahme aus Doppelmarken abzusetzen.

Außer dem Markenabrechnungsbuche ist nach Bedarf ein Markenbestandsbuch zu führen, welches den Gesammtbestand der von der Anstalt beschafften und der auf Bestellung des Reichs gelieferten Doppelmarken nachzuweisen hat.

Voreinnahmen.

§ 5. Voreinnahmen (Asservate) sind alle Einnahmen der Versicherungsanstalt, welche wegen mangelnder Anweisung oder aus sonstigen Gründen nicht sogleich an gehöriger Stelle verbucht werden können, sowie alle Gelder, Werthpapiere oder Werthurkunden, welche einstweilen aufzubewahren sind.

Ueber die Voreinnahmen ist ein Handbuch anzulegen. In demselben sind zunächst die nach dem Abschlusse des Vorjahres verbliebenen Voreinnahmen vorzutragen und sodann die Einnahmen des laufenden Jahres unter fortlaufenden Nummern nachzuweisen.

Die Ausgabe wird stets der betreffenden Einnahme gegenüber und unter derselben fortlaufenden Nummer gebucht.

Auch die in den Versicherungsanstalten zur Bestreitung der Kosten der ersten Einrichtung gewährten Vorschüsse (§ 45 des Gesetzes) sind bis zu ihrer Erstattung als Voreinnahmen zu behandeln. Dieselben sind abgesondert von den sonstigen Voreinnahmen zu buchen. Auch im Uebrigen können für einzelne Arten von Voreinnahmen besondere Abtheilungen im Handbuche gebildet werden.

Vorschüsse.

§ 6. Unter Vorschüssen werden diejenigen Zahlungen der Versicherungsanstalt verstanden, welche von dem Empfänger oder von demjenigen, für dessen Rechnung sie geleistet worden, zu erstatten sind, oder welche erst später endgültig zur Verrechnung gelangen.

Ueber die Vorschüsse ist ein Handbuch anzulegen. In demselben sind zunächst die nach dem Abschlusse des Vorjahres verbliebenen Vorschüsse einzeln vorzutragen, sodann die ferneren Vorschußzahlungen fortlaufend zu buchen.

Erstattungen der Vorschüsse sind als Einnahme der betreffenden Ausgabe gegenüber und unter derselben fortlaufenden Nummer nachzuweisen.

Die gemäß § 92 Absatz 3 des Gesetzes an die Postverwaltungen geleisteten Vorschüsse sind abgesondert von den sonstigen Vorschüssen zu buchen. Auch im Uebrigen können für einzelne Arten von Vorschüssen besondere Abtheilungen im Handbuche gebildet werden.

Nachweis über Werthpapiere und Werthurkunden (Lagerbuch, Nummerverzeichniß).

§ 7. Ueber die der Anstalt gehörenden, in den Kassenbüchern verzeichneten Werthpapiere und Werthurkunden ist ein Lagerbuch und außerdem nach Bedarf über die Werthpapiere ein besonderes Nummerverzeichniß zu führen.

Bei etwaigem Erwerbe von Grundstücken ist ein dem Lagerbuche entsprechendes Register für dieselben anzulegen.

§ 8. Das Lagerbuch hat die Werthpapiere und Werthurkunden nach den Arten geordnet nachzuweisen und den bei dem Erwerb dafür ausschließlich der Stückzinsen gezahlten Baarbetrag, sowie den bei der Wiederausgabe empfangenen Baarerlös, ferner Gewinn und Verlust ersichtlich zu machen, auch über die Fälligkeit der Zinsen Auskunft zu geben.

Ausgaben sind der Einnahme gegenüber zu buchen.

Für Werthpapiere und Werthurkunden sind getrennte Abtheilungen einzurichten.

Bei denjenigen Werthpapieren, welche gemäß § 129 Absatz 3 des Gesetzes bei einer öffentlichen Behörde oder Kasse niedergelegt sind, ist dies in dem Lagerbuche ersichtlich zu machen.

Für die zum Reservefonds gehörigen Werthpapiere und Werthurkunden ist ein besonderes Lagerbuch zu führen.

§ 9. Ein Abschluß des Lagerbuches zu den für die Abschlüsse der übrigen Bücher bestimmten Terminen ist nicht erforderlich; ein solcher ist dann vorzunehmen, wenn in Folge zahlreicher Verausgabungen von Werthpapieren oder Werthurkunden die Uebersichtlichkeit der Bücher beeinträchtigt ist. Alsdann sind die einzelnen Abschnitte aufzurechnen und abzuschließen, sowie die vorhandenen Werthpapiere und Werthurkunden einzeln in das neu anzulegende Buch zu übertragen.

II. Abschlüsse, Revisionen und Rechnungslegung.

Monats- und Vierteljahrsabschluß.

§ 10. Allmonatlich ist zum Zweck der Revision (§ 12) das Tagebuch in Einnahme und Ausgabe abzuschließen.

Mindestens vierteljährlich sind außer dem Tagebuche auch die Handbücher abzuschließen. Die nach dem Tagebuche festgestellten Einnahmen und Ausgaben müssen mit den Abschlüssen der Handbücher genau übereinstimmen.

Jahresabschluß.

§ 11. Spätestens Ende Februar sind die der jährlichen Aufrechnung unterliegenden Handbücher des vorangegangenen Rechnungsjahres endgültig abzuschließen. Nur die Handbücher für Kapitel I der Einnahme und Kapitel I, II und IV der Ausgabe, sowie das über die Betriebsvorschüsse der Postverwaltungen (§ 6 Abs. 4) geführte Vorschußhandbuch sind so lange offen zu halten, bis die Abrechnung der Postverwaltungen über den Markenverkauf und die Schlußnachweisung des Rechnungsbüreaus (§ 93 des Gesetzes) für das abgelaufene Jahr eingegangen sind. Demnächst sind auch diese Handbücher nebst dem Tagebuche abzuschließen und der Jahresrechnung (§ 15) zu Grunde zu legen.

Das Markenabrechnungsbuch und das etwa geführte Markenbestandsbuch sind jährlich abzuschließen.

Monatliche Kassenrevision.

§ 12. Soweit nicht in dem Statut der Versicherungsanstalt Abweichendes bestimmt wird, ist monatlich eine Revision der Kasse der Versicherungsanstalt durch ein Mitglied des Vorstandes vorzunehmen. Ueber die Revision ist eine Verhandlung aufzunehmen, welche von dem revidirenden Vorstandsmitgliede und den verantwortlichen Kassenbeamten zu unterschreiben ist. Die erfolgte Revision ist in dem Tagebuche von dem revidirenden Vorstandsmitgliede zu vermerken.

Unvermuthete Kassenrevision.

§ 13. Wenigstens einmal im Jahre hat der Vorsitzende des Vorstandes eine unvermuthete Kassenrevision vorzunehmen.

Ueber den Befund der Revision, bei welcher gleichzeitig von der ordnungsmäßigen Führung der hier vorgeschriebenen Bücher und der etwa noch vom Vorstande eingeführten weiteren Kontrolbücher Einsicht genommen werden muß, ist eine Verhandlung aufzunehmen.

Abschluß und Revision bei außergewöhnlichen Anlässen.

§ 14. Ein sofortiger Abschluß der Kassenbücher und eine Revision der Bestände ist durch die bei der Kassenführung der Versicherungsanstalt betheiligten Personen unter Leitung eines Vorstandsmitgliedes auch dann vorzunehmen, wenn durch Brand, Diebstahl oder ein anderes ungewöhnliches Ereigniß der Kasse ein Schaden zugefügt, oder dessen Vorhandensein zu vermuthen ist.

Ueber den Befund bei derartigen Anlässen ist eine von allen bei der Revision Betheiligten zu vollziehende Verhandlung aufzunehmen.

Jahresrechnung.

§ 15. Die Abschnitte der Jahresrechnung haben den Kapiteln und Titeln der Handbücher zu entsprechen.

Bei den Einnahmen aus dem Verkauf von Beitragsmarken sind in Form einer Bemerkung die Stückzahlen und Beträge der auf die Lohnklassen I, II, III, IV entfallenden Marken und Doppelmarken anzugeben, und etwaige zur Erstattung gekommmene Markenbeträge (§ 125 des Gesetzes) hiervon abzurechnen.

Der Jahresrechnung ist eine Nachweisung der Bestände an Werthpapieren und eine Uebersicht der am Schlusse des Rechnungsjahres nach den Handbüchern vorhandenen Voreinnahmen und Vorschüsse beizufügen.

Vermögensübersicht.

§ 16. Zugleich mit der Jahresrechnung ist unter Berücksichtigung etwaiger Bestimmungen des Statuts eine Vermögensübersicht aufzustellen, welche den gesammten Vermögensbestand der Versicherungsanstalt, getrennt für den Betriebs- und den Reservefonds, zur Anschauung zu bringen, insbesondere auch den Werth der vorhandenen Grundstücke, Inventarien und Materialien anzugeben hat.

III. Führung der Rentenlisten und Verkehr mit dem Rechnungsbüreau des Reichs-Versicherungsamts.

Rentenlisten.

§ 17. Zum Nachweise der festgesetzten Renten und der alljährlich der Versicherungsanstalt zur Last fallenden Rentenzahlungen sind Rentenlisten zu führen, und zwar für die von der Versicherungsanstalt selbst festgesetzten Renten die Rentenliste **E** (eigene Renten) nach Anlage IV, für die von anderen Anstalten festgesetzten Renten, an deren Aufbringung die Versicherungsanstalt betheiligt ist, die Rententenliste **F** (fremde Renten) nach Anlage V. Die letztere ist getrennt nach Versicherungsanstalten zu führen.

Sowohl für Invaliden- als auch für Altersrenten sind besondere Listen anzulegen, welche nach Geburtsjahren der Rentenempfänger zu ordnen sind. Eine Trennung der Listen nach dem Geschlechte oder Berufe der Rentenempfänger oder nach anderen Gesichtspunkten findet nicht statt.

Jede Rentenliste besteht

1. aus der Stammliste, welche während der ganzen Bezugsdauer der Rente in Benutzung bleibt,
2. aus dem Zahlungsblatt, welches alljährlich erneuert wird.

Eintragung in die Stammliste.

§ 18. Sobald die Höhe der Rente festgestellt ist, sei es, daß der Rentenanspruch von der Versicherungsanstalt anerkannt, oder die Rente durch Urtheil des Schiedsgerichts beziehungsweise des Reichsversicherungsamts zugesprochen ist, ist die Eintragung in die Spalten 1 bis 5 der Rentenliste **E** unter Festsetzung des Rentenzeichens vorzunehmen.

Als Rentenzeichen gilt die laufende Nummer und das Geburtsjahr der Rentenliste **E** in Verbindung mit der vom Reichs-Versicherungsamt bestimmten Ordnungsnummer der Versicherungsanstalt und dem Buchstaben **J** für Invalidenrenten oder dem Buchstaben **A** für Altersrenten.*)

Diese Rentenzeichen bilden die unterscheidenden Kennzeichen der einzelnen Renten und sind daher in allen Mittheilungen der Versicherungsanstalten an die Post und an das Rechnungsbureau an hervorragender Stelle in deutlicher Schriftanzubringen.

§ 19. Sind die Eintragungen (§ 18) bewirkt, so ist der Oberen Postbehörde eine Anweisung zur Zahlung der Rente zu übersenden (vergleiche hierzu die Geschäftsanweisung, betreffend die Auszahlungen durch die Post). Gleichzeitig ist dem Empfangsberechtigten unter Anschluß eines Berechtigungsausweises (§ 4 der vorgedachten Geschäftsanweisung) ein schriftlicher Bescheid zu ertheilen, in welchem die Art der Berechnung der Rente in der auf der Rückseite der Anlagen VI und VII angegebenen Weise ersichtlich zu machen, auch — wie auf der Vorderseite der Anlagen geschehen — das Rentenzeichen, der Beginn der Rente, der Monatsbetrag und der für den ersten Monat zu zahlende Theilbetrag der Rente anzugeben ist. Abschrift des Bescheides ist dem Staatskommissar zuzustellen.

---

*) Es bedeutetet z. B. $\frac{31 \mid 3640}{J \mid 1850}$ „Invalidenrente 3640 des Geburtsjahrgangs 1850“ festgesetzt von der Versicherungsanstalt Nr. 31 (Elsaß-Lothringen).

§ 20. Hat die Versicherungsanstalt binnen acht Wochen nach Zustellung des Bescheides (§ 19) von der Einlegung der Berufung keine Kenntniß erlangt, so ist gemäß § 87 des Gesetzes mittelst eines Schreibens nach Anlage XIII dem Rechnungsbüreau eine Ausfertigung des Bescheides (Anlage VI und VII) unter Anschluß der Quittungskarten und der etwa nach §§ 156, 157, 161 des Gesetzes beigebrachten Nachweise einzusenden.

§ 21. Wird gegen den Bescheid (§ 19) Berufung eingelegt, so ist das Rechnungsbüreau hiervon durch eine Mittheilung nach Anlage IX sofort in Kenntniß zu setzen. Sobald das Streitverfahren durch rechtskräftige Entscheidung oder auf andere Art (Zurücknahme der Berufung ꝛc.) beendigt ist, ist dem Rechnungsbüreau in Gemäßheit des § 20 nach Anlage VIII Anzeige zu erstatten.

Ebenso ist dem Rechnungsbüreau Mittheilung zu machen, falls die Versicherungsanstalt gemäß § 76 Absatz 2 des Gesetzes wegen Ersatzes einer von ihr gezahlten Rente die verpflichtete Berufsgenossenschaft in Anspruch nimmt. Von der Beendigung des Verfahrens ist gleichfalls Anzeige zu erstatten.

§ 22. Nach Empfang der Mittheilung des Rechnungsbüreaus über die Vertheilung der Renten und über die der Vertheilung zu Grunde liegenden Zahlen (§ 90 Absatz I des Gesetzes) sind die betheiligten Versicherungsanstalten befugt, binnen vierzehn Tagen Einspruch gegen die Vertheilung zu erheben (§ 90 Abs. I a. a. O.) oder sich die Führung des im § 160 Abs. 2 zugelassenen Nachweises vorzubehalten. Für die Erbringung des letzteren ist thunlichst das Muster der Anlage X zu verwenden.

Die weiteren Eintragungen in die Rentenlisten erfolgen erst, wenn die Versicherungsanstalt von dem Rechte des Einspruchs oder des Vorbehalts keinen Gebrauch macht, und ihr innerhalb vier Wochen nach Zustellung der Vertheilung keine Mittheilung darüber zugeht, daß dies von einer anderen Versicherungsanstalt geschehen ist.

In die Rentenliste E sind alsdann die endgültigen Vertheilungsziffern (§ 90 Absatz 2 des Gesetzes) durch Ausfüllung der Spalten 6 bis 8 und 30 bis 36 einzutragen; die Ausfüllung der Spalten 30 bis 36 ist jedoch bis auf Weiteres nicht obligatorisch. Die in die Spalten 30 bis 36 einzutragenden Beträge sind in der Weise zu berechnen, daß der Rentenantheil (Spalte 8) im Verhältniß der für die einzelnen Spalten in Anrechnung gebrachten Beiträge vertheilt wird.*) In Spalte 35 sind nur diejenigen Beträge einzutragen, für welche eine Doppelmarke verwendet ist.

---

*) Ist z. B. s die Summe dieser Beiträge, wovon s_v auf die Zeit vor Inkrafttreten des Gesetzes, s_1 auf Lohnklasse I, s_2 auf Lohnklasse II u. s. w. entfallen, und ist r der Rentenantheil, so ist zu belasten

die Zeit vor Inkrafttreten des Gesetzes mit $\frac{r}{s} \cdot s_v$

Lohnklasse I „ $\frac{r}{s} \cdot s_1$

II „ $\frac{r}{s} \cdot s_2$

III „ $\frac{r}{s} \cdot s_3$

IV „ $\frac{r}{s} \cdot s_4$

die freiwillige Versicherung „ $\frac{r}{s} \cdot s_f$.

Die bei der Rentenvertheilung betheiligten Versicherungsanstalten haben ebenso die Rentenliste **F** in allen Theilen auszufüllen, wobei bezüglich der Spalten 30 bis 36 das oben für dieselben Spalten der Rentenliste **E** Festgesetzte gilt.

Sofern von einer betheiligten Versicherungsanstalt der Einspruch eingelegt oder der Vorbehalt des § 160 des Gesetzes gemacht wird, sind die Eintragungen in die Rentenliste **F** beziehungsweise in die Spalten 8, 30 bis 36 der Rentenliste **E** bis zur Erledigung des Einspruchs oder Vorbehalts auszusetzen. Die Mittheilungen hiervon erhalten die Versicherungsanstalten durch das Rechnungsbüreau.

Eintragung in das Zahlungsblatt.

§ 23. Das Zahlungsblatt dient zur Feststellung der Jahresausgabe für Renten und des am Jahresschlusse verbliebenen Rentenbestandes.

In Spalte 11 sind die aus dem Vorjahre übernommenen Reste, sowie andere Beträge des Vorjahres vorzutragen. Daneben ist in Spalte 12 der aus den Spalten 6 und 8 für das Rechnungsjahr sich ergebende Rentenbetrag und in Spalte 13 die etwaige Kapitalabfindung an Ausländer einzustellen. Die Summe dieser Spalten ergiebt die „Soll"-Ausgabe (Spalte 14) für das laufende Rechnungsjahr.

Die „Ist"-Ausgabe wird in Spalte 15 nach den Mittheilungen des Rechnungsbüreaus eingestellt.

Der Unterschied von Soll- und Ist-Ausgabe stellt den Rest des Rentenbetrages dar, welcher für das laufende Rechnungsjahr noch zu zahlen wäre (Spalte 16 und 17). Ist dieser Rest nicht bereits zur Zeit der Eintragung aufgeklärt worden, so sind Nachforschungen über den Grund der Nichtabhebung der Rente (Restzahlung) anzustellen (durch die Vertrauensmänner ꝛc.). Das Ergebniß dieser Nachforschungen ist in die Spalte 16 beziehungsweise 17 durch Einstellung des Restbetrages und in die Spalten 18 bis 21 durch einen Strich „/" einzutragen. Die zugehörigen Eintragungen in die Spalten 24 bis 29 sind bis auf Weiteres nicht obligatorisch (zu vergleichen § 22).

§ 24. Kommt die Rente in Wegfall, so sind Nummer des Rentenzeichens und Name des Empfängers mit rother Dinte zu durchstreichen. Daneben sind die Eintragungen in die Spalten 9 und 10 zu bewirken.

Ueber den Wegfall der Rente ist gemäß der Geschäftsanweisung, betreffend die Auszahlungen durch die Post, eine Anweisung zur Zahlungseinstellung zu ertheilen und gleichzeitig dem Rechnungsbüreau hiervon nach Anlage XI Anzeige zu erstatten. Zu dieser Anzeige ist rothes Papier zu verwenden.

§ 25. Zahlungen von solchen Renten, welche am Schlusse des Rechnungsjahres noch nicht endgültig feststehen, oder deren endgültige Vertheilung noch nicht erfolgt ist, werden gleichfalls in die Spalten 11 bis 17 eingetragen. Aenderungen in der Höhe der erstgedachten Renten gehen aus den Spalten 5 und 7, Aenderungen in dem Zeitpunkt des Zahlungsbeginns aus den Spalten 4 und 6 hervor. Aus dem Vorjahre nachzuzahlende Beträge erscheinen in Spalte 11.

Stellt sich in Folge der endgültigen Vertheilung der vorgedachten Renten heraus, daß auch andere Versicherungsanstalten an der Aufbringung derselben betheiligt sind, so sind auf Grund der Mittheilung des Rechnungsbüreaus die zu viel geleisteten Zahlungen als „Einnahme aus Erstattung von Vorschüssen" unter Angabe des Rechnungsjahres, in welchem der Vorschuß geleistet ist, in die Spalten 37 bis 40 einzutragen. Zu dem Ende sind die in Betracht kommenden Rechnungsjahre in dem Kopf der Spalten 37 bis 40 von vorn herein anzugeben, damit die Spalten jahrgangsweise aufgerechnet werden können. Bei der Rentenliste **F** sind die an die festsetzende Versicherungsanstalt zu erstattenden Vorschüsse in die Spalten 37 bis 40 einzutragen und demnächst in Spalte 11 zu übernehmen.

§ 26. In den Fällen, in welchen gemäß § 34 des Gesetzes die Rente ruht, ist der Rest (Spalte 14 abzüglich Spalte 15) nicht für die folgenden Jahre vorzutragen, sondern während des Ruhens der Rente außer Ansatz zu lassen. Die Dauer und der Grund des Ruhens der Rente sind in Spalte „Bemerkungen" der Rentenliste einzutragen und dem Rechnungsbüreau mitzutheilen.

Bei längerem Ruhen der Rente, insbesondere in den Fällen des § 34 Ziffer 1 und 2 des Gesetzes, sowie dann, wenn in Folge Verschollenheit des Rentenberechtigten oder aus anderen Gründen die Zahlung der Rente nicht ausführbar ist, ist der Wegfall der Rente gemäß § 24 zu verfügen. Lebt dieselbe später wieder auf, so ist sie unter einem neuen Rentenzeichen einzutragen.

Aufrechnung der Rentenlisten.

§ 27. Nachdem sämmtliche Eintragungen bewirkt sind, werden die einzelnen Seiten der Rentenlisten aufgerechnet. Die sich ergebenden Seitensummen sind für jedes Geburtsjahr besonders in eine Tabelle nach Anlage XII zu übertragen und hier aufzurechnen. Die Zahlungsblätter werden dann aus den Rentenlisten entfernt und durch neue, für das folgende Rechnungsjahr geltende ersetzt, in welche die vorzutragenden Reste aus dem Vorjahre eingetragen werden. Die entfernten Zahlungsblätter werden in der Reihenfolge der Blattnummern und nach Geburtsjahrgängen geordnet und für jedes Rechnungsjahr gebunden. Durch die Aufrechnung ergiebt sich für jeden Geburtsjahrgang:

1. die Ist-Ausgabe (Spalte 2) und die Einnahme aus Erstattung von Vorschüssen (Spalte 4 bis 7), sowie aus dem Unterschiede beider die wirkliche Jahresausgabe;
2. der Rentenzugang (Spalte 8 bis 15) und der Rentenabgang (Spalte 16 bis 27), sowie aus der Zusammenziehung beider Posten unter Hinzurechnung des Rentenbestandes am Schlusse des Vorjahres der Rentenbestand am Schlusse des laufenden Rechnungsjahres.

Aus den Summen für jedes Geburtsjahr ist dann weiter die Gesammtsumme für alle Geburtsjahrgänge zu bilden.

Rentenregister.

§ 28. Zum Nachweise der Empfänger von Renten, welche von der Versicherungsanstalt festgestellt sind (ohne Unterschied ob Invaliden- oder Altersrenten), wird die Anlegung eines Rentenregisters empfohlen, welches alphabetisch nach den Familiennamen der Empfänger zu ordnen ist. Die Eintragungen in das Rentenregister werden bewirkt, sobald das Rentenzeichen festgesetzt ist (§ 18). Das Rentenregister soll vornehmlich dazu dienen, den Rentenempfänger in den Rentenlisten auffinden zu können, wenn irgend welche Anfragen, Mittheilungen 2c. über denselben seitens der Behörden oder seitens der Vertrauensmänner 2c., ohne gleichzeitige Anführung des Rentenzeichens, ergehen.

Kommt die Rente in Wegfall, so ist die betreffende Zeile des Rentenregisters roth zu durchstreichen.

Berlin, den 30. Oktober 1890.

Das Reichs-Versicherungsamt.
Dr. Bödiker.

Anlage VIII.

Anleitung

betreffend den Kreis der nach dem Invaliditäts- und Altersversicherungsgesetz versicherten Personen.

Vom 31. Oktober 1890.

I. Nach § 1 des Gesetzes, betreffend die Invaliditäts- und Altersversicherung, vom 22. Juni 1889 (Reichsgesetzbl. Seite 97) unterliegen vom vollendeten sechszehnten Lebensjahre ab der Versicherungspflicht:

1. Personen, welche als Arbeiter, Gehülfen, Gesellen, Lehrlinge oder Dienstboten gegen Lohn oder Gehalt beschäftigt werden.

2. Betriebsbeamte, sowie Handlungsgehülfen und -Lehrlinge (ausschließlich der in Apotheken beschäftigten Gehülfen und Lehrlinge), welche Lohn oder Gehalt beziehen, deren regelmäßiger Jahresarbeitsverdienst an Lohn oder Gehalt aber 2000 Mark nicht übersteigt.

3. Die gegen Lohn oder Gehalt beschäftigten Personen der Schiffsbesatzung deutscher Seefahrzeuge (Seeleute) und von Fahrzeugen der Binnenschifffahrt.

II. Nach §§ 2 und 8 des Gesetzes*) sind berechtigt, sich selbst zu versichern:

1. Betriebsunternehmer, welche nicht regelmäßig wenigstens einen Lohnarbeiter beschäftigen. Hierunter fallen diejenigen Betriebsunternehmer, bei welchen die Beschäftigung des Lohnarbeiters keinen ständigen Character hat, vielmehr nur gelegentlich und ausnahmsweise stattfindet.

2. Hausgewerbetreibende, das sind ohne Rücksicht auf die Zahl der von ihnen beschäftigten Lohnarbeiter solche selbstständige Gewerbetreibende, welche in eigenen Betriebsstätten im Auftrage und für Rechnung anderer Gewerbetreibender mit der Herstellung oder Bearbeitung gewerblicher Erzeugnisse beschäftigt werden, und zwar auch dann, wenn dieselben die Roh- und Hülfsstoffe selbst beschaffen, und auch für die Zeit, während welcher sie für eigene Rechnung arbeiten.

Die Selbstversicherung der unter Ziffer 1 und 2 versicherten Personen ist aber nur insoweit zugelassen, als diese Personen bei dem Eintritt der Selbstversicherung zwar das sechszehnte, jedoch nicht das vierzigste Lebensjahr vollendet haben, und als sie nicht im Sinne des § 4 Absatz 2 des Gesetzes bereits dauernd erwerbsunfähig sind (vergleiche Nr. III Ziffer 4 dieser Anleitung).

III. Ausgeschlossen von der Versicherung sind:

1. Beamte des Reichs und der Bundesstaaten (§ 4 Absatz 1 des Gesetzes).

2. Die mit Pensionsberechtigung angestellten Beamten von Kommunalverbänden (§ 4 Absatz 1 des Gesetzes). Zu letzteren gehören nicht nur die weiteren, sondern auch die engeren Kommunalverbände (Provinzen, Bezirke, Kreise, Stadt- und Landgemeinden, selbstständige Gutsbezirke 2c.).

---

*) Unter der Bezeichnung „das Gesetz" ist in der Folge überall das J.- und A.-V.-G. vom 22. Juni 1889 verstanden.

Darüber, welche Personen als „Beamte" des Reichs, der Bundesstaaten und der Kommunalverbände anzusehen sind, entscheiden die für dieselben geltenden dienstpragmatischen Bestimmungen.

3. Die dienstlich als Arbeiter beschäftigten Personen des Soldatenstandes (§ 4 Absatz 1 des Gesetzes), und zwar sowohl die im Deutschen Heere wie die in der Kaiserlichen Marine Dienenden. Dagegen unterliegen z. B. Soldaten, welche beurlaubt werden, um zur Erntezeit in der Landwirthschaft zu helfen, der Versicherung.

4. Diejenigen Personen, welche auf Grund des Invaliditäts- und Altersversicherungsgesetzes bereits eine Invalidenrente beziehen oder doch soweit erwerbsbeschränkt sind, daß sie in Folge ihres körperlichen oder geistigen Zustandes dauernd nicht mehr im Stande sind, durch eine ihren Kräften und Fähigkeiten entsprechende Lohnarbeit mindestens ein Drittel des für ihren Beschäftigungsort nach § 8 des Krankenversicherungsgesetzes vom 15. Juni 1883 (Reichs-Gesetzbl. S. 73) festgesetzten Tagelohnes gewöhnlicher Tagearbeiter zu verdienen (§ 4 Absatz 2, § 8 des Gesetzes). Personen, welche über das vorstehend angeführte Maß hinaus noch erwerbsfähig sind, unterliegen der Versicherung auch dann, wenn sie eine Altersrente — welche nur einen von der Erwerbsunfähigkeit unabhängigen Zuschuß zu dem Arbeitsverdienst darstellt — beziehen, oder wenn sie vom Reich, von einem Bundesstaate oder einem Kommunalverbande Pensionen oder Wartegelder, oder wenn sie auf Grund der reichsgesetzlichen Bestimmungen über Unfallversicherung — z. B. wegen nur theilweiser Erwerbsunfähigkeit oder als hinterbliebene Wittwen oder als Aszendenten verunglückter Arbeiter — eine Rente empfangen. Nur wenn die Pensionen, Wartegelder oder Unfallrenten den Mindestbetrag der Invalidenrente erreichen, sind die Empfänger dieser Bezüge auf ihren Antrag durch die untere Verwaltungsbehörde ihres Beschäftigungsortes von der Versicherungspflicht zu befreien (§ 4 Absatz 3 des Gesetzes).

IV. Abweichend von den Reichsgesetzen über die Kranken- und Unfallversicherung, welche den Eintritt der Versicherung an bestimmte Betriebe knüpfen, wird von dem Invaliditäts- und Altersversicherungsgesetz die arbeitende Bevölkerung sämmtlicher Berufszweige erfaßt, und werden alle Personen, welche als Arbeiter oder als untergeordnete Betriebsbeamte ihre Arbeitskraft gegen Lohn für Andere verwerthen, dem Versicherungszwange unterworfen. Es fallen daher sowohl die in der Landwirthschaft, der Industrie und dem Handel, wie die in der Hauswirthschaft, im Reichs-, Staats- oder Kommunaldienste, für kirchliche und Schulzwecke ꝛc. als Arbeiter, Gehülfen, Gesellen, Lehrlinge, Dienstboten, Betriebsbeamte, Handlungsgehülfen oder Handlungslehrlinge Beschäftigten unter das Gesetz, sofern die sonstigen gesetzlichen Voraussetzungen der Versicherungspflicht bei ihnen zutreffen. Diejenigen Personen dagegen, welche nicht mit ausführenden Arbeiten vorwiegend materieller Art, sondern mit einer ihrer Natur nach höheren, mehr geistigen (wissenschaftlichen, künstlerischen ꝛc.) Thätigkeit beschäftigt werden, und durch ihre soziale Stellung über den Personenkreis sich erheben, der nach dem gewöhnlichen Sprachgebrauch und vom Standpunkt wirthschaftlicher Auffassung dem Arbeiter- und niederen Betriebsbeamtenstande angehört, unterliegen nicht der Versicherungspflicht.

V. Die Versicherungspflicht wie die Versicherungsberechtigung erstreckt sich gleichmäßig auf männliche und weibliche, verheirathete und unverheirathete Personen. Auch die im Inlande beschäftigten Ausländer sind als versicherungspflichtig (versicherungsberechtigt) anzusehen.

VI. Von der Dauer der Beschäftigung, welche für die Krankenversicherung von entscheidender Bedeutung ist, wird die Versicherungspflicht nach dem Gesetz nicht abhängig gemacht. Auch eine nur vorübergehende Dienstleistung, mag dieselbe ihrer Natur nach oder aus mehr zufälligen Gründen, wie z. B. vorübergehende Hülfsleistung in der Ernte, auf nur kurze Zeit beschränkt sein, begründet die Versicherungspflicht. Jedoch kann durch Beschluß des Bundesraths bestimmt werden, inwieweit vorübergehende Dienstleistungen als Beschäftigung im Sinne des Gesetzes nicht anzusehen sind (§ 3 Absatz 3 des Gesetzes).

VII. Diejenigen Personen, welche berufsmäßig einzelne persönliche Dienstleistungen bei wechselnden Arbeitgebern übernehmen, z. B. Hafenarbeiter, Kofferträger, Dienstmänner, Lohndiener, Führer, Friseusen, Krankenpflegerinnen, ferner Aufwartefrauen, Waschfrauen, Nätherinnen, Büglerinnen, die auf jedesmalige Bestellung in den Häusern der Kunden arbeiten, unterliegen der Versicherungspflicht dann, wenn sie als Arbeiter, dagegen nicht, wenn sie als selbstständige Gewerbetreibende anzusehen sind. Welcher dieser letzteren Fälle vorliegt, wird nach den jedesmal obwaltenden Verhältnissen zu entscheiden sein. Im Allgemeinen werden die sogenannten unständigen Arbeiter, wie die freien landwirthschaftlichen Arbeiter, die Hafenarbeiter, die Wegearbeiter, die Waschfrauen 2c., welche von Haus zu Haus gehen, als unselbstständige Lohnarbeiter, dagegen die selbstständigen Kofferträger, Führer, Dienstmänner (vergleiche § 37 der Gewerbeordnung, Reichs-Gesetzbl. 1883 Seite 177), Lohndiener, Krankenpflegerinnen, Friseusen in der Regel als gewerbliche Unternehmer zu behandeln sein.

VIII. Auch diejenigen Personen, welche von Gewerbetreibenden außerhalb ihrer Betriebsstätten beschäftigt werden (§ 2 Ziffer 4 des Krankenversicherungsgesetzes), sind als versicherungspflichtige Lohnarbeiter anzusehen, sofern sie nicht Hausgewerbetreibende sind (vergleiche Nr. XIX).

IX. Verwandte des Arbeitgebers, insbesondere Hauskinder, welche zu diesem in einem die Versicherung begründendem Verhältnisse stehen, unterliegen gleichfalls den Vorschriften des Gesetzes (vergleiche jedoch hierzu Nr. X). Eine Ausnahme machen nur die Eheleute unter einander, da zwischen ihnen nach dem Wesen der Ehe niemals eines der für die Begründung der Versicherung erforderlichen Abhängigkeitsverhältnisse bestehen kann.

X. Das Invaliditäts- und Altersversicherungsgesetz versichert abweichend von den Unfallversicherungsgesetzen nur die gegen Lohn oder Gehalt beschäftigten Arbeiter 2c. Um das Versicherungsverhältniß zu begründen, ist es jedoch nicht erforderlich, daß der für die Beschäftigung gewährte Entgelt in baarem Gelde besteht. Es genügt vielmehr hierzu auch die Gewährung von Naturalbezügen, z. B. Wohnung, Feuerung, Kleidung, Gartennutzung, Kuhweide, Kartoffelland u. s. w. (§ 3 Absatz 1 des Gesetzes).

Ohne Belang ist auch die Art der Lohnzahlung; es kann der Lohn als Tagelohn oder sonstiger Zeitlohn, als Stücklohn oder als Antheil an der Einnahme (Tantième) gezahlt werden. Hiernach ist beispielsweise ein Kutscher, welcher einen Wagen von einem Lohnfuhrherrn mit der Bedingung übernimmt, daß ihm ein Theilbetrag oder der eine festgesetzte Summe übersteigende Theil der Tageseinnahme als Entgelt gewährt wird, als gelöhnter Arbeiter des Fuhrherrn anzusehen. Desgleichen sind als Lohnarbeiter anzusehen Kahnführer, welche von den Schiffseigenthümern gegen einen bestimmten Antheil an der Fracht angenommen sind.

Als Werth der Tantiemen und Naturalbezüge wird der von der unteren Verwaltungsbehörde festzusetzende Durchschnittswerth in Ansatz gebracht (§ 3 Absatz 1 des Gesetzes).

Diejenigen Personen, welche als Entgelt für ihre Beschäftigung nur freien Unterhalt beziehen, deren Naturalbezüge also auf die Befriedigung ihrer persönlichen Lebensbedüfnisse (Nahrung, Wohnung, Kleidung) beschränkt sind, werden von der Versicherung ausgenommen (§ 3 Absatz 2 des Gesetzes). Hiernach fallen z. B. die in gewerblichen Betrieben oder in der Landwirthschaft ihrer Eltern beschäftigten Hauskinder, sowie Lehrlinge, welchen zwar freier Unterhalt, aber nicht ein darüber hinausgehender Lohn oder Gehalt gewährt wird, nicht unter die Versicherung. Diese Personen werden auch dadurch nicht versicherungspflichtig, daß sie ein Taschengeld erhalten; denn letzteres stellt sich regelmäßig als Geschenk dar oder fällt doch, soweit es allgemein üblich ist, unter den Begriff des freien Unterhalts.

XI. Die Anwendbarkeit des Gesetzes ist beschränkt auf die freien Arbeiter. Es fallen somit aus der Versicherung die Strafgefangenen, mögen dieselben innerhalb oder außerhalb der Gefangenenanstalt beschäftigt werden, sowie die in Arbeitshäusern, Besserungsanstalten u. s. w. untergebrachten Personen.

Dagegen sind die in Arbeiterkolonien oder Wanderverpflegungsstationen, in Armenhäusern, Irrenanstalten, Blindenanstalten, Idiotenhäusern oder Anstalten für Epileptische beschäftigten Personen als versicherungspflichtig anzusehen, soweit sie einen den freien Unterhalt übersteigenden Lohn oder Gehalt für ihre Arbeit erhalten.

XII. Der Begriff des „Gesellen" ist im Wesentlichen dem § 121 der Gewerbeordnung entnommen und bezeichnet die unselbstständigen im Handwerk technisch ausgebildeten Personen. Dagegen ist der Begriff „Gehülfe" nicht in dem engen Sinne des gewerblichen Hülfspersonals, sondern in der weiteren Bedeutung eines Arbeitsgehülfen zu verstehen und umfaßt alle Hülfspersonen eines Arbeitgebers, deren Thätigkeit in wirthschaftlicher und sozialer Beziehung derjenigen des Arbeiters, Gesellen oder Dienstboten im Allgemeinen gleichwerthig ist.

Hiernach werden z. B. die bei Reichs-, Staats-, Kommunalbehörden, sowie die in den Büreaus der Rechtsanwälte, Notare, Patentanwälte, Gerichtsvollzieher, Auktionatoren, Berufsgenossenschaften u. s. w. beschäftigten Schreiber, Kanzlisten, Kassenboten, Kanzleidiener, Polizeidiener, Gemeindediener, Nachtwächter, Flurhüter, Feuerwehrleute und ähnliche Angestellte, welche vermöge der mehr mechanischen, auf die Verwendung ihrer körperlichen Kräfte und Fähigkeiten gerichteten Dienstleistungen mit den Arbeitern u. s. w. auf gleicher oder doch annähernd gleicher Stufe stehen, zu den Gehülfen zu rechnen sein, sofern dieselben nicht nach den dienstpragmatischen Vorschriften als Reichs- oder Staatsbeamte oder als pensionsberechtigte Kommunalbeamte anzusehen sind (vergleiche Nr. III Ziffer 1 und 2). Dagegen werden die in dem sogenannten höheren Büreaudienst beschäftigten Expedienten, Registratoren u. s. w. als Gehülfen nicht anzusehen sein. Ebensowenig werden Assessoren u. s. w., welche als Hülfsarbeiter bei Behörden, Rechtsanwälten u. s. w. thätig sind, als Gehülfen gelten können.*)

XIII. Zu den Dienstboten im Sinne des Gesetzes gehören die gegen Kost nnd Lohn oder auch nur gegen Lohn zu häuslichen Diensten verpflichteten Personen, sowie die in der Landwirthschaft des Dienstherrn beschäftigten Arbeiter, soweit sie im Hausstande des Dienstherrn leben (Haus- und Wirthschaftsgesinde). Die in der Hauswirthschaft beschäftigten Personen mit wissenschaftlicher und künstlerischer Bildung und in höherer über den Stand der Dienstboten hinausragender sozialer Stellung, z. B. Erzieher, Erzieherinnen, Privatsekretäre, Gesellschafterinnen, Hausdamen, Leibärzte, Hausgeistliche, Hauslehrer, Hausbibliothekare u. s. w. sind nicht versicherungspflichtig, da sie übrigens auch als Betriebsbeamte nicht anzusehen sind (vergleiche Nr. XIV).

XIV. Als Betrieb im Sinne des Gesetzes ist ein Inbegriff fortdauernder wirthschaftlicher Thätigkeiten anzusehen. Die Hauswirthschaft als solche ist als

---

*) **Nach einem Rundschreiben des R.-V.-A. vom 31. Dezember 1890 soll jedoch der Begriff der von der Versicherungspflicht befreiten „höheren Büreaubeamten" nur auf die in den Bureaus der Reichs-, Staats- und Communalbehörden beschäftigten, nicht beamteten, beziehungsweise nicht mit Pensionsberechtigung angestellten beamteten Expedienten, Registratoren pp. sowie auf gleichartig beschäftigte und gestellte Büreaubeamte anderer, z. B. höherer kirchlicher, Behörden Anwendung finden.** (A. d. V.)

Betrieb nicht zu erachten. Die Verwaltungen des Reichs, der Bundesstaaten und der Kommunalverbände können, soweit die Ausübung der sogenannten regiminellen Thätigkeit in Frage kommt, gleichfalls nicht als Betriebe angesehen werden, dagegen muß der Inbegriff gewisser wirthschaftlicher Thätigkeiten des Reichs u. s. w., wie die Post-, Telegraphen-Verwaltungen, staatliche Eisenbahn-Verwaltungen, Berg- und Hüttenwerke, staatliche und kommunale Land- und Forstwirthschaft, Staats- und Kommunalbauten, Kommunalbrauereien, Kommunalschlachthäuser, Kommunal-Irrenanstalten, städtische Gas- und Wasserwerke u. s. w., überall als Betrieb gelten. Desgleichen sind die Geschäfte der Rechtsanwälte, Notare, Gerichtsvollzieher u. s. w., deren Gesammtheit ein wirthschaftliches Unternehmen darstellt, als Betriebe anzusehen.

Als Betriebsbeamte im Sinne des Gesetzes haben hiernach diejenigen Personen zu gelten, welche in Betrieben der vorgedachten Art mit einer über die Thätigkeit des Arbeiters oder Gehülfen hinausgehenden, leitenden oder beaufsichtigenden Funktion betraut sind (vergleiche jedoch Nr. III Ziffer 1 und 2). Der Schwerpunkt der Beschäftigung des Betriebsbeamten liegt nicht im persönlichen Eingreifen bei der eigentlichen Arbeitsthätigkeit, vielmehr muß dem Betriebsbeamten eine gewisse Betheiligung an der Betriebsleitung und eine Aufsichtsstellung gegenüber den Arbeitern zustehen, so daß derselbe nicht wie ein Vorarbeiter sich an der Spitze der Arbeiter oder einer Arbeitergruppe des Betriebes befindet, sondern als Vertreter der Betriebsleitung den Arbeitern gegenübertritt. Hiernach wird auch im Einzelfalle zu beurtheilen sein, ob sogenannte Werkmeister oder Werkführer als Betriebsbeamte oder Arbeiter zu behandeln sind.

Die Vorstandsmitglieder von Aktien- und ähnlichen Gesellschaften, die Prokuristen und Handlungsbevollmächtigten sind nur dann versicherungspflichtige Betriebsbeamte, wenn ihr regelmäßiger Jahresarbeitsverdienst an Lohn oder Gehalt 2000 Mark nicht übersteigt (vergleiche Nr. XVI). Die Aufsichtsrathsmitglieder fallen, da ihnen lediglich eine überwachende Thätigkeit obliegt, ohne daß sie Anstellte der betreffenden Gesellschaft sind, nicht unter die Versicherung.

XV. Unter die „Handlungsgehülfen und -Lehrlinge fallen alle im Handelsgewerbe mit Diensten kaufmännischer Art (Mitwirkung bei Handelsgeschäften, Buchführung, Korrespondenz) beschäftigten Personen. Die Versicherungspflicht umfaßt daher sowohl die vorgenannten Handlungsbevollmächtigten und Prokuristen, als auch die Buchhalter und Kassirer, die Handlungsreisenden, Kommis und Verkäuferinnen. Vollständig ausgeschlossen von der gesetzlichen Versicherung sind nach § 1 Ziffer 2 des Gesetzes die in Apotheken beschäftigten Gehülfen und Lehrlinge. Indessen ist diese Ausnahmebestimmung nur für die eigentlichen Apotheken, nicht auch für ähnliche gewerbliche Unternehmungen, wie Droguen- und Parfümeriehandlungen, oder die mit Apotheken verbundenen Mineralwasser- rc. Fabriken rc. maßgebend.

XVI. Die Versicherungspflicht ist bei Betriebsbeamten, Handlungsgehülfen und -Lehrlingen (vergleiche Nr. XIV und XV) auf diejenigen beschränkt, deren regelmäßiger Jahresarbeitsverdienst an Lohn oder Gehalt 2000 Mark nicht übersteigt. Der Umstand, daß ein Betriebsbeamter rc. eignes Vermögen besitzt, und in Folge dessen sein gesammtes Jahreseinkommen 2000 Mark übersteigt, schließt die Versicherungspflicht nicht aus. Als regelmäßiger Arbeitsverdienst ist derjenige anzusehen, welchen der Betriebsbeamte rc. eine Reihe von Jahren hindurch in einer gewissen gleichmäßigen Höhe bezogen hat, oder auf den er, von besonderen nicht vorauszusehenden Zufällen abgesehen, mit Bestimmtheit rechnen kann. Ist ein Betriebsbeamter rc. gleichzeitig bei mehreren Arbeitgebern beschäftigt und bezieht hierfür insgesammt an Lohn oder Gehalt regelmäßig mehr als 2000 Mark, so ist derselbe nicht versicherungspflichtig.

XVII. Seeleute sind diejenigen Personen, welche als Schiffer, Personen der Schiffsmannschaft, Maschinisten, Aufwärter oder in anderer Eigenschaft zur

Schiffsbesatzung gehören (§ 1 des Seeunfallversicherungsgesetzes vom 13. Juli 1887, Reichs-Gesetzbl. Seite 329). Ein deutsches Seefahrzeug ist nach § 2 des Seeunfallversicherungsgesetzes jedes ausschließlich oder vorzugsweise zur Seefahrt benutzte Fahrzeug, welches unter deutscher Flagge fährt. Auf die Größe des Fahrzeuges kommt es — abweichend vom Seeunfallversicherungsgesetz (§ 1 Absatz 2. a. a. O.) — hier nicht an. Der Führer (Kapitän) eines Fahrzeuges unterliegt der Versicherungspflicht, auch wenn sein regelmäßiger Jahresarbeitsverdienst an Lohn oder Gehalt 2000 Mark übersteigt.

XVIII. Als Arbeitgeber im Sinne des Gesetzes ist derjenige anzusehen, für dessen Rechnung der Lohn gezahlt wird. Dies trifft auch dann zu, wenn die den Lohn oder Gehalt darstellenden Beträge von Seiten Dritter gezahlt werden, sofern nur die Arbeiter 2c. auf diese Bezüge von dem Arbeitgeber als Entgelt der ihm geleisteten Arbeit verwiesen sind. Dies gilt beispielsweise von Kellnern, welche auf Trinkgelder der Gäste, bei Arbeitern 2c. in Betrieben des Reichs, des Staats oder der Kommunalverwaltungen, welche auf Gebühren angewiesen sind.

Die bei sogenannten Akkordverhältnissen oft zweifelhafte Frage, ob der Akkordant, welcher thatsächlich den Lohn an die Arbeiter zahlt, als Arbeitgeber in obigem Sinne oder aber mit Rücksicht darauf, daß er die gezahlten Löhne in dem ihm gewährten Akkordlohn erstattet erhält, als Mittelsperson des eigentlichen Arbeitgebers anzusehen ist, wird sich nur nach Lage der gesammten Verhältnisse des Einzelfalles entscheiden lassen. Dabei kommen als maßgebende Gesichtspunkte in Betracht das Maß der Abhängigkeit oder Selbstständigkeit des Akkordanten in Beziehung auf die Arbeitsthätigkeit und sein persönliches Verhalten bei derselben, die allgemeine soziale Stellung des Akkordanten, der Umfang seiner Verantwortlichkeit für die Ausführung der ihm übertragenen Arbeit, die Höhe des Entgelts, sowie der Umstand, ob der Entgelt einen eigentlichen Unternehmergewinn für den Arbeitenden oder lediglich einen dem Durchschnittswerth entsprechenden Lohn der Arbeit darstellt. Hiernach wird beispielsweise im Allgemeinen der Gutsherr, nicht der Gutstagelöhner (Instmann, Kathenmann, Freimann 2c.), als Arbeitgeber des auf dem Gute thätigen Hofgängers, Scharwerkers 2c. anzusehen sein; denn für seine Rechnung wird die Arbeit des Hofgängers 2c. gelohnt, wenn auch der Lohn dem letzteren nicht von dem Gutsherrn selbst, sondern von dem Gutstagelöhner 2c., der ihn gestellt hat, ausgehändigt werden sollte.

XIX. Für den Begriff der Hausgewerbetreibenden (vergleiche Nr. II und VIII) hat das Gesetz folgende Kennzeichen aufgestellt:

1. das Vorhandensein einer eigenen Betriebsstätte, in welcher der Gewerbetreibende mit seinen etwaigen Arbeitern die Arbeit ausführt,
2. die Abhängigkeit von einem oder mehreren anderen Gewerbetreibenden, insofern er in deren Auftrage und für deren Rechnung, sei es mit den von ihm selbst beschafften oder mit den von den Ersteren ihm gelieferten Rohstoffen, gewerbliche Erzeugnisse herstellt oder bearbeitet,
3. die Ausübung eines selbstständigen Gewerbes im Gegensatz zu der Beschäftigung der unselbstständigen Lohnarbeiter, welche vom Gewerbetreibenden außerhalb deren Betriebsstätten verwendet werden.

Der Hausgewerbetreibende setzt die hergestellten oder bearbeiteten Erzeugnisse in der Regel nicht unmittelbar an die Konsumenten ab, sondern liefert dieselben an andere Gewerbetreibende, welche ihrerseits aus dem Absatz der von den Hausgewerbetreibenden angefertigten Produkte einen Unternehmergewinn erzielen.

Es wird hiernach weder ein Schneidergeselle, der wegen Mangels an Raum in der Werkstätte des Schneidermeisters oder aus anderen Gründen seine Näharbeit zu Hause verrichtet, noch auch ein Schneider oder Schuhmacher, welcher für beliebige Kunden Waaren anfertigt, als Hausgewerbetreibender gelten können.

Vielmehr werden der Erstere als Lohnarbeiter, die Letzteren als selbstständige Unternehmer anzusehen sein. Die Frage, ob Personen, welche im Auftrage und für Rechnung anderer Gewerbetreibender in eigenen Betriebsstätten gewerbliche Erzeugnisse herstellen oder bearbeiten, Hausgewerbetreibende oder unselbstständige Lohnarbeiter sind, wird nur nach den besonderen Verhältnissen des Einzelfalles zu entscheiden sein. Die zu Nr. XVIII aufgestellten Gesichtspunkte für die Prüfung der Arbeitgeber-Eigenschaft eines sogenannten Akkordanten finden hier entsprechende Anwendung.

XX. Welche Versicherungsanstalt für die einzelnen Versicherten zuständig ist, ergiebt sich aus §§ 41 und 120 des Gesetzes. Nach diesen Bestimmungen erfolgt die Versicherung in derjenigen Versicherungsanstalt, in deren Bezirk der Beschäftigungsort des Versicherten liegt. Soweit jedoch die Beschäftigung in einem „Betriebe" stattfindet, dessen Sitz im Inlande belegen ist, gilt als Beschäftigungsort ausnahmslos, nicht blos im Zweifel, der Sitz des Betriebes (§ 41 Absatz 3 des Gesetzes).

Betriebssitz ist derjenige Ort, an welchem sich der Mittelpunkt (wirthschaftliche Schwerpunkt) des Unternehmens befindet. Der Sitz des Betriebes kann durch das Vorhandensein von Betriebsanlagen, Werkaufsstätten, Waarenlagern äußerlich erkennbar, oder aus Eintragungen in Firmen- oder Gewerberegister zu entnehmen sein. Mit dem Wohnsitz des Unternehmers braucht der Betriebssitz nicht zusammen zu fallen.

Hiernach sind die Arbeiter ꝛc., welche außerhalb des Betriebssitzes Arbeiten ausführen, nicht an dem Orte, wo die Arbeiten stattfinden, an der jeweiligen Arbeitsstätte, sondern an dem Sitze des Betriebes zu versichern. Jedoch kann eine dauernde oder besonders umfangreiche Ausführung von Arbeiten an einem von dem Betriebssitze verschiedenen Orte unter Umständen den Charakter eines selbstständigen Betriebes mit einem besonderen geschäftlichen Mittelpunkt annehmen.

Bezüglich der Frage nach dem Sitz eines land- und forstwirthschaftlichen Betriebes kommen die Bestimmungen im § 44 Absatz 2 und 3 des landwirthschaftlichen Unfallversicherungsgesetzes vom 5. Mai 1886 (Reichs-Gesetzbl. Seite 132) in Betracht.

Für den Sitz gemischter, aus Haupt- und Nebenbetrieb bestehender Betriebe entscheidet der Sitz des Hauptbetriebes.

Werden im Auslande Personen beschäftigt, welche als Arbeiter ꝛc. eines inländischen Betriebes anzusehen sind, so erfolgt ihre Versicherung gleichfalls am Orte des inländischen Betriebssitzes. Hiernach unterliegt z. B. der Monteur einer inländischen Maschinenfabrik, welcher eine in dieser Fabrik gefertigte Maschine im Auslande aufstellt, auch für die Zeit seiner Beschäftigung im Auslande den Bestimmungen des Gesetzes.

Wenn dagegen Personen im Inlande beschäftigt werden, welche einem im Auslande belegenen Betriebe angehören, so ist stets der Ort der thatsächlichen inländischen Beschäftigung für die Zuständigkeit der Versicherungsanstalt entscheidend.

Seeleute sind nach § 136 des Gesetzes bei derjenigen Versicherungsanstalt zu versichern, in deren Bezirk sich der Heimathshafen des Schiffes befindet. Als Heimathshafen (Registerhafen) gilt derjenige Hafen, von welchem aus mit dem Schiffe die Seefahrt betrieben wird (Art. 435 des Handelsgesetzbuchs, Bundes-Gesetzbl. 1869 Seite 379).

Berlin, den 31. Oktober 1890.

Das Reichs-Versicherungsamt.
Dr. Bödiker.

Anlage IX.

Bekanntmachung.

(Reichs-Anzeiger vom 29. November 1890.)

Zur Ausführung des Gesetzes, betreffend die Invaliditäts- und Altersversicherung, vom 22. Juni 1889 (Reichs-Gesetzbl. S. 97) hat der Bundesrath in seiner Sitzung vom 27. November 1890

I. über die Befreiung vorübergehender Beschäftigungen von der Versicherungspflicht,

II. über die Entwerthung und Vernichtung von Marken

Bestimmungen getroffen, welche nachstehend veröffentlicht werden.

Berlin, den 27. November 1890.

Der Reichskanzler.
In Vertretung:
von Boetticher.

Zur Ausführung des Gesetzes, betreffend die Invaliditäts- und Altersversicherung, vom 22. Juni 1889 (Reichs-Gesetzbl. S. 97) beschließt der Bundesrath auf Grund der §§ 3 Absatz 3, 109, 112, 114, 117, 120, 125 a. a. O. was folgt:

I. Befreiung vorübergehender Beschäftigungen von der Versicherungspflicht.
(§ 3 Absatz 3.)

A. Vorübergehende Dienstleistungen sind in folgenden Fällen als eine die Versicherungspflicht begründende Beschäftigung nicht anzusehen:

1) wenn sie von solchen Personen, welche berufsmäßig Lohnarbeit überhaupt nicht verrichten, a. nur gelegentlich, insbesondere zu gelegentlicher Aushülfe, b. zwar in regelmäßiger Wiederkehr, aber nur nebenher und gegen ein geringfügiges Entgelt, welches zum Lebensunterhalt nicht ausreicht und zu den Versicherungsbeiträgen nicht in entsprechendem Verhältniß steht, c. zur Hülfeleistung bei Unglücksfällen oder Verheerungen durch Naturereignisse verrichtet werden;

2) wenn sie von solchen Berufsarbeitern, die in einem regelmäßigen, die Versicherungspflicht begründenden Arbeits- oder Dienstverhältniß zu einem bestimmten Arbeitgeber stehen, ohne Unterbrechung dieses Verhältnisses bei anderen Arbeitgebern nebenher, sei es nur gelegentlich zur Aushülfe, sei es regelmäßig, verrichtet werden;

3) wenn sie auf Seeschiffen im Auslande von solchen Personen verrichtet werden, die nicht zur Schiffsbesatzung gehören;

4) wenn sie von Aufwärtern oder Aufwärterinnen und ähnlichen zu niederen häuslichen Diensten von kurzer Dauer an wechselnden Arbeitsstellen thätigen Personen verrichtet werden;

5) wenn sie in Verpflegungsstationen oder in ähnlichen Einrichtungen gegen eine Geldentschädigung verrichtet werden, welche nicht als Entgelt für die gelieferte Arbeit, sondern als eine Unterstützung zum Zweck des besseren Fortkommens gewährt wird.

B. Die Regierungen der einzelnen Bundesstaaten sind ermächtigt, mit Zustimmung des Reichskanzlers wiederruflich anzuordnen, daß und inwieweit vorübergehende Dienstleistungen solcher Ausländer, denen der Aufenthalt in Grenzbezirken des Inlandes auf fest bestimmte kurze Zeit Behufs Ausführung vorübergehender Arbeiten behördlich gestattet ist, sowie vorübergehend im Inlande stattfindende Dienstleistungen solcher Ausländer, welche übungsgemäß in Flößereibetrieben beschäftigt werden, als eine die Versicherungspflicht begründende Beschäftigung nicht anzusehen sind.

II. Entwerthung und Vernichtung von Marken.

(§§ 109, 112, 114, 117, 120, 125.)

Entwerthung.

1) Sofern auf Grund der §§ 112 oder 114 a. a. O. die Einziehung der Beiträge durch Organe von Krankenkassen, durch Gemeindebehörden oder durch andere von der Landes-Centralbehörde bezeichnete oder von der Versicherungsanstalt eingerichtete Stellen (Hebestellen) erfolgt, kann die Landes-Centralbehörde anordnen, daß von der die Beiträge einziehenden Stelle die den eingezogenen Beiträgen entsprechenden Marken alsbald nach deren Einklebung zu entwerthen sind (§ 109 a. a. O.). Bei derartigen Anordnungen ist die Art der Entwerthung von der Landes-Centralbehörde zu regeln; dabei darf die Angabe des Entwerthungstages vorgeschrieben werden.

2) Arbeitgeber, welche die Marken einkleben, sowie Versicherte sind befugt, die in die Quittungskarten eingeklebten Marken in der Weise zu entwerthen, daß die einzelnen Marken handschriftlich oder unter Verwendung eines Stempels mit einem die Marke in der Hälfte ihrer Höhe schneidenden schwarzen wagerechten schmalen Strich durchstrichen werden. Andere auf die Marken gesetzte Zeichen gelten, solange die die Marken enthaltende Quittungskarte noch nicht zum Umtausch eingereicht ist, nicht als Entwerthungszeichen.

3) Sofern auf Grund des § 111 a. a. O. für den Bezirk einer Versicherungsanstalt durch das Statut derselben für Versicherte, welche nicht in einem regelmäßigen Arbeitsverhältniß zu einem bestimmten Arbeitgeber stehen, oder für einzelne Klassen solcher Versicherten bestimmt worden ist, daß sie befugt sind, die Versicherungsbeiträge statt der Arbeitgeber im Voraus zu entrichten, kann die Landes-Zentralbehörde anordnen, daß die betreffenden Marken entwerthet werden, sobald die Einziehung der Hälfte des Werthes der betreffenden Marke von dem zur Entrichtung der Beiträge verpflichteten Arbeitgeber erfolgt. Bei derartigen Anordnungen ist die Art der Entwerthung von der Landes-Zentralbehörde zu regeln, dabei darf die Angabe des Entwerthungstages vorgeschrieben werden.

4) Ueber die Form der Entwerthung der Marken in den Fällen des § 117 Absatz 4 und des § 120 kann die Landes-Zentralbehörde besondere Anordnung treffen.

5) Marken, welche nicht bereits anderweit entwerthet worden sind, müssen entwerthet werden, nachdem die die Marken enthaltende Quittungskarte zum Umtausch eingereicht worden ist. Diese Entwerthung liegt den Vorständen der Versicherungsanstalten oder anderen von der Landes-Zentralbehörde bezeichneten Stellen ob; sie ist, sofern sie bisher etwa versäumt sein sollte, von jeder Behörde, an welche die Karte nach dem Umtausch gelangt, nachzuholen. Die Form der Entwerthung bleibt der entwerthenden Stelle freigestellt. Auf die Außenseite der Quittungskarte ist handschriftlich oder unter Verwendung eines Stempels der Vermerk „entwerthet“ zu setzen und die entwerthende Stelle zu bezeichnen.

6) Bei der Entwerthung dürfen die Marken nicht unkenntlich gemacht werden. Insbesondere müssen der Geldwerth der Marke, die Lohnklasse und die Versicherungsanstalt, für welche die Marke ausgegeben ist, bei Doppelmarken auch die Kennzeichen der Zusatzmarke erkennbar bleiben.

7) Wer den vorstehenden oder den von der Landes-Zentralbehörde auf Grund der Bestimmung in Ziffer 1 getroffenen Anordnungen zuwiderhandelt, kann für jeden Fall, sofern nicht nach anderen Vorschriften eine höhere Strafe verwirkt ist, von der unteren Verwaltungsbehörde mit einer Ordnungsstrafe bis zu einhundert Mark belegt werden. Die Haftung für den durch die Zuwiderhandlung verursachten Schaden bleibt hierdurch unberührt.

Vernichtung.

8) Die Vernichtung von Marken (§ 125 a. a. O.) erfolgt durch Abreißen oder völlige Unkenntlichmachung. Dabei ist auf die Quittungskarte handschriftlich oder unter Verwendung von Stempeln der Vermerk: „. . . . *) Marken vernichtet", sowie die Bezeichnung der die Vernichtung vornehmenden Stelle zu setzen. Die Vernichtung von Marken kann auch dadurch erfolgen, daß dieselben durch einen darauf gesetzten amtlichen Vermerk als ungültig erklärt werden.

*) Hier ist die Zahl der vernichteten Marken einzurücken.

Anlage X.

Verordnung
betreffend das Verfahren vor den auf Grund des Invaliditäts- und Altersversicherungsgesetzes errichteten Schiedsgerichten.

Vom 1. Dezember 1890.

Wir Wilhelm, von Gottes Gnaden Deutscher Kaiser, König von Preußen ꝛc. verordnen auf Grund des § 74 Abs. 5 des Gesetzes, betreffend die Invaliditäts- und Altersversicherung, vom 22. Juni 1889 (Reichs-Gesetzbl. S. 97) im Namen des Reichs, nach erfolgter Zustimmung des Bundesraths, was folgt:

I. Allgemeine Bestimmungen.

Beeidigung der Mitglieder des Schiedsgerichts.

§ 1. Der Vorsitzende des Schiedsgerichts und dessen Stellvertreter werden von einem Beauftragten der Landes-Zentralbehörde (§ 71 Abs. 2 des Gesetzes), die Beisitzer dagegen von dem Vorsitzenden des Schiedsgerichts für die Erfüllung der Obliegenheiten ihres Amts beeidigt.

Die Beeidigung der Beisitzer erfolgt bei ihrer ersten Dienstleistung in öffentlicher Sitzung.

Im Uebrigen finden auf die Beeidigung die Vorschriften des § 51 des Gerichtsverfassungsgesetzes entsprechende Anwendung.

Befugnisse des Vorsitzenden.

§ 2. Die Leitung und Beaufsichtigung des Geschäftsganges bei dem Schiedsgericht liegt dem Vorsitzenden ob. Er eröffnet die eingehenden Sendungen, vertheilt die Geschäfte, bestimmt die Sitzungen, zeichnet die Verfügungen, vollzieht die Reinschriften und trifft in Beziehung auf die Führung der Geschäftskontrolen die erforderlichen Anordnungen.

Bei Beginn eines jeden Geschäftsjahres bezeichnet der Vorsitzende, sofern nicht durch das Statut der Versicherungsanstalt über die Wahl von Hülfsbeisitzern besondere Bestimmungen getroffen sind, diejenigen am Orte des Schiedsgerichts oder in dessen näherer Umgebung wohnenden Beisitzer aus der Klasse der Arbeitgeber und der Versicherten, welche bei etwaigem Ausbleiben der geladenen Beisitzer aushülfsweise zu den Sitzungen herangezogen werden sollen (Hülfsbeisitzer).

Im Uebrigen werden die Beisitzer, sofern das Statut nicht ein Anderes bestimmt, getrennt nach Arbeitgebern und Arbeitnehmern, in der Regel in alphabetischer Reihenfolge zu den Sitzungen zugezogen. Will der Vorsitzende aus besonderen Gründen von dieser Reihenfolge abweichen, so sind die hierfür maßgebenden Gründe aktenkundig zu machen. Dasselbe gilt hinsichtlich der Hülfsbeisitzer.

Die Beisitzer haben dem Vorsitzenden Anzeige zu machen, wenn durch Aenderung in ihren persönlichen Verhältnissen die Voraussetzungen ihrer Wählbarkeit (§§ 50 nnd 52 in Verbindung mit § 71 Abs. 3 des Gesetzes) nachträglich wegfallen.

Beisitzer, von denen dem Vorsitzenden bekannt wird, daß sie die Wählbarkeit verloren haben, sind zu den Sitzungen einstweilen nicht einzuberufen. Erkennt der Beisitzer den Wegfall der Wählbarkeit an, so ist er durch den Vorsitzenden vom Amt zu entheben. Anderenfalls hat der Vorsitzende bei der höheren Verwaltungsbehörde desjenigen Orts, an welchem sich der Sitz des Schiedsgerichts befindet, die Enthebung zu beantragen. Die Fähigkeit eines Beisitzers, als solcher an einer Sitzung theilzunehmen, erlischt erst mit der Enthebung vom Amt.

Ablehnung der Mitglieder des Schiedsgerichts.

§ 3. Die Bestimmungen in den §§ 41 ff. der Civilprozeßordnung über die Ausschließung und Ablehnung der Richter finden auf die Mitglieder der Schiedsgerichte entsprechende Anwendung. Jedoch beschließt über ein Ablehnungsgesuch in Betreff des Vorsitzenden das Schiedsgericht, in Betreff der Beisitzer der Vorsitzende.

Bei dem Beschluß über ein Ablehnungsgesuch in Betreff des Vorsitzenden hat dieser nicht mitzuwirken. An seiner Stelle führt dabei der dem Lebensalter nach ältere Beisitzer den Vorsitz. Ergiebt sich bei der Abstimmung über das Gesuch Stimmengleichheit, so gilt dasselbe für abgelehnt.

Der Beschluß kann, wenn das Ablehnungsgesuch für unbegründet erklärt wird, nicht für sich allein, sondern nur mit der Entscheidung in der Hauptsache angefochten werden.

II. Vorschriften über das Verfahren.

Erhebung der Berufung.

§ 4. Die Berufung auf schiedsgerichtliche Entscheidung muß binnen der vorgeschriebenen Frist (§§ 77 Abs. 2, 136 Abs. 3 des Gesetzes) bei dem Vorsitzenden des Schiedsgerichts eingegangen sein.

In der Berufung ist der Gegenstand des Anspruchs zu bezeichnen, desgleichen sind die für die Entscheidung maßgebenden Thatsachen unter Angabe der Beweismittel für dieselben anzuführen.

Bei schriftlicher Erhebung der Berufung ist dem Schriftsatze eine Abschrift beizufügen; wird die Berufung von dem Staatskommissar erhoben, so sind zwei Abschriften beizufügen.

Zuständigkeit der Schiedsgerichte.

§ 5. Sind für den Bezirk einer Versicherungsanstalt mehrere Schiedsgerichte errichtet (§ 70 des Gesetzes), so ist für die Berufung dasjenige Schiedsgericht zuständig, in dessen Bezirk der Versicherte zuletzt seinen Beschäftigungsort (§§ 41 Abs. 3, 119, 120 des Gesetzes) gehabt hat. Waren dagegen die letzten Beiträge auf Grund freiwilliger Fortsetzung der Versicherung entrichtet worden, so ist dasjenige Schiedsgericht zuständig, in dessen Bezirk der Versicherte zur Zeit der letzten Beitragsentrichtung sich aufgehalten hat (§ 117 des Gesetzes). Die Berufung gilt jedoch als rechtzeitig erhoben, wenn sie innerhalb der vorgeschriebenen Frist (§§ 77 Abs. 2, 136 Abs. 3 des Gesetzes) bei dem Vorsitzenden des in dem angefochtenen Bescheide (§ 77 Abs. 2 des Gesetzes) als zuständig bezeichneten Schiedsgerichts eingelegt ist, ohne Rücksicht darauf, ob diese Bezeichnung zutreffend war oder nicht.

Ist die Berufung bei einer nicht zuständigen Stelle eingelegt, so ist der Schriftsatz unter Benachrichtigung des Berufenden unverzüglich an den Vorsitzenden des zuständigen Schiedsgerichts abzugeben.

Entsteht unter mehreren Schiedsgerichten Streit über ihre Zuständigkeit, so entscheidet das Reichs-Versicherungsamt.

Abweisung durch Bescheid.

§ 6. Ist die Berufung nicht rechtzeitig eingelegt oder ist das Schiedsgericht gesetzlich zur Entscheidung über die der Berufung zu Grunde liegenden Beschwerdepunkte nicht zuständig oder stellen sich die Berufungsanträge sofort als rechtlich unzulässig oder offenbar unbegründet heraus, so kann der Vorsitzende die Berufung durch einen mit Gründen zu versehenden Bescheid zurückweisen.

Der Berufende ist befugt, innerhalb zwei Wochen vom Tage der Zustellung des Bescheides ab die Anberaumung eines Termins zur mündlichen Verhandlung zu beantragen. Für Seeleute, welche sich außerhalb Europas aufhalten, gilt hinsichtlich dieser Frist die Bestimmung des § 136 Abs. 3 des Gesetzes.

Die vorstehende Befugniß ist dem Berufenden in dem Bescheide zu eröffnen.

Einsendung der Vorverhandlungen.

§ 7. Die Vorstände der Versicherungsanstalten haben dem Vorsitzenden des Schiedsgerichts auf dessen Erfordern die auf den streitigen Anspruch bezüglichen Vorverhandlungen einzusenden.

Beantwortung der Berufung.

§ 8. Sofern der Fall des § 6 Abs. 1 nicht vorliegt, hat der Vorsitzende die Berufung dem Gegner, sowie dem Staatskommissar schriftlich unter der Anheimgabe mitzutheilen, binnen einer bestimmten, von einer Woche bis zu vier Wochen zu bemessenden Frist eine Gegenschrift einzureichen. Hierbei ist zugleich darauf hinzuweisen, daß, wenn eine Gegenschrift innerhalb der Frist nicht eingeht, die Entscheidung nach Lage der Akten erfolgen werde. Die Frist kann auf Antrag aus wichtigen Gründen verlängert werden.

Der Gegenschrift ist zur Zustellung an den Gegner eine Abschrift beizufügen; der Staatskommissar und, wenn es sich um einen Rentenanspruch handelt, die Versicherungsanstalt haben zwei Abschriften beizufügen.

In einfacheren Fällen sowie dann, wenn das thatsächliche Verhältniß aus vorliegenden Akten und Urkunden sich feststellen läßt, kann sofort ohne vorgängigen Schriftwechsel Termin zur mündlichen Verhandlung anberaumt werden. Den Betheiligten sind alsdann gleichzeitig mit der Benachrichtigung vom Termin die Abschriften der Berufung mitzutheilen.

Unterzeichnung der Schriftsätze und Vertretung der Parteien.

§ 9. Berufungen und Gegenschriften müssen entweder von den Betheiligten selbst oder von ihren gesetzlichen Vertretern oder von ihren Bevollmächtigten unterzeichnet sein. Die Vollmacht muß schriftlich ertheilt werden.

Das Schiedsgericht kann Vertreter, welche, ohne Rechtsanwälte zu sein, die Vertretung geschäftsmäßig betreiben, zurückweisen.

Die Prozeßfähigkeit einer Partei sowie die Legitimation eines Vertreters sind von Amtswegen zu prüfen.

Nichtprozeßfähigen Parteien, welche ohne gesetzlichen Vertreter sind, kann bis zum Eintritt des gesetzlichen Vertreters von dem Vorsitzenden ein besonderer Vertreter bestellt werden. Derselbe ist befugt, alle Parteirechte zum Zweck der Durchführung des Feststellungsverfahrens wahrzunehmen. Eine Befugniß zur Empfangnahme von Zahlungen steht demselben nicht zu. Das Gleiche gilt, wem der Aufenthaltsort des gesetzlichen Vertreters unbekannt oder vom Sitze des Schiedsgerichts weit entfernt ist. Die nichtprozeßfähige Partei ist auf ihr Verlangen selbst zu hören. Die Kosten des besonderen Vertreters gelten als außergerichtliche Kosten.

Mündliche Verhandlung.

§ 10. Die Entscheidung kann ohne mündliche Verhandlung erfolgen, wenn alle Betheiligten auf eine solche ausdrücklich verzichten.

Im Uebrigen erfolgt die Entscheidung auf Grund mündlicher Verhandlung vor dem Schiedsgericht. Der Termin hierzu wird von dem Vorsitzenden anberaumt.

Die Betheiligten werden von dem Termin, in der Regel mittelst eingeschriebenen Briefes, mit dem Bemerken in Kenntniß gesetzt, daß im Falle ihres Ausbleibens nach Lage der Akten werde entschieden werden. Ein Ausweis hierüber muß zu den Akten gebracht werden.

Hält das Schiedsgericht das persönliche Erscheinen eines Betheiligten für angemessen, so hat dasselbe die nach Lage des Falles an das Nichterscheinen sich knüpfenden Nachtheile in der Vorladung besonders zu bezeichnen.

Ort der Verhandlung.

§ 11. Die mündliche Verhandlung findet in der Regel am Sitze des Schiedsgerichts statt. Der Vorsitzende ist jedoch befugt, das Schiedsgericht zu einer Sitzung an einen anderen Ort seines Bezirks zu berufen, wenn dies zur Ersparung von Kosten oder Reisen, zur Aufklärung des Sachverhalts oder zur Erleichterung der Beweisaufnahme zweckmäßig erscheint.

Oeffentlichkeit des Verfahrens.

§ 12. Die mündliche Verhandlung erfolgt in öffentlicher Sitzung. Die Oeffentlichkeit kann durch einen öffentlich zu verkündenden Beschluß ausgeschlossen werden, wenn das Schiedsgericht dies aus Gründen des öffentlichen Wohles oder der Sittlichkeit für angemessen erachtet.

Die Vorschriften der §§ 176 bis 184 des Schiedsgerichtsverfassungsgesetzes über die Aufrechterhaltung der Ordnung finden entsprechende Anwendung. Ueber die Beschwerde gegen Ordnungsstrafen entscheidet endgültig die Aufsichtsbehörde (§ 25 Absatz 1).

§ 13. Die mündliche Verhandlung beginnt mit der Darstellung des Sachverhalts durch den Vorsitzenden oder durch einen von diesem ernannten Berichterstatter. Demnächst sind die erschienenen Betheiligten zu hören.

Der Staatskommissar muß auf seinen Antrag jederzeit gehört werden. Ihm sowie jedem Beisitzer hat der Vorsitzende auf Verlangen zu gestatten, Fragen zu stellen.

Die zum Zweck der Klarstellung des Sachverhalts gestellten Anträge des Staatskommissars dürfen vom Schiedsgericht nur abgelehnt werden, wenn nach der Auffassung desselben aus Befolgung des Antrages überwiegende Nachtheile zu besorgen sein würden.

Erledigung der Berufung durch Vergleich.

§ 14. Eine Berufung kann durch Vergleich erledigt werden, wenn sich derselbe auf den streitigen Anspruch selbst und auf die etwaigen außergerichtlichen Kosten erstreckt. Der Vergleich bedarf der Zustimmung des Staatskommissars, soweit es sich nicht um Erstattung von Beiträgen handelt (§ 95 des Gesetzes). Die Zustimmung gilt als ertheilt, wenn der Staatskommissar im Falle seiner Anwesenheit bei der Verhandlung nicht sofort, anderenfalls nicht binnen einer Woche nach Mittheilung des Vergleichs widerspricht.

Sitzungsprotokoll.

§ 15. Die mündliche Verhandlung erfolgt unter Zuziehung eines vereidigten Protokollführers.

Von demselben ist ein Protokoll aufzunehmen, welches die Namen des Vorsitzenden und der mitwirkenden Beisitzer, deren Eigenschaft als Vorsitzender, Arbeitgeber oder Arbeitnehmer, sowie einen Vermerk über die Betheiligung des Staatskommissars enthält und den Gang der Verhandlung im Allgemeinen angiebt.

Außerdem sind durch Aufnahme in das Protokoll festzustellen:

1) Erklärungen der Parteien, welche die Zurücknahme einer Berufung bezwecken, ferner Anerkenntnisse, Verzichtleistungen, Vergleiche;

2) solche Anträge und Erklärungen der Betheiligten, welche von den Schriftsätzen abweichen;

3) die Aussagen der Zeugen und Sachverständigen, soweit dieselben früher nicht abgehört waren oder von ihrer früheren Aussage abweichen;

4) die Ergebnisse eines Augenscheins;

5) Beschlüsse des Schiedsgerichts sowie die Formel der Entscheidung.

Das Protokoll ist, soweit in demselben Vergleiche, Anerkenntnisse oder Verzichtleistungen festgestellt worden sind, den Betheiligten vorzulesen. In dem Protokoll ist zu bemerken, daß die Vorlesung stattgefunden hat und daß die Genehmigung erfolgt ist, oder welche Einwendungen erhoben worden sind.

Das Protokoll ist von dem Vorsitzenden und dem Protokollführer zu unterzeichnen.

Beweisaufnahme.

§ 16. Das Gericht hat den nach seinem Ermessen zur Klarstellung des Sachverhalts erforderlichen Beweis in vollem Umfange zu erheben, ohne Rücksicht darauf, ob dieser Beweis von den Parteien angetreten worden ist oder nicht.

Der Vorsitzende ist befugt, zur mündlichen Verhandlung auch ohne vorausgehenden Beschluß des Schiedsgerichts Zeugen und Sachverständige vorzuladen, sowie das persönliche Erscheinen eines Betheiligten anzuordnen (§ 10 Absatz 4).

Die Beweiserhebung erfolgt in der Regel in der mündlichen Verhandlung. Das Schiedsgericht ist jedoch befugt, den Beweis durch ein Mitglied oder gemäß § 141 des Gesetzes durch eine öffentliche Behörde erheben zu lassen. Geeignetenfalls steht die Befugniß der Beweiserhebung auch dem Vorsitzenden schon vor Anberaumung des Termins zur mündlichen Verhandlung zu.

Die Beweisverhandlungen sind unter Zuziehung eines vereidigten oder durch Handschlag zu verpflichtenden Protokollführers aufzunehmen; die Betheiligten sind zu benachrichtigen.

§ 17. Hinsichtlich der Verpflichtung, sich als Zeuge oder Sachverständiger vernehmen zu lassen, finden die Vorschriften der Civilprozeßordnung entsprechende Anwendung.

Gegen die von dem Schiedsgericht über die Rechtmäßigkeit der Weigerung getroffene Entscheidung findet binnen einer Frist von zwei Wochen nach Zustellung derselben Beschwerde an das Reichs-Versicherungsamt statt; dieselbe ist schriftlich bei dem Schiedsgericht einzulegen. Für Seeleute, welche sich außerhalb Europas aufhalten, bewendet es hinsichtlich dieser Frist bei der Vorschrift des § 136 Absatz 3 des Gesetzes.

Die Verhängung von Zwangsmaßregeln, sowie die Festsetzung von Strafen gegen Zeugen und Sachverständige, welche ausbleiben oder ihre Aussage oder deren Beeidigung verweigern, erfolgt auf Ersuchen durch das Amtsgericht, in dessen Bezirk dieselben ihren Wohnsitz oder in Ermangelung eines solchen ihren Aufenthalt haben. Auf Militärpersonen, welche dem aktiven Heere oder der aktiven Marine angehören, finden die Bestimmungen der §§ 345 Absatz 4 und 355 Absatz 4 der Civilprozeßordnung Anwendung.

Die Zeugen und Sachverständigen erhalten Gebühren nach Maßgabe der Gebührenordnung vom 30. Juni 1878 (Reichs-Gesetzbl. S. 173).

Entscheidung.

§ 18. Das Schiedsgericht entscheidet innerhalb der erhobenen Ansprüche nach freiem Ermessen. Bilden sich in Beziehung auf Summen, über welche die Entscheidung freisteht, drei Meinungen, so ist die mittlere maßgebend.

Die Berathung und Beschlußfassung erfolgt in nichtöffentlicher Sitzung; hierbei dürfen nur Mitglieder mitwirken, vor welchen die mündliche Verhandlung stattgefunden hat.

Kosten.

§ 19. Das Schiedsgericht entscheidet, ohne daß es eines Antrags bedarf, auch darüber, ob und in welchem Betrage eine unterliegende Partei dem Gegner die ihm in dem Verfahren vor dem Schiedsgericht erwachsenen Kosten zu erstatten hat.

Dem Staatskommissar werden Kosten nicht erstattet; ebensowenig sind ihm Kosten zur Erstattung aufzuerlegen. Wenn die Berufung von dem Staatskommissar eingelegt worden, so sind die dem obsiegenden Theile etwa zuzusprechenden Kosten von der Versicherungsanstalt zu erstatten.

Die von einer Partei zu erstattenden außergerichtlichen, sowie die nach § 74 Absatz 6 des Gesetzes einem Betheiligten zur Last gelegten gerichtlichen Kosten werden durch Vermittelung des Schiedsgerichts in derselben Weise beigetrieben, wie Gemeindeabgaben.

Abstimmung.

§ 20. Bei der Abstimmung stimmt der etwa bestellte Berichterstatter (§ 13) zuerst. Im Uebrigen richtet sich bei der Abstimmung der Beisitzer die Reihenfolge nach dem Lebensalter dergestalt, daß der Jüngere zuerst stimmt. Der Vorsitzende stimmt in allen Fällen zuletzt.

Verkündung.

§ 21. Der Vorsitzende verkündet den Beschluß, oder die Entscheidung in öffentlicher Sitzung durch Verlesung des Beschlusses oder der Entscheidungsformel.

Wird die Verkündung der Gründe für angemessen gehalten, so erfolgt sie durch Verlesung derselben oder durch mündliche Mittheilung des wesentlichen Inhalts.

Die Verkündung kann auf eine spätere Sitzung vertagt werden, welche in der Regel binnen einer Woche stattfinden soll.

Form und Ausfertigung der Entscheidung.

§ 22. Die Entscheidungen enthalten eine gedrängte Darstellung des Sach- und Streitstandes auf Grundlage der gesammten Verhandlungen unter Hervorhebung der in der Sache gestellten Anträge (Thatbestand), ferner die Entscheidungsgründe und die von der Darstellung des Thatbestandes und der Entscheidungsgründe äußerlich zu sondernde Urtheilsformel. Die Entscheidungen sind in der Urschrift von dem Vorsitzenden und den Beisitzern, welche bei denselben mitgewirkt haben, zu unterschreiben.

§ 23. Bei den Ausfertigungen der Entscheidungen sind im Eingange die Mitglieder des Schiedsgerichts, welche an der Entscheidung theilgenommen haben, nach Maßgabe des § 15 namentlich aufzuführen, und der Sitzungstag, an welchem die Entscheidung erfolgt ist, zu bezeichnen.

Die Ausfertigungen enthalten neben dem Siegel des Schiedsgerichts (§ 24) die Schlußformel:

„Urkundlich unter Siegel und Unterschrift.“
„Das Schiedsgericht für . . . .“

Die Vollziehung erfolgt durch den Vorsitzenden.

§ 24. Das Schiedsgericht führt ein Siegel, welches durch die für den Sitz des Schiedsgerichts zuständige Landes-Zentralbehörde bestimmt wird.

Geschäftsbetrieb und Beschwerden.

§ 25. Die Schiedsgerichte unterliegen der Beaufsichtigung durch die für ihre Sitze zuständigen Landes-Zentralbehörden oder die von denselben zu bestimmenden anderen Behörden.

Auf Beschwerden über eine das Prozeßverfahren vor dem Schiedsgericht leitende Verfügung entscheidet das Reichs-Versicherungsamt.

Geschäftssprache.

§ 26. In Betreff der Geschäftssprache vor dem Schiedsgericht finden die Bestimmungen in den §§ 186 ff. des Gerichtsverfassungsgesetzes entsprechende Anwendung. Eingaben, welche nicht in deutscher Sprache abgefaßt sind, werden nicht berücksichtigt.

Geschäftsbericht.

§ 27. Am Schlusse eines jeden Jahres hat der Vorsitzende des Schiedsgerichts dem Reichs-Versicherungsamt zu dem von demselben zu bestimmenden Zeitpunkte und nach einem von demselben vorzuschreibenden Formular einen Geschäftsbericht einzureichen.

Urkundlich unter Unserer Höchsteigenhändigen Unterschrift und beigedrucktem Kaiserlichen Insiegel.

Gegeben Berlin, den 1. Dezember 1890.

(L. S.) **Wilhelm.**

von Bötticher.

Bekanntmachung.

(Reichs-Anzeiger vom 26. November 1890.)

Auf Grund des § 136 Absatz 2 des Gesetzes, betreffend die Invaliditäts- und Altersversicherung, vom 22. Juni 1889 (Reichs-Gesetzblatt S. 97) hat der Bundesrath in seiner Sitzung vom 22. November 1890 über die Einziehung der von den Rhedern für Seeleute zu entrichtenden Beiträge besondere Bestimmungen getroffen, welche nachstehend veröffentlicht werden.

Berlin, den 24. November 1890.

Der Reichskanzler.
In Vertretung:
von Boetticher.

Vorschriften

betreffend die Einziehung der von den Rhedern für die Invaliditäts- und Altersversicherung der Seeleute zu entrichtenden Beiträge.

(§ 136 Absatz 2 des Gesetzes, betreffend die Invaliditäts- und Altersversicherung, vom 22. Juni 1889, Reichs-Gesetzblatt Seite 97.)

Vom 22. November 1890.

Allgemeine Bestimmungen.

1) Für Schiffer und sonstige Seeleute, welche nicht angemustert werden, sowie für diejenigen Seeleute, welche, ohne angemustert zu sein, auf Seeschiffen beschäftigt werden, erfolgt die Entrichtung der Beiträge zur Invaliditäts- und Altersversicherung durch Verwendung von Quittungskarten und Marken nach den Vorschriften des Gesetzes vom 22. Juni 1889 (Reichs-Gesetzbl. S. 97).

Dasselbe gilt für die freiwillige Fortsetzung des Versicherungsverhältnisses Seitens der Seeleute.

2) Für angemusterte Seeleute bedarf es der Ausstellung von Quittungskarten und der Verwendung von Beitragsmarken nicht. Die Einziehung der Beiträge und der Nachweis über Dauer und Höhe der Invaliditäts- und Altersversicherung erfolgt unter Benutzung der Seefahrtsbücher und besonderer Ausweise nach Maßgabe der nachfolgenden Bestimmungen.

Einzahlung der Beiträge durch die Rheder.

3) Die Beiträge der angemusterten Seeleute werden von den Rhedern nach Maßgabe der Zahl der auf dem Schiffe beschäftigt gewesenen Personen und nach der Dauer der Beschäftigung für diejenigen Lohnklassen entrichtet, zu welchen die einzelnen Klassen der Seeleute nach den Vorschriften des § 22 Absatz 2 Ziffer 2 a. a. O. gehören. Waren Rheder und Versicherte darüber einverstanden, daß die Versicherung in einer höheren Lohnklasse erfolgen solle (§ 22 Absatz 2 im Eingang a. a. O.), so sind die Beiträge der Rheder nach diesen höheren Lohnklassen zu bemessen.

4) Die Entrichtung der Beiträge (Ziffer 3) erfolgt nachträglich binnen sechs Wochen nach Ablauf eines jeden Kalenderjahres. Innerhalb dieser sechs Wochen hat der Rheder eine Aufstellung über die von ihm zu entrichtenden Beiträge, nach den einzelnen in dem verflossenen Kalenderjahre zurückgelegten oder begonnenen, bei Ablauf des Jahres aber noch nicht vollendeten Reisen geordnet, nach dem Muster A an die Versicherungsanstalt des Heimathhafens einzureichen und bei derselben die hiernach zu entrichtenden Beiträge einzuzahlen.

War im Einverständniß zwischen dem Rheder und dem Versicherten eine höhere als die für die betreffende Klasse von Seeleuten in Betracht kommende Lohnklasse bei der Versicherung zu Grunde zu legen, so hat der Rheder dies bei der Aufstellung und Einzahlung zu berücksichtigen.

Auf Antrag des Rheders kann die Versicherungsanstalt die Frist erstrecken.

5) Zur Kontrole der Aufstellungen dienen, unbeschadet der Vorschriften des § 126 a. a. O., die Musterrollen und Musterungsprotokolle der Seemannsämter.

Die Seemannsämter im Inlande haben über jede vor ihnen stattfindende Abmusterung die Musterungsprotokolle in Urschrift oder beglaubigter Abschrift an die Versicherungsanstalt ihres Bezirks einzusenden.

Letztere hat, wenn der Heimathhafen nicht in ihrem Bezirk liegt, diese Urkunden bezw. Abschriften an die Versicherungsanstalt des Heimathhafens zu übermitteln.

Für Abmusterungen im Auslande haben die Seemannsämter des Heimathhafens die an sie zurückgelangenden Musterrollen oder Abschriften der in Betracht kommenden Theile derselben an die Versicherungsanstalt ihres Bezirks einzusenden.

6) Rheder, welche es unterlassen, die Aufstellungen (Ziffer 4) rechtzeitig einzureichen oder die nach denselben geschuldeten Beiträge rechtzeitig einzuzahlen, können von dem Vorstand der Versicherungsanstalt mit Ordnungsstrafe bis zu dreihundert Mark belegt werden.

Hinsichtlich der Richtigkeit und Vollständigkeit der Aufstellungen finden die Vorschriften des § 142 a. a. O., hinsichtlich der Beschwerde sowie der Beitreibung der Beiträge und Strafen dagegen die Vorschriften der §§ 145 beziehungsweise 137 a. a. O. entsprechende Anwendung. Die Strafen fließen in die Kasse der Versicherungsanstalt.

Antheilige Einbehaltung der Beiträge von der Heuer

7) Die Rheder sind befugt, bei der Zahlung der Heuer (des Lohnes) den von ihnen beschäftigten Personen die Hälfte der Beiträge in Abzug zu bringen. Die Abzüge dürfen sich höchstens auf die für die beiden letzten Lohnzahlungsperioden zu entrichtenden Beiträge erstrecken.

Ueber den auf Grund dieser Bestimmung von der Heuer (dem Lohn) einbehaltenen Betrag hat der Schiffer oder der Rheder dem Seemann auf dessen Antrag eine Bescheinigung auszustellen. Aus derselben muß ersichtlich sein, für welche Zeitdauer und Lohnklasse und in welcher Höhe die Heuer (der Lohn) einbehalten worden ist. Auf Antrag des Seemanns kann diese Bescheinigung in das Seefahrtsbuch unter den Abmusterungsvermerk eingetragen werden.

Ausweis der Versicherung durch das Seefahrtsbuch.

8) Für Seeleute, welche sich im Besitz eines Seefahrtsbuchs befinden, erfolgt der Ausweis über die Versicherung durch das Seefahrtsbuch.

In das Seefahrtsbuch ist bei der Bezeichnung des Inhabers (Seite 3) handschriftlich der Name derjenigen Versicherungsanstalt einzutragen, in deren Bezirk der Inhaber nach dem Inkrafttreten des Gesetzes die erste versicherungspflichtige Beschäftigung gehabt hat. War diese Beschäftigung ein Dienst als Seemann, so ist der Name derjenigen Versicherungsanstalt einzutragen, zu welcher der Heimathhafen des betreffenden Fahrzeuges gehört. Die Eintragung erfolgt durch dasjenige Seemannsamt im Inlande, welchem das Seefahrtsbuch zur Eintragung einer An- oder Abmusterung zuerst vorgelegt wird.

Die für die erste versicherungspflichtige Beschäftigung des Inhabers zuständige Versicherungsanstalt ist in jedes neu ausgestellte Seefahrtsbuch sowie in jede Quittungskarte des Inhabers einzutragen.

Ausweis der Versicherung durch besondere Bescheinigungen.

9) Bei Seeleuten, welche kein Seefahrtsbuch besitzen, erfolgt der Ausweis über die Versicherung durch besondere Bescheinigungen. Dieselben werden bei der Abmusterung ausgestellt.

Findet die Abmusterung im Auslande statt, so ist zunächst nur eine vorläufige, die letzte Reise betreffende Bescheinigung auszustellen. Die Ausstellung erfolgt durch den Schiffer; die Unterschrift desselben ist vom abmusternden Seemannsamt zu beglaubigen. Aus der Bescheinigung muß sich der Name und der Heimathhafen des Fahrzeugs, Name, Geburtsort und Geburtszeit des Seemanns, sowie die Dauer seiner Dienstzeit und die Klasse von Seeleuten, welcher er während seiner Dienstzeit angehörte (Matrose, Heizer 2c.), ergeben (siehe Muster B); sie muß außerdem für den Fall, daß die Versicherung in einer höheren Lohnklasse verabredet worden war, die Bezeichnung dieser Lohnklasse enthalten.

Findet die Abmusterung im Inlande statt, so ist die Bescheinigung von dem abmusternden Seemannsamt, und zwar sowohl über diese letzte Reise, wie über diejenigen Reisen, für welche beglaubigte vorläufige Bescheinigungen vorgelegt werden (Absatz 2), auszustellen. Die letzteren sind demnächst einzubehalten oder mittelst Durchschneidens unbrauchbar zu machen.

Nachweisungen für die Versicherungsanstalten.

10) Auf Grund des Seefahrtsbuchs (Ziffer 8) und der Bescheinigungen (Ziffer 9) haben die Seemannsämter im Inlande von Zeit zu Zeit bei der Abmusterung eine Nachweisung darüber auszustellen, wie viel Beitragswochen, getrennt nach den einzelnen Lohnklassen und nach den Versicherungsanstalten, zu welchen die Heimathhäfen der betreffenden Fahrzeuge gehörten, dem Inhaber seit der letzten derartigen Nachweisung anzurechnen sind (Muster C). Diese Nachweisungen sind für jeden Seemann mit fortlaufenden Nummern zu versehen. In jeder Nachweisung ist die für den Inhaber in Betracht kommende erste Versicherungsanstalt anzugeben. In das Seefahrtsbuch ist unter dem Abmusterungsvermerk einzutragen, welche Nummer die bei der Abmusterung ausgestellte Nachweisung führt. Ebenso ist die Nummer der Nachweisung auf denjenigen Bescheinigungen (Ziffer 9) zu vermerken, welche in derselben berücksichtigt worden sind.

Auf Antrag des Seemanns sind derartige Nachweisungen bei jeder Abmusterung im Inlande, von Amtswegen aber nur dann auszustellen, wenn sich aus dem Seefahrtsbuch ergiebt, daß seit Ausstellung der letzten Nachweisung mehr als vier volle Kalenderjahre verflossen sind, oder wenn sich der Versicherte nicht im Besitz eines Seefahrtsbuchs befindet (Ziffer 9).

Für jede einzelne Abmusterungsverhandlung, bei welcher derartige Nachweisungen auszustellen sind, erhöhen sich die nach der Bekanntmachung des Reichskanzlers vom 22. Februar 1873 („Centralblatt für das Deutsche Reich" S. 62) von den Seemannsämtern im Inlande zu erhebenden Kosten um ein Drittel des dort bezeichneten Betrages. Diesen Mehrbetrag hat, wenn die Nachweisung von Amtswegen ausgestellt werden mußte, die Rhederei, andernfalls der Seemann zu entrichten.

11) Die Nachweisungen (Ziffer 10) werden auf Karten von der für die Quittungskarten vorgeschriebenen Größe und Beschaffenheit ausgestellt. Dabei ist die Dauer der nachgewiesenen, als Beitragszeit anzurechnenden Krankheiten und

militärischen Dienstleistungen anzugeben (§§ 17 und 103 des Gesetzes). Die Vorschriften der §§ 108 Absatz 1 und 151 a. a. O. finden auf diese Nachweisungen entsprechende Anwendung. Die Kosten der Karte trägt die Versicherungsanstalt des Ausstellungsbezirks.

12) Die Nachweisung (Ziffer 10) ist von dem Seemannsamt an die Versicherungsanstalt seines Bezirks einzusenden; letztere hat die Nachweisung der für den Versicherten in Betracht kommenden ersten Versicherungsanstalt zur Aufbewahrung zu übermitteln.

Dem Seemann ist Gelegenheit zu geben, von der Nachweisung Kenntniß zu nehmen; auf seinen Antrag ist ihm Abschrift derselben zu ertheilen.

Gegen den Inhalt der Nachweisung stehen dem Versicherten die im § 106 a. a. O. bezeichneten Rechtsmittel zu.

Hinterlegung von Quittungskarten.

13) Seeleute, welche Quittungskarten besitzen, können dieselben bei einer Anmusterung im Inlande bei dem Seemannsamt hinterlegen. Das Seemannsamt hat für den rechtzeitigen Umtausch der hinterlegten Quittungskarten (§ 104 a. a. O.) von Amtswegen Sorge zu tragen und die über den Inhalt der umgetauschten Quittungskarten ausgestellten Bescheinigungen (§ 103 Absatz 2 a. a. O.) in Verwahrung zu nehmen.

Die Hinterlegung sowie die Rückgabe von Quittungskarten und der über deren Inhalt ausgestellten Bescheinigungen ist vom Seemannsamt im Seefahrtsbuch auf Seite 4 zu vermerken.

Schlußbestimmung.

14) Sofern Versicherungsanstalten beschließen sollten, die aus der Invaliditäts- und Altersversicherung der Seeleute ihnen erwachsenden Lasten gemeinsam zu tragen (§ 65 a. a. O.), und zu dem Zweck eine gemeinschaftliche Geschäftsführung (Abrechnungsstelle) einzurichten, so tritt die letztere in den Fällen der Ziffern 4, 5 und 11 an die Stelle der Versicherungsanstalt des Heimathhafens und der Versicherungsanstalt für den Bezirk des Seemannsamts. Auch sind alsdann in den nach Ziffer 10 auszustellenden Nachweisungen die Versicherungsanstalten der Heimathhäfen nicht aufzuführen.

Muster A
(zu Ziffer 4).

I.

Nachweisung

über die Beitragswochen zur Invaliditäts- und Altersversicherung für die im Jahre 1891 beschäftigt gewesenen angemusterten Seeleute an Bord des Schiffes „Martha“, Heimathhafen Elsfleth,
Rheder Gebrüder Ahlers zu Elsfleth.

Die volle Mannschaft hat während der unten aufgeführten Reisen bestanden aus:

1 Obersteuermann,
1 Untersteuermann,
1 Zimmermann,
1 Koch,
8 Matrosen,
4 Leichtmatrosen,
2 Jungen.
Davon fehlten während . . . . Wochen 1 Matrose,
" . . . . Wochen 2 Leichtmatrosen.

Außerdem waren an Bord beschäftigt während . . . . . Wochen ein zweiter Zimmermann.

	In Lohnklasse I	II	III	IV	
Vom 1. Januar bis 10. August Reise Cardiff—Singapore—Rangoon—Bremerhaven . . .	64	128	352	32	Wochen,
Vom 18. September bis 31. Dezember Reise Bremerhaven—Shields—San Francisco . .	30	60	165	15	„
Zusammen	94	188	517	47	Wochen.

II.

Zusammenstellung

der von der Rhederei Gebrüder Ahlers zu Elsfleth für die auf ihren Schiffen im Jahre 1891 beschäftigt gewesenen angemusterten Seeleute zur Invaliditäts- und Altersversicherung zu leistenden Beiträge.

	In der Lohnklasse I	II	III	IV
Schiff „Martha“, Beitragswochen	94	108	517	47
„ „Bertha“, „	56	192	336	28
„ „Adolph“, „	90	120	312	30
„ „Rudolph“, „	82	82	410	42
„ „Castor“, „	44	72	224	22
„ „Pollux“, „	42	68	212	21
Insgesammt	408	642	2011	190

Beitrag für 408 Wochen in der ersten Lohnklasse	à 14 Pf.	=	M.	57.12
„ 642 „ „ „ zweiten „	a 20 „	=	„	128.40
„ 2011 „ „ „ dritten „	à 24 „	=	„	482.64
„ 190 „ „ „ vierten „	à 30 „	=	„	57.50
Insgesammt			M.	725.66

Vorstehender Betrag ist heute durch die Bremer Bank in Bremen mittels Reichsbank-Uebertrag an die Oldenburgische Versicherungsanstalt für Invaliditäts- und Altersversicherung zu Oldenburg entrichtet.

Elsfleth, den 2. Februar 1892.

Gebrüder Ahlers.

Muster B
(zu Ziffer 9).

Vorläufige Bescheinigung.

James Thomson aus Glasgow, geboren 26. Mai 1852, hat auf dem Segelschiffe „Maria“, Heimathhafen Bremen, vom 3. Juli 1890 bis zum 6. Oktober 1891 66 Wochen als Matrose gedient.

Melbourne, den 6. Oktober 1891.

F. Petersen, Schiffer.

Die vorstehende Unterschrift wird beglaubigt.
Melbourne, den 6. Oktober 1891.

Das Seemannsamt.
(Unterschrift.)

Muster C
(zu Ziffer 10).

Nachweisung Nr. 8.

Dem Friedrich Martin Huber, geboren zu Mannheim, den 24. Mai 1861,
erste Versicherungsanstalt: Baden,
sind seit der Bescheinigung Nr. 7 vom 30. November 1895 folgende Beitragswochen als Seemann anzurechnen:

	in Lohnklasse I	II	III	IV
für V.-A. Pommern	—	—	14	—
„ V.-A. Mecklenburg	—	—	25	—
„ V.-A. Oldenburg	—	—	19	—
„ V.-A. Hansestädte	—	—	32	—
Insgesammt	—	—	90	—

Außerdem hat derselbe nachgewiesen:
a. mit Erwerbsunfähigkeit verbundene Krankheiten:
vom 3. III. 1896 bis 18. III. 1896,
vom 12. II. 1897 bis 15. III. 1897;
b. militärische Dienstleistungen:
. . . .
. . . .

Stettin, den 12. Dezember 1897.

Das Seemannsamt.
(Unterschrift.)

Verordnung

betreffend die Formen des Verfahrens und den Geschäftsgang des Reichs-Versicherungsamts in den Angelegenheiten der Invaliditäts- und Altersversicherung (§ 133 Absatz 3 des Gesetzes vom 22. Juni 1889).

Vom 20. Dezember 1890.

Wir Wilhelm, von Gottes Gnaden Deutscher Kaiser, König von Preußen rc. verordnen auf Grund des § 133 Abs. 3 des Gesetzes, betreffend die Invaliditäts- und Altersversicherung, vom 22. Juni 1889 (Reichs-Gesetzbl. S. 97) im Namen des Reichs, nach erfolgter Zustimmung des Bundesraths, was folgt:

1) Für die Angelegenheiten der Invaliditäts- und Altersversicherung wird im Reichs-Versicherungsamt eine besondere Abtheilung errichtet, deren Verfügungen und Entscheidungen unter der Bezeichnung

Das Reichs-Versicherungsamt.
Abtheilung für Invaliditäts- und Altersversicherung.

ergehen.

2) Der Kaiser ernennt den Vorsitzenden dieser Abtheilung. Der Letztere leitet die besonderen Geschäfte der Abtheilung unter der Oberleitung des Präsidenten des Reichs-Versicherungsamts. Dem Abtheilungsvorsitzenden stehen innerhalb des Geschäftsbereichs der Abtheilung die durch die Verordnungen vom 5. August 1885 (Reichs-Gesetzbl. S. 255) und vom 13. November 1887 (Reichs-Gesetzbl. 523) dem Vorsitzenden des Reichs-Versicherungsamts beigelegten Befugnisse zu.

3) Auf das Verfahren und den Geschäftsgang des Reichs-Versicherungsamts bei Durchführung der Invaliditäts- und Altersversicherung finden die Verordnungen vom 5. August 1885 und vom 13. November 1887*) soweit sich nicht aus den folgenden Bestimmungen etwas Anderes ergiebt, mit der Maßgabe entsprechende Anwendung, daß als Kollegium des Reichs-Versicherungsamts die Abtheilung gilt.

Der Präsident des Reichs-Versicherungsamts ist befugt, in der Abtheilung den Vorsitz zu übernehmen.

4) Bei Revisionen gegen die Entscheidungen der Schiedsgerichte (§ 80 des Gesetzes), bei Verhandlungen über die Wiederaufnahme des Verfahrens (§ 82 a. a. O.) und bei Vermögensrechtlichen Streitigkeiten aus Anlaß von Veränderungen des Bestandes der Versicherungsanstalten (§§. 68 und 69 a. a. O.) entscheidet die Spruchkammer in der Besetzung von vier Mitgliedern des Reichs-Versicherungsamts mit Einschluß des Vorsitzenden nach näherer Bestimmung des § 133 Absatz 1 a. a. O. und unter Zuziehung eines richterlichen Beamten.

5) Handelt es sich bei den in Ziffer 4 bezeichneten Entscheidungen um eine noch nicht von einer Spruchkammer festgestellte Auslegung solcher gesetzlichen Be-

---

*) Die Verordnungen sind im Folgenden zum Abdruck gelangt. (A. d. V.)

stimmungen, welche nach dem Ermessen der Spruchkammer von erheblicher grundsätzlicher Bedeutung sind, oder soll in einer Rechtsfrage von einer früheren Entscheidung einer Spruchkammer abgewichen werden, so ist die Entscheidung durch Beschluß auszusetzen und vor eine erweiterte Spruchkammer zu bringen. Letztere entscheidet in der Besetzung von sechs Mitgliedern des Reichs-Versicherungsamts einschließlich des Vorsitzenden, unter denen sich ein von dem Bundesrath aus seiner Mitte gewähltes nichtständiges Mitglied sowie je ein Vertreter der Arbeitgeber und der Versicherten befinden müssen, unter Zuziehung von einem richterlichen Beamten. An Stelle des Mitgliedes aus dem Bundesrath ist im Behinderungsfalle ein ständiges Mitglied des Reichs-Versicherungsamts zuzuziehen.

Sind Berichterstatter und Vorsitzender darüber einverstanden, daß es sich bei der Entscheidung um die noch nicht festgestellte Auslegung gesetzlicher Bestimmungen von erheblicher grundsätzlicher Bedeutung handelt, so hat die Spruchkammer zunächst ohne Anberaumung einer mündlichen Verhandlung darüber Beschluß zu fassen, ob die Verweisung an eine erweiterte Spruchkammer eintreten soll.

6) Von Terminen zur Verhandlung über Rentenansprüche ist dem Staatskommissar derjenigen Versicherungsanstalt, welche die Rente festgesetzt hatte, unter Mittheilung der eingereichten Parteischriften auch dann Kenntniß zu geben, wenn sich derselbe an dem Verfahren über die Festsetzung der Rente nicht betheiligt hatte.

Der Staatskommissar ist befugt, an solchen Verhandlungen selbst oder durch einen Vertreter sich zu betheiligen, Anträge zu stellen und Einsicht in die Akten zu nehmen. Der Staatskommissar oder sein Vertreter ist auf sein Verlangen jederzeit zu hören.

7) Bei Revisionen gegen die Entscheidungen der Schiedsgerichte und bei Verhandlungen über die Wiederaufnahme des Verfahrens ist, ohne daß es eines Antrages bedarf, auch darüber zu entscheiden, ob und in welchem Betrage eine unterliegende Partei dem Gegner die ihm in dem Verfahren vor dem Reichs-Versicherungsamt erwachsenen Kosten zu erstatten hat.

Dem Staatskommissar werden Kosten nicht erstattet; ebensowenig sind ihm Kosten zur Erstattung aufzulegen. War die Revision von dem Staatskommissar eingelegt worden, so sind die dem obsiegenden Rentenberechtigten etwa zuzusprechenden Kosten von der Versicherungsanstalt zu erstatten.

Die von einer Partei zu erstattenden außergerichtlichen Kosten werden durch Vermittelung des Reichs-Versicherungsamts in derselben Weise beigetrieben, wie Gemeindeabgaben.

8) Entscheidungen über Einsprüche gegen die Vertheilungen des Rechnungsbureaus (§§ 90, 94, 95 des Gesetzes), sowie Beschlüsse über die Berücksichtigung von Widersprüchen aus Anlaß der Vertheilung (§. 160 des Gesetzes) ergehen ohne mündliche Verhandlung in Sitzungen der Abtheilung, an welchen in der Regel drei Mitglieder einschließlich des Vorsitzenden theilnehmen. Mitglieder, welche bei der Vertheilung mitgewirkt haben, dürfen mit berathender Stimme zugezogen werden.

Dem Staatskommissar (Ziffer 6) ist unter Mittheilung der Akten Gelegenheit zur Aeußerung zu geben.

Urkundlich unter Unserer Höchsteigenhändigen Unterschrift und beigedrucktem Kaiserlichen Insiegel.

Gegeben Berlin, den 20. Dezember 1890.

(L. S.) **Wilhelm.**

von Boetticher.

Verordnung
betreffend die Formen des Verfahrens und den Geschäftsgang des Reichs-Versicherungsamts.
Vom 5. August 1885.*) (S. 211 ff.)

Wir Wilhelm, von Gottes Gnaden Deutscher Kaiser, König von Preußen ꝛc. verordnen auf Grund des § 90 des Unfallversicherungsgesetzes vom 6. Juli 1884 (Reichs-Gesetzbl. S. 69) im Namen des Reichs, nach erfolgter Zustimmung des Bundesraths, was folgt:

I. Verfahren und Geschäftsgang im Allgemeinen.

§ 1. Die nichtständigen Mitglieder des Reichs-Versicherungsamts und deren Stellvertreter werden für die Erfüllung der Obliegenheiten ihres Amtes von dem Staatssekretär des Innern mittelst Handschlages an Eidesstatt verpflichtet.

Die von dem Bundesrath aus seiner Mitte gewählten Mitglieder nehmen ihre Stelle nach dem Vorsitzenden oder dessen Vertreter, also vor den übrigen Mitgliedern, in derjenigen Reihenfolge ein, welche für sie im Bundesrathe besteht.

§ 2. Das Reichs-Versicherungsamt hält an bestimmten Tagen und zu bestimmten Stunden Sitzungen. Die Verfügung darüber steht dem Vorsitzenden zu. Der Vorsitzende ist befugt, nach Bedarf außerordentliche Sitzungen anzuberaumen.

Zu den Sitzungen sind die in Berlin anwesenden Mitglieder unter Mittheilung der Berathungsgegenstände einzuladen.

Der Berathung und Beschlußfassung in den Sitzungen unterliegen:

1. die im § 90 des Unfallversicherungsgesetzes aufgeführten Angelegenheiten;
2. diejenigen Angelegenheiten, deren kollegialische Berathung der Vorsitzende oder das mit der Bearbeitung der Sache beauftragte Mitglied wünscht.

Die Entscheidung ist, sofern nicht gesetzlich etwas Anderes bestimmt ist, durch die Anwesenheit von mindestens drei Mitgliedern einschließlich des Vorsitzenden bedingt.

§ 3. Im Uebrigen erfolgt die Erledigung der Geschäfte durch den Vorsitzenden oder unter dessen Mitzeichnung durch diejenigen Beamten des Reichs-Versicherungsamts, welchen die Bearbeitung der Sache von dem Vorsitzenden übertragen worden ist.

Im Falle einer Meinungsverschiedenheit zwischen dem Vorsitzenden und den mit der Bearbeitung der Sache beauftragten Mitgliedern entscheidet das Kollegium.

§ 4. Die Sitzungen sind, vorbehaltlich der Vorschriften des § 15 dieser Verordnung, nicht öffentlich. Stimmberechtigt sind die anwesenden Mitglieder des Reichs-Versicherungsamts sowie die zugezogenen richterlichen Beamten. Die Beschlüsse werden nach Stimmenmehrheit gefaßt; bei Stimmengleichheit giebt der Vorsitzende den Ausschlag.

Bilden sich in Beziehung auf Summen, über welche zu entscheiden ist, mehr als zwei Meinungen, deren keine die Mehrheit für sich hat, so werden die für

---

*) Die §§ 2, 3, 4 Abs. 1, 5, 7 Abs. 2, 14, 17 Abs. 2 und 23 sind in der durch die Allerhöchste Verordnung vom 13. November 1887 abgeänderten Fassung zum Abdruck gebracht.

die größte Summe abgegebenen Stimmen den für die zunächst geringere abgegebenen so lange hinzugerechnet, bis sich eine Mehrheit ergiebt.

Die Stimmen werden in nachstehender Reihenfolge abgegeben:

1. von den Berichterstattern;
2. von den Mitgliedern, welche durch die Vertreter der versicherten Arbeiter gewählt sind;
3. von den Mitgliedern, welche von den Genossenschaftsvorständen gewählt sind;
4. von den beiden richterlichen Beamten;
5. von den ständigen Mitgliedern;
6. von den vom Bundesrath aus seiner Mitte gewählten Mitgliedern;
7. von dem Vorsitzenden.

Die Mitglieder des Bundesraths stimmen in der im § 1 gedachten Reihenfolge.

Die Reihenfolge der Abstimmung der Mitglieder innerhalb der übrigen Klassen richtet sich nach dem Dienstalter dergestalt, daß das jüngste Mitglied zuerst stimmt; bei gleichem Dienstalter hat das dem Lebensalter nach jüngere Mitglied zuerst zu stimmen.

§ 5. Für den mündlichen Vortrag in den Sitzungen ernennt der Vorsitzende einen oder, falls er dies aus besonderen Gründen für erforderlich erachtet, zwei Berichterstatter.

Die Verfügungen und Entscheidungen ergehen unter der Bezeichnung: „Das Reichs-Versicherungsamt“ und werden in der Ausfertigung vom Vorsitzenden vollzogen.

§ 6. Der Vorsitzende leitet die Verhandlungen und Berathungen in den Sitzungen, er stellt die Fragen und sammelt die Stimmen.

Meinungsverschiedenheiten über den Gegenstand, die Fassung und die Reihenfolge der Fragen oder über das Ergebniß der Abstimmung werden in Gemäßheit des § 4 entschieden.

II. Verfahren und Geschäftsgang in den Fällen des § 90 zu b und c des Unfallversicherungsgesetzes.

§ 7. Das Reichs-Versicherungsamt entscheidet in den Fällen des § 90 zu b und c des Unfallversicherungsgesetzes in der Besetzung von 5 Mitgliedern mit Einschluß des Vorsitzenden, sowie von zwei richterlichen Beamten. Unter den fünf Mitgliedern muß sich je ein Vertreter der Genossenschaftsvorstände und der Arbeiter befinden.

Die zu den Entscheidungen des Reichs-Versicherungsamts zuzuziehenden richterlichen Beamten werden in der erforderlichen Anzahl für die Dauer der zur Zeit ihrer Ernennung von ihnen bekleideten Reichs- oder Staatsämter auf Vorschlag des Bundesraths vom Kaiser ernannt. In gleicher Weise kann die Ernennung von Stellvertretern erfolgen. Sofern eine vorübergehende Vermehrung der richterlichen Beisitzer erforderlich wird, können durch den Reichskanzler für die Dauer dieses Bedarfs weitere richterliche Beamte bestimmt werden, welche aushülfsweise zu den Entscheidungen des Reichs-Versicherungsamts nach näherer Bestimmung des Vorsitzenden zuzuziehen sind.

§ 8. Der Vorsitzende setzt bei Beginn des Jahres — zum ersten Mal mit dem Inkrafttreten der im § 111 Abs. 2 des Unfallversicherungsgesetzes erwähnten Kaiserlichen Verordnung — die Reihenfolge fest, in welcher die nichtständigen Mitglieder des Reichs-Versicherungsamts zu den Sitzungen einberufen werden. Gleichzeitig sind die Stellvertreter zu bezeichnen.

Die Einberufung zu den einzelnen Sitzungen muß in der Regel mindestens zwei Wochen vor denselben erfolgen.

§ 9. Die Bestimmungen in den §§ 41 ff. der Civilprozeßordnung über die Ausschließung und Ablehnung der Richter finden auf die Mitglieder des Reichs-Versicherungsamts entsprechende Anwendung.

Ueber das Ablehnungsgesuch entscheidet das Reichs-Versicherungsamt mittelst Beschlusses (§§ 2 ff.).

§ 10. Der Antrag auf Entscheidung des Reichs-Versicherungsamts (§ 32 des Unfallversicherungsgesetzes) sowie der Rekurs an dasselbe (§ 63 a. a. O.) muß an das Reichs-Versicherungsamt schriftlich gerichtet werden.

In dem Schriftsatze ist der Gegenstand des Anspruchs zu bezeichnen, desgleichen sind die für die Entscheidung maßgebenden Thatsachen mit Angabe der Beweismittel für dieselben anzuführen.

Für jeden Gegner ist eine Abschrift des Schriftsatzes beizufügen.

§ 11. Das Reichs-Versicherungsamt hat die Abschrift des Antrages dem Gegner zur Einreichung einer Gegenschrift binnen einer bestimmten, von einer Woche bis zu vier Wochen zu bemessenden Frist mitzutheilen. In der Aufforderung ist zugleich die Verwarnung auszusprechen, daß, wenn die Gegenschrift innerhalb der Frist nicht eingeht, die Entscheidung nach Lage der Akten erfolgen werde. Die Frist kann auf Antrag aus wichtigen Gründen verlängert werden.

Der Gegenschrift ist eine Abschrift beizufügen, welche dem Gegner von dem Reichs-Versicherungsamt zuzustellen ist.

§ 12. Anträge und Gegenschriften (§§ 10, 11) müssen entweder von den Betheiligten selbst oder von ihren gesetzlichen Vertretern oder von ihren Bevollmächtigten unterzeichnet sein. Die Vollmacht muß schriftlich ertheilt werden.

Das Reichs-Versicherungsamt kann Vertreter, welche, ohne Rechtsanwälte zu sein, die Vertretung geschäftsmäßig betreiben, zurückweisen.

§ 13. Die Entscheidung erfolgt auf Grund mündlicher Verhandlung vor dem Reichs-Versicherungsamt. Der Termin hierzu wird von dem Vorsitzenden anberaumt. Die Betheiligten werden mittelst eingeschriebenen Briefes von dem Termin mit dem Bemerken in Kenntniß gesetzt, daß im Falle ihres Ausbleibens nach Lage der Akten werde entschieden werden. Hält das Reichs-Versicherungsamt das persönliche Erscheinen eines Betheiligten für angemessen, so hat dasselbe die nach Lage des Falles an das Nichterscheinen sich knüpfenden Nachtheile in der Vorladung besonders zu bezeichnen.

§ 14. Die Berichterstatter (§ 5) haben, sofern dies von dem Vorsitzenden angeordnet wird, vor dem Termin eine schriftliche Sachdarstellung vorzulegen.

§ 15. Die mündliche Verhandlung erfolgt in öffentlicher Sitzung. Die Oeffentlichkeit kann durch einen öffentlich zu verkündigenden Beschluß ausgeschlossen werden, wenn das Reichs-Versicherungsamt dies aus Gründen des öffentlichen Wohls oder der Sittlichkeit für angemessen erachtet.

Die zur Verhandlung gelangenden Sachen werden der Regel nach in der durch den Vorsitzenden bestimmten, durch Aushang vor dem Sitzungszimmer bekannt zu machenden Reihenfolge erledigt.

§ 16. Die mündliche Verhandlung beginnt mit der Darstellung des Sachverhältnisses durch den ersten Berichterstatter, demnächst sind die erschienenen Betheiligten zu hören.

Der Vorsitzende hat jedem beisitzenden Mitgliede des Reichs-Versicherungsamts auf Verlangen zu gestatten, Fragen zu stellen.

§ 17. Die mündliche Verhandlung erfolgt unter Zuziehung eines vereidigten Protokollführers. Von demselben ist ein Protokoll aufzunehmen, welches den Gang der Verhandlung im Allgemeinen angiebt. Anerkenntnisse, Verzichtleistungen, Vergleiche und solche Anträge und Erklärungen der Betheiligten, welche von den Schriftsätzen abweichen, sowie der Tenor des Urtheils, sind in das Protokoll aufzunehmen.

Die Protokolle sind von dem Vorsitzenden und dem Protokollführer, in Fällen der Urtheilssprechung außerdem von den Berichterstattern und mindestens einem anderen Mitgliede, welches an der Urtheilssprechung theilgenommen hat, zu vollziehen.

§ 18. Die Berathung und Entscheidung des Reichs-Versicherungsamts erfolgt in nichtöffentlicher Sitzung.

§ 19. Das Reichs-Versicherungsamt entscheidet innerhalb der erhobenen Ansprüche nach freiem Ermessen.

Die Entscheidung erstreckt sich auch auf die in dem Verfahren vor dem Reichs-Versicherungsamt den Parteien erwachsenen Kosten, und auf die Frage, welcher Kostenbetrag zur zweckentsprechenden Wahrung der Ansprüche und Rechte nothwendig gewesen ist.

Bei den Entscheidungen, welche auf Grund der mündlichen Verhandlung ergehen, dürften nur Mitglieder mitwirken, vor welchen diese Verhandlung stattgefunden hat.

§ 20. Das Verfahren vor dem Reichs-Versicherungsamt ist kostenfrei; ein Ersatz der durch dieses Verfahren dem Reichs-Versicherungsamt verursachten baaren Auslagen durch die Parteien findet nicht statt.

§ 21. Die Entscheidung kann ohne vorgängige Anberaumung einer mündlichen Verhandlung ergehen, wenn beide Theile auf eine solche ausdrücklich verzichten.

§ 22. Der Vorsitzende verkündet die ergangene Entscheidung in öffentlicher Sitzung durch Verlesung des Beschlusses oder der Urtheilsformel.

Wird die Verkündung der Gründe für angemessen gehalten, so erfolgt sie durch Verlesung derselben oder durch mündliche Mittheilung des wesentlichen Inhalts.

Die Verkündung der Entscheidung kann auf eine spätere Sitzung vertagt werden, welche in der Regel binnen einer Woche stattfinden soll.

In dem Falle des § 90 zu c des Unfallversicherungsgesetzes ist dem Schiedsgerichte, gegen dessen Entscheidung Rekurs eingelegt worden ist, Abschrift des Urtheils zu ertheilen.

§ 23. Die Urtheile werden nebst Gründen von den Berichterstattern entworfen und in der Urschrift von dem Vorsitzenden, den Berichterstattern und mindestens einem anderen Mitgliede, welches an der Urtheilssprechung theilgenommen hat, unterzeichnet.

§ 24. Im Eingange des Urtheils sind die Mitglieder, welche an der Entscheidung Theil genommen haben, namentlich aufzuführen; auch ist der Sitzungstag zu bezeichnen, an welchem die Entscheidung erfolgt ist.

Die Ausfertigungen der Urtheile werden mit der Ueberschrift versehen:

„Im Namen des Reichs.“

Sie enthalten neben dem Siegel des Reichs-Versicherungsamts die Schlußformel:

„Urkundlich unter Siegel und Unterschrift“

„Das Reichs-Versicherungsamt.“

Die Vollziehung erfolgt durch den Vorsitzenden.

III. Besondere Befugnisse des Vorsitzenden.*

§ 25. Dem Vorsitzenden steht die Leitung und Beaufsichtigung des gesammten Dienstes zu; er trifft die nähere Bestimmung über die Vertheilung der Geschäfte und ernennt insbesondere in den Fällen der §§ 14, 16, 27 und 88 des Unfallversicherungsgesetzes die Vertreter und Beauftragten des Reichs-Versicherungsamts.

§ 26. Der Vorsitzende ordnet die Einrichtung der Bureaus, der Akten und Geschäftsregister; ihm steht die Verfügung in allen Verwaltungsangelegenheiten des Amts, insbesondere in denjenigen zu, welche das Etats- und Kassenwesen, das Dienstgebäude und dessen Einrichtung, die Vervollständigung der Bibliothek und sonstige Anschaffungen betreffen.

§ 27. Mit Genehmigung des Reichskanzlers kann der Vorsitzende einen Theil seiner Befugnisse einem ständigen Mitgliede des Reichs-Versicherungsamts übertragen. Der Vorsitzende wird im Behinderungsfalle von dem nächstältesten ständigen Mitgliede vertreten.

IV. Innerer Geschäftsgang.

§ 28. Vorladungen und Zustellungsschreiben werden durch die Unterschrift des von dem Vorsitzenden dazu bestimmten Beamten und unter Beifügung des Siegels des Reichs-Versicherungsamts beglaubigt.

In gleicher Weise erfolgen die in den §§ 14 und 16 des Unfall-Versicherungsgesetzes vorgeschriebenen Einladungen zu den General- und Genossenschaftsversammlungen. Dieselben können mittelst einfachen Briefes durch die Post bewirkt werden.

§ 29. Das Reichs-Versicherungsamt führt zwei Siegel:

1. ein großes Siegel, welches dem von dem Reichsgericht geführten entspricht und nur bei förmlichen Ausfertigungen, insbesondere den Urtheilen, gebraucht wird;
2. ein kleines Siegel, welches den bei den Gesandtschaften des deutschen Reiches eingeführten Siegeln entspricht mit der Umschrift: „Reichs-Versicherungsamt."

V. Geschäftssprache.

§ 30. In Betreff der Geschäftssprache vor dem Reichs-Versicherungsamt finden die Bestimmungen in den §§ 16 ff. des Gerichtsverfassungsgesetzes vom 27. Januar 1877 entsprechende Anwendung. Eingaben, welche nicht in deutscher Sprache abgefaßt sind, werden nicht berücksichtigt.

VI. Geschäftsbericht.

§ 31. Am Schlusse eines jeden Jahres hat das Reichsversicherungsamt dem Reichskanzler einen Geschäftsbericht einzureichen.

Urkundlich unter unserer Höchsteigenhändigen Unterschrift und beigedrucktem Kaiserlichen Insiegel.

Gegeben Bad Gastein, den 5. August 1885.

(L. S.) **Wilhelm.**

von Boetticher.

Anlage XIII.

Uebersicht

über die gemäß § 138 des Invaliditäts- und Altersversicherungsgesetzes vom 22. Juni 1889 von den Zentralbehörden der Bundesstaaten bestimmten zuständigen Landesbehörden.

---

1. **Königreich Preußen.** Anweis. vom 20. Februar 1890 R. A. No. 61 in Verbindung mit den Bekanntmachungen vom 17. März und 26. Juni 1890, R. A. No. 92 und 159.

   a. Höhere Verwaltungsbehörde. In den Fällen der §§ 13, 22 Absatz 2, Ziffer 1, 112 und 122 die Regierungs-Präsidenten, für Berlin der Ober-Präsident, soweit es sich aber um die Genehmigung statutarischer Bestimmungen der Provinzialverbände handelt, die Ober-Präsidenten.

   b. Kommunalverband beziehungsweise weiterer Kommunalverband. In den Fällen der §§ 13, 41, 44, 45, 47, 66, 67, 69, 112, 113 und 129 gelten als weitere Kommunalverbände die Provinzial- und Kreisverbände, in den Hohenzollernschen Landen der Landes-Kommunalverband und die Oberamtsbezirke, in dem Falle des § 48 Absatz 2 die Kreisverbände und Oberamtsbezirke, vertreten durch die Kreis-(Stadt)-Ausschüsse, in den Hohenzollernschen Landen die Amtsausschüsse.

   c. Untere Verwaltungsbehörde. In den Städten von mehr als 10000 Einwohnern, sowie in denjenigen Städten der Provinz Hannover, für welche die revidirte Städteordnung vom 24. Juni 1858 gilt, mit Ausnahme der im § 27 Absatz 2 der Kreisordnung vom 6. Mai 1884 bezeichneten Städte, die Gemeindevorstände (Magistrate), im Uebrigen die Landräthe, in den Hohenzollernschen Landen die Ober-Amtmänner mit Ausnahme des § 161, für welchen die Ortspolizeibehörden sowie die Vorstände der Gemeinden und der selbstständigen Gutsbezirke als untere Verwaltungsbehörden zuständig sind. Dabei gelten im Falle des § 160 in denjenigen Gemeinden, welche für die Verwaltung der Ortspolizei oder für die Gemeindeverwaltung in besondere örtliche Bezirke (Polizeireviere, Distrikte ꝛc.) getheilt worden sind, als untere Verwaltungsbehörden die Vorstände dieser Bezirke.

      Bildet der Gemeindevorstand ein Kollegium, so darf er zur Ausstellung der Bescheinigungen und Beglaubigungen Kommissare bestellen.

   d. Gemeindebehörde. Im Falle des § 18 die Vorstände der Gemeinden und der selbstständigen Gutsbezirke.

      In denjenigen Gemeinden, welche für die Verwaltung der Ortspolizei oder für die Gemeindeverwaltung in besondere örtliche Bezirke (Polizeireviere, Distrikte ꝛc.) getheilt worden sind, gelten als Gemeindebehörden die Vorstände dieser Bezirke.

      Bildet der Gemeindevorstand ein Kollegium, so darf er zur Ausstellung der Bescheinigungen und Beglaubigungen Kommissare bestellen.

2. **Königreich Bayern.** (Bekanntm. vom 27. Juli 1890; R. A. No. 186.)

a. Landes-Zentralbehörde. Das Staatsminiſterium des Innern, welchem auch die Genehmigung ſtatutariſcher Beſtimmungen § 112 und § 113 in allen Fällen vorbehalten bleibt.

b. Höhere Verwaltungsbehörde. Im Falle des § 22 Abſatz 2 Ziffer 1 die Regierungen, Kammern des Innern, im Einvernehmen mit den Kammern der Finanzen; im Falle des § 13 Abſatz 1 und § 122 und 123 die Regierungen, Kammern des Innern.

c. Kommunalverband beziehungsweiſe weiterer Kommunalverband. Im Falle des § 13 Abſatz 1 gelten als weitere Kommunalverbände ev. auch die Diſtriktsräthe, vorbehaltlich der jedesmaligen Genehmigung des Beſchluſſes derſelben durch die Regierungen, Kammern des Innern.

d. Untere Verwaltungsbehörde. In den Fällen der § 3, 4, 75, 83, 84, 86, 100, 122, 123, 124, 125, 126, 127, 128 und 146 die Diſtrikts-Verwaltungsbehörden; in München der Stadtmagiſtrat; in den Fällen der §§ 75, 85 und 161 die Gemeindebehörden; in dem Falle des § 75 ſind die ergangenen Verhandlungen dann dem Bezirksamt vorzulegen, welches dieſelben mit dem vorgeſchriebenen Gutachten an den Vorſtand der Verſicherungsanſtalt überſendet, mit Ausnahme in den einer Kreisregierung unmittelbar untergeordneten Städten in den Landestheilen rechts des Rheins, welchen auch dieſe Verrichtung obliegt; im Falle des § 85 findet dieſe Beſtimmung entſprechende Anwendung.

3. **Königreich Sachſen.** (Verordn. vom 2. Mai 1890 und 16. Dez. 1890 R. A. No. 119 und 311.)

a. Höhere Verwaltungsbehörde. Die Kreishauptmannſchaften; für den Bereich des Bergbaues und die zugehörigen Aufbereitungsanſtalten, die Kreishauptmannſchaft Dresden; für die Bedienteſten und Arbeiter der ſächſiſchen Staats-Eiſenbahn-Verwaltung das Finanzminiſterium.

b. Kommunalaufſichtsbehörde. Im Sinne des § 13 Abſ. 5 für die Bezirksverbände die Kreishauptmannſchaft.

c. Kommunalverband beziehungsweiſe weiterer Kommunalverband. Im Sinne der §§ 13 und 48 Abſatz 2 gelten als weitere Kommuualverbände die auf Grund des Geſetzes, betreffend die Bildung von Bezirksverbänden und deren Vertretung vom 21. April 1873 gebildeten Bezirksverbände, deren Vertretung nach § 3 desſelben Geſetzes der Bezirksverſammlung zuſteht.

d. Untere Verwaltungsbehörde. In den Städten, für welche die revidirte Städteordnung gilt, der Stadtrath, im Uebrigen die Amtshauptmannſchaft; für den Bereich des Bergbaues und die zugehörigen Aufbereitungsanſtalten das Bergamt, welches ermächtigt iſt, mit Wahrnehmung ſeiner hierunter fallenden Obliegenheiten die Berginſpektoren als ſeine Organe zu beauftragen; für die Bedienteſten und Arbeiter der ſächſiſchen Staats-Eiſenbahnverwaltung die General-Direktion der Staatseiſenbahnen.

e. Gemeindebehörde. In den Städten, in welchen die revidirte Städteordnung eingeführt iſt, der Stadtrath, in den kleineren Städten, welche die Städteordnung für mittlere und kleine Städte angenommen haben, der Bürgermeiſter, in den Landgemeinden der Gemeindevorſtand und für ſelbſtändige Gutsbezirke der Gutsvorſteher.

f. Ortspolizeibehörde. In den Städten, für welche die Städteordnung gilt, der Stadtrath, im Uebrigen die Amtshauptmannſchaft; für den Bereich des Bergbaues und die zugehörigen Aufbereitungsanſtalten das Bergamt, welches ermächtigt iſt, mit Wahrnehmung ſeiner hierunter fallenden Obliegenheiten die Berginſpektoren als ſeine Organe zu beauftragen; für die Bediensteten und Arbeiter der ſächſiſchen Staats-Eiſenbahnverwaltung die General-Direktion der Staatseiſenbahnen.

4. **Königreich Württemberg.** (Verordn. vom 24. Oktob. 1890 R. A. No. 259.)

a. Landes-Zentralbehörde. Das Miniſterium des Innern.

b. Höhere Verwaltungsbehörde. In den Fällen der §§ 122 und 123 das Landes-Verſicherungsamt, im Uebrigen die Kreisregierungen.

c. Kommunal-Aufſichtsbehörde. Im Falle des § 13 Abſ. 5, wenn der Kommunalverband eine Gemeinde iſt, das Oberamt, wenn dieſelbe eine Amtskorporation iſt, die Kreisregierung.

d. Kommunalverband beziehungsweiſe weiterer Kommunalverband. Als weiterer Kommunalverband gelten die Amtskorporationen. „Statutariſche Beſtimmungen" der weiteren Kommunalverbände werden von der Amtsverſammlung erlaſſen. In Anwendung der Abſätze 4 und 6 des § 13 hat Namens des „Kommunalverbands" wenn dieſer eine Gemeinde iſt, der Ortsvorſteher, wenn er eine Amtskorporation iſt, der Oberamtmann oder deſſen Stellvertreter zu handeln.

e. Untere Verwaltungsbehörde. Die Oberämter; in den Fällen des § 126 und 161 jedoch die Oberämter oder die Ortsvorſteher.

Die zur Entſcheidung über die Beſchwerde gegen den Beſcheid des Oberamts nach § 4 Abſ. 3. zuſtändige Behörde iſt das Landesverſicherungsamt.

f. Gemeindebehörde. Die Ortsbehörden für die Arbeiterverſicherung (§ 1 Miniſterialverf. vom 18. Juni 1890 Reg. Bl. Seite 126.)

„Statutariſche Beſtimmungen" der Gemeinden werden vom Gemeinderath mit Zuſtimmung des Bürgerausſchuſſes erlaſſen.

5. **Großherzogthum Baden.** (Bekanntm. vom 27. Oktob. 1890 R. A. No. 263.)

a. Landes-Zentralbehörde. Das Miniſterium des Innern auch in den Fällen des § 36 Abſatz 2 und 3.

b. Höhere Verwaltungsbehörde. Im Falle des § 13 Abſatz 1 zweitletzter Satz das Bezirksamt — geeigneten Falls nach Anhörung des Bezirksraths —; im Falle des § 22 Abſatz 2 Ziffer 1 der Bezirksrath; im Falle des § 122 das Landesverſicherungsamt, im Uebrigen das Miniſterium des Innern.

c. Untere Verwaltungsbehörde. Das Bezirksamt in den Fällen der §§ 3 und 161 der Bürgermeiſter.

d. Gemeindebehörde. Der Bürgermeiſter, ſoweit nicht andere Beſtimmungen für gewiſſe Fälle getroffen werden.

e. Orts-Polizeibehörde. Im Falle des § 108 Abſ. 3 in den Städten mit ſtaatlicher Ortspolizei das Bezirksamt, im Uebrigen der Bürgermeiſter.

6. **Großherzogthum Heſſen.** (Bekanntm. vom 30. Oktob. 1890, R. A. No. 275).

a. Höhere Verwaltungsbehörde. Im Falle des § 122 das Miniſterium des Innern und der Juſtiz; im Uebrigen die Kreisämter.

b. Kommunal-Aufſichtsbehörde. Im Sinne des § 13 Abſatz 5 die Kreisämter.

c. Kommunalverband beziehungsweiſe weiterer Kommunalverband. Im Sinne der §§ 13 und 48 Abſatz 2 gelten als weitere Kommunalverbände die Kreiſe, welche in dieſen Fällen durch den Kreistag beziehungsweiſe deſſen Vorſitzenden vertreten werden.

d. Untere Verwaltungsbehörde. In den Fällen der §§ 75 und 161 die Bürgermeiſtereien, im Uebrigen die Kreisämter.

Die Anmeldung von Anſprüchen auf Bewilligung einer Invaliden- oder Altersrente (§ 75) erfolgt bei der Bürgermeiſterei des Wohnorts, welche auch die weiteren Verhandlungen mit den Vertrauensmännern und mit dem Vorſtande der Krankenkaſſe zu führen hat.

Die Verhandlungen ſind ſodann dem Kreisamt vorzulegen, welches dieſelben mit dem vorgeſchriebenen Gutachten an den Vorſtand der Verſicherungsanſtalt überſendet.

In Gemeinden, auf welche die Städteordnung Anwendung findet, fällt der Bürgermeiſterei auch die im Abſatz 2 erwähnte Obliegenheit zu. Dieſe Beſtimmungen ſind in dem Falle der Entziehung der Rente (§ 85) entſprechend anzuwenden.

e. Gemeindebehörde. Die Bürgermeiſtereien.

f. Orts-Polizeibehörde. Die Bürgermeiſtereien beziehungsweiſe die ſtaatlich angeſtellten Lokal-Polizeibeamten.

7. **Großherzogthum Mecklenburg-Schwerin.** (Bekanntm. vom 16. Oktob. 1890 R. A. Nr. 252).

a. Landes-Zentralbehörde. Das Miniſterium des Innern. Daſſelbe fungirt als Landes-Zentralbehörde auch in den Fällen des § 129 Abſ. 2.

b. Höhere Verwaltungsbehörde. Das Miniſterium des Innern.

c. Kommunal-Aufſichtsbehörde. Das Miniſterium des Innern, in dem Domanium aber, ſo weit daſſelbe gemeindlich verfaßt iſt, das zuſtändige Domanialamt.

d. Kommunalverband beziehungsweiſe weiterer Kommunalverband. Als Kommunalverbände gelten die Gemeindeverbände, und wo es an ſolchen fehlt, die ortsobrigkeitlichen Bezirke. Weiteren Kommunalverband bildet das Großherzogthum. Die Geſchäfte des weiteren Kommunalverbandes werden von dem Miniſterium des Innern, die den Vertretungen des Verbandes zugewieſenen Verrichtungen aber von dem engeren Ausſchuß der Ritter- und Landſchaft wahrgenommen.

e. Untere Verwaltungsbehörde. In dem Falle des § 3, ſowie in den Fällen der §§ 126 Abſatz 2 und 146, wenn die Arbeitgeber, beziehungsweiſe Selbſtverſicherer zugleich Inhaber obrigkeitlicher Rechte ſind, das Miniſterium des Innern; in den Fällen der §§ 100 Abſatz 3, 122, 123, 124 und 125, wenn die Arbeitgeber zugleich Inhaber obrigkeitlicher Rechte ſind, die Gewerbe-Kommiſſion; im Uebrigen die Ortsobrigkeiten, jedoch mit Ausnahme der Fälle des § 4 Abſatz 3 ſowie der §§ 75, 83 und 84, in welchen an Stelle der ritterſchaftlichen Gutsobrigkeiten die auf Grund der Verordnung vom 2. April 1879 errichteten Polizeiämter treten; in allen übrigen Fällen ihrer Zuſtändigkeit als untere Verwaltungsbehörde ſind die ritterſchaftlichen Gutsobrigkeiten befugt, ſich durch die Polizeiämter vertreten zu laſſen.

f. Gemeindebehörde. Der Gemeindevorſtand und in denjenigen Ortſchaften, in welchen es an einem ſolchen fehlt, die Ortsobrigkeit.

Wo die Gemeindebehörde nicht zugleich die Ortsobrigkeit iſt, wird ihr geſchäftlicher Verkehr mit den Organen der Landes-Verſicherungsanſtalt, ſowie mit den nach Maßgabe der Verordnung vom 31. Mai 1890 für das Verſicherungsweſen in Thätigkeit tretenden Behörden durch die Ortsobrigkeit vermittelt.

g. Orts-Polizeibehörde. Die im § 108 Abſatz 3 der Ortspolizeibehörde auferlegte Verpflichtung iſt in der Ritterſchaft den Polizeiämtern übertragen worden.

8. **Großherzogthum Sachsen-Weimar-Eisenach.** (Bekanntm. vom 11. September 1890, R. A. Nr. 228.)

a. Höhere Verwaltungsbehörde. Im Falle des § 122 das Staatsministerium, Departement des Innern, im Uebrigen der Bezirksausschuß.

b. Kommunalverband beziehungsweise weiterer Kommunalverband. Im Falle des § 48 Absatz 2 gelten als weitere Kommunalverbände die Verwaltungsbezirke und als deren Vertretungen die Bezirksausschüsse.

c. Untere Verwaltungsbehörde. Der Bezirksdirektor, welcher sich bei Erledigung der im § 3 bezeichneten Geschäfte der Mitwirkung des Bezirksausschusses zu bedienen hat.

d. Gemeindebehörde. Der Gemeindevorstand.

e. Ortspolizeibehörde. Der Gemeindevorstand.

9. **Großherzogthum Mecklenburg-Strelitz.** (Bekanntm. vom 22. October 1890, R. A. Nr. 261.)

a. Landes-Zentralbehörde. Im Falle des § 129 Absatz 2 (vgl. auch § 64 Ziffer 4) das Ministerium des Innern, im Uebrigen die Landesregierung.

b. Höhere Verwaltungsbehörde. Die Landesregierung.

c. Kommunal-Aufsichtsbehörde. Die Landesregierung.

d. Kommunalverband beziehungsweise weiterer Kommunalverband. Als Kommunalverbände gelten die Städte, im Uebrigen aber die ortsobrigkeitlichen Bezirke; dieselben werden durch die Magistrate beziehungsweise Ortsobrigkeiten (Kabinetsamt, Domanialämter, Landvogtei, Gutsherrschaft u. s. w.) vertreten.

Weitere Kommunalverbände bilden das Großherzogthum Strelitz, sowie das Fürstenthum Ratzeburg.

Die Geschäfte der weiteren Kommunalverbände werden durch die Landesregierung, die den Verbandsvertretungen zugewiesenen Verrichtungen aber durch den Engeren Ausschuß der Ritter- und Landschaft einerseits und den ständigen Ausschuß der Vertretung des Fürstenthums Ratzeburg beziehungsweise bis zur verfassungsmäßigen Konstituirung des letzteren durch die Landvoigtei zu Schönberg andererseits wahrgenommen.

e. Untere Verwaltungsbehörde. In den Fällen der §§ 3, 126 Abs. 2 und 146 die Landesregierung, in den Fällen der §§ 126 Abs. 2 und 146 jedoch nur dann, wenn die Arbeitgeber beziehungsweise Selbstversicherer zugleich Inhaber obrigkeitlicher Rechte sind; in den Fällen der §§ 100 Absatz 3, 122, 123, 124 und 125, wenn die Arbeitgeber zugleich Inhaber obrigkeitlicher Rechte sind, die Gewerbe-Kommission. Im Uebrigen die Ortsobrigkeiten (Magistrate, Gutsobrigkeiten, Gemeindevorstände u. s. w.) jedoch mit Ausnahme der Fälle des § 4 Absatz 3, sowie der §§ 75, 83 und 84, in welchen an Stelle der ritterschaftlichen Gutsobrigkeiten die auf Grund der Verordnung vom 2. April 1879 errichteten Polizeiämter treten und sind in allen übrigen Fällen ihrer Zuständigkeit als untere Verwaltungsbehörde die ritterschaftlichen Gutsobrigkeiten befugt, sich durch die Polizeiämter vertreten zu lassen. Die in den §§ 157 und 160 bezeichneten Nachweise können auch durch Bescheinigung der für die in Betracht kommenden Beschäftigungsorte zuständigen Gemeindevorstände (Ortsvorsteher) geführt werden.

f. Gemeindebehörde. Der Gemeindevorstand und in denjenigen Ortschaften, in welchen es an einem solchen fehlt, die Ortsobrigkeit.

Wo die Gemeindebehörde nicht zugleich die Ortsobrigkeit ist, wird ihr geschäftlicher Verkehr mit den Organen der Landes-Versicherungsanstalt, sowie mit den nach Maßgabe der Verordnung vom 31. Mai 1890 für das Versicherungswesen in Thätigkeit tretenden Behörden durch die Ortsobrigkeit vermittelt.

Im Falle des § 18 die Ortsobrigkeiten (Magistrate, Gutsobrigkeiten, Gemeindevorstände u. s. w.)

g. Orts-Polizeibehörde. Die im § 108 Absatz 3 der Ortspolizeibehörde auferlegte Verpflichtung ist in der Ritterschaft den Polizeiämtern übertragen worden.

10. **Großherzogthum Oldenburg.** (Bekanntm. vom 8. April und 30. October 1890, R. A. Nr. 90 und 264.)

A. **Herzogthum Oldenburg.**

a. Höhere Verwaltungsbehörde. Das Staatsministerium, Departement des Innern.

b. Kommunalverband beziehungsweise weiterer Kommunalverband. Weitere Kommunalverbände sind in den Fällen der §§ 13 Abs. 2, 112 und 113 die Amtsverbände, als „Vertretungen der weiteren Kommunalverbände" im Falle des § 48 Abs. 2 die Amtsräthe.

c. Untere Verwaltungsbehörde. Die Aemter und die Magistrate der Städte I. Klasse, im Falle des § 161 außerdem auch noch die übrigen Gemeindevorstände.

d. Gemeindebehörde. Im Falle des § 18 die Gemeindevorstände.

e. Orts-Polizeibehörde. Die Aemter und die Magistrate der Städte I. Klasse.

B. **Fürstenthum Lübeck.**

a. Höhere Verwaltungsbehörde. In den Fällen der §§ 13, 22 Abs. 2 Ziffer 1, 112 und 122 die Regierung, soweit es sich aber in den Fällen der §§ 13 und 112 um die Genehmigung von statutarischen Bestimmungen der Regierung als Vertreterin des Landarmenverbandes handelt und sofern dieselbe im Falle des § 122 als untere Verwaltungsbehörde fungirt, das Staatsministerium, Departement des Innern.

b. Kommunalverband beziehungsweise weiterer Kommunalverband. Als weiterer Kommunalverband in den Fällen der §§ 13, 48 Absatz 2, 112 und 113 gilt der Landarmenverband, vertreten durch die Regierung.

c. Untere Verwaltungsbehörde. Die Regierung beziehungsweise für die Stadtgemeinde Eutin der Stadt-Magistrat; in dem Falle des § 161 jedoch die Gemeindevorstände.

d. Gemeindebehörde. Im Falle des § 18 die Gemeindevorstände.

e. Orts-Polizeibehörde. Die Regierung beziehungsweise für die Stadtgemeinde Eutin der Stadt-Magistrat.

C. **Fürstenthum Birkenfeld.**

a. Höhere Verwaltungsbehörde. In den Fällen der §§ 13, 22 Abs. 2 Ziffer 1, 112 und 122 die Regierung; soweit es sich aber in den Fällen der §§ 13 und 112 um die Genehmigung von statutarischen Bestimmungen der Regierung als Vertreterin des Landarmenverbandes handelt, das Staatsministerium, Departement des Innern.

b. Kommunalverband beziehungsweise weiterer Kommunalverband. Als weitere Kommunalverbände gelten in den Fällen der §§ 13, 112 und 113 der Landarmenverband, die Ortsarmenverbände und die Bürgermeistereien; im Falle des § 48 Absatz 2 der Landarmenverband, vertreten durch die Regierung.

c. Untere Verwaltungsbehörde. Die Bürgermeister.

d. Gemeindebehörde. Im Falle des § 18 die Bürgermeister.

e. Orts-Polizeibehörde. Die Bürgermeister.

11. **Herzogthum Braunschweig.** (Bekanntm. vom 30. October 1890, R. A. Nr. 266.)

a. Höhere Verwaltungsbehörde. Im Sinne der §§ 13, Absatz 1 Schlußsatz, 112 und 122 das Staatsministerium, im Sinne der §§ 13 Absatz 1 vorletzter Satz und 22 Absatz 2 Ziffer 1 die Kreisdirectionen.

b. Kommunal-Aufsichtsbehörde. Im Sinne des § 13 Absatz 5 für die Stadt beziehungsweise den Kreis-Kommunalverband Braunschweig das Staatsministerium, im Uebrigen die Kreisdirectionen.

c. Kommunalverband beziehungsweise weiterer Kommunalverband. Weitere Kommunalverbände im Sinne der §§ 13 und 48 Absatz 2 sind die Kreis-Kommunalverbände; als Vertretungen derselben im Sinne des letzteren Paragraphen fungiren in der Stadt Braunschweig der Stadt-Magistrat, in den anderen Kreis-Kommunalverbänden die Kreis-Ausschüsse.

d. Untere Verwaltungsbehörde. Im Sinne der §§ 4 Absatz 3, 75, 83, 84, 86, 100 Absatz 3, 122, 124, 125, 126, 128, 146 und 161 in der Stadt Braunschweig der Stadt-Magistrat daselbst, im Uebrigen sowie überall im Falle des § 13 Absatz 1 die Kreisdirectionen; im Falle des § 73 Absatz 4 die Kreisdirection zu Braunschweig.

e. Gemeindebehörde. In den Städten der Stadt-Magistrat, in den Landgemeinden der Gemeindevorsteher.

f. Orts-Polizeibehörde. In dem Falle des § 108 Absatz 3 in der Stadt Braunschweig die Polizeidirection, in den übrigen Städten der Vorsitzende des Stadt-Magistrats beziehungsweise dessen gesetzlicher Stellvertreter, in den Landgemeinden der Gemeindevorsteher.

12. **Herzogthum Sachsen-Meiningen.** (Bekanntm. vom 15. Nov. 1890, R. A. No. 282.)

a. Höhere Verwaltungsbehörde. Das Staatsministerium, Abtheilung des Innern.

b. Kommunalverband beziehungsweise weiterer Kommunalverband. Weitere Kommunalverbände sind die vier Kreise und die Kreisabtheilung Camburg, welche im Falle des § 48 Absatz 2 durch die Kreisausschüsse vertreten werden.

c. Untere Verwaltungsbehörde. In den Städten die Magistrate und Bürgermeisterämter, im Uebrigen die Landräthe. Hat jedoch der Magistrat oder das Bürgermeisteramt in dem einzelnen Falle zugleich Arbeitgeber, so sind die Verrichtungen der unteren Verwaltungsbehörde von dem Landrath wahrzunehmen.

d. Gemeindebehörde. Der Ortsvorstand.

e. Ortspolizeibehörde. Der Ortsvorstand.

13. **Herzogthum Sachsen-Altenburg.** (Bekanntm. vom 10. Sept. 1890 R. A. No. 228.)

a. Höhere Verwaltungsbehörde. Das Ministerium, Abtheilung des Innern.

b. Kommunalverband beziehungsweise weiterer Kommunalverband. Weitere Kommunalverbände im Sinne des § 48 Absatz 2 sind die Aufsichtsbehörden der Krankenversicherung und zwar die Landrathsämter zu Altenburg und Roda sowie der Stadtrath zu Altenburg je für den Umfang der bezüglichen Verwaltungsbezirke.

c. Untere Verwaltungsbehörde. In der Stadt Altenburg der Stadtrath, im Uebrigen die Landrathsämter, ein jedes für die Städte und Ortschaften seines Verwaltungsbezirks; im Falle des § 161 jedoch die Landrathsämter beziehungsweise die Stadträthe.

d. Gemeindebehörde. In den Städten der Stadtrath; in den Landgemeinden der Gemeindevorſteher.

e. Ortspolizeibehörde. In den Städten der Stadtrath, in den Landgemeinden das Landrathsamt.

14. **Herzogthum Sachſen-Coburg und Gotha.** (Bekanntm. vom 22. Oct. 1890, R. A. No. 263.)

a. Höhere Verwaltungsbehörde. Für das Herzogthum Coburg die Miniſterial-Abtheilung zu Coburg, für das Herzogthum Gotha die Miniſterial-Abtheilung für die innere Verwaltung zu Gotha.

b Kommunalverband beziehungsweiſe weiterer Kommunalverband. Weitere Kommunalverbände im Sinne des § 48 Abſatz 2 ſind die, die Aufſicht über die Krankenverſicherung führenden Bezirksverwaltungsbehörden (Landrathsämter, Magiſtrate und Stadträthe) je für den Umfang der einzelnen Verwaltungsbezirke.

c. Untere Verwaltungsbehörde. In den dem Staatsminiſterium unmittelbar unterſtellten Städten die Stadträthe (Magiſtrate), für die übrigen Gemeinden das Landrathsamt.

d. Gemeindebehörde. Die Gemeindevorſtände (Stadträthe, Magiſtrate, Schultheißen); im Falle des § 18 in den Städten der Stadtrath beziehungsweiſe Magiſtrat, in den ländlichen Gemeinden der Gemeindevorſtand.

e. Orts-Polizeibehörde. Die Gemeindevorſtände (Stadträthe, Magiſtrate, Schultheißen).

15. **Herzogthum Anhalt.** (Bekanntm. vom 3. Mai, 12. Mai und 29. Juli 1890, R. A. No. 109, 118, 263.)

a. Höhere Verwaltungsbehörde. In den Fällen der §§ 13, 22, Abſatz 2, Ziffer 1, 112 und 122 die Regierung, Abtheilung des Innern.

b. Kommunalverband beziehungsweiſe weiterer Kommunalverband. Weitere Kommunalverbände ſind im Sinne der §§ 13, 48, Abſatz 2, 112 und 113 die Kreiskommunalverbände. Für diejenigen Verſicherten, welche einer der im § 48 Abſatz 2 bezeichneten Kaſſen und Vereinigungen nicht angehören, iſt die Betheiligung an der Wahl der Ausſchußmitglieder den Kreisausſchüſſen übertragen worden.

c. Untere Verwaltungsbehörde. In den Städten von mehr als 10000 Einwohnern die Gemeindevorſtände, im Uebrigen die Kreisdirectionen; im Falle des § 161 jedoch die Orts- und Polizeibehörden und die Gemeindebehörden.

d. Gemeindebehörde. Im Sinne des § 18 in den Städten der Magiſtrat, in den ländlichen Gemeinden der Gemeindevorſtand, in den ſelbſtſtändigen Gutsbezirken der Gutsvorſteher beziehungsweiſe deſſen Stellvertreter.

16. **Fürſtenthum Schwarzburg-Sondershauſen.** (Bekanntm. vom 20. Sept. 1890, R. A. No. 233.)

a. Höhere Verwaltungsbehörde. Im Falle des § 122 das Miniſterium, Abtheilung des Innern, im Uebrigen der Bezirksausſchuß.

b. Kommunalverband beziehungsweiſe weiterer Kommunalverband. Als weitere Kommunalverbände gelten die Verwaltungsbezirke und als deren Vertretungen die Bezirksausſchüſſe. Letztere ſind auch zuſtändig im Falle des § 36 Abſatz 2 und gelten als Vertretungen der einer im § 48 Abſatz 2 genannten Krankenkaſſe nicht angehörenden verſicherten Perſonen (§ 48 Abſatz 2).

c. Untere Verwaltungsbehörde. Der Landrath.

d. Gemeindebehörde. Im Falle des § 18 in den Stadt- und Landgemeinden die Gemeindevorstände, in den Gutsdomänen- und Forstpolizeibezirken die Guts-, beziehungsweise Domänen- und Forstpolizeiverwaltungen.
e. Ortspolizeibehörde. Der Gemeindevorstand dergestalt, daß dessen örtliche Zuständigkeit in diesen Angelegenheiten sich auch auf diejenigen, nach Artikel 3 der Gemeindeordnung von den Gemeindebezirken ausgeschlossenen Domänen-, Forst- und Gutsbezirke, welche örtlich innerhalb des Gemeindebezirks oder demselben am nächsten belegen sind, miterstreckt.

17. **Fürstenthum Schwarzburg-Rudolstadt.** (Bekanntm vom 4. Oct. 1890, R. A. No. 244.)
a. Höhere Verwaltungsbehörde. Das Ministerium.
b. Kommunalverband beziehungsweise weiterer Kommunalverband. Weitere Kommunalverbände im Sinne des § 48 Absatz 2 sind die Aufsichtsbehörden der Krankenversicherung.
c. Untere Verwaltungsbehörde. In den Städten von mehr als 10000 Einwohnern der Gemeindevorstand, im Uebrigen das Landrathsamt.
d. Gemeindebehörde. Der Gemeindevorstand beziehungsweise Vertreter des Gutsbezirks.
e. Orts-Polizeibehörde. Der Gemeindevorstand beziehungsweise Vertreter des Gutsbezirks.

18. **Fürstenthum Waldeck-Pyrmont.** (Bekanntm. vom 22. März und 31. Juli 1890, R. A. No. 81 und 189.)
a. Höhere Verwaltungsbehörde. In den Fällen der §§ 13 Absatz 2 Ziffer 1, 112 und 122 der Landesdirektor.
b. Kommunalverband beziehungsweise weiterer Kommunalverband. Weitere Kommunalverbände sind die Kreise.
c. Untere Verwaltungsbehörde. Die Kreisamtmänner; im Falle des § 161 die Gemeindevorstände.
d. Gemeindebehörde. Im Falle des § 18 die Gemeindevorstände.

19. **Fürstenthum Reuß ä. L.** (Bekanntm. vom 29. Oktober 1890, R. A. No. 263.)
a. Höhere Verwaltungsbehörde. In dem Falle des § 13 für die städtischen Gemeindebezirke, die Aufsichtsbehörde über städtische Gemeindeverwaltung, hinsichtlich der übrigen Gemeindebezirke das Landrathsamt; letzteres auch für die Fälle des § 22 Ziffer 1. Im Uebrigen die Landesregierung.
b. Kommunalverband beziehungsweise weiterer Kommunalverband. In dem Falle des § 48 Absatz 2 für den Bezirk der Stadtgemeinden die Aufsichtsbehörde über städtische Gemeindeverwaltung in Greiz und für das platte Land der Landesausschuß.
c. Untere Verwaltungsbehörde. Für die städtischen Gemeindebezirke die Gemeindevorstände, für die übrigen Gemeindebezirke, selbstständigen Gutsbezirke und die einem Gemeindebezirke nicht angeschlossenen Fürstlichen Domanialbesitzungen das Landrathsamt; im Falle des § 161 jedoch für das platte Land das Landrathsamt zu Greiz und für die Stadtgemeinden die Stadtgemeindevorstände.
d. Gemeindebehörde. Die Gemeindevorstände; in den einem Gemeindebezirke nicht angeschlossenen Fürstlichen Kammergütern und sonstigen Domanialbesitzungen die bestellten Orts-Polizeibeamten; in dem exkommunalisirten Rittergütern die Besitzer beziehungsweise deren nach § 5 der dem Gesetze vom 28. März 1868 unter O beigefügten Bestimmungen bestellten Stellvertreter; im Falle des § 18 jedoch die Gemeindevorstände.

e. Orts-Polizeibehörde. Die Gemeindevorſtände; in den einem Gemeindebezirk nicht angeſchloſſenen Fürſtlichen Kammergütern und ſonſtigen Domanialbeſitzungen die beſtellten Orts-Polizeibeamten; in den exkommunaliſirten Rittergütern die Beſitzer beziehungsweiſe deren nach § 5 der dem Geſetze vom 28. März 1868 unter ○ beigefügten Beſtimmungen beſtellten Stellvertreter.

20. **Fürſtenthum Reuß j. L.** (Bekanntm. vom 3. Septbr. 1890, R. A. No. 216.)

a. Höhere Verwaltungsbehörde. Die durch die revidirte Gemeindeordnung vom 17. Juni 1874 beſtimmten Aufſichts- und beziehungsweiſe Beſtätigungsbehörden.

b. Kommunalverband beziehungsweiſe weiterer Kommunalverband. Weitere Kommunalverbände im Sinne des § 48 Abſatz 2 ſind die Bezirksausſchüſſe je für den Umfang der betreffenden Verwaltungsbezirke.

c. Untere Verwaltungsbehörde. Die Landrathsämter, in der Stadt Gera der Stadtrath.

Im Falle des § 161 jedoch für die Landgemeinden die Landrathsämter und für die Stadtgemeinden die Stadtgemeindevorſtände.

d. Gemeindebehörde. Die Gemeindevorſtände.

e. Orts-Polizeibehörde Die Gemeindevorſtände.

21. **Fürſtenthum Schaumburg-Lippe.** (Bekanntm. vom 31. Oktober 1890, R. A. No. 269.)

a. Höhere Verwaltungsbehörde. In den Fällen der §§ 13, 22 Abſatz 2 Ziffer 1, 112 und 122 die Landesregierung.

b. Kommunalverband beziehungsweiſe weiterer Kommunalverband. Als weiterer Kommunalverband gilt das Gebiet des Fürſtenthums.

c. Untere Verwaltungsbehörde. In den Städten der Magiſtrat, auf dem Lande die Landrathsämter; für den Schloßbezirk der Reſidenzſtadt Bückeburg das Landrathsamt Bückeburg-Arensburg und für den Schloßbezirk zu Stadthagen das Landrathsamt Stadthagen-Hagenburg.

d. Gemeindebehörde. Im Falle des § 18 in den Städten der Magiſtrat, auf dem Lande die Ortsvorſteher (Gutsvorſteher) des Beſchäftigungsorts.

22. **Fürſtenthum Lippe.** (Bekanntm vom 18. Auguſt 1890. R. A. No. 202.)

a. Höhere Verwaltungsbehörde. Die Fürſtliche Regierung.

b. Kommunalverband beziehungsweiſe weiterer Kommunalverband. Weitere Kommunalverbände im Sinne der §§ 13, 48 Abſatz 2, 112 und 113 ſind die Amtsgemeinden.

c. Untere Verwaltungsbehörde. In den ländlichen Bezirken die Verwaltungsämter, in den Städten die Magiſtrate und für den Schloßbezirk zu Detmold das Fürſtliche Hofmarſchallamt.

Bildet die Gemeindebehörde ein Kollegium, ſo darf ſie zur Ausſtellung der Beſcheinigung Kommiſſare beſtellen.

d. Gemeindebehörde. Im Falle des § 18 in den ländlichen Bezirken die Ortsvorſtände, in den Städten die Magiſtrate und für den Schloßbezirk zu Detmold das Fürſtliche Hofmarſchallamt.

Bildet die Gemeinde ein Kollegium, ſo darf ſie zur Ausſtellung der Beſcheinigungen Kommiſſare beſtellen.

e. Orts-Polizeibehörde. In den ländlichen Bezirken die Verwaltungsämter, in den Städten die Magiſtrate und für den Schloßbezirk zu Detmold das Fürſtliche Hofmarſchallamt.

23. **Freie und Hansestadt Lübeck.** (Bekanntm. vom 11. October 1890. R. A. No. 249.)

a. Landes=Zentralbehörde. Der Senat.
b. Höhere Verwaltungsbehörde. Das Stadt= und Landamt; in den Fällen der §§ 122 und 123 jedoch die Rekursbehörde in Gewerbesachen.
c. Kommunal=Aufsichtsbehörde. Das Stadt= und Landamt.
d. Untere Verwaltungsbehörde. In den Fällen der §§ 4 Absatz 3, 73 Absatz 4, 100, 122, 123, 124, 125 und 128 das Stadt= und Landamt, in den Fällen der §§ 3 Absatz 1, 75, 83 bis 86, 126, 146 und 161 das Polizeiamt.
e. Gemeindebehörde. Für die Stadt Lübeck und deren Vorstädte das Polizeiamt, in den Landbezirken und in Travemünde die Vorsitzenden der Gemeindevorstände; im Falle des § 18 für die Stadt Lübeck und deren Vorstände das Stadt= und Landamt, für Travemünde und für die Landbezirke die Vorsitzenden der Gemeindevorstände.
f. Orts=Polizeibehörde. Das Polizeiamt.

24. **Freie Hansestadt Bremen.** (Bekanntm. vom 22. Juli 1890, R. A. No. 195.)

a. Landes=Zentralbehörde. Der Senat.
b. Höhere Verwaltungsbehörde. Im Falle des § 122 der Senat, im Uebrigen die Polizeikommission des Senats.
c. Kommunal=Aufsichtsbehörde. Die Polizeikommission des Senats.
d. Kommunalverband beziehungsweise weiterer Kommunalverband. Weiterer Kommunalverband ist das Landgebiet.
e. Untere Verwaltungsbehörde. Für die Stadt Bremen die Polizeidirection, für das Landgebiet der Landherr und für die Hafenstädte die Aemter, im Falle des § 161 jedoch für die Hafenstädte (an Stelle der Aemter) die Stadträthe.
f. Gemeindebehörde. In der Stadt Bremen die Distrikts=Polizeikommissare, im Landgebiet die Gemeindevorsteher und in den Hafenstädten die Stadträthe.
g. Orts=Polizeibehörde. Für die Stadt Bremen die Polizeidirection, für das Landgebiet der Landherr und für die Hafenstädte die Aemter.

25. **Freie und Hansestadt Hamburg.** (Bekanntm. vom 17. Januar 1890. R. A. No. 22.)

a. Landes=Zentralbehörde. Der Senat.
b. Höhere Verwaltungsbehörde. Der Senat.
c. Untere Verwaltungsbehörde. Für die Stadt, die Vororte und diejenigen Gebietstheile der Landherrenschaft der Marschlande, in welchen die Landgemeindeordnung keine Geltung hat, die Polizeibehörde, für die Landherrenschaft Bergedorf der Bürgermeister zu Bergedorf, für die Landherrenschaft Ritzebüttel der Amtsverwalter daselbst und für das übrige Landgebiet die zuständige Landherrenschaft.

   Im Falle des § 161 für die Stadt, die Vorstadt, die Vororte und diejenigen nicht zu den Vororten gehörigen Gebietstheile der Landherrenschaft der Marschlande, in welchen die Landgemeindeordnung keine Geltung hat, die Polizeibehörde; für die Landgemeinden der Marschlande, der Geestlande und Bergedorf die Landherrenschaften; für das Amt Ritzebüttel der Amtsverwalter.
d. Gemeindebehörde. Im Falle des § 18 für die Stadt, die Vorstadt, die Vororte und diejenigen nicht zu den Vororten gehörigen Gebietstheile der Landherrenschaft der Marschlande, in welchen die Landgemeindeordnung

keine Geltung hat, die Polizeibehörde; für Bergedorf der Magistrat, für das übrige Landgebiet die Gemeindevorstände.

e. Orts-Polizeibehörde. Für die Stadt, die Vorstadt, die Vororte und diejenigen Gebietstheile der Landherrenschaft der Marschlande, in welchen die Landgemeindeordnung keine Geltung hat, die Polizeibehörde, für die Landherrenschaft Bergedorf der Bürgermeister zu Bergedorf, für die Landherrenschaft Ritzebüttel der Amtsverwalter daselbst und für das übrige Landgebiet die zuständige Landherrenschaft.

26. **Reichsland Elsaß-Lothringen.** (Bekanntm. vom 25. Februar und 6. Juli 1890, R. A. No. 57 und 171.)

a. Höhere Verwaltungsbehörde. Die Bezirks-Präsidenten.

b. Kommunalverband beziehungsweise weiterer Kommunalverband. Als weitere Kommunalverbände im Sinne der §§ 13 und 48 gelten die Bezirke und als deren Vertretungen die Bezirkstage.

c. Untere Verwaltungsbehörde. In den Gemeinden von über 10000 Einwohnern die Bürgermeister, im Uebrigen die Kreisdirectoren; im Falle des § 3 jedoch die Bürgermeister und im Falle des § 161 die Orts-Polizeibehörden, in den Städten Straßburg, Metz und Mühlhausen die Revier-Polizeikommissare.

d. Orts-Polizeibehörde. In den Städten Straßburg, Metz und Mühlhausen die Revier-Polizeikommissare.

Sachregister.

Die Zahlen verweisen auf die Seiten. — A = Anmerkung.

A. Seydel & Cie., Berlin C., Neue Friedrichstr. 48.

FSC
www.fsc.org
MIX
Papier | Fördert
gute Waldnutzung
FSC® C083411

Kolibri 360 GmbH
Ferdinand-Jühlke-Straße 7
99095 Erfurt, Deutschland
produktsicherheit@kolibri360.de